2022年度
保险诉讼典型案例报告

REPORT OF TYPICAL INSURANCE LITIGATION CASES 2022

中国保险行业协会◎编

中国金融出版社

责任编辑：王雪珂
责任校对：刘　明
责任印制：程　颖

图书在版编目（CIP）数据

2022年度保险诉讼典型案例报告/中国保险行业协会编．—北京：中国金融出版社，2023.10
ISBN 978－7－5220－1975－8

Ⅰ．①2…　Ⅱ．①中…　Ⅲ．①保险法—民事诉讼—案例—研究报告—中国—2022　Ⅳ．①D925.105

中国国家版本馆CIP数据核字（2023）第063201号

2022年度保险诉讼典型案例报告
2022 NIANDU BAOXIAN SUSONG DIANXING ANLI BAOGAO
出版发行　中国金融出版社
社址　北京市丰台区益泽路2号
市场开发部　（010）66024766，63805472，63439533（传真）
网上书店　www.cfph.cn
（010）66024766，63372837（传真）
读者服务部　（010）66070833，62568380
邮编　100071
经销　新华书店
印刷　保利达印务有限公司
尺寸　169毫米×239毫米
印张　36
字数　582千
版次　2023年10月第1版
印次　2023年10月第1次印刷
定价　98.00元
ISBN 978－7－5220－1975－8

《2022 年度保险诉讼典型案例报告》编委会

前　言

保险业的快速、健康、可持续发展，离不开法治的保障。社会主义法治是我们党治国理政的一贯主张，也是中国特色社会主义的内在要求。深入贯彻党的十九届六中全会精神，将“十四五”时期经济社会发展和法治建设同步谋划、同步部署、同步推进。同时要坚持以全面依法治国新理念、新思想、新战略为指导，坚定不移走中国特色社会主义法治道路。邓小平同志对法治曾有过深刻阐述，他指出：“为了保障人民民主必须健全法制，必须使民主制度化、法律化。”“既要发展社会主义民主，也要健全社会主义法制，把二者统一起来，不仅要使社会主义民主制度化、法律化，而且要使社会主义法制民主化。”习近平总书记对法治也十分重视，党的十九大以来，他围绕着建设法治中国的目标，发表了一系列关于法治的重要论述。他指出，要坚持顶层设计和法治实践相结合，提升法治促进国家治理体系和治理能力现代化的效能。要总结好、运用好党关于新时代加强法治建设的思想理论成果，更好地指导全面依法治国各项工作。他要求，坚定不移走中国特色社会主义法治道路，为全面建设社会主义现代化国家提供有力的法治保障。因此，运用法治手段促进和保障保险行业的发展，是法治中国的重要内容，是落实依法治国方略的应有之义。

完善的法律规范制度能确保保险业始终沿着既定的目标稳步前行而不偏离方向；顺畅的定份止争机制能维护正常的保险经济秩序，化解保险业发展中的诸多矛盾纠纷，保障各保险法律关系主体的正当权益。为提高现代保险业的法治化水平，必须在加强保险业科学立法的同时，确保保险法律、法规的运用和实施。法律的遵从和实施，离不开人们对法律的认知和掌握。相较于抽象地研习保险法律条文和法律教材，通过研究分析司法机关对保险案例的裁判意见，发现和挖掘司法裁判者合理运用法律的经验智慧，理解司法裁判者的思维模式，是活化对法律条文理解，深化对法律精神把握、增强依法能力的一条捷径，应引起所有保险从业者及所有保险当事人的重视。

为加强保险诉讼案例研究，总结经验、加强交流、指导实践，提高投保人、被保险人、受益人与保险人诉讼实务能力和水平，并为监管人员、从业人员、司法人员、大专院校师生以及有关人士工作和学习提供参考，中国保险行业协会组织各保险公司、业内资深学者参与，精心筹划，认真筛选，撷取 2021 年行业保险诉讼典型案例编辑出版了《2022 年度保险诉讼典型案例报告》。本书共收录最新保险诉讼典型案例 46 个，其中人身保险诉讼典型案例 24 个，财产保险诉讼典型案例 22 个。这些案例具有以下特点：

一是客观性。每个案例由案情、判决和评析三部分组成。这些案例都是现实生活中实际发生的，每个案例叙述完整，内容丰富，且语言精练，逻辑缜密，分析透彻，客观地展现了投保人、被保险人和受益人与保险人之间的业务过程和法律关系。法院在审理中通过诉讼当事人的陈述、举证、质证和辩论以及法院调查取证等程序，还原了整个事件的本来面目，呈现了有关行为的前因后果。其判决是真实的，具有法律效力。

二是代表性。在人身保险诉讼案例中，涵盖与人民生活密切相关的疾病保险、医疗保险和意外伤害保险等。在财产保险诉讼案例中，既有社会普遍关注的交强险、商业车险和公众责任险，又有财产综合保险、诉讼保全责任保险、货物运输保险、投标保证保险及出口信用保险等险种。可以说，本书案例几乎涵括现今保险市场主要产品，论及保险纠纷和保险诉讼的方方面面。本书案例来自全国各地，具有广泛代表性。

三是指导性。本书案例对保险销售、投保、核保、承保、售后服务和理赔等诸环节均有介绍和论述。在客户与保险人发生纠纷的情况下，双方对同一规定、同一行为和同一事实认识不同，观点迥异，分歧较大，以致争执不下，互不相让，诉诸法律。法院通过判决，认定事实，适用法律，明辨是非。无论是被保险人，还是保险人，败诉一方应引以为戒，吸取教训，纠正错误，规范行为。这无疑对被保险人和保险人都有现实指导意义。

四是理论性。本书案例评析对所涉法律问题进行重点解读，对相关理论进行有益探讨，对保险实务以及审判和立法提出参考性建议，有助于读者更好地理解保险原理和法律精神。保险是无形产品，保险合同是射幸合同，保险合同当事人应恪守最大诚信原则。当事人之间的纷争往往源于对保险和法律知识缺乏了解。努力提高全民保险意识和法律意识仍是一项长期而艰巨的任务。基于此，本书不仅对被保险人和人民群众，而且对理论研究工作者来说都是有益的。

我们真诚地希望本书的出版能为保险监管工作任务顺利完成和保险业持续健康发展尽绵薄之力。

《2022 年度保险诉讼典型案例报告》编委会

二〇二三年六月

目　录

第一部分　人身保险诉讼案例

第二部分 财产保险诉讼案例

第一部分

人身保险诉讼案例

自驾车意外伤害保险中关于保险责任范围的认定

四川省成都市中级人民法院

(2021)川01民终23032号民事判决书

(2021年12月21日)

案·情

2017年4月，张某在某保险公司为配偶曹甲投保某两全保险，基本保额5万元。2020年10月，被保险人曹甲在高速公路上下车检查车辆时被后面的汽车追尾，随后死亡。事故发生时曹甲所驾驶车辆的行驶证记载所有人为“成都某建筑工程公司”。2020年11月，原告方向某保险公司申请理赔，随后某保险公司出具理赔结论：给付意外身故保险金5万元，主险合同终止。2021年5月，受益人张某以保险事故符合“自驾车意外全残或身故保险金”的责任约定为由，起诉要求某保险公司再赔付保险金100万元。

诉讼中，原告认为被保险人的事故达到了“自驾车意外身故保险金”的给付条件，某保险公司应该按照保险合同给付对应保险金。某保险公司认为此次事故不符合保险合同关于“自驾车意外身故保险金”的给付条件。其一，被保险人的此次事故系下车期间发生的，不满足“自驾车意外全残或身故保险金”中约定的“被保险人以驾驶员身份或者以乘客身份乘坐个人非营运车辆期间遭受意外伤害”；其二，被保险人发生事故前所驾驶的车辆不符合“自驾车意外全残或身故保险金”中“个人非营业车辆”的释义，因此不应当向其支付“自驾车意外全残或身故保险金”；其三，争议条款是保险责任条款而非免责条款，某保险公司无须履行提示或明确说明义务。经过两审，法院最终

认可了某保险公司的观点，判决驳回原告全部诉讼请求。

判决书正文[①]

上诉人（原审原告）：张某，女，1983 年 10 月 16 日出生，汉族，住四川省成都市成华区。

上诉人（原审原告）：丁某，女，1955 年 2 月 11 日出生，汉族，住四川省荣县。

上诉人（原审原告）：曹乙，男，2009 年 3 月 11 日出生，汉族，住四川省成都市成华区。

法定代理人：张某（系曹乙母亲），女，1983 年 10 月 16 日出生，汉族，住四川省成都市成华区。

上诉人（原审原告）：曹丙，男，2016 年 3 月 1 日出生，汉族，住四川省成都市成华区。

法定代理人：张某（系曹丙母亲），女，1983 年 10 月 16 日出生，汉族，住四川省成都市成华区。

被上诉人（原审被告）：某保险公司四川分公司，住所地：四川省成都市锦江区。

上诉人张某、丁某、曹乙、曹丙（以下简称张某一方）因与被上诉人某保险公司四川分公司意外伤害保险合同纠纷案，不服成都市武侯区人民法院（2021）川 0107 民初 19706 号民事判决，向本院提起上诉。本院于 2021 年 11 月 12 日立案受理后，根据《全国人民代表大会常务委员会关于授权最高人民法院在部分地区开展民事诉讼程序繁简分流改革试点工作的决定》，依法适用第二审程序，由审判员独任审理。本案现已审理终结。

张某一方上诉请求：撤销一审判决，依法改判某保险公司四川分公司支付张某一方保险金 1000000 元。事实和理由：1. 本案应适用保险责任免除条款，而不是保险范围内的条款；2. 保险公司未对投保人尽到提示义务。

某保险公司四川分公司辩称，一审判决认定事实清楚，适用法律正确，请

① 本书判决书保留原文，未做编辑修改。

求二审法院驳回上诉，维持原判。

张某一方向一审法院起诉请求：1. 判令某保险公司四川分公司支付张某、丁某、曹乙、曹丙保险赔偿款1000000元；2. 一审诉讼费用由某保险公司四川分公司负担。

一审法院认定事实：2017年4月27日，张某通过手机App为其配偶曹甲在某保险公司四川分公司处投保了某两全保险（保险合同编号：P260×××），投保人为张某、被保险人为曹甲，身故受益人为法定，受益顺序为第一顺位，受益比例为100%；保障内容为自驾车意外全残或身故保险金100万元、疾病身故或意外全残或意外身故保险金5万元等；保费为1699元/年，按年付费，保险期间30年。

《某两全保险条款》载明：1.1保险责任部分第四点自驾车意外全残或身故保险金"被保险人以驾驶员身份驾驶或者以乘客身份乘坐个人非营运车辆期间遭受意外伤害，并自该意外伤害发生之日起180日身故的，除按第三项给付意外身故保险金外，我们还按20倍基本保险金额给付自驾车意外身故保险金，本主险合同终止"；条款对"个人非营运车辆"的名词解释为：在境内登记、登记的使用性质为非营业性运输（非营运），且行驶证记载所有人为个人的机动车，登记为非营业性运输（非营运）的机动车，如从事以牟利为目的的旅客运输、货物运输的行为，不视为个人非营业车辆，不在保险范围内，摩托车和拖拉机也不在保障范围内。

2017年5月6日，投保人张某与被保险人曹甲在保障计划确认书上签名，确认"本人今日收到贵公司送达的保险单、保险产品条款及客户服务指南，合同号码为P260×××。同时，贵公司在投保时已对产品条款尤其是免除保险人责任的条款进行了提示说明，本人也对贵公司出具的产品条款认真阅读，理解并同意遵守，对受益人的指定亦认可。本人已认真阅读保障计划，完全了解其中所述内容。"后张某依约交纳了相应的保险费用。

2017年5月16日，某保险公司四川分公司服务人员通过电话方式对投保人张某进行了回访，回访内容包含：客服："纸质保单和电子保单您都收到了吗？女士？"张某："收到了"；客服："收到之后您阅读了吗？"张某："大体看过"；客服："好的女士，请问保障计划确认书是您和被保险人曹甲亲笔签名或确认的吗？"张某："嗯，是"；客服："好的女士，这份保险的产品责任和责任免除也就是保什么不保什么，您都了解吗?”张某：“嗯，看过。”一审庭审中，该回访录音当庭播放，双方当事人对录音内容真实性均予以认可。

2020年10月13日，李某驾驶川ABM号重型厢式货车由内江往成都方向行驶，13时47分许行驶至G76夏蓉高速公路2002千米加850米处时与停放在道路右侧加速车道的川AU2小型轿车及在车下的该车驾驶员曹甲相撞，造成曹甲经抢救无效死亡，两车受损的道路交通事故。后经四川省公安厅交警总队高速公务三支队一大队出具道路交通事故认定书认定，曹甲驾车在高速公路行驶时发生故障，未规范停放，承担事故的次要责任，李某承担事故的主要责任。

投保人张某于2020年11月23日向某保险公司四川分公司提交理赔申请书，后某保险公司四川分公司于2020年12月8日出具理赔决定通知书载明，经保险公司审核后，根据相关条款的规定，按《某两全保险条款》计算给付意外身故保险金人民币50000元，本主险合同终止。一审庭审中，张某确认某保险公司四川分公司已将上述50000元保险金支付完毕。

一审法院另查明：一、曹甲于2020年10月13日死亡，2020年10月18日遗体火化。二、荣县村民委员出具亲属关系证明，证明曹甲父亲已过世，母亲丁某、配偶张某、长子曹乙、次子曹丙。三、事发前，曹甲所驾驶的川AU2车行驶证载明的所有人为成都某建筑工程公司。

一审法院认定上述事实，所采信的证据有：当事人身份信息、工商信息查询记录、《某两全保险》（保险合同编号P260×××）、《某两全保险条款》、保障计划确认书、电话回访、道路交通事故认定书、理赔申请书、理赔决定通知书、亲属关系证明、遗体火化证明、死亡医学证明、借记卡历史明细清单、当事人庭审陈述等。

一审法院认为，投保人张某及被保险人曹甲与某保险公司四川分公司签订的保险合同系双方真实意思表示，不违反法律、行政法规的强制性规定，应属合法有效。

该案的争议焦点为，一、《某两全保险条款》中关于自驾车意外全残或身故保险金的保险条款的性质属于保险责任条款还是责任免除条款；二、该案中保险公司给付保险金的条件是否成熟。

针对焦点一，一审法院认为，责任免除条款所免除的责任应首先是属于保险责任范围内的责任，只有在保险责任范围内发生的保险事故，才存在保险责任免除的可能性；保险责任所指向的责任内容，涵盖责任免除所指向的责任内容。根据《保险法》的相关规定，在人身保险合同中，保险责任是指当被保险人死亡、伤残、疾病或达到合同约定的年龄、期限等条件时，保险公司承担的给付保险金的责任。该案中关于自驾车意外全残或身故保险金的保险责任约定为“被保险人以驾驶员身份驾驶或者以乘客身份乘坐个人非营运车辆期间遭受意外伤害，并自该意外伤害发生之日起180日身故的，除按第三项给付意外身故保险金外，我们还按20倍基本保险金额给付自驾车意外身故保险金，本主险合同终止”，也即在被保险人死亡时，保险公司给付保险金的条件需同时满足“被保险人以驾驶员身份驾驶或者以乘客身份乘坐”“个人非营运车辆”“意外伤害发生之日起180日身故的”这三个条件，才能触发保险理赔。在可以触发保险理赔时如果出现了类似故意、酒驾、毒驾、猝死、自伤等情形时才会适用责任免除。因此，案涉争议条款属于保险责任条款而非责任免除条款，张某与曹甲在保险计划确认书上签名的行为，视为其已经对保险责任、保险条款理解并同意遵守，某保险公司四川分公司无须再对保险责任部分做详细的解释说明。

针对焦点二，主要涉及条款中关于“被保险人以驾驶员身份驾驶或者以乘客身份乘坐”“个人非营运车辆”的理解问题。首先，“被保险人以驾驶员身份驾驶或者以乘客身份乘坐”，该案事故认定书中载明“停放在道路右侧加速车道的川AU2小型轿车及在车下的该车驾驶员曹甲”“曹甲驾车在高速公路行驶时发生故障，未规范停放”，能够反映事发时曹甲所驾车辆因发生故障停放在道路右侧加速车道，曹甲人在车外这一基本事实。围绕该焦点，张某一方称曹甲在事故发生时虽在车下，但应视为驾驶行为的延续，其驾驶员的身份并未脱离；某保险公司四川分公司辩称，驾驶期间应指操纵车辆使其行使期间，由于下车致使曹甲丧失了对车辆的操纵，车辆处于无人驾驶的状态，曹甲的身份此时并非驾驶员，其下车的行为并非驾驶行为的延续。一审法院认为，“以驾驶员身份驾驶”凸显的是“身份”，曹甲在高速公路加速车道下车，系因为驾驶场景中出现了阻碍驾驶的情形，其驾驶员的身份导致其需要下车对车辆进行检查、放置警示标志或简单维修等，下车的目的是能够排除障碍恢复驾驶员身份。本次保险事故的发生，并非曹甲在休息区下车休息、故意停车或其他采取避险措施，而系车辆出现事故后被迫下车，其驾驶员的身份并未因其下车行为而转换，故一审法院认为，曹甲虽在车外，但其驾驶员身份仍然处于延续状态，符合“被保险人以驾驶员身份驾驶或者以乘客身份乘坐”的理赔条件。

其次，“个人非营运车辆”，曹甲所驾的川AU2小型轿车行驶证登记的所有人为成都某建筑工程公司，使用性质为非营运，而案涉保险条款对于“个人非营运车辆”的解释为境内登记、登记的使用性质为非营业性运输（非营运），且行驶证记载所有人为个人的机动车。由此可知，川AU2小型轿车行驶证登记所有人为法人，并非条款约定的个人。张某一方称“个人非营运车辆”中“个人”的理解应该包含自然人和法人，川AU2小型轿车登记在法人名下，使用性质为非营运，并不会导致危险程度的显著增加，应作出不利于格式条款提供方的理解；同时，曹甲是为了车辆能够上川A的牌照才挂靠在公司名下的，车辆的购买和贷款的偿还均是曹甲个人，车辆的实际所有人亦为曹甲。某保险公司四川分公司辩称，“个人非营运车辆”并不会产生理解上的分歧，条款约定的很清楚就是行驶证登记所有人为个人，而挂靠到建筑公司通常就是为了营运，虽行驶证登记的使用性质为非营运，但不排除曹甲从事营运的可能。一审法院认为，条款中关于“个人非营运车辆”的解释按照通常理解并不会产生歧义，张某一方将“个人”扩大到“自然人和法人”属于扩大理解，一审法院不予采纳。保险责任条款是保险条款中的核心条款，是保险人承担责任的依据和范围。该案中，从保险人区分不同意外伤害情况而给予相差20倍保险金的初衷来看，主要集中在是否存在危险程度显著增加情形而导致保险人承担保险责任的风险随之增大。车辆登记在公司名下与登记在个人名下的非营运车辆发生意外伤害事故的概率有无差异，答案是肯定的；公司名下即使是非营运车辆，因公司日常经营的需要，使用车辆的频率远高于个人；更为关键的是，该案中川AU2小型轿车登记的车主为成都某建筑工程公司，建筑公司的性质相较于一般公司而言，对车辆的使用频率更甚，同时，也不能排除存在挂靠经营之情况，故危险程度的增加会影响保险人对风险程度的评估，进而影响保险产品的费率基础。经过张某一方的理赔申请，某保险公司四川分公司已将“意外身故保险金”5万元理赔，进而只有同时满足“被保险人以驾驶员身份驾驶或者以乘客身份乘坐”“个人非营运车辆”“意外伤害发生之日起180日身故的”这三个条件，才符合“自驾车意外身故保险金”的理赔条件，才符合保险人给予小概率事件20倍保险金差额的初衷，更符合保险的最大诚信原则。

综上所述，保险事故发生时，川AU2小型轿车行驶证登记所有人为成都某建筑工程公司而非曹甲或其他个人所有，故川AU2小型轿车不符合保险责任范围内“个人非营业车辆”范畴，依据保险合同的约定，某保险公司四川分公司不应承担支付“自驾车意外身故保险金”的责任。

据此，一审法院遂依照《中华人民共和国保险法》第二条、第十六条、第十七条、第二十三条，《最高人民法院关于适用〈中华人民共和国民法典〉时间效力的若干规定》第一条、《中华人民共和国民事诉讼法》第六十四条、第一百四十二条之规定，判决：驳回张某、丁某、曹乙、曹丙的全部诉讼请求。一审案件受理费6900元，由张某、丁某、曹乙、曹丙负担。

二审中，各方当事人均未提供新证据。二审审理查明的事实与一审判决认定的事实一致，本院对一审判决认定的事实予以确认。

本院认为，本案争议的焦点在于对案涉保险合同条款1.1保险责任部分第四点约定的内容属于保险责任条款还是责任免除条款。对于保险合同来说，首先应当明确的是保险责任，在保险责任范围之内，保险人不承担赔偿或给付责任方为责任免除。案涉保险合同条款1.1保险责任部分第四点即对被保险人的范围、所乘车辆的性质及被保险人因事故死亡的时间范围进行了明确的约定，即“以驾驶员身份驾驶或者以乘客身份乘坐个人非营运车辆期间遭受意外伤害，并自该意外伤害发生之日起180日身故”。该条款系某保险公司四川分公司综合考虑各方面因素对风险系数的影响而确定的承保范围条款，应属于保险责任条款而非责任免除条款。案涉事故发生时，曹甲并没有以驾驶员身份驾驶或者以乘客身份乘坐案涉车辆，且该车辆登记的车主为成都某建筑工程公司，也并非保险合同中约定的个人非营运车辆，故案涉事故并非在案涉保险合同约定的保险责任范围内，不能依据案涉保险合同要求某保险公司四川分公司承担责任。

综上所述，张某一方的上诉理由不能成立，对其上诉请求本院不予支持，应予驳回。一审判决认定事实清楚，适用法律正确，审判程序合法，应予维持。依照《中华人民共和国民事诉讼法》第一百七十条第一款第一项之规定，判决如下：

驳回上诉，维持原判。

二审案件受理费 13800 元，由张某、丁某、曹乙、曹丙负担。

本判决为终审判决。

审判员　杨　某

二〇二一年十二月二十一日

书记员　王　某

评·析

该案是个人驾驶登记在法人名下车辆，中途下车过程中发生交通事故，客户和保险公司就事故是否符合保险合同约定的“自驾车意外全残或身故保险金”保障范围所引发的保险合同纠纷，双方争议焦点主要有三：

（一）争议条款是否属于免责条款

本案中，“自驾车意外全残或身故保险金”责任条款约定是否为免责条款?

本案一审、二审法官均认为，对于保险合同来说，首先应当明确的是保险责任，在保险责任范围之内，保险人不承担赔偿或给付责任方为责任免除。案涉保险合同条款保险责任部分即对被保险人的范围、所乘车辆的性质及被保险人因事故死亡的时间范围进行了明确的约定。该条款系保险公司综合各方面因素对风险系数的影响而确定的承保范围条款，应属于保险责任条款而非责任免除条款。

保险责任是指保险人在保险事故发生后依据保险合同约定所承担的赔偿或给付保险金责任。保险条款中涉及保险人责任的条款众多，不能将其均视为免除保险人责任的条款。所谓“免责”，首先应当有属于保险责任范围内的责任，只有在保险责任范围内发生的保险事故，才存在保险责任免除的可能性。本案关于“自驾车意外全残或身故保险金”的保险责任约定明显属于对保险责任的界定，而非责任免除条款；如认定为责任免除条款，则保险责任范围都不存在，责任免除更无从谈起。

（二）被保险人在高速公路下车后是否还属于“以驾驶员身份驾驶或者以

乘客身份乘坐”期间

“自驾车意外全残或身故保险金”责任条款约定被保险人遭受意外伤害的时间范围应为“被保险人以驾驶员身份驾驶或者以乘客身份乘坐个人非营业车辆或公务车期间”。而本案中事故认定书中明确了事发时曹甲所驾车辆因发生故障停放在道路右侧加速车道、曹甲人在车外这一事实，认定了其并非合同约定的以驾驶员身份驾驶或者以乘客身份乘坐案涉车辆。

司法实践中，对于下车期间是否属于“驾驶期间”通常有两种观点：一种认为“驾驶期间”是一个期间，而不是一种状态。因车辆损坏、道路问题、办理个人事务等原因中途停车、修车、下车的，应该属于驾驶行为的延续。另一种观点则认为驾驶期间指驾驶员自踏上至离开车辆的期间，不包括车辆自始发地出发以后，未到达目的地之前，驾驶员在汽车车厢外部的期间。

根据《中华人民共和国保险法》第三十条的规定，采用保险人提供的格式条款订立的保险合同，保险人与投保人、被保险人或者受益人对合同条款有争议的，应当按照通常理解予以解释。《现代汉语词典》中“驾驶”的定义为“操纵（车、船等）使行驶”，“行驶”的定义为“（车、船等）行走”。因此按照通常的文义解释，“驾驶期间”系指“操纵车辆使其运行的期间”，故车辆损坏、道路问题、办理个人事务等原因中途停车、修车、下车等情形不属于保险合同约定的“驾驶期间”。被保险人在下车期间发生事故，由于下车后被保险人已停止对车辆的操控，对于车辆而言，已处于无人驾驶的状态，被保险人此时不再是该车的驾驶员，其下车行为并非驾驶行为或驾驶行为的延续。

从特别保险金的保障目的来看，保险合同设立特别保险金的目的是吸引交通出行频率较高的人购买保险，特别保险金是保障自驾车意外的。自驾车意外作为意外伤害的众多风险之一，单独被予以约定为独立的保险责任系因为驾驶车辆行为有其独立的风险特征，该风险特征通俗的理解就是指在道路上操纵车辆使之行驶的这一行为可能造成的交通意外伤害，这才符合保障范围设置的初衷和一般社会人的购买逻辑以及理解范畴。对于已经停止驾驶行为而导致的意外伤害，与普通意外伤害无异，也就显然不在自驾车意外风险涵盖的范围内。

（三）案涉车辆登记在法人名下，是否属于“个人非营业车辆”范围

“自驾车意外全残或身故保险金”责任条款中对“个人非营业车辆”作出

释义：本主险合同所称的“个人非营业车辆”是指在境内登记、登记的使用性质为非营业性运输（非营运），且行驶证记载所有人为个人的机动车。登记为非营业性运输（非营运）的机动车，如从事以营利为目的的旅客运输、货物运输的行为，不视为个人非营业车辆，不在保险范围内。摩托车和拖拉机也不在保障范围内。

本案事故发生时，被保险人所驾驶车辆的行驶证记载所有人为成都某建筑工程公司，而非个人。原告方主张案涉车辆仅是挂靠在法人名下，实际控制人为曹甲，且车辆的使用性质为非营运，并不会导致危险程度的显著增加。同时，“个人非营业车辆”中的“个人”的理解应该包含自然人和法人。

法院认为，首先，原告将“个人”扩大到“自然人和法人”属于扩大解释，法院不予采纳。其次，保险公司区分不同意外伤害情况而给予 20 倍保险金的初衷，主要集中在是否存在危险程度显著增加的情形而导致保险人承担保险责任的风险随之增大。车辆登记在公司名下与登记在个人名下的非营运车辆发生意外伤害事故的概率显然是存在差异的。同时，即使不能排除存在车辆挂靠的情况，危险程度的增加会影响保险公司对风险程度的评估，进而影响保险产品费率基础。只有被保险人所发生的事故完全满足“自驾车意外全残或身故保险金”的理赔条件，才符合保险公司给予小概率事件 20 倍保险金差额的初衷，更符合保险的最大诚信原则。二审法院对此表示认同，认为案涉条款系保险公司综合考虑各方面因素对风险系数的影响而确定的承保范围条款，案涉车辆并非保险合同中约定的“个人非营运车辆”。

《中华人民共和国道路运输条例》中未明确规定个人是否可以从事道路运输经营业务（包括客运和货运）。实践中，车辆挂靠于公司名下就能获得营运资格。《中华人民共和国民法典》第一千二百一十一条规定：以挂靠形式，从事道路运输经营活动的机动车，发生交通事故造成损害，属于该机动车乙方责任的，由挂靠人和被挂靠人承担连带责任。该法条的立法背景在于，以挂靠形式从事道路运输经营活动的机动车运营，是比较普遍的现象，原因是从事机动车运营需要政府管理部门核准资质，而政府只给法人或者非法人组织办理运营资质，不给个人颁发运营资质，因而个人从事机动车运营活动，只能挂靠到有运营资质的单位，才能进行合法运营活动。所以挂靠这一事实本身就意味着车辆可以被用于从事道路运输服务业务，而将可以被用于营运的车辆纳入“个人非营业车辆”明显偏离了合同“个人非营业车辆”的约定和设计初衷。车辆可以用于营运会导致使用范围、使用频率、使用时间的增加，使车辆发生事故的概率远高于“个人非营业车辆”。如果上述情况均按20倍基本保额给付保险金，则是让保险公司以低保险费承担高风险，违背了保险合同的对价平衡原则。

被保险人死亡系自身疾病与意外事故的认定

上海金融法院

（2021）沪 74 民终 96 号民事判决书

（2021 年 3 月 18 日）

案·情

2018 年 9 月 30 日，被保险人家属通过微信购买某保险公司境外旅行保险，保险期间为 2018 年 10 月 10 日至 2019 年 10 月 9 日，目的地保障为全球，保险项目为“意外身故、残疾”“医疗费用”“每日住院津贴”“疾病身故”和“身故遗体运返”等。加拿大当地时间 10 月 29 日晚上 12 点左右，被保险人周甲起来上厕所，上完厕所刚迈出去一步，就突然说脚不能动了，头麻且无法说话，然后被家人扶到房间床上，家人立即呼叫救护车，被保险人被急救送至安大略省某医院治疗，经抢救无效死亡，死亡原因为颅内出血。事故共发生救护车急救费用 960 加拿大元，医疗费 4768.60 加拿大元，花篮费用 753 加拿大元，购买棺木费用 1231.72 加拿大元，殡葬服务费用 7172.85 加拿大元。被保险人家属向某保险公司申请意外身故赔偿金、运返费用以及其他相关费用。经某保险公司审核，认为本次事故不符合意外身故，可以赔付疾病身故赔偿金以及治疗及丧葬费用。被保险人家属表示不同意，故诉至法院。

判决书正文

上诉人（原审被告）：某保险公司，住所地：中国（上海）自由贸易试验区。

被上诉人（原审原告）：毛某，女，1950年7月7日生，汉族，住上海市静安区。

被上诉人（原审原告）：周乙，女，1984年10月12日生，汉族，住上海市静安区。

上诉人某保险公司为与被上诉人毛某、周乙人身保险合同纠纷一案，不服上海市浦东新区人民法院（2019）沪0115民初87890号民事判决，向本院提起上诉。本院于2021年1月7日立案受理后，依法组成合议庭进行了审理。本案现已审理终结。

某保险公司上诉请求：撤销原审判决，改判某保险公司向毛某、周乙赔付保险金人民币56363.29元（以下如无注明币种，均为人民币）。事实与理由：脑溢血虽然系突发但并非外来因素，被保险人周甲死亡过程中并未受到任何外来因素伤害，其死亡原因脑溢血，临床医学上被认定为疾病，不属于意外伤害；一审法院举证责任分配存在错误，毛某、周乙负有证明周甲的死亡系遭受意外伤害所致的初步举证责任，然毛某、周乙之举证并不能证明周甲遭受意外伤害。

毛某、周乙共同辩称：被保险人周甲的生前医疗记录未载明其存在可能引发死亡的疾病，其系因非疾病原因的意外身故，因病身故及非意外的举证责任应由某保险公司承担，现某保险公司并无证据证明，故本案事故发生符合保险合同约定的赔付条件，某保险公司应承担相应的保险责任；周甲的意外身故具有意外、突然的特点，超出其自主意识之外，在某保险公司未能证明其由周甲意愿或内在原因所致时，应认定具备了保险条款约定的意外身故的外来的、突发的、非本意的要素。综上所述，一审法院认定事实清楚，适用法律正确，请求二审法院驳回上诉，维持原判。

毛某、周乙向一审法院提出诉讼请求：判令某保险公司支付被保险人周甲在国外旅行期间发生的医院救护及住院费4768.60加拿大元、救护车急救费960加拿大元、购买棺木费1231.72加拿大元、葬礼及火化费7172.85加拿大元、葬礼花篮费753加拿大元，合计14886.17加拿大元（暂按起诉时汇率计算折合暂计80000元）；判令某保险公司支付被保险人周甲意外身故保险金25000元；判令某保险公司支付被保险人周甲意外身故遗体运返500000元（含丧葬费）；判令某保险公司赔偿拖延保险理赔产生的翻译费等合理费用

3938元。

一审法院认定事实如下：毛某、周乙系母女关系。周甲与毛某系夫妻关系，与周乙系父女关系。周甲的父母已先于周甲死亡。2018年9月30日，投保人周乙通过某微信商店为父母各投保了一份保险，涉案的保单保险费1600元，当时总共付了2550元。保险费也是通过微信支付。周乙为被保险人周甲向某保险公司投保了《“某保险公司”境外旅行保障计划2018版——全年计划B保险合同》；出单日为2018年9月30日；生效日为2018年10月10日0时；到期日为2019年10月9日23时59分；目的地为全球；主要保险项目为意外身故、残疾（保额500000元），医疗费用（含门诊和住院，保额350000元），每日住院津贴保障（30日为限，200元/天，保额6000元），疾病身故（保额20000元），身故遗体运返（含丧葬费，保额500000元）等。备注明确，所有的保险责任及条款均以某保险公司签发的正式保险合同之相应条款为准，投保单与报价单（如有）、保险条款、保险单、批单或批注（如有）及其他约定书均为保险合同的构成部分；被保险人的投保年龄为出生后14天至85周岁，71周岁以上的被保险人，其涉及“意外身故、残疾”“公共交通工具意外保障”“自驾车意外保障”“疾病身故保障”和“医疗费用保障”（包括疾病及意外医疗）的保险费维持不变。周乙通过微信即时缴纳了相应的1600元保费，某保险公司并通过微信签发了电子保单。2018年10月30日被保险人周甲在加拿大旅行时被急救送至安大略省某医院治疗，于同日死亡出院。发生救护车急救费用960加拿大元，医疗费4768.60加拿大元。医学死亡证载明，周甲死亡原因为颅内出血因而引起死亡或因此结果死亡。周甲并于2018年11月4日由加拿大某殡仪馆火化。因周甲丧葬事宜，毛某、周乙支出花篮费用753加拿大元，购买棺木费用1231.72加拿大元，殡葬服务费用7172.85加拿大元。2018年9月4日，某医院出具病情证明单，证明周甲患糖尿病史20余年。2019年1月7日，毛某、周乙向某保险公司发出《关于周甲保险理赔的律师函》，要求某保险公司承担保险责任，履行给付身故保险金、身故遗体运返保险金等相关义务。毛某、周乙并支付了翻译费用3938元。毛某、周乙因未获赔付，遂起诉。

审理中，毛某、周乙就周乙与某微信商店微信聊天截屏在加拿大安大略省进行了公证并经我国驻多伦多总领事馆领事认证，对此亦进行了翻译，该公证材料中附有某保险公司，其中明确身故运返（其中丧葬保险金以16000元为限）。据此，某保险公司明确，如果有丧葬费，那么实际丧葬费金额以原告实际产生费用为据，但不超过16000元的上限。

针对某保险公司的辩称，毛某、周乙表示，不同意某保险公司的陈述，火化费中210加拿大元文件证明费用，系当地殡葬服务中心出具的火化证明所收取的费用，骨灰乘飞机回国时必须有该证明，故要求某保险公司赔付；葬礼花篮费753加拿大元属于丧葬费险种项下的合理费用，予以坚持；关于意外身故保险金争议，在医学死亡证表格中，死亡原因载明为颅内出血，是属于突发意外，并不是疾病，关于某保险公司主张是否属于意外栏空白就证明不是意外的观点，毛某、周乙方不认同；关于意外身故遗体运返费用，载明含丧葬费，毛某、周乙方认为是合理费用，予以坚持；关于翻译费用，虽然在险种中没有具体体现，但是为实际发生的费用，应当由某保险公司予以赔付。

毛某、周乙并陈述，被保险人周甲死亡过程为，加拿大当地时间10月29日晚上12点左右，当时已经睡觉了，周甲起来上厕所，然后毛某也上厕所，被保险人周甲上完厕所后起来让毛某上厕所，被保险人周甲刚迈出去一步，就突然说脚不能动了，头麻，然后毛某扶住被保险人周甲，扶不住，然后叫女婿过来将被保险人周甲扶到房间床上，接下来就不能说话了，然后就叫救护车送医院，医院马上进行抢救，说是脑溢血，无法抢救。

审理中，某保险公司明确主张被保险人周甲系疾病死亡的依据是根据死亡证明上的颅内出血及诉状上毛某、周乙自述脑溢血，某保险公司认为脑溢血是疾病。

毛某、周乙明确要求，关于遗体运返费，没有其他证据证明，骨灰盒是运回国内入葬的，毛某、周乙主张依据保险项目身故遗体运返（含丧葬费），某保险公司应当理赔。

另查明，某保险公司提供的保险条款中，关于旅行人身意外伤害保险条款，对意外伤害释义为：指以外来的、突发的、非本意的和非疾病的客观事件为直接且单独的原因致使身体受到的伤害。关于旅行身故遗体运返保险条款约定，遗体送返保险金由被告委托的救援机构或其授权代表，依当地实际情况安排遗体保存或火化，相关费用并经被告核实确认后直接支付给救援机构。

周甲，男，出生日期为1947年8月1日。

2018 年 10 月 30 日，加拿大元与人民币汇率中间价为 100 加拿大元等于人民币 530.03 元。

一审法院认为：本案系人身险保险合同纠纷。本案被保险人周甲与某保险公司之间通过微信所订立的保险合同关系依法成立并生效，具有法律约束力。现发生被保险人周甲死亡的事实，本案毛某、周乙作为被保险人周甲的法定继承人，即为涉案保险合同的法定受益人，通过审理，某保险公司对毛某、周乙的诉讼主体亦无异议，故认定，毛某、周乙有权就涉案保险合同项下的保险权益提出主张。本案的主要争议焦点为，周甲的死亡系因发生意外伤害事故而死亡还是因疾病死亡？某保险公司主张，周甲是因疾病非意外导致的死亡，应适用疾病身故险种，依据是根据医院死亡证明上的颅内出血及诉状上毛某、周乙自述脑溢血，某保险公司认为脑溢血是疾病，其他并无证据证明。毛某、周乙表示不同意，医学死亡证表格中，死亡原因载明为颅内出血，是属于突发意外，并不是疾病，关于某保险公司主张是否属于意外栏空白就证明不是意外的观点，毛某、周乙方不认同。一审法院认为，根据某保险公司提供的旅行人身意外伤害保险条款释义明确意外伤害是指以外来的、突发的、非本意的和非疾病的客观事件为直接且单独的原因致使身体受到的伤害。结合现有证据以及医学死亡证载明的死因，周甲身前患有糖尿病史，而本案事故发生时，周甲刚上完厕所，其年龄又达 71 周岁，死亡原因为颅内出血因而引起死亡或因此结果死亡。该死亡原因与糖尿病无关，且无证据显示周甲生前患有相关重大疾病，周甲年龄偏大，在上完厕所起身刚走一步就送医不治当日死亡，其因意外伤害致死具有高度盖然性，毛某、周乙已完成相应举证责任，故认定，本案被保险人周甲的死亡系意外事故导致，符合本案事实以及涉案保险合同的约定。因某保险公司未能提供充分、确凿的证据证明被保险人系因自身疾病的因素而导致死亡，故对某保险公司的上述主张不予采信。一审法院认定，某保险公司应当根据法律规定和合同约定予以理赔意外身故保险金。合同约定，意外身故保额为 500000 元，同时又约定 71 周岁以上的被保险人，其涉及“意外身故、残疾”的保险金额为所载金额的一半，故毛某、周乙主张的金额 250000 元符合合同约定，一审法院认定某保险公司应赔付该项目金额 250000 元。关于其他争议的项目及金额，一审法院认为，（一）关于医院救护及住院费 4768.60 加拿大元、救护车急救费 960 加拿大元争议，某保险公司予以认可，汇率要求按照事故发生后实际支付日的汇率进行计算赔付。毛某、周乙于2018年10月30日支付上述款项，根据该日的汇率加拿大元与人民币汇率中间价为100加拿大元等于人民币530.03元，换算后的人民币总价为30363.29元，一审法院认定某保险公司应赔付上述项目保险金为30363.29元。（二）关于购买棺木费1231.72加拿大元、葬礼及火化费7172.85加拿大元、葬礼花篮费753加拿大元，因毛某、周乙提供的周乙与某微信商店微信聊天截屏在鉴定安大略省进行了公证并经我国驻多伦多总领事馆领事认证的材料，该公证材料中附有某保险公司合同，其中明确身故运返（其中丧葬保险金以16000元为限）。周甲实际产生的合理丧葬费用已超过16000元，故一审法院认定某保险公司应赔付毛某、周乙该项目保险金16000元。毛某、周乙主张的金额已超过保额，故超过部分不予支持。（三）关于被保险人周甲身故遗体运返500000元争议，因周甲遗体在加拿大火化，毛某、周乙进一步明确，骨灰盒是运回国内入葬的，毛某、周乙主张依据保险项目身故遗体运返（含丧葬费），某保险公司应当理赔，没有其他证据证明。因毛某、周乙未实际发生该项费用，且根据某保险公司提供的保险条款约定该项目如有，支付对象和条件为某保险公司委托的救援机构或其授权代表，并经某保险公司核实确认后直接支付给救援机构。故对毛某、周乙该项诉讼请求，不予支持。（四）关于翻译费3938元争议，因该项目不属某保险公司理赔范围，故对毛某、周乙该请求不予支持。综上所述，就本次事故，某保险公司合计应向毛某、周乙赔付保险金合计296363.29元。依照《中华人民共和国合同法》第六十条第一款，《中华人民共和国保险法》第二条、第二十三条，《最高人民法院关于适用〈中华人民共和国民事诉讼法〉的解释》第九十条的规定，判决如下：一、某保险公司应于判决生效之日起十日内赔付毛某、周乙保险金296363.29元；二、驳回毛某、周乙的其余诉讼请求。案件受理费12139元，由毛某、周乙负担7826元，某保险公司负担4313元。

二审中，各方当事人均未提交新的证据材料。

本院经审理查明，一审法院认定的事实清楚，本院依法予以确认。

本院认为，毛某、周乙向某保险公司主张被保险人周甲系意外伤害身故并要求相应的保险金赔偿，应对其主张承担初步的举证责任。然根据毛某、周乙之举证及对周甲死亡过程之陈述，本案事故发生并不存在任何外来因素，无法证明周甲之死亡系遭受意外伤害，应承担举证不能的法律后果，故对于毛某、周乙主张意外伤害身故保险金的请求，本院不予支持。某保险公司于二审中主张本案适用疾病身故保险条款，根据合同约定，疾病身故保额为 20000 元，71 周岁以上的被保险人保险金额为一半，故赔偿疾病身故保险金 10000 元，具有合同依据，本院予以支持。经核算，某保险公司应赔付毛某、周乙保险金总计 56363.29 元。依照《中华人民共和国民事诉讼法》第一百七十条第一款第（二）项之规定，判决如下：

一、撤销上海市浦东新区人民法院（2019）沪 0115 民初 87890 号民事判决。

二、上诉人某保险公司应于本判决生效之日起十日内支付被上诉人毛某、周乙保险金人民币 56363.29 元。

三、驳回被上诉人毛某、周乙的原审其余诉讼请求。

负有金钱给付义务的当事人如未按本判决指定的期间履行给付义务的，应当按照《中华人民共和国民事诉讼法》第二百五十三条之规定，加倍支付迟延履行期间的债务利息。

本案一审案件受理费人民币 12139 元，由上诉人某保险公司负担人民币 820.44 元，由被上诉人毛某、周乙负担人民币 11318.56 元。二审案件受理费人民币 5745 元，由被上诉人毛某、周乙共同负担。

本判决为终审判决。

审判长　崔　某

审判员　周　丙

审判员　朱　某

二〇二一年三月十八日

法官助理　刘　某

书记员　谢　某

评·析

本案件主要争议焦点为被保险人的死亡是因疾病还是意外造成以及举证责

任的运用。

一、关于意外事故内涵

理赔实务操作中对于意外身故还是疾病身故，普遍争议较多。对于“意外事故”的概念和内涵，我国《中华人民共和国保险法》和相关司法解释均未对其进行明确定义。经过查询发现最早可追溯到 1998 年中国人民银行制定的《航空旅客人身意外伤害保险条款》第 12 条之规定“意外伤害是指遭受外来的、突发的、非本意的、非疾病的使身体受到伤害的客观事件”。综观目前各保险公司的意外伤害保险条款大多沿袭了该条款的规定，并明确释义为“意外伤害是指以外来的、突发的、非本意的和非疾病的客观事件为直接且单独的原因致使身体受到的伤害”。

部分国家和地区的保险立法对意外伤害进行了解释。如《德国保险合同法》第一百七十八条第二款规定“意外伤害是指由于突发外部事件对被保险人身体产生的外部冲击并导致其非自愿健康受损的事实”；我国台湾地区保险相关规定第一百三十一条第二款，“意外伤害是指非有疾病引起之外来突发事故所致被保险人伤残或死亡”。

综上可知，“意外伤害”主要是从外来的、突发的、非本意的这三个方面来界定。

“外来的”是指意外事故的原因必须存在于被保险人之外，而非内在于身体的过程，因此排除了因自身疾病等内在原因导致健康受损的情形，同时外来的也不完全等同于外伤，如果外来原因作用使得身体内在受到损害，即使表面毫无痕迹，也符合外来的特征。典型的外来事故，主要包括被保险人的身体与他人或他物以物理方式碰撞或者以化学、电能、热能、生物等方式发生作用所引起的事故。“突发的”是指事故快速的发生且出乎于被保险人所预期及所能预见的，所谓快速发生，并不要求事故或者损害必须在瞬间发生，损害可在事故发生后的相当期间内发生，如猫抓狗咬一段时间后狂犬病的发作，同时突发性也要符合不可预见的要求，即损害后果不是被保险人自主行为时所欲主动追求的结果。“非本意的”即非自愿的，指损害的发生并非基于被保险人故意所致，这项要素考察的是被保险人主观心态的要求。

保险公司认为对于意外伤害的认定，外来的、突发的、非本意的和非疾病的应为同时满足的客观条件，而非择一或择多，同时“直接且单独的原因”

的定义也非常重要，近因原则也是在保险责任认定时非常关键的一点。

本案从保险公司提供的证据中显示，被保险人周甲的医学死亡证明中显示死亡原因为颅内出血，且未注明有意外或凶杀或死因不明的情形。同时原告自认被保险人周甲患糖尿病史 20 余年，其对事故的陈述中也并无外来的因素导致事故发生，故保险公司认为不符合“意外伤害”的定义。

二、举证责任分配在本案中的体现

一审法院认为，被保险人死亡原因为颅内出血因而引起死亡或因此结果死亡，与糖尿病无关，上完厕所起身刚走一步就送医不治当日死亡，其因意外伤害致死具有高度盖然性，原告已完成相应举证责任。保险公司无证据显示周甲生前患有相关重大疾病，未能提供充分、确凿的证据证明被保险人系因自身疾病的因素而导致死亡，故判定本案被保险人周甲的死亡系意外事故导致。

二审法院认为，受益人主张被保险人系意外伤害身故并要求相应的保险金赔偿，应对其主张承担初步的举证责任。然而根据受益人之举证及对被保险人死亡过程的陈述，本案事故发生并不存在任何外来因素，无法证明被保险人周甲之死亡系遭受意外伤害，应承担举证不能的法律后果，故撤销一审判决，判决保险公司按疾病身故赔偿。

一审和二审判决不同的关键点是对意外事故举证责任的分配，即受益人应先行对意外事故的“外来性和突发性”进行举证，只有在受益人举证了意外事故的“外来性和突发性”后，保险人才负有举证拒赔事实的责任。

根据我国《中华人民共和国民事诉讼法》第六十四条第一款规定，“当事人对自己提出的主张，有责任提供证据”，即“谁主张，谁举证”。结合《中华人民共和国保险法》第二十二条第一款的规定，被保险人负有举证证明保险事故发生的义务，未尽到保险事故发生的证明义务，保险人可以就不能确定的损失部分拒绝赔偿。

结合前述对“意外事故”的分析，意外事故中的外来的和突发的要素属于证据法上的“积极事实”，由主张积极事实成立的一方举证，即由被保险人负责举证。同时，根据证据距离理论，被保险人是事故发生的亲历者，距离事故的证据更近，更可能获得事故发生的证据。因此，被保险人应先举证“事故是外来的和突发的事件造成”。在被保险人完成举证的情况下，保险人如主张事故系被保险人故意造成，举证责任转移至保险人，由保险人举证事故是故意造成的。

本案中，证据显示被保险人死亡原因系颅内出血，死亡表格未标注是意外或凶杀。庭审中，受益人陈述“并未遭受任何外来伤害，起夜、上厕所后迈出一步就说脚不能动，随后送医死亡”，即无任何外来侵害因素，无法证明被保险人周甲之死亡系遭受意外伤害，不符合保险合同关于“意外事故”约定，故应承担举证不能的法律后果。

再审判决中也肯定了二审法院的观点，认为申请人既未主张被保险人周甲具体受到何种外来伤害，也未能举证证明，故应承担举证不能的法律后果。最终裁定，驳回受益人再审申请，维持二审判决。

意外伤害保险中被保险人虚假陈述承担不利后果的认定

四川省成都市中级人民法院
（2021）川 01 民终 19067 号民事判决书

（2021 年 11 月 25 日）

案·情

2018 年 2 月 4 日，李甲向某保险公司投保了一份意外伤害保险，保险期间为 2018 年 2 月 11 日至 2019 年 2 月 10 日；后续保，保险期间为 2019 年 2 月 11 日至 2020 年 2 月 11 日。另外，李甲所在公司以李甲为被保险人在该保险公司投保了一年期团体险，保险期间为 2020 年 1 月 1 日至 2020 年 12 月 31 日。

2020 年 1 月 23 日，李甲左手拇指受伤，在成都市某医院住院治疗。医院的入院记录、出院记录均载明李甲在家中砍椰子时，不小心被砍刀砍伤左手拇指。李甲于 2020 年 3 月与 4 月被评定为九级伤残。某保险公司在收到李甲的理赔申请后，对李甲提供的病史资料及事故经过说明进行核实，结合核实到的情况认定李甲本次出现出险的意外依据不足，遂拒赔。

2020 年 12 月，李甲向四川省邛崃市人民法院提起诉讼，请求人民法院判令某保险公司支付意外伤残保险金 1600000 元、医疗费 19580.89 元及相应利息。

2021 年 7 月 16 日，四川省邛崃市人民法院出具一审判决书，认为李甲在理赔时对受伤过程、是否曾向其他保险公司投保等关键问题作了虚假陈述，应承担对自己不利的法律后果，判决驳回李甲的诉讼请求。李甲不服，遂向四川省成都市中级人民法院提起上诉。四川省成都市中级人民法院二审维持了一审判决。

判决书正文

上诉人（原审原告）：李甲，男，1986年4月3日出生，汉族，住四川省邛崃市。

被上诉人（原审被告）：某保险公司，住所地：上海市黄浦区。

上诉人李甲因与被上诉人某保险公司人身保险合同纠纷一案，不服四川省邛崃市人民法院（2021）川0183民初281号民事判决，向本院提起上诉。本院于2021年9月13日立案受理后，依法组成合议庭进行审理。本案现已审理终结。

李甲上诉请求：撤销原判；改判某保险公司向李甲支付意外伤残保险金人民币1600000元、赔偿医疗费19580.89元、支付保险金迟延赔付自2020年5月10日起至保险金实际履行完毕之日止的利息损失（以1619580.89元为基数，按照同期全国银行间同业拆借中心公布的贷款市场报价利率3.85%计算）。事实和理由：一、一审法院遗漏查明李甲左手拇指致伤的真实原因，径直认定李甲存在虚假陈述，缺乏依据，导致事实认定错误。只有查明李甲受伤是否属于意外的关键事实，才能查清李甲报案时陈述的事故原因是否与真实原因不一致，以及某保险公司是否能以该不一致为由拒赔；二、一审法院判决认定事实错误。案涉保险条款并未约定只要李甲在理赔阶段存在任何虚假陈述，某保险公司均可以此为由全额拒赔。李甲行为不构成保险欺诈。李甲在理赔时仅就意外受伤的工具表述不一致，并非对整个受伤过程作出虚假陈述。李甲没有实施保险欺诈的动机，不存在在保险事故发生前突发密集投保之情形，其投保符合保险消费习惯，也在其经济状况承受范围。李甲作出意外事故致伤工具不一致的陈述是为了防止家庭矛盾，而非骗取保险金。不应因致伤工具不一样而影响某保险公司应承担的保险责任。三、一审法院适用法律错误，导致判决错误。本案中，李甲致伤原因无论是砍刀所伤还是切骨机所伤，均应认定为是保险条款中约定意外事故，均属于保险责任，某保险公司均应履行保险赔付义务，而不能以《保险法》第二十七条第三款规定拒绝承担保险责任。四、一审法院剥夺了李甲的辩论权。一审判决中载明的争议焦点并未包括在庭审过程中法庭归纳的争议焦点中，故判决确认的争议焦点未经充分辩论，程序严重违法。

某保险公司辩称，李甲作为购买了巨额意外保险、高度了解保险知识且进行过理赔的人员，在受伤后对医院和保险理赔人员均称其为刀砍受伤，直到知晓司法鉴定结果才承认自己虚假陈述。李甲的行为严重违反诚实信用原则，违背法律规定，理应承担相应法律责任。1. 一审并未漏查李甲致伤的真实原因，一审判决已经明确李甲对虚假陈述应当承担相应的法律后果，至于李甲受伤是否是切骨机所导致不再是案件的审理焦点，无须再浪费司法资源进行审查。2. 一审判决不存在认定事实错误。一审认定李甲虚假陈述的事实是正确的。李甲受伤后到医院治疗及此后向保险公司报案，乃至数次向保险公司递交事故说明及填写理赔资料时均坚称是刀砍受伤，甚至对于保险公司的理赔人员非常从容地演示了刀切受伤过程，故一审对于李甲做虚假陈述的事实查明是清楚准确的。3. 一审判决适用法律正确。李甲的虚假陈述内容将直接影响是否应支付理赔款，且李甲的虚假陈述并非基于其对事件过程认识不清所致，而是李甲在亲身经历的情况下，主观故意进行欺骗所做的陈述，故李甲的行为严重违背《民法典》及《保险法》关于诚实信用原则的规定，其应当承担相应的法律后果。至于李甲所谓的切骨机切断受伤仅是其在被揭穿虚假陈述后的单方陈述，没有任何证据支撑。4. 一审程序并无不当。一审庭审中对于李甲的受伤过程也进行了充分调查，双方充分阐述了各自的意见，不存在任何违反法定程序的情况。

李甲向一审法院提出诉讼请求：1. 某保险公司向李甲支付意外伤残保险金人民币1600000元；2. 某保险公司向李甲赔偿医疗费19580.89元；3. 某保险公司向李甲支付利息损失，利息损失计算方式为：以1619580.89元为基数，从2020年5月10日起至付清之日止，按全国银行间同业拆借中心公布的贷款市场报价利率计算。

一审法院认定事实如下：

2018年2月4日，李甲作为投保人，以自身为被保险人，向某保险公司投保了某意外伤害保险，保险项目包含：某意外伤害保险，基本保险金额为5000000元，附加某重大疾病保险，基本保险金额为500000元，保险期间为2018年2月11日至2019年2月10日；后续保，保险期间为2019年2月11日至2020年2月11日。双方当事人均认可某管理服务公司作为投保人，以李甲为被保险人在某保险公司投保一年期团体险，保险期间为2020年1月1日至2020年12月31日，其中包含险种：附加意外伤残团体意外伤害保险（2014版），保险金额为3000000元，住院及手术B2款团体医疗保险，附加门诊急诊A2款团体医疗保险。

某意外伤害及附加意外伤残团体意外伤害保险（2014版）保险条款均约定，保险责任：在本合同有效期内，若被保险人因遭受意外事故，且自该事故发生之日起一百八十日内导致伤残，则本公司将按保险合同所附“伤残行业标准”中的评定原则，确认该伤残的伤残类别、伤残等级和保险金给付比例，并给付意外伤残保险金予被保险人。责任免除约定，因下列情形之一导致被保险人身故或伤残的，本公司不承担保险责任：被保险人故意自伤。释义部分约定，意外事故：指因外来的、突发的、非本意的、非疾病的原因而直接且单独地导致被保险人发生事故。住院及手术B2款团体医疗保险及附加门诊急诊A2款团体医疗保险条款均约定，因被保险人故意自伤导致被保险人发生住院及手术医疗费用、门诊急诊医疗费用的，本公司不承担给付医疗保险金的责任。

2020年1月23日，李甲左手拇指受伤，在某甲医院门诊治疗，产生医疗费168元；后前往某乙医院住院治疗，产生医疗费19412.89元。某乙医院入院记录、出院记录均载明李甲在自己家中砍椰子时，不小心被砍刀砍伤左手拇指。四川某司法鉴定所、四川某司法鉴定中心分别于2020年3月16日、2020年4月30日出具鉴定意见，李甲的伤残等级评定为九级。某保险公司分别于2020年5月9日出具《理赔结果通知书》及《团体保险保险金给付通知书》，于2020年5月10日出具《团体保险理赔通知书》，主要载明某意外伤害保险、附加意外伤残团体意外伤害保险（2014版）及医疗费拒绝赔偿，理由是：根据李甲提供的病史资料及事故经过说明，结合核实到的情况，本次出险意外依据不足，不符合本保险合同下《某意外伤害保险》《附加意外伤残团体意外伤害保险（2014版）》及相关保险合同条款中“意外事故”定义，故本次理赔申请歉难赔付。

一审法院认为，本案的争议焦点是李甲在理赔时作虚假陈述，保险公司是否应承担赔偿保险金责任？

李甲认为其在理赔时作虚假陈述的原因是，之前是他的岳母在帮他带孩子，同时岳母也在自己做生意，经常把杂七杂八的东西搬到家里。因为教育观念不同，李甲和其岳母经常发生争吵，致使李甲的岳母搬离李甲住处，由李甲的母亲来带孩子。李甲母亲在带孩子的同时也在做生意，并把切骨机搬回家里，李甲妻子对此意见很大。在过年回家之前，李甲妻子还让李甲把切骨机收拾好，但李甲并没有收拾。如果让李甲妻子知道李甲受伤是切骨机引起的，势必会产生严重的家庭矛盾和婆媳矛盾，所以在医院和理赔时陈述为砍刀砍伤。

一审法院认为，《中华人民共和国保险法》第二十七条第三款规定："保险事故发生后，投保人、被保险人或者受益人以伪造、变造的有关证明、资料或者其他证据，编造虚假的事故原因或者夸大损失程度的，保险人对其虚报的部分不承担赔偿或者给付保险金的责任。"《保险金给付申请书》《团体保险金给付申请表》以显著不同于其他字的字体载明：反保险欺诈提示，故意或因重大过失未履行如实告知义务，保险公司不承担赔偿或给付保险金的责任；声明及授权载明：本人声明以上陈述与回答全部属实，本人并无隐瞒或遗漏；如有虚假，本人愿意承担法律责任。李甲在理赔时对受伤过程、是否曾向其他保险公司投保等关键问题作了虚假陈述；其应按照约定，承担对自己不利的法律后果。虽然李甲解释了作虚假陈述的原因，但是并不能成为李甲作虚假陈述的理由。根据李甲自己已核实的投保意外伤害保险的金额来看至少约12000000元，以及李甲长期进行投保，且在2018年受伤时已经理赔过，其更应该明白作虚假陈述的法律后果；并且李甲是在某保险公司提供《鉴定意见书》以及拒赔通知书后，才承认其受伤并不是砍刀所伤而是切骨机所伤。至于李甲受伤是否是切骨机意外所致，不再是本案审理的焦点。故对李甲请求某保险公司赔偿保险金、医疗费及利息损失的请求，一审法院不予支持。依照《中华人民共和国保险法》第二十七条第三款、《中华人民共和国民事诉讼法》第六十四条第一款、《最高人民法院关于适用〈中华人民共和国民事诉讼法〉的解释》（法释〔2015〕5号）第九十条、《最高人民法院关于适用〈中华人民共和国民法典〉时间效力的若干规定》第一条第二款之规定，判决：驳回李甲的诉讼请求。案件受理费（减半收取）9852元，由李甲负担。

本院对一审查明的事实予以确认。

本院二审另查明，李甲自2016年10月31日至2020年2月21日在某管理服务公司工作，2020年度税前基本年薪为3××000元。

李甲曾于2018年因左手拇指末端开放性骨折向某保险公司申请理赔，某保险公司进行了赔偿。

案涉断指事件发生时，李甲尚有在保险期间内的意外伤害险几十份，保险金额达上千万。案涉事件发生后，李甲已获得三份意外保险赔偿，金额共计15万元。

2020年3月2日李甲向某保险公司申请本案理赔时填写了《保险金给付申请书》《团体保险金给付申请表》，上述申请材料中以“加黑加粗”的方式载明反保险欺诈提示条款——故意或因重大过失未履行如实告知义务，保险公司不承担赔偿或给付保险金的责任。李甲填写上述申请时陈述其受伤经过为砍椰子砍伤左手拇指，断指不慎掉入火锅汤中；李甲在“是否曾向其他保险公司投保”选项下勾选“否”。

李甲在2020年4月2日接受某保险公司访谈以及保险公司工作人员到其家中调查时，均称其系刀砍椰子砍伤，刀具已扔掉，并对砍伤过程进行模拟示范。

2020年5月7日上海某司法鉴定所接受某保险公司委托，对李甲进行“致伤方式符合性评定”，《鉴定意见书》载明：左拇指离断残端可见拇指近节远端及远节指骨，其中拇指近节指骨离断端可见三处平行骨质损伤等；鉴定意见为，李甲左手拇指部分缺失的致伤方式与自述“砍椰子时不慎砍到左手拇指，当时左手拇指即自伤处离断”的致伤方式不符合。一审中鉴定人出庭作证，认为三处平行骨质损伤明确的提示不是一次性形成，反映了三次损伤致伤过程，由远端向近端逐渐加深。

李甲在被拒赔后于2020年6月9日改称其受伤为切骨机所致，认为鉴定报告中提示的三处平行骨质损伤系切骨机下滑抖动造成，并解释称此前未如实陈述是因为切骨机是其母亲的，之前其已与岳母发生了矛盾，怕妻子知道后与李甲产生家庭矛盾。

上述事实，有加盖某管理服务公司人事专用章的《收入证明》《劳动合同》，2018年《团体保险金给付申请表》《急救电子病历》、李甲本人陈述，2020年《保险金给付申请书》《团体保险金给付申请表》，某保险公司对李甲的《访谈记录》及调查的录像、照片，李甲投保意外险的相关保单，《鉴定意见书》、鉴定人出庭笔录，李甲出具的《事故详情》与《未如实描述意外事故说明》在案为证。

本院认为，本案涉及两份人身保险，一份系李甲作为投保人和被保险人，向某保险公司投保的“某意外伤害保险”，另一份系某管理服务公司作为投保人、李甲为被保险人，向某保险公司投保的一年期团体险。上述两项保险合同均合法有效。在保险期内，李甲于2020年1月23日左手拇指受伤，随后向某保险公司申请理赔，某保险公司以出险意外依据不足、不符合保险合同“意外事故”定义为由，出具通知书拒绝理赔。双方遂产生本次诉讼。本案争议焦点为，某保险公司是否应就李甲左手拇指受伤承担保险赔偿责任。

意外伤害保险中，人身损害是如何发生的，是决定事件性质和是否构成保险事故的核心内容，被保险人在向保险人申请理赔时必须如实陈述。本案中，李甲申请理赔后，某保险公司工作人员多次询问核查事故经过、致伤刀具，李甲反复陈述其系刀砍椰子不慎砍断手指，并使用刀具进行现场模拟。后某保险公司委托上海某司法鉴定所进行“致伤方式符合评定”，《鉴定意见书》载明李甲伤情存在“左拇指离断残端可见拇指近节远端及远节指骨，其中拇指近节指骨离断端可见三处平行骨质损伤”；鉴定意见为李甲左手拇指部分缺失的致伤方式与自述“砍椰子时不慎砍到左手拇指，当时左手拇指即自伤处离断”的致伤方式不符合。可见上述鉴定意见否定了李甲所描述的事件经过的真实性，也否定了李甲所述事件与损伤结果之间的因果关系。

在鉴定机构出具《鉴定意见书》否定李甲关于用刀砍断手指的陈述后，李甲承认其确非刀砍致伤，改口称实际上其左手拇指系切骨机致伤，因切骨机下落抖动导致其伤口呈现“三处平行骨质损伤”，并称其此前未说因切骨机致伤是因为想避免家庭矛盾。对此本院认为，李甲上述说法难以得到采信。首先，李甲解释其谎称用刀砍断手指的原因为避免家庭矛盾，该说法不合常理，不具有说服力。李甲在断指事件发生时，有多份意外伤害保险，涉及保险金额巨大，且李甲此前就因另一左手拇指受伤事件而在保险公司获得赔偿，其对保险理赔时应如实陈述事实否则可能导致极为不利的法律后果应有清醒的认识。李甲在某保险公司多次询问调查时均陈述其系刀砍椰子不慎砍断手指，并称当时所用的刀已扔掉，还使用其他刀具进行现场模拟，可见其关于伤害发生原因的不实陈述，是深思熟虑后故意所作，绝非一般的搪塞或口误，更难以避免家庭矛盾为由予以合理解释。其次，根据鉴定意见，李甲左手拇指三处平行骨质损伤不是一次性形成，而是系由远端向近端、由浅到深三次形成。切骨机较刀具更为锋利，如果真如李甲所述其手指系用切骨机切椰子时因身体失去重心而不慎切断，“三处平行骨质损伤”现象很难得到解释。故李甲关于因切骨机下落抖动导致其伤口呈现“三处平行骨质损伤”的说法，难以成立。最后，意外伤害保险赔偿与是否构成伤残有直接关系，断指是否能再植是影响构成伤残的重要因素，李甲最初称因为在茶几上用刀砍断手指，靠近火锅故断指不慎掉进汤锅里变形而不能再植，后改口称火锅放在切骨机边上，被切骨机切断的手指不慎落入汤锅。上述说法中，一方面，将非日常使用、较大较重、“容易引起家庭矛盾”的切骨机摆放在客厅处不合常理；另一方面，吃火锅时不将汤锅放在餐桌上或茶几上，而是放在靠近切骨机的地面上，也不符合通常做法，故李甲关于手指切断后即不慎落入汤锅的说法存在漏洞，难以自洽。

《中华人民共和国保险法》第五条规定：“保险活动当事人行使权利、履行义务应当遵循诚实信用原则。”保险合同签订前和履行过程中，当事人始终应坚持最大诚信原则，有如实告知、明确说明义务。李甲对伤害过程的不实陈述，不仅涉及由什么工具造成损害的问题，而且关系到断指事件是否属于意外事故、是否构成保险事故的问题。由于李甲断指形成机制与其自述情形不符，某保险公司为查明案涉事故性质，已针对李甲的陈述进行了调查并委托鉴定，鉴定意见足以构成对案涉事故性质是否为意外的合理怀疑；而李甲除其本人陈述外无其他实质证据证明其伤确因意外所致，故本案伤害事件能否构成保险事故严重存疑，李甲要求某保险公司保险赔偿金的诉请不应得到支持。

关于一审是否剥夺李甲辩论权问题。经审查，一审围绕案涉事故发生的经过及是否系意外导致进行了调查和辩论，对一审庭审和判决中归纳的焦点问题，李甲均发表了辩论意见。一审并不存在《最高人民法院关于适用〈中华人民共和国民事诉讼法〉的解释》第三百九十一条规定的剥夺当事人辩论权的情形。

综上所述，李甲的上诉请求不能成立，应予驳回；一审判决认定事实清楚，适用法律正确，应予维持。依照《中华人民共和国保险法》第五条、《中华人民共和国民事诉讼法》第一百七十条第一款第一项规定，判决如下：

驳回上诉，维持原判。

二审案件受理费 19704 元，由李甲负担。

本判决为终审判决。

本案判决生效后，负有履行义务的当事人应当依法按期履行。逾期未履行的，权利人申请执行后，人民法院依法对相关当事人采取限制高消费、列入失信名单、罚款、拘留等措施，构成犯罪的，依法追究刑事责任。

审判长　张　某
审判员　陈　某
审判员　李　乙
二〇二一年十一月二十五日
法官助理　崔　某
书记员　蒋　某

评·析

一、立法实践和司法解释

1. 关于诚实信用原则的一般规定

根据《中华人民共和国民法典》第七条规定，民事主体从事民事活动，应当遵循诚信原则，秉持诚实，恪守承诺。诚实信用是民事主体进行民事活动所要遵循的基本原则，蕴含重要的价值判断标准。诚实信用原则要求尊重他人利益，以对待自己事务之注意对待他人事务，确保法律关系的当事人都能得到自己应得的利益，不得通过自己的活动损害第三人利益和社会公共利益，必须以符合其社会经济目的的方式行使自己的权利，履行自己的义务。诚实信用原则是任何一方在行使民事权利的过程中都应当遵循的基本原则。

2. 关于诚实信用的特殊规定

根据《中华人民共和国保险法》第五条的规定，保险活动当事人行使权利、履行义务应当遵循诚实信用原则。《中华人民共和国保险法》第二十七条第三款的规定，保险事故发生后，投保人、被保险人或者受益人以伪造、变造的有关证明、资料或者其他证据，编造虚假的事故原因或者夸大损失程度的，保险人对其虚报的部分不承担赔偿或者给付保险金的责任。

由此可见，若投保人、被保险人或者受益人在履行保险合同或依据保险合同行使民事权利时，有违反诚实信用原则的不当行为的，应承担由此导致的不利后果。

3. 关于主张行使相关权利的举证责任

依据《中华人民共和国民事诉讼法》第六十四条第一款规定，当事人对自己提出的主张，有责任提供证据。该条确立了民事诉讼上“谁主张、谁举证”的举证责任分配原则，即凡主张权利或法律关系存在的当事人应当就产生该权利的法律事实负举证责任。

因此，当事人对于其在诉讼过程中提出的主张负有举证证明责任。除此之外，根据《最高人民法院关于适用〈中华人民共和国民事诉讼法〉的解释》第九十条规定，负有举证证明责任的当事人还应承担因举证不能而导致的不利后果。

二、争议焦点

在投保人或者被保险人对事故情况有虚假陈述的情况下，保险人是否应承担赔偿保险金责任?

对于该争议焦点，在双方对李甲存在虚假陈述这一事实已经达成一致的背景下，李甲仍坚持认为其并不构成欺诈。同时，李甲在上诉时指出，一审法院应当查明其二次提出的“切骨机致伤”的真相，否则，某保险公司即无证据证明其主张的事故不属于意外。对此，某保险公司则认为，李甲在申请理赔时详细描述了事故发生的过程，称是在用刀切椰子时受伤。对于这一番说辞，经某保险公司委托上海某司法鉴定所调查，鉴定结论为：该致伤方式与李甲的陈述不一致。之后，李甲通过书面材料承认其并非是在用刀切椰子的过程中受伤的，其在申请保险理赔时的陈述为虚假陈述。有鉴于此，李甲存在虚假陈述的事实确凿，双方对此不存在歧义，李甲此举严重违背诚信，依法应当承担相应的法律责任。除此之外，李甲改口所称的“切骨机致伤”并无任何证据支持，其行为符合断指欺诈的特征，不应受法律保护。同时，李甲也应当为其虚假陈述行为承担法律责任，在其申请理赔后，某保险公司已尽合同审查义务，法律不应放任违背诚实信用原则的行为，更不应允许违背诚信方任意改变理由继而开展无休止的“调查”。

对于上述双方的不同意见，法院认为原告李甲在其谎言“被砍刀砍断左手拇指”被揭穿后，又主张是被切骨机切断手指，并认为对造成意外受伤的工具表述不一致不是对整个受伤过程作出虚假陈述，不应因致伤工具不一样而影响保险公司应承担的保险责任。但李甲作为长期投保、曾经接受过理赔的人员，更应该明白作虚假陈述的法律后果，李甲解释的虚假陈述的原因并不能成为虚假陈述的理由，并且李甲是在某保险公司提供了《鉴定意见书》和拒赔通知书之后才承认其受伤并不是砍刀所伤而是切骨机所伤。因此，李甲受伤是否真的是切骨机意外所致，不再是法庭审理的焦点问题。

最终，人民法院依据《中华人民共和国保险法》第五条的规定，认为李甲对伤害过程的不实陈述，不仅仅涉及由什么工具造成损害的问题，而且关系到断指事件是否属于意外事故、是否构成保险事故的问题。基于前述观点，人民法院最终认定李甲要求保险公司支付保险赔偿金的诉请不应得到支持。

三、实务启示

本案主要涉及的法律规定是，《中华人民共和国民法典》第七条规定："民事主体从事民事活动，应当遵循诚信原则，秉持诚实，恪守承诺。"以及《中华人民共和国保险法》第五条规定："保险活动当事人行使权利、履行义务应当遵循诚实信用原则"。

李甲在从事保险活动时，未能秉持最大诚信原则，在申请保险理赔时已作虚假陈述，在其谎言被揭穿后，为获取保险金而再次陈述，并且在该陈述中李甲承认在事故发生后多次欺骗家人。对于李甲这样一贯性地多次欺骗他人、为获取利益所作陈述，并不具备可信度。李甲的行为直接影响了对案涉事故性质的判断，相关《鉴定意见书》也对案涉事故性质是否为意外提出了合理怀疑，毕竟司法鉴定的结果发现李甲的伤口并非一次性损伤所致，即便李甲重新作了陈述，其陈述的"事故发生过程"也与司法鉴定结论不一致。前述种种使对伤害事件能否构成保险事故严重存疑。李甲本人也因未能遵守相关法律而最终败诉，并且实际承担了对己不利的法律后果。

人身保险合同中投保人是否履行如实告知义务的认定

北京市第三中级人民法院

（2021）京 03 民终 7739 号民事判决书

（2021 年 6 月 30 日）

案·情

黎某于 2019 年 2 月 15 日以自己为被保险人向某甲保险公司投保终身重大疾病保险，保险金额为 80 万元，投保方式为线上投保。黎某在接受某甲保险公司代理人的线上投保流程指导时，告知其已在其他保险公司投保 10 万元、60 万元保额的重疾险，以及一年期短期重疾保险。2019 年 8 月 3 日，黎某因“右耳突发性听力下降伴耳闷 8 天”入住某医学院第一附属医院进行治疗，2019 年 8 月 16 日出院诊断为突发性耳聋（右）；2020 年 3 月 3 日，经某人民医院诊断为感音神经性耳聋（右）；2020 年 4 月 27 日 PTA 检查报告确定右耳 PTA 极重度性听力下降。

黎某就出险事故向某甲保险公司提出理赔申请。2020 年 5 月 29 日，某甲保险公司以因查明黎某在投保前隐瞒了在其他保险公司投保保额累计为数百万元重疾险的信息，认定黎某投保时因重大过失未履行如实告知义务，足以影响保险公司决定是否同意承保为由，向黎某出具《保险合同解除通知书》，决定解除保单项下保险合同并退还该保单项下全部保险费。

2020 年 10 月 23 日，黎某向法院提起诉讼，要求判令保险合同继续有效，某甲保险公司支付保险金 48 万元，并豁免合同后期保费。一审法院判决支持黎某诉求，某甲保险公司不服提出上诉。二审法院审理后驳回上诉，维持原判，案件审理终结。

判决书正文

上诉人（原审被告）：某甲保险公司，营业场所：北京市顺义区。

被上诉人（原审原告）：黎某，女，生于1993年4月3日，汉族，住广东省广州市从化区。

上诉人某甲保险公司因与被上诉人黎某人身保险合同纠纷一案，不服北京市顺义区人民法院（2021）京0113民初1390号民事判决，向本院提起上诉。本院于2021年4月13日立案后，根据《全国人民代表大会常务委员会关于授权最高人民法院在部分地区开展民事诉讼程序繁简分流改革试点工作的决定》，依法适用第二审程序，由审判员独任审理，于2021年4月25日公开开庭审理了本案。本案现已审理终结。

某甲保险公司上诉请求：1. 请求法院依法撤销（2021）京0113民初1390号民事判决书，并改判驳回黎某的全部诉讼请求；2. 本案诉讼费用由黎某承担。事实与理由：一、黎某在多家保险公司投保情况足以影响某甲保险公司承保决定。黎某于2019年2月15日以自己为被保险人向某甲保险公司申请投保某终身重大疾病保险。投保过程中，黎某仅告知某甲保险公司代理人其在某乙保险公司投保10万元重大疾病保险，在某丙保险公司投保60万元，刻意隐瞒了其在多家其他保险公司投保保额累计为数百万元的重疾险。收到黎某报案通知后，某甲保险公司委派某保险公估公司开展理赔调查，获知在投保某甲保险公司重疾险前，黎某短时间内在多家其他保险公司投保重大疾病保险，总保额高达数百万元。根据某意健险风险管理系统查询所得，黎某短期内多次向多家保险公司投保重疾险等险种，行业重疾险累积基本保额较大，已触达保险行业监管风险提示线。另据某甲保险公司与同业公司交流，黎某在2018年12月至2019年3月总共在17家保险公司密集投保重疾险，累计保额近860万元。就重疾险的本质及免检制度设计初衷来看，重疾险产品是为了救助患者本人和家庭的经济、生命，防止更多家庭因病致穷的定额给付型保险，其目的是补偿患者的医疗费用支出，而非通过重复投保来增加保额的方式，获得远远高于医疗费用的赔偿。为了提高核保效率，某甲保险公司针对重疾险产品的前述特点设置了相应的核保要求，即设置重疾险免体检额作为核保风险控制警戒线。当保额超过免体检额时，某甲保险公司将通过要求客户参加体检的方式评估保险事故发生的风险，确定是否同意承保；当保额在免体检额以下时，某甲保险公司通过投保页面询问的方式了解投保人和被保险人情况，并根据投保人勾选及回复情况进行核保评估。本案中如黎某如实告知其“已经拥有或正在申请本公司或其他保险公司的人身保险合同”的情况，某甲保险公司将转人工核保处理。人工核保时，如发现客户存在连续多家投保的情况，将予以拒保处理。黎某多家投保的事实，足以影响某甲保险公司承保决定。二、黎某未履行如实告知义务告知其在多家保险公司投保情况。一审庭审过程中，黎某已对多家投保且申请理赔的事实予以认可。在《保险合同》第50页“健康告知与其他告知”的告知事项第15项，“您是否已经拥有或正在申请本公司或其他保险公司的人身保险合同”，黎某选择了“否”，并签字确认。《中华人民共和国保险法》第五条规定：“保险活动当事人行使权利、履行义务应当遵循诚实信用原则。”本案中，黎某未如实告知其在数家保险公司投保情况，使某甲保险公司陷入无法评估风险的境地中，导致其与某甲保险公司权利义务与风险承担的不对等、不公平，明显违背了最大诚信原则。三、黎某未履行如实告知义务告知其在多家保险公司投保情况，足以影响某甲保险公司承保决定，故某甲保险公司解除涉诉保险合同且不予支付保险金于法有据，一审判决认定错误。黎某未对某甲保险公司代理人如实告知其多家投保的情况。某甲保险公司已提示黎某应履行如实告知义务及不履行的不利后果，黎某明知该不利后果而不如实填写告知事项。《保险合同》第51页“被保险人授权与声明”第三条约定黎某应履行如实告知义务，黎某在该“被保险人授权与声明”的投保人签名处签名，可见黎某明知不利后果而不如实填写告知事项。基于上述原因，某甲保险公司得知解除事由后，依据《保险法》第十六条的规定解除上述保险合同于法有据，某甲保险公司无须向黎某支付保险金，也无须继续履行黎某与某甲保险公司签订的保险合同，一审判决认定存在错误。另外，一审判决认为黎某在进行网上正式投保前，已就相关情况告知了某甲保险公司保险代理人员申某，该情形符合《最高人民法院关于适用〈中华人民共和国保险法〉若干问题的解释（二）（2020年修正）》第七条规定的“保险人在保险合同成立后知道或者应当知道投保人未履行如实告知义务，仍然收取保险费，又依照《保险法》第十六条第二款的规定主张解除合同的，人民法院不予支持”情形。而按照《保险合同》第1.2条的约定，“您提出保险申请、本公司同意承保，本合同成立”，保险合同成立日为2019年2月15日，生效日为2月16日零时，实际上某甲保险公司代理人申某与黎某的微信聊天发生在保险合同成立前，该情形不属于“保险人在成立后知道或者应当知道投保人未履行如实告知义务”的情况，一审判决适用法律错误。四、监管查询系统在黎某投保数月后上线，某甲保险公司在此之前无法查询黎某投保信息，一审判决认定错误。某甲保险公司为新成立保险公司，成立后陆续采购各项系统。某甲保险公司于2020年9月完成某意健险风险管理系统采购和上线，故不可能在黎某投保后三十天内对其投保信息进行查询核实。因此不存在法院认定的将未查询投保信息的后果转嫁至投保人情况。综上所述，某甲保险公司解除涉诉保险合同合法有据，涉诉保险合同不应继续履行，某甲保险公司不应向黎某支付保险金。

黎某辩称，第一，一审判决认定事实清楚，适用法律正确，法律程序正当，依法应当驳回某甲保险公司的上诉请求，维持原判。第二，某甲保险公司解除保险合同的行为违背保险法最大诚信原则，黎某未告知的内容，不足以影响某甲保险公司的承保决定，且该未告知的内容，对保险事故的发生亦没有任何影响。第三，某甲保险公司不能因自身公司管理问题，将核保责任转嫁于黎某。

黎某向一审法院起诉请求：1. 判令双方于2019年2月15日订立的人身保险合同继续有效；2. 判令某甲保险公司向黎某支付中症保险金48万元；3. 判令某甲保险公司依据《保险合同》条款第2.4条豁免保费约定，豁免自被保险人确诊之日起至最后一次保险费约定支付之日止的续期保险费；4. 判令某甲保险公司承担本案全部诉讼费用。

一审法院认定事实：2019年2月15日，黎某向某甲保险公司投保了某终身重大疾病保险，该保险合同生效日期为2019年2月16日零时，投保人、被保险人均为黎某。该保险单载明保险责任为以所附保险条款列明责任为准，保险期间为终身，缴费期间为30年，保险金额为80万元。上述保险单所附某终身重大疾病保险条款约定：1.1合同成立与生效。您提出保险申请、本公司同意承保，本合同成立。本合同自本公司同意承保、收取保险费并签发保险单的次日零时起开始生效，合同生效日期在保险单上载明。本合同生效日期为本公司开始承担保险责任的日期。本合同生效日以后每年的对应日为保单周年日。若当月无对应的同一日，则以该月最后一日作为对应日。保单年度、保险费约定支付日、保险单满期日均以本合同生效日为基础计算。1.3 投保范围。凡出生28日以上（含28日），60周岁（见释义）以下（含60周岁），身体健康者均可作为被保险人，由本人或对其具有保险利益的人作为投保人向本公司投保本保险。2.4 保险责任，在本合同保险期间内，本公司按照下列约定承担保险责任：……中症疾病保险金。本合同所指的中症疾病（见释义）分为A、B、C、D、E五组，具体疾病分组信息请见中症疾病分组（见释义）。每组中症疾病保险金的给付次数以一次为限，给付后该组中症疾病的保险责任终止。本合同中症疾病保险金的累计给付次数以五次为限，当累计给付达到五次时，本合同的中症疾病保险金责任终止。因同一疾病原因、同次医疗行为或同次意外伤害事故导致被保险人初次患本合同所列的两种或两种以上中症疾病，本公司仅按一种中症疾病给付中症疾病保险金。1. 首次中症疾病保险金。被保险人于本合同生效（或最后复效）之日起90日内（含第90日），因首次发生或经确诊的疾病导致被保险人初次发生并经专科医生明确诊断患本合同所指的中症疾病（无论一种或多种），本合同终止，本公司按本合同所交保险费（不计利息）给付首次中症疾病保险金；被保险人于本合同生效（或最后复效）之日起90日后，因首次发生并经确诊的疾病导致被保险人初次发生并经专科医生明确诊断患本合同所指的中症疾病（无论一种或多种），该中症疾病所属组别的保险责任终止，本公司按本合同基本保险金额的60%给付首次中症疾病保险金。若因意外伤害导致上述情形，不受90日的限制。……中症疾病豁免保险费。被保险人于本合同生效（或最后复效）之日起90日后，因首次发生并经确诊的疾病导致被保险人初次发生并经专科医生明确诊断患本合同所指的中症疾病（无论一种或多种），则自其中症疾病确诊日后本合同首个保险费约定支付日开始至本合同最后一次保险费约定支付日止，本公司豁免前述期间内投保人应交纳的本合同的保险费，本合同继续有效。若因意外伤害导致上述情形，不受90日的限制。豁免保险费的，本公司视同自被保险人中症疾病确诊日起的续期保险费已经交纳。2.5 责任免除。（一）因下列情形之一，导致被保险人发生本合同所指轻症疾病、中症疾病、重大疾病或进入疾病终末期阶段的，本公司不承担给付保险金的责任：（1）投保人对被保险人的故意伤害；

（2）被保险人故意自伤，但被保险人故意自伤时为无民事行为能力人的除外；（3）被保险人故意犯罪、抗拒依法采取的刑事强制措施；（4）被保险人斗殴（见释义）、醉酒（见释义），主动吸食或注射毒品（见释义）；（5）被保险人酒后驾驶（见释义）、无合法有效驾驶证驾驶（见释义）、驾驶无有效行驶证（见释义）的机动车（见释义）；（6）被保险人感染艾滋病病毒或患艾滋病（见释义），但不包括本合同所指的“轻输血导致的人类免疫缺陷病毒（HIV）感染”“因职业关系导致的人类免疫缺陷病毒（HIV）感染”“器官移植导致的HIV感染”；（7）战争、军事行动、暴乱、武装叛乱或者恐怖活动；（8）核爆炸、核辐射或者核污染；（9）遗传性疾病［见释义，但不包括本合同所指的“脊髓质囊性病”“严重肌营养不良症”“肝豆状核变性（或称Wilson病）”“骨生长不全症”“脊髓小脑变性症”“婴儿进行性脊肌萎缩症”“严重甲型及乙型血友病”］，先天性畸形、变形或染色体异常（见释义，但不包括本合同所指的“艾森曼格综合征”“婴儿进行性脊肌萎缩症”“严重甲型及乙型血友病”“脊柱裂”）。因上述第（1）项情形导致被保险人发生本合同所指轻症疾病、中症疾病、重大疾病或进入疾病终末期阶段的，本合同终止，本合同向被保险人退还本合同的现金价值。因上述其他情形导致被保险人发生本合同所指轻症疾病、中症疾病、重大疾病或进入疾病终末期阶段的，本合同终止，本公司向您退还本合同的现金价值。（二）因下列情形之一导致被保险人身故或高度残疾的，本公司不承担给付保险金的责任：（1）投保人对被保险人故意杀害、故意伤害；（2）被保险人故意犯罪或者抗拒依法采取的刑事强制措施；（3）被保险人斗殴、醉酒，主动吸食或注射毒品；（4）被保险人在本合同成立或本合同最后复效之日起2年内自杀或故意自伤时为无民事行为能力人的除外；（5）被保险人酒后驾驶、无合法有效驾驶证驾驶、驾驶无有效行驶证的机动车；（6）战争、军中冲突、暴乱、武装叛乱或者恐怖活动；（7）核爆炸、核辐射或者核污染。因上述第（1）项情形导致被保险人身故的，本合同终止，本公司向被保险人的继承人退还本合同的现金价值。因上述第（1）项情形导致被保险人高度残疾的，本合同终止，本公司向被保险人退还本合同的现金价值。因上述其他情形导致被保险人身故或高度残疾的，本合同终止，本公司向您退还本合同的现金价值。9.7中症疾病。本合同所指中症疾病，是被保险人发生符合以下定义所述条件的疾病、疾病状态或手术，共计

25 种。中症疾病的名称及定义如下：6. 单耳失聪——3 周岁始理赔。指因疾病或者意外伤害导致单耳听力永久不可逆（注 2）性丧失，在 500 赫兹、1000 赫兹和 2000 赫兹语音频率下，平均听阈大于 90 分贝，且经纯听力测试、声导抗检测或者听觉诱发电位检测等证实。被保险人在 3 周岁之前因疾病导致的单耳失聪不在保险范围内。

上述保险条款第 51 页 A 授权与声明：4. 本人同意并授权贵公司查阅、复印任何与被保险人健康、财务等情况有关的体检报告、诊断报告、病历、收入证明等资料，贵公司有权对本人进行医疗评估及测试（体检、血液检查及其他医疗检查），并作为审核本投保单及评估与本投保单有关的理赔申请依据。本授权书影印件与原件同样有效。在中国法律允许的要求范围内，同意授权保险人将保单信息提供给监管允许的信息平台。黎某在该页下方投保人签名和被保险人/其法定监护人签名处签字确认。

某法医鉴定中心出具司法鉴定意见书显示委托人为某丁保险公司。委托事项为重大疾病。受理日期为 2020 年 4 月 27 日，鉴定材料为某医学院第二附属医院、某医学院第一附属医院、某耳鼻咽喉头颈外科医院病历资料。在场人员：被鉴定人黎某、委托方代表庄某及本鉴定中心宋某、龙某、杜某。五、分析说明。据委托人提供的现有材料，包括病历和影像学资料，结合本中心鉴定人检验所见综合分析如下：（一）关于疾病与诊断。根据委托书及提供的相关资料介绍，被鉴定人黎某发病后到医院检查和治疗，医院诊断：突发性耳聋（右）。在医院给予鼓室内注药、扩管、改善循环、营养神经等治疗。目前检查见被鉴定人黎某右耳听力重度障碍。结合影像学资料所见，其以上诊断成立。（二）关于鉴定事项。被鉴定人黎某发病至今已逾 180 日，目前遗留右耳听力重度障碍，根据某丁保险公司《某疾病保险》9.3.42 单耳失聪之释义，被鉴定人黎某所患疾病符合单耳失聪，属于该条款规定之重大疾病。六、鉴定意见。被鉴定人黎某所患疾病符合单耳失聪，属于重大疾病。

2019 年 8 月 5 日，某医学院第一附属医院疾病证明显示，黎某患突发性耳聋（右）。

2019 年 8 月 3 日，黎某因突发性耳聋入住某医学院第一附属医院，于 2019 年 8 月 16 日出院。

2020 年 3 月 3 日，某人民医院疾病证明书显示，黎某就诊时间为 2020 年

3月3日，疾病诊断：感音神经性耳聋（右）。

2020年5月29日，某甲保险公司出具《保险合同解除通知书》，该通知书主要内容显示：一、解除保单项下保险合同并退还该保单项下全部保险费。我公司作出上述决定的原因：您于2019年2月16日投保《某终身重大疾病保险》，投保前我公司通过投保书“告知事项”就被保险人的有关情况提出关于“15. 您是否已经拥有或正在申请本公司或其他保险公司的人身保险合同?”若“是”，请告知公司、投保日期、险种名称、保额、核保结论的询问，您的答案为“否”。经本公司调查核实，您在投保前已在多家保险公司投保人身保险合同。前述告知事项足以影响我公司是否同意承保的核保结论。您在投保时因重大过失未履行如实告知义务，足以影响本公司决定是否同意承保，按照《中华人民共和国保险法》第十六条的规定及保险合同约定，本公司解除保单项下保险合同，对于合同解除前发生的保险事故不承担赔偿或给付保险金的责任，但向您退还保险费。

诉讼中，某甲保险公司认可系其公司保险代理人。申某与黎某之间的微信聊天记录主要内容如下：

2019年2月15日中午12：38，申某：我查一下。线上可以投保了，需要把投保人、被保人，如果有还需要受益人的身份证正反面、银行卡正反面发给我，有需要签字的链接我会发给你，怎么签收保单我也会教你怎么用。纸质保单我也会寄给你。如果在北京我可以去找你办理。

2019年2月15日下午13：02，黎某：投保人被保险人都是我。

2019年2月15日下午13：09，申某：证件只要你的就行啦，保额计划买多少?

2019年2月15日下午13：14，黎某：50万元。健康告知发给我看看。还有条款。

随后，申某给黎某发送了“某附加两全保险条款”和“某终身重大疾病保险条款”的电子版。

黎某：你是某甲保险公司的吗?还是经纪公司的?不加两全。

申某：我是某甲保险公司的。

黎某：健康告知有吗?

随后，申某通过微信用照片的形式给黎某发送了健康告知的内容。

随后，申某：这些是告知的内容。

黎某：有买某乙保险公司，还有某丙保险公司。全都要填上吗，还是就填一个？某乙保险公司 10 万元，某丙保险公司 60 万元，有没有问题，会超额吗？还有一个一年期的重疾，有百万医疗，住院保，农村合作医疗，意外险，养老险。

申某：可以不填，在同一家公司存在超额问题，在不同公司不存在。只写农村合作医疗就行啦，因是社保范畴。

黎某：重疾要填吗？

申某：不用填。

黎某：好。

2019 年 2 月 15 日下午 13：28，黎某：线上只能买免体检 50 万元吧，线下是怎么算的。不附加两全险你看下多少钱。

申某：把你生日发我，我帮你算一下。

黎某：要是以后出险了是先找你，还是打电话给某甲保险公司？

申某：都可以……

2019 年 2 月 15 日下午 13：26，申某：按照你的年龄，免体检额是 80 万元。……女性，50 万元保额对应保费，30 年交 7050 元，20 年交 9200 元；80 万元保额对应保费，30 年交 11280 元，20 年交 14720 元。

黎某：80 万元最高保额了是吧？

申某：也可以更高，就是需要体检。或者有半年内的体检报告也可以试试。

黎某：就 80 万元 30 年交吧，生宝宝的出院报告算吗？

申某：不算，必须是体检报告。什么时候生孩子的？

2019 年 2 月 15 日下午 14：33，申某：再次确认，80 万元保额，30 年缴费期，保费 11280 元。

黎某：对。

申某：好的。

黎某：轻疾中症有豁免吗？

申某：都有豁免，轻中重，任一次都豁免。

黎某：好。

2019年2月15日下午15：39，申某：打开链接，签字提交，然后告诉我一声。

随后，申某给黎某发送了签字链接。后来，黎某将电子签名已经成功提交的截图发送给申某。

申某：保单生成了，我拿到纸质保单寄给你。

诉讼中，某甲保险公司称：对个人投保多份重疾险没有限制性规定，也没有限制购买重疾险的保额上限，本案中，黎某是通过网上购买的保险，申某是其公司的保险代理人员。

诉讼中，黎某称其第一年交了保费，第二年交了以后保费被退回来了，如果可以交，其同意按照保险合同条款继续缴纳保费，但是保险合同约定了只要发生了保险合同约定的事项，后面的保险费就给予豁免。

诉讼中，黎某称其因耳聋向某丁保险公司申请理赔已获赔付。

诉讼中，黎某称其因为耳聋已向9家保险公司申请理赔，总理赔金额是130万元左右，全部是重疾险，理赔时间都是2019年年底到2020年年底理赔的。

诉讼中，黎某称之所以要买那么多重疾险，是因为其认为在一家保险公司的保额不够，所以购买了多家重疾险。

诉讼中，黎某称某甲保险公司没有明确的证据证明其存在带病投保的事实，某甲保险公司既然要求黎某履行投保时的告知义务，那么某甲保险公司作为保险人也应该履行审查黎某如实陈述的义务，投保人基于自身的利益考虑也向某甲保险公司进行告知、询问，符合保险人询问告知的要求。对此，某甲保险公司称从黎某和某甲保险公司保险销售人员的聊天记录来看，黎某存在带病投保的嫌疑，其代理人和黎某的聊天记录中要求黎某提交健康告知，黎某告知其在两家保险公司投保，其他的投保没有告知某甲保险公司。黎某一直询问其保额和能不能提升保额，对于黎某投保的动机可疑。

诉讼中，黎某称某甲保险公司没有举证证明多家投保保额超过100万元以上影响某甲保险公司的承保决定，其提供的银保监会的证据材料是2019年11月的规定，且不属于某甲保险公司的核保规程。同时，黎某称某甲保险公司以重大过失未告知解除保险合同，以及未告知的事项也没有证据证明足以影响保险事故的发生，具体是指即使未告知多家保险公司承保的事实，也不足以影响保险事故的发生。且申某在黎某投保时就告知事项的内容进行了说明，并无故意或过失未告知的事实。对此，某甲保险公司称关于黎某未告知的事实已经影响到其承保决定，黎某与其保险代理人的聊天记录中，黎某确实没有如实告知其在多家保险公司投保的事实。

一审法院认为，黎某是否存在重大过失未履行如实告知义务。《中华人民共和国保险法》（2015 年修正）第十六条规定，订立保险合同，保险人就保险标的或者被保险人的有关情况提出询问的，投保人应当如实告知。投保人故意或者因重大过失未履行前款规定的如实告知义务，足以影响保险人决定是否同意承保或者提高保险费率的，保险人有权解除合同。前款规定的合同解除权，自保险人知道有解除事由之日起，超过三十日不行使而消灭。自合同成立之日起超过二年的，保险人不得解除合同；发生保险事故的，保险人应当承担赔偿或者给付保险金的责任。投保人故意不履行如实告知义务的，保险人对于合同解除前发生的保险事故，不承担赔偿或者给付保险金的责任，并不退还保险费。投保人因重大过失未履行如实告知义务，对保险事故的发生有严重影响的，保险人对于合同解除前发生的保险事故，不承担赔偿或者给付保险金的责任，但应当退还保险费。保险人在合同订立时已经知道投保人未如实告知的情况的，保险人不得解除合同；发生保险事故的，保险人应当承担赔偿或者给付保险金的责任。保险事故是指保险合同约定的保险责任范围内的事故。

本案中，某甲保险公司认可申某系其公司保险代理人员，亦认可申某与黎某微信聊天记录的真实性。而申某与黎某的微信聊天记录主要内容显示为申某为黎某介绍某甲保险公司关于涉诉险种的线上投保流程及相关事项告知。其中：2019 年 2 月 15 日下午 13：14，黎某要求申某提供健康告知和条款。申某将健康告知的内容以照片的形式通过微信发送给黎某，也即是某甲保险公司提交的本案证据一。后来，黎某告知申某其不止购买了一家保险公司保险，其中包括重疾险。黎某询问申某“全部要填上吗，还是就填一个。某乙保险公司 10 万元，某丙保险公司 60 万元，有没有问题，会超额吗？还有一个一年期的重疾。有百万医疗，住院保，农村合作医疗，意外险，养老险”等问题。申某答复“可以不填，在同一家公司存在超额问题，在不同公司不存在。只写农村合作医疗就行啦，因为是社保范畴”。黎某又问“重疾要填吗?”申某答复“不用填”。从微信聊天内容来看，黎某在进行正式网上投保前，已就相关情况告知了某甲保险公司保险代理人员申某。作为某甲保险公司保险代理人员已明知黎某不止在一家保险公司投保，且投保有重疾险的情况下，仍然告知黎某不用填写健康告知中对相关问题的询问，亦于此后收取了黎某的保险费，完成了保险合同的签订。虽然在线上投保过程中，勾选告知事项相应问题中的“是”或“否”是一种主观性的行为，但申某作为一名专业保险工作人员告知黎某“不用填”的行为，不应属于黎某单方构成了前述规定的“投保人因重大过失未履行前款规定的如实告知义务”。也就是说，黎某的上述行为不符合上述《中华人民共和国保险法》第十六条中关于“投保人故意或者因重大过失未履行前款规定的如实告知义务，足以影响保险人决定是否同意承保或者提高保险费率的，保险人有权解除合同”的规定，但符合《中华人民共和国保险法解释（二）（2020年修正）》第七条规定“保险人在保险合同成立后知道或者应当知道投保人未履行如实告知义务，仍然收取保险费，又依照《保险法》第十六条第二款的规定主张解除合同的，人民法院不予支持”的情形。

另外，申某作为某甲保险公司保险代理人员于2019年2月15日已知晓黎某存在其他保险公司且不止一家保险公司投保的情形，应视为某甲保险公司于此时亦已知晓黎某存在多家保险公司投保的情形，而某甲保险公司于2020年5月29日作出《保险合同解除通知书》已超过上述规定中的其可以行使合同解除权的时间，即“前款规定的合同解除权，自保险人知道有解除事由之日起，超过三十日不行使而消灭”。

同时，双方所签涉诉保险合同所附保险条款第51页A授权与声明：4. 本人同意并授权贵公司查阅、复印任何与被保险人健康、财务等情况有关的体检报告、诊断报告、病历、收入证明等资料，贵公司有权对本人进行医疗评估及测试（体检、血液检查及其他医疗检查），并作为审核本投保单及评估与本投保单有关的理赔申请依据。本授权书影印件与原件同样有效。在中国法律允许的要求范围内，同意授权保险人将保单信息提供给监管允许的信息平台。黎某在该页下方投保人签名和被保险人/其法定监护人签名处签字确认。也就是说，黎某已授权某甲保险公司查询其相关信息，亦授权某甲保险公司将其保单信息提供给监管允许的信息平台。故即使某甲保险公司在签署涉诉保险合同以后，仍然可以通过查询得知黎某的投保信息，但某甲保险公司未进行查询、核实直至2020年5月29日出具《保险合同解除通知书》，在该通知书中告知黎某拒绝理赔的事由及依据，故由此产生的后果应由某甲保险公司自行负担，不宜转嫁至投保人。

综上所述，黎某在本案中要求继续履行双方所签涉诉保险合同，并要求某甲保险公司按照涉诉保险合同的约定支付其保险费48万元，于法有据，一审法院予以支持。据此，一审法院判决：一、确认黎某与某甲保险公司于2019年2月15日签订的保险合同继续履行；二、某甲保险公司给付黎某保险金48万元，于判决生效之日起七日内执行。如果未按判决所指定的期间履行给付金钱义务，应当依照《中华人民共和国民事诉讼法》第二百五十三条之规定，加倍支付迟延履行期间的债务利息。

二审期间，双方均未向本院提交新的证据。本院查明的事实与一审法院查明的事实一致，本院予以确认。

本院认为，本案争议的焦点是黎某是否存在故意或重大过失未履行如实告知义务，足以影响保险人决定是否同意承保或者提高保险费率的问题。

关于某甲保险公司提出黎某隐瞒其在某丙保险公司、某丁保险公司、某戊保险公司、某己保险公司等公司投保保额累计为数百万元的重疾险事实，影响其承保决定的主张，根据查明的事实，某甲保险公司的保险代理人在向黎某介绍某甲保险公司涉诉险种线上投保流程及相关事项告知过程中，黎某向某甲保险公司保险代理人告知了在其他保险公司购买保险，其中包括重疾险的情况，对于黎某所提出的在其他保险机构投保重疾险的情况是否应在投保时全部填写的询问，某甲保险公司的保险代理人明确回复不用填，基于此，如果黎某存在主观上的故意或重大过失，就不会在正式的线上投保前告知某甲保险公司的保险代理人其已投保重疾险的情况。而某甲保险公司保险代理人在明知黎某不止在一家保险公司投保，且投保有重疾险的情况下，仍然告知黎某不用填写健康告知中对相关问题的询问，亦于此后收取了黎某的保险费，完成了保险合同的签订。黎某在与某甲保险公司保险代理人在订立合同前的沟通过程中虽然未向某甲保险公司保险代理人告知其在某丙保险公司、某丁保险公司、某戊保险公司、某己保险公司等公司投保情况，但鉴于黎某在线上投保前已得到某甲保险公司保险代理人关于不用填写在其他保险机构投保重疾险的答复，在此情形下其未完全履行告知义务在主观上不宜认定为存在故意或重大过失。因此，在本案中黎某未如实告知投保情况并非其故意为之，亦不构成《中华人民共和国保险法》所规定重大过失的情形。黎某的行为不符合《中华人民共和国保险法》第十六条中关于“投保人故意或者因重大过失未履行前款规定的如实告知义务，足以影响保险人决定是否同意承保或者提高保险费率的，保险人有权解除合同”的情形，故对于某甲保险公司的该项上诉主张本院不予支持。

另外，根据《中华人民共和国保险法》第十六条第二款、第三款关于合同解除权除斥期间的规定，合同解除权自保险人知道或应当知道之日起，超过三十日不行使而消灭。结合案件的事实，某甲保险公司的保险代理人在订立保险合同前即已知晓黎某在多家保险公司投保的情形，且黎某已授权某甲保险公司查询其相关信息，亦授权某甲保险公司将其保单信息提供给监管允许的信息平台，某甲保险公司在签署涉诉保险合同以后，仍然可以通过监管平台查询得知黎某的投保信息，但某甲保险公司未进行查询、核实直至 2020 年 5 月 29 日出具《保险合同解除通知书》时已超过上述规定中的其可以行使合同解除权的期限。故，即使本案中存在某甲保险公司所主张的黎某故意或者因重大过失未履行如实告知义务，足以影响保险人决定是否同意承保或者提高保险费率的情形，某甲保险公司亦因合同解除权超过法定期限消灭而导致涉案保险合同不能解除。

综上所述，某甲保险公司的上诉请求不能成立，应予驳回；一审判决认定事实清楚，适用法律正确，应予维持。依照《中华人民共和国民事诉讼法》第一百七十条第一款第一项规定，判决如下：

驳回上诉，维持原判。

二审案件受理费 8500 元，由某甲保险公司负担（已缴纳）。

本判决为终审判决。

审判员　王　某

二〇二一年六月三十日

法官助理　赵　某

书记员　田　某

评·析

一、争议焦点

本案的争议焦点为：黎某是否存在故意或重大过失未履行如实告知义务，足以影响保险人决定是否同意承保或者提高保险费率的问题。

诉讼中，某甲保险公司提出黎某未履行如实告知义务，具体包括：1. 黎某未履行如实告知义务，告知其在多家保险公司投保，且保额超数百万元重疾险的情况；2. 黎某未履行如实告知义务，告知其投保前患病情况。

而黎某则称某甲保险公司没有举证证明其在多家保险公司投保保额超过100万元以上，且影响某甲保险公司的承保决定，未告知的事项也没有证据证明足以影响保险事故的发生；同时，某甲保险公司保险代理人申某在黎某投保时就告知事项的内容进行了说明，黎某并无故意或过失未告知的事实。黎某还称某甲保险公司没有明确的证据证明其存在带病投保的情况。

二、法理分析及保险原理

保险产品的本质是对将来可能发生保险事故的一种风险转移，保险合同是一种典型的合同利益不确定的射幸合同。因保险人对投保人存在的风险信息（足以影响保险人作出订约与履约决定的全部实质性重要事实）获取存在不对称性，为避免投保人违背保险理念，通过逆向选择，将既存风险作为谋取保险利益的工具，《中华人民共和国保险法》规定了最大诚信原则，并规定了投保人如实告知义务。如实告知义务是最大诚信原则执行的保障，也是保险合同订立的基础，其要求投保人应针对保险人询问事项进行如实告知，在保险人充分知悉投保人信息后，对是否承保以及承保费率进行核定。在投保人故意或因重大过失未履行如实告知义务时，如影响保险人的承保决定，保险人有权行使解除权，并不承担保险责任。

另外，因保险合同时限较久，为保护投保人对保险利益的期待，法律同时规定了保险人解除权的除斥期间。解除权除斥期间的规定，要求保险人对投保人告知信息应主动及时进行核查，同时应对投保人通过非正式告知途径告知的事项及时进行核实。如未能及时行使解除权，保险人将丧失保险合同解除权，并应根据保险合同承担保险责任。

本案中黎某通过某甲保险公司代理人（以下简称代理人）购买某重疾险，

正式投保前其向代理人询问了告知事项。黎某告知代理人其在其他保险公司投保有重疾险，并与代理人确认是否需在《投保告知书》中填写相关情况。代理人答复无须告知后，黎某未在《投保告知书》中进行如实告知。黎某在线上投保前已得到代理人关于不用填写在其他保险机构投保重疾险的答复，未如实告知并非出于单方的主观故意或重大过失，因此不符合《中华人民共和国保险法》第十六条第二款规定的情形。

此外，某甲保险公司未能及时对黎某告知的信息进行核实，在其应当知道黎某存在未如实告知情形时，未在法律规定时限内行使解除权，最终导致解除权丧失。根据《中华人民共和国保险法》第十六条第三款以及《中华人民共和国保险法解释（二）（2020 年修正）》第七条规定，某甲保险公司无权对与黎某订立的保险合同行使解除权，应根据保险合同约定承担相应的保险责任。

三、业务操作与实务启示

本案中，在黎某告知其部分重疾险已投保情况，并询问是否要在健康告知中填写其在其他保险公司投保重疾险的情况时，某甲保险公司代理人申某答复“不用填”的行为，直接导致法院认定黎某未履行如实告知义务告知其多家保险公司投保情况的行为不符合上述《中华人民共和国保险法》第十六条中关于“投保人故意或者因重大过失未履行前款规定的如实告知义务，足以影响保险人决定是否同意承保或者提高保险费率的，保险人有权解除合同”的规定，法院认定某甲保险公司未在法定期限内行使合同解除权而导致合同解除权消灭，最终导致某甲保险公司败诉。该案在实际业务操作中的启发主要体现在以下几个方面。

一是加强保险销售人员管理。保险公司应加强销售人员培训，提高其对客户投保阶段异常行为的识别意识和能力；同时进一步规范销售行为管理，定期组织营销活动风险排查，一旦发现违法违规行为，应严肃追究销售人员及管理人员的责任。

二是完善保险产品的运营规则。部分公司给客户设置了较高的免体检额，因此客户带病投保的风险随之增高，基于该案例，可以考虑调整免体检保额的设置，尽量降低因渠道特性及产品特点导致的相关风险。此外，多数保险公司并未在运营规则中明确“足以影响保险人决定是否同意承保或者提高保险费率”的认定标准或适用情形，从而导致在发生理赔争议时缺乏足够的证据材料及抗辩理由。保险公司应通过制定运营相关规则等方式予以完善，确保解除保险合同并不予赔付的操作符合《中华人民共和国保险法》规定及保险合同约定。

三是关注理赔案件关键节点的处理。保险公司应进一步加强反欺诈平台、同业交流等渠道的使用，及时查询客户健康状况信息及多家投保情况等，尽量在客户理赔报案前及不可抗辩期结束前确认未如实告知的事实，及时解除保险合同，防范因“合同解除权超过法定期限消灭而不能解除”的风险。

人身保险合同的责任范围与公序良俗原则的适用

重庆市第一中级人民法院

（2021）渝 01 民终 8179 号民事判决书

（2021 年 8 月 19 日）

案·情

2006 年，薛某在某保险公司投保了某定期两全保险附加长期重大疾病保险，重大疾病保险金为 10 万元。保险合同条款就重大疾病载明，重大疾病指符合下列定义的疾病（28 种），其中（十一）载明：主动脉手术，因主动脉疾病而确曾实施开胸手术予以切除并进行了血管移植。主动脉的定义仅限于胸、腹主动脉，不包括其任何分支。外伤所致主动脉受损之手术不包括在内。

薛某于 2020 年 9 月，进行主动脉夹层腔内隔绝术，手术程序为“置入导管行主动脉造影主动脉内膜破口位于左锁骨下动脉远端”。一审法院认为，薛某于 2020 年实施手术时所处的社会环境与订立合同时的 2006 年情况不同，对于保险合同条款的理解，不能拘泥于签订时的情形。保险合同条款变相要求薛某采用开胸手术，明显不符合实际情况，也有悖于医学伦理，判决某保险公司赔偿 10 万元。二审法院认为，对医疗机构设定的社会伦理责任放置于保险人身上明显不合理。虽然当事人从事民事活动当然应遵循公共秩序和善良风俗原则，但本案并不存在保险合同的订立和履行违反公序良俗的问题。保险本身属于纯商业行为，保险人营业中应当受到相应的职业伦理约束，但保险合同乃至法律显然并未赋予保险人在缔结和履行有关保险合同时担负起额外的涉及公共利益、公共秩序的普遍性义务。一审判决结果虽然体现出对被保险人的某种人

道关怀，但却并无充分的事实和法律依据，二审改判某保险公司无须承担保险责任。

判决书正文

上诉人（原审被告）：某保险公司重庆分公司，住所地：重庆市江北区。

被上诉人（原审原告）：薛某，男，汉族，住所地：重庆市渝北区。

上诉人某保险公司重庆分公司因与被上诉人薛某保险纠纷一案，不服重庆市江北区人民法院（2021）渝0105民初4176号民事判决，向本院提起上诉。本院于2021年7月20日立案后，依法组成合议庭审理了本案。本案现已审理终结。

某保险公司重庆分公司上诉请求：撤销原判，改判驳回薛某的诉讼请求。事实和理由：2007年《重大疾病保险的疾病定义》与2020年《重大疾病保险的疾病定义使用规范》均把开胸或开腹作为认定属于保险范围内的主动脉手术的核心要素，未实施开胸或开腹的动脉内介入治疗不在保障范围内。案涉保险合同明确约定主动脉手术须同时具备开胸和血管移植两个条件，正是基于有关手术方式对人体伤害大、康复过程长、治疗费用高。一审判决对案涉保险合同的保险范围认定错误，保险范围仅系主动脉手术，而非主动脉疾病或治疗主动脉疾病的任何方式。案涉保险合同关于主动脉手术的定义清晰界定了保险责任范围，对不属于保险责任范围的事件无须再列举约定。一审判决认定有误，某保险公司重庆分公司不应承担保险责任。

薛某辩称，一审判决认定事实清楚，适用法律正确，请求二审法院判令驳回上诉，维持原判。

薛某向一审法院起诉请求：判令某保险公司重庆分公司向我支付“附加提前给付长期重大疾病保险”保险金10万元。

一审法院认定事实：2006年9月22日，薛某向某保险公司重庆分公司投保主险“某定期两全保险（分红型）”、保险期间15年、保险金额10万元，保险费379.8元，附加保险“附加提前给付长期重大疾病保险”，保险期间15年、保险金额10万元，保险费38元，被保险人薛某，保费为月交，交费期间自2006年9月23日至2016年9月22日。薛某在投保书中投保人处签名，并确认本人对投保书中的所有陈述和告知均完整、真实。

附加提前给付长期重大疾病保险（2006）条款：被保险人于本附加保险合同生效或复效90天后，被确诊初次患有本附加保险合同所列的重大疾病（一种或多种），将按本附加保险合同载明的保险金额给付重大疾病保险金。重大疾病指符合下列定义的疾病（28种），其中（十一）载明：主动脉手术，因主动脉疾病而确曾实施开胸手术予以切除并进行了血管移植。主动脉的定义仅限于胸、腹主动脉，不包括其任何分支。外伤所致主动脉受损之手术不包括在内。

薛某于2020年9月27日进入重庆某医院住院治疗，10月21日出院，住院24天。诊疗经过：2020年10月9日在全麻下行主动脉夹层腔内隔绝术……CTA：主动脉弓至右侧骼外动脉（约平骶1椎体水平）主动脉夹层术后，主动脉弓至胸主动脉中上段内见支架在位，主动脉弓后份左外侧壁内膜见小破口对比剂进入假腔，加强内少量血栓形成，腹主动脉及右骼总动脉见多发小破口，夹层波及腹腔干动脉、肠系膜上动脉、右侧肾动脉，右侧见副肾动脉，肠系膜下动脉起自假腔……手术程序载明：……静脉推注肝素，置入导管行主动脉造影主动脉内膜破口位于左锁骨下动脉远端，选择Jotec3633－170覆膜支架作夹层腔内隔绝治疗部，经猪尾管导入超硬导丝并在显示下送至支架前端（近心端）定位于左锁骨下动脉近端，释放支架，近端与血管壁固定满意，覆盖部分左锁骨下动脉开口……植入物有主动脉附膜支架。

出院诊断为：主动脉夹层Stanford B型。原发性高血压3级，很高危。出院医嘱为注意休息等。

一审法院认为，薛某向某保险公司重庆分公司投保附加提前给付长期重大疾病保险属实，其在2020年10月9日进行了主动脉夹层腔内隔绝术，事故发生在保险期间内。薛某陈述其实施的手术属于保险条款约定的主动脉手术，某保险公司重庆分公司不予认可，本案争议的焦点在于薛某实施的主动脉夹层腔内隔绝术是否属于保险合同的理赔范围。

首先，薛某在2006年投保附加提前给付长期重大疾病保险，保险合同也是根据当时的情况对主动脉手术予以定义；而薛某系在2020年实施了主动脉夹层腔内隔绝术，所面临的情况明显不同于2006年。对于保险合同条款的理解，不能拘泥于签订时的情形。其次，民事主体从事民事活动，不得违反法律，不得违背公序良俗。随着时代的发展，被保险人有权享受新技术带来的便利，以减轻手术风险及手术带来的伤痛，重庆某医院是综合薛某的病情及医疗条件而实施了主动脉夹层腔内隔绝术。坚持要求薛某采用开胸手术，明显不符合实际情况，也有悖于医学伦理。最后，虽然保险合同载明主动脉手术为实施开胸手术，但并未明确采用其他的手术方式的不予赔偿。某保险公司重庆分公司也未举证证明薛某采用的手术方式扩大了损失。薛某未实施开胸手术，并未违反双方的约定。综上所述，薛某实施了主动脉夹层腔内隔绝术后主张赔偿，未违反双方的约定，其要求某保险公司重庆分公司赔偿10万元，一审法院予以支持。

该院遂依照《中华人民共和国民法典》第八条，《中华人民共和国合同法》第七条、第六十条，《中华人民共和国保险法》第十条、第十三条，《最高人民法院关于适用〈中华人民共和国民法典〉时间效力的若干规定》第一条和《中华人民共和国民事诉讼法》第一百四十二条规定，判决：某保险公司重庆分公司于判决生效之日起十日内支付薛某10万元保险金。如果未按判决指定的期间履行给付金钱义务，应当依照《中华人民共和国民事诉讼法》第二百五十三条规定，加倍支付迟延履行期间的债务利息。案件受理费2300元，减半收取1150元，由某保险公司重庆分公司负担。

二审中，双方当事人均未提交新证据。

本院二审查明事实与一审法院查明的事实一致。

本院认为，本案二审争议焦点在于薛某接受的主动脉夹层腔内隔绝术是否属于案涉保险合同的理赔范围。根据已经查明的案件事实，案涉保险合同明确约定了保险范围内的重大疾病所包括的“主动脉手术”系因主动脉疾病而确曾实施开胸手术予以切除并进行了血管移植，同时注明主动脉的定义仅限于胸、腹主动脉，不包括其任何分支。外伤所致主动脉受损之手术不包括在内。有关保险范围的定义清晰明白。该定义作为对包括保险标的、保险范围等界定特定保险内涵外延的表述，逻辑上显然需要从正反两个维度对一个保险品种“是什么、同时又不是什么”予以明确。而责任免除一般是在保险定义明确的情况下，对于按照定义属于保险范围但根据保险合同特别约定的特定情形不予赔付的行为。两者显然是具有区别的，不能相互混淆。本案中有关主动脉手术项的重大疾病表述显然属于前者，即对特定保险的定义。因此，投保人与保险人在缔约时对于属于保险范围的主动脉手术的内容均应当具有清楚的认知。薛某作为投保人和被保险人，其在保险期间内所接受的主动脉夹层腔内隔绝术并未实施开胸和开腹，显然不属于前述保险范围之列。虽然案涉保险合同签订时间距离被保险人接受手术时经过了较长时间，但合同约定的保险范围并未经双方协商予以变更，而合同条款的文义本身也难以推导出对合同的解释存在将主动脉手术的范围从以“开胸开腹”为核心扩展至不以“开胸开腹”为核心的可能。双方缔约时的合意应当得以尊重并获得法律严格保护。某保险公司重庆分公司相应不应赔付保险金。薛某的诉讼请求不应得到支持。

关于一审判决提及本案涉及公序良俗和医疗伦理的问题，本院认为应当予以厘清。在涉及医疗活动的人身保险领域，应当将医疗机构与患者之间的关系和作为投保人的患者与保险人之间的关系进行相应的区分。不宜将对医疗机构设定的社会伦理责任简单放置于保险人身上。毋庸置疑，当事人从事民事活动当然应遵循公共秩序和善良风俗原则，但本案并不存在保险合同的订立和履行违反公序良俗的问题。投保人和保险人订立案涉保险合同的目的和有关意思表示本身没有违反公序良俗的内容。保险标的亦未违反公序良俗。保险合同的履行同样不违反公序良俗。案涉保险本身属于纯商业行为，保险人营业中应当受到相应的职业伦理约束，但保险合同乃至法律显然并未赋予保险人在缔结和履行有关保险合同时担负起额外的涉及公共利益、公共秩序的普遍性义务。在被保险人接受有关手术后，保险人按约不应赔付保险金也不会构成违反公共秩序或违反善良风俗。保险人并非医疗机构，其从事正常的保险理赔活动显然也不应当以医疗伦理来予以评价。被保险人因为事先投保的保险并未将相应的诊治手段技术含量更高、更先进的疾病或手术列入保险范围，而在罹患相应疾病需要接受创伤更小、手段更加先进的手术时，固然会考虑是否选择经过保险的手术更加符合自己的经济利益这一因素，但经过这一考虑的最终选择却并非能被认定为保险人强制的结果，相反，这是事先即被保险人的投保险种所决定的。被保险人在投保时应当在条件允许的情况下，尽可能地选择符合自己需要的保险品种。被保险人罹患疾病需要接受手术值得同情，但在所患疾病和需要接受的手术不属于保险范围，按约不能得到理赔时仍应当理性履约。这既与公序良俗无关，也无涉医疗伦理。假设被保险人确因相应手术出现经济困难，可以通过其他渠道寻求帮助，但这已在本案所要处理解决的法律争议范围之外。一审判决结果固然体现出对被保险人的某种人道关怀，但却并无充分的事实和法律依据，其论述的有关理由显有不当，本院二审予以纠正。

综上所述，某保险公司重庆分公司的上诉请求成立，本院予以支持。一审判决认定事实清楚，适用法律不当，应予改判。依照《中华人民共和国保险法》第十条、《中华人民共和国民事诉讼法》第一百七十条第一款第二项规定，判决如下：

一、撤销重庆市江北区人民法院（2021）渝0105民初4176号民事判决；

二、驳回被上诉人薛某的诉讼请求。

一审案件受理费2300元，减半收取1150元，由被上诉人薛某负担。二审案件受理费2300元，由被上诉人薛某负担。

本判决为终审判决。

审判长　张　甲

审判员　张　乙

审判员　余　某

二〇二一年八月十九日

书记员　冉　某

书记员　李　某

评·析

本案的争议焦点是薛某接受的主动脉夹层腔内隔绝术是否属于案涉保险合同的理赔范围，保险合同的条款适用是否受公序良俗或社会发展的影响。

本案中，薛某于2006年投保重大疾病保险，保险合同约定的重大疾病为“主动脉手术”且要求实施开胸手术。2020年，薛某实施了未开胸的主动脉手术，并申请理赔。某保险公司重庆分公司认为，该手术不属于保险责任范围，遂拒赔。

保险合同关于主动脉手术的定义为：主动脉手术，因主动脉疾病而确曾实施开胸手术予以切除并进行了血管移植。主动脉的定义仅限于胸、腹主动脉，不包括其任何分支。外伤所致主动脉受损之手术不包括在内。

薛某认为，“治疗主动脉疾病”是目的，而“开胸”是治疗方法，治疗方法应该由医生根据病人的病情决定，某保险公司重庆分公司剥夺了薛某选择更安全有效的手术方法不公平、不合理。保险条款的滞后是本案的矛盾焦点。

某保险公司重庆分公司认为：“重大疾病”仅是保险责任范围的统称，根据中国保险行业协会与中国医师协会发布的《重大疾病保险的疾病定义使用规范》，其对重大疾病保险之“疾病”的定义为：重大疾病保险合同约定的疾病、疾病状态或手术。类别不同，赔付条件也不同：

序号	类型	赔付条件
第一类	疾病	一经确诊即赔付保险金
第二类	疾病状态	达到保险合同规定的状态或条件就赔付
第三类	手术	必须实际实施保险合同约定的术式

本案涉及的“主动脉手术”属于第三类，其并不以确诊主动脉疾病作为赔付条件，而是以实施规定的术式作为赔付条件。就本案而言，即使在2020年最新版本的《重大疾病保险的疾病定义使用规范》的规定中，主动脉手术的赔付条件仍是必须开胸，医学科技的发展并未改变该条款的理赔前提，该条款也不存在对客户的不公平。

本案一审的观点非常典型，是目前一些法院对于保险类诉讼的倾向性观点。一审法院认为，对于保险合同条款的理解，不能拘泥于签订时的情形。医生为了减轻手术风险及手术带来的伤痛，综合薛某的病情及医疗条件而实施了主动脉夹层腔内隔绝术。坚持要求薛某采用开胸手术，明显不符合实际情况，也有悖于医学伦理。同时，虽然保险合同载明主动脉手术为实施开胸手术，但并未明确采用其他的手术方式的不予赔偿。最终判决某保险公司重庆分公司赔付。

一审法院的判决未严格按照法律规定及保险合同的约定，对保险产品的实质存在片面的理解。

首先，一审法院误解了重大疾病的含义。其认为所有的主动脉疾病均属于保险责任范围，某保险公司重庆分公司规定了手术形式即限制了保险消费者的选择权。然而事实上，重大疾病的保险责任范围具体是指符合特定情况的“手术形式”，而非该种“疾病”。

其次，合同双方应该严格按照合同条款履行相应权利义务。购买保险是典型的商业行为，保险公司也是典型的市场主体，双方作为民事主体签订保险合同。在该合同的内容未违反相应法律法规的情况下，应当尊重合同约定的效力，双方必须遵照履行。一审法院认为，随着社会发展，某保险公司重庆分公司的条款使薛某必须采用开胸手术，因此该条款有悖于医学伦理，不应予以适用。然而，保险公司作为商事主体显然有根据自己的经营情况以及重大疾病的相关数据设计相关产品的权利，保险合同作为长期合同，无论是保险公司还是保险消费者均会因为市场因素承担相应的履约风险。例如，保险公司基于十多年前的高利率设计的保险产品并不能因为多年后的利率下行而终止履行或是变更合同条款，这就是客观的经营风险，保险公司即使面临亏损也必须继续履约。一审法院的观点即是要求保险公司承担所有经营风险，而保险消费者无须承担任何风险，一审法院将纯商业行为中的约定与公序良俗强行挂钩。

本案的二审相较于一审，不仅未将社会责任强加于市场主体，而且贯彻了“依法治国”的精神，体现了“法治社会”的营商环境。

二审法院从合同条款、公序良俗分别进行阐述，逻辑严谨，论理充分。

首先，二审法院认为，保险责任与责任免除存在明显区别。只有在保险责任定义明确的情况下，对于按照定义属于保险范围但根据保险合同约定不予赔付的情形才属于“责任免除”。没有保险责任定义，何谈责任免除？若将所有的“保险责任定义”视为“责任免除”，那么保险公司的赔付范围将被无限扩大。本案中，有关主动脉手术项的重大疾病表述显然属于对特定保险责任范围的定义，而非责任免除。此外，一审法院以某保险公司重庆分公司“并未明确采用其他的手术方式的不予赔偿”作为判决理由，显然不符合常理。保险合同中已经列明“A”属于赔付事项，法院要求某保险公司重庆分公司列明“所有的‘非A’都不予赔偿”，否则就必须赔偿，那么列明“A”又有何法律意义呢？

其次，二审法院认为，医疗机构与患者之间的关系和作为投保人的患者与保险公司之间的关系必须进行区分。投保人和保险公司订立保险合同的目的和有关意思表示未违反公序良俗，保险标的未违反公序良俗，保险合同的履行未违反公序良俗，那么保险产品作为纯商业行为，保险公司无须额外担负公共利益、公共秩序，保险公司仅需按保险合同的约定履行相应义务。保险公司按约不予赔付保险金也未违反公序良俗，该行为显然不应当以医疗伦理来予以评价。被保险人选择何种医疗手段与保险公司是否应当按照保险合同赔付并无直接的因果关系，并不能由此推定保险条款限制了被保险人的治疗选择。

二审法院的论理不仅综合了对于保险产品、保险行业的理解，而且严格依照法律法规以及合同约定进行判决。二审法院充分分析了保险公司在保险合同履约过程中应当承担的责任以及不应当负担的义务，点明了保险公司属于“市场主体”，购买保险产品属于“商业行为”，这显然突破了许多将保险公司视为“兜底公司”“买单公司”的观点。

综观类似涉及“手术”的重大疾病案例，大部分法院仍然不认可保险公司对于手术的条款定义，将类似条款视为“责任免除”“限制消费者选择”或“违反公序良俗”，从而突破对保险合同条款的适用。对保险合同的片面理解，或对保险公司附加不合理的责任，实际上并不利于保险行业的正向发展，直至某一天，当保险公司不堪重压将所有的“手术”从重大疾病中删除时，真正需要保障的人反而无法得到保障。

二审法院判决很好地融合了情理与法理，真正将“法治”写进了判决书，法院不仅尊重双方当事人在签订合同时的意思表示，而且能“将市场的还给市场，将商业的还给商业”。这一判决是保险行业面对类似案例的强心剂，将为整个保险行业带来正向发展的信心。

人身保险中因热射病身故是否属于意外的认定

山东省聊城市中级人民法院

（2021）鲁15民终2023号民事判决书

（2021年12月23日）

案·情

2013年10月15日，投保人臧某为被保险人周某在某保险公司聊城中心支公司投保了两全保险（分红型）和附加定期重大疾病保险，保额4万元，保险责任包含“投保人因意外伤害身故或身体全残豁免续期保险费”。条款中对于意外伤害的释义为“指以外来的、突发的、非本意的、非疾病的客观事实为直接且主要原因导致的身体伤害”。

2017年7月14日，臧某因高温作业2小时后头晕、意识不清45分钟，入院诊断为热射病后当日身故。2017年9月25日，周某根据保险责任申请豁免续期保险费。某保险公司聊城中心支公司核定臧某系因热射病导致身故，不符合意外伤害“非疾病的”释义，拒绝豁免续期保险费。周某不服，诉至法院。

判决书正文

上诉人（原审被告）：某保险公司聊城中心支公司，住所地：山东省聊城市。

被上诉人（原审原告）：周某，女，汉族，1972年3月20日出生，住所地：聊城市东昌府区。

上诉人某保险公司聊城中心支公司因与被上诉人周某人寿保险合同纠纷一

案，不服山东省聊城市东昌府区人民法院（2020）鲁 1502 民初 13994 号民事判决，向本院提起上诉。本院于 2021 年 4 月 25 日立案后，依法组成合议庭进行了审理。本案现已审理终结。

某保险公司聊城中心支公司上诉请求：撤销一审判决，依法改判或将本案发回重审。事实与理由：1. 一审法院认定中暑具有意外伤害及内在疾病的双重属性是无依据的、错误的。国家卫生计生委、安全监管总局、人力资源社会保障部和全国总工会联合印发的《职业病分类和目录》第 6. 1 项将中暑列入了物理因素所致职业病的范畴。这说明中暑本身是一种疾病，一审法院认定中暑具有意外伤害及内在疾病的双重属性是错误的。2. 臧某死亡直接原因为热射病，而非意外伤害。一审法院认定臧某最直接、最主要的死亡原因系外在高温湿热天气带来的意外伤害是错误的。（1）聊城某医院于 2017 年 7 月 14 日出具的臧某 24 小时内入院死亡记录载明：“入院诊断：热射病，死亡原因：热射病，死亡诊断：热射病”；聊城某医院于 2017 年 7 月 29 日出具的臧某诊断证明书载明：“臧某于 2017 年 7 月 14 日在本院 ICU 科十病房 7 月 14 日至 7 月 14 日住院，检查结果如下：热射病，住院治疗，抢救无效死亡”。以上证实臧某最直接的死亡原因为热射病。（2）热射病与个人的身体机能和自我防护对是否患热射病起着决定性作用。高温高湿天气只是热射病的一个诱因，并且高温高湿天气也不是突发的，每年 7 月本就是炎热夏季，高温高湿天气属于季节性天气而非突发性天气。从这方面讲，高温高湿天气就不具备意外的“突发性”特征。何况热射病又是可以采取降温、通风等措施来预防的。所以臧某的死亡不是意外事件。综上所述，一审法院认定臧某死亡最直接、最主要的死亡原因系外在的高温湿热天气带来的意外伤害是错误的。被上诉人主张豁免保费不符合保险合同约定，不应得到支持。3. 一审法院认定上诉人未将“中暑死亡”即热射病死亡排除在意外伤害之外，未对意外伤害免责的具体情形作出明确说明是无依据的。案涉保险合同作为一般类的人身保险合同，已在合同保险人责任免除事项中定义了一般类人身保险合同所应当定义的事项，一审法院认定保险合同未对某种特殊情形即“中暑死亡”“热射病死亡”明确约定在责任免除事项中，是无依据的。4. 一审法院在认定“中暑是否属于意外伤害”作有利于被保险人的解释是无法律依据的。根据《保险法》第二十九条，在解释格式条款时，作出有利于被保险人解释的前提是双方对合同条款存在争议，且即使有争议也应当按照通常理解存在两种以上解释时，才应作出有利于被保险人和受益人的解释。案涉保险合同经过合同双方签字盖章确认，对条款内容并无争议，且条款用词精准，以通俗解释亦不应存在两种以上解释，一审法院在未厘清法律适用前置条件时，直接认定“中暑是否属于意外伤害”应作有利于被保险人的解释是错误适用法律。

周某答辩称：某保险公司聊城中心支公司的上诉理由不能成立，一审判决正确。

周某向一审法院起诉请求：1. 被告返还原告2017年10月19日—2019年10月18日的保险费3376元；2. 继续履行保险合同，被告豁免原告2019年10月19日—2033年10月18日的保险费。

一审法院认定事实：周某与案外人臧某系夫妻关系。2013年10月17日，臧某（投保人）为周某（被保险人）在被告某保险公司聊城中心支公司投保了某两全保险（分红型）和某附加定期重大疾病保险，保单号为000001，保险金额均为40000元，保险期间为30年，缴费期间均为30年，每年保险费为1688元，合同生效日期为2013年10月18日。某两全保险（分红型）、某附加定期重大疾病保险的保险条款均约定了投保人意外伤害身故或身体全残豁免保险费条款“除另有约定外，投保人因意外伤害身故或身体全残，且投保人身故或身体全残时年龄介于18周岁至60周岁，可免交自投保人身故或被确定身体全残之日起的续期保险费，本合同继续有效”及意外伤害“指以外来的、突发的、非本意的、非疾病的客观事件为直接且主要原因导致的身体伤害”。被告分别于2017年11月28日、2018年12月19日从臧某账户划扣了保险单号为000001保险合同约定1688元/年的保险费。

2017年7月14日，臧某在工地工作后出现身体不适，被送聊城某医院，经聊城某医院抢救无效后死亡，臧某被诊断为热射病。

2013年10月18日，周某为臧某（被保险人）投保某两全保险（分红型）和某附加定期重大疾病保险，保险金额均为20000元，保单号为000002。原告于2017年9月25日持000002号保单向被告申请保险金，被告向原告支付保险金42994.66元，该保险合同终止。庭审中，原告撤回对被告某保险公司山东分公司的起诉。

一审法院认为：投保人臧某与被告某保险公司聊城中心支公司签订的保单

号为 000001 的保险合同，系双方真实意思表示，合法有效，双方均应按照合同约定履行各自的义务。本案争议的焦点为：臧某因热射病经抢救无效后死亡是否属于保险合同的理赔范围。本案中，投保人臧某于 2017 年 7 月 14 日因热射病经聊城某医院抢救无效后死亡，在死亡前亦未造成其他伤害，臧某死亡最直接、最主要的原因系外在的高温湿热天气带来的伤害，这一因素具备了保险条款中对意外伤害定义的“外来的、突发的、非本意的、非疾病的客观事件”这些特征。中暑虽然与个人的身体机能、身体素质有关，但与高温环境等外在因素亦不可分割，存在内外因素共同作用的结果，具有意外伤害及内在疾病的双重属性；被告在保险合同中并未将“中暑死亡”即热射病死亡排除在意外伤害之外，也未对意外伤害免责的具体情形作出明确说明；保险格式条款属于格式条款，故在认定中暑是否属于意外伤害时，应作出有利于被保险人的解释，即应认定为意外伤害的范畴。根据双方订立的保险合同中投保人意外伤害身故或身体全残豁免保险费条款“除另有约定外，投保人因意外伤害身故或身体全残，且投保人身故或身体全残时年龄介于 18 周岁至 60 周岁之间，可免交自投保人身故或被确定身体全残之日起的续期保险费，本合同继续有效”。原告主张自 2017 年 10 月 18 日起豁免某两全保险（分红型）、某附加定期重大疾病保险的保险费，并返还 2017 年 10 月 19 日至 2019 年 10 月 18 日的保险费 3376 元的诉求，符合合同约定和法律规定，予以保护。被告主张已经支付保险金的保单号为 000002 保险合同与涉案保险合同系两份独立的保险合同，投保人、被保险人均不同，双方主张适用的合同条款不同，该保险合同的理赔情况与本案无直接必然关联，故被告该项抗辩理由，不予采信。综上所述，依照《中华人民共和国保险法》第十条、第十三条、第十四条、第十五条和第三十条规定判决：一、被告某保险公司聊城中心支公司自 2017 年 7 月 14 日起豁免保单号为 000001 保险合同的保险费，该保险合同继续履行；二、被告某保险公司聊城中心支公司于判决生效后 10 日内返还原告周某保险费 3376 元。案件受理费 25 元，由被告某保险公司聊城中心支公司负担。

本院二审期间，当事人未提交新证据。二审对一审认定的事实予以确认。

本院认为：案涉保险合同约定的“意外伤害”是指以外来的、突发的、非本意的、非疾病的客观事件为直接且主要原因导致的身体伤害。臧某在工地工作时身体出现不适后被送往医院抢救无效死亡，其死亡原因被诊断为热射病。臧某所患热射病属于中暑的一种情形，该疾病的发生源于体内，但导致疾病发生的根本原因在于天气炎热，从而引发身体机能变化，属于外来因素导致，符合“意外伤害”的外来性特征。臧某在工地工作时身体出现不适，属于突发事故，且伤害的发生也并非出于本意。而某保险公司聊城中心支公司也无其他证据证明臧某所患疾病系其他疾病造成。因此，应认定臧某所患疾病属于案涉合同约定的“意外伤害”。综上所述，某保险公司聊城中心支公司的上诉请求不能成立，应予驳回；一审判决认定事实清楚，适用法律正确，应予维持。依照《中华人民共和国民事诉讼法》第一百七十条第一款第一项规定，判决如下：

驳回上诉，维持原判。

二审案件受理费50元，由上诉人某保险公司聊城中心支公司负担。

本判决为终审判决。

审判长　孟　某
审判员　于　某
审判员　陈　某
二〇二一年五月六日
法官助理　李　某
书记员　孙　某

评·析

本案争议的焦点在于热射病是否属于条款中约定的意外伤害责任。

通过检阅相关医学文献，对于中暑的描述为“中暑常发生在高温和湿度较大环境中，是以体温调节中枢功能障碍、汗腺功能衰竭和水电解质丢失过多为特征的疾病”①，以及《职业病分类和目录》第6.1项将中暑列入了物理因素所致职业病的范畴，可见在医学归类上，中暑可以确定为疾病。而中暑分级中最严重的病症为热射病，主要表现形式为人体接收外面的温度太高、热量太

① 王吉耀主编．全国高等医药院校教材《内科学》［M］．北京：人民卫生出版社．

多或自身产热过多，再加上散热的障碍，导致身体的温度急剧升高。造成中枢的神经功能、心血管循环的系统，以及呼吸功能、胃肠道功能、肝功能、肾功能和凝血功能发生一系列的改变，最终形成人体意识障碍为显著特征的，全身多脏器功能受损。该病症起病急，若患者未及时进行正规治疗，随病情进展会因多系统功能损坏导病症恶化，甚至危及生命。

本案中，被保险人因热射病入院治疗无效后死亡是否属于意外身故，某保险公司在核定赔付时需根据案涉保险合同的约定加以认定。根据保险合同约定，意外伤害是指遭受外来的、突发的、非本意的、非疾病的使身体受到伤害的客观事件。根据这四个特性来进行判别，某保险公司此次拒赔的主要原因为，在户外高温环境下长时间作业会中暑属于生活常识，被保险人作为完全民事行为能力人，完全可以控制是否需要高温作业及作业时长，对该行为的后果是具备可预见性的，不符合意外伤害定义中非本意、突发的特性。且在医学领域，热射病被认定为物理因素所致的疾病，高温只是诱发产生该疾病的原因之一，热射病死亡的主要原因为自身的身体机能综合衰竭，不符合意外伤害定义中的非疾病、外来的特性。以上拒赔理由也是目前多数保险公司核定热射病不属于意外伤害保险责任的主要原因。

根据本案及类案检索，在司法实践中多数法院在审理意外伤害理赔纠纷时，则将热射病认定为意外伤害的一种，该类认定主要基于以下理由：首先，热射病为体内热量积累过多所导致的疾病，但热射病的发生因每个人身体机能、身体素质、其他外在条件影响，每个人所能承受的最大热量均无法统一判定，遂热射病发生过程是不可预知的，是符合意外事件中突发的、非本意的特征。其次，热射病发病的起因为高温下作业，原因在于天气太热致体内热量过度积蓄，从而引发身体机能变化，属于外部因素导致，是符合意外险事件中外来的、非疾病的特征。最后，保险公司所提供的条款为格式条款，未在条款中将“中暑死亡”的情况排除在意外伤害之外，也未对意外伤害免责的具体情形作出明确说明，根据《中华人民共和国保险法》第三十条，对合同条款有两种以上解释的，人民法院或者仲裁机构应当作出有利于被保险人和受益人的解释。

可见，保险公司及法院对于热射病引发的身体损害是否属于保险合同约定的意外伤害，仍然存在较大的分歧。如仅从病理及行为可控性角度分析，因热射病引发内脏器官损害属于疾病名目，而引发该病症需人体长时间处于较高温度环境，保险公司将其归属为可根据自主意识避免的疾病也并无不当。且仅中暑这一科目，在临床医学表现中就存在热射病、热痉挛、热衰竭等多种疾病表现，各种表现又伴有多种并发疾病可导致人身损害，如强行要求保险公司将各类疾病表现形式罗列在格式条款中进行说明和提示，则大幅提高了保险缔约操作和普及难度，与当今社会对于商业保险的旺盛需求相悖。

在司法实践中，保险公司作为订立合同要约的发出方，同时又是格式条款的提供方，在合同缔约过程中明显属于强势一方，在保险合同条款中未将中暑排除在保险责任范围也未对热射病作出明确解释的情况下，从个案中不能排除保险公司存在缔约过失的情形。因此，人民法院根据《中华人民共和国保险法》第三十条规定的格式条款不利解释原则，作不利于保险公司的解释，认定热射病属于保险合同所约定的意外伤害，这种判断有利于保护合同缔约的弱势方，同时也兼顾了投保人或被保险人对于合同缔结目的的合理期待。

保险消费者因作为信息弱势方而无法获得赔偿，不仅有悖于其购买保险时所寄托的合理期待，在引发保险合同理赔纠纷时，因格式条款内容存在争议导致的拒赔，对保险公司也产生了惜赔的负面声誉，降低了保险行业在社会大众心目中的形象，实则形成消费者和保险公司两败俱伤的场面。如何更好地解决保险条款自身争议下的赔付问题，维护保险公司及保险消费者双方的合法权益，本质是对保险公司的产品条款厘定和明确说明义务提出了更高的要求。保险公司应对于有争议的保险事故在条款中加以明确，在保险产品销售及签订合同时，也应对消费者作到提示和明确说明，使消费者在知悉保险责任后正确选择适合自身的保险产品，确保消费者作为信息弱势方拥有充分知情权、自主决定权，满足其订立保险合同的合理预期，从而避免“投保易，索赔难”的现象，进而促进保险公司对保险产品的迭代升级，提升消费者对保险产品的感知度、满意度，树立诚信为本的企业形象，达到保险消费者和保险公司共赢的目的。

住院医疗险中生育分娩是否属于“疾病”范畴的认定

上海金融法院

（2021）沪14民终1315号民事判决书

（2021年11月29日）

案·情

2019年5月16日，孙某在某保险公司为其配偶周某投保个人综合住院医疗险，保险期间为自2019年5月31日起至2020年5月30日止。保险单载明保险责任为一般医疗保险金、重大疾病医疗保险金以及恶性肿瘤赴日医疗保险金。

涉案保险条款第六条“保险责任”规定，“一般医疗保险金”指保险期间被保险人因遭受意外伤害事故或在等待期后因患疾病在医院接受治疗产生的费用，保险人应承担给付保险金的责任。涉案保险条款第九条责任免除第（四）项载明“被保险人怀孕（含宫外孕）、流产、分娩（含剖腹产）……”导致被保险人支出医疗费用的或发生如下列明的医疗费用，保险人不承担保险金给付责任。

2020年5月，周某住院分娩一女，医疗费用在扣除医保统筹部分及非本人的医疗费部分后，共计花费27573.88元。因双方对被保险人住院分娩所产生的医疗费是否属于保险责任约定的“疾病”所致的医疗费范畴产生争议，周某向上海市黄浦区人民法院提起诉讼。经两审终审，一审、二审法院均判决认定怀孕分娩按通常理解系一种自然生理现象，应不属于案涉保险合同约定的“疾病”概念范畴，同时根据涉案保险合同约定剖腹产分娩住院亦属责任免除，某保险公司无须理赔。

判决书正文

上诉人（原审原告）：周某，女，1991年2月28日出生，汉族，住上海市普陀区。

被上诉人（原审被告）：某保险公司，营业场所：上海市黄浦区。

上诉人周某因与被上诉人某保险公司人身保险合同纠纷一案，不服上海市黄浦区人民法院（2021）沪0101民初1189号民事判决，向本院提起上诉。本院于2021年9月17日立案后，依法组成合议庭，并于2021年10月21日公开开庭审理了本案。上诉人周某的委托诉讼代理人孙某，被上诉人某保险公司的委托诉讼代理人到庭参加诉讼。本案现已审理终结。

上诉人周某诉称，请求二审法院撤销一审判决，发回重审或者依法改判，支持上诉人原审的全部诉讼请求。事实与理由：一、原审法院遗漏查明被上诉人某保险公司出具的《理赔通知书》，其载明被上诉人确认上诉人的保险理赔申请属于“疾病范畴”，但因属于“责任免除范围”而拒赔，属于判决认定基本事实错误，适用法律错误的情形；二、原审法院遗漏查明被上诉人是否履行明确说明和提示义务，属于判决认定基本事实错误，适用法律错误的情形；三、原审法院遗漏查明涉案保险合同为格式合同，且未附格式条款，属于判决认定基本事实错误，适用法律错误的情形，故上诉人上诉至二审法院，恳请法院依法支持上诉人原审的全部诉讼请求。

被上诉人某保险公司辩称，不同意上诉人周某的上诉请求，一审法院认定事实清楚，适用法律正确，判决并无不当，请求二审法院予以维持。第一点，保险法明确规定，对于不属于保险责任的，保险人应当作出拒绝赔偿或拒绝给付保险金的通知书。被上诉人收到上诉人的理赔请求和理赔材料后，依法作出了不予赔付的通知书，上诉人认为理赔通知书认可生育费用属于保险责任是没有事实和法律依据的；第二点，上诉人认为被上诉人未履行提示说明义务的法律依据是错误的，保险责任条款是不需要进行提示说明即生效的，上诉人的主张系适用法律错误；第三点，上诉人认为案涉保险合同属于格式合同，本案保险合同中关于1万元免赔额的规定属于保险人提供的格式条款，应作出对保险人不利的解释，被上诉人对此认为，本案保险合同中关于 1 万元免赔额的约定是保险合同双方当事人自由选择和合意磋商的结果，不是上诉人认为的格式条款，上诉人的主张是其对案件事实的错误认识，其适用法律也是错误的，故上诉人的上诉理由不能成立。

周某向一审法院起诉称：1. 判令某保险公司向周某支付保险金人民币（以下币种同）27573.88 元；2. 判令某保险公司向周某赔偿应付未付保险金造成的各项损失暂计 500 元（包括邮寄费 50 元、交通费 200 元、自 2020 年 6 月 23 日起，以某保险公司应付未付保险金为基数，按全国银行间同业拆借中心公布的贷款市场报价利率计算损失，直至某保险公司付清为止）；3. 本案诉讼费由某保险公司承担。

一审法院认定事实：2019 年 5 月 16 日，周某在某保险公司处投保，保险期间为 2019 年 5 月 31 日 00 时 00 分 00 秒起至 2020 年 5 月 30 日 23 时 59 分 59 秒止。系争保险单投保人为孙某，被保险人为周某，保险名称有：1. “个人住院综合医疗保险（2019 版）”，保险责任为一般医疗保险金，免赔额为 10000 元；2. “个人住院综合医疗保险（2019 版）”，保险责任为重大疾病医疗保险金；3. “个人恶性肿瘤赴日治疗医疗保险”，保险责任为恶性肿瘤赴日医疗保险金。

《个人住院综合医疗保险条款（2019 版）》第六条保险责任第一项一般医疗保险金中约定，在保险期间，被保险人因遭受意外伤害事故或在等待期后因患疾病，在医院接受治疗的，保险人对下述 1 ~4 类费用，按照本合同的约定承担给付一般医疗保险金的责任：1. 住院医疗费用；2. 特殊门诊医疗费用；3. 门诊手术医疗费用；4. 住院前后门急诊医疗费用。2020 年 5 月 7 日至 5 月 12 日，周某入上海市某妇婴保健医院，并生育一女。其间，扣除医保统筹部分及非周某本人的医疗费部分，医疗费用为 27115.4 元。2020 年 5 月 18 日之后，周某多次赴上海某医院就诊，医疗费用合计 458.48 元。上述费用合计 27573.88 元。

一审法院认为，周某与某保险公司之间的保险合同系双方当事人的真实意思表示，符合现行法律法规的规定，应为有效。合同有效即具有约束力，各方当事人均应恪守。该案的争议焦点在于：1. 怀孕分娩是否系疾病；2. 保险人关于对被保险人因怀孕分娩而支出的费用不负保险金给付义务的约定是否属于免责条款。关于第1项争议焦点，怀孕分娩系一种自然生理现象，而非疾病。关于第2项争议焦点，免责条款是当事人所约定的免除或者限制当事人违反义务法律后果的条款，而不是免除义务条款。疾病范围作为确定保险人承保范围的约定，是确定免除保险人责任条款的前提，故不属于免除保险人责任的条款。综上所述，周某因分娩而产生的医疗费用不属于保险责任范围，后续的就医费用亦非住院治疗而产生，故对周某的该项诉讼请求一审法院不予支持。对于周某主张的其他损失，无法律和合同依据，一审法院亦不予支持。一审法院依照《中华人民共和国保险法》第十条、第十六条第七款规定，判决对周某的全部诉讼请求均不予支持。

二审中，上诉人周某向本院提交两本公证书作为新证据，证明：一、被上诉人某保险公司宣传销售600万元医疗保险存在欺诈投保人的行为被中国银保监会行政处罚；二、被上诉人保险销售的宣传页中明确说明案涉保险合同可申请生育费用理赔；三、被上诉人在投保过程中未履行说明和提示义务，其提出的属于责任免除范围的抗辩无事实和法律依据。被上诉人对上诉人所提证据的真实性、合法性无异议，对关联性有异议，认为公证书内容无法证明与本案存在关联，中国银保监会的行政处罚与本案亦无关联。被上诉人二审中未提交证据。本院对一审法院认定事实予以确认。

本院认为，本案争议的焦点为：上诉人周某（被保险人）申请理赔的生育费用是否属于其与被上诉人某（保险人）在案涉保险合同约定的保险责任范围。上诉人周某认为，其在投保某保险公司的个人综合住院医疗保险产品时，该保险产品的宣传销售界面显示可申请生育费用/津贴的索赔，而其在发生生育费用向被上诉人索赔时，被上诉人的《理赔通知书》中载明“本次理赔申请疾病属于责任免除范围，且与被保险人姓名不符的发票不属于保险责任范围，故歉难给付保险金”，被上诉人在《理赔通知书》中指出上诉人的保险理赔申请属于“疾病”但因属于“责任免除范围”而拒赔，上诉人对此理由不予认可。被上诉人认为，上诉人申请理赔的保险责任为“一般医疗保险金”，而根据案涉保险合同的约定，“一般医疗保险金”指保险期间被保险人因遭受意外伤害事故或在等待期后因患疾病在医院接受治疗产生的费用，保险人应承担给付保险金的责任。就本案来说，分娩不属于疾病范畴，分娩剖宫手术产生的医疗费用明显不属于患疾病导致，故该费用不属于保险责任范围。同时，案涉保险合同第九条“责任免除”条款第（四）项中约定，因下列情形之一导致被保险人支出医疗费用的或发生如下列明的医疗费用，保险人不承担保险金给付责任：被保险人怀孕（含宫外孕）、流产、分娩（含剖腹产）、避孕、产前产后检查等以及由以上原因导致的并发症。本院认为，上诉人通过手机网络平台向被上诉人处投保，被上诉人向上诉人签发保险单同意承保，双方订立的保险合同已经成立。案涉保险合同系依当事人真实意思表示订立，亦不违反法律、行政法规的强制规定，应属合法有效，对当事人具有约束力。根据案涉保险合同的约定以及上诉人的保险理赔申请，怀孕分娩应不属于案涉保险合同约定的“一般医疗保险金”概念中的“疾病”范畴，按照通常理解，怀孕分娩系一种生理现象，一般也不应认为是疾病。另外，《某保险公司个人住院综合医疗保险条款（2019 版）》第九条“责任免除”第（四）项中约定，因下列情形之一导致被保险人支出医疗费用的或发生如下列明的医疗费用，保险人不承担保险金给付责任：被保险人怀孕（含宫外孕）、流产、分娩（含剖腹产）、避孕、产前产后检查等以及由以上原因导致的并发症，故根据上述条款约定，上诉人有关生育费用的理赔申请亦属于被上诉人保险责任免除的范围，故上诉人的该项主张本院难以支持。至于上诉人所称某保险公司在案涉保险宣传销售中有关生育费可以申请理赔的内容与其实际提供的保险合同条款不一致，本院认为，投保人或被保险人在发现保险人提供的保险合同条款与其销售宣传不符时，可提出异议或与保险人协商解决，也可通过向相关主管部门投诉、举报等方式维护自身权利，上诉人二审中提供的宣传材料尚不足以证明被上诉人某保险公司与上诉人之间就承保范围的保险条款作出了变更。

关于案涉保险合同中 1 万元免赔额的约定是否属于格式条款的问题，上诉人认为，保险合同中 1 万元免赔额的条款属于保险合同中的格式条款，保险人未对投保人或被保险人尽提示说明义务。被上诉人认为，本案中，该 1 万元免赔额的约定不是格式合同中免赔额的约定，而是双方在合同缔结过程中合意磋商的结果，属于保险合同中双方当事人对保险利益另行约定的条款，不需要进行提示说明即有效力。本院对此认为，从案涉保险合同约定的内容来看，合同中关于“一般医疗保险金”中 1 万元免赔额的约定属于保险合同中的特别约定条款，其与保险责任、赔付比例、保险金额等以表格形式共同列明于保险单中，系保险合同当事人对合同保险利益所做的特别约定，应不属于保险合同订立过程中保险人提供的免除其保险责任的格式条款。一般来说，保险合同条款由合同当事人约定的条款和保险人提供的格式条款组成，案涉保险合同的特别约定部分应理解为合同当事人对保险责任范围或内容的约定，在本案保险单中也体现在关于保险责任、赔付比例、保险金额的约定部分以及“特别约定”部分，因此，其并非保险人在保险合同中提供的格式条款，而是保险合同当事人的合意约定。故在本案中，被上诉人根据保险合同的特别约定主张对上诉人所申请的458.48元医疗费不予理赔，具有相应的合同依据。

综上所述，上诉人的上诉请求难以成立，应予驳回；一审判决认定事实清楚，适用法律正确，应予维持。据此，依照《中华人民共和国民事诉讼法》第一百七十条第一款、第一百七十五条之规定，判决如下：

驳回上诉，维持原判。

二审案件受理费人民币501.80元，由上诉人周某负担。

本判决为终审判决。

审判长　任　某

审判员　葛　某

审判员　余　某

二〇二一年十一月二十九日

法官助理　陈　甲

书记员　陈　乙

评·析

本案的主要争议焦点为：生育分娩是否属于“疾病”的概念内涵，以及案涉合同中关于1万元免赔额的约定是否属于限制、免除保险人责任的条款，继而明确被保险人主张的住院生育费用是否全额或部分属于涉案保险产品责任范围。

医疗保险金是指因意外或疾病导致被保险人住院医疗产生费用的，由保险人承担给付保险金责任。在保险行业中，住院医疗险产品关于对怀孕、流产、分娩（含剖腹产）、避孕、节育及其他自然生理、“疾病”现象的责任免除约定与产品定价、费率息息相关，这一约定应属于双方当事人合意磋商的结果。

本案中，一审、二审法院关于上述争议的裁判观点对医疗险产品中生育分娩及其他类似生理现象免责约定所涉及的争议和产品宣传开发具有一定指导意义。

一、怀孕分娩是否属于疾病概念内涵的争议

首先，社会层面上人们对分娩和疾病这两种词汇已经习以为常，但正是在习以为常的观念背后，大多数人缺乏对疾病概念的深入了解与把握。从现代生物医学的角度出发，主流观点认为疾病是指生物在一定原因的损害性作用下，因自稳调节紊乱而发生的异常生命活动过程，是特定的异常病理情形，而且会影响生物体的部分或是所有器官。同时疾病在一定病因的影响下，发生发展会呈现出如下规律：一、内稳态失衡；二、损伤与抗损伤并存；三、因果交替，恶性循环；四、局部和整体关联。然而，正常生育分娩作为一种自然的暂时性生理现象能够自然结束并归于正常，并不会导致人体出现明显的病态症状、内稳态失衡以及特异性病理改变，同时整个分娩过程也不符合疾病的发生发展规律，因此不能将两者混为一谈。其次，疾病的发生基于人体内外环境及心理社会因素的长久影响具有高度的不确定性，而怀孕生育则被认为是人为的可预料、可选择、可避免、可终止的，两者在发生机制上具有天壤之别。

另外，并不是所有疾病都需要手术治疗，也不是所有手术均是为了治疗疾病。从个人主观意愿的角度出发，即使没有手术指征，部分女性为了避免遭受顺产的强烈阵痛亦可自愿要求通过外科手术剖宫产子。这种手术在剖腹产中，不应当被视为与疾病概念产生强关联性，而应被视为一种辅助生育手段更为妥当。综上可知，本案一审、二审法院认为剖腹产手术分娩系正常生育而不属于疾病的观点符合现代生物医学的主流观点。

但同时上述观点在妇产学科的发展中争议不断，曾有部分美国妇产科医生旗帜鲜明地指出："怀孕生孩子不是病"之说是思维狭隘、因循守旧、非循证的代表。因为从人体健康状况的医学角度看，怀孕妇女经常处于"高兴的"不舒服中，症状可以从轻微到卧床不起，甚至出现一些抑郁症等精神类疾病，但是一旦出现妊娠并发症了，定义为患病则毋庸置疑。这种对立观点使得公众认知撕裂开来，带来了一定的社会纷争。这种纠纷的出现警醒医疗保险产品开发者，应当注意疾病概念内涵的边界模糊性，同时对产品责任范围的约定应当翔实、清晰、准确，注意完成产品中关于责任免除的提示说明义务，积极保护消费者权益，尽量避免消费者对类似产品产生认知歧义。

二、本案中涉及的免责条款和特别约定条款的辨析

首先，案涉合同中关于1万元免赔额的约定是否属于限制、免除保险人责任的条款。从合同约定的内容来看，合同中关于“一般医疗保险金”中1万元免赔额的约定是保险人对赔付保险金额的具体约定，与保险责任、赔付比例、保险金额等以表格形式共同列明于保险单中，很明显这一免赔额与投保人支付的保费是量化相关的，应当属于保险合同双方当事人对合同保险利益所做的特别约定，共同体现了投保人与保险人权利义务的合理分担，不应属于保险合同订立过程中保险人提供的免除其保险责任的格式条款，而应是双方合意认可的特别约定条款。

其次，关于免责条款，本案中保险人是否尽到提示说明义务。《最高人民法院关于适用〈中华人民共和国保险法〉若干问题的解释（二）》第十一条，“保险合同订立时，保险人在投保单或者保险单等其他保险凭证上，对保险合同中免除保险人责任的条款，以足以引起投保人注意的文字、字体、符号或者其他明显标志作出提示的，人民法院应当认定其履行了保险法第十七条第二款规定的提示义务。”而涉案合同第九条责任免除，列明以下约定：“因下列情形之一导致被保险人支出医疗费用的或发生如下列明的医疗费用，保险人不承担保险金给付责任：被保险人怀孕（含宫外孕）、流产、分娩（含剖腹产）、避孕、产前产后检查等以及由以上原因导致的并发症。”因保险公司将上述字体加粗加黑显示，根据《最高人民法院关于适用〈中华人民共和国保险法〉若干问题的解释（二）》，法院判决认定保险人对上述免责约定已尽到提示、说明义务，并无不妥。

另外从本案出发，仍有几点思考分享：针对医疗险而言，就目前国内商业保险市场而言，专门针对女性怀孕分娩的“生育险”“母婴险”等保险产品寥寥无几，不难体现出保险公司及行业对女性生育这种可期的固定风险的谨慎与担忧。2019年我国政府发布《国务院办公厅关于全面推进生育保险和职工基本医疗保险合并实施的意见》，全面推进生育保险和职工基本医疗保险合并实施，在社会保险层面较之以前富有成效地提升了我国女性生育保险的参保率和保险金领取率，极大地促进解决生育和基本医疗保险交叉问题，是保障女性就业的一项重大举措。而目前面对国内商业生育险缺位、市场火热的商业医疗险仅保障疾病不保障生育的尴尬局面，仍有待医疗行业、保险行业及政府层面对平衡女性生育风险与生活保障，达成积极有效的共识。

重大疾病保险中被保险人所患疾病是否达到保险金给付标准的认定

湖南省长沙市中级人民法院
（2021）湘 01 民终 8293 号民事判决书

（2021 年 8 月 6 日）

案·情

2016 年 4 月，投保人颜某为其女儿彭某（未成年人）投保某保险公司重大疾病保险，合同约定保险起保期为 2016 年 4 月 29 日，保险受益人为颜某。2020 年 4 月 16 日，被保险人彭某因身体不适到医院检查，被确诊为系统性红斑狼疮（重型）、狼疮性胰腺炎、狼疮性脑炎、狼疮性肾炎、狼疮性肝炎、狼疮性肌炎、狼疮性心肌病和社区获得性肺炎等疾病并住院 33 天。被保险人出院后，颜某向某保险公司申请保险理赔，某保险公司认为被保险人的病情并未达到重大疾病保险赔付标准，因此拒绝理赔，并出具拒付决定通知书。

2021 年 1 月 5 日，颜某向法院提起诉讼，要求某保险公司支付重大疾病保险金 20 万元。一审、二审法院均支持颜某诉讼请求，某保险公司败诉。

判决书正文

上诉人（原审被告）：某保险公司湖南分公司，营业场所地：湖南省长沙市。

被上诉人（原审原告）：颜某，女，1977 年 10 月 12 日出生，汉族，住湖南省双峰县。

上诉人某保险公司湖南分公司（以下简称某保险公司）因与被上诉人颜某人身保险合同纠纷一案，不服湖南省长沙市雨花区人民法院（2021）湘0111民初3066号民事判决，向本院提起上诉。本院立案后，依法组成合议庭进行了审理。本案现已审理终结。

某保险公司的上诉请求：撤销原审判决，驳回颜某的全部诉讼请求；本案全部诉讼费用由颜某承担。事实和理由：一审、一审法院事实认定不清，未能查明被保险人所患疾病是否属于双方保险合同约定的“严重狼疮型肾炎”。被保险人两次住院的临床诊断结论都没有达到WHO定义的Ⅲ型、Ⅳ型、Ⅴ型、Ⅵ型定义的标准，又没做肾活检，肌酐清除率也并未持续低于30ml/分。因此，被保险人所患的狼疮型肾炎（重型）并未达到双方合同约定的严重狼疮型肾炎的严重程度，不属于保险合同的理赔范围，保险人无须承担保险责任。二、一审法院适用法律错误。一审法院在认定事实不清的前提下，滥用《最高人民法院关于适用〈中华人民共和国保险法〉若干问题的解释（二）》第十七条“保险人在其提供的保险合同格式条款中对非保险专业术语所作的解释符合专业意义，或者虽然不符合专业意义，但有利于投保人、被保险人或者受益人的，人民法院应予以认可”的规定是错误的。上诉人与被上诉人签订保险合同时，上诉人已经充分履行了告知、询问的义务，并且由被上诉人签署了产品告知书、个人人身保险投保书，明确表示被上诉人已了解并认可了保险条款，且保险合同是经行政监督部门审查备案登记通过的。条款中对重大疾病理赔标准的划分也是参照WHO的标准制定，不存在自定义非专业术语，也不存在理解上的歧义。

颜某辩称：1. 被保险人彭某的病情是红斑狼疮引发的狼疮型肾炎，根据病历、治疗经过以及相关检测报告均予以体现；2. 某保险公司反复提到一个肾活检，是一个检测标准，而非一个必要手段，关于被保险人为什么不能做肾脏活检，因为被保险人身体状况不适合做，肾脏活检作为一个检测手段，不应当作为确定病情的依据；3. 一审判决适用《保险法》司法解释二第十七条正确，请求二审法院依法予以维持原判。

颜某向一审法院起诉请求：1. 判令某保险公司支付重大疾病保险理赔款20万元；2. 判令某保险公司支付实际发生的医疗保险等各项理赔款共计人民币76329.33元；3. 本案全部诉讼费用由某保险公司承担。

一审法院认定事实：2016年4月26日，颜某以其女儿彭某为被保险人向某保险公司投保人身保险，并填写了某保险公司工作人员提供的《个人人身保险投保书》。某保险公司承保后，颜某于2016年4月28日向某保险公司缴纳首期保险费3006元，某保险公司于当日生成并打印保险单，该保险单于2016年4月29日起生效。该保险单载明，颜某为投保人，被保险人为彭某，交费频率为年交，投保险种有：某定期寿险，保险期间至100周岁，交费期间20年，基本保险金额为140000元，保险费为1484元；某重大疾病保险，保险期间至70周岁，交费期间为20年，基本保险金额为200000元，保险费为1180元；某意外伤害保险；某附加意外伤害医疗保险（2009）（A款）；某附加住院费用医疗保险（2009）（A款），保险期间为1年，交费期间为1年，基本保险金额为5000元，基本保险费为210元。此后，颜某每年按期向某保险公司支付保险费，现该保险合同处于有效期内。

2020年4月16日，被保险人彭某因身体不适到某甲医院就诊，经住院检查，其病情被诊断为系统性红斑狼疮。后彭某根据家属要求，于2020年4月21日从某甲医院出院，转院至某乙医院住院治疗。2020年5月25日，彭某经某乙医院治疗后出院，出院诊断载明：1. 系统性红斑狼疮（重型）、狼疮性胰腺炎、狼疮性脑炎、狼疮性肾炎、狼疮性肝炎、狼疮性肌炎、狼疮性心肌炎；2. 口腔真菌感染；3. 社区获得性肺炎；4. 脂肪肝。颜某因彭某患前述疾病向某保险公司提出重大疾病保险金理赔申请，某保险公司于2020年6月17日以彭某的前述病情未达到某重大疾病保险合同约定的赔付标准为由，向颜某作出《拒付决定通知书》。颜某对某保险公司拒付决定存在异议，遂向法院提出本案诉讼。

另查明，《某重大疾病保险条款》第10.6条中对被纳入该险种的理赔范围的三十五项重大疾病约定：其中第一至二十五项所列重大疾病名称及疾病定义由中国保险行业统一制定，第二十六至三十五项所列重大疾病名称及疾病定义由被告自行制定使用；被保险人发生符合疾病定义所述条件的疾病，应当由专科医生明确诊断；第二十七项“严重狼疮性肾炎”的内容为：“狼疮性肾炎是系统性红斑狼疮的一种并发症。系统性红斑狼疮是由……。狼疮性肾炎是指系统性红斑狼疮患者并发狼疮性肾炎而影响和损害肾脏功能。世界卫生组织（WHO）对狼疮性肾炎分型如下：Ⅰ型（微小病变形），Ⅱ型（系膜病变形：

中度尿蛋白、偶有尿沉渣改变)，Ⅲ型（局灶及节段增生型：尿蛋白、尿沉渣改变)，Ⅳ型（弥漫增生型：急性肾炎伴有尿沉渣改变及/或肾病综合症)，Ⅴ型（膜型：肾病综合症或重度尿蛋白)，Ⅵ型（肾小球硬化型：肾小球硬化呈纤维团状，肾功能差、无法恢复)。严重狼疮性肾炎是指经肾脏活检确认的，符合 WHO 诊断标准定义Ⅲ型、Ⅳ型、Ⅴ型和Ⅵ型的狼疮性肾炎，且肌酐清除率持续低于 30ml/分。其他类型的红斑性狼疮，如盘状狼疮、仅累及血液及关节的狼疮不在本主险合同保障范围内。本病必须有免疫和风湿专科医生确诊。”颜某提供的病历资料记载，被保险人彭某在 2020 年 4 月 8 日和 2022 年 4 月 22 日的尿总蛋白检验值分别为 177.1mg/24h 和 599.94mg/24h（正常参考值为 0~150mg/24h)；血清中肌酐在 2020 年 5 月 10 日和 2020 年 5 月 15 日的检验值分别为 24.5umol/L 和 30umol/L（正常参考值为 44.0~133.0umol/L)。诉讼中，某保险公司称被保险人的病历资料虽体现有蛋白尿，且肌酐检验值存在低于正常值，但不能证明其病情已达到保险合同约定的世界卫生组织诊断标准定义Ⅲ型以上的严重标准，且被保险人的狼疮性肾炎未经肾脏活检确认，故颜某不能证明被保险人病情达到保险合同约定的“严重”标准。颜某称被保险人彭某在治疗期间，颜某就向保险公司提交资料申请理赔，某保险公司要求提交被保险人的肾脏活检资料，因被保险人当时的病情不允许进行肾脏活检，故未能提交。颜某为此提供某乙医院风湿免疫科于 2020 年 5 月 9 日出具的《彭某病情简介》，该资料载明：“患者彭某，女，16 岁……。入院后行超大剂量激素、免疫球蛋白、血浆置换等治疗后，疗效欠佳。由于全身多个器官受累，病情危重，随时有生命危险，故无法进行肾脏活检穿刺以明确肾炎类型。”

诉讼中，颜某以某保险公司已实际履行某附加住院医疗费用医疗保险(2009)（A 款）的合同义务为由，向法院申请撤回要求被告支付医疗保险等各项理赔款 76329.33 元的诉讼请求。

一审法院认为：颜某以其女儿彭某为被保险人向某保险公司投保某定期寿险、某重大疾病保险、某意外伤害险、某附加意外伤害医疗保险（2009）（A 款)、某附加住院医疗费用医疗保险（2009）（A 款）等险种，被告承保并向原告出具保单，双方当事人之间成立的保险合同合法有效，应依约行使合同权利并履行合同义务。

关于颜某主张的重大疾病保险理赔款 20 万元。本案中，双方当事人对于被保险人彭某的病情是否达到合同约定的“重大疾病”中的严重狼疮性肾炎的“严重”程度存在争议。根据颜某提供病历资料和疾病诊断证明，可以确定被保险人所患的狼疮性肾炎系由重型系统性红斑狼疮并发引起，且尿蛋白和肌酐清除率检验指标符合合同约定标准，仅因被保险人身体原因不宜进行保险条款约定的肾脏活检穿刺手术。根据《最高人民法院关于适用〈中华人民共和国保险法〉若干问题的解释（二）》第十七条“保险人在其提供的保险合同格式条款中对非保险术语所作的解释符合专业意义，或者虽不符合专业意义，但有利于投保人、被保险人或者受益人的，人民法院应予以认可”的规定，某保险公司提供的案涉格式合同中对严重狼疮性肾炎所作解释明显不利于被保险人，且某保险公司没有提供证据证明其解释符合专业意义，故某保险公司在合同条款中对严重狼疮性肾炎要求通过肾脏活检确认的解释，法院不予认可，并认可被保险人所患狼疮性肾炎达到合同约定的严重程度，某保险公司应按合同约定承担保险责任。故颜某主张要求某保险公司支付其重大疾病保险理赔款20万元的诉讼请求，法院予以支持。

据此，依照《中华人民共和国保险法》第十条、第二十三条、第三十条，《最高人民法院关于适用〈中华人民共和国民事诉讼法〉的解释》第九十条之规定，判令如下：某保险公司于本判决生效之日起10日内支付原告颜某重大疾病保险金20万元。本案受理费2722元，由原告颜某负担722元，由被告某保险公司负担2000元。

本院二审期间，双方当事人未提交新的证据。

本院二审查明的事实与一审认定的事实一致，且当事人未提出实质性异议，故对一审判决审理查明的事实，本院予以确认。

本院认为，根据双方当事人的诉辩观点，本案的争议焦点为：被保险人彭某，即颜某的女儿所患疾病是否达到保险合同约定的“重大疾病”中严重狼疮性肾炎的“严重”程度。某保险公司认为被保险人没有做肾脏活检，而不认可被保险人所患疾病达到了严重程度。但结合被保险人住院治疗的病历资料以及某乙医院风湿免疫科出具的《彭某病情简介》可知，被保险人彭某的病情达到了严重程度，属于重症患者。且某乙医院给出的专业意见是“由于全身多个器官受累，病情危重，随时有生命危险，故无法进行肾脏活检穿刺以明确肾炎类型”。因此，被保险人无法进行肾脏活检穿刺的原因系病情危重，根据案涉保险合同关于“严重狼疮性肾炎必须由免疫和风湿科专科医生确诊”的约定，被保险人彭某的病情已由某乙医院风湿免疫科专业医生予以了确认，符合案涉保险合同的约定。综上所述，某保险公司仅以被保险人彭某未做肾脏活检穿刺手术为由，拒绝赔付保险金，于法无据，与事实不符，本院不予支持。

综上所述，一审判决认定事实清楚，适用法律正确，裁判结果正确，故对某保险公司的上诉请求不予支持。依照《中华人民共和国民事诉讼法》第一百七十条第一款第一项之规定，判决如下：

驳回上诉，维持原判。

二审案件受理费4300元，由上诉人某保险公司负担。

本判决为终审判决。

审判长　邓　某
审判员　钟　某
审判员　曾　某
二〇二一年八月六日
法官助理　谢　甲
书记员（兼）　谢　乙

评·析

本案的争议焦点为：被保险人彭某所患疾病是否达到“严重狼疮性肾炎”的保险金给付标准。

一、根据案涉保险合同的约定，被保险人所患疾病是否达到重大疾病的标准

案涉保险合同对“重大疾病”的定义采用明确的列举式说明，即“严重狼疮性肾炎是指经肾脏活检确认的，符合WHO诊断标准定义Ⅲ型、Ⅳ型、Ⅴ型和Ⅵ型的狼疮性肾炎，且肌酐清除率持续低于30ml/分。其他类型的红斑性狼疮：如盘状狼疮、仅累及血液及关节的狼疮不在本主险合同保障范围内。本病必须由免疫和风湿科专科医生确诊”。根据该条约定，确定为“严重狼疮性肾炎”需要同时满足以下两个条件：1. 须经肾脏活检确认，符合 WHO 诊断标准定义；2. 肌酐清除率持续低于 30ml/分。本案中，被保险人虽经医院确诊患有狼疮性肾炎，但是并没有根据保险合同的约定进行肾脏活检，也没有提供肌酐清除率检查单来证明已达到合同约定的“严重”程度标准。因此，根据原告提供给保险公司的理赔材料，保险公司判断被保险人所患疾病不属于保险合同约定的“重大疾病”范畴。

二、重大疾病的严重程度应以保险合同约定的标准还是医院出具的证明为准

合同的本质是双方当事人的合意。依法订立的合同合法有效，合同双方的民事权利义务依法受法律保护，并且合同双方理应按照合同约定严格履行各自的权利义务。然而，保险合同是典型的格式合同，因制定格式条款的一方在交易中处于优势地位，对格式合同提供方的要求通常更为严苛。

中国银行保险监督管理委员会制定的《健康保险管理办法》第二十二条规定：“保险公司拟定医疗保险产品条款，应当尊重被保险人接受合理医疗服务的权利，不得在条款中设置不合理的或者违背一般医学标准的要求作为给付保险金的条件。”第二十三条规定：“保险公司在健康保险产品条款中约定的疾病诊断标准应当符合通行的医学诊断标准，并考虑到医疗技术条件发展的趋势。健康保险合同生效后，被保险人根据通行的医学诊断标准被确诊疾病的，保险公司不得以该诊断标准与保险合同约定不符为理由拒绝给付保险金。”

本案中，保险合同约定严重狼疮性肾炎的确诊必须经过肾脏活检，但对于涉案被保险人而言，肾脏活检的确诊方式不适宜其身体情况。在本案庭审中，原告出示了一份医院出具的《病情简介》（理赔申请中未提供），载明被保险人经相关检查，已经被确诊为系统性红斑狼疮、狼疮性肾炎，由于被保险人病情危重，随时有生命危险，因此无法进行肾脏活检以明确所患狼疮性肾炎的类型。原告出示该证据的证明目的是，虽然被保险人没有达到保险合同约定的重大疾病标准，但是医院已经有了明确的诊断结论，即被保险人的疾病达到了严重程度，保险公司应按照保险合同中重大疾病的约定予以理赔。法院采纳了原告观点，认为根据原告提供的病历资料和疾病诊断证明可以确定被保险人所患的狼疮性肾炎是由重型系统性红斑狼疮并发引起，并且病历资料中也有体现尿蛋白和肌酐清除率检验指标符合保险合同中严重狼疮性肾炎的约定标准，尽管未按保险合同要求进行肾脏活检，但根据医院出具的《病情简介》，是由于客观原因影响导致原告无法提供活检结果。因此法院认定被保险人所患疾病达到合同中约定的严重程度，保险公司应该赔付原告重大疾病保险金。

三、关于对格式条款提供方不利解释原则的适用

本案所涉保险产品为重大疾病保险，重大疾病的认定具有一定的特殊性和专业性。保险人与投保人、被保险人在保险业务的信息、经验和知识方面了解程度不一，对重大疾病标准的解释应以普通人对合同缔结目的的合理期待为出发点，以现行合理科学的医疗诊断标准为依据。《中华人民共和国保险法》第三十条规定："采用保险人提供的格式条款订立的保险合同，保险人与投保人、被保险人或者受益人对合同条款有争议的，应当按照通常理解予以解释。对合同条款有两种以上解释的，人民法院或者仲裁机构应当作出有利于被保险人和受益人的解释。"该条文即为对保险公司不利解释原则的法律依据。

本案中，一审、二审法院均以《最高人民法院关于适用〈中华人民共和国保险法〉若干问题的解释（二）》第十七条"保险人在其提供的保险合同格式条款中对非保险术语所作的解释符合专业解释，或者虽不符合专业意义，但有利于投保人、被保险人或者受益人的，人民法院应予以认可"的规定，认为保险公司提供的格式合同中对严重狼疮性肾炎所作的解释不利于本案的被保险人，并且保险公司在庭审中提供的证明其解释符合专业意义的证据未得到法院支持。因此，尽管被保险人所患疾病并不符合保险合同约定的重大疾病的认定标准，但最终法院依据不利解释原则及医院出具的《病情简介》判令保险公司败诉。

综上所述，本案中，法院以医院出具的《病情简介》等证明材料确认被保险人所患疾病达到严重的程度，对保险合同中关于要求通过肾脏活检确认严重狼疮性肾炎的术语解释不予认可。在保险理赔诉讼实践中，法院一般会倾向于保护投保人、被保险人的利益，因此保险公司应从消费者保护的原则出发，加强与客户的沟通，掌握充分的保险事故相关资料，如本案中的医院证明材料。在合法合规的前提下，作出有利于消费者合法权益保护的理赔决定，及时防范化解理赔纠纷风险。

意外伤害保险中按照伤残等级对应比例给付保险金条款是否属于免责条款的认定

黑龙江省齐齐哈尔市中级人民法院

（2021）黑 02 民终 1299 号民事判决书

（2021 年 5 月 8 日）

案·情

2017 年，肖某向某甲保险公司投保综合意外伤害险、附加意外医疗险、附加定额给付医疗保险，其中综合意外伤害保险金额 70000 元、意外伤害医疗保险金额 20000 元、意外伤害住院定额保险金 50 元/日，投保人与被保险人均为肖某本人。同年 12 月，肖某因意外不慎摔伤住院，住院 28 日，花费医疗费 13000 余元。某司法鉴定中心根据《人体损伤残疾程度分级》鉴定肖某伤残等级为九级。肖某申请理赔要求全额赔付意外伤害保险金 70000 元以及医疗保险金、住院定额保险金。某甲保险公司认为适用《人体损伤残疾程度分级》进行鉴定不符合保险合同要求，且肖某单方申请的鉴定不具有合法性，应适用保险合同约定的《人身保险伤残评定标准（行业标准）》，因此仅同意支付医疗费和住院日定额保险金，肖某遂提起诉讼。经过一审、二审、发回重审一审、二审，法院最终认为，保险合同依据《人身保险伤残评定标准（行业标准）》对获得意外伤害保险金的数额和范围进行的限制，属于免责条款，但肖某曾为某乙保险公司保险业务员，应理解保险条款中的关键信息，且该保险合同系网络自行激活，激活过程中均对条款尽到了提示阅读义务，应视为已对案涉保险条款进行了明确说明，因此判决某甲保险公司按基本保险金额 10%（伤残十级）支付保险金 7000 元。

判决书正文

上诉人（原审原告）：肖某，男，1966年1月30日出生，汉族，住齐齐哈尔市梅里斯达斡尔族区。

上诉人（原审被告）：某甲保险公司齐齐哈尔中心支公司，住所地：齐齐哈尔市铁锋区。

上诉人肖某因与上诉人某甲保险公司齐齐哈尔中心支公司（以下简称某甲保险公司）保险纠纷一案，因均不服齐齐哈尔市铁锋区人民法院（2020）黑0204民初575号民事判决，向本院提起上诉。本院于2021年4月14日立案后，依法组成合议庭审理了本案。本案现已审理终结。

肖某上诉请求：1. 请求依法撤销齐齐哈尔市铁锋区人民法院（2020）黑0204民初575号民事判决，依法改判由某甲保险公司向肖某全额支付意外残疾保险金70000元；2. 本案诉讼费由某甲保险公司承担。事实与理由：原审法院以“肖某并非普通投保人，而曾是某乙保险公司齐齐哈尔市中心支公司（以下简称某乙保险公司）保险业务员，对理赔依据及理赔比例应明确知晓”，因而认定某甲保险公司设定投保流程均应视为对肖某已经履行明确说明义务属于适用法律错误，应依法予以改判或发回重审。

某甲保险公司辩称，案涉保险合同约定的内容不属于《中华人民共和国保险法》第十七条第二款规定的“免除保险人责任的条款”，投保时无须作出特别提示和明确说明。订立案涉保险合同时，某甲保险公司已经履行了一般提示义务。本案系合同纠纷，肖某应按照案涉保险合同约定主张权利。

某甲保险公司上诉请求：1. 请求依法撤销齐齐哈尔市铁锋区人民法院（2020）黑0204民初575号民事判决第一项，驳回肖某一审诉讼请求；2. 本案诉讼费由肖某承担。事实与理由：某甲保险公司已经证明某司法鉴定中心鉴定程序违法、鉴定依据不足，符合《最高人民法院关于民事诉讼证据的若干规定》第四十条规定的重新鉴定条件，一审判决以“被告公司……未提供证据证明鉴定过程存在严重违法”为由不准予重新鉴定错误，故本案司法鉴定程序应当重启。

肖某辩称，原审法院依某甲保险公司申请委托鉴定机构对肖某重新鉴定程序合法合规，鉴定机构接受委托适用国家统一标准运用《法医临床检验规范》

出具司法鉴定意见符合法律规定鉴定程序。某甲保险公司的上诉请求既无证据支持，也不符合客观事实，依法予以驳回。

肖某向一审法院起诉请求：请求判令某甲保险公司按保险合同约定，向肖某支付意外伤害保险金 70000 元、意外伤害医疗保险金 6750.34 元、住院定额保险金 1400 元，以上合计 78150.34 元；本案诉讼费用由某甲保险公司承担。

一审法院认定事实：肖某曾系某乙保险公司保险业务员。2017 年 12 月 13 日，肖某购买了某甲保险公司的“某综合意外伤害保险”，并附加“综合意外伤害医疗保险”及“综合意外伤害住院定额给付医疗保险”，约定综合意外伤害保险金额为 70000 元/份、意外伤害医疗保险金额为 20000 元/份、意外伤害住院定额给付医疗保险金 50 元/天；合同生效时间为 2017 年 12 月 17 日，保险期间为 1 年，投保人与被保险人均为肖某。2017 年 12 月 27 日，肖某走路中不慎摔伤，导致肖某“右膝半月板损伤等”，在某医院住院治疗共计 28 天，花费医疗费共计 13001.43 元，后经某司法鉴定中心认定，根据《人体损伤致残程度分级》，肖某被评定为九级伤残等级。根据《人身保险伤残评定标准及代码》，肖某被评定为十级伤残。事发后，肖某即向某甲保险公司提出理赔申请，某甲保险公司仅赔付了医疗费及住院日定额保险金共计 6251.09 元保险金，其他拒绝赔付。另查明，肖某于 2011 年 12 月 28 日在某乙保险公司投保某寿险附加无忧意外、无忧医疗、住院费用 2 份，该份保险，肖某已通过起诉方式获得理赔款共计 24000 元，其中意外伤害伤残保险金 12000 元，意外医疗保险金 10000 元。

一审法院认为，肖某作为被保险人在某甲保险公司处投保了人身意外伤害保险，肖某支付了保险费，某甲保险公司交付了保险凭证，保险合同是合同双方当事人真实意思表示，且不违反法律、法规强制性规定，应属合法有效，一审法院予以确认。肖某所投“某综合意外伤害保险”，保险合同采用的是某甲保险公司提供的格式条款，其中保险责任对被保险人获得意外伤害保险金的数额和范围进行了限制，排除了部分被保险人获得意外伤害保险金的权利，因此该条款属于免除保险人责任的条款。按照法律规定，保险人在订立保险合同时应当在投保单、保险单或其他保险凭证上作出足以引起投保人注意的提示，并对该条款内容以书面或口头形式向投保人作出明确说明，肖某称某甲保险公司仅尽到了提示阅读义务，而未作出明确说明。一审法院认为，本案中，肖某并非普通投保人，而曾是某乙保险公司保险业务员，虽某乙保险公司产品与本案保险产品名称不同，但对保险行业的意外险的定残依据《人身保险伤残评定标准（行业标准）》，理赔依据《给付比例表》赔付，均由原保监会发布，并不区分保险公司及保险险种，肖某作为保险公司业务员应明确知晓。且肖某投保该险种系其通过网络自行激活，在激活过程中，无论是《投保须知》或激活流程均对条款尽到了提示阅读义务，肖某作为保险业务员，对保险条款、保险责任等关键信息均应理解，故一审法院认为，在本案中，无论是保险理赔依据《人身保险伤残评定标准（行业标准）》来评定伤残程度等级或是依据《给付比例表》给付保险理赔款，某甲保险公司设定的投保流程均应视为对肖某已履行了明确告知义务，故一审法院对肖某所受伤残评定为伤残十级予以确认，某甲保险公司应依据保险合同的内容进行理赔，给付肖某保险理赔款7000元（70000元×10%）。某甲保险公司虽对鉴定过程及鉴定结论存在异议，但未提供证据证明鉴定过程存在严重违法，故一审法院对其重新鉴定申请不予准许。关于住院日定额保险金，因某甲保险公司已理赔完毕（包含在6251.09元中），故一审法院不予支持。关于医疗费，医疗费适用补偿原则，肖某花费医疗费13001.43元，某甲保险公司已理赔4851.09元（6251.09元-1400元），某乙保险公司已理赔医疗费10000元，肖某医疗费已得到足额赔付，故肖某该诉讼请求一审法院不予支持。依照《中华人民共和国合同法》第六十条、《中华人民共和国保险法》第十七条、《中华人民共和国民事诉讼法》第六十四条第一款之规定，判决：一、某甲保险公司于一审判决生效之日起十日内一次性给付肖某意外伤害保险金7000元；二、驳回肖某其他诉讼请求。一审本案受理费1754元，由肖某负担1704元，某甲保险公司负担50元。鉴定及鉴定检查费2450元，由某甲保险公司负担。

二审中，当事人没有提交新的证据，本院对一审法院查明的事实予以确认。

本院认为，肖某作为被保险人在某甲保险公司处投保“某综合意外伤害保险”，某甲保险公司予以认可，该合同不违反法律规定，合法有效，双方均应当按照合同约定履行相应义务。根据《中华人民共和国保险法》第十一条第一款规定：“订立保险合同，应当协商一致，遵循公平原则确定各方的权利和义务。”保险合同的订立应兼顾投保人、被保险人与保险人的利益，合理分担各方的权利义务。保险合同意外伤残保险金部分约定将被保险人伤残程度的重与轻和保险人给付保险金的多与少相对应，是兼顾被保险人利益的同时合理分担各方权利义务的约定。案涉保险合同系某甲保险公司单方提供的格式合同且对被保险人获得意外伤害保险金的数额和范围进行了限制，排除了部分被保险人获得意外伤害保险金的权利，具有减轻或免除保险人责任的性质，但肖某曾为某乙保险公司保险业务员，应理解保险条款中的关键信息，且案涉险种系其自行通过网络进行激活，应视为某甲保险公司已就案涉保险条款作出了明确说明。

另外，某司法鉴定中心系有鉴定资质的鉴定机构，某甲保险公司亦未提供充分证据证明鉴定过程存在严重违法，一审法院依据某司法鉴定中心出具的司法鉴定意见书确定肖某的伤残等级，据此认定意外伤害保险金数额，并无不当。

综上所述，肖某、某甲保险公司的上诉请求均不能成立。

一审判决认定事实清楚，适用法律正确，依照《中华人民共和国民事诉讼法》第一百七十条第一款第一项规定，判决如下：

驳回上诉，维持原判。

二审案件受理费3129元，由某甲保险公司负担1754元，由肖某负担1375元。

本判决为终审判决。

审判长　孙　某
审判员　王　某
审判员　林　某
二〇二一年五月八日
法官助理　刘　某
书记员　高　某

评·析

本案的争议焦点之一为：按照伤残等级对应比例给付保险金的条款是否属

于免责条款?

一、司法实践

(一)肯定观点认为属于免责条款

1. 直接依据《最高人民法院关于适用〈中华人民共和国保险法〉若干问题的解释(二)》第九条第一款规定,认为保险合同约定“按照伤残等级比例支付保险金”属于“比例赔付”,对被保险人获得保险赔偿金的范围和数额进行了限制,属于免责条款[如(2019)内民申1400号民事裁定书];

2. 在适用保险合同约定的伤残评定标准评定,导致被保险人的伤残程度不在赔付范围之内的情况下,认为免除了保险人责任,属于免责条款[如(2018)云民申144号民事裁定书];

3. 保险公司保险条款已将约定伤残保险金比例给付条款界定为“其他减轻或免除保险责任条款”[如(2021)川民申252号民事裁定书]。

(二)否定观点认为不属于免责条款

1. 保险条款是否属于免责条款,不能仅依据条款中出现“给付比例”的字样,就认定该条款属于《最高人民法院关于适用〈中华人民共和国保险法〉若干问题的解释(二)》第九条规定的“比例赔付条款”,进而认定属于“免除或者减轻保险人责任”的条款[如(2019)渝04民终972号民事判决书];

2. 约定适用人身保险伤残评定标准意在明确保险人的保险责任范围和相应的保险金给付标准,避免因伤残程度不同但均能获得等额赔偿的情形,因此并未在保险人承担保险责任的范围内减轻或排除其应当承担的风险与损失[如(2021)川15民终2327号民事判决书];

3. 被保险人伤残程度的轻重与保险人给付保险金的多少相适应的关系,兼顾被保险人利益的同时,合理分配了各方权利义务,亦符合伤轻少赔、伤重多赔的社会公众普遍认知[如(2021)川民再15号民事判决书]。

二、理论分析

《中华人民共和国保险法》所使用的免责条款概念具有高度抽象性,导致关于免责条款范围的界定历来存在不少争议。《最高人民法院关于适用〈中华人民共和国保险法〉若干问题的解释(二)》第九条第一款对免责条款的范围作出了列举,在责任免除条款之外,还明确了免赔额、免赔率、比例赔付或者给付等免除或者减轻保险人责任的条款属于免责条款。那么,按照伤残程度的轻重给付保险金是否属于免责条款?

（一）按照伤残程度的轻重给付保险金不应属于比例赔付或者给付

《最高人民法院关于适用〈中华人民共和国保险法〉若干问题的解释（二)》将“比例赔付”纳入免责条款的范围，却未对其进行解释。从法律条文来看,《中华人民共和国保险法》关于按照比例给付或赔偿保险金的规定见于第三十二条第二款（“投保人申报的被保险人年龄不真实，致使投保人支付的保险费少于应付保险费的，保险人有权更正并要求投保人补交保险费，或者在给付保险金时按照实付保险费与应付保险费的比例支付”）和第五十五条第四款（“保险金额低于保险价值的，除合同另有约定外，保险人按照保险金额与保险价值的比例承担赔偿保险金的责任”)。据此，所谓比例赔付应当是指保险公司按照实际损失乘以保险金额与保险价值的比例承担保险金赔偿责任，或者按照实付保险费与应付保险费的比例承担保险金支付责任。比例赔付使保险人得以不按全额承担赔偿责任，作为一种损失共担机制，其适用与免赔额或免赔率制度有着相同的效果。然而，按照伤残程度的轻重给付保险金，与保险金额占保险价值的比例或者实付保险费占应付保险费的比例无关，故不应属于上述比例赔付。

（二）按照伤残程度的轻重给付保险金并非减轻或免除保险人的保险责任

责任条款是指关于保险人责任范围和责任大小的约定。免责条款是指保险人按合同约定对属于责任范围内的保险事故应当赔付确定金额的保险金，但其他条款（免责条款）约定保险人可以少赔，甚至不赔（限制、减轻或者免除既已约定或者确定的保险责任)。免责条款不是孤立存在的，是相对于保险责任而存在的，保险责任来自约定，有约定才有责任，无约定则无责任。如果未约定责任条款，免责条款就无“责”可免。只有起到了减轻或免除既已约定的责任，才是免责条款。因此，即便认为“比例赔付”的概念不仅限于按照保险金额占保险价值的比例或者实付保险费占应付保险费的比例赔付保险金，在认定具体条款是否属于免责条款时，也应从实质上看是否符合免责条款的要件。

就意外伤残保险金而言，伤残事故的种类繁多，伤残等级也各不相同，针对的是不同的伤残情形给付不同金额的保险金。关于按照伤残等级对应比例给付伤残保险金的约定，其实质是明确不同伤残情形下保险金的计算方法，是确定保险责任范围和大小的依据，体现的是伤残程度的轻重与给付保险金多少的对应关系，未在应承担保险责任的范围内减免责任，应不具有免除或减轻保险责任的特征。实质上，意外伤残保险金的上述给付特性也是公平原则的体现。保险合同载明的基本保险金额是合同当事人约定的被保险人可获得的最高赔偿金额，若无视被保险人伤残程度的轻重，一律按照基本保险金额进行赔付，不仅可能有违费率厘定的“公平原则”，也可能导致对保险消费者利益的实质侵害。

然而，司法实践中仍然有不少法院认为按照伤残程度的轻重给付保险金是免除或减轻保险人责任条款。

三、实务启示

从案例检索情况来看，部分地方法院已就“按伤残等级支付保险金的条款”不属于免责条款统一适用标准。然而，如前所述，仍有不少地方法院认为该类条款属于免责条款。标准的不统一，给法律适用带来极大的不确定性。在进一步出台相关解释和规定之前，从谨慎角度看，以下预防措施可供参考：

1. 条款设置上，尽量不要将保险责任条款中按照伤残等级比例支付保险金条款明确表示为“其他免责条款”，否则法院会认定保险公司自认该条款属于免责条款；

2. 投保时，将保险合同约定的《人身保险伤残评定标准及代码》以及给付比例表等相关材料作为保险合同内容一并出示完整交付投保人，最好与保险条款一并出示，否则易被认定未就保险金给付条件进行约定，未履行对保险条款的提示说明义务；

3. 网络销售时，完整呈现保险合同约定的《人身保险伤残评定标准及代码》以及给付比例页面，投保流程设置下滑至阅读页面底部并设置强制阅读时间后，方可进行下一步操作，保证投保人阅读并理解相关条款。

建设工程意外险中依据《人身保险伤残评定标准及代码》赔付及误工费免责条款效力的认定

山东省临沂市中级人民法院

(2021) 鲁 13 民终 8848 号民事判决书

(2021 年 11 月 18 日)

案·情

某建设工程公司作为投保人为涉案工程施工人员在某甲保险公司、某乙保险公司分别投保建筑工程团体意外险、附加医疗险，保险合同均约定被保险人遭受意外伤害，且属于《人身保险伤残评定标准及代码》中所列的伤残条目，保险公司依照该行业标准规定的评定原则进行伤残评定，并按评定结果所对应的给付比例乘以该被保险人的基本保险金额给付意外伤害伤残保险金。某甲保险公司的保险合同还约定不承担下列医疗费用：护理（陪住）费、取暖费、伙食费、误工费、停尸费和救护车费等。

张乙在施工中受伤住院治疗后由其妻徐某护理，后依据《人体损伤致残程度分级》《人身损害误工期、护理期、营养期评定规范》评定为九级伤残，误工期 180 日，护理期为 90 日，营养期为 90 日，二期手术费用预计 2 万元。某甲保险公司、某乙保险公司依约赔付医疗金，拒赔伤残保险金及误工费等。庭审中，某甲保险公司申请依据保险合同约定的《人身保险伤残评定标准及代码》对张乙的伤残等级进行重新鉴定，张乙未被评定为伤残。某建设工程公司主张拒赔事由属无效的免责条款。法院最终认定保险条款中约定按照《人身保险伤残评定标准及代码》认定伤残并相应给付保险金的条款是关于保险责任的约定，拒赔误工费等其他损失的免责条款有效，保险公司仅需依约赔付。

判决书正文

上诉人（原审被告）：某建设工程公司，住所地：江苏省徐州市。

上诉人（原审被告）：张甲，男，1988 年 3 月 7 日出生，汉族，住山东省临沂市。

被上诉人（原审原告）：张乙，男，1990 年 7 月 13 日出生，汉族，住山东省临沂市。

被上诉人（原审被告）：夏某，男，1980 年 5 月 1 日出生，汉族，住江苏省赣榆县。

被上诉人（原审被告）：某甲保险公司临沂中心支公司，住所地：山东省临沂市。

被上诉人（原审被告）：某乙保险公司山东分公司，住所地：山东省济南市。

原审被告：某建设工程公司临沂分公司，住所地：山东省临沂市。

上诉人某建设工程公司、张甲与被上诉人张乙、夏某、某甲保险公司临沂中心支公司、某乙保险公司山东分公司及原审被告某建设工程公司临沂分公司提供劳务者受害责任纠纷一案，山东省临沂市罗庄区人民法院于 2020 年 11 月 17 日作出（2020）鲁 1311 民初 2921 号民事判决书，某甲保险公司临沂中心支公司不服提出上诉，本院于 2021 年 5 月 27 日作出（2021）鲁 13 民终 3166 号民事裁定书，裁定发回原审法院重新审理。原审法院另行组成合议庭，于 2021 年 8 月 20 日作出（2021）鲁 1311 民初 4519 号民事判决，某建设工程公司、张甲不服向本院提起上诉。本院于 2021 年 11 月 8 日立案后，依法组成合议庭进行了审理。本案现已审理终结。

上诉人某建设工程公司上诉请求：1. 撤销（2021）鲁 1311 民初 4519 号民事判决第二、第三、第四项，依法改判被上诉人某甲保险公司临沂中心支公司、某乙保险公司山东分公司在保险限额内赔偿被上诉人张乙伤残赔偿金等各项损失；2. 上诉费用由被上诉人承担。事实和理由：一、一审法院认定事实错误，保险合同载明的“人身保险伤残评定标准及代码”属于《最高人民法院关于适用〈中华人民共和国保险法〉若干问题的解释二》第九条规定的“免除保险人责任的条款”，对被保险人不发生法律效力，保险公司应承担相应保险责任。二、一审法院裁判说理不充分，不符合《最高人民法院关于统一法律适用加强类案检索的指导意见（试行)》规定。三、被上诉人张乙对其本人所受损伤存在重大过错，一审只认定其承担 20% 责任过低，应适当上调其过错责任。四、上诉人某建设工程公司在本案中不应承担任何赔偿责任。上诉人某建设工程公司并非被上诉人张乙的实际雇主，被上诉人所受损害应由其实际雇主赔偿，原《最高人民法院关于审理人身损害赔偿案件适用法律若干问题的解释》第十一条关于发包人、分包人承担连带赔偿责任的规定经修改后已删除，依照《最高人民法院关于适用〈中华人民共和国民法典〉时间效力的若干规定》第二条“更有利于保护民事主体合法权益”的精神，上诉人不应承担赔偿责任。

上诉人张甲上诉请求：1. 撤销（2021）鲁 1311 民初 4519 号民事判决第二、第三、第四项，依法改判被上诉人某甲保险公司临沂中心支公司、某乙保险公司山东分公司在保险限额内赔偿被上诉人张乙伤残赔偿金等各项损失；2. 上诉费用由被上诉人承担。事实和理由：一、一审法院认定事实错误，保险合同载明的“人身保险伤残评定标准及代码”属于《最高人民法院关于适用〈中华人民共和国保险法〉若干问题的解释二》第九条规定的“免除保险人责任的条款”，对被保险人不发生法律效力，保险公司应承担相应保险责任。二、一审法院裁判说理不充分，不符合《最高人民法院关于统一法律适用加强类案检索的指导意见（试行)》规定。三、被上诉人张乙对其本人所受损伤存在重大过错，一审只认定其承担 20% 责任过低，应适当上调其过错责任。四、上诉人张甲在本案中不应承担赔偿责任。应由被上诉人某甲保险公司临沂中心支公司，被上诉人某乙保险公司山东分公司承担赔偿责任。

张乙辩称，首先，本案应该适用人体损伤致残程度分级的标准，给张乙认定并赔偿损失。其次，关于上诉人主张的张乙责任比例过低不认可，张乙受伤是因其他设施模板突然歪倒并将张乙碰到跌落受伤，张乙受伤非自身原因所致，不具有过错，不应当再增加张乙承担责任比例，一审法院对张乙的总损失的计算及张乙承担 20% 的比例正确。

夏某辩称，请求法院依法判决。

某甲保险公司临沂中心支公司辩称，一审判决事实清楚，适用法律正确，请求法院驳回上诉人的上诉请求，维持一审原判。

某乙保险公司山东分公司辩称，请求法院维持原判，张乙的伤残等级鉴定是由法院委托参照保险合同约定的伤残评定标准进行鉴定的，鉴定程序合规合法，鉴定结果是张乙未构成伤残等级标准，因此某乙保险公司山东分公司无须承担伤残理赔责任。

某建设工程公司临沂分公司辩称，虽然未上诉，但同意上诉人的意见。

原审原告向一审法院起诉请求：1. 请求依法判令被告赔偿原告残疾赔偿金、误工费、护理费等各项经济损失共计216999元；2. 本案诉讼费由被告承担。

一审法院认定事实：某建设工程公司临沂分公司系由某建设工程公司设立的分公司。2018年4月19日，某建设工程公司与夏某签订《建筑模板工程劳务承包合同》，合同约定，某建设工程公司将位于兰山区北园路与蒙山大道交汇处以东300米路南的某园B区二期B21#住宅楼、B26#商住楼、B27#商住楼及地下车库模板工程项目劳务承包给夏某施工。2019年2月22日，夏某与张甲签订《分项工程劳务协议书（木工)》，合同约定，夏某将上述某园B区B26#楼及沿街楼模板工程承包给张甲施工。张甲承包后，组织张乙等人员进行施工，张乙的劳动报酬由张甲发放。2019年6月11日，张乙在B26#楼9层楼顶支模板过程中，由于未固定好的模板突然歪倒，并碰至张乙，使其跌落该楼层地面而受伤。张乙受伤当日被送至某甲医院治疗，后于当日转院至某乙医院住院治疗，实际住院15天，花费医疗费61349.93元（其中某甲医院1234.68元、某乙医院60115.25元)。张乙住院期间由其妻徐某护理。2019年10月9日，某甲鉴定所对张乙的伤情作出××740号司法鉴定意见书，鉴定意见：张乙胸12椎体压缩粉碎性骨折，伴椎管内占位术后，参照《人体损伤致残程度分级》之规定评定为九级伤残；误工期180日，护理期为90日，营养期为90日；右锁骨及胸椎内固定物需二期手术取出内固定物和定期拍片检查等费用，参照本市三甲医院收费情况，预计为20000元。张乙为此支付司法鉴定费2320元。

夏某、张甲无相应建设模板施工资质。某建设工程公司临沂分公司为涉案工程施工人员在某乙保险公司山东分公司投保建设工程团体意外伤残保险50万元/人、附加建设工程团体意外伤害医疗保险65万元/人，该合同还约定，医疗保险每人保险金额/限额50000元，免赔100元，给付比例90%；被保险人遭受意外伤害，且属于《人身保险伤残评定标准及代码》中所列的伤残条目，保险公司依照该行业标准规定的评定原则进行伤残评定，并按评定结果所对应的给付比例乘以该被保险人的基本保险金额给付意外伤害伤残保险金。

某建设工程公司临沂分公司另为涉案工程施工人员在某甲保险公司临沂中心支公司投保建筑工程团体意外伤害保险50万元/人、附加建筑工程团体意外伤害医疗保险5万元/人，合同约定，医疗保险基本保险金额为50000元/人，免赔额每次100元，赔付比例90.00%；被保险人遭受意外伤害，且属于《人身保险伤残评定标准及代码》中所列的伤残条目，保险公司依照该行业标准规定的评定原则进行伤残评定，并按评定结果所对应的给付比例乘以该被保险人的基本保险金额给付意外伤害伤残保险金；被保险人发生下列医疗费用：护理（陪住）费、取暖费、伙食费、误工费、停尸费、救护车费等，本公司不承担保险责任。被告某建设工程公司临沂分公司在上述保险合同每一页都加盖了其公司印章。张乙受伤后，张甲为其垫付医疗费4234.68元，夏某垫付19000元，某乙保险公司山东分公司向其赔付医疗费42565.82元，某甲保险公司临沂中心支公司赔付医疗费17549.43元。

在原一审诉讼中，某甲保险公司临沂中心支公司对张乙提供的司法鉴定意见有异议，并申请依据保险合同约定的《人身保险伤残评定标准》对张乙的伤残等级进行重新鉴定。经一审法院委托，某乙鉴定所于2020年10月15日出具××172号司法鉴定意见书，鉴定意见为：张乙胸12椎体骨折，不符合《人身保险伤残评定标准》的规定，不予进行伤残评定。某建设工程公司亦对张乙提供的司法鉴定意见有异议，并申请对张乙的伤残等级、误工期、护理期、营养期进行重新鉴定。经一审法院委托，某乙鉴定所于2020年10月15日作出××171号司法鉴定意见书，该鉴定依据《人体损伤致残程度分级》及《人身损害误工期、护理期、营养期评定规范》的规定进行评定，鉴定意见：张乙胸12椎体粉碎性骨折并椎管内骨性占位，评定为九级伤残，误工期为180日，护理期为90日，营养期为90日。张乙在本案中主张医疗费61349.93元、误工费29275.2元（162.64元/天×180天）、护理费10437.3元（115.97

元/天×90 天)、住院伙食补助费 450 元、营养费 2700 元、交通费 500 元、伤残赔偿金 169316 元、精神抚慰金 4000 元、鉴定费 2320 元、二次手术费 20000 元，共计 300348.43 元，要求被告赔偿 218233.68 元。

一审法院认为，公民的生命健康权受法律保护。本案中，某建设工程公司将涉案模板工程承包给夏某，后夏某又将部分工程劳务承包给张甲，对上述事实，有《建筑模板工程劳务承包合同》《分项工程劳务协议书（木工)》及庭审中各方当事人的陈述予以证实，一审法院予以确认。《最高人民法院关于审理人身损害赔偿案件适用法律若干问题的解释》第十一条第一款规定："雇员在从事雇佣活动中遭受人身损害，雇主应当承担赔偿责任。雇佣关系以外的第三人造成雇员人身损害的，赔偿权利人可以请求第三人承担赔偿责任，也可以请求雇主承担赔偿责任。雇主承担赔偿责任后，可以向第三人追偿。"第二款规定："雇员在从事雇佣活动中因安全生产事故遭受人身损害，发包人、分包人知道或者应当知道接受发包或者分包业务的雇主没有相应资质或者安全生产条件的，应当与雇主承担连带赔偿责任。"《中华人民共和国侵权责任法》第三十五条规定："个人之间形成劳务关系，提供劳务一方因劳务造成他人损害的，由接受劳务一方承担侵权责任。提供劳务一方因劳务自己受到损害的，根据双方各自的过错承担相应的责任。"张甲承包涉案工程劳务后，由其组织张乙等人员进行施工，劳动报酬亦系张甲支付给张乙，故应认定张甲与张乙之间构成雇佣关系。张甲系雇主，张乙系雇员，张乙在从事雇佣活动中遭受人身损害，张甲应当承担赔偿责任。夏某、张甲无相应施工资质，某建设工程公司将涉案模板工程承包给夏某，夏某又将部分工程劳务承包给张甲，均存在过错，故某建设工程公司、夏某应承担相应的赔偿责任。张乙在工作过程中，缺乏安全意识，未尽到应尽的谨慎注意义务，对事故的发生也有过错，其应负一定责任。因此，综合考虑本案案情，一审法院酌定张甲承担 80% 的赔偿责任，张乙自行承担 20% 的责任。某建设工程公司、夏某与张甲应承担连带赔偿责任。某建设工程公司临沂分公司系某建设工程公司设立的分公司，不具有法人资格，其民事责任由某建设工程公司承担。

某建设工程公司临沂分公司为涉案工程施工人员在某甲保险公司临沂中心支公司及某乙保险公司山东分公司投保保险，故二保险公司应在保险范围内对张乙的损失承担赔偿责任。关于张乙伤残级别的认定标准，涉案保险合同中按照伤残等级比例赔付保险金的约定系关于保险人保险范围和赔付标准的约定，兼顾被保险人利益的同时合理分担了各方权利义务，并未在保险人承担保险责任的范围内减轻或者排除其应当承担的风险和赔偿责任，不应当认定为保险法第十七条第二款规定的“免除保险人责任的条款”，故保险人没有就该条款向被保险人作出提示和特别说明的义务。由某乙鉴定所出具的××172 号司法鉴定意见书可知，张乙胸 12 椎体骨折不符合《人身保险伤残评定标准》的规定，不予进行伤残评定。根据涉案保险合同的约定，某甲保险公司临沂中心支公司及某乙保险公司山东分公司对张乙的伤残赔偿金均不承担赔偿责任。张乙要求按《人体损伤致残程度分级》标准评定的伤残等级进行赔偿，一审法院予以支持，该赔偿责任由其他被告承担。关于某甲保险公司临沂中心支公司辩称的其不承担误工费、护理费、伙食费、救护车费等费用，根据其提供的投保单、保险条款等证据，一审法院予以支持。

张乙的损失：关于医疗费 61349.93 元、住院伙食补助费 450 元、营养费 2700 元、伤残赔偿金 169316 元、鉴定费 2320 元，一审法院予以认定。关于误工费，根据张乙的证据可按 162.64 元/天计算，其因伤残持续误工，误工时间可以计算至定残日前一天即 2019 年 10 月 9 日，故一审法院予以支持 19354.16 元（162.64 元/天 ×119 天）。关于护理费，该费用应根据护理人员的人数、护理期限及收入情况予以确定，因张乙未提供证据证实护理人员徐某在护理期间所减少的实际收入，故可参照当地农村居民误工费标准与无固定收入的城镇居民误工费标准之和的平均数予以计算，结合司法鉴定意见，一审法院予以支持 8928 元（99.2 元/天 ×90 天）；关于交通费，综合考虑张乙的伤情及住院天数，一审法院酌情支持 200 元；关于精神抚慰金，综合考虑张乙的伤情及过错程度，一审法院酌情支持 2000 元；关于二次手术费，张乙的二次治疗应必然发生，结合司法鉴定意见，一审法院酌情支持 20000 元。综上所述，张乙的损失共计 286618.09 元。其中，张乙的医疗费 81349.93 元，某乙医院医疗费 60115.25 元已由某甲保险公司临沂中心支公司与某乙保险公司山东分公司赔付，余 21234.68 元，根据保险合同约定扣减免赔 100 元，按赔付比例 90% 为 19021.21 元由某甲保险公司临沂中心支公司在保险范围内赔付。张乙包括医疗费在内的剩余损失合计 207481.63 元，张甲应承担 80% 的责任即 165985.30 元，扣除张甲为其垫付 4234.68 元及夏某垫付 19000 元后，张甲应赔偿张乙损失 142750.62 元；某建设工程公司、夏某与张甲负承担连带赔偿责任。一审判决结果：一、被告某甲保险公司临沂中心支公司在保险范围内赔偿原告张乙损失 19021.21 元，于判决生效后十日内履行；二、被告张甲赔偿原告张乙损失 142750.62 元，于判决生效后十日内履行；三、被告夏某、某建设工程公司对本判决第二项负连带赔偿责任；四、驳回原告张乙的其他诉讼请求。如果未按判决指定的期间履行给付金钱义务，应当依照《中华人民共和国民事诉讼法》第二百五十三条规定，加倍支付迟延履行期间的债务利息。案件受理费 4574 元，由原告张乙负担 1039 元，被告某甲保险公司临沂中心支公司负担 425 元，被告张甲、夏某、某建设工程公司共同负担 3110 元。

二审中，当事人没有提交新证据。

除原审查明的事实外，二审还查明：一、案涉《某乙保险公司建设工程团体意外伤害保险 C 款条款》2.3.2 意外伤残保险金部分载明："被保险人遭受意外伤害事故，并因本次意外伤害直接导致被保险人在该意外伤害事故发生之日起 180 日内发生《人身保险伤残评定标准及代码》（见 7.3），所列伤残项目之一的，本公司按照相应的伤残等级对应的给付比例，乘以该被保险人的意外伤残保险金额给付意外伤残保险金。若自意外伤害事故发生之日起 180 日治疗仍未结束的，则按事故发生之日起第 180 日的身体情况进行伤残鉴定，并据此给付意外伤残保险金。……"案涉投保单"投保人声明"处载明："1. 本投保人已收到贵公司提供的所投保险的保险合同条款。2. 贵公司已对保险合同的条款内容有关确认被保险人同意投保团体保险的监管规范履行了说明义务，并对保险责任及免除保险人责任的条款，履行了明确说明义务。本投保人已仔细阅知理解保险条款，尤其是责任免除、解除合同等规定，并同意遵守。……"投保人某建设工程公司在该投保人声明处盖章确认。二、案涉《某甲保险公司建筑工程团体意外伤害保险条款》2.3.1 意外伤害伤残保险金部分载明："被保险人遭受意外伤害并自意外伤害发生之日起 180 日内，因该意外伤害导致伤残，且属于《人身保险伤残评定标准及代码》（详见释义）中所列的伤残条目。本公司依照该行业标准规定的评定原则进行伤残评定，并按评定结果所对应的给付比例，乘以该被保险人的基本保险金额，给付意外伤害伤残保险金。……"案涉投保单"特别说明"处载明："贵公司已向我单位提供保险条款，说明保险合同内容，特别提示并明确说明了免除保险人责任的条款，我单位已认真阅读并理解保险条款。对保险责任免除保险事故通知等保险条款的各项内容，均已了解且同意遵守。凡本投保单位及被保险人人名清单所填各项内容均属真实。特此声明。”投保人某建设工程公司临沂分公司在该处盖章确认。

本院认为，依据《中华人民共和国民事诉讼法》第一百六十八条关于“第二审人民法院应当对上诉请求的有关事实和适用法律进行审查”的规定，本院二审诉讼过程中仅针对某建设工程公司、张甲上诉请求范围进行审查，无争议的问题不予审查。

关于某甲保险公司临沂中心支公司、某乙保险公司山东分公司保险责任的认定。保险条款中约定按照《人身保险伤残评定标准及代码》认定伤残是关于保险责任的约定，且《人身保险伤残评定标准及代码》系保险监督管理机构将给付保险金的标准与被保险人的伤残程度相对应而设定并明令要求业内各保险公司在商业保险中采用的人身伤残保险金给付标准。案涉某甲保险公司临沂中心支公司、某乙保险公司山东分公司的保险条款中关于保险人按照《人身保险伤残评定标准及代码》给付保险金的约定，并未在保险公司承担保险责任的范围内减轻或排除其应当承担的风险与损失，不应当认定为免除保险人责任的条款，且投保人在投保单中签字确认，该条款有效。某甲保险公司临沂中心支公司、某乙保险公司山东分公司均应当按照保险合同的约定履行保险义务。因被上诉人张乙的身体损伤不符合《人身保险伤残评定标准》的规定，一审法院认定某甲保险公司临沂中心支公司、某乙保险公司山东分公司不承担张乙的伤残赔偿金并无不当。

张甲系张乙的实际雇主，其雇员张乙在劳务过程中遭受人身损害，张甲应当承担赔偿责任，一审法院根据各自的过错认定张乙自行承担20%责任并无不当。某建设工程公司将案涉模板工程承包给无相应资质的夏某，夏某又将部分工程劳务承包给无相应资质的张甲，某建设工程公司存在过错，一审认定某建设工程公司承担连带赔偿责任并无不当。

综上所述，上诉人某建设工程公司、张甲的上诉请求不能成立，应予驳回；一审判决认定事实清楚，适用法律正确，应予维持。依照《中华人民共和国民事诉讼法》第一百七十条第一款第（一）项之规定，判决如下：

驳回上诉，维持原判。

二审案件受理费 9148 元，由上诉人某建设工程公司、张甲各负担

4574 元。

本判决为终审判决。

审判长　马　某
审判员　刘　某
审判员　武　某
二〇二一年十一月十八日
书记员　张　丙

评·析

本案的核心争议焦点为：1. 保险合同中按照《人身保险伤残评定标准及代码》核定赔付保险金的约定是否属于《中华人民共和国保险法》（以下简称《保险法》）第十七条第二款规定的“免除保险人责任的条款”。2. 保险公司拒绝承担误工费等其他赔偿责任的免责条款是否生效。

一、按照《人身保险伤残评定标准及代码》确定伤残等级及赔付比例是否属于免责条款

保险责任是指保险人依据合同约定承担赔偿或者给付保险金的责任，而责任免除是指在保险责任范围内限制或免除保险人责任的约定。结合《保险法》第十一条第一款的规定可知，订立保险合同应遵循公平原则，兼顾投保人与保险人的利益，合理分担各方的权利义务。因此，判断保险合同的格式条款是否属于免责条款，应当以保险责任为基础，确定条款内容设立本意，界定是否在责任范围内减轻或免除了保险人应承担的责任，是否公平兼顾了投保人与保险人的利益。

2014 年，原中国保险监督管理委员会发布《人身保险伤残评定标准及代码》为行业标准的通知，并要求各保险公司遵照执行。该标准明确了被保险人因意外伤害造成不同程度伤残的认定标准，以及由保险人进行不同额度赔付的比例。而该通知载明目的为“为全面、系统、规范、详细地评定由于意外伤害因素引起的伤残程度，确定意外险产品或包括意外责任的保险产品中伤残程度的评定等级以及保险金给付比例，改善保险公司理赔实务的可操作性和准确性，提高行业理赔管理的规范化水平”。据此，按该标准核定伤残赔付是为了“规范保险公司人身保险伤残程度的核定准确性，维护消费者利益”，并非减轻保险人的赔偿责任。根据伤残等级不同而乘以不同比例确定赔付金额，体现了被保人意外伤情轻与重和保险人赔付保险金多与少的相互对应，兼顾了保险人与被保险人双方的利益。

如果将保险人依照《人身保险伤残评定标准及代码》核定赔付认定为免除保险人责任的条款，将导致被保险人发生的风险事故不论轻与重，均会得到等额赔偿的情况，可能有违保险合同对价平衡的原则及《中华人民共和国保险法》第十一条规定的公平原则，不符合《中华人民共和国保险法》第十七条第二款及《最高人民法院关于适用〈中华人民共和国保险法〉若干问题的解释（二）》第九条的立法本意。判断保险条款是否属于《最高人民法院关于适用〈中华人民共和国保险法〉若干问题的解释（二）》第九条列举的比例赔付或给付，不仅要看是否包含“比例”两字，更要分析其核心是否意在减轻或免除已确定的保险责任，而按照《人身保险伤残评定标准及代码》核定赔付是为了确定保险人承担的保险责任。然而，司法实践中也有不少地方法院持不同观点。

二、“免赔误工费等其他责任”的免责条款认定及效力判定

人身损害赔偿关系与保险合同赔付关系是不同的法律关系，将产生不同的法律责任。张乙施工中遭受的意外伤害，依照人身损害赔偿关系，雇主应对其误工费等其损失承担赔偿责任，而保险公司则仅需根据保险合同关系依约赔付。然而，由于在保险产品中存在如雇主责任险、车辆第三者责任险等将误工费等其他损失列入保险责任的险种，部分消费者因混淆产品概念对意外险产生了不合理的获赔期待。本案中，某建设工程公司即主张误工费等损失的赔偿责任应由保险公司承担。法院经审查后认定，关于对误工费等医疗费用不承担保险责任的免责条款，在设置时以加粗加黑字体区别于其他条款，投保时某建设工程公司也盖章确认保险公司已尽说明，相关情形符合《中华人民共和国保险法》第十七条、《最高人民法院关于适用〈中华人民共和国保险法〉若干问题的解释（二）》第十一条规定，故免责条款有效。

鉴残标准、赔付比例、赔付范围是意外伤害保险核定赔付的核心。针对鉴残标准和赔付比例，各保险公司在条款中通常约定“被保险人发生意外伤害保险事故，符合《人身保险伤残评定标准及代码》中所列的伤残条目，根据伤残等级所对应的给付比例乘以基本保险金额给付意外伤害伤残保险金”。对于该条款的适用，如前所述，司法实践中存在是否属于免责条款需要保险人进行特别的提示、说明后才能生效的争议。针对赔付范围，被保险人遭受意外后产生的误工费等其他损失不属于赔付范围的条款可能属于免责条款，保险人对此是否履行明确说明、提示义务，是该条款可否适用的核心。本案中，法院充分考虑按照伤残等级所对应的比例给付保险金对于双方的公平性，结合保险监督管理机构强制使用的要求，认定保险公司按照《人身保险伤残评定标准及代码》承担保险责任不属于免除责任条款，并审慎审查免责条款生效条件，对将误工费等其他损失排除赔付范围的免责条款效力予以肯定，对类似纠纷处理具有一定参考意义。

我国现行的人身伤残鉴定标准除《人身保险伤残评定标准及代码》外，还有《人体损伤致残程度分级》等。因此，同样的伤情在不同标准下鉴定可能得出不同的结论。而保险合同作为双务合同，针对保险责任及责任免除条款，保险人及投保人在合同订立后，均应审慎履行自身权利义务。如果被保险人不幸发生意外风险，应依据保险合同条款合理期待赔偿结果并使用保险合同中约定的伤残标准进行鉴定，以免因核赔结论不及期待而引发纠纷。

意外伤害保险中按照伤残等级对应比例给付保险金是否属于免责条款的认定

山东省日照市中级人民法院

（2020）鲁11民再81号民事判决书

（2020年12月17日）

案·情

王甲于2010年7月12日以自己为被保险人，通过某保险公司电话销售渠道投保身故及残疾意外伤害保险。2018年11月21日，王甲不慎摔伤导致胸椎骨折。经某鉴定所鉴定，王甲构成九级伤残。后王甲向日照经济技术开发区人民法院起诉，认为比例赔付属于免责条款且某保险公司未尽到告知义务，应依照基本保险金额向其支付保险金。一审法院审理认为，比例赔付内容直接影响王甲所获得意外残疾保险金的多少，属于责任免除内容，某保险公司未能尽到提示和明确说明义务，该条款对王甲不产生效力，故判决按照基本保险金额向王甲支付保险金。某保险公司不服该判决，遂提起上诉。经日照市中级人民法院审理，驳回某保险公司上诉，维持原判。某保险公司向山东省高级人民法院提起再审申请，山东省高级人民法院裁定伤残给付比例表系国务院保险监督管理机构就给付保险金的标准与被保险人的伤残程度相对应而设立并要求各保险公司采用的人身伤残保险金给付标准，不应当认定为免责条款，指令日照市中级人民法院再审本案。日照市中级人民法院经再审审理，认定伤残给付比例系关于保险人身险范围和赔付标准的约定，不属于免责条款，故撤销原一审及二审判决，判决某保险公司依照伤残给付比例向王甲支付保险金。

判决书正文

再审申请人（一审被告、二审上诉人）：某保险公司，住所地：广东省深圳市。

被申请人（一审原告、二审被上诉人）：王甲，男，1975年11月18日出生，汉族，住山东省日照市。

再审申请人某保险公司因与被申请人王甲意外伤害保险合同纠纷一案，不服日照市中级人民法院（2019）鲁11民终2142号民事判决，向山东省高级人民法院申请再审，该院于2020年7月6日作出（2020）鲁民申4889号民事裁定，指令本院再审本案。本院依法另行组成合议庭，开庭审理了本案。本案现已审理终结。

某保险公司申请再审称，1. 山东省高级人民法院民二庭在《关于审理保险合同纠纷案件若干问题的解答》第9条中对保险合同中的伤残比例表及相应约定不属于免责条款进行了确认。《人身保险伤残评定标准及代码》的适用源于《中国保监会关于发布〈人身保险伤残评定标准及代码〉行业标准的通知》（保监发〔2014〕6号），是为了规范保险公司人身保险残疾程度的核定，维护被保险人利益，而非免除保险公司的赔偿责任，《人身保险伤残评定标准及代码》不属于免责条款，不因未履行提示说明义务而无效。2. 申请人在保险合同中以加黑字体提示投保人伤残鉴定标准是《人身保险伤残评定标准及代码》且给付金额等于伤残标准中所列明的残疾给付比例乘以主合同的基本保险金额，投保人在客户确认书上也签字确认"本人认可本保险计划，理解保险责任，知晓本人的权利和义务"。因此上述约定依法有效，各方均应遵守。被保险人鉴定的伤残等级为九级，申请人只需要按照基本保险金额的20%承担保险金给付义务2.4万元。被保险人要求申请人按照保险合同基本保险金额支付12万元不符合合同约定。综上所述，某保险公司请求撤销原一审、二审判决，依法改判支持某保险公司仅需支付被申请人意外伤残保险金2.4万元的主张，原审案件受理费及评估费由被申请人负担。

王甲辩称，1. 山东省高级人民法院《关于审理保险合同纠纷案件若干问题的解答》没有溯及力，不应适用于发布之前已经生效的案件，该解答发布时二审判决已经生效。2. 本案案情特殊，即使本案尚未生效，也不应当适用上述《解答》第九条的内容。中国保监会2013年发布的《关于人身保险伤残程度与保险金给付比例有关事项的通知》明确规定，保险责任涉及伤残给付的人身保险合同应在保险条款中明确约定伤残程度的定义及对应保险金给付比例，且保险合同中约定的伤残程度评定标准为行业标准的，内容应包含该评定标准全文。某保险公司在王甲投保时并未就该比例赔付表的免责条款尽到提示说明义务。3. 原审法院认定比例赔付表属于《最高人民法院关于适用〈中华人民共和国保险法〉若干问题的解释（二）》第九条规定的免责情形，并无不当。4. 申请人援引的江苏省高院和北京市第一中级人民法院的案例与本案案情不同，不应作为本案的参考。

王甲向一审法院起诉请求：1. 判令某保险公司支付保险理赔款 100000 元，其余损失待伤残评定后另行追加；2. 诉讼费由某保险公司承担。一审诉讼过程中，王甲增加诉讼请求为：1. 依法将要求某保险公司支付的保险理赔款增加至 120000 元；2. 增加的诉讼费由某保险公司承担。一审法院认定事实：2010 年 7 月 12 日，某保险公司销售人员电话联系王甲推销人身保险，销售人员在电话推销时有如下陈述："第一点，这项服务的话是一个保障额度最高达到 490000 元的一个高额意外险，也是平时根据我们每个人的工作性质有关""如果被保险人发生了合同约定的意外事故，并且在该意外发生之日起 180 天内因该意外伤害导致身故或残疾，最高可以获得 120000 元的保障。第二点，如果被保险人以付费乘客身份乘坐公共交通运输工具，如坐公交车、飞机、火车、轮船，海陆空公共运输工具由于这些运输工具发生碰撞翻坠毁等意外事故而导致被保险人身故或残疾的，最高可获得人民币 480000 元的赔偿，残疾赔付将按照合同的人身残疾保险程度与保险残疾给付表比例表赔偿。如果说是因为意外事故或者说保险疾病而导致住院做手术，将得最高额度为 10000 元的赔偿，具体是按照本合同的住院手术保险金给付比例表作出赔偿""意外事故呢就是可能跟我们平常工作关系啊，出去应酬啊，包括户外活动，包括生活当中，我们不小心摔伤扭伤磕伤碰伤，或者走在路上不小心被行人碰撞，发生车祸，被高空坠物砸到，被坏人打劫，等等""一个月只 59.35 元，这个服务保障三项内容""你此次加入的是某保险公司提供的某意外伤害保障计划，通过信用卡扣款，每月支付 59.35 元，你的这份保险合同将从 2010 年 7 月 12 日 24 时正式生效，保障期一年，以后每经过保险公司同意保险合同将自动续保，我们公司会自动给您发出续保通知，你的保险合同将继续有效，续保保费是根据您的年龄变化而改变的，银行将继续从您指定的账户中扣取续保各期保费，如果你不同意续保，请在保单到期前通知我们公司”“请您在收到保险合同之后仔细阅读保险合同上各项条款内容，尤其是责任免除条款，与合同解除条款，保障您的权利，比如被保险人故意犯罪、自杀、怀孕、流产、医疗事故、吸毒、驾驶摩托、酒后驾驶、当运动员、参加高风险运动等，或者投保前已有的身体损伤导致身故和残疾不在保障范围内，同时由于上述情况牙齿治疗、贫血、艾滋病，在投保人投保前就有的疾病或症状，导致需要住院手术治疗统统不获得赔付的，如果在阅读过程中有任何的疑问，联系我们公司咨询”“保险合同生效后享有20天犹豫期，你只需要通过我们公司就可以申请解除保险合同，公司将全额退还已收取的全部保费”。王甲确认参保上述三种保险，并同意某保险公司自其名下尾号的银行卡扣取保险费。某保险公司向王甲邮寄纸质《保险合同》，该份纸质《保险合同》中包含尊贵客户欢迎函1份、保险单1份、某保险公司身故及残疾意外伤害保险条款阅读指引及格式保险条款各1份、某保险公司附加公共运输工具意外伤害保险条款阅读指引及格式保险条款各1份、某保险公司附加住院手术医疗保险条款阅读指引及格式保险条款各1份。王甲于2010年7月16日收到上述纸质《保险合同》，并在《保险合同送达通知》/《客户确认书》下方投保人处签字，上述《保险合同送达通知》/《客户确认书》的内容均为打印文字，其中《客户确认书》的内容为“本人王甲已收到贵公司送达的保险合同的全部资料。本人认可本保险计划，理解保险责任（保险条款中关于责任免除条款、免赔额、免赔率、比例赔付等内容），知晓权利和义务。本人同意某保险公司从本人已授权的银行账号内扣缴保险费（首期须缴纳2个月保险费）。本人已仔细阅读《保险合同送达通知》，并完全了解所提示的内容”。上述《保险合同》中的“保单”载明王甲所投保的险种及限额为：“某保险公司身故及残疾意外伤害保险120000元”“某保险公司附加公共运输工具意外伤害保险360000元”“某保险公司附加住院手术医疗保险10000元”，保险合同生效日期为2010年7月12日24时，保险期间均为1年，缴费方式为月交，期缴保险费69.07元（其中某保险公司身故及残疾意外伤害保险每期保险费为22.68元，某保险公司附加公共运输工具意外伤害保险每期保险费为17.50元，某保险公司附加住院手术医疗保险每期保险费为28.89元）。《保险合同》中的“某保险公司身故及残疾意外伤害保险条款”阅读指引中有如下内容：“如果您方自签收主合同之日起15天内要求解除主合同，我方将向投保人无息退还已支付的主合同的全部保险费，主合同解除前发生的保险事故我方不承担保险责任。您应特别注意的事项，1. 如果被保险人的意外伤害程度未达到或不属于《人身保险伤残评定标准及代码》中所列明的伤残类别与等级，我方将不支付任何意外残疾保险金。2. 责任免除中任一情形导致被保险人身故的，我方将不支付任何保险金。3. 您有如实告知的义务。4. 请您留意主合同中关于保险期间及合同效力终止的条款。5. 请您留意续保的条件，如果您方不愿意续保，请在保单周年日前通知我方。6. 保险事故发生之后请尽快通知我方。7. 请您留意保险条款中一些重要术语（‘意外事故’‘意外伤害’等的定义和范围）的详细解释。8. 您可扫描右边二维码登录我方官方网站下载《人身保险伤残评定标准及代码》（中华人民共和国金融行业标准JR/T 0083—2003）全文（PDF文件）”。该部分内容中的“主合同解除前发生的保险事故我方不承担保险责任”“您应特别注意的事项”及其下列全部内容均采用加黑的字体。“某保险公司身故及残疾意外伤害保险条款”主要包括关于本保险合同的说明、主合同的保障范围及不保事项、保险期间及续保、解除合同及合同效力终止、保险金申请等内容的规定，条款中的“责任免除内容”的字体均采用加黑标注。此外，条款中“保险责任”项下“意外残疾保险金”部分有如下内容：“在主合同有效期内，被保险人由于意外事故而受到意外伤害，并且自该意外伤害事故发生之日起180天内因该意外伤害导致《人身保险伤残评定标准及代码》（中华人民共和国金融行业标准JR/T 0083—2003）（简称‘伤残标准’）中所列举的残疾且按照伤残标准完成前述残疾鉴定，我方将向受益人给付意外残疾保险金，给付金额等于伤残标准中所列明的残疾给付比例乘以主合同的基本保险金额。意外残疾保险金的给付还须符合本条下述第三项有关保险金给付的其他规定。如果被保险人自遭受意外事故之日起第180天治疗仍未结束，我方将根据被保险人第180天的身体情况按照伤残标准完成的残疾鉴定决定意外残疾保险金的给付。对于第180天后被保险人身体状况发生的变化，我方将不承担给付意外残疾保险金的责任。如果被保险人的意外伤害程度未达到或不属于伤残标准中所列明的伤残类别与等级，我方将不支付任何意外残疾保险金”“主合同自投保人签收之日起15天内为犹豫期，如果投保人在犹豫期内要求解除主合同，我方将向投保人无息退还已支付的主合同的全部保险费。主合同解除前发生的保险事故我方不承担保险责任。如果投保人解除主合同，则主合同之所有附加合同也须一并解除。”该部分内容中的“《人身保险伤残评定标准及代码》”字体采用加黑标注。上述保险合同一年到期后，王甲自2011年7月12日至2018年7月12日均申请续保并交纳保险费用。

2018年11月21日，王甲不慎从车上摔下致伤，被送往某甲医院住院治疗，经诊断为胸椎压缩性骨折（T12），于同年11月22日出院，出院时医嘱为“建议手术治疗”。2018年11月22日，王甲入住某乙医院治疗，经诊断为T12压缩骨折、脂肪肝、慢性胃炎，于2018年12月28日出院。王甲认为保险合同约定的根据《人身保险伤残评定标准及代码》（中华人民共和国金融行业标准JR/T 0083—2003）中所列举伤残情况确定残疾及根据残疾标准按比例给付其保险金的条款系免责条款，某保险公司未尽到提示及明确告知说明的义务，该条款对其不产生法律效力，并申请按《人体损伤致残程度分级（2017年1月1日施行）》的标准申请伤残评定。经法院委托，某鉴定所根据《人体损伤致残程度分级（2017年1月1日施行）》评定王甲是否构成伤残及伤残等级。2019年6月18日，某鉴定所出具《××284号关于王甲的法医临床司法鉴定意见书》，认为王甲的脊柱损伤为九级伤残。王甲缴纳鉴定费1500元。某保险公司不认可王甲的主张，亦不申请按《人身保险伤残评定标准及代码》（中华人民共和国金融行业标准J/T 0083—2003）对王甲的残疾情况申请重新鉴定，但认可王甲因意外事故构成九级残疾。一审审理过程中，王甲提交结婚证，证明其与于某系夫妻。王甲还提交于某的不动产证书，证明其与于某居住在日照经济技术开发区，为城镇居民。为此，王甲根据山东省2018年度城镇居民人均可支配收入及其伤残等级计算其残疾赔偿金为158195元（39549元/年×20年×20%），因超出保险限额，故要求某保险公司在保险限额内赔付其残疾保险金120000元。某保险公司认为，应根据保险合同约定的保险金额与王甲的伤残等级按比例支付其残疾赔偿金24000元（120000元×20%）。

一审法院判决：某保险公司于判决生效之日起十日内给付王甲意外伤残保险金120000元。如果未按判决指定的期间履行给付金钱义务，应按照《中华人民共和国民事诉讼法》第二百五十三条之规定，加倍支付迟延履行期间的债务利息。一审案件受理费2700元，评估费1500元，均由某保险公司负担。

某保险公司不服一审判决，上诉请求：1. 撤销一审判决，依法改判保险人支付王甲意外伤残保险金 24000 元；2. 一审、二审案件受理费、评估费由王甲承担。本院二审认定事实：

双方当事人均未提交新的证据或事实，二审查明的案件事实与一审相同。本院二审认为，本案争议焦点为确认王甲伤残等级是否应当以《人身保险伤残评定标准及代码》为标准、对王甲给付伤残保险金是否应以伤残比例表为标准、评估费是否应由保险人承担。首先，关于确认王甲伤残等级是否应当以《人身保险伤残评定标准及代码》为标准。因确认评残标准的目的是确认被保险人伤残等级，现一审中双方当事人对于王甲的伤残构成九级并无异议，故是否以《人身保险伤残评定标准及代码》为标准鉴定已无须讨论，故对于评残标准问题不再审查。其次，关于对王甲给付伤残保险金是否应以伤残比例表为标准。根据《最高人民法院关于适用〈中华人民共和国保险法〉若干问题的解释（二）》第九条的规定，伤残比例表为免责条款，其生效以保险人履行完毕提示说明义务为前提。但根据一审法院所查明的事实，某保险公司仅在投保时提示了要适用该表格，但该表格内容为何并未向投保人具体进行说明，因此不能认定保险人已履行完毕提示说明义务，某保险公司不得主张依据该表格进行理赔。最后，关于评估费是否应由保险人承担。根据《中华人民共和国保险法》第六十四条的规定，评估费用作为查明损失程度所支出的必要费用，应由保险人承担。综上所述，某保险公司的上诉请求不能成立，应予驳回；一审判决认定事实清楚，适用法律正确，应予维持。本院二审判决：驳回上诉，维持原判。二审案件受理费 2700 元，由某保险公司负担。

围绕当事人的再审请求，本院对有争议的证据和事实认定如下：再审中，某保险公司提交了一份中国保险行业协会文件，即中保协发〔2014〕294 号《关于〈人身保险伤残评定标准〉适用问题的通知》，发布时间为 2014 年 7 月 10 日。根据该份文件第一条规定，新标准《人身保险伤残评定标准及代码》（保监发〔2014〕6 号）已提升为国家金融行业标准，标准编号为 JR/T 0083—2013。根据保监发〔2013〕46 号文件第二款规定，保险条款内容应包含这个该标准的全称、发布机构、发文号及标准编号，无须再附新标准全文。申请人以此证明其无须向被保险人告知新标准全文内容。被申请人质证称，对该文件的真实性无异议，但是依据保险法规定对于该文件中提及的新标准仍属于格式条款，应当在条款中附格式条款的全文，应当以保险法为准，并且本案投保的时间应当是电话投保之时，在电话投保时申请人工作人员也并未告知该新标准的全称、发布机构、发文号及标准编号，甚至都没有提及该标准以及比例赔付。本院认为，当事人双方均对该文件的真实性无异议，且与本案有关联，故对该证据的证据效力应予确认。根据该文件可以认定，自2014年7月10日起，《人身保险伤残评定标准及代码》已提升为国家金融行业标准，保险条款中无须再附新标准的全文内容。

再审查明的其他案件事实与原审认定的事实一致。

本院再审认为，本案当事人争议的焦点问题为涉案保险合同中按照伤残等级比例赔付保险金的约定是否属于免责条款。首先，案涉保险合同中关于按照伤残等级比例赔付保险金的约定，系国务院保险监督管理机构就给付保险金的标准与被保险人的伤残程度相对应而设立，并要求各保险公司在商业保险中采用的人身伤残保险金给付标准。保险合同中按照伤残等级比例赔付保险金的约定系关于保险人保险范围和赔付标准的约定，兼顾被保险人利益的同时合理分担了各方权利义务，并未在保险人承担保险责任的范围内减轻或者排除其应当承担的风险和赔偿责任，不应当认定为《保险法》第十七条第二款规定的“免除保险人责任的条款”。故，原审关于《人身保险伤残评定标准及代码》、伤残比例表为免责条款，其生效应以保险人履行提示说明义务为前提的认定系适用法律错误。案涉保险合同中按照伤残等级比例赔付保险金的约定是案涉保险合同的一般条款，为有效条款，不适用免责条款的成立要件。其次，关于被申请人所提山东省高级人民法院《关于审理保险合同纠纷案件若干问题的解答》是否适用于本案问题。本院认为，山东省高级人民法院的解答是根据《保险法》及最高人民法院相关司法解释所作的关于保险相关内容的理解与适用，不是法律法规，不存在法律适用的溯及力问题，但可以作为审判实践中适用相关法律时的参考。因此，该解答应当作为本案伤残比例赔付约定是否属于免责条款的参考文件。

综上所述，本案原一审、二审判决认定保险合同基本事实清楚，但将《人身保险伤残评定标准及代码》及伤残比例表认定为免责条款不当，系适用法律错误，导致判决不当，应予纠正。某保险公司应当按照保险合同约定的保险金额12万元与王甲的九级伤残等级比例给付王甲伤残保险金24000元（120000元×20%）。再审申请人的再审理由成立，其再审请求本院予以支持。

经本院审判委员会讨论决定，依照《中华人民共和国保险法》第十三条、第十四条、第十九条、第二十三条，《中华人民共和国合同法》第四十四条、第五十二条，《中华人民共和国民事诉讼法》第二百零七条第一款、第一百七十条第一款第（二）项的规定，判决如下：

一、撤销本院（2019）鲁 11 民终 2142 号民事判决及山东省日照市日照经济技术开发区人民法院（2019）鲁 1191 民初 391 号民事判决和诉讼费用负担；

二、某保险公司给付王甲意外伤残保险金 24000 元；

三、驳回王甲对某保险公司的其他诉讼请求。

如果未按判决指定的期间履行给付金钱义务，应按照《中华人民共和国民事诉讼法》第二百五十三条之规定，加倍支付迟延履行期间的债务利息。

一审案件受理费 2700 元，由王甲负担 2160 元，某保险公司负担 540 元；评估费 1500 元，由某保险公司负担；二审案件受理费 2700 元，由王甲负担 2160 元，某保险公司负担 540 元。

本判决为终审判决。

审判长　申　某

审判员　王　乙

审判员　姚　某

二〇二〇年十二月十七日

书记员　刘　某

评·析

本案争议焦点为保险条款中按照《人身保险伤残评定标准及代码》对伤残等级进行比例赔付保险金的约定是否属于免责条款。该案经过一审、二审、再审审理，最终认定保险合同中按照伤残等级对应给付比例赔付保险金的约定不属于免责条款。

一、《人身保险伤残评定标准及代码》及伤残给付比例具有历史沿革，是具有较强专业性的保险行业标准

人身保险伤残程度与保险金给付比例的适用最早可追溯到 1998 年 7 月 11

日中国人民银行发布的《中国人民银行关于下发〈人身保险残疾程度与保险金给付比例表〉的通知》。该通知载明“为规范保险公司人身保险残疾程度的核定，便于产品开发，有利于费率测算，中国人民银行制定了人身保险残疾程度与保险金给付比例表”，且该通知要求“自本通知下发之日起，各保险公司新报备的险种条款中对残疾程度的定义及保险金给付比例必须按照人身保险残疾程度与保险金给付比例表执行”。

与现行《人身保险伤残评定标准及代码》有关的是《中国保险监督管理委员会关于发布〈人身保险伤残评定标准及代码〉行业标准的通知》（保监发〔2014〕6号）。该通知载明“为全面、系统、规范、详细地评定由于意外伤害因素引起的伤残程度，确定意外险产品或包括意外责任的保险产品中伤残程度的评定等级以及保险金给付比例，改善保险公司理赔实务的可操作性和准确性，提高行业理赔管理的规范化水平，全国金融标准化技术委员会保险分技术委员会制定了《人身保险伤残评定标准及代码》（标准编号为JR/T 0083—2013），并通过了审查。按照《全国金融标准化技术委员会保险分技术委员会章程》，现予以发布，请遵照执行”。可见，《人身保险伤残评定标准及代码》的制定，是国务院保险监督管理机构为了规范保险公司人身保险残疾程度的核定，确立具体的理赔标准，维护被保险人利益，而非免除保险公司的赔偿责任。

二、《人身保险伤残评定标准及代码》及伤残给付比例体现了公平原则

对于不同伤残程度的被保险人，根据伤残程度不同，无论是身体遭受的损伤程度、对日常生活的影响以及后续康复的费用皆有很大差异，如若不能区分程度获取保险金，在基本保险金额相同的情况下一律给予同样的保险金，对于伤残等级更高、受到伤残伤害影响更大的被保险人是不公平的，不符合公平原则。

《人身保险伤残评定标准及代码》及伤残给付比例正是国务院保险监督管理机构就给付比例的标准与被保险人的伤残程度相对应而设立，是对保险公司保险范围和赔付标准的确定，体现了被保险人因意外伤害导致的伤残程度的重与轻和保险人给付保险金的多与少的相互对应，兼顾了被保险人利益的同时合理分担了各方的权利义务，确保不同伤残等级的被保险人可以相应得到对应等级比例的伤残保险金，正是公平原则的实际体现，并非对保险公司所承担保险责任的减轻或免除。

三、伤残给付比例不能一概被认定为“比例赔付”的免责条款

《最高人民法院关于适用〈中华人民共和国保险法〉若干问题的解释

(二)》第九条第一款规定:“保险人提供的格式合同文本中的责任免除条款、免赔额、免赔率、比例赔付或者给付等免除或者减轻保险人责任的条款,可以认定为保险法第十七条第二款规定的‘免除保险人责任的条款’。”但《最高人民法院关于适用〈中华人民共和国保险法〉若干问题的解释(二)》并未对何为“比例赔付”进行解释。

《人身保险伤残评定标准及代码》及伤残给付比例并不能简单被认定为是属于免责条款的“比例赔付”。理论上,《最高人民法院关于适用〈中华人民共和国保险法〉若干问题的解释(二)》规定的比例赔付,应当是指某些保险产品中保险公司不按实际损失的总金额承担赔偿责任,而是按照保险金额与保险价值的比例(或者实付保险金额与应付保险金额的比例)承担保险金赔偿责任。因此,正确识别相关保险条款是否属于《最高人民法院关于适用〈中华人民共和国保险法〉若干问题的解释(二)》第九条第一款所列举的比例赔付或给付条款,既要看相关保险条款中是否含有“比例赔付或给付”字样,更要分析该条款的内容是意在“确定”保险人的保险责任范围,还是“减轻”或者“免除”保险人的保险责任。而《人身保险伤残评定标准及代码》及伤残给付比例仅仅是为了确定保险人承担保险责任的范围和相对应的保险金支付标准,并没有减轻或者免除保险公司的保险责任,不应当简单被定论为“比例赔付”,也不属于保险公司责任免除条款。

综上所述,《人身保险伤残评定标准及代码》及伤残给付比例的约定是保险合同中的一般条款,不适用免责条款的成立要件,并不以保险公司作出提示和明确说明义务为生效的前置要件。本案属于一审、二审败诉,再审“翻盘”的案件,具有一定的参考价值。再审法院最终认定“案涉保险合同中按照伤残等级比例赔付保险金的约定是案涉保险合同的一般条款,为有效条款,不适用免责条款的成立要件”,就本案的事实认定及法律适用来说,兼顾了被保险人及保险公司利益,合理分担了双方权利义务,明确了伤残给付比例的根本属性。当然,值得注意的是,司法实践中也有不少法院持不同观点。相关裁判标准可能有待进一步统一。

重大疾病保险中投保人未履行如实告知义务时保险人的合同解除权

四川省成都市中级人民法院
（2021）川01民终14826号民事判决书

（2021年7月29日）

案·情

2018年6月29日，喻某作为投保人、被保险人向某保险公司投保重大疾病保险，保额20万元；附加轻症疾病保险，保险金额10万元；附加豁免保费轻症疾病保险。其中，重大疾病保险保险条款第6.1条约定：“如果您故意或者因重大过失未履行前款规定的如实告知义务，足以影响本公司决定是否同意承保或者提高保险费率的，本公司有权解除本合同。”保险合同于2018年6月30日生效。

2019年9月25日，喻某以罹患“黑色素瘤淋巴结转移”向某保险公司报案，某保险公司对保险事故调查得知：喻某在2015年发现臀部斑块，自2016年被确诊为恶性黑色素瘤后至2019年持续在医疗机构主动寻求治疗，分别进行了五次手术治疗。

2020年8月17日，某保险公司受理喻某的理赔申请，并于8月20日出具《理赔结案报告》，写明投保前疾病未如实告知，严重影响公司的承保决定，认定为故意不履行如实告知义务，拒付解约不退费。喻某不服，起诉至法院，一审法院于2021年4月29日作出判决：驳回原告诉讼请求；后喻某提起上诉，二审法院于2021年7月29日作出二审判决：驳回上诉，维持原判。

判决书正文

上诉人（原审原告）：喻某，女，1983 年 12 月 10 日出生，汉族，住福建省厦门市。

被上诉人（原审被告）：某保险公司四川分公司，住所地：四川省成都市。

上诉人喻某与被上诉人某保险公司四川分公司健康保险合同纠纷一案，不服四川自由贸易试验区人民法院（2021）川 0193 民初 1584 号民事判决，向本院提起上诉。本院立案后，本院依法组成合议庭进行了审理。本案现已审理终结。

喻某上诉请求：1. 撤销一审民事判决，改判支持上诉人的全部诉讼请求；2. 本案一审、二审诉讼费用由被上诉人负担。事实及理由：1. 一审法院认定上诉人未履行合同约定的如实告知义务错误，上诉人没有隐瞒病情，不存在未如实告知的故意；2. 一审认定双方保险合同已经解除适用法律错误，案涉保险合同于 2018 年 6 月 30 日成立，被上诉人主张解除时间为 2020 年 8 月 30 日，明显超过两年，根据《保险法》的规定，被上诉人不得解除合同；3. 一审法院认定上诉人收到解除通知后未在三个月异议期内提出异议没有事实及法律依据，因被上诉人不享有解除权，解除合同没有法律依据；4. 一审法院判决被上诉人不承担保险责任及不予退还保险费明显错误。

某保险公司四川分公司辩称：1. 上诉人未履行如实告知义务，保险人已依法解除保险合同，不应当承担责任；2. 本案中虽然保险人解除合同的时间自合同成立之日起已超过 2 年，但根据最高人民法院公布的示范性案例，对于明显恶意投保的情形，保险人解除合同时间不受 2 年的限制；3. 上诉人主张保险人未在知道解除情形 30 天内行使解除权，事实上保险人是在 30 天内行使的解除权；4. 上诉人主张的事故不属于保险责任范围，保险人不应承担赔付责任。

喻某向一审法院起诉请求：1. 判令某保险公司四川分公司向喻某支付保险金人民币 400000 元；2. 判令某保险公司四川分公司向喻某退还保险费 7809.32 元。

一审法院认定事实：

一、保险合同签署情况

2018 年 6 月 29 日，喻某与某保险公司四川分公司成立《保险合同》，保险合同由保险单、现金价值表、保险条款、投保资料、客户服务指南组成。保险单载明投保人、被保险人均为喻某，险种有三种，分别是“某重大疾病保险”，保险金额 200000 元，保险期间至 70 岁，首期保险费 3160 元，交费期间 20 年；“某附加轻症疾病保险”，保险金额 100000 元，保险期间至 70 岁，首期保险费 660 元，缴费期间 20 年；“某附加豁免保费轻症疾病保险”，保险金额 3160 元，保险期间为 19 年，首期保险费 84.66 元，缴费期间 19 年；上述三份险种的缴费频次均为年交。保险合同生效日期为 2018 年 6 月 30 日。

《某重大疾病保险》保险条款约定了如下内容：1. 第 1.3 条，投保人提出保险申请，保险人同意承保，合同成立，合同成立日期在保险单上载明，合同成立、保险人收取保险费并签发保险单的次日零时起合同生效，合同生效日期在保险单上载明。合同生效日期为保险人开始承担保险责任的日期。2. 第 2.2 条，保险金额，本合同在不同年度对应的保险金额不同，第一个保单年度对应的保险金额等于基本保险金额，第二个保单年度及以后每个保单年度对应的保险金额等于 2 倍基本保险金额；第 2.5 条，在本合同有效期内，我们承担如下保险责任：被保险人于本合同生效（或合同效力恢复）之日起 180 日内因疾病，由医院的专科医生确诊初次发生本合同所指的重大疾病，本公司给付重大疾病保险金，其金额为本合同已缴纳的保险费，本合同终止。被保险人因意外伤害或合同生效（或合同效力恢复）之日起 180 日后因疾病，由医院的专科医生确诊初次发生本合同所指的重大疾病，保险人按保险金额给付重大疾病保险金，合同终止。3. 第 6.1 条，保险人就投保人和被保险人的有关情况提出询问，投保人应当如实告知。投保人故意或者因重大过失未履行前款规定的如实告知义务，足以影响保险人决定是否同意承保或者提高保险费率的，保险人有权解除合同。投保人故意不履行如实告知义务，对合同解除前发生的保险事故，保险人不承担给付保险金的责任并不退还保险费。投保人因重大过失未履行如实告知义务，对保险事故的发生有严重影响的，对合同解除前发生的保险事故，保险人不承担给付保险金的责任但应当退还保险费。保险人在合同订立时已经知道投保人未如实告知的情况的，保险人不得解除合同，发生保险事故的，保险人承担给付保险金的责任。4. 第 6.3 条，条款 6.1 中规定的合同解除权，自保险人知道有解除事由之日起，超过30日不行使而消灭，自合同成立之日起超过2年的，保险人不得解除合同，发生保险事故的，保险人承担给付保险金的责任。5. 第7.7条，合同定义的重大疾病共有50种，其中第1种至第25种重大疾病为中国保险行业协会颁布的《重大疾病保险的疾病定义使用规范》规定的疾病，第26种至第50种重大疾病为《规范》规定范围之外的疾病，符合定义的重大疾病应当由专科医生明确诊断。恶性肿瘤是指恶性细胞不受控制的进行性增长和扩散，浸润和破坏周围正常组织，可以经血管、淋巴管和体腔扩散转移到身体其他部位的疾病。经病理学检查结果明确诊断，临床诊断属于世界卫生组织《疾病和有关健康问题的国际统计分类》（ICD－10）的恶性肿瘤范畴。

《人身保险电子投保单》记载以下内容：1. 请您详细阅读所投保险种的相关保险条款，特别提请您注意保险责任、责任免除、犹豫期、保险合同和生效、中止及终止、解除等条款内容，还要了解保险期间、续保、退保、等待期等内容。2. 被保险人健康告知栏记载了如下询问事项：（1）被保险人是否目前患有或曾经患有下列疾病或症状……癌症、肿瘤……任何类型的慢性损伤或增生的诊断检查，且检查结果异常等；（2）16周岁及以上女性被保险人在过去2年中，是否曾接受过任何针对肿块、囊肿、肿瘤、任何类型的慢性损伤或增生的诊断检查，且检查结果异常，如乳房X线检查、钼靶检查、CT检查、活体组织切片检查，宫颈刮片、TCT检查等；（3）在过去的六个月内被保险人是否出现下列不明原因的症状或不适：……身体出现肿块、包块、结节……淋巴结肿大。对上述询问事项喻某回答为“否”。

二、喻某罹患疾病情况

喻某分别于2018年3月28日、2018年7月13日、2019年8月30日在某甲医院进行超声检查，三份《超声检查报告》查出“双侧腹股沟区多发淋巴结”并建议复查，2019年8月30日超声意见为“右侧腹股沟多发异常肿大淋巴结：淋巴结转移可能性大”。2019年9月10日，某甲医院向喻某出具《彩色病理图文报告》病理诊断为“（右腹股沟区）淋巴结内件异型上皮样细胞超巢，伴大量色素，结合临床及形态，考虑恶性黑色素瘤淋巴结转移（2/2）。建议必要时免疫组化进一步明确诊断”。

2019年10月9日，某乙医院向喻某出具《超声争端报告单》记载“超声提示右侧腹股沟肿大淋巴结，皮质厚；左侧腹股沟可见淋巴结”。2019 年 10 月 12 日，该医院向喻某出具《病理诊断报告单》记载“病理诊断为【淋巴结切除标本】（右臀部黑色素瘤术后）（右侧腹股沟 4 区）淋巴结、（右侧腹股沟 5 区）淋巴结未查见转移瘤”。

一审另查明，某保险公司四川分公司于 2020 年 7 月 27 日查阅喻某的病历材料。《门诊病历》记载 2017 年 3 月 27 日喻某到该医院皮肤科门诊，主诉“皮肤黑色素瘤”，现病史记载“2016 年 5 月确诊为臀部黑色素瘤，复诊检查”。体格检查“右侧臀部手术部位愈合良好，局部未见异常”；2017 年 6 月 8 日主诉“复诊继续治疗”，现病史“前次就诊已经确诊，继续巩固治疗”；2017 年 10 月 19 日主诉“黑色素瘤复诊继续治疗”，现病史“发现躯干新发皮疹数年，要求治疗”；2018 年 2 月 14 日主诉“皮疹痒 2 天”，现病史“皮疹新发，逐渐增多”；2018 年 3 月 27 日主诉“复诊要求继续治疗”；2018 年 7 月 12 日主诉“皮肤肿物切除术后，复查”；2019 年 8 月 29 日主诉“皮肤肿物切除术后，复查”；2019 年 9 月 2 日主诉“右腹股沟区浅表发现小肿物 3 天”，现病史“右腹股沟区浅表发现小肿物 3 天”，既往史“皮肤黑色素瘤术后 3 年”，初步诊断为：“1. 右腹股沟区浅表肿物；2. 皮肤黑色素瘤术后。”处理：“1. 肿物彩超；2. 择期手术病检”；2019 年 11 月 12 日主诉“皮肤肿物切除术后，复查”。《住院病案首页》记载喻某于 2017 年 10 月 24 日入院治疗，出院诊断为：“主要诊断皮肤肿物：色素痣。疾病编码：D22.501；其他诊断皮肤恶性黑色素瘤切除术后，疾病编码：Z98.800。”2017 年 10 月 25 日进行了手术治疗，手术名称“皮肤病损切除术”。《住院病历》记载：现病史：入院前 10 多年发现前胸部一绿豆大小黑色丘疹，无伴疼痛、瘙痒，周围无红肿、破溃、出血等不适，未重视，未诊治。多年来胸背部陆续发现棕褐色、黑色小丘疹，部分逐渐增大，门诊拟“皮肤肿物：色素痣”收住入院。既往史：1 年前因“右臀肿物”行皮损切除，术后病理提示“黑素瘤”，并行二次扩大切除，诉未见新发皮疹。

2019 年 11 月 6 日喻某因门诊“臀部恶性黑色素瘤”“恶性肿瘤术后化疗”在某丙医院入院治疗。2019 年 11 月 7 日进行了手术治疗，手术名称为“恶性肿瘤的术后化疗”。《入院记录》记载：“主诉发现右臀部斑块 4 年，黑色素瘤切除术后 3 年余。现病史为 2015 年发现右臀部褐色斑块，2016 年斑块增大，于某甲医院就诊，考虑黑色素瘤，行扩大切除术，病理提示诊断为：右臀部皮肤浅表型恶性肿瘤黑色素瘤。”2016 年超声双腹股沟淋巴结肿大，未治疗。2019 年 8 月再次复查超声示右侧腹股沟多发异常肿大淋巴结，淋巴结转移可能性大，2019 年 9 月 2 日再次就诊于某甲医院行“右腹股沟淋巴结切除术”，2019 年 9 月 6 日术后病理诊断为“考虑恶性黑色素瘤淋巴结转移”。

2019 年 10 月 11 日，某乙医院行右腹股沟区浅表淋巴结清扫术，病理提示未发现转移瘤。2019 年 10 月 18 日、10 月 30 日予重组人干扰素治疗。现求进一步治疗，门诊拟“黑色素瘤（术后）”收治入院。出院诊断为“主要诊断恶性肿瘤术后化疗，其他诊断黑色素瘤”。

三、理赔情况

2019 年 9 月 25 日喻某以罹患“黑色素瘤淋巴结转移”向某保险公司四川分公司提出给付重大疾病保险金。2020 年 8 月 20 日，某保险公司四川分公司出具《理赔结案报告》以被保险人于 2016 年 5 月 13 日在某甲医院已确诊为“右臀部浅表浸润性恶性黑色素瘤”，投保前该疾病未如实告知为由，拒绝赔付保险金，同步通知保险合同解除并根据约定不退还保费。

以上事实有《保险合同》、《理赔结案报告》、病历材料等证据以及当事人陈述在卷佐证。

一审法院认为，因本案系民法典施行前的法律事实引起的纠纷，故应当适用当时的法律、司法解释。

喻某向某保险公司四川分公司为本人投保了“某重大疾病保险”“某附加轻症疾病保险”“某附加豁免保费轻症疾病保险”并成立了《保险合同》，约定保险人在被保险人罹患约定疾病时给付保险金，双方形成了合法有效的健康保险合同关系。

一审法院认为本案争议焦点是：1. 喻某投保时是否向保险人履行了如实告知义务；2. 涉案保险合同是否解除；3. 某保险公司四川分公司是否应当承担保险责任。对此，一审法院评述如下：

（一）喻某投保时是否向保险人履行了如实告知义务

根据《中华人民共和国保险法》第十六条第一款的规定：“订立保险合同，保险人就保险标的或者被保险人的有关情况提出询问时，投保人应当如实告知。”喻某陈述其不是专业医疗人员，不清楚黑色素瘤属于肿瘤或者癌症，其在投保时履行了如实告知义务。根据喻某病历记录显示：2015 年喻某发现右臀部褐色斑块；2016 年在某甲医院诊断为右臀部皮肤浅表型恶性黑色素瘤，并进行了扩大切除手术；2017 年 3 月 27 日、6 月 8 日、10 月 19 日喻某针对“右侧臀部黑色素瘤”持续在该院门诊复诊治疗；2017 年 10 月 24 日，喻某在该院住院治疗，因在 2016 年“右臀肿物”切除手术后病理提示为“黑素瘤”，于 2017 年 10 月 25 日进行二次扩大切除手术治疗；2018 年 3 月 28 日，喻某在该院超声检查为“双侧腹股沟区多发淋巴结”；2018 年 7 月 12 日，喻某在该院门诊皮肤肿物切除术后复查，2018 年 7 月 13 日在该医院超声检查出“双侧腹股沟区多发淋巴结”；2019 年 8 月 29 日，喻某在该院门诊皮肤肿物切除术后复查，2019 年 8 月 30 日在该院超声检查出“右侧腹股沟多发异常重大淋巴结”；2019 年 9 月 2 日，喻某在该院门诊右腹股沟区浅表发现小肿物 3 天，并进行了“右腹股沟淋巴结切除术”手术治疗，2019 年 9 月 10 日在该医院彩色病理图文报告为考虑恶性黑色素瘤淋巴结转移。2019 年 10 月 11 日，喻某在某乙医院进行了“右腹股沟区浅表淋巴结清扫术”。2019 年 11 月 6 日，喻某在某丙医院入院治疗，2019 年 11 月 7 日对臀部恶性黑色素瘤进行了恶性肿瘤的术后化疗。2019 年 11 月 21 日，喻某在某甲医院门诊皮肤肿物切除术后复查并进行巩固治疗。根据上述病历记载，喻某在 2015 年发现臀部斑块后，自 2016 年被确诊为恶性黑色素瘤后至 2019 年持续在医疗机构主动寻求治疗，分别于 2016 年、2017 年 10 月 25 日、2019 年 9 月 2 日、2019 年 10 月 11 日、2019 年 11 月 7 日进行了手术治疗。喻某于 2018 年 6 月 29 日投保时对某保险公司四川分公司关于“在过去两年内被保险人是否曾经因疾病……手术治疗”的询问回答为“否”，明显与事实不符，喻某即便不能判断黑色素瘤的疾病性质，但是应当清楚手术治疗的事实，喻某在投保时隐瞒真实健康情况未尽到如实告知义务，其明知投保前进行了手术治疗的事实而隐瞒构成故意。

（二）涉案保险合同是否解除

根据《中华人民共和国保险法》第十六条第二、三、四款规定：“投保人故意或者因重大过失未履行前款规定的如实告知义务，足以影响保险人决定是否同意承保或者提高保险费率的，保险人有权解除合同。前款规定的解除权，自保险人知道有解除事由之日起，超过三十日不行使而消灭。自合同成立之日起超过二年的，保险人不得解除合同；发生保险事故的，保险人应当承担赔偿或给付保险金的责任。投保人故意不履行如实告知义务的，保险人对于合同解除前发生的保险事故，不承担赔偿或者给付保险金的责任，并不退还保险费。”本案中，某保险公司四川分公司陈述于2020年7月27日查阅了喻某病历情况后知晓了合同解除事由，于2020年8月20日向喻某作出《理赔结案报告》告知拒付保险金的同时通知了解除保险合同，此时距保险合同成立时间2018年6月29日已经超过两年。

涉案合同是否应当解除应当从以下两方面审查：一是保险合同的性质。保险合同属于射幸合同，合同履行的结果建立在保险事故可能发生、也可能不发生的基础上，当事人需以最大诚信原则履行如实告知的义务。保险的本质是由群体共担个体风险从而达到降低损失的目的。判定保险人对不具有风险的确定性事件承担保险责任，实际上对整体投保人的利益造成了损害，不符合保险合同共担风险的本意，也有违公平原则。因此，前述规定仍然是对保险合同射幸性的肯定性规范。二是前述法律规定的理解。前述超过两年不得解除的规定是承继前款即《中华人民共和国保险法》第十六条第二款的细化，其效力不应当及于该条的第四、五、六款。同时，人体具有自免疫特性，疾病征兆实际是人体痊愈周期性的过程。如果投保人未如实告知疾病征兆，而投保后两年内也未发生保险事故，说明该疾病征兆在合理验证期内不能确定的导致疾病，重新符合保险合同的射幸性的要求，不足以增加保险人承保风险，影响保险人决定承保或提高保险费率。因此，自保险合同成立之日起两年后，保险人不得解除合同的前提是自合同成立之日起二年后新发生的保险事故。具体到本案中，喻某罹患疾病实际在投保前已经于2016年在某甲医院诊断为右臀部皮肤浅表型恶性黑色素瘤并进行了切除术，确诊后喻某从2016年至2019年持续向医疗机构寻求治疗。治疗经过显示，喻某主张其2019年9月所患的位于身体腹股沟的“恶性黑色素瘤淋巴结转移”实为2016年确诊疾病在邻近身体组织的转移，属于2016年疾病后续发展，二者之间具有直接因果关系。因此，喻某故意未履行如实告知义务，在已经罹患疾病后向保险人投保并在投保后以该疾病提出理赔，该情形不属于《中华人民共和国保险法》第十六条第三款的适用范围，喻某不得援引该条款提出抗辩，故某保险公司四川分公司有权解除保险合同。某保险公司四川分公司在通知拒赔时一并向喻某通知解除保险合同，喻某未在三个月异议期内提出异议，双方保险合同已经解除。

（三）某保险公司四川分公司是否应当承担保险责任

因涉案保险合同已经解除，喻某主张某保险公司四川分公司按照保险合同约定给付重大疾病保险金，无事实依据，一审法院不予支持。喻某还主张某保险公司四川分公司应当向其退还保险费。对此，一审法院认为，投保人故意不履行如实告知义务，对合同解除前发生的保险事故，保险人不承担给付保险金的责任并不退还保险费。因喻某系属于故意不履行如实告知义务，根据前述合同约定，某保险公司四川分公司也不应当退还保险费。

综上所述，一审法院认为喻某的诉讼请求不能成立。依照《中华人民共和国合同法》第九十三条第二款、第九十六条第一款，《中华人民共和国保险法》第十三条、第十六条，《最高人民法院关于适用〈中华人民共和国民法典〉时间效力的若干规定》第二条，《中华人民共和国民事诉讼法》第一百四十二条，《全国人民代表大会常务委员会关于授权最高人民法院在部分地区开展民事诉讼程序繁简分流改革试点工作的决定》之规定，判决：驳回喻某的诉讼请求。一审案件受理费7580元，由原告喻某负担。

二审中，双方当事人围绕诉辩意见提交了新的证据。

上诉人喻某提交新证据：1. 短信记录，拟证明被上诉人于2020年7月31日、8月13日仍在向上诉人催缴保险费，没有实际解除双方保险合同的意思表示；2. 快递单，拟证明上诉人于2020年8月29日才收到被上诉人的解除通知，该时间自上诉人知道解除情形已超过了1个月；3. 病历检查报告单，拟证明上诉人在2019年9月17日才知道黑色素瘤淋巴结转移的事实。被上诉人对喻某提交的证据“三性”不持异议，但认为无法达到上诉人的证明目的。本院认为上诉人喻某提交的新证据具有真实性、合法性以及与本案的关联性，本院予以采信，但其证明力需要结合其他事实认定。

被上诉人某保险公司四川分公司提交新证据：某公估公司《公估报告》，拟证明被上诉人将上诉人喻某保险案的调查委托给某公估公司，委托时间是2020年7月24日，公估报告作出的时间为2020年7月31日，上诉人代理人在一审中陈述于2020年7月27日知道解除事由是大致推测的时间，与实际情况不一致，实际知道解除事由的时间是在2020年7月31日公估报告作出之后。上诉人对被上诉人某保险公司四川分公司提交的新证据“三性”无异议。本院认为被上诉人某保险公司四川分公司提交的新证据具有真实性、合法性以及与本案的关联性，本院予以采信。

本院经审理查明事实与一审一致，予以确认。

本院认为，本案二审的争议焦点问题在于：1. 喻某是否存在故意不履行如实告知义务的情形；2. 某保险公司四川分公司解除合同是否具有事实或法律依据，是否应当承担赔偿责任。本院分别评判如下：

关于喻某是否存在故意不履行如实告知义务情形的问题。2016年5月喻某在某甲医院就已经诊断为右臀部皮肤浅表型恶性黑色素瘤并进行了手术治疗，证明喻某此时已知道或应当知道自己身患该类型疾病。2018年6月29日，喻某在某保险公司四川分公司投保中仍然向保险人隐瞒上述病情，足以影响保险人决定是否同意承保或提高保险费率，属于故意不履行如实告知义务情形。

关于某保险公司四川分公司解除合同是否具有事实或法律依据，是否应当承担赔偿责任的问题。首先，关于某保险公司四川分公司在保险合同成立2年之后有无解除权的问题，一审法院已进行了翔实充分的说理，本院维持一审判决对该问题的认识。其次，关于某保险公司四川分公司是否在知道解除事由后30日内解除合同的问题，根据某保险公司四川分公司在二审中补充提交的新证据《公估报告》显示，某公估公司最早于2020年7月27日首次到相关医院核查，2020年7月28日与喻某本人面谈，2020年7月31日形成公估报告结论，故某保险公司四川分公司明确知晓解除事由的时间应在2020年7月31日之后，2020年8月20日即作出解除通知，即使如喻某所述是在2020年8月29日收到解除通知，均能够证明某保险公司四川分公司在知道解除事由后于30日内作出解除合同通知并送达了喻某，喻某认为合同没有解除的理由不能成立，本院不予采信。最后，关于案涉合同解除后某保险公司四川分公司是否应承担赔偿责任及保险费是否应当退还的问题，根据《中华人民共和国保险法》第十六条第三款“投保人故意不履行如实告知义务的，保险人对于合同解除前发生的保险事故，不承担赔偿或者给付保险金的责任，并不退还保险费”之规定，一审判决某保险公司四川分公司不承担赔偿责任并不退还保险金正确，本院予以维持。

综上所述，喻某的上诉请求不能成立，应予驳回。一审判决认定事实清楚，适用法律正确，应予维持。依照《中华人民共和国保险法》第十六条、《中华人民共和国民事诉讼法》第一百七十条第一款第一项规定，判决如下：

驳回上诉，维持原判。

一审案件受理费负担不变。二审案件受理费7580元，由喻某负担。

本判决为终审判决。

本判决生效后，负有履行义务的当事人应当依法按期履行。逾期未履行的，权利人申请执行后，人民法院依法对相关当事人采取限制高消费、列入失信名单、罚款、拘留等措施，构成犯罪的，依法追究刑事责任。

审判长　任　某
审判员　叶　某
审判员　谢　某
二〇二一年七月二十九日
书记员　朱　某

评·析

一、本案争议焦点

本案的争议焦点为：一是喻某投保时是否向保险人履行了如实告知义务；二是涉案保险合同是否解除；三是某保险公司四川分公司是否应当承担保险责任。

首先，根据本案证据情况，投保人在投保前已经被诊断为右臀部皮肤浅表型恶性黑色素瘤，并在投保前已就该病进行多次治疗。投保时保险人询问“在过去两年内被保险人是否曾因疾病……手术治疗?”，投保人回答为“否”。喻某作为完全民事行为能力人，应当对投保前患病的治疗情况及投保时的询问内容明确知悉，但未如实向保险公司说明情况，属于故意不履行如实告知义务。

其次，根据《中华人民共和国保险法》相关规定，喻某在投保时故意不履行如实告知义务，保险公司有权在知晓解除事由后30日内行使解除权且不退还保费。

最后，因涉案保险合同已经解除，故保险公司无须支付保险金，因喻某属于故意不履行如实告知义务，根据合同约定，保险公司也无须退还保险费。

二、法律适用问题

《中华人民共和国保险法》第十六条规定："订立保险合同，保险人就保险标的或者被保险人的有关情况提出询问的，投保人应当如实告知。投保人故意或者因重大过失未履行前款规定的如实告知义务，足以影响保险人决定是否同意承保或者提高保险费率的，保险人有权解除合同。前款规定的合同解除权，自保险人知道有解除事由之日起，超过三十日不行使而消灭。自合同成立之日起超过二年的，保险人不得解除合同；发生保险事故的，保险人应当承担赔偿或者给付保险金的责任。投保人故意不履行如实告知义务的，保险人对于合同解除前发生的保险事故，不承担赔偿或者给付保险金的责任，并不退还保险费。……"

本案中，保险人解除合同的时间已过合同成立的两年期间。保险人是否有权解除合同，应从保险合同的性质和法条规定两个方面判断。

一方面，保险的本质是由群体共担个体风险从而达到降低损失的目的。保险合同是一种射幸合同。射幸合同是指当事人一方是否履行义务有赖于偶然事件出现的一种合同，订约时带有不确定性，履行时具有机会性和偶然性。正是因为该类合同的不确定性和风险，所以在订立保险合同时要求双方履行最大的诚实信用原则；一方在订约时的失信行为将导致另一方承担的风险加大、显失公平。如果要求保险人对不具有风险的确定性事件承担保险责任，不符合保险共担风险的本意，不符合保险合同系射幸合同的基本法理，实质上对整体投保人利益造成了损害，也有违公平原则，并且可能变相鼓励不诚信行为，不利于规范保险市场秩序。对于投保人来说，保险具有预防风险的作用，可以应对未知的事故损失及疾病损失。如果投保人因明知将来会发生损失而进行投保，有违诚实信用原则，保险人的利益将得不到保障。这也是《中华人民共和国保险法》规定投保人如实告知义务目的的体现。

另一方面，《中华人民共和国保险法》第十六条第三款规定超过两年不得解除是承继第二款的细化，其效力不应当及于该条的第四、五、六款。人体具有自免疫特性，疾病征兆实际是人体痊愈周期性的过程。如果投保人未如实告知疾病征兆，而投保后两年内也未发生保险事故，说明该疾病征兆在合理验证期内不能确定地导致疾病，不足以增加保险人承保风险，影响保险人决定承保或提高保险费率。因此，自保险合同成立之日起两年后，保险人不得解除合同的前提是自合同成立之日起二年后新发生的保险事故。在保险合同成立的两年期间投保时的疾病症状未导致保险事故，说明投保前的疾病或者症状并不必然导致保险事故的发生，二年后该保险合同将重新满足射幸合同的性质，此后保险人不得解除合同。本案中，喻某理赔疾病恶性黑色素瘤淋巴结转移实为2016年确诊疾病在临近身体组织的转移，二者之间具有直接因果关系，不属于“合同成立之日起二年后新发生的保险事故”，保险公司有权解除合同。

三、实务启示

针对投保时未如实告知，两年后发生保险事故的情况，保险人的保险责任可从以下方面判断：

一是证明投保时未如实告知。保险人需要收集充足的病例资料，就保险人在投保前的就诊情况及保险人投保时的询问内容进行对比，是否属于投保时如实告知的范围。

二是解除合同的时间。法律规定保险公司应当在知道解除事由后30日行使解除权，超期会发生解除权消灭的法律后果。实践中，法院通常并不认可公司作出拒赔决定即代表行使合同解除权的主张，故公司需要就投保前故意未如实告知的情形作出解除保险合同的决定通知被保险人，证明公司在作出拒赔决定时即不认可该份保险合同继续有效。

三是对于《中华人民共和国保险法》第十六条第三款规定的理解。本案中，法院没有机械地认定“只要自合同成立之日起超过二年的，保险人不得解除合同”，而是根据保险合同性质以及法条原文的结构进行理解并适用，采用公平原则平衡个案的被保险人、整体投保人、保险公司的利益。保险合同成立两年后所患疾病是否为新患疾病，根据投保前已确诊的疾病及理赔疾病是否具有因果关系进行认定，具有因果关系则不属于新患疾病，保险公司有权依法解除。

综上可知，带病投保案件中，保险人提供证据证明投保人在投保前已患疾是胜诉的关键。本案中，法院对于《中华人民共和国保险法》第十六条第三款规定的理解与适用充分考虑了保险合同的性质及法律规定的目的，在后续处理类似案件时可供参考。但值得注意的是，司法实践中，各地方法院的裁判观点可能不同。

医疗保险中投保人未如实告知既往病症与出险病症因果关系的认定

江苏省南京市中级人民法院
（2021）苏 01 民终 13713 号民事判决书

（2021 年 12 月 13 日）

案·情

2019 年 11 月 3 日，投保人吴甲（同时系被保险人）与某保险公司江苏分公司订立人身保险合同，保险期间为 2019 年 11 月 4 日至 2020 年 11 月 4 日，保险产品为某医疗保险（保证续保版）。2020 年 10 月 19 日，吴甲重新投保该险种，保险期间为 2020 年 11 月 4 日至 2021 年 11 月 4 日。投保人对于“健康告知”的回答全部为“否”。2020 年 11 月 9 日，吴甲因主动脉夹层去世。吴甲去世后，其家属向某保险公司江苏分公司申请理赔，某保险公司江苏分公司调查到吴甲在投保前患有甲状腺癌、类风湿性关节炎、干燥综合征、甲癣、肺弥漫性间质病变、反流性食管炎、慢性浅表性胃炎、胆囊息肉、股骨头无菌性坏死和后天性肾囊肿等既往病史。考虑到吴甲在投保时未将上述既往病史如实告知，某保险公司江苏分公司以其投保前未如实告知拒付解约，其家属邢某等人不认可该理赔决定，起诉要求给付保险金 198135.94 元。一审、二审法院均认定吴甲违反如实告知义务，某保险公司江苏分公司有权解除合同且不承担支付保险金的责任。

判决书正文

上诉人（原审原告）：邢某，女，1971年10月21日出生，汉族，住江苏省南京市。

上诉人（原审原告）：吴乙，男，2001年8月27日出生，汉族，住江苏省南京市。

上诉人（原审原告）：史某，女，1937年6月24日出生，汉族，住江苏省南京市。

上诉人（原审原告）：吴丙，男，1932年2月22日出生，汉族，住江苏省南京市。

被上诉人（原审被告）某保险公司江苏分公司，住所地：江苏省南京市。

被上诉人（原审被告）：某保险公司，住所地：上海市徐汇区。

上诉人邢某、吴乙、史某、吴丙因与被上诉人某保险公司江苏分公司、某保险公司人身保险合同纠纷一案，不服江苏省南京市玄武区人民法院（2021）苏0102民初8290号民事判决，向本院提起上诉，本院于2021年10月26日立案后，根据《全国人民代表大会常务委员会关于授权最高人民法院在部分地区开展民事诉讼程序繁简分流改革试点工作的决定》，依法适用第二审程序，由审判员独任审理。本案现已审理终结。

上诉人邢某、吴乙、史某、吴丙上诉请求：撤销一审判决，改判支持上诉人的诉讼请求或发回重审；某保险公司江苏分公司和某保险公司承担本案全部诉讼费用。事实和理由：1. 被上诉人提供的投保视频不是吴甲本人投保的视频回溯，仅是App中的操作页面，《某保险公司保险合同》（以下简称案涉保险合同）中健康告知页面没有吴甲的签字确认，因此，被上诉人未能提供证据证明其在吴甲投保时就健康告知事项进行了询问。2. 案涉人身保险是吴甲通过某保险公司江苏分公司业务员张甲进行购买的，张甲与吴甲系朋友关系，其明知吴甲的既往病史，在此种情况下，张甲仍然同意吴甲购买案涉保险且可能直接代吴甲进行相关操作。上述情况属于《中华人民共和国保险法》第十六条第六款规定情形，故被上诉人应当承担保险金赔付责任。3. 导致吴甲死亡的原因系主动脉夹层，不属于健康告知中列明的病症，即使吴甲未履行如实告知义务，也与案涉保险事故的发生没有因果关系，因此，某保险公司江苏分公司以吴甲未履行如实告知义务为由解除案涉保险合同并拒赔，缺乏事实和法律依据。综上所述，请求二审法院支持上诉人上诉请求。

被上诉人某保险公司江苏分公司、某保险公司共同答辩称，1. 一审法院已经查明案涉保险合同系网络投保，需要在 App 上进行操作，要完成投保过程需要多次输入登录密码、支付密码等，由此可以确认上述过程系由吴甲本人操作。此外，根据上诉人提交的健康告知页面可知，吴甲对健康告知事项的选择全部为“否”。2. 案涉保险合同首次签署日期为 2019 年 11 月 3 日，业务员姓名系张乙，该保险合同每 6 年为一个保证续保期间，2020 年 10 月 19 日签署的保单上业务员姓名为张甲，在保证续保期间，某保险公司江苏分公司不再进行健康告知询问，而以第一次健康告知为准自动续保。3. 吴甲患有甲状腺癌、类风湿病及股骨头坏死等多种疾病，只要存在上述任何一种疾病，某保险公司江苏分公司均不会同意承保，吴甲明知其患有上述疾病而仍在健康告知选项中全部选“否”，该行为系故意不履行如实告知义务。综上所述，一审法院认定事实清楚，适用法律正确，请求驳回上诉，维持原判。

邢某、吴乙、史某、吴丙向一审法院起诉请求：某保险公司江苏分公司和某保险公司给付保险金 198135.94 元并按全国银行同业拆借中心公布的贷款市场报价利率支付自起诉时起至实际支付之日期间的利息。

一审法院认定事实：2019 年 11 月 3 日，投保人吴甲（同时系被保险人）通过网络投保方式为自己购买某医疗保险（保证续保版）产品一份，保险期间自 2019 年 11 月 4 日 0 时至 2020 年 11 月 4 日 0 时，保险费为 1103 元，受益人为法定，承保机构为某保险公司江苏分公司。2020 年 10 月 19 日，吴甲续保上述保险产品，保险期间自 2020 年 11 月 4 日 0 时至 2021 年 11 月 4 日 0 时，保险费为 1172 元。对“健康告知”的回答亦全部为“否”。

2020 年 10 月 16 日，吴甲因身体不适至某甲医院住院就诊，中医诊断为腹痛病，西医诊断为：1. 腹痛待查胆囊结石伴有急性胆囊炎；2. 右上肺占位；3. 类风湿性关节炎；4. 左肾结石、补充诊断为主动脉夹层。吴甲于 2020 年 10 月 16 日入院时对“既往史”的回答为有类风湿关节炎病史多年，有阑尾炎切除手术史 4 年余，甲状腺癌手术史 10 年余，2020 年 10 月 19 日，吴甲出院时，某甲医院对其的中医诊断为腹痛病，西医诊断为：1. 主动脉夹层，2. 胆囊结石伴有急性胆囊炎，3. 右上肺占位，4. 类风湿性关节炎，5. 左肾结石，并建议转上级医院胸心外科进一步治疗。

2020年10月19日，吴甲至某乙医院住院治疗，该院初步诊断为主动脉夹层A型（夹层累及升主动脉）。吴甲于2020年10月19日入住某乙医院时，对“既往史”的回答为既往有干燥综合征，10年前有甲状腺切除术史。入院后，吴甲急诊行手术治疗，术程顺利，但住院期间其出现感染性休克症状等情况，经积极抢救，症状无明显改善。该院与家属沟通后，家属要求自动出院。2020年11月9日，出院诊断为主动脉夹层A型（未愈）、干燥综合征。当日，吴甲因主动脉夹层去世。

2021年2月22日，邢某、吴乙、史某、吴丙向某保险公司江苏分公司申请理赔。保险公司在收到理赔申请后，委托有勘察资质的某公估公司调查吴甲的历史就医情况等，该公司于2021年3月29日形成书面报告。经调查，2010年，吴甲在某丙医院进行甲状腺癌手术；2013年9月至2016年6月，吴甲共在某丁医院住院9次，出院诊断包括干燥综合征、类风湿性关节炎、胆囊息肉、甲状腺癌切除术后、肺间质病变、股骨头坏死等；2018年10月至2020年9月，吴甲有十余次在某丁医院就诊的记录，且诊断结果包括上述疾病。

2021年4月14日，某保险公司江苏分公司完成审核，理赔通知书载明，拒赔的理由为吴甲在投保前患有类风湿关节炎、干燥综合征、甲状腺癌、股骨头坏死等重大疾病情况，且未在投保时如实告知我司属实，严重影响本公司的承保决定，根据《中华人民共和国保险法》，本案予以拒付并对保单解约不退还保费。2021年4月15日，某保险公司理赔部工作人员通过快递公司向邢某申请理赔材料中住院记录中的地址邮寄理赔通知书，所留的联系方式为邢某申请理赔书中书写的手机号（尾号0958），但该理赔通知书因无法联系收件人而被退回。2021年4月26日、5月8日，保险公司再次通过快递形式向邢某身份证上的地址邮寄理赔通知书，两次结果分别为被退回和送达至快递柜。邮寄后，保险公司工作人员通过微信告知了邢某邮寄的地址、电话、物流信息及邮寄的材料。

一审法院另查明，投保人在投保前需对照保险公司提供的“健康告知”如实告知是否存在告知中列明的问题。“健康告知”包括：健康状况：（1）被保险人目前或过往有下列疾病……肺结节……胆囊息肉……类风湿性关节炎……股骨头坏死……。吴甲在两次投保时对上述问题的告知选择均全部为

“否”。健康告知下部有加粗加黑的如下说明：投保人承诺全部告知属实，如有隐瞒或告知不实，影响保险公司承保决定的，保险公司有权解除合同，并对合同解除前发生的任何保险事故不承担任何责任。

《某医疗保险（保证续保版）条款》第 6.1 条明确说明与如实告知部分载明：“我们会就您与被保险人的有关情况提出询问，您应当如实告知，如果您故意或因重大过失未履行如实告知义务，足以影响我们决定是否同意承保或提高保费费率的，我们有权解除本主险合同。如果您故意不履行如实告知义务，对于本主险合同解除前发生的保险事故，我们不承担给付保险金的责任，并不退还保险费；如果您因重大过失未履行如实告知义务，对保险事故的发生有严重影响的，对于本主险合同解除前发生的保险事故，我们不承担给付保险金的责任，但会退还保险费。”该部分文字已加上阴影突出显示文字。

一审法院再查明：1. 南京市高淳区某村村民委员会出具的证明显示，邢某系吴甲配偶、吴乙系吴甲之子、吴丙和史某系吴甲父母。2. 在《某保险公司保险合同》封面首页加盖有某保险公司的保险合同专用章，邢某、吴乙、史某、吴丙提供的保单详情截图中承保公司也是某保险公司。

以上事实有保单、保险合同、就诊记录、医疗费单据、理赔申请书、理赔通知书、调查报告、微信聊天记录、物流信息截图、当事人陈述及一审庭审笔录等证据予以证实。

一审法院认为，某保险公司在《某保险公司保险合同》中加盖公章的行为表明某保险公司系案涉保险合同的相对方，邢某、吴乙、史某、吴丙据此起诉某保险公司并无不妥。

本案虽为线上网络方式投保，但某保险公司在投保流程中设置了较详细的被保险人健康状况询问，其中明确包括类风湿关节炎、良/恶性肿瘤、股骨头坏死等各类疾病名称、症状等，同时也作出明确提示，投保人未如实告知的，保险公司有权解除合同。根据邢某、吴乙、史某、吴丙提供的住院、出院记录，被保险人自述“既往史”包括患类风湿关节炎多年、甲状腺癌手术史 10 年余等情况。此外，在邢某、吴乙、史某、吴丙向保险公司申请理赔后，某保险公司江苏分公司也委托有勘察资质的保险公估公司调查吴甲的历史就医情况等，查询的结果除包括被保险人自述的上述既往史以外，还包括其他疾病，且吴甲自 2013 年起就有多次就诊、住院记录。一审法院认为，某保险公司江苏分公司委托有资质的相关机构调查被保险人投保前的健康状况是保险人在理赔前的正当流程和权利，该机构亦是根据吴甲医保就诊情况，走访就诊医院进行调查。某保险公司江苏分公司的调查报告能与邢某、吴乙、史某、吴丙提供的证据印证，邢某、吴乙、史某、吴丙亦未提供相反证据证明该调查报告内容有误或不存在，一审法院对该调查报告的内容予以采信。

案涉保险保障的是被保险人患病所产生的医疗费用，被保险人在投保前身体的健康程度是影响某保险公司是否承保的关键因素，吴甲在投保时明知其有甲状腺癌手术史、患有类风湿关节炎等其他疾病，面对保险公司的健康询问仍然选择全部为“否”，不符合普通人的认知水平，其行为系故意不履行如实告知义务。而吴甲身患多种疾病且未如实告知保险人其健康状况的行为已足以影响保险人决定是否承保，故保险人有权解除合同。

2021 年 3 月 29 日，保险公司委托的公估公司形成调查书面报告，保险公司知晓被保险人在投保前身患多种疾病。2021 年 4 月 14 日，某保险公司江苏分公司作出理赔通知书，以被保险人未如实告知健康状况拒绝了邢某、吴乙、史某和吴丙的理赔申请同时解除案涉两份保险单。此后，某保险公司江苏分公司多次向吴甲住院信息上留存的地址及邢某身份证地址邮寄理赔通知书，负责理赔的工作人员也在微信中告知邢某邮寄的地址、联系方式和物流信息。一审法院认为，邢某、吴乙、史某和吴丙在理赔申请书中虽未填写地址但填写了尾号 0958 的手机号，某保险公司江苏分公司邮寄理赔通知书时留存的收件人号码也是尾号 0958 的手机号，即使其存在地址变更的情况，但上述号码系其自己填写，在快递员多次拨打该号码和保险公司工作人员也告知其快递信息的情况下，其仍然未接听电话导致快递被退回。某保险公司江苏分公司在知晓有解除合同事由起三十日内行使了合同解除权，其也多次向邢某、吴乙、史某和吴丙送达载有解除合同内容的理赔通知书，虽然未能成功送达，但不影响某保险公司江苏分公司合同解除权的行使，在案件审理过程中，某保险公司江苏分公司也提交了理赔通知书作为证据，因此案涉两份保险合同已解除。综上所述，吴甲违反如实告知义务，某保险公司江苏分公司作为保险人有权解除合同且不承担支付保险金的责任。对于邢某、吴乙、史某和吴丙的诉讼请求，一审法院不予支持。

据此，一审法院依照《中华人民共和国保险法》第十三条、第十四条、

第十六条，《中华人民共和国民事诉讼法》第六十四条、第一百四十二条规定，作出判决：驳回邢某、吴乙、吴丙和史某的诉讼请求。本案一审受理费 4265 元，减半收取 2132.5 元，由邢某、吴乙、吴丙和史某负担。

二审中，双方当事人均未提交新证据。

本院经审理查明，邢某、吴乙、吴丙和史某一审庭审中变更诉讼请求，要求某保险公司江苏分公司和某保险公司给付保险金 198135.94 元及利息。一审法院查明的其他事实属实，本院依法予以确认。

本院另查明，吴甲投保案涉保险的首次投保时间为 2019 年 11 月 3 日，该份保单上载明的业务员姓名为张乙，案涉保险自首次投保生效日起，或非连续投保生效日起，每 6 年为一个保证续保期间。2020 年 10 月 19 日，吴甲续保案涉保险，续保业务员姓名为张甲。

本案二审争议焦点为：吴甲是否履行了如实告知义务，保险公司是否有权解除案涉保险合同并拒付保险金。

本院认为，《中华人民共和国保险法》第十六条第一、二、四款规定，订立保险合同，保险人就保险标的或者被保险人的有关情况提出询问的，投保人应当如实告知，投保人故意或者因重大过失未履行前款规定的如实告知义务，足以影响保险人决定是否同意承保或者提高保险费率的，保险人有权解除合同。投保人故意不履行如实告知义务的，保险人对于合同解除前发生的保险事故，不承担赔偿或者给付保险金的责任，并不退还保险费。本案中，案涉《某（保证续保）医疗保险》系通过线上网络方式投保，虽然健康告知页面没有吴甲的签字确认，但是从投保视频可以认定，某保险公司设置了较详细的被保险人健康状况询问流程，并提供“以上全否、部分是、放弃投保”等选项，投保人须登录某保险公司 App 或某保险公司微信公众号或某保险公司官网，输入账号、密码后方可操作，在完成系列操作以后才能生成电子保单。故在上诉人没有提交足以反驳证据的情形下，健康告知页面选择全部为“否”的操作应视为吴甲本人的意思表示。该意思表示与吴甲在住院、出院记录中的自述、调查报告中载明的情形明显不符，故一审法院认定吴甲在投保时明知其有甲状腺癌手术史、患有类风湿关节炎等其他疾病，面对保险公司的健康询问仍然选择全部为“否”，系故意不履行如实告知义务，符合客观事实，本院予以确认。吴甲首次投保时间为 2019 年 11 月 3 日，该份保单上载明的业务员姓名为张乙，而非上诉人所称的张甲，且上诉人未能提供证据证明张乙明知吴甲未如实告知的情况仍然同意其投保，应当承担举证不利的法律后果。因此，上诉人关于保险公司在订立合同时明知吴甲未如实告知的上诉主张，缺少事实和法律依据，本院不予支持。吴甲系故意不履行如实告知义务，且足以影响保险公司决定是否承保或提高保险费率，上诉人关于未履行如实告知义务与案涉保险事故发生不具有因果关系的上诉意见，不符合《中华人民共和国保险法》第十六条第四款的规定，本院亦不予采纳。

综上所述，邢某、吴乙、史某和吴丙的上诉请求不能成立，应予驳回。一审判决认定事实清楚，适用法律正确，应予维持。依照《中华人民共和国民事诉讼法》第一百七十条第一款第一项规定，判决如下：

驳回上诉，维持原判。

二审案件受理费4265元、由邢某、吴乙、史某和吴丙负担。

本判决为终审判决。

审判员 黄 某

二〇二一年十二月十三日

法官助理 汪 某

书记员 朱 某

评·析

一、未如实告知既往病症与保险事故发生的因果关系

本案中，投保人故意未如实告知既往病症的事实清楚明确，关键争议焦点在于吴甲死亡的原因为主动脉夹层，与未告知既往病症之间无因果关系，对此保险公司是否有权解除保险合同并拒付保险金。

本案中，一审及二审法院均根据《中华人民共和国保险法》第十六条第四款认定投保人吴甲系故意不履行如实告知义务，且足以影响保险公司决定是否承保或调高保险费率，未如实告知既往病症与案涉保险事故不具有因果关系不符合该第四款规定，据此驳回原告诉请。然而，在司法实践中，存在部分法院倾向于认为未告知既往病症应与出险事故之间具有因果关系，否则保险公司

不得解除保险合同。

根据《中华人民共和国保险法》第十六条第二款及第四款的规定，投保人故意不履行如实告知义务，保险人行使解除权的条件是：投保人存在故意且未告知既往病症足以影响保险人决定是否同意承保或调高费率；保险人行使解除权的法律后果是不承担赔偿责任且不退还保险费。而根据第十六条第二款及第五款的规定，投保人重大过失不履行如实告知义务，保险人行使解除权的条件是：投保人存在重大过失、未告知既往症对保险事故发生有严重影响，且未告知既往病症足以影响保险人决定是否同意承保或调高费率；保险人行使解除权的法律后果是不承担赔偿责任但应退还保险费。上述两者的区别在于，对于重大过失的情形，第五款增加了“未告知既往病症对保险事故有严重影响”的要求。所谓“严重影响”，即未告知既往病症与保险事故发生的结果之间应存在对应关系，在实践中应当被理解为未如实告知既往病症与出险事故之间具有因果关系。

保险合同作为一种射幸合同，其目的在于转嫁不可预测的风险。保险公司进行健康告知的目的，一方面是为了将保险合同无法承保的危险排除在保险合同之外，即剔除超出保险合同承保范围的危险；另一方面是为了确定保险合同承保危险范围所对应的费率。健康告知所询问的事项，其功能是与前述两个方面相一致的。但在实际业务开展中，保险公司并不能做到健康告知中询问的事项与出险事故一一对应具有因果关系，因此才会出现本案中存在的未告知既往病症对出险事故没有严重影响的情形，即未如实告知的既往病症是甲状腺癌、类风湿性关节炎等，而吴甲因主动脉夹层而死亡，前述既往病症对于死亡结果的发生并无严重影响。如果仅基于保护被保险人权益的角度，苛求保险公司健康询问事项应与出险事故一一对应，一方面不存在实际可操作性，即从医学角度无法判断导致疾病发生的所有诱因；另一方面大大增加了保险公司的承保成本，即需要判断所有可能导致疾病发生的诱因并在健康询问中加以列举。因此，如果司法实践中在法律未明文规定的情况下，对保险公司施加过于苛刻的要求和责任，不利于保险行业的稳定健康发展。

从现行法律规定的层面来看，《中华人民共和国保险法》并未要求未告知既往病症应与出险事故之间存在因果关系。如司法实践中认为两者之间应具有因果关系，应从法律规定或司法解释层面进一步说明或要求，避免司法实践中存在同案不同判的矛盾发生。

二、合同解除权的行使

除未如实告知既往病症与出险事故的因果关系认定外，本案中一审法院对于保险人合同解除权的行使也作出了明确的认定，即非因保险人原因导致合同解除的通知未能成功送达的，不影响保险人合同解除权的行使。

根据《中华人民共和国保险法》第十六条第三款的规定，保险人的合同解除权自其知道解除事由之日起，超过三十日不行使的合同解除权消灭。司法实践中，保险人已行使合同解除权的举证责任系由保险人承担，法院通常要求保险人提供合同解除通知已送达的证明材料，例如纸质材料通过邮件、快递送达的签收材料、电子材料通过邮箱或 App 发送的短信和应用通知等；对于无法证明解除通知已送达的，法院一般较难支持其保险合同已解除的主张。

本案中，虽然原告并未在理赔申请书中填写地址但留有其手机号码，某保险公司江苏分公司已多次向吴甲住院信息中留存的地址及邢某的身份证地址邮寄理赔通知书，且某保险公司江苏分公司工作人员亦通过微信告知邢某邮寄的地址、联系方式、物流信息及邮寄的材料；即使原告存在地址变更的情况，但上述号码系其自己填写，在快递员多次拨打该号码，且保险公司工作人员亦告知其快递信息的情况下，原告仍然未接听电话导致快递被退回。据此，法院认为某保险公司江苏分公司在知晓有解除合同事由之日起三十日内行使了合同解除权，也多次向原告送达载有解除合同内容的理赔通知书，虽未能成功送达，但非保险人原因，不影响保险人合同解除权的行使。

意外伤害保险中近因原则的认定与运用

黑龙江省大庆市中级人民法院
（2020）黑 06 民终 1941 号民事判决书

（2020 年 12 月 1 日）

案 · 情

2014 年 7 月 2 日，王甲以配偶王乙为被保险人向某保险公司投保两全保险和意外伤害保险，基本保额 10 万元。2019 年 12 月 29 日 13 时 10 分，王甲驾驶车牌号为黑 E77 的本田轿车沿机场高速由南向北行驶至机场高速萨政路出口处时，与机场高速萨政路出口处警示护墩相撞，致乘车人王乙受伤、车辆受损的道路交通事故。事故发生后，王乙被“120”救护车送往某甲医院抢救，于当日死亡。某乙医院鉴定所司法鉴定意见为王乙因急性冠状动脉痉挛，造成冠状动脉严重供血不足，引起急性心力衰竭死亡。

2020 年 3 月 30 日，王丙向某保险公司申请理赔。2020 年 4 月 16 日，某保险公司下达理赔结果通知书，决定“本次申请事由不符合保险合同对意外伤害的定义，歉难给付保险金”，给予一般事故保险金 8382 元，其他拒赔。2020 年 5 月 13 日，王丙向大庆市萨尔图区人民法院提起诉讼，要求给付保险金 100 万元。本案经一审、二审审理，二审法院最终判决某保险公司赔偿意外身故保险金 50 万元。

判决书正文

上诉人：王丙，女，1994 年 8 月 29 日出生，汉族，住黑龙江省大庆市。

被上诉人：某保险公司，住所地：中国（上海）自由贸易试验区。

上诉人王丙因与被上诉人某保险公司保险纠纷一案，不服黑龙江省大庆市萨尔图区人民法院（2020）黑0602民初1585号民事判决，向本院提起上诉。本院于2020年10月20日立案后，依法组成合议庭进行了审理。本案现已审理终结。

王丙上诉请求：1. 依法撤销黑龙江省大庆市萨尔图区人民法院（2020）黑0602民初1585号民事判决，判决被上诉人赔偿上诉人私家车意外身故保险金100万元；2. 被上诉人承担一审、二审诉讼费用。事实和理由：一审法院认定事实及适用法律错误。一、一审法院认定交通事故是引起被保险人王乙死亡的诱因，由此认定死亡的近因为其自身疾病，这一认定是错误的。1. 一审法院仅依据鉴定意见认定王乙死亡的近因为其自身疾病是错误的。该鉴定的目的仅仅是鉴定死亡原因，其结论并不能体现本案的近因，应以整个鉴定过程来分析确定本案的近因。王乙死亡的进程是：交通事故→冠状动脉痉挛→冠状动脉严重供血不足→急性心力衰竭→死亡。双方对这一进程是没有争议的。从这一进程可以看出，冠状动脉痉挛是引发王乙死亡最开始、最直接的原因，冠状动脉供血不足、急性心力衰竭都是冠状动脉痉挛引发的后续结果。结合保险法上的近因原则，近因是指因果关系中各原因中最近的原因，即促成保险标的发生损害的直接原因，在效果上对损害的发生具有支配力的原因。通过鉴定意见的分析内容也可以看出，冠状动脉痉挛并不是王乙自身原因引起的，而是因为突发事件即交通事故引起的，所以意外事故才是本案的近因，后续进程是一个发展的过程，是因冠状动脉痉挛引发的结果，所以后续的结果不能认定为本案的近因。2. 一审法院认定王乙自身患有严重疾病不准确，即使确实存在冠状动脉狭窄等情况，但不能以此确定其患有严重疾病，在医学上并没有对冠状动脉狭窄程度多少来界定是否属于严重疾病的定义。本案中，王乙在发生交通事故前，并未因冠状动脉狭窄进行过任何治疗，从未因此影响正常生活，更未危及生命，是个身体健康的人。因此谨慎地讲，不能认定其患有严重疾病。同时，在我国的保险法中并没有近因原则的明文规定，只是在相关条文中体现了近因原则的精神。故在审理该案时应审慎确定近因，并结合相关的审判参考意见指导的裁判思路确定，才能用统一的标准认定案件事实，做到同案同判。在人民法院出版社出版的黑龙江省高级人民法院院长主编的《保险合同审判参考》第五章第一节近因原则的裁判思路中（第 122 页至第 123 页）明确，疾病仅仅是加重了其他原因所造成的伤害，即使疾病为除外责任，但并非决定性因素，意外事故仍然为近因，保险公司应承担赔偿责任。综上所述，在发生本案交通事故前，王乙就是一个正常生活的人，并未有因疾病而发生死亡的任何征兆，就是因发生交通事故才导致冠状动脉痉挛致其死亡。故依据这一裁判思路，从法律意义层面上讲，意外事故仍然为王乙死亡的近因，被上诉人应该予以赔偿。二、从诚实信用原则讲，被上诉人也具有赔偿责任。被上诉人在与上诉人签订保险合同时并未尽到告知义务，被上诉人提供的两全保险条款中未明确告知投保人在界定意外伤害事故时需要结合自身状况，在免责条款中也未列本案的情况可以免责。故一审法院依据该保险条款将王乙的伤害事故划入不属于保险合同中“交通意外伤害事故”，并适用《中华人民共和国民事诉讼法》第六十四条规定，驳回上诉人的诉讼请求是适用法律错误。并不是上诉人不能提供证据，而是被上诉人对其辩解不能提供证据，且不能用该条作为驳回上诉人诉讼请求的法律依据。综上所述，一审法院在审理本案的思路上与指导的裁判思路或者说主流的裁判思路相悖，未能正确认定案件事实，适用法律错误，应撤销原判决，支持上诉人的上诉请求。

某保险公司辩称，一、上诉人王丙上诉称，“王乙死亡的进程是‘交通事故→冠状动脉痉挛→冠状动脉严重供血不足→急性心力衰竭’。双方对这一进程是没有争议的。”据此，王丙的诉称构成自认，且与《司法鉴定意见书》内容一致。该事实为本案的基本事实。在此情况下，王丙上诉称“一审判决认定王乙自身患有严重疾病不准确……是一个身体健康的人……不能认定其患有严重疾病……是一个正常生活的人”等，与其自认《司法鉴定意见书》不符。因此，一审判决认定王乙患有严重疾病具有明确的依据，认定事实清楚、正确，上诉人的主张不能成立。二、根据《司法鉴定意见书》，案涉交通事故并未造成王乙身体上的、足够引发其死亡的伤害，交通事故诱发了王乙自身的冠状动脉粥样硬化伴狭窄Ⅳ度（管腔狭窄达 80%）疾病，导致其死亡。因此，一审判决认定“导致王乙死亡的近因为其自身疾病”具有明确的事实依据。上诉人在上诉状中引用了黑龙江省高级人民法院《保险合同审判参考》第 122 页至第 123 页的内容，以求同案同判。但该案例的事实与本案不同，案例中的被保险人先是受到了外力的击打造成了伤害（摔伤头部），再加上自身疾病的因素导致了更加严重的伤害结果（死亡），即先伤加病。而本案显与案例案情不同，本案没有外力的伤害，来自外界的交通事故只是疾病的诱发因素，即无伤有病。可见，本案与上诉人描述的案件并不相同，不存在同案同判问题。上诉人的这一主张不能成立。三、上诉人王丙称，“被上诉人与上诉人签订保险合同时未尽到告知义务，保险条款中未明确告知投保人在界定意外伤害事故时需要结合自身状况，在免责条款中也未列本案的情况可以免责”。该上诉主张不能成立，具体理由为：1. 案涉《某意外伤害保险条款》第六条第二款已经约定，“被保险人……驾驶或者乘坐私家车期间发生公安交通管理部门认定的交通意外伤害事故，且自事故发生之日起180日内，被保险人因该事故导致身故，我们按以下方式给付私家车意外身故保险金……”。该约定表明交通事故导致身故的情形，方为上诉人承担保险责任的情形。2. 本案不涉及保险条款的说明问题、免责条款的范围问题，只涉及王乙是否因交通事故导致死亡的界定问题。综上所述，一审判决认定事实清楚，适用法律正确，请求驳回上诉人的上诉请求，维持一审判决。

王丙向一审法院起诉请求：1. 被告某保险公司给付私家车意外身故保险金100万元；2. 诉讼费由被告某保险公司承担。

一审法院认定事实：2014年6月29日，王甲在被告某保险公司投保某两全保险及某意外伤害保险，投保人、受益人为王甲，被保险人为王乙，保险年限为30年，交费年限为10年，保费每年1270元。某两全保险基本保额为10万元，某意外伤害保险基本保额为10万元。某两全保险条款约定：……如被保险人身故，我们按以下方式给付身故保险金，同时本合同终止：如果被保险人于缴费期满前身故，身故保险金=110%×（本合同的年交保险费+本合同的附加合同《某意外伤害保险》的年交保险费）×被保险人身故时本合同的保单年度数……我们只给付本合同及本合同的附加合同《某意外伤害保险》保险责任满期保险金、身故保险金、私家车意外身故保险金和一般意外身故保险金的其中一项……某意外伤害保险条款约定：本附加合同依您的申请，附加于我们提供的主合同《某两全保险》（以下简称主合同）之上，经我们审核同意，并在保险单或批注中列明后生效。主合同的条款中与本附加合同相关部分均为本附加合同的构成部分，如果主合同与本附加合同的条款内容互有冲突，则以本附加合同为准……在本附加合同保险期间内且本附加合同有效，我们按照下列约定承担给付相应保险金的责任……如果被保险人在中华人民共和国境内（不包括中国香港、澳门、台湾地区）驾驶或乘坐私家车期间发生公安交通管理部门认定的交通意外伤害事故（指外来的、突发的、非本意的、非疾病的使身体受到伤害的客观事件），且自事故发生之日起180日，被保险人因该事故导致身故，我们按以下方式给付私家车意外身故保险金，同时本附加合同终止。如果被保险人在年满70周岁后的首个保险单周年日零时之前（不含零时）身故，我们按被保险人身故时本附加合同基本保险金额的10倍扣除我们已给付的私家车意外伤残保险金后的余额给付私家车意外身故保险金……如果被保险人在年满70周岁后的首个保险单周年日零时之前（不含零时）身故，我们对本项及私家车意外伤残保险金所承担的保险责任最高以本附加合同基本保险金额的10倍为限……被保险人驾驶或乘坐私家车期间，是指自被保险人进入私家车车厢起至走出车厢时止。我们只给付主合同及本附加合同保险责任中满期保险金、身故保险金、私家车意外身故保险金和一般意外身故保险金其中的一项……因下列情形之一导致被保险人身故的，我们不承担给付一般意外身故保险金和私家车意外身故保险金的责任。因下列情形之一导致被保险人伤残的，我们不承担给付私家车意外伤残保险金责任，但本附加合同继续有效。1. 投保人对被保险人的故意杀害、故意伤害；2. 被保险人故意犯罪或者抗拒依法采取的刑事强制措施、故意自伤或自虐、从事或参与恐怖主义活动、邪教组织活动；3. 被保险人自杀，但被保险人自杀时为无民事行为能力的除外；4. 被保险人主动吸食或注射毒品；5. 被保险人酒后驾驶，无合法有效驾驶证驾驶，或驾驶无有效行驶证的机动车；6. 被保险人精神错乱或失常、流产或分娩、猝死、接受整容手术、医疗事故；7. 细菌或病毒感染（但因意外伤害有伤口，且伤口发生感染者除外）；8. 被保险人从事或参与潜水、滑水、滑雪、滑冰、滑翔翼、跳伞、攀岩运动、探险活动、摔跤比赛、武术比赛、特技表演、赛马、赛车、各种车辆表演、车辆竞赛或练习、驾驶卡丁车等高风险运动；9. 战争、军事冲突、暴乱或武装叛乱、恐怖袭击；10. 核爆炸、核辐射污染。发生上述第1项情形导致被保险人身故的，本附加合同终止，您已交足2年以上保险费的，我们向其他权利人退还保险单的现金价值。发生上述其他情形导致被保险人身故的，本附加合同终止，我们向您退还保险单的现金价值……。2019年12月29日13时10分，王甲驾驶黑E77本田小型客车沿机场高速由南向北行驶至机场高速萨政路出口处时，与机场高速萨政路出口警示护墩相撞，致乘客王乙受伤、车辆受损。事故发生后，王乙被“120”救护车送往某甲医院抢救，王乙于当日去世。2020 年 2 月 14 日，大庆市公安局交通警察支队萨尔图大队作出道路交通事故认定书，认定王甲承担此起事故的全部责任，王乙无责任。2020 年 2 月 5 日，某乙医院鉴定所出具司法鉴定意见书，该鉴定意见书分析说明中记载：“（一）根据尸体检验，病理学检验，结合案情，王乙的冠状动脉粥样硬化伴狭窄Ⅳ度（管腔狭窄达 80%），肺化脓性炎症，肺水肿，肺淤血，脑水肿，多脏器淤血，水肿，并于交通事故发生时死亡的事实可以确认。（二）根据病理学检验特点及死亡经过，符合在冠心病病变基础上，突发事件引起冠状动脉痉挛，诱发冠状动脉严重供血不足，引起急性心力衰竭死亡。”鉴定意见为王乙因急性冠状动脉痉挛，造成冠状动脉严重供血不足，引起急性心力衰竭死亡。2020 年 4 月 16 日，被告某保险公司出具理赔结果通知书，同意赔付某两全通用身故满期金 8382 元，对于原告王丙申请的某私家车意外身故保险金拒绝赔付。庭审中，原告王丙自认已经收到被告某保险公司支付的 8382 元赔偿金。另查，王乙与王甲系夫妻关系，双方生育一女儿即原告王丙。王乙于 2019 年 12 月 29 日去世，王甲于 2020 年 1 月 3 日去世。王乙的父母均先于王乙去世，王甲的父母均先于王甲去世。一审法院认为，本案系保险纠纷。王甲与被告某保险公司签订的《保险合同》系双方真实意思表示，合同内容符合法律规定，该合同依法成立并生效。本案争议焦点为被保险人王乙的死亡是否属于保险合同中约定的保险事故，其死亡是因交通事故所致，还是因自身疾病所致。本院认为，交通事故与被保险人王乙的自身疾病对于其死亡的结果均有关联性，因此，被保险人王乙的死亡是否属于保险责任承担的范畴需用保险法中的近因原则进行判断。近因原则的核心在于对近因的界定，即在诸多可能导致保险事故发生的原因中，只有对最后损失的发生起决定性作用的原因才是近因。近因不是指时间上的接近，而是指效果上的接近。某乙医院鉴定所出具司法鉴定意见书中的分析说明中记载：“（一）根据尸体检验，病理学检验，结合案情，王乙的冠状动脉粥样硬化伴狭窄Ⅳ度（管腔狭窄达 80%），肺化脓性炎症，肺水肿，肺淤血，脑水肿，多脏器淤血，水肿，并于交通事故发生时死亡的事实可以确认。（二）根据病理学检验特点及死亡经过，符合在冠心病病变基础上，突发事件引起冠状动脉痉挛，诱发冠状动脉严重供血不足，引起急性心力衰竭死亡。”鉴定意见为王乙因急性冠状动脉痉挛，造成冠状动脉严重供血不足，引起急性心力衰竭死亡。从该鉴定意见可知，被保险人王乙自身患有严重疾病，即冠状动脉粥样硬化伴狭窄Ⅳ度（管腔狭窄达80%），本次交通事故只是其发病死亡的诱因，因此，导致被保险人王乙死亡的近因为其自身疾病。案涉意外伤害保险条款中对于“交通意外伤害事故”界定为外来的、突发的、非本意的、非疾病的使身体受到伤害的客观事件，而被保险人王乙的死亡不属于保险合同中“交通意外伤害事故”的范畴，因此，被告某保险公司提出的拒赔理由成立，本院予以采纳，对于原告王丙的诉讼请求，本院不予支持。依照《中华人民共和国保险法》第十三条、第十四条、第四十二条，《中华人民共和国民事诉讼法》第六十四条之规定，判决：驳回原告王丙的诉讼请求。案件受理费13800元，由原告王丙负担。

二审中，当事人没有提交新证据。

二审法院认定的事实与一审一致。

本院认为，本案系保险合同纠纷。投保人王甲与被上诉人某保险公司签订的某两全保险附加某意外伤害保险的保险合同合法有效。本案争议的焦点为被保险人王乙死亡是否属于保险合同中约定的保险事故，被上诉人是否应依据保险合同的约定对上诉人赔偿。本案中，根据某乙医院鉴定所出具的司法鉴定书可以认定，王乙死亡系因突发事件即本案的交通事故引起冠状动脉痉挛，诱发冠状动脉严重供血不足，引起急性心力衰竭死亡。由此可以认定王乙的死亡存在两个原因，一个是自身存在冠状动脉狭窄，另一个是交通事故。交通事故属于被保险人理赔的责任范畴，运用近因原则确定本案危险与损害之间的关系是解决争议焦点的关键。但本院认为，王乙在没有交通事故的情况下不会引发冠状动脉痉挛，而冠状动脉狭窄仅仅是加重了交通事故所造成的伤害，但并非决定因素。在王乙死亡的时间点上，尽管王乙自身存在冠状动脉狭窄的情况，但不发生交通事故，亦不足以造成王乙会发病死亡。故导致被保险人王乙死亡的近因为其自身疾病所致还是交通事故所致均无法确定。本院按照承保风险所占事故原因的比例或者程度，酌定判决由被上诉人某保险公司承担50%的保险赔偿责任较为适宜，即被上诉人某保险公司给付上诉人王丙意外身故保险金50万元（100万元×50%）。故本院对上诉人的王丙上诉理由予以部分支持。

综上所述，王丙的上诉请求部分成立，应予支持。一审判决认定事实清楚，适用法律错误，应予纠正。依照《中华人民共和国民事诉讼法》第一百七十条第一款第二项规定，判决如下：

一、撤销大庆市萨尔图区人民法院作出的（2020）黑0602民初1585号民事判决。

二、被上诉人某保险公司在本判决生效后五日内赔偿上诉人王丙私家车意外身故保险金50万元。

三、驳回上诉人王丙其他诉讼请求。

一审案件受理费13800元，二审案件受理费13800元，由被上诉人某保险公司负担13800元，由上诉人王丙负担13800元。

审判长　胡　某
审判员　赵　某
审判员　王　丁
二〇二〇年十二月一日
法官助理　赵　某
书记员　刘　某

评·析

一、本案争议焦点

本案属于交通事故中被保险人死亡保险理赔的典型案例，主要争议焦点为：被保险人死亡是否属于保险合同中约定的保险事故，保险人是否应依据保险合同的约定进行赔偿。

案涉保险合同约定，“被保险人……驾驶或者乘坐私家车期间发生公安交通管理部门认定的交通意外伤害事故，且自事故发生之日起180日内，被保险人因该事故导致身故，我们按以下方式给付私家车意外身故保险金……。”本案中，被保险人乘坐私家车发生交通事故，该交通事故符合合同约定的“意外伤害事故”，关键在于被保险人是否因该事故导致身故，保险人是否应支付基本保额10倍的“私家车意外身故保险金”。案涉司法鉴定意见书载明：

"……符合在冠心病病变基础上，突发事件引起冠状动脉痉挛，诱发冠状动脉严重供血不足，引起急性心力衰竭死亡。"据此，被保险人自身患有冠心病，死亡原因是"冠状动脉严重供血不足引起的急性心力衰竭"，"突发事件"是"诱发"因素，死亡过程为"突发事件（指交通事故）→冠状动脉痉挛→冠状动脉严重供血不足→急性心力衰竭"，本案涉及近因判断问题。

二、对事故中何为近因的辨析

近因原则是指在保险合同纠纷中，只有当某种原因对损害结果的发生有决定性意义，而且这个原因是保险合同承保的风险时，保险人才承担保险责任。本案中，一审法院认为，近因原则的核心在于对近因的界定，即在诸多可能导致保险事故发生的原因中，只有对最后损失的发生起决定性作用的原因才是近因，且近因原则不是指时间上的接近，而是指效果上的接近。案涉司法鉴定意见显示，被保险人自身患有严重疾病，即冠状动脉粥样硬化伴狭窄Ⅳ度（管腔狭窄达 80%），本次交通事故只是其发病死亡的诱因，因此，导致被保险人死亡的近因为其自身疾病。根据案涉保险条款规定，"交通意外伤害事故"是指外来的、突发的、非本意的、非疾病的使身体受到伤害的客观事件，而被保险人的死亡不属于保险合同中"交通意外伤害事故"的范畴，因此保险公司的拒赔理由成立。二审法院则认为，被保险人死亡存在两个原因，一个是自身存在冠状动脉狭窄，另一个是交通事故，两者相互作用，单一原因不足以直接导致被保险人死亡，运用近因原则无法认定被保险人的死亡原因，因此按照承保风险所占事故原因的比例或程度，酌定由保险人承担 50% 的保险赔偿责任。

如前所述，在本案司法审判环节中，对近因的认定存在不同观点。结合以上司法实践，在被保险人"突发事件（指交通事故）→冠状动脉痉挛→冠状动脉严重供血不足→急性心力衰竭"这一死亡链条中，关键在于判断冠状动脉痉挛的发生是不是交通事故的直接必然结果或者合理延续：被保险人自身患有冠心病，冠状动脉痉挛不是交通事故的直接必然结果，此为一种认识；换言之，交通事故只是必要条件而非充分条件。

三、我国司法实践中对近因原则的适用

近因原则最初基于海运实践的要求而产生，由成文法（1906 年英国《海上保险法》）规定，后又通过大量判例法加以阐释并进一步发展完善，最终成为世界各国公认的保险法律原则。大陆法系和英美法系对近因原则的适用有多种理论学说，其中有主张所有原因对损害均具有同等效力的条件说，有以行为人对产生结果能否预见作为判断标准的相当因果关系说，有以“时间上之最近”或“效果上之最近”认定单一条件的最近因果关系说等。

我国《保险法》及相关法律法规并未对近因原则作出明文规定，但在保险纠纷司法实践中，近因原则得到了认可和运用。此外，《最高人民法院关于适用〈中华人民共和国保险法〉若干问题的解释（三）》第二十五条规定：“被保险人的损失系由承保事故或者非承保事故、免责事由造成难以确定，当事人请求保险人给付保险金的，人民法院可以按照相应比例予以支持。”最高人民法院在对该条的理解与适用中给予进一步指导意见，该条的适用以损失发生的原因存在争议，且争议的原因存在承保事故与非承保事故，或者承保事故与免责事由之争为前提；在此种情形下，人民法院可行使自由裁量权对保险人及被保险人进行责任分摊，按照承保风险所占事故原因的比例或程度进行判断，比例的确定应结合具体案件的案情。本案涉及对近因原则及《最高人民法院关于适用〈中华人民共和国保险法〉若干问题的解释（三）》第二十五条的适用。根据本案实际情况，二审法院判决保险人及被保险人各承担50%的责任，对法院处理类似案件可能具有一定参考意义。

团体意外伤害保险中保险合同特别约定效力的认定

乌鲁木齐铁路运输中级法院
（2021）新 71 民终 43 号民事判决书

（2021 年 3 月 31 日）

案·情

2014 年 5 月 29 日，某建筑公司为在其承建的乌鲁木齐某工程项目中施工的尚某等向某保险公司投保了团体人身保险，保险期间自 2014 年 5 月 29 日零时起至 2018 年 2 月 27 日 24 时止，其中意外伤残保险金额 60 万元。2015 年 9 月 17 日，尚某在乌鲁木齐某工程项目施工过程中意外坠入电梯井受伤。2016 年 9 月 28 日，乌鲁木齐市劳动能力鉴定委员会作出《初次（复查）鉴定结论书》，尚某被鉴定为伤残四级。2018 年 5 月，尚某将某保险公司诉至法院，要求某保险公司按照保险合同约定支付四级伤残 30% 相应保险金 18 万元，法院于 2018 年 8 月 10 日作出（2018）新 7101 民初 203 号民事判决，判决某保险公司一次性支付尚某意外伤害保险金 18 万元。对此判决双方均未上诉，某保险公司已经履行了判决确定的义务。

此后尚某发现某保险公司在原中国保监会备案的《某附加建工残疾团体意外伤害保险》中载明的四级伤残对应的保险金给付比例为 70%，按照该比例，某保险公司应支付意外伤害保险金 42 万元，据此，尚某于 2020 年 5 月 12 日再次将某保险公司诉至法院，要求某保险公司按照 70% 比例再支付尚某人身意外伤害保险金 24 万元。

判决书正文

上诉人（原审原告）：尚某，男，1983 年 8 月 18 日出生，汉族，住甘肃省礼县沙金乡。

被上诉人（原审被告）：某保险公司新疆分公司，住所地：新疆维吾尔自治区乌鲁木齐市新市区。

上诉人尚某因与被上诉人某保险公司新疆分公司意外伤害保险合同纠纷一案，不服乌鲁木齐铁路运输法院（2020）新 7101 民初 701 号民事判决，向本院提起上诉。本院于 2021 年 3 月 24 日立案后，依法组成合议庭，于 2021 年 3 月 29 日公开开庭进行了审理。本案现已审理终结。

尚某上诉请求：撤销乌鲁木齐铁路运输法院（2020）新 7101 民初 701 号民事判决，依法改判某保险公司新疆分公司向尚某支付人身损害保险金 24 万元。事实和理由：一审法院适用法律错误。一审法院以《中华人民共和国保险法》第二十条“投保人和保险人可以协商变更合同内容”为由，认定保险凭证上“特别约定”中的赔付比例 30%，是对合同内容的变更，是合法有效的，显属错误。本案中合同内容没有发生变更，《中华人民共和国保险法》第二十条第二款规定：“变更保险合同的，应当由保险人在保险单或者其他保险凭证上批注或者附贴批单，或者由投保人和保险人订立变更的书面协议。”本案中保险人签发的保险凭证中，并没有对合同内容进行变更的批注，在保险凭证中明确写明的是“本凭证仅作为被保险人参保的证明，不作为退保、理赔、给付等申请的依据，未尽事宜以保险合同为准”。《中华人民共和国保险法》第十三条规定：“投保人提出保险要求，经保险人同意承保，保险合同成立。保险人应当及时向投保人签发保险单或者其他保险凭证。保险单或者其他保险凭证应当载明当事人双方约定的合同内容。当事人也可以约定采用其他书面形式载明合同内容。依法成立的保险合同，自成立时生效。投保人和保险人可以对合同的效力约定附条件或者附期限。”依据上述法律规定，保险关系成立的顺序是：1. 保险合同成立，2. 签发保险单或者保险凭证。保险单或者其他保险凭证载明的内容必须与合同内容一致。本案中保险合同内容并未发生变更，按照合同条款赔付比例是 70%，但保险单中赔付比例为 30%，与保险合同内容不一致，明显违法。依照《中华人民共和国保险法》第一百一十四条“保险公司应当按照国务院保险监督管理机构的规定，公平、合理拟订保险条款和保险费率，不得损害投保人、被保险人和受益人的合法权益。保险公司应当按照合同约定和本法规定，及时履行赔偿或者给付保险金义务。”第一百三十五条“关系社会公众利益的保险险种、依法实行强制保险的险种和新开发的人寿保险险种等的保险条款和保险费率，应当报国务院保险监督管理机构批准。国务院保险监督管理机构审批时，应当遵循保护社会公众利益和防止不正当竞争的原则。其他保险险种的保险条款和保险费率，应当报保险监督管理机构备案”，《人身保险公司保险条款和保险费率管理办法》第三十五条“保险公司变更已经审批或者备案的保险条款和保险费率，改变其保险责任、险种类别或者定价方法的，应当将保险条款和保险费率重新报送审批或者备案”、第三十六条“保险公司变更已经审批或者备案的保险条款和保险费率，且不改变保险责任、险种类别和定价方法的，应当在发生变更之日起 10 日内向中国保监会备案”、第五十条“保险公司有下列行为之一的，由中国保监会依据《中华人民共和国保险法》第一百七十条进行处罚：未按照规定使用经批准或者备案的保险条款、保险费率的”等法律规定，本案中被保险人参加的是建工意外险，该险种属于强制保险，保险人应当严格按照保监会批准或者备案的合同条款执行。如果保险人对原来条款中应当承担 70% 的保险责任变更为 30% 的保险责任，那么对于变更后的条款内容应当报保监会批准或者备案。《中华人民共和国保险法》第十七条规定：“订立保险合同，采用保险人提供的格式条款的，保险人向投保人提供的投保单应当附格式条款，保险人应当向投保人说明合同的内容。对保险合同中免除保险人责任的条款，保险人在订立合同时应当在投保单、保险单或者其他保险凭证上作出足以引起投保人注意的提示，并对该条款的内容以书面或者口头形式向投保人作出明确说明；未作提示或者明确说明的，该条款不产生效力”、《最高人民法院关于适用〈中华人民共和国保险法〉司法解释（二）》第九条“保险人提供的格式合同文本中的责任免除条款、免赔额、免赔率、比例赔付或者给付等免除或者减轻保险人责任的条款，可以认定为保险法第十七条第二款规定的‘免除保险人责任的条款’”规定。本案中，某保险公司新疆分公司向法庭提交的投保单中手工填写部分内容，不符合保险合同条款约定内容，不是对合同中“免除保险人责任的条款”的告知。综上所述，本案中保险人应当按照在保监会备案的保险合同条款中约定的赔付比例向被保险人履行赔付义务。

某保险公司新疆分公司辩称：1. 特别约定条款不属于格式条款，也不属于免责条款，是投保人与保险人订立保险合同时对基本条款之外特别约定的其他条款，是对基本格式条款的修正、变更，其构成保险合同的一部分，保险合同双方均应当受其约束。特别约定中伤残赔付级别及比例也是涉案保险合同保险金计算方式的约定，是案涉保险合同的核心条款，是保险人根据投保单位个性化需求而与其协商后达成的一致意见，另外，对非格式条款保险人也不具有提示和说明义务。2. 案涉保险合同订立过程中，保险人系按照双方约定的一级到七级伤残级别对应的保险费率收取保险费。保险人按照向原中国保监会备案的基准费率，并依据团体保险核保规则进行调整后，按照承担一级到七级伤残责任所对应的保险费率计收保险费 101 万元，如果按照一级到十级伤残级别计算保费应为 153 万元，且保险人报备的费率表中已进行备注，本费率为基准费率，本公司可依据团体保险核保规则进行调整。3. 投保人系自愿选择我公司为保险人，并非强制保险。综上所述，一审法院认定事实清楚，适用法律准确，对尚某的上诉请求应予驳回。

尚某向一审法院起诉请求：判令某保险公司新疆分公司支付人身意外伤害保险赔偿金 24 万元。

一审法院认定事实：2014 年 5 月 29 日，某建筑公司为在其承建的乌鲁木齐某工程项目中施工的尚某等向某保险公司新疆分公司投保了团体人身保险，保险期间自 2014 年 5 月 29 日零时起至 2018 年 2 月 27 日 24 时止。投保险种包括《某建筑工程意外身故团体定期寿险》，保险金额 60 万元、《某建筑工程团体意外伤害医疗保险》，保险金额 5 万元、《某附加建工残疾团体意外伤害保险》，保险金额 60 万元。投保单中载有手工填写的“特别约定”：1. 施工单位资质特级；2. 本保单意外伤害身故或残疾理赔时须提供客户单位或监理单位出具的相关证明资料、出险当月所有员工的工资名册或出险员工的劳动合同；3. 意外伤害医疗承担被保险人每次意外事故发生的合理医疗费用，保险人在扣除 100 元免赔额后按照 80% 比例支付；4. 被保险人遭受意外事故，造成国家《劳动能力鉴定职工工伤与职业病致残等级》（GB/T 16180—2006）确定的伤残的，本公司按照一级 100%、二级 75%、三级 50%、四级 30%、五级 20%、六级 15%、七级 10%、八级到十级 0% 的给付比例乘以其保险金额给付意外伤残保险金；5. 其他事项按条款规定履行。无其他特别约定。投保单上在“团体投保人声明书”处载明“我单位已就保险事宜与全部被保险人进行了宣导和沟通，凡参与该保险的全部被保险人均符合险种条款所约定的投保条件，并了解保障内容且同意由我单位统一办理投保事项；我单位确认已收到投保险种条款，且保险人对投保险种条款进行了说明，尤其是对保险责任条款、免除保险人责任的条款、合同解除条款进行了明确说明；对投保险种条款尤其是保险责任条款、免除保险人责任的条款、合同解除条款以及产品说明书（如有）、投保须知、特别约定等，我单位均已认真阅读，理解并同意遵守”。投保人某建筑公司在此处加盖了公章予以确认。《某附加建工残疾团体意外伤害保险》第四条约定“在本附加合同有效期内，被保险人在从事建筑施工或从事与建筑施工相关的工作以及在施工现场或在指定的生活区，因遭受意外事故，并自事故发生之日起 180 天内（含）因该事故造成国家《劳动能力鉴定职工工伤与职业病致残等级》（GB/T 16180—2006）确定的伤残的，除另有约定外，本公司按本附加合同所附《工伤伤残程度与给付比例表》规定的给付比例乘以其保险金额给付意外伤残保险金”。所附《工伤伤残程度与给付比例表》载明的伤残等级相对应的保险金给付比例分为十档，伤残等级一级对应的保险金给付比例为 100%，伤残等级十级对应的保险金给付比例为 10%，每级相差 10%，其中，四级伤残的保险金给付比例为 70%。2014 年 6 月 6 日，某保险公司新疆分公司向某建筑公司出具了团体人身保险保险单。2014 年 7 月 4 日，某建筑公司在某保险公司新疆分公司的送达回执上盖章确认已收到涉案保险合同及保险费发票。

2015 年 9 月 17 日，尚某在乌鲁木齐某工程项目施工过程中意外坠入电梯井受伤，经乌鲁木齐某医院救治被诊断为“腰 1 椎体爆裂性骨折并全瘫，胸 12 椎体棘突骨折”。2016 年 9 月 28 日，乌鲁木齐市劳动能力鉴定委员会作出乌鲁木齐市劳鉴 2016 年 9 伤 127 号《初次（复查）鉴定结论书》，尚某被鉴定为伤残四级。2018 年 5 月，尚某将某保险公司新疆分公司诉至法院，要求某保险公司新疆分公司按照保险合同约定支付四级伤残 30% 相应保险金 18 万元，该案审理中，某保险公司新疆分公司未提交涉案保险合同条款，尚某表示保留按照某保险公司在原中国保监会备案的保险合同条款进一步索赔的权利。至此，法院于 2018 年 8 月 10 日作出（2018）新 7101 民初 203 号民事判决，判决某保险公司新疆分公司一次性支付尚某意外伤害保险金18万元。对此判决双方均未上诉，某保险公司新疆分公司已经履行了判决确定的义务。此后尚某发现某保险公司在原中国保监会备案的《某附加建工残疾团体意外伤害保险》中载明的四级伤残对应的保险金给付比例为70%，按照该比例，某保险公司新疆分公司应支付意外伤害保险金42万元，据此，尚某于2020年5月12日再次将某保险公司新疆分公司诉至法院，要求某保险公司新疆分公司按照70%比例再支付尚某人身意外伤害保险金24万元。法院以尚某提起的诉讼属于重复诉讼为由，于2020年5月30日作出（2020）新7101民初319号民事裁定，驳回了尚某的起诉。尚某对该裁定不服，提出上诉。乌鲁木齐铁路运输中级法院于2020年9月14日作出（2020）新71民终64号民事裁定，撤销（2019）新7101民初319号民事裁定，指令乌鲁木齐铁路运输法院审理。一审法院认为，某建筑公司作为投保人为在其工程项目中施工的尚某等向某保险公司新疆分公司投保的团体人身保险，系双方真实意思表示，其内容不违反国家法律、行政法规的相关规定，双方之间形成保险合同关系，且该合同关系依法成立有效。本案双方当事人争议焦点为：一、涉案“特别约定”是否为格式条款；二、涉案“特别约定”中的伤残保险金给付比例条款是否有效；三、尚某主张的意外伤害保险金24万元是否应予支持。关于争议焦点一，本案中，涉案《某附加建工残疾团体意外伤害保险》第四条约定，被保险人因遭受意外事故造成国家《劳动能力鉴定职工工伤与职业病致残等级》（GB/T 16180—2006）确定的伤残的，除另有约定外，本公司按本附加合同所附《工伤伤残程度与给付比例表》规定的给付比例乘以其保险金额给付意外伤残保险金。所附《工伤伤残程度与给付比例表》载明的伤残等级相对应的保险金给付比例分为十档，伤残等级一级对应的保险金给付比例为100%，伤残等级十级对应的保险金给付比例为10%，每级相差10%，其中，四级伤残的保险金给付比例为70%。而投保单中“特别约定”载明，被保险人因遭受意外事故造成国家《劳动能力鉴定职工工伤与职业病致残等级》（GB/T 16180—2006）确定的伤残的，本公司按照一级100%、二级75%、三级50%、四级30%、五级20%、六级15%、七级10%、八级到十级0%的给付比例乘以其保险金额给付意外伤残保险金。由此可见，涉案保险条款第四条及“特别约定”中均约定了伤残保险金给付比例条款，但特别约定对保险条款中的伤残保险金给付比例作出了变更，其从伤残二级到十级均相应降低了伤残保险金的给付比例。该“特别约定”条款是否为格式条款。《中华人民共和国合同法》第三十九条第二款规定“格式条款是当事人为了重复使用而预先拟定，并在订立合同时未与对方协商的条款”。本案投保单中的特别约定系投保人某建筑公司与保险人某保险公司新疆分公司在签订保险合同时经协商后手动填写，明显区别于预先制定、可重复使用、不经磋商的格式条款。因此，该“特别约定”条款应认定为非格式条款。关于争议焦点二，首先，根据《中华人民共和国保险法》第二十条关于“投保人和保险人可以协商变更合同内容”的规定，某保险公司新疆分公司有权与投保人某建筑公司通过协商后变更合同内容。其次，涉案保险条款第四条约定“除另有约定外，本公司按本附加合同所附《工伤伤残程度与给付比例表》规定的给付比例乘以其保险金额给付意外伤残保险金”。据此，某保险公司新疆分公司有权与投保人某建筑公司通过协商后对伤残保险金给付比例条款另行约定。本案中，涉案投保单中载有手动填写的《特别约定》，该约定对涉案保险条款中的伤残保险金给付比例作出了变更，其从伤残二级到十级均相应降低了伤残保险金的给付比例。投保人某建筑公司在投保单“团体投保人声明书”处加盖公章确认“我单位已就保险事宜与全部被保险人进行了宣导和沟通，凡参与该保险的全部被保险人均符合险种条款所约定的投保条件，并了解保障内容且同意由我单位统一办理投保事项；我单位确认已收到投保险种条款，且保险人对投保险种条款进行了说明，尤其是对保险责任条款、免除保险人责任的条款、合同解除条款进行了明确说明；对投保险种条款尤其是保险责任条款、免除保险人责任的条款、合同解除条款以及产品说明书（如有）、投保须知、特别约定等，我单位均已认真阅读，理解并同意遵守”。虽然在投保单“特别约定”处没有投保人的签章，但投保单系完整的整体，投保人的意思表示应结合投保单的全文进行整体理解。投保人在“团体投保人声明书”处加盖公章的行为应视为对“特别约定”条款的确认。由此，某保险公司新疆分公司与投保人某建筑公司在投保单中以特别约定的方式，对保险条款中的伤残保险金给付比例条款作出的变更，系双方通过协商后对自身民事权益的处置，其内容未损害社会公众利益，亦不属于《中华人民共和国合同法》第五十二条规定的合同无效情形。因此，该“特别约定”条款应属有效。关于争议焦点三，本案中，尚某于2015年9月17日在乌鲁木齐某工程项目施工过程中意外坠入电梯井受伤，经乌鲁木齐某医院救治被诊断为“腰1椎体爆裂性骨折并全瘫，胸12椎体棘突骨折”。2016年9月28日，乌鲁木齐市劳动能力鉴定委员会作出乌鲁木齐市劳鉴2016年9伤127号《初次（复查）鉴定结论书》，尚某被鉴定为伤残四级。2018年5月，尚某将某保险公司新疆分公司诉至法院，要求某保险公司新疆分公司按照保险合同约定支付四级伤残30%对应的保险金18万元，该案经法院审理，确认了“特别约定”中载明的伤残保险金给付比例条款的效力，并据此按照四级伤残对应的保险金给付比例30%。判决某保险公司新疆分公司一次性支付尚某意外伤害保险金18万元。对此判决双方均未上诉，某保险公司新疆分公司已经履行了判决确定的义务。虽然该案在开庭审理中，某保险公司新疆分公司未提交涉案保险合同条款，但并不能由此认定“特别约定”条款对尚某不产生法律效力。《中华人民共和国保险法》第十七条第一款规定“订立保险合同，采用保险人提供的格式条款的，保险人向投保人提供的投保单应当附格式条款，保险人应当向投保人说明保险合同的条款内容”。《最高人民法院关于适用〈中华人民共和国保险法〉若干问题的解释（二）》第十一条规定“保险合同订立时，保险人在投保单或者保险单等其他保险凭证上，对保险合同中免除保险人责任的条款，以足以引起投保人注意的文字、字体、符号或者其他明显标志作出提示的，人民法院应当认定其履行了保险法第十七条第二款规定的提示义务。保险人对保险合同中有关免除保险人责任条款的概念、内容及其法律后果以书面或者口头形式向投保人作出常人能够理解的解释说明的，人民法院应当认定保险人履行了保险法第十七条第二款规定的明确说明义务”。由上述规定可以看出，在保险合同中，保险人提供保险合同条款、并对保险合同条款、免除保险人责任的条款履行明确说明义务的对象应为投保人，因保险合同仍属于合同法的范畴，仍应遵守合同相对性的基本原则，如果要求保险公司对保险合同条款、免除保险人责任条款的提示和明确说明义务对象还包括被保险人或受益人，显然加重了保险公司的责任，有违公平原则。尤其是团体险中，有的投保单位仅仅提供了被保险人的名单及总数，保险公司对每个被保险人逐一进行提示说明显然不具有可操作性。本案保险合同为团体人身保险，其投保人为某建筑公司，该公司在投保单“团体投保人声明书”处盖章确认，并在某保险公司新疆分公司的送达回执上盖章确认已收到涉案保险合同及保险费发票。已证明某保险公司新疆分公司已向投保人某建筑公司提交了保险合同条款、并对保险合同条款、免除保险人责任的条款履行了明确说明义务。因此，涉案“特别约定”中载明的伤残保险金给付比例条款对被保险人尚某产生法律效力。按照该“特别约定”，尚某的伤残等级为四级，其相对应的伤残保险金给付比例为30%，而按照该比例所应获得的意外伤害保险金18万元，某保险公司新疆分公司已依照法院于2018年8月10日作出的（2018）新7101民初203号民事判决向尚某予以了赔付。《中华人民共和国保险法》第十一条规定“订立保险合同，应当协商一致，遵循公平原则确定各方的权利和义务”。法律不仅应当保护投保人、被保险人的利益，也应公平地保护保险人的利益。投保单中的特别约定，是保险人某保险公司新疆分公司根据投保人某建筑公司的不同需求，经双方协商后对赔付比例重新作出的约定，属于双方的意思自治，各方应当按照公平原则及诚实信用原则予以遵守。综上所述，尚某主张某保险公司应按照《某附加建工残疾团体意外伤害保险》中载明的四级伤残保险金给付比例70%再支付尚某意外伤害保险金24万元的诉讼请求，无事实与法律依据，一审法院不予支持。判决：驳回尚某的全部诉讼请求。

二审中，当事人没有提交新证据。本院二审查明的事实与一审查明事实一致，本院对一审查明的事实予以确认。

本院认为，本案的争议焦点为涉案保险合同“特别约定”的伤残保险金给付比例条款是否有效。涉案保险系团体人身意外保险，属商业保险，尚某认为涉案保险系依法实行的强制保险，系自身对该险种理解有误。人民法院应当尊重订立商业保险合同双方的真实意思表示。涉案保险合同发生保险事故后发生纠纷的主要原因系保险合同的格式条款与特别约定条款中对四级伤残赔付比例约定不一致，格式条款中约定赔付比例为70%，特别约定条款赔付比例为30%，导致被保险人与保险人对保险合同特别约定条款的效力发生争议。本案中，保险凭证中所载特别约定内容与在《团体人身险投保单》上手写并经投保人在投保单上盖章确认的内容一致，为投保人与保险人订立案涉保险合同时协商后对伤残保险金给付比例条款的约定内容，非格式条款，该约定内容不违反国家法律、行政法规的相关规定，合法有效，该特别约定内容与通用格式条款内容不一致，应以该特别约定条款为准，保险合同的各方当事人均应遵守该约定。涉案保险合同约定的保险事故发生后，保险人应按照此特别约定进行赔付，即按照四级伤残对应的保险金给付比例30%赔付18万元。本案保险人某保险公司新疆分公司已经按照特别约定的赔付比例向被保险人尚某赔付18万元，对尚某依照格式条款“四级伤残的保险金给付比例为70%”的约定，要求某保险公司新疆分公司支付剩余40%的保险金的主张，本院不予支持。

关于案涉保险合同中特别约定条款内容是否系保险合同变更的问题，涉案投保单中载有手工填写的“特别约定”，该约定对涉案保险格式条款中的伤残保险金给付比例作出了变更，从伤残二级到十级均相应降低了伤残保险金的给付比例，该特别约定条款系投保人某建筑公司与保险人某保险公司新疆分公司在订立案涉保险合同过程中，对保险合同中关于被保险人构成残疾的保险金赔付比例内容的约定，不属《中华人民共和国保险法》第二十条“投保人和保险人可以协商变更合同内容。变更保险合同的，应当由保险人在保险单或者其他保险凭证上批注或者附贴批单，或者由投保人和保险人订立变更的书面协议”规定的保险合同变更的情形，一审法院认为该特别约定系对保险合同的变更有误，本院予以纠正，本案不适用《中华人民共和国保险法》第二十条的相关规定。

综上所述，一审判决认定事实清楚，适用法律虽有瑕疵，但裁判结果正确，故对尚某的上诉请求不予支持。依照《中华人民共和国民事诉讼法》第一百七十条第一款第一项、《最高人民法院关于适用〈中华人民共和国民事诉讼法〉的解释》第三百三十四条规定，判决如下：

驳回上诉，维持原判。

二审案件受理费4900元（尚某已预交），由尚某负担。

本判决为终审判决。

审判长　张　某

审判员　蔡　某

审判员　毛　某

二〇二一年三月三十一日

书记员　陆　某

评·析

本案主要涉及两个问题：

一、“特别约定”是否为格式条款

从形式上看，团体意外伤害保险合同中“特别约定”是投保人手动填写的并加盖印章，区别于《中华人民共和国民法典》第四百九十六条规定“格式条款是当事人为了重复使用而预先拟定，并在订立合同时未与对方协商的条款”。从实质上看，一般情况下，团体保险投保单中的“特别约定”系保险人根据投保人的保障需求和保费支付等因素，按照向中国银保监会备案的基准费率基础上依据团体保险核保规则对风险与权益的综合平衡考量下确定的，是投保人与保险人在签订保险合同时的真实意思表示。故“特别约定”区别于预先制定、可重复使用、不经磋商的格式条款，应认定为非格式条款。

另外，《最高人民法院关于适用〈中华人民共和国保险法〉若干问题的解释（二）》第九条规定，“保险人提供的格式合同文本中的责任免除条款、免赔额、免赔率、比例赔付或者给付等免除或者减轻保险人责任的条款，可以认定为保险法第十七条第二款规定的‘免除保险人责任的条款’”。根据本条规定，免责条款的范围是格式合同文本中的责任免除条款、免赔额、免赔率、比例赔付或者给付等内容，而团体意外伤害保险合同中“特别约定”，如上分析所述，无论从形式上还是实质内容上，均区别于预先制定、可重复使用、不经磋商的格式条款，应认定为非格式条款，故亦不属于免除或减轻保险人责任的条款。

二、“特别约定”中的伤残保险金给付比例是否有效

首先，“特别约定”不属于保险合同变更情形。团体意外伤害保险合同中“特别约定”是投保人与保险人在订立保险合同过程中，对保险合同中关于被保险人构成残疾的保险金赔付比例内容的约定，系投保人和保险人在保险合同订立阶段相互协商的意思表示，时间上处于保险合同成立并生效前。关于保险合同的变更，规定在《中华人民共和国保险法》第二十条，即“投保人和保险人可以协商变更合同内容。变更保险合同的，应当由保险人在保险单或者其他保险凭证上批注或者附贴批单，或者由投保人和保险人订立变更的书面协议”。从合同订立的逻辑角度上看，合同变更一般是指针对已经成立并生效的合同，在不改变合同主体而使权利义务发生变化的民事法律行为。由上分析可知，团体意外伤害保险合同中“特别约定”并不属于“投保人和保险人可以协商变更合同内容”的“变更”，故无须保险人在保险单或者其他保险凭证上批注或者附贴批单，或者由投保人和保险人订立变更的书面协议。

其次，“特别约定”具有合同依据。涉案保险条款第四条约定“除另有约定外，本公司按本附加合同所附《工伤伤残程度与给付比例表》规定的给付比例乘以其保险金额给付意外伤残保险金”。“除另有约定外”即赋予了投保人与保险人可根据实际风险承担与保费支付等因素，约定发生保险事故时保险金额和支付比例的权利。故保险公司有权与投保人通过协商后对伤残保险金给付比例条款另行约定，并且涉案投保单中载有手动填写的《特别约定》，投保人也在投保单“团体投保人声明书”处加盖公章确认，其行为应视为对团体意外伤害保险合同中“特别约定”条款的确认。

最后，“特别约定”未违反效力性强制性规定。效力性强制性规定，一般是指法律及行政法规明确规定违反了这些禁止性规定将导致合同无效或者合同不成立的规范；或者是法律及行政法规虽然没有明确规定违反这些禁止性规范后将导致合同无效或者不成立，但是违反了这些禁止性规范后如果使合同继续有效将损害国家利益和社会公共利益的规范。而团体意外伤害保险合同中的“特别约定”，是保险公司与投保人在投保单中以特别约定的方式，对保险条款中的伤残保险金给付比例条款作出的利益平衡考量，系双方通过协商后对自身民事权益的处分，其内容并不损害国家利益和社会公众利益，亦不属于《中华人民共和国民法典》规定的无效情形。因此，该“特别约定”条款应属有效。

团体意外伤害保险合同对伤残赔付级别和比例进行特别约定，此为商业保险订立过程中投保人与保险人对风险与权益综合平衡考量后的结果，其约定内容应视为双方经协商后对合同一般性条款内容的修改或限制，若该特别约定内容不违反国家法律、行政法规的效力性强制性规定及其他法定合同无效的规定，则应以该特别约定条款为准，各方应当按照公平原则及诚实信用原则予以遵守。另外，保险公司履行提示说明义务的对象为投保人，单位作为团体保险的投保人，在投保回执、协议中签章确认的行为，即可视为保险公司已履行提示说明义务，不能强求保险人再向被保险人履行上述义务，且团体保险中保险人向每一被保险人履行提示说明义务也大大增加保险人的义务和成本，不利于团体保险的健康发展。本案审理法院充分考虑了投保人和保险人缔结保险合同的真实意思表示，结合法律规定和合同约定，对解决团体意外伤害保险中保险合同特别约定效力的认定具有一定借鉴意义。

意外伤害保险中交通事故认定书中被保险人无责与无因果关系的认定

广东省茂名市中级人民法院
（2021）粤09民终235号判决书

（2021年4月13日）

案·情

2019年5月，某机电工程公司为包括麦甲在内的15人在某保险公司投保团体意外伤害保险，意外身故保额50万/人，保险期间为2019年5月18日至2020年5月17日。2019年9月14日晚，麦甲与工友聚餐后醉酒、无证、无照驾驶二轮摩托车，与工友许某醉酒驾驶的小型轿车发生碰撞，造成麦甲死亡，交警部门出具的《交通事故认定书》认定许某酒后驾驶机动车没有与前车保持安全距离，承担事故全部责任，麦甲无责任。麦甲继承人（原告）向某保险公司申请理赔被拒后，于2020年6月向法院起诉要求某保险公司支付身故保险金50万元。一审法院判决某保险公司支付保险金50万元，某保险公司提起上诉，二审法院判决撤销一审判决，并驳回原告的全部诉讼请求。

判决书正文

上诉人（原审被告）：某保险公司广东分公司，住所地：广东省广州市越秀区。

被上诉人（原审原告）：麦乙，男，汉族，1954年12月28日出生，住广东省化州市同庆镇。

被上诉人（原审原告）：陈甲，女，汉族，1959 年 12 月 27 日出生，住址同上。

被上诉人（原审原告）：麦丙，男，汉族，2006 年 9 月 14 日出生，住址同上。

被上诉人（原审原告）：麦丁，女，汉族，2008 年 6 月 29 日出生，住址同上。

原审第三人：某机电工程公司，住所地：广东省茂名市新福一路。

上诉人某保险公司广东分公司因与被上诉人麦乙、陈甲、麦丙、麦丁及原审第三某机电工程公司意外伤害保险合同纠纷一案，不服广东省化州市人民法院（2020）粤 0982 民初 2025 号民事判决，向本院提起上诉。本院依法组成合议庭进行审理。本案现已审理终结。

某保险公司广东分公司上诉请求：1. 依法撤销原判，驳回被上诉人全部的诉讼请求；2. 由被上诉人承担本案一审、二审的诉讼费用。

事实和理由：原审法院认为麦甲死亡的原因系他人的醉酒驾驶导致，系事实认定错误。一、麦甲存在醉酒、无驾驶证、所驾摩托车无号牌、未佩戴安全头盔等诸多违法行为。《最高人民法院关于适用〈中华人民共和国保险法〉若干问题的解释（二）》第十条规定，保险人将法律、行政法规中禁止性规定作为保险合同免责条款的免责事由，保险人对该条款作出提示以后，即产生免责效力，无须就该条款向投保人进行详细说明。麦甲死亡的直接原因系其违反交通安全，麦甲对其死亡应承担主要责任。二、麦甲死亡不属于涉案保险合同的赔偿范围。保险合同第二十一条对于“意外伤害”的释义是指外来的、突发的、非本意的、非疾病的使身体受到伤害的客观事件。麦甲自身有严重过错，该交通事故的发生包含了麦甲自己的内在过失，不属于客观事件，所以不构成意外伤害。本案存在“一果多因”的情形，即造成麦甲死亡既有第三人的醉酒驾驶，又有麦甲本人不遵守交通安全。三、被保险人无合法有效驾驶证、驾驶车牌被吊销且已报废两年的二轮摩托车，都属于危险状态，上诉人依法依约定均应免责，而无须证明保险事故是由该危险状态所导致。即特定的危险状态期间与保险事故发生之间无须具有直接的因果关系。一审法院认定麦甲死亡的原因只是第三人的醉驾行为与事实不符，麦甲自身对其死亡亦应承担主要责任。四、一审判决违背公序良俗，产生恶劣的社会影响，有违社会主义核心价值观，应当予以纠正。法律对于醉酒驾驶的情形应当予以打击，本案中麦甲存在醉酒严重违法行为，一审判决保险公司承担保险责任，势必会给肇事者以无所谓的态度，也与社会主义核心价值观中弘扬诚信、法治的精神明显相悖。如果判决由保险公司承担违法行为人的违法后果，将诱发道德及法律风险，不能遏制无证驾驶等此类违法行为的发生，不仅违背了公序良俗的原则，而且违背了社会主义核心价值观的要求。法院应作出能够正确指导社会的判决，以维护社会秩序。五、麦甲醉酒驾驶机动车的行为已经构成危险驾驶罪，而保险人对于违法犯罪行为造成的损失同样不应承担保险责任。经公安机关检测，麦甲生前酒精含量为96.76mg/100ml，系醉酒驾驶，且涉嫌构成危险驾驶罪。而麦甲生前醉酒驾驶、无驾驶证、所驾摩托车无号牌、未佩戴安全头盔等均不是法律所支持的，即麦甲自身导致的过错行为不应由他人来承担恶果。六、本案保险合同中已将醉酒驾驶违法行为纳入免责事由中，此举亦符合“任何人不能从自己的过错行为中获利”的民法精神，同时也可以更好地约束投保人及被保险人，减少因醉酒驾驶发生的交通事故。七、交通事故责任认定书不能作为保险赔偿的依据，该认定书在保险纠纷诉讼中并不能必然作为证据使用，因为交通事故认定与保险赔偿中关于责任归属、法律适用均有所区别，交通事故责任更不能等同于保险赔偿责任。行为人麦甲对其死亡是否负责，应结合其过错程度、过错行为全面分析所有证据，根据保险的归责原则进行综合认定。本案中，如果麦甲听取了许某不要酒后驾车的劝阻，如果不随意变道，如果取得了驾驶证照、佩戴了安全头盔，其根本不可能会因此丢掉年轻的生命。综上所述，因麦甲存在诸多的违法交通安全法规的行为，且上述违法行为是造成其死亡的主要原因，保险合同明确约定对此类行为导致的死亡不承担赔偿责任，故请求撤销一审判决，驳回被上诉人全部的诉讼请求。

被上诉人麦乙、陈甲、麦丙、麦丁辩称：一审、一审认定事实清楚，证据充分，应予以维持。1. 麦甲死亡的直接原因就是许某的肇事而导致。这一客观事实无法否认。2. 事发当时，是第三方机动车追尾而导致本次事故的发生，麦甲对此结果无法预见、无法预防、无法避免，其死亡完全符合意外死亡的特征。故此，一审法院认定麦甲是意外死亡、上诉人应予理赔完全符合客观事实。二、一审适用法律正确，程序合法，应当依法维持原判。一审适用了《中华人民共和国保险法》第十四条、第二十三条、第三十一条和《中华人民共和国民事诉讼法》第六十四条、第一百四十四条的规定是正确的。麦甲无合法有效驾驶证上路的行为不是本案交通事故发生的直接原因，故答辩人符合理赔的条件，上诉人应当支付保险金给原告。故上诉理由不能成立，恳求维持原判。

原审第三人某机电工程公司经本院传唤未到庭参加诉讼，也未提交书面诉讼意见。

麦乙、陈甲、麦丙、麦丁向一审法院起诉请求：1. 判令被告按保险合同支付理赔款 500000 元给原告；2. 本案诉讼费用由被告负担。

一审法院认定事实：一、麦甲生前在某机电工程公司工作。2019 年 5 月 17 日，某机电工程公司在某保险公司广东分公司为麦甲等 15 名工作人员购买了保险《某团体意外人身保险（B 款）（201308)》，保险期限从 2019 年 5 月 18 日零时起至 2020 年 5 月 17 日 24 时止，个人意外身故保险金保额为 50 万元。投保声明事项：1. 本单位已详细阅读并向每位员工宣导“投保须知”相关内容，完全同意按“投保须知”中的规定办理，现申请投保上列保险；2. 本单位已详知本保险的相关格式条款，特别是保险责任、责任免除、特别约定和合同解除等事宜。本单位了解并完全明白本保险合同规定的权利和义务，愿意遵守保险公司的保险条款特别约定；……“责任免除”字体均有加黑加粗。某机电工程公司经理欧某在投保声明事项联系人栏签名，并有该公司盖章。《某团体意外人身保险（B 款）（201308)》第五条责任免除，约定“因被保险人酒后驾驶（见释义），无合法有效驾驶证驾驶（见释义），或者驾驶无有效行驶证（见释义）的机动车”。导致被保险人身故或残疾的，本公司不负给付保险责任。该条款字体有加黑加粗。

二、2019 年 9 月 14 日 22 时 05 分，许某驾驶粤 KAS 号小型轿车由长岐往同庆方向行驶，当行驶至 S285 线化州市同庆镇富润钢构厂门前路段时，碰撞上前方同方向由麦甲（未依法取得机动车驾驶证）驾驶的粤 KPC 号普通二轮摩托车，造成麦甲受伤送医院抢救无效死亡及车辆损坏的道路交通事故。2019 年 10 月 18 日，化州市公安局交通警察大队作出化公交认字〔2019〕第 1476 号《道路交通事故认定书》，认定许某饮酒后驾驶机动车没有与前车保持足以采取紧急制动措施的安全距离，是造成事故的全部原因。许某的行为，违反了《中华人民共和国道路交通安全法》第二十二条第二款、第四十三条的规定，在事故中存在全部过错。根据《道路交通事故处理程序规定》第六十条的规定，许某应承担事故的全部责任，麦甲不承担事故的责任。

三、麦甲的法定继承人为麦乙（麦甲父亲）、陈甲（麦甲母亲）、麦丙（麦甲儿子）、麦丁（麦甲女儿）。事故发生后，某保险公司广东分公司以麦甲无合法有效驾驶证驾驶导致身故的不承担保险责任为由拒绝赔偿给麦乙、陈甲、麦丙、麦丁致发生纠纷。2020年6月17日，麦乙、陈甲、麦丙、麦丁向本院起诉。

一审法院认为：某机电工程公司在某保险公司广东分公司为麦甲等15名工作人员购买了《某团体意外人身保险（B款）（201308)》，该保险合同合法有效，合同的当事人应按合同履行义务。原告、被告对被保险人麦甲发生交通事故死亡，以及第三人为被保险人麦甲购买50万元团体意外伤害保险的事实均无异议。主要争议的焦点如下：

第一，保险人是否履行了关于免责条款的"明确说明"义务。涉案团体人身保险投保单中的投保声明事项记载：1. 本单位已详细阅读并向每位员工宣导"投保须知"相关内容，完全同意按"投保须知"中的规定办理，现申请投保上列保险；2. 本单位已详细知本保险的相关格式条款，特别是保险责任、责任免除、特别约定和合同解除等事宜。本单位了解并完全明白本保险合同规定的权利和义务，愿意遵守保险公司的保险条款特别约定；"责任免除"字体均有加黑加粗。某机电工程公司经理欧某在投保声明事项联系人栏签名，并有该公司盖章。故保险人已履行了关于免责条款的"明确说明"义务。

第二，被保险人麦甲无合法有效驾驶证，是不是导致其身故，保险公司不负保险责任的原因。《某团体意外人身保险（B款）（201308)》第五条约定："因被保险人酒后驾驶（见释义），无合法有效驾驶证驾驶（见释义），或者驾驶无有效行驶证（见释义）的机动车。导致被保险人身故或残疾的，本公司不负给付保险责任。"许某驾驶粤KAS号小型轿车碰撞上前方同方向由麦甲（未依法取得机动车驾驶证）驾驶的粤KPC号普通二轮摩托车，造成麦甲受伤送医院抢救无效死亡及车辆损坏的道路交通事故。经化州市公安局交通警察大队作出化公交认字〔2019〕第1476号《道路交通事故认定书》处理，认定许某饮酒后驾驶机动车没有与前车保持足以采取紧急制动措施的安全距离，是造成事故的全部原因。许某的行为，违反了《中华人民共和国道路交通安全法》

第二十二条第二款、第四十三条的规定，在事故中存在全部过错。根据《道路交通事故处理程序规定》第六十条的规定，许某应承担事故的全部责任，麦甲不承担事故的责任。该认定书是交警部门根据现场勘察和调查取证而依法出具的，事实清楚，划分责任恰当，可作为本案认定事实的依据。因此，导致被保险人麦甲身故的原因是许某饮酒后驾驶机动车没有与前车保持足以采取紧急制动措施的安全距离，不是麦甲无合法有效驾驶证。麦甲无合法有效驾驶证驾车上路属于违反行政法规的行为，应当受行政处罚，但该行为与本案交通事故的发生没有直接的因果关系。故原告请求按被告支付保险赔偿款50万元，本院予以支持。

综上所述，麦甲无合法有效驾驶证驾车上路的行为不是本案交通事故的发生的直接原因，故原告请求符合理赔的条件，被告应当支付保险金给原告。依照《中华人民共和国保险法》第十四条、第二十三条、第三十一条和《中华人民共和国民事诉讼法》第六十四条、第一百四十四条的规定，判决如下：限被告某保险公司广东分公司在本判决生效之日起十日内支付保险金500000元给原告麦乙、陈甲、麦丙、麦丁。案件受理费减半收取为4400元，由被告某保险公司广东分公司负担。

二审中，上诉人提交以下新证据：1.《广东弘诚法医临床司法鉴定所司法鉴定意见书》及《化州市公安局鉴定意见通知书》，以证明麦甲生前醉酒驾驶，去世时检测出血样中的酒精含量为96.76mg/100ml，系醉酒驾驶，并证明被上诉人方已签收上述鉴定报告，对鉴定结果知情的事实，但一审中并没有如实反馈。2. 化公（司）鉴（法尸）字〔2019〕73号《鉴定文书》、《鉴定意见通知书》，以证明麦甲符合重型颅脑损伤死亡的特征，即麦甲违反交通法规，驾驶两轮机动车不佩戴安全头盔，导致头部受伤死亡，及被上诉人方签收了鉴定文书的事实知晓上述鉴定结论。3. 化州市公安局对许某的《询问笔录》，以证明案发当天，麦甲与许某共同饮酒，麦甲在醉酒后坚持驾驶摩托，后在许某驾车追赶过程中，因麦甲开车很快，在许某快追上的时候，麦甲突然往道路中间行驶，致撞了麦甲摩托车的事实，证明麦甲醉酒后驾驶是导致交通事故发生和其死亡的直接原因。4. 化州市公安局对麦戊的《询问笔录》，以证明麦戊系麦甲的亲属，被上诉方对上述麦甲的案发经过均知情。5. 现场照片，以证明麦甲没有佩戴头盔，且疑似骑行至对向车道，违反了交通安全法规。

6.《许某交通肇事案综合材料》，以证明该材料遗漏麦甲醉酒后涉嫌危险驾驶的相关信息，对于责任认定存在不公正及不客观的材料，该鉴定书及交通事故责任认定书更不能作为判断麦甲死亡原因的依据。7.《道路交通事故调查报告》，以证明麦甲没取得机动车驾驶证。8.《疾病诊断证明书》、出院记录，以证明麦甲符合颅脑受伤的特征，在医嘱应继续住院治疗的情况下，被坚持出院而没有得到充分有效的救治。

被上诉人质证意见：上述证据均是一审庭审结束前就已经存在的证据，不属于二审新证据，不能作为二审定案依据，对此不予质证。若法院认可上诉人的举证，我方对证据1至证据7的真实性、合法性无异议，但对其证明内容有异议，对于交通事故责任认定书应予认定。对证据8，我方绝非故意拒绝或拖延治疗导致麦甲死亡，系医生告知无抢救的必要，考虑到家庭困难才被迫办理了出院手续。

本院对于上诉人提交的上述证据1至证据5以及证据7所证明的案件事实，予以认定。

一审判决查明的事实，经本院审查，予以确认。

本院另查明：许某已经赔偿了65万元给麦甲亲属。

本院认为，涉案保险合同中的《某团体意外人身保险（B款）（201308）条款》第五条“责任免除”第一点约定：“因下列情形之一，导致被保险人身故或残疾的，本公司不负给付保险金责任：9. 被保险人酒后驾驶，无合法有效驾驶证驾驶，或者驾驶无有效行驶证的机动车”，上诉人某保险公司广东分公司据此约定主张受害人麦甲存在醉酒、无驾驶证、所驾摩托车无号牌、未佩戴头盔等诸多违法行为，故其保险责任应予免除。本案争议焦点即在于：该上诉理由是否成立。

一、本案保险是由第三人某机电工程公司投保的团体险，该公司经理在投保单中的投保声明事项栏签名并盖有公司印章。按照投保声明事项记载的内容以及“责任免除”的字体均已加黑加粗，可以认定保险人已经对上述第五条免除保险人责任的条款履行了提及和明确说明的义务，故该免责条款合法有效，对合同双方具有约束力。一审判决对此条款的认定正确。

二、根据一审判决所查明的事实和上诉人二审提交的新证据，可以认定在本案交通事故中，受害人麦甲确实存在醉驾、无证驾驶、驾驶无有效行驶证的摩托车、不佩戴头盔等违反我国交通安全法律、法规的情形。另外，即使交警部门作出的《道路交通事故认定书》中认定麦甲无须承担本案事故责任，也不能凭此否定麦甲具有的上述违反交通安全的行为。而且，麦甲事前与肇事者许某共同饮酒、之后双方醉驾，又无证驾驶、不戴头盔，诸多违反交通安全的因素累加，与导致本案交通事故的发生以及其因事故死亡的后果均存在直接的因果关系。一审判决仅以麦甲无证驾驶这单一情节认定其与交通事故的发生没有直接的因果关系，进而判决上诉人承担理赔责任，事实和法律依据并不充分，应予以纠正。因此，本案应当认定：麦甲在交通事故中死亡是因其酒驾、无证驾驶等行为所导致的，该情形已经符合了涉案保险条款第五条规定的可以免除保险人赔付责任的条件，故上诉人关于免责的上诉理由成立，其无须给付50万元保险金给被保险人。被上诉人的诉讼请求，不能获得支持。

综上所述，某保险公司广东分公司的上诉请求成立，应予支持。依照《中华人民共和国民事诉讼法》第一百七十条第一款第（二）项规定，判决如下：

一、撤销广东省化州市人民法院（2020）粤0982民初2025号民事判决；

二、驳回被上诉人麦乙、陈甲、麦丙、麦丁的全部诉讼请求。

一审减半收取的案件受理费4400元，由被上诉人麦乙、陈甲、麦丙、麦丁负担；二审案件受理费8800元，由某保险公司广东分公司负担。

本判决为终审判决。

审判长　陈　乙
审判员　陈　丙
审判员　赖　某
二〇二一年四月十三日
法官助理　曾　某
书记员　莫　某

评·析

本案属于保险理赔实践中常见的被保险人无证驾驶符合保险条款责任免除约定的情形，实务中由此产生的诉讼纠纷数量较多。本案保险人历经一审败诉后在二审中取得胜诉，对诉讼实务具有一定的指导意义。本案二审之所以能够扭转一审判决，得益于律师代理人二审期间的深入调查和挖掘客观事实，通过充分的说理证明被保险人麦甲的死亡原因并非只有许某饮酒驾驶未与麦甲保持安全距离，同时还有被保险人麦甲自身无证驾驶、醉酒、未戴头盔等多方面原因，最终支持保险公司的上诉请求。

本案的争议焦点为：第一，保险人是否就责任免除条款中关于无证驾驶免责履行了“明确说明”义务。投保单位在投保单上以签字并盖章的形式对投保人声明内容“……2. 本单位已详细阅知本保险的相关格式条款，特别是保险责任、责任免除、特别约定和合同解除等事宜……”进行确认，根据《最高人民法院关于适用〈中华人民共和国保险法〉若干问题的解释（二）》第十三条第二款“投保人对保险人履行了符合本解释第十一条第二款要求的明确说明义务在相关文书上签字、盖章或者以其他形式予以确认的，应当认定保险人履行了该项义务。但另有证据证明保险人未履行明确说明义务的除外”，故保险公司已经履行法律规定的明确说明义务。

第二，被保险人麦甲无合法有效驾驶证等违法行为，是否构成保险责任除外。这是本案的核心争议焦点，一审法院依据交警部门出具的事故认定书中被保险人麦甲无责的认定，径直认为导致被保险人麦甲身故的原因是许某饮酒后驾驶机动车没有与前车保持足以采取紧急制动措施的安全距离，而不是麦甲无合法有效驾驶证，进而认定麦甲无证驾驶与本案交通事故的发生没有直接的因果关系，故判决保险公司支付保险赔偿款50万元。二审中，律师通过深入调查，首先，发现被保险人的违法行为不仅仅只有无证驾驶，还存在醉酒驾驶、未按规定佩戴安全头盔等违法行为；其次，工友许某证实麦甲事发时骑车速度快且突然变道行驶，即麦甲本身存在危险驾驶行为；最后，尸检报告证明麦甲的直接死因系重型颅脑损伤，其未佩戴头盔行为显然增加了麦甲的致死概率。此外，律师结合公序良俗原则等进行说理，最终使二审法官全面认识麦甲死亡的原因并支持保险公司的上诉请求。每项保险除外责任设计的背后都隐含着对法律规范、社会道德以及风险划分的逻辑，保险责任对被保险人存在故意或重大过失的违法违规行为作出除外规定，是对社会公共秩序和保险功能的尊重和保障。

本案中，二审法院明确认定，即使交警部门作出的《道路交通事故认定书》中认定被保险人无须承担本案事故责任，也不能凭此否定被保险人具有违反交通安全法规的客观行为。此外，被保险人事前与肇事者共同饮酒、之后双方醉驾，又无证驾驶、不戴头盔，诸多违反交通安全的因素累加，与导致交通事故的发生以及其因事故死亡的后果均存在因果关系。一审判决仅以被保险人无证驾驶这单一情节认定其与交通事故的发生没有直接的因果关系，进而判决上诉人承担理赔责任，事实和法律依据不充分。

此外，本案二审中律师发挥了举足轻重的作用。一审时保险公司仅获知被保险人麦某无证、无照驾驶，二审中律师通过法院开具的调查令，调查发现了多项关键证据，包括证明被保险人麦某发生事故时血液酒精浓度为 96.76mg/100ml（醉酒驾驶）的《鉴定意见书》、证明麦某符合重型颅脑损伤死亡特征的尸检《鉴定文书》、证明麦某酒后坚持驾驶且速度很快并突然变道的《询问笔录》、证明麦某没有佩戴头盔的现场照片等。以上证据理赔调查人员均无法获取，但律师可以通过申请法院调查令向公安机关调取。

此案对保险理赔具有两点启示：第一，充分借助专业律师资源调取关键证据。在保险诉讼争议中，理赔调查人员通过调查能获取的资料有限，对于公安机关掌握的有关事故证明材料一般很难获取，但公安机关掌握的材料对诉讼中争议焦点的判定又具有重大意义的。第二，在理赔实践中，保险人既不能片面地以交通事故中被保险人无责认定其行为与保险事故不存在因果关系，也不应片面地以交通事故中被保险人有责或被保险人无证驾驶等违法行为直接认定被保险人行为与保险事故具有直接的因果关系，应尽最大努力挖掘、还原客观事实，对于属于保险责任范围内保险事故，应严格按照保险条款赔偿被保险人，而因被保险人自身行为导致保险事故的发生，构成保险责任除外的，依照条款不承担赔偿责任。

重疾险中因投保人未履行如实告知义务保险人行使合同解除权的认定

吉林省通化市中级人民法院
（2021）吉05民终1137号民事判决书

（2021年12月10日）

案·情

2018年11月，投保人为自己投保了无忧人生重大疾病保险（至尊版）。2020年4月，投保人因恶性肿瘤（乳腺癌）住院治疗，后向某保险公司申请理赔。经调查发现，投保人曾于2014年因疾病住院等记录，但在投保时未如实告知，遂某保险公司作出“解除合同，不退还保险费”的理赔决定。投保人不服，诉至法院。一审法院审理认为，某保险公司完全可以在二天内查到投保人曾在5年内住院的事实，即应知道解除事由而解除合同，但却未据此按照理赔时效要求作出解除合同的理赔通知，因此认定保险合同合法有效，并判决公司支付保险金25万元。后某保险公司提起上诉，并提交某保险调查公司出具的调查报告，其中包含投保人既往住院记录等内容。经审理，二审法院认为某保险公司知晓投保人在过去5年内有因病住院事实的时间，应为调查报告作出之日，故其以此日期为“知道有解除事由”的起算时间，于三十日内依据条款约定，解除合同，符合保险法中相关时间要求，故保险合同已依法解除；而一审法院推定某保险公司在申请理赔第三天即应知道解除事由依据不足，二审法院予以纠正，并释明保险法第二十三条规定的“属于保险责任的”时效要求，不适用于本案中“不属于保险责任”的情形。最终判决撤销一审判决，驳回投保人诉讼请求。

判决书正文

上诉人（原审被告）：某保险公司吉林省分公司，住所地：吉林省长春市。

被上诉人（原审原告）：汤某，女，1975年6月14日出生，汉族，住吉林省通化市。

上诉人某保险公司吉林省分公司因与被上诉人汤某人寿保险合同纠纷一案，不服吉林省通化市东昌区人民法院（2021）吉0502民初1376号民事判决，向本院提起上诉。本院于2021年10月18日立案后，依法组成合议庭进行了审理。本案现已审理终结。

某保险公司吉林省分公司上诉请求：一、请求依法撤销（2021）吉0502民初1376号民事判决；二、请求依法改判驳回被上诉人各项诉讼请求；三、一审、二审诉讼费由被上诉人承担。事实和理由：一、《中华人民共和国保险法》第二十三条中的30天，仅产生行政责任，不产生民事赔偿责任。最高人民法院编著的《保险法条文理解与适用》一书第168页，最高院指出："不属于保险责任的情况下，保险人未在法定期限内出具拒绝给付保险金通知书的，应当由监管部门进行行政处罚，而不是承担赔偿或者给付保险金的民事责任。"二、本案应适用《中华人民共和国保险法》第十六条第三款，一审法院法律适用错误。1.《中华人民共和国保险法》第十六条第三款规定的是保险人自"知道解除事由之日起30天"，而非申请理赔之日起30天。2. 本案上诉人在6月1日委托某机构进行调查。6月1日至6月9日开展调查，在6月10日完成报告，6月15日上诉人收到某机构提交的报告才知晓被上诉人在投保前已患前庭大腺囊肿、慢性宫颈炎、双侧乳腺低回声结节、左侧乳腺多发低回声结节等疾病并住院治疗的事实。一审法院认定上诉人在2020年5月26日就应当知道解除事由，无事实依据和法律依据。3. 即使按6月10日开始计算上诉人知晓解除事由之日，上诉人在2020年6月28日作出拒赔决定，在三十天内行使了解除权，符合法律规定。三、一审法院裁判突袭，程序违法。一审庭审，并未对上诉人是什么时间知晓解除事由之日作为争议焦点进行审理，违反《证据规定》第53条规定，属于裁判突袭，审判程序违法。综上所述，上诉人认为，一审法院认定事实错误，法律适用错误，因此请求依法撤销一审判决，驳回被上诉人各项诉讼请求。

汤某辩称，一、上诉人不符合《中华人民共和国保险法》第十六条第二款关于有权解除合同的规定，理应承担保险责任。《中华人民共和国保险法》第十六条第二款的关键词是“故意或者因重大过失”和“足以影响”，这也是保险人有权解除合同的前提条件，然而，事实上并不具备。首先，被上诉人自2001年开始就购买保险产品，在近20年间只要有闲钱就陆续给自己和女儿买了十余份保险产品，其中有储蓄型的，也有保疾病型的，这些历年的投保记录可以证明本人要的是保障而不是为了骗保，不存在“主观故意”行为；且本案涉及的这个保险合同，是通过保险公司所谓的“空中签名”形式签订的，也就是通过保险业务员发来的网络链接，打开之后有个签名框，手写上姓名，然后提交就可以了，至于保险合同中的格式条款《告知事项》明细并未在链接中显示，当中的34个“否”也不是本人亲自勾选。根据《最高人民法院关于适用〈中华人民共和国保险法〉若干问题的解释（二）》第六条规定，保险业务员并未就相关问题对本人进行询问。且上诉人亦没有证据能证明保险业务员曾向本人逐项讲解和询问，因此保险公司《理赔通知书》中以“投保人故意不履行如实告知义务……”为解除合同的原因根本不成立。其次，本案中的保险合同险种名称是：无忧人生重大疾病保险（至尊版），其保险标的是“重大疾病”，而本人在投保前患有的既往症并不涉及此保险合同的标的——重大疾病“恶性肿瘤”，二者没有必然的因果关系，毫无关联。据网上公开资料显示，有70%～80%的成年女性都有不同程度的乳腺结节，它既不是病的名称，也不是病的定性，只能说是症状存在的概率和偶然性问题，因此，达不到“足以影响”的程度。法律规定，保险人主张不符合承保条件的，应承担举证责任，否则将承担不利后果。综上所述，保险人根本不具备有权解除合同的前提条件，所以不能解除合同，不能逃避保险责任。二、上诉人理赔期限已超过30日，丧失了解除保险合同的权利。自本人提交理赔资料的2020年5月22日至某保险公司吉林省分公司拒赔的时间2020年6月28日，已历时36天。根据《中华人民共和国保险法》第二十三条的规定，上诉人超出了法律规定的时效；也就是说，即便是对于复杂的理赔案件，也应当在30日内作出核定，而对于本案这种定额赔付的简单案件应该更快，且本人之前的就医记录是在通化市当地，并非外地，即便调查取证也无须多日。某保险公司吉林省分公司上诉状中所说理赔过程中因委托某机构等环节，默认了理赔期限超过30日的事实，这是由于保险公司内部程序衔接问题和管理上的疏漏及拖沓，没有履行及时受理作出核定的职责，不仅应该受到监管部门的行政处罚，更是导致其丧失保险权利、无法解除合同的又一重要原因。根据《中华人民共和国保险法》第十六条、第二十三条及《最高人民法院关于适用〈中华人民共和国保险法〉若干问题的解释（二）》第八条规定，合同解除权，自保险人知道有解除事由之日起，超过三十日不行使而消灭。本案中，某保险公司吉林省分公司自接到理赔申请即应该及时调查进而知道，但却因工作拖沓而没有及时知道，且保险公司为逃避责任将理赔申请书上的时间私自写成2020年6月15日，故意延后，这本身就是不诚信的行为，《理赔申请书》中除了签名是本人签字，其他书写内容及日期均不是本人填写，非本人笔迹，这些都是保险公司自身存在的问题而不是理由，因此，超过该期限保险公司就已经丧失了解除保险合同的权利即必须承担保险责任，对被保险人或者受益人作出理赔，保险人未及时履行前款规定义务的，除支付保险金外，还应当赔偿被保险人或者受益人因此受到的损失。三、一审的第一次开庭和第二次开庭中，本人均阐述了上诉人（保险公司）理赔期限超过30日违反了法律一事，且有人证、物证，又按照庭审规定的举证期限提交了相关问题的补充证据。而上诉人在一审庭审中并未提及委托某机构调查一事，且没有如实填写理赔申请日期，其目的均是掩盖其理赔期限超过30日进而丧失解除合同权利的事实，至于“什么时间知晓解除事由之日”作不作为争议焦点并不影响整个案件的事实经过，一审法庭已将事实调查清楚。

汤某向一审法院起诉请求：请求法院依法判决原告与被告间的重大疾病保险合同有效，被告赔偿原告保险金250000元。

一审法院认定事实：原告汤某与被告某保险公司吉林省分公司于2018年11月4日签订保险合同，原告汤某以自己为被保险人投保了无忧人生重大疾病保险（至尊版），并在互联网平台签署了被告提供的电子投保单，在电子投保单投保人告知明细表相关“是”“否”项目“过去5年内是否因疾病或受伤住院或手术”等告知情况中，原告均勾选为“否”，被告同意承保于2018年11月5日给原告制作并送达了投保单及保险合同。双方保险合同约定保险期间是终身，基本保险金额是25万元，被告在合同有效期承担合同约定范围内的保险责任，其中对重大疾病保险金约定是“第一次重大疾病保险金：被保险人因意外伤害或自本合同生效（或最后复效）之日起180日后因意外伤害以外的原因，初次被确诊患有本合同约定的重大疾病（一种或多种），我们按基本保险金额给付第一次重大疾病保险金，该重大疾病所属组别的保险责任终止。我们在给付第一次重大疾病保险金的同时，本合同的现金价值降为零。并且自第一次重大疾病确诊之日起，我们不再承担给付身故保险金、轻症疾病保险金的保险责任。”合同签订后，原告按保险合同约定交纳了两年保险费共计24800元。现原告于2020年4月2日因恶性肿瘤（乳腺癌）在吉林大学第二医院住院治疗，并于2020年4月14日出院，入院诊断为乳房上外象限恶性肿瘤，出院诊断为右侧乳房上外象限恶性肿瘤，左侧乳房良性肿瘤。后原告以其发生保险合同约定范围的重大疾病为由向被告申请理赔，被告于2020年6月28日作出理赔完成通知书，理赔结论通知内容是：无忧人生重大疾病保险（至尊版）理赔结论：本公司解除合同，不退还保险费，解除保险合同原因为：根据《中华人民共和国保险法》第十六条规定：投保人故意不履行如实告知义务的，保险人对于合同解除前发生的保险事故，不承担赔偿或者给付保险金的责任，并不退还保险费。通知标明理赔受理时间是2020年6月15日，理赔完成时间是2020年6月28日。

另查明，原告汤某曾于2014年9月26日至同年10月12日因椎基底动脉供血不足，焦虑性神经症，睡眠障碍入住通化市第二人民医院治疗，出院结果是好转。于2016年10月12日至10月17日因左侧前庭大腺囊肿，慢性宫颈炎，宫内置环入住通化现代妇科医院治疗，出院结果是临床好转。

一审法院认为，原告汤某与被告某保险公司吉林省分公司订立的保险合同，系双方当事人的真实意思表示，不违反法律、行政法规的强制性规定，合法有效，应受法律保护，双方均应按合同规定履行义务。被保险人汤某在保险期间内罹患乳房上外象限恶性肿瘤，属于保险合同约定范围的恶性肿瘤重大疾病。被告公司应否承担保险责任，关键事实是原告申请理赔日期如何认定问题，法院认为经人民法院许可证人可以出庭作证，与当事人有利害关系的证人所作的证言有其他证据相互印证的可以作为定案的依据。原告经人民法院许可提供的其兄出庭作证的证言能证实原告于2020年5月22日去被告公司理赔的事实经过，原告提供的其与业务员的聊天记录内容系电子数据，真实、客观、不能添加，与原告陈述一致，原告陈述理赔当时被告公司业务员着急开会，其没看内容，只是在申请单上签了名，内容和日期都是被告公司组织填写的，符合情理。虽然被告提供原告签名的申请书书写日期为2020年6月15日，但被告公司作为正规公司，办公区域均应有监控等设备。在原告称再未到被告公司办理过理赔问题，原告有微信的原始载体即原始存储手机及微信聊天截图反映的电子数据及证人证实内容与其陈述事实可以相互印证的情形下，被告对此应提供相关证据佐证其主张，不能提供应承担不利的后果。况且，被告提供的有原告签字的理赔表明显可以看出内容与签名的笔体不一致。由此可以认定原告确于2020年5月22日向被告公司申请保险理赔。按照保险法的规定，被告自收到被保险人赔偿请求后，应及时受理作出核定，情形复杂的，应当在三十日内作出核定。根据法院评判认定的事实，被告是2020年5月22日收到原告申请理赔通知，在6月28日作出理赔完成通知，通知解除合同，时限达36天，虽被告提出解除时间的30天不能以原告申请理赔时计算，应按法律规定，按被告知晓解除事由之日起计算，根据查明事实，法院认为被告未据实填写原告申请理赔日期，本身就是不诚信的表现，况且被告提出的原告参险时未告知的5年内发生的住院医院均在通化市，被告公司有及时受理作出核定的职责，被告公司在二天内完全可以查到原告曾在5年内住院的事实真相，也就是说，被告在原告申请理赔的第三天即2020年5月26日（最后一天系星期日可顺延一天）就应该知道解除事由。被告在2020年6月28日作出理赔完成通知，通知解除合同超出了法律规定的被告解除合同的期限30日。原告请求被告承担保险责任应该支持。根据《中华人民共和国保险法》第十三条“投保人提出保险要求，经保险人同意承保，保险合同成立。保险人应当及时向投保人签发保险单或者其他保险凭证。保险单或者其他保险凭证应当载明当事人双方约定的合同内容。当事人也可以约定采用其他书面形式载明合同内容。依法成立的保险合同，自成立时生效。投保人和保险人可以对合同的效力约定附条件或者附期限。”第十六条“订立保险合同，保险人就保险标的或者被保险人的有关情况提出询问的，投保人应当如实告知。投保人故意或者因重大过失未履行前款规定的如实告知义务，足以影响保险人决定是否同意承保或者提高保险费率的，保险人有权解除合同。前款规定的合同解除权，自保险人知道有解除事由之日起，超过三十日不行使而消灭。……保险事故是指保险合同约定的保险责任范围内的事故”、第二十三条“保险人收到被保险人或者受益人的赔偿或者给付保险金的请求后，应当及时作出核定；情形复杂的，应当在三十日内作出核定，但合同另有约定的除外。保险人应当将核定结果通知被保险人或者受益人；对属于保险责任的，在与被保险人或者受益人达成赔偿或者给付保险金的协议后十日内，履行赔偿或者给付保险金义务。……”及《最高人民法院关于适用〈中华人民共和国民事诉讼法〉的解释》第九十条“当事人对自己提出的诉讼请求所依据的事实或者反驳对方诉讼请求所依据的事实，应当提供证据加以证明，但法律另有规定的除外。在作出判决前，当事人未能提供证据或者证据不足以证明其事实主张的，由负有举证证明责任的当事人承担不利的后果”之规定，判决如下：一、原告汤某与被告某保险公司吉林省分公司于2018年11月4日签订的保险合同合法有效。二、被告某保险公司吉林省分公司于判决生效后立即向原告汤某支付保险金25万元。案件受理费2525元（系减半收取），由被告某保险公司吉林省分公司负担。

本院二审期间，上诉人提交某保险调查报告一份，证明该报告出具的时间是2020年6月10日，知晓被上诉人投保前未患有疾病未如实告知，本案知晓解除事由之日起至作出理赔决定解除之日未超过三十日。被上诉人对证据真实性未提出异议，本院对该证据予以采信。

本院二审明事实与一审法院查明事实一致。二审另查明，2020年6月1日被告某保险公司吉林省分公司委托某保险调查公司调查：1. 走访汤某居住地，了解既往身体健康等情况；2. 走访吉林大学第二医院，查询汤某既往就诊记录；3. 查询汤某医保报销及同业参保理赔记录；4. 查询汤某居住地附近及长春市大型医院，了解既往就诊情况。某保险调查公司于2020年6月10日出具某保险调查报告，该报告了解结论如下：……汤某在通化市第二人民医院于2014年9月26日至10月12日住院，出院诊断：椎基底动脉供血不足，焦虑性神经症，睡眠障碍；在通化现代妇科医院于2016年10月12日至10月17日住院，出院诊断：左侧前庭大腺囊肿、慢性宫颈炎、宫内置环。

本院认为，通过二审查明事实，可认定某保险调查报告2020年6月10日作出，即上诉人于该日知晓被上诉人在投保时的过去5年内有因病住院的事实。故上诉人于2020年6月28日作出的理赔完成通知书，载明“本公司解除合同，不退还保险费，解除保险合同原因为：根据保险法第十六条规定：投保人故意不履行如实告知义务的，保险人对于合同解除前发生的保险事故，不承担赔偿或者给付保险金的责任，并不退还保险费”。上诉人提出解除合同的理由符合双方合同约定，亦在《中华人民共和国保险法》第十六条规定的“自保险人知道有解除事由之日起三十日内”，故双方的保险合同已经依法解除。关于被上诉人主张 2020 年 5 月 22 日就向上诉人申请理赔，至上诉人作出理赔决定之日已经超越过 30 日。而一审法院据此推定上诉人在申请理赔的第三天即 2020 年 5 月 26 日（最后一天系星期日可顺延一天）就应该知道解除事由依据不足，对此本院予以纠正。《中华人民共和国保险法》第二十三条规定调整的是“属于保险责任”的情形，而本案不属于保险责任的情形，故不适用该条规定。综上，双方当事人签订的案涉保险合同已经依法解除，汤某诉请求判令合同有效及赔偿保险金的请求本院无法支持。

综上所述，某保险公司吉林省分公司的上诉请求成立，予以支持。依照《中华人民共和国保险法》第十六条、《中华人民共和国民事诉讼法》第一百七十条第一款第二项规定，判决如下：

一、撤销吉林省通化市东昌区人民法院（2021）吉 0502 民初 1376 号民事判决；

二、驳回汤某的诉讼请求。

一审案件受理费 2525 元（系减半收取），二审案件受理费 5050 元，共计 7575 元由汤某负担。

本判决为终审判决。

审判长　刘　某
审判员　李　甲
审判员　范　某
二〇二一年十二月十日
书记员　李　乙

评·析

本案的争议焦点在于保险公司行使解除权的起算时间如何认定，其直接影响保险公司解除权的行使能否生效。本案中所涉及的保险公司解除权，主要是《中华人民共和国保险法》第十六条、第二十三条以及第二十四条之规定的适用问题。

本案中因投保人存在未履行如实告知义务，故保险公司基于《中华人民共和国保险法》第十六条中投保人故意未履行该义务足以影响其决定同意承保或提高保险费率，保险公司有权解除合同的规定，行使解除权。该条文针对投保人违反诚信原则的行为，赋予了保险人解除合同的救济权利及其行使的期限，即自“知道有解除事由之日起”的三十日内。可见，行使解除权的时间起算点为“知道有解除事由之日”，而保险理赔实务中，“知道”的时间认定并不是一成不变的，其前提则是以保险人核定为依托的。对于理赔材料简明、事实清晰的常规理赔案件，客户申请理赔之日即可作为知道有无解除事由的起算日期；但对于情况复杂的案件，通常很难在申请理赔的第一时间即掌握解除事由，则需要一定时间核定。这一点在《中华人民共和国保险法》第二十三条第一款和第二十四条中得以印证，因此也将相关时效要求及时间认定指向了上述两条文的具体规定和适用问题。第二十三条第一款规定：保险人收到被保险人或者受益人的赔偿或者给付保险金的请求后，应当及时作出核定；情形复杂的，应当在三十日内作出核定，但合同另有约定的除外。保险人应当将核定结果通知被保险人或者受益人；对属于保险责任的，在与被保险人或者受益人达成赔偿或者给付保险金的协议后十日内，履行赔偿或者给付保险金义务。保险合同对赔偿或者给付保险金的期限有约定的，保险人应当按照约定履行赔偿或者给付保险金义务。第二十四条规定：保险人依照本法第二十三条的规定作出核定后，对不属于保险责任的，应当自作出核定之日起三日内向被保险人或者受益人发出拒绝赔偿或者拒绝给付保险金通知书，并说明理由。

《中华人民共和国保险法》第二十三条第一款对保险公司的及时核定、结果通知以及对“属于保险责任的”情形下赔付时效要求的规定；第二十四条则是对“不属于保险责任的”情形下保险公司赔付时效的规定。从条文内容和逻辑来看，上述两则法条的立法目的，虽然均旨在督促保险公司及时理赔，但是其规定也充分尊重了保险理赔实务的客观实际和业务逻辑，即是按照理赔实务顺序，并考虑到对复杂情形的核定之必要，对保险公司理赔核定及拒赔通知义务程序的时效提出了明确要求。其中，首先是第二十三条对核定时效进行了一般和复杂两种情形的区分，然后两则法条又针对是否属于保险责任的不同核定结论，分别作了不同的时效规定。可见，两法条中对于核定后的处理动作和相应时效要求，是基于相反的核定结果而完全不同的。

另外，两则法条之间既有所区分又有紧密联系，第二十四条将保险公司的拒赔时间起点，与第二十三条的“作出核定”紧密结合起来，即要求保险公司依照第二十三条规定（收到理赔申请后，应及时作出核定；情形复杂的，应当在三十日内作出核实）作出核定后，对不属于保险责任的，应自作出核定之日起三日内发出拒赔通知。据此，此种核定结果下，保险公司最迟应于收到理赔申请之日起三十三日内作出相关理赔决定并发出通知。

本案中，根据前述法条规定，针对本案投保人未履行如实告知义务而不属于保险责任的复杂情形，对于保险公司的时效要求，应当依据第二十三条第一款和第二十四条之明确内容，适用“于收到理赔申请之日起三十三日内拒赔”的规定。据此，一审法院推定保险公司“在二天内完全可以查到投保人曾在5年内住院的事实真相，在申请理赔的第三天即2020年5月26日（最后一天系星期日可顺延一天）就应该知道解除事由”，严重脱离实际并缺乏依据。二审期间，保险公司未放弃主张权利，提交证明其“知道解除事由”及知道时间的第三方调查报告。此报告作为二审法院认定“知道解除事由”时间起算点的关键证据，可认定保险公司行使解除权的时间范围，以保证解除权的有效行使，并据此认定案涉保险合同已依法解除，判决撤销原判决，驳回投保人诉讼请求。

笔者认为，一审法院将保险法第二十三条、第二十四条割裂开来，强调甚至压缩第二十三条对保险公司理赔核定的时限要求，忽略第二十四条中“对不属于保险责任的”的前提规定，未体现两则法条调整不同对象的适用规则。同时，从本案一审结果被推翻的原因来看，除了二审法院对法条准确合理的解读外，保险公司关键证据的提交，同样起到了至关重要的作用。显然，核实的结论及相关证据，直接影响保险公司行使权利的时效范围，进而决定着权利行使的效力。保险公司在日常经营过程中，不仅要重视法律法规的学习更新和准确解读，更要时刻保持并不断增强证据意识，这样才能在合规经营的同时，前置应诉准备、夯实应诉基础。

重疾险中投保人故意未履行如实告知义务时保险人的合同解除权

福建省福州市中级人民法院
（2021）闽01民终5817号民事判决书

（2021年9月29日）

案·情

2020年6月，林某在医院体检后被诊断为甲状腺左侧叶结节（TI－RADS3级）。同年7月，林某向某保险公司福建省分公司投保了重疾险，共计保额80万元，保险合同于2020年7月3日生效。2020年12月，林某在福建某医院被诊断为左侧甲状腺乳头状癌；高血压病2级（中危）；高尿酸血症。其后，林某以其患有甲状腺乳状癌为由要求某保险公司福建省分公司履行保险金赔付义务。

某保险公司福建省分公司向法庭陈述，林某在投保过程中故意隐瞒病情，根据《保险法》第十六条规定，应以其未尽到如实告知义务、严重影响保险人承保决定为由，不予赔付、解除保险合同，并不予退还已交保费。案件经过一审和二审，法院均判决支持某保险公司福建省分公司，驳回林某的诉讼请求。

判决书正文

上诉人（原审原告）：林某，住所地：福建省连江县。

被上诉人（原审被告）：某保险公司福建省分公司，住所地：福建省福州市鼓楼区。

原审被告：某保险公司，住所地：北京市朝阳区。

上诉人林某因与被上诉人某保险公司福建省分公司、原审被告某保险公司保险合同纠纷一案，不服福州市鼓楼区人民法院一审民事判决，向本院提起上诉。本院立案后，依法组成合议庭进行了审理。本案现已审理终结。

林某上诉请求：1. 撤销一审判决，依法改判或将本案发回重审；2. 一审、二审案件受理费由某保险公司福建省分公司负担。事实和理由：一、一审关于上诉人提交的证据A9的认定不清，该证据可以证明业务员违法展业，通过返还佣金吸收业务，在开展业务过程中存在重大疏忽，未对“保险公司询问事项”进行询问，仅简单询问“受益人有没有健康方面需要告知”，既未询问是否体检过，亦未就相关疾病进行提醒。甲状腺结节系甲状腺内出现肿块，上诉人在投保前被确诊的“甲状腺左侧叶结节（TR－RADS3级）”80%可能为良性，恶性肿瘤风险小于2%，无明显不适症状，不能以此认定为恶性，上诉人亦未予以重视。该证据可以证明：1. 上诉人对于某保险公司福建省分公司的询问事项非因故意或重大过失不履行如实告知义务。2. 未如实告知的情况与出险原因不具有必然的因果关系，不足以影响某保险公司福建省分公司是否决定承保或提高保险费率。3. 某保险公司福建省分公司在投保阶段未尽相应提示、说明。4. 业务员违法展业，某保险公司福建省分公司未尽询问义务。二、一审法院以上诉人在检查出结节后数日集中购买三家保险公司多款重疾保险产品为由，认定上诉人存在主观上的故意，属认定事实不清。首先，上诉人系保险公司业务员，保险意识强，自身已有多款保险产品，购买其他公司保险产品系因所在公司保险产品已购至封顶额度。购买保险产品属变相投资，并非单纯出于保障需求。一审法院以上诉人于多家保险公司投保认定上诉人超过正常保障需求，存在故意，不合情理。其次，投保前，上诉人已明确告知业务员自身亦为保险业务员，存在多家投保的情形。根据《中华人民共和国保险法》第十六条第六款之规定，某保险公司福建省分公司明知这一情况仍予以承保的，不具有解除合同的权利。最后，本案中并无证据证明上诉人系在短期内于三家不同的保险公司集中投保，一审法院以此为据，认定上诉人主观上存在过错，属认定事实不清。三、一审法院以上诉人系保险中介从业人员，业务范围为人身保险，有更高的保险专业知识为由认定上诉人明知甲状腺结节属于甲状腺疾病，属应如实告知的事项，系认定事实不清。首先，上诉人仅兼职从事保险业务，属保险代理人，并非专职保险从业人员。虽然保险意识较普通人更高，但就保险专业知识而言，与常人无异，仅熟悉投保流程、环节。其次，保险专业知识不等同于医学专业知识，上诉人对相关疾病知识仅具有粗浅的了解，即便是专职保险人员也不能全然了解所有人身保险承保疾病相关知识。甲状腺结节系甲状腺出现的肿块，无明显不适症状，存在良性及恶性的区别，上诉人作为不具有医学专业知识的普通人，不知晓甲状腺结节属于甲状腺疾病属于正常情况。四、一审法院遗漏了争议焦点，即某保险公司福建省分公司是否尽到询问义务，导致认定事实不清，适用法律错误。根据《最高人民法院关于适用〈中华人民共和国保险法〉若干问题的解释（二）》第六条第一款之规定，上诉人的告知义务仅限于某保险公司福建省分公司询问的范围和内容。某保险公司福建省分公司的业务员违法展业，未做询问，上诉人在某保险公司福建省分公司询问的范围内已履行了如实告知义务。根据前述司法解释的规定，在某保险公司福建省分公司未尽询问义务的情况下，以上诉人在投保单内未根据实际情况填写概括性条款，认定上诉人违反了投保单询问表中所列概括性条款的如实告知义务为由请求解除合同的，人民法院应当不予支持。

某保险公司福建省分公司、某保险公司共同答辩称：一、某保险公司福建省分公司在订立保险合同时已向林某进行过询问，林某进行回答并于《电子投保信息确认单》签字确认。林某隐瞒体检结果异常情况，未作如实陈述，故意带病投保。（一）林某于一审庭审中自认其投保时，系与某保险公司福建省分公司代理人线下沟通后，在线上自行填写投保资料，其故意不提及其于投保时填写的《电子投保信息确认单》等证据，系因相关投保材料可以反映某保险公司福建省分公司已就健康信息等方面内容向林某进行询问，但其却未作如实陈述，故意带病投保。（二）林某于《电子投保信息确认单》中就询问事项存在虚假陈述，具体如下：1. 就询问事项“9. 最近两年内被保险人是否在进行身体检查时发现异常（包括但不限于 X 光、心电图、超声波、内窥镜、CT、核磁共振、血液、尿液、病理检查）?”以及“2. 被保险人是否有或曾有下列症状、疾病或身体异常情况：C. 内分泌及代谢疾病，例如高血脂、高尿酸血症或痛风、甲状腺疾病、甲状旁腺疾病或脑垂体功能异常、乳房异常泌乳或其他内分泌及代谢疾病?”，林某均回答“否”，但其于 2020 年 6 月 27 日，投保前 7 天已知晓其被诊断为“甲状腺左侧叶结节（TR－RADS3 级），建议进一步检查”。根据福建某医院彩色多普勒超声诊断报告单（报告日期 2020 年 12 月 8 日）的说明，甲状腺结节共分为 7 级，其中 3～5 级均有诊断为癌症的风险，显然属于疾病范畴。且甲状腺结节 3 级（恶性风险 <5%）应当区别于 0 级至 2 级（恶性风险 0），在已是甲状腺结节 3 级，且医生要求进一步检查的情况下，按常人理解，此种体检结果即应理解为系甲状腺疾病，即便不能理解为系甲状腺疾病，也应理解为甲状腺方面的身体异常情况，在投保时应当如实告知保险人，由保险人决定是否承保或提高保险费率。林某在投保前被诊断为“甲状腺左侧叶结节（TR－RADS3 级）”与其被确诊为甲状腺乳头状癌，前后存在密切联系，故其在投保前被诊断为“甲状腺左侧叶结节（TR－RADS3 级）”对保险人是否承保以及保险费率的确定构成重大影响，根据《中华人民共和国保险法》第十六条第二款之规定，某保险公司福建省分公司有权解除合同。二、林某于投保时不如实告知体检结果异常情况，一审法院认定其主观上存在故意是正确的。第一，林某集中投保的时间是在体检结果出来后 7 天，其于同一时间分散在多家保险公司投保，反映其主观上存在骗保的故意，并非所谓投资。第二，其就《电子投保信息确认单》询问事项“6A. 除本投保单外，被保险人是否已拥有或正在申请其他人身保险?”回答为“否”，由此可知其所谓已明确告知业务员存在多家投保的陈述并不属实。第三，林某于一审庭审中自认其在同一时间投保 3 份保险，故其关于本案无证据证明其集中购买三家保险公司保险的上诉理由亦不能成立。第四，林某系同业另一家保险公司福建省分公司人身保险销售员，其于一审中自认系高级营销经理，而非兼职从事保险业务，是保险业务团队的领导，显然属于保险专业人士，其具备保险投保、销售的专业知识和经验，理应知晓如实告知体检结果，尤其是体检结果异常的重要性，但其故意不如实告知，主观上显然存在故意。第五，2021 年 2 月 20 日的《公估理赔访谈记录》载明“4. 既往身体情况”，林某告知“既往身体健康……既往无体检时，也无检查过甲状腺”，由此可知林某在申请理赔时仍然故意隐瞒，其主观上是故意的。三、林某主观上存在恶意骗保的投保动机。林某作为一名从业多年的保险高级销售经理，其在连江某医院所作的体检项目仅有甲状腺 B 超，与常规体检明显不同，该体检明显具有针对性。一审庭审中，林某自认在拿到体检报告，知道体检结果为“甲状腺左侧叶结

节(TR－RADS3 级)”的情况下，并没有遵医嘱进行进一步检查或治疗，而是利用其保险销售人员的专业知识，主动联系多家保险公司精准投保高额重大疾病保险和恶性肿瘤疾病保险，其行为不符合常理，系故意带病密集型投保，有骗取保险金的重大恶意，其行为涉嫌保险诈骗。

林某向一审法院起诉请求：1. 判令某保险公司、某保险公司福建省分公司支付其保险金人民币800000元；2. 判令某保险公司、某保险公司福建省分公司根据保险条款2.4继续履行保险合同；3. 判令某保险公司、某保险公司福建省分公司承担本案的全部诉讼费用。

一审法院认定事实如下：2020年6月24日，林某在连江某医院体检，其中甲状腺超声诊断为：甲状腺左侧叶结节（TR－RADS3 级），建议进一步检查。

2020年7月13日，林某向某保险公司福建省分公司投保某重大疾病保险，基本保险金额为30万元，缴费期限为20年，保险期间为终身，合同生效日为2020年7月3日。林某已缴清首年保费11247元。

同日，林某继续向某保险公司福建省分公司投保某重大疾病保险（基本保险金额为20万元）及某恶性肿瘤疾病保险（基本保险金额为30万元），交费期限为20年，保险期间为终身，合同生效日为2020年7月3日。林某已缴清首年保费10831元。

在前述两份合同所附电子投保信息确认单保险公司询问事项（一）“6A. 除本投保单外，被保险人是否已拥有或正在申请其他人身保险?”“9. 最近两年内被保险人是否在进行身体检查时发现异常（包括但不限于X光、心电图、超声波、内窥镜、CT、核磁共振、血液、尿液、病理检查)?”；保险公司询问事项（二）“2. 被保险人是否有或曾有下列症状、疾病或身体异常情况：C. 内分泌及代谢疾病，例如高血脂、高尿酸血症或通风、甲状腺疾病、甲状旁腺疾病或脑垂体功能异常、乳房异常泌乳或其他内分泌或代谢疾病?”处，林某均填写“否”。

2020年12月8日，林某在福建某医院体检，甲状腺彩超为左侧甲状腺结节TR－RADS4B类。2020年12月17日，林某在该医院就诊，入院诊断为左侧甲状腺结节，2020年12月28日出院，出院诊断为左侧甲状腺乳头状癌；高血压病2级（中危）；高尿酸血症。

2021年2月19日，林某以其患有甲状腺乳状癌为由向某保险公司福建省分公司申请理赔。同年2月20日，某保险公司福建省分公司与林某进行理赔访谈，询问林某既往身体情况。林某回复，既往身体健康，既往无任何病史。无高血压，糖尿病史，既往无体检史，也无检查过甲状腺。同年3月17日，某保险公司福建省分公司向林某发出《理赔决定通知书》，以林某投保前已行甲状腺超声波检查且检查结果异常，但未如实告知，该告知事项已严重影响公司承保决定为由决定不予赔付，并决定解除两份保险合同，所交保费不予退还。

一审法院另查明，1. 某保险公司向林某电话回访时，询问林某是否收到案涉两份保单，是否阅读并理解了保险产品说明书、投保提示、保险条款、保险责任、免除责任等相关内容。林某回复，收到了，看过了，了解了。2. 林某系保险中介从业人员，所属公司为同业另一家保险公司福建省分公司，业务范围为人身保险，执业区域为福建省。3. 2021年1月至2月，林某投保的另两家保险公司分别向林某给付了保险金；林某确认，前述保险与案涉两份保险系同一时间投保。

一审法院认为：根据《最高人民法院关于适用〈中华人民共和国保险法〉若干问题的解释（二）》第二十条及《最高人民法院关于适用〈中华人民共和国民事诉讼法〉的解释》第五十二条的规定，某保险公司福建省分公司作为依法设立并领取营业执照的非银行金融机构的分支机构，可以作为保险合同纠纷案件的当事人参加诉讼。且非银行金融机构的分支机构一般拥有相当数额、规模的资产，具有充分承担民事责任的能力。在林某未能提交证据证明某保险公司福建省分公司存在无法承担相应民事责任的情形下，应由某保险公司福建省分公司承担本案的保险责任。林某诉请某保险公司与某保险公司福建省分公司共同承担本案的保险责任，缺乏依据，一审法院不予支持。

林某与某保险公司福建省分公司签订的两份保险合同系双方当事人的真实意思表示，内容不违反法律、行政法规的强制性规定，合法有效。保险期间，林某确诊左侧甲状腺乳头状癌，该疾病属于案涉两份保险合同约定的重大疾病。本案争议焦点在于：1. 某保险公司福建省分公司是否已履行提示和明确说明义务；2. 林某是否未尽如实告知义务，某保险公司福建省分公司能否据此拒绝理赔并解除合同。对此，一审法院分析如下：

关于某保险公司福建省分公司是否已履行提示和明确说明义务。案涉两份保险合同及电子投保信息确认单对免责条款均以加黑字体标注，林某在电子投保信息确认单后签字确认。而且，在某保险公司福建省分公司通过电话回访方式询问林某是否收到保单，以及是否阅读并理解了保险产品说明书、投保提示、保险条款、保险责任、免除责任等相关内容时，林某也均给予了肯定回答。根据《最高人民法院关于适用〈中华人民共和国保险法〉若干问题的解释（二)》第十一条关于“保险合同订立时，保险人在投保单或者保险单等其他保险凭证上，对保险合同中免除保险人责任的条款，以足以引起投保人注意的文字、字体、符号或者其他明显标志作出提示的，人民法院应当认定其履行了《保险法》第十七条第二款规定的提示义务。保险人对保险合同中有关免除保险人责任条款的概念、内容及其法律后果以书面或者口头形式向投保人作出常人能够理解的解释说明的，人民法院应当认定保险人履行了《保险法》第十七条第二款规定的明确说明义务”及第十三条第二款关于“投保人对保险人履行了符合本解释第十一条第二款要求的明确说明义务在相关文书上签字、盖章或者以其他形式予以确认的，应当认定保险人履行了该项义务。但另有证据证明保险人未履行明确说明义务的除外”的规定，在无相反证据的情况下，可以认定某保险公司福建省分公司已经履行提示和明确说明的义务。

关于林某是否未尽如实告知义务，某保险公司福建省分公司能否据此拒绝理赔并解除合同。基于保险合同的特殊性，合同双方当事人应当最大限度地诚实守信。投保人依法履行如实告知义务，即是最大限度地诚实守信的一项重要内容。本案中，林某是专业的保险中介从业人员，且其业务范围为人身保险。较之普通消费者，林某应当具有更高的保险专业知识，对投保人如实告知义务应当有更全面和清晰的认识，对保险合同的条款及相关询问事项更应是完全理解的。虽然某保险公司福建省分公司仅将“甲状腺疾病”列入询问范围，而未对该疾病作出说明或列举。但林某对于甲状腺结节属于其中应当如实告知的事项，应当是明知的。林某在投保时并未将其患有甲状腺左侧叶结节这一事实如实告知于某保险公司福建省分公司，甚至在理赔过程中，仍坚持其无体检史，也未检查过甲状腺，有违诚信原则，属于故意不履行告知义务，且此足以影响某保险公司福建省分公司作出是否承保，是否提高保费的重要决定。另外，一审法院还注意到，林某在查出患有甲状腺左侧结节后数日即集中购买三家保险公司的多个重大疾病保险产品，且保险金额巨大，已超出通常意义上的正常保障需求，由此亦可见其存在主观上的故意。根据《中华人民共和国保险法》第十六条第二款关于“投保人故意或者因重大过失未履行前款规定的如实告知义务，足以影响保险人决定是否同意承保或者提高保险费率的，保险人有权解除合同”及第四款关于“投保人故意不履行如实告知义务的，保险人对于合同解除前发生的保险事故，不承担赔偿或者给付保险金的责任，并不退还保险费”的规定，某保险公司福建省分公司有权解除案涉保险合同，并对合同解除前发生的保险事故不承担给付保险金的责任。因此，对于林某要求某保险公司福建省分公司支付保险金并继续履行保险合同的诉讼请求，一审法院不予支持。

一审法院判决：驳回林某的诉讼请求。案件受理费11800元，减半收取计5900元，由林某负担。

当事人在一审程序中提交的证据已随一审卷宗移送本院。

二审中，林某围绕上诉请求向本院提交三组证明资料：1. 林某与业务员魏某电话录音（附文字版）；2. 业务员魏某同林某微信聊天记录截图；3. 银行交易提醒短信截图。经质证，某保险公司福建省分公司认为林某提交的证据均不属于二审新证据，其未于一审举证期间内提交，已超过举证期限。且认为证据1无法确定形成时间，不能证明通话人员系魏某，林某亦未提供通讯公司的通讯记录，不能证明通话的完整性。证据2微信聊天记录截图并不完整，且并非形成于承保之时。经审查，林某提交的证据1电话录音不能证明通话人员身份确系业务员魏某，本院不予采信。证据2、证据3仅能证明业务员魏某可能存在向林某返还佣金的情形，并不能证明林某所主张的“在投保过程中为了保单顺利成交，仅简单询问‘是否有健康问题需要告知’，未准确询问‘甲状腺结节’，也未对‘甲状腺结节’属于‘甲状腺疾病’进行提示、明确说明。客观上阻碍了上诉人履行如实告知义务”的待证事实，本院亦不予采信。

根据本案现有证据，本院对一审法院认定的事实予以确认。

另查明，案涉《电子投保信息确认单》“保险公司询问事项（二）”载明“2. 保险人是否有或曾有下列症状、疾病或身体异常情况：被保险人是否有或曾有下列症状、疾病或身体异常情况：……C. 内分泌及代谢疾病，例如高血脂、高尿酸血症或通风、甲状腺疾病、甲状旁腺疾病或脑垂体功能异常、乳房异常泌乳或其他内分泌或代谢疾病？……I. 任何以上未述及之受伤、异常症状、疾病、身体检查结果、诊断、输血或输血液制品、治疗?”林某填写“否”。

一审庭审过程中，林某在回答法庭关于何时得知患有甲状腺结节的问题时表示：“结节是连江某医院检查的拿到体检报告的时候知道的，但是没有去在意。大概在2020年6月27日左右。”

本院认为，林某于一审庭审过程中自认其于2020年6月27日即已知晓连江某医院体检结果，知晓自身患有甲状腺结节，但随后，其于投保时，就《电子投保信息确认单》保险公司询问事项（一）“9. 最近两年内被保险人是否在进行身体检查时发现异常（包括但不限于X光、心电图、超声波、内窥镜、CT、核磁共振、血液、尿液、病理检查)?”；保险公司询问事项（二）载明“2. 被保险人是否有或曾有下列症状、疾病或身体异常情况：C. 内分泌及代谢疾病，例如高血脂、高尿酸血症或通风、甲状腺疾病、甲状旁腺疾病或脑垂体功能异常、乳房异常泌乳或其他内分泌或代谢疾病？……I. 任何以上未述及之受伤、异常症状、疾病、身体检查结果、诊断、输血或输血液制品、治疗?”处均填写“否”。就此，林某上诉主张其并不知晓甲状腺结节属于甲状腺疾病。本院认为，虽然《电子投保信息确认单》未就甲状腺疾病作出具体的列举、说明，但上诉人于体检时发现自身罹患甲状腺结节，此种情况亦属于保险公司询问事项（一）载明的“身体检查时发现异常”以及保险公司询问事项（二）载明的“I. 任何以上未述及之……异常症状、疾病、身体检查结果”的范畴，林某负有向某保险公司福建省分公司如实告知的义务。但林某就上述询问事项均回答“否”，且于2021年2月20日，理赔访谈时仍坚称“既往身体健康，既往无任何病史。无高血压，糖尿病史，既往无体检史，也无检查过甲状腺”。林某的行为明显有违诚信原则，属于故意不履行如实告知义务。一审法院据此认定某保险公司福建省分公司有权解除案涉保险合同，对合同解除前发生的保险事故不承担给付保险金的责任是正确的，本院予以维持。

此外，关于某保险公司福建省分公司业务员是否存在违法展业的问题。本院认为，业务员是否违法展业与某保险公司福建省分公司是否尽到相应的询问义务并不必然相关，且林某亦未提交充分证据佐证其关于业务员因违法展业而未尽相关询问义务的上诉主张。相反，在案证据可以体现某保险公司福建省分公司已通过《电子投保信息确认单》详细罗列了相关询问事项，且林某于某保险公司电话回访询问其是否收到案涉两份保单，是否阅读并理解了保险产品说明书、投保提示、保险条款、保险责任、免除责任等相关内容时，明确回复表示收到了，看过了，了解了。故，对林某的相关上诉理由，本院不予支持。

综上所述，上诉人林某的上诉请求不能成立，应予驳回。

一审判决认定事实清楚，适用法律正确，应予维持。依照《中华人民共和国民事诉讼法》第一百七十条第一款第一项规定，判决如下：

驳回上诉，维持原判。

二审案件受理费 11800 元，由林某负担。

本判决为终审判决。

审判长　吴　某

审判员　唐　某

审判员　杨　某

二〇二一年九月二十九日

法官助理　郑　某

书记员　林　某

评·析

本案的争议焦点主要围绕以下几个方面：

1. 保险人是否尽到了询问义务；2. 投保人是否属于故意不履行如实告知义务；3. 投保人未如实告知的情况与出险原因是否具有必然的因果联系，以及是否足以影响到保险人决定是否承保或者调整保险费率。

一、保险人是否尽到了询问义务

林某主张某保险公司福建省分公司在投保阶段未尽到相应的询问义务，认为在投保过程中，代理人仅对其简单询问了有没有健康方面的事项需要告知，既未询问是否体检过，也未就相关疾病进行提示、说明。根据《最高人民法院关于适用〈中华人民共和国保险法〉若干问题的解释（二）》第六条第一款，投保人的告知义务限于保险人询问的范围和内容。林某认为某保险公司福建省分公司在销售保险过程中未尽到询问义务，应承担因此造成的一切不利后果。

对此，某保险公司福建省分公司举证指出，林某在投保时事实上先与保险人的代理人进行了线下沟通，其后又在线上自行填写投保资料。在《投保信息确认单》中已明确要求投保人如实填写“最近两年内被保险人是否在进行身体检查时发现异常（包括但不限于 X 光、心电图、超声波、内窥镜、CT、核磁共振、血液、尿液和病理检查）”，以及“被保险人是否有或曾有下列症状、疾病或身体异常情况：……C. 内分泌及代谢疾病，例如高血脂、高尿酸血症或痛风、甲状腺疾病、甲状旁腺疾病或脑垂体功能异常、乳房异常泌乳或其他内分泌及代谢疾病”。以上事实证明某保险公司福建省分公司已尽到了充分询问的义务。

二、投保人是否属于故意不履行如实告知义务

就此问题，林某主张：首先，其在体检被诊断为甲状腺左侧叶结节（TR - RADS3 级）后，集中在多家保险公司进行投保，是由于其作为保险从业人员，保险意识强，不存在故意骗保的主观恶意。其次，其虽为保险从业人员，但不具有医学专业知识，不知晓甲状腺结节属于甲状腺疾病。

对此，某保险公司福建省分公司举证指出，林某实际上为同业某保险公司福建省分公司保险营销高级经理，属于专业人士，具备投保、销售保险的专业知识和经验，其理应知晓体检结果异常对于保险人是否承保及保险费率的重大影响；但其在填写《投保信息确认单》时既否认自己健康存在问题，也否认自己在投保时拥有或者正在申请其他人身保险。以上客观事实均反映出其存在主观故意。

三、投保人未如实告知的情况与出险原因是否具有必然的因果联系，以及是否足以影响到保险人决定是否承保或者调整保险费率

虽然林某主张其投保前的体检结果与出险时的病症之间无必然因果联系，但结合其投保前体检诊断结果为甲状腺左侧叶结节（TR - RADS3 级，建议进一步检查），且投保后同年即被诊断为左侧甲状腺乳头状癌，二者同属于甲状腺疾病，法院支持了某保险公司福建省分公司关于二者应存在必然联系的观点。林某投保时隐瞒体检诊断的行为，必然严重影响到了保险人是否愿意承保以及是否调整保险费率。

四、启示

基于保险合同的特殊性，订约双方应遵循最大诚信原则。这就要求投保人在投保时，应严格依法履行如实告知义务。根据《中华人民共和国保险法》第十六条规定，订立保险合同，保险人就保险标的或者被保险人的有关情况提出询问的，投保人应当如实告知。投保人故意或者因重大过失未履行前款规定的如实告知义务，足以影响保险人决定是否同意承保或者提高保险费率的，保险人有权解除合同……投保人故意不履行如实告知义务的，保险人对于合同解除前发生的保险事故，不承担赔偿或者给付保险金的责任，并不退还保险费……。《最高人民法院关于适用〈中华人民共和国保险法〉若干问题的解释（二）》第五条规定，保险合同订立时，投保人明知的与保险标的或者被保险人有关的情况，属于《中华人民共和国保险法》第十六条第一款规定的投保人“应当如实告知”的内容。

结合本案的审理情况，法院在认定林某是否构成故意不履行如实告知义务时，对方曾试图以《投保信息确认单》所列有关健康告知询问内容属于概括性条款为由，要求适用《最高人民法院关于适用〈中华人民共和国保险法〉若干问题的解释（二）》第六条第二款，即保险人以投保人违反了对投保单询问表中所列概括性条款的如实告知义务为由请求解除合同的，人民法院不予支持。但事实上，《投保信息确认单》虽然未就甲状腺疾病作出具体列举说明，但明确载明了包括“身体检查时发现异常”以及“任何以上未述及之……异常症状、疾病、身体检查结果”等具体内容，应属于根据《最高人民法院关于适用〈中华人民共和国保险法〉若干问题的解释（二）》第六条最后“但该概括性条款有具体内容的除外”的但书情形，法院也据此未支持投保人林某的相关主张。同时，这也提示保险公司在今后投保过程中，对投保人进行健康询问及制作类似《投保信息确认单》等材料时，对于健康告知相关内容应尽可能详细和具体，避免出现类似争议和纠纷。

此外，结合其他司法案例，就投保人未如实告知的情况与出险原因是否具有必然的因果联系，以及是否足以影响到保险人决定是否承保或者调整保险费率，往往对“带病投保”情况下保单的效力问题产生重要影响。前者，是否具有必然的因果联系，需要结合医学知识加以判断；后者，是否影响保险人承保和保险费率，结合最高人民法院《关于适用〈中华人民共和国保险法〉若干问题的解释（二）》，在进行判断时：一是需要以理性保险人为视角，即正常大多数保险人的立场，衡量影响程度；二是在对“足以影响”这一程度进行把控时，需要基于核保评点对拒保、延期、除外、加费等不同情形分类考虑。在本案中，投保人作为同业从业人员的身份以及在体检后向多家保险公司投保的事实对于判断投保人真实投保目的及主观故意的因素具有重要影响。该案件极具典型性，对打击投保人带病投保，维护保险市场健康稳定具有一定借鉴意义。

互联网保险中投保人未履行如实告知义务与保险人履行提示说明义务的认定

广东省广州市中级人民法院

（2021）粤 01 民终 30240 号民事判决书

（2021 年 12 月 29 日）

案·情

2019 年 10 月 8 日，吴某为其女儿金某投保了《少儿重大疾病保险》，合同生效日期为 2019 年 10 月 9 日，保险期间：自 2019 年 10 月 9 日零时起至 2049 年 10 月 8 日 24 时止，基本保险金额 50 万元。

被保险人自 2020 年 4 月 22 日起经多次诊断，其双耳未通过检测，后被保险人于 2020 年 6 月 9 日入院进行了手术治疗；2020 年 6 月 11 日出院被诊断为“左侧极重度感音神经性耳聋”“右侧重度感音神经性耳聋”。

2020 年 4 月 22 日，投保人以被保险人的身体状况达到了《保险合同》约定的“双耳失聪”的标准为由，向某保险公司申请理赔。保险人经过调查，发现吴某在投保时未如实告知金某于 2019 年 3 月 7 日至 3 月 11 日存在因高危新生儿、新生儿低血糖、脑室扩张就诊的情况。某保险公司以对其承保决定产生重大影响为由，要求自始解除与金某相关的保险合同，退还所交保险费，并拒绝了吴某的理赔申请。被保险人向法院起诉，法院经过审理，认为投保人吴某在投保时未履行如实告知义务，且对承保产生了重大影响，某保险公司依法解除保险合同，符合法律规定。同时，某保险公司在投保时进行了健康询问，且对免责条款作出了“加黑加粗”。更为重要的是，某保险公司在犹豫期内对投保人进行了回访，投保人明确回答，知悉并理解合同条款。基于此，法院一

审判决原告败诉，二审维持一审判决，驳回上诉。

判决书正文

上诉人（一审原告）：金某，女，2019年3月7日出生，身份证住址：广东省广州市白云区。

被上诉人（一审被告）：某保险公司，住所地：广东省广州市南沙区。

上诉人因与被上诉人保险合同纠纷一案，不服广东省广州市白云区人民法院（2021）粤0111民初25245号民事判决，向本院提起上诉。本院受理后，依法审理了本案，现已审理终结。

被上诉人一审诉讼请求：被告履行保险合同义务，向原告赔付保险赔偿金500000元。

一审法院判决：驳回原告金某的全部诉讼请求。本案受理费4404.82元，由原告金某负担。

一审判决后，上诉人不服，上诉人请求：撤销一审判决，改判支持上诉人的全部诉讼请求。事实和理由：一、一审认定事实错误。1. 被上诉人未证明其已经尽到了提醒提示义务，上诉人不存在恶意隐瞒的事实，也已经履行了如实告知义务。2. 保险合同《健康告知》部分，关于被上诉人的询问只有第6项，被保险人存在的新生儿低血糖、脑室扩张并不属于该询问范围。3. 人身的疾病发生发展都是动态的。上诉人发育问题已经被保健手册证实，出生时或胎儿时期存在的问题已经痊愈。4. 被上诉人未能提交录音、录像等证据证明进行了相关询问及吴某当场回答的事实，亦无证据证实吴某投保时已了解相关信息。二、一审法院适用法律错误，对于《保险法》第十六条存在片面理解。只有未告知事项对于保险事故的发生有严重影响，保险公司才可以拒赔。上诉人所罹患的双耳失聪是后天性疾病，即便存在脑室增宽，影响的也是先天性失聪。即便吴某存在未如实告知，也不能证明与双耳失聪之间存在因果关系，保险公司拒赔无理。三、一审法院多次引用第三方某信息服务公司出具的调查报告的内容及结论，该报告为非法证据，应予排除。该公司没有保险公估资质，缺乏从业资格，其行为侵害了当事人的隐私权，也破坏了正常经济秩序和社会秩序。

被上诉人服从一审判决，不同意上诉人的上诉请求和理由。

对于一审判决查明的事实本院予以确认。

上诉人二审提交了三份民事判决书，案号分别为（2021）粤 0303 民初 5726 号、（2021）粤 01 民终 16370 号、（2021）粤 01 民终 20486 号，以证实其主张。被上诉人对该证据真实性、合法性认可，对关联性不认可。

被上诉人二审提交如下证据：一、《吴某与某保险公司某重大疾病保险案件情况说明》及其附件；二、声明；三、某保险公估公司保险公估机构公示信息；四、企业信用信息公司报告（某保险公估公司）。证明事项详见我方 2021 年 12 月 24 日提交的证据清单。上诉人对被上诉人上述证据发表如下质证意见：首先，证据一的情况说明三性不确认，情况说明是被上诉人和某保险经纪公司单方面所做的，我方不予认可。其次，对附件的电子保单也既是涉案的保险合同对于该保险的真实性、合法性确认，但对证明内容不予确认，涉案的保险合同是通过 APP 进行网上投保，而该份也是电子保单的方式，被上诉人并未提交上诉人与被上诉人签订保险合同时的投保流程及过程，并非保险合同中有健康告知书这一页内容，被上诉人已经履行如实告知、询问，不能证明被上诉人履行了免责条款的提示义务；该电子保单上没有上诉人的签名确认。对证据二、证据三、证据四的三性都不予确认，从工商登记显示的情况看，某保险公估公司与某信息服务公司是两家公司，某保险公估公司有资质，被上诉人提供某信息服务公司许可证，才能证明某信息服务公司具有调查的资质，被上诉人委托的某信息服务公司不具备调查资质，其出具的调查报告不能作为本案的证据。

本院经审理认为，根据《中华人民共和国民事诉讼法》第一百六十八条的规定，二审人民法院只对上诉请求的有关事实和适用法律进行审查。根据上诉状内容，二审的争议焦点是：一、被上诉人对合同免责条款是否尽到了提示说明义务；二、吴某在投保时是否履行了如实告知义务；三、吴某未如实告知的内容是否足以影响保险人决定是否同意承保或者提高保险费率。

对于焦点一，首先，投保人吴某在选择线上订立保险合同时，即负有在线上阅读有关文档的义务；其次，本案中，根据上诉人提供的保险合同显示，《健康告知》作为保险合同的组成部分，已经单独成页，且通过黑体、加粗的方式对免责条款进行了提示说明；最后，被上诉人还通过签约后电话回访的方式再次提醒、督促投保人阅读有关免责条款，吴某亦确认已经了解。这说明被上诉人对保险合同中的免责条款已经尽到了提示说明义务。

对于焦点二，一审法院根据双方当事人的诉辩、提交的证据对有关事实进行了认定，并在此基础上依法作出分析处理，合法合理，且理由阐述充分，本院予以确认，不再重复。

对于焦点三，根据某空军医院对上诉人在2019年3月11日的出院诊断内容“1. 高危新生儿；2. 新生儿低血糖症；3. 脑室扩张；4. 先天性卵圆孔未闭；医嘱：1. 出院后即到某医疗中心就诊，尽早完善头颅NRI（后更正为MRI）等相关检查；2. 定期到专科门诊复诊（评估智力、神经运动能及其他风险）……”，以及2020年4月30日某医疗中心对上诉人进行的行头颅MRI诊断结果“幕上脑室扩张、双侧额、顶、枕叶白质异常信号影；待除髓鞘形成障碍，建议随访”，说明上诉人的脑室扩张等症状一直存在，该新生儿并未在此期间经过自身生长而痊愈；至于上诉人保健手册，由于日常保健仅是一般性检查，不是专项的，也不够深入，又加之几个月大婴儿自身的特点，无法对某些检查作出明晰的可辨识回应，故上诉人代理人仅凭该手册2019年3月18日、2019年9月9日、2019年11月18日载明的内容，即认为上诉人出生时或胎儿时期存在的问题已经痊愈、上诉人脑室扩张症状与双耳听力严重障碍之间没有关联、双耳失聪是后天所致，缺乏充分依据，本院不予采纳。

综上所述，一审认定事实清楚，适用法律及处理并无不当，本院予以维持，上诉人上诉理由不充分，应予驳回。依照《中华人民共和国民事诉讼法》第一百七十条第一款第（一）项之规定，判决如下：

驳回上诉，维持原判。

二审案件受理费8809.64元，由上诉人金某负担。

本判决为终审判决。

审判员　谷　某

二〇二一年十二月二十九日

书记员　周　某

李　某

评·析

本案争议焦点集中在以下几个方面：一、投保人在投保时是否履行了“如实告知”义务；二、投保人“未如实告知”的内容是否足以影响保险人决定是否同意承保或者提高保险费率；三、保险公司对合同免责条款是否尽到了提示说明义务。

实践中，此类因理赔引发的保险合同纠纷，争议焦点除被保险人是否存在保险除外责任的情形，本案中即被保险人是否存在投保前患病的事实外，对于投保人是否未告知，保险公司是否履行提示说明义务也是纠纷审理的关键。通常法院会审查保险公司在销售端是否对“健康告知”内容进行了询问，针对“责任免除”事项是否履行了提示注意和解释说明义务。因此，对于通过网络销售方式销售的保险产品，在举证上保险公司往往处于不利地位，尤其是在 2020 年 10 月监管部门未强制要求互联网保险销售可回溯实施之前，保险公司往往无法证明在销售端履行了相关义务而败诉。此时，电话回访的作用就凸显出来，一份好的电话回访录音，可以让客户确认在投保时履行了相关告知义务，知悉了相关条款内容，确认如未如实告知而产生的责任。本案胜诉的关键即在于此。

具体来看，本案对于焦点一：《中华人民共和国保险法》第十六条规定：“订立保险合同，保险人就保险标的或者被保险人的有关情况提出询问的，投保人应当如实告知。投保人故意或者因重大过失未履行前款规定的如实告知义务，足以影响保险人决定是否同意承保或者提高保险费率的，保险人有权解除合同。前款规定的合同解除权，自保险人知道有解除事由之日起，超过三十日不行使而消灭。自合同成立之日起超过二年的，保险人不得解除合同；发生保险事故的，保险人应当承担赔偿或者给付保险金的责任。投保人故意不履行如实告知义务的，保险人对于合同解除前发生的保险事故，不承担赔偿或者给付保险金的责任，并不退还保险费。投保人因重大过失未履行如实告知义务，对保险事故的发生有严重影响的，保险人对于合同解除前发生的保险事故，不承担赔偿或者给付保险金的责任，但应当退还保险费。保险人在合同订立时已经知道投保人未如实告知的情况的，保险人不得解除合同；发生保险事故的，保险人应当承担赔偿或者给付保险金的责任。保险事故是指保险合同约定的保险责任范围内的事故。”《最高人民法院关于适用〈中华人民共和国保险法〉若干问题的解释（二）》第五条规定：“保险合同订立时，投保人明知的与保险标的或者被保险人有关的情况，属于保险法第十六条第一款规定的投保人‘应当如实告知’的内容。”第六条规定：“投保人的告知义务限于保险人询问的范围和内容。当事人对询问范围及内容有争议的，保险人负举证责任。保险人以投保人违反了对投保单询问表中所列概括性条款的如实告知义务为由请求解除合同的，人民法院不予支持。但该概括性条款有具体内容的除外。”根据上述法律规定，我国针对投保人的如实告知义务所适用的是询问告知主义，即投保人应当在投保时根据保险人所询问的内容如实告知。本案中，根据原告提供的保险合同显示，《健康告知》作为保险合同的组成部分，已经单独成页，且通过黑体、加粗的方式对免责条款进行提示及明确说明。该《健康告知》第2条中“体检异常”虽然属于概括性询问，但已经在括号内列明具体范围包括“超声”“MRI”且询问内容亦含有“被医生要求进一步治疗、检查或者复查随访”。符合“概括性条款有具体内容”的规定。吴某作为投保人，或因重大过失未仔细审阅该条款的内容，或已经审阅该条款内容却故意隐瞒其已经知悉原告需要进行“头颅MRI”复查以及心脏彩超复诊的事实，进而选择否认存在上述事实，均属于未履行如实告知义务的行为。

对于焦点二：原告的脑室扩张等症状一直存在，该新生儿并未在此期间经过自身生长而痊愈。该未告知事项属于足以影响保险人决定是否同意承保或者提高保险费率的事项，保险人解除保险合同符合法律规定。

对于焦点三：首先，投保人在选择线上订立保险合同时，即负有在线上阅读有关文档的义务；其次，根据《最高人民法院关于适用〈中华人民共和国保险法〉若干问题的解释（二）》第十二条规定：“通过网络、电话等方式订立的保险合同，保险人以网页、音频、视频等形式对免除保险人责任条款予以提示和明确说明的，人民法院可以认定其履行了提示和明确说明义务。”一方面，《健康告知》作为保险合同的组成部分，已经单独成页，且通过黑体、加粗的方式对免责条款进行了提示说明；另一方面，保险公司还通过签约后电话回访的方式再次提醒、督促投保人阅读有关免责条款，投保人确认已经了解。说明保险公司对保险合同中的免责条款已经尽到了提示说明义务。

通过本案一审、二审判决对争议焦点的认定可以看出，电话回访在证明保险公司是否履行提示和解释说明义务中起到关键作用。在《中国银保监会关于规范互联网保险销售行为可回溯管理的通知》于 2020 年 10 月正式实施之前，互联网保险销售过程中，保险公司可以通过加黑加粗对免责条款履行“提示注意”义务，但往往无法充分证明已经对免责条款履行了“解释说明”义务。通过电话回访，可以进一步确认投保人是否充分理解保险条款，保险公司是否已经告知清楚相关免责条款，对于保护保险消费者利益、履行保险人相关义务都起到了不可替代的作用。

团体意外伤害保险中无证驾驶发生交通事故时保险人能否按照免责条款不承担保险责任的认定

山东省青岛市中级人民法院
（2021）鲁02民终2492号民事判决书

（2021年4月28日）

案·情

2018年11月1日，青岛某企业管理公司为被保险人许甲在某保险公司投保团体意外伤害保险，意外身故或全残保额80万元，保险期间1个月。2018年11月7日，许甲下班回家途中驾驶二轮摩托车发生交通事故，经抢救无效死亡，交通警察大队出具《道路交通事故认定书》，认定“许甲未取得驾驶证驾驶未按规定进行安全技术检验的机动车，行车时未保持安全车速，在交通事故中承担次要责任”。青岛某企业管理公司认为被保险人意外身故属于保险责任范围，在获得许甲受益人保险权益转让后，要求某保险公司给付身故保险金。某保险公司以“许甲无证驾驶机动车导致意外事故，属于保险责任免责范围”为由作出拒赔决定。青岛某企业管理公司对拒赔决定不服，诉至法院。

判决书正文

上诉人（原审原告）：青岛某企业管理公司，住所地：青岛市黄岛区。

被上诉人（原审被告）：某保险公司青岛分公司，住所地：青岛市市南区。

上诉人青岛某企业管理公司与被上诉人某保险公司青岛分公司人身保险合同纠纷一案，不服山东省青岛市市南区人民法院（2020）鲁 0202 民初 12284 号民事判决，向本院提起上诉。本院于 2021 年 2 月 22 日立案后，依法组成合议庭，对本案进行了审理。本案现已审理终结。

青岛某企业管理公司上诉请求：1. 撤销一审判决，发回重审或依法改判被上诉人支付上诉人保险金 800000 元。2. 一审、二审诉讼费用由被上诉人承担。事实与理由：一、《保险承保协议》属于本案保险合同的内容，《保险承保协议》规定“特别约定”的内容不执行《某团体意外伤害保险条款》，故被上诉人依照“特别约定”承担责任时，不得以该《某团体意外伤害保险条款》2.5 条的规定免除保险责任。（一）上诉人与被上诉人签订的《保险承保协议》依法成立并生效。1. 上诉人在《保险承保协议》中加盖骑缝章能够表明系其真实意思表示，且被上诉人也已经加盖印章，在本案诉讼前，被上诉人并未对该骑缝章的效力提出异议。故《保险承保协议》依法成立并生效。2. 上诉人与被上诉人已实际履行《保险承保协议》，涉案保险合同的订立就是该协议履行的结果。（二）《保险承保协议》属于涉案保险合同的组成部分，被上诉人应受其约束。由被上诉人签发的《保险合同》第 19 页 1.1 条规定：“本保险条款、保险单或其他保险凭证、投保单、与保险合同有关的投保文件、被保险人名册、合法有效的声明、批注、批单、附加合同、其他书面协议都是投保人与本公司之间订立的保险合同的构成部分。”《保险承保协议》“总则”规定：“保险单或其他保险凭证、所附条款、投保单及被保险人名称、合法有效的声明、批注、附粘批单、宣传材料等均为本协议构成部分。”因此，按照双方约定，《保险承保协议》属于本案保险合同的内容，对被上诉人具有约束力。（三）《保险承保协议》第 3 页【保险责任】项下约定“本协议为新保合同，各险种按条款执行，特别约定除外”，故要求被上诉人依据《保险承保协议》【特别约定】第三条承担“工伤工亡保险责任”时，不受《某团体意外伤害保险条款》约束限制。根据《保险承保协议》第 3 页【特别约定】项下约定：“本保单以工伤工亡、普通意外等为保险责任。”因此，被保险人因工负伤、因工死亡的，被上诉人应当承担“工伤工亡保险责任”。由被上诉人签发的《保险合同》在第 4 页《特别约定》第 1 条规定了“工伤工亡保险责任”

的具体内容，即“工亡责任：工作期间出险，并因工作原因导致的意外身故、突发急性病身故（按照工伤条例中明确，属于工作时间、工作岗位上，突发疾病死亡或者在48小时之内经抢救无效死亡的）。工亡保险金额最高赔付80万元。”因此，当被保险人因工作原因死亡时，被上诉人承担“工伤工亡保险责任”且应支付保险金80万元。由于《保险承保协议》第3页【保险责任】项下约定：“本协议为新保合同，各险种按条款执行，特别约定除外。”故《某团体意外伤害保险条款》不能对“特别约定”的内容产生约束力。因此，被上诉人依据特别约定承担“工伤工亡保险责任”时，不得根据《某团体意外伤害保险条款》免除其责任。被保险人许甲系上诉人处职工，被外派至临沂某机械公司工作，后因交通事故死亡并被认定为因工死亡。故被上诉人应当按照特别约定承担“工伤工亡保险责任”，支付保险金80万元，且不得依据格式条款《某团体意外伤害保险条款》第2.5条规定以许甲“无合法有效驾驶证”为由免除保险责任。因此，一审法院未将《保险承保协议》作为涉案保险合同的内容进行查明并作为判决的依据，系查明案件事实不清。二、由被上诉人签发的《保险合同》第4页《特别约定》中对保险责任免除情形作出了新的规定，但并未规定《某团体意外伤害保险条款》2.5条责任免除条款继续适用，故涉案保险合同中“工伤工亡保险责任”的责任免除情形已经发生变化。《保险合同》第4页《特别约定》第8条规定了保险责任免除情形，具体为“本保单不承担对渔民、船员及其他海上作业人员；矿井及钻油井工人；火药爆竹工人与爆破工人；杂技演员、高空安装施工等室外作业人员的保险责任”，该内容不包括《某团体意外伤害保险条款》2.5条责任免除情形中的“无合法有效驾驶证”，也不包括其他内容。若继续适用《某团体意外伤害保险条款》2.5条责任免除条款，被上诉人在签发《保险合同》时应在《特别约定》中明确注明诸如“保险条款其他内容继续执行”等意思表示。若《特别约定》第8条只是增加免责情形，被上诉人在签发《保险合同》时应在《特别约定》第8条增加诸如“增加/补充免责情形”等意思表示。既然被上诉人签发的《保险合同》第4页《特别约定》第8条责任免除条款中剔除了《某团体意外伤害保险条款》2.5条责任免除所有的内容，被上诉人在签发《保险合同》时又未做相反的意思表示。结合《保险承保协议》【保险责任】项下的约定（详见《保险承保协议》第3页：“本协议为新保合同，各险种按条款执行，特别约定除外”），保险公司依照“特别约定”承担“工伤工亡保险责任”时，其责任免除情形已不包括《某团体意外伤害保险条款》2.5 条责任免除中的“无合法有效驾驶证”情形以及其他情形。三、在《某团体意外伤害保险条款》与保险合同的非格式条款发生实质性冲突的情况下，应当依据《保险承保协议》《特别约定》以及其他非格式条款确定被上诉人承担保险责任范围和责任免除范围。（一）《保险承保协议》及《保险合同》第 4 页《特别约定》的“工伤工亡保险责任”在保险金给付条件、保险保障名称、保险保障范围、保险金额、责任免除范围上与《某团体意外伤害保险条款》均存在实质性冲突。保险金给付条件不同（以发生工伤工亡为保险责任条件）、保险责任名称发生变化（变为：工亡责任、工伤残疾责任、工伤意外医疗）；保险责任范围扩大（增加工作期间突发疾病死亡）；伤残评定标准变化（变为按《职工工伤与职业病致残程度鉴定标准》评残）；因工出险和非因工出险保额不同（变为：因工保额 80 万元，非因工保额 20 万元）；仅将高风险职业作为免责情形（不包括《某团体意外伤害保险条款》2.5 条责任免除的所有内容）。由此可见，涉案保险合同的格式条款与非格式条款已经出现实质性冲突。（二）依照法律和司法解释的规定，本案中，非格式条款与《某团体意外伤害保险条款》不一致时，应以《保险承保协议》、被上诉人签发的《保险合同》第 4 页《特别约定》确定被上诉人承担保险责任范围和责任免除范围。《民法典》第四百九十八条、《合同法》第四十一条规定：“格式条款和非格式条款不一致的，应当采用非格式条款。”《最高人民法院关于适用〈中华人民共和国保险法〉若干问题的解释（二）》第十四条规定：“保险合同中记载的内容不一致的，按照下列规则认定：（二）非格式条款与格式条款不一致的，以非格式条款为准。”因此，在格式条款与非格式条款不一致且发生实质性冲突的情况下，《保险承保协议》《保险合同》第 4 页《特别约定》作为非格式条款应当被法院采用作为判断被上诉人承担保险责任范围和责任免除范围的依据。综上，如果仅依照保险公司预制的格式条款《某团体意外伤害保险条款》2.5 条责任免除规定，许甲“系无合法有效驾驶证驾驶”发生交通事故死亡，被上诉人有权免除其给付“意外身故保险金”的责任。但许甲系“因工死亡”，按照《保险承保协议》《保险合同》第 4 页“特别约定”等非格式条款的规定，保险公司应当承担“工伤工亡保险责任”，支付保险金 80 万元。一审法院采用格式条款《某团体意外伤害保险条款》2.5条的规定免除被上诉人依照非格式条款应承担的保险责任是错误的，请求二审法院撤销判决，予以改判。

某保险公司青岛分公司辩称，一审法院认定事实清楚，适用法律正确。保险承保协议上诉人未提交原件，一审未予以认定，上诉人应提交原件。保险合同第四页特别约定部分，是对保险条款的补充，并不是内容替代，保险条款有效。保险条款经银保监会批准并备案，通过官方渠道可以查询，不可以随意更改。特别约定仅是对特殊事项的补充说明，所以叫特别约定。保险条款与特别约定没有冲突，保险责任范围及责任免除范围符合法律规定，并不与现有法律冲突。被保险人无证驾驶导致事故属于违法行为，被保险人无证驾驶导致事故，属于保险责任免除范围。《某团体意外伤害保险条款》2.5条责任免除："因下列情形之一导致被保险人身故、伤残的，本公司不承担给付保险金责任：……（4）被保险人酒后驾驶、无合法有效驾驶证驾驶或驾驶无有效行驶证的机动车。"《道路交通安全法》第十一条规定：驾驶机动车上道路行驶，应当悬挂机动车号牌，放置检验合格标志、保险标志，并随车携带机动车行驶证。第十九条规定：驾驶机动车，应当依法取得机动车驾驶证。被保险人无证驾驶无牌机动车违反《道路交通安全法》的规定。根据《最高人民法院关于适用〈中华人民共和国保险法〉若干问题的解释（二）》第十条规定："保险人将法律、行政法规中的禁止性规定情形作为保险合同免责条款的免责事由，保险人对该条款作出提示后，投保人、被保险人或者受益人以保险人未履行明确说明义务为由主张该条款不生效的，人民法院不予支持。"第十一条规定："保险合同订立时，保险人在投保单或者保险单等其他保险凭证上，对保险合同中免除保险人责任的条款，以足以引起投保人注意的文字、字体、符号或者其他明显标志作出提示的，人民法院应当认定其履行了保险法第十七条第二款规定的提示义务。保险人对保险合同中有关免除保险人责任条款的概念、内容及其法律后果以书面或者口头形式向投保人作出常人能够理解的解释说明的，人民法院应当认定保险人履行了保险法第十七条第二款规定的明确说明义务。"无证驾驶机动车属于法律、行政法规中的禁止性规定情形，我司合同中免除保险人责任的条款已采用阴影、黑体、加粗、加深的方式印刷，已经履行了保险法第十七条第二款规定的提示义务，同时，青岛某企业管理公司作为投保人在投保单投保人声明处盖章，我司已对免责条款履行了提示与明确说明义务，因此，保险条款中关于免责条款的约定已生效，产生约束力。被上诉人已对免责条款履行说明和提示义务。现实社会生活中，无证驾驶属于严重的违法行为，极大地增加了社会公众安全出行的风险，无证驾驶属于保险责任免除范围已被公众普遍了解，应是众所周知的事实。被保险人许甲未取得驾驶证驾驶未按规定进行安全技术检验的机动车，行车时未保持安全车速，属于案涉保险合同中约定的免责情形，被上诉人不应承担保险责任。一审法院判决正确，请求维持原判。

青岛某企业管理公司向一审法院起诉请求：1. 某保险公司青岛分公司立即支付青岛某企业管理公司保险金800000元；2. 本案诉讼费、保全费、公告费、保全保险费等由某保险公司青岛分公司承担。

一审法院认定事实：一、2018年10月31日，青岛某企业管理公司为36243名公司职工在某保险公司青岛分公司处申请投保，并填写了《团体保险投保单A款》，保险期间为2018年11月1日至2018年11月30日，保费662851元，该投保单“投保人声明及授权”处记载：“1. 本投保人已收到贵公司提供的所投保的保险合同条款。2. 贵公司对保险合同的条款内容、有关确认被保险人同意投保团体保险的监管规范履行了说明义务，并对责任免除等免除保险人责任的条款履行了明确说明义务。本投保人已经保险利益/责任、基本保险金额、受益人、责任免除等所有情况向被保险人做了明确说明。本投保人及所有被保险人对本保险合同的条款及保险内容已完全了解，同意签订本保险合同并同意接受本保险合同的约束。在保险合同有效期间，凡发生被保险人以未经其本人同意投保为由而引发的纠纷，与贵公司无关。”青岛某企业管理公司在投保人授权及签字处盖章。同日，青岛某企业管理公司将生效人员（被保险人）名单通过电子邮件的方式抄送某保险公司青岛分公司处负责保险业务的工作人员张某，该邮件名单中包含许甲的信息。某保险公司青岛分公司于当日受理了青岛某企业管理公司的投保申请，并与青岛某企业管理公司签订了保险合同，出具了保险单，保险单记载合同有效期为2018年11月1日至2018年11月30日，保险费合计662851元，包含“某保险附加团体意外伤害住院津贴医疗险”“某保险附加团体意外伤害医疗险”“某团体意外伤害保险”三个险种，其中意外伤害险又分为意外身故保险金和意外伤残保险金，保险限额均为800000元。保险合同特别约定记载：工作期间出险，并因工作原因导致的意外身故、突发疾病身故，工亡保险金额最高赔付80万元。保险合同所附《某团体意外伤害保险条款》第2.4项“保险责任”记载，被保险人遭受意外伤害事故，并因本次意外伤害直接导致被保险人在该意外事故发生之日起180日内身故，本公司案该被保险人的意外身故保险金额给付意外身故保险金，本合同对该被保险人的效力终止。第2.5项“责任免除”记载，因下列情形之一导致被保险人身故、伤残的，本公司不承担给付保险金责任：（4）被保险人酒后驾驶、无合法有效驾驶证驾驶或驾驶无有效行驶证的机动车。该项免责条款为加黑加粗字体。

二、许甲系青岛某企业管理公司处职工，被外派至临沂某机械公司工作，莒县人力资源和社会保障局于2019年9月6日出具的《认定工伤事故决定书》显示，2018年11月7日17：30左右，许甲下班途中发生交通事故受伤，经抢救无效死亡，其所受事故伤害属于工伤认定范围，现予以认定工伤。临沂市公安交通警察支队莒南大队于2018年11月16日出具的《道路交通事故认定书》记载，李某驾驶“黑豹”牌轻型普通货车沿西环路由南往北行驶至事故地点往西拐弯时，与对行的许甲未取得驾驶证的“豪爵”牌普通二轮摩托车发生刮碰，造成许甲受伤，两车不同程度损坏的道路交通事故，许甲后经医院抢救无效死亡。还认定，许甲未取得驾驶证驾驶未按规定进行安全技术检验的机动车，行车时未保持安全车速，其行为违反了《中华人民共和国道路交通安全法》第十三条第一款、第十九条第一款“驾驶机动车，应当依法取得机动车驾驶证”及第四十二条之规定，承担该事故的次要责任。

三、许甲生前家庭成员包含父亲许乙，妻子韩某，长子许丙，次子许丁，上述四人签署权益转让声明一份，载明：现声明本人所应领取的许甲意外死亡保险待遇的赔偿金全部转入许丁的银行账户。许甲保险权益转让归公司所有。本人声明不得私自变更以上声明内容，不得影响赔偿金理赔，积极协助青岛某企业管理公司办理所需理赔手续及资料，若有违反，按照青岛某企业管理公司已经垫付的许甲死亡赔偿金的1.5倍赔偿青岛某企业管理公司。青岛某企业管理公司于2020年5月19日、7月20日、8月21日、9月3日通过网上银行向许丁的中国银行账户转让200000元、200000元、149400元和200000元，共计749400元。许甲之妻韩某向某保险公司青岛分公司申请理赔，某保险公司青岛分公司于2020年9月4日出具理赔拒付通知书，内容为：您提交的被保险人许甲的身故理赔申请及有关证明材料，我公司于2020年9月1日已收悉，经理赔人员的审慎核定，依据《中华人民共和国保险法》及保险条款的相关规定，我公司对您的本次申请作出拒付决定。

一审法院认为，本案的争议焦点有二：一是青岛某企业管理公司是否有权提起本案民事诉讼；二是某保险公司青岛分公司是否应该承担保险赔偿责任。

关于第一个争议焦点，根据庭审查明的事实，青岛某企业管理公司于2019年10月31日将投保生效人员名单通过电子邮件的形式抄送给某保险公司青岛分公司，抄送人显示为张某，某保险公司青岛分公司于庭审中认可张某系其单位负责保险业务的工作人员，故该邮件内容已有效送达某保险公司青岛分公司，因邮件附件投保人员名单中包含许甲（身份证号）的信息，故许甲系涉案保险合同的被保险人，因其发生交通事故死亡，故其保险请求权由其继承人即父亲许乙，妻子韩某，长子许丙，次子许丁取得。《最高人民法院关于适用〈中华人民共和国保险法〉若干问题的解释（三）》第十三条规定："保险事故发生后，受益人将与本次保险事故相对应的全部或部分保险金请求权转让给第三人，当事人主张该转让行为有效的，人民法院应予支持，但根据合同性质、当事人约定或者法律规定不得转让的除外。"本案中，青岛某企业管理公司已向上述继承人支付了749400元，上述继承人亦签订权益转让声明一份，声明将许甲的保险权益转让归青岛某企业管理公司所有，因上述转让行为并未违反法律法规的禁止性规定和保险合同的约定，故青岛某企业管理公司依法取得涉案保险赔偿请求权，有权提起本案民事诉讼。

关于第二个争议焦点，本案中，许甲系无有效驾驶证驾驶机动车发生交通事故死亡，而涉案保险合同的免责条款当中约定："因下列情形之一导致被保险人身故、伤残的，本公司不承担给付保险金责任：(4) 被保险人酒后驾驶、无合法有效驾驶证驾驶或驾驶无有效行驶证的机动车。"故认定某保险公司青岛分公司是否承担保险赔偿责任的关键在于合同中的上述免责条款是否对双方均有约束力。对此，有以下几点争议，1. 青岛某企业管理公司主张合同载明的签发日期为2019年1月4日，晚于被保险人许甲事故发生时间，且青岛某企业管理公司系2019年1月4日才知晓合同内容，某保险公司青岛分公司亦未在合同中以足以引起投保人注意的文字、字体、符号或者其他明显标志作出提示，因此上述免责条款对青岛某企业管理有限公司不发生效力；2. 被保险人许甲在交通事故中承担次要责任，未取得驾驶证并非导致其身故的全部责任，故不适用免责条款。一审法院认为，关于合同的生效时间，根据庭审查明的事实，青岛某企业管理公司于2018年10月31日填写的投保单及签订的保险合同中均载明合同生效日期为2018年11月1日，且青岛某企业管理有限公司已于2018年10月31日将生效人员（被保险人）名单以电子邮件的形式发送至某保险公司青岛分公司处，故应认定合同生效日期为2018年11月1日，而许甲系2018年11月7日发生交通事故，晚于合同生效时间，应受保险合同效力的约束。关于某保险公司青岛分公司是否已尽到提示义务及青岛某企业管理公司是否已知晓免责条款，首先，《最高人民法院关于适用〈中华人民共和国保险法〉若干问题的解释（二）》第十一条规定："保险合同订立时，保险人在投保单或者保险单等其他保险凭证上，对保险合同中免除保险人责任的条款，以足以引起投保人注意的文字、字体、符号或者其他明显标志作出提示的，人民法院应当认定其履行了保险法第十七条第二款规定的提示义务。保险人对保险合同中有关免除保险人责任条款的概念、内容及其法律后果以书面或者口头形式向投保人作出常人能够理解的解释说明的，人民法院应当认定保险人履行了保险法第十七条第二款规定的明确说明义务。"某保险公司青岛分公司关于涉案保险合同免责条款的字体为加黑、加粗字体，足以引起青岛某企业管理公司的注意。其次，《最高人民法院关于适用〈中华人民共和国保险法〉若干问题的解释（二）》第十条规定："保险人将法律、行政法规中的禁止性规定情形作为保险合同免责条款的免责事由，保险人对该条款作出提示后，投保人、被保险人或者受益人以保险人未履行明确说明义务为由主张该条款不生效的，人民法院不予支持。"《中华人民共和国道路交通安全法》第十九条第一款规定："驾驶机动车，应当依法取得机动车驾驶证。"根据上述法律规定，无有效驾驶证驾驶机动车，应属于法律的禁止性规定，涉案保险合同已对该禁止性规定情形作为免责条款并作出提示，青岛某企业管理公司以某保险公司青岛分公司未履行明确说明义务为由主张该免责条款不生效，一审法院不予支持。最后，青岛某企业管理公司在其2018年10月31日的投保单中已明确声明其已收到某保险公司青岛分公司提供的所投保的保险合同条款，且某保险公司青岛分公司对保险合同的免责条款履行了明确说明义务，并在投保单下方盖章确认，因此，应认定青岛某企业管理公司已知晓涉案免责条款的内容。综上所述，涉案保险合同的免责条款对青岛某企业管理公司具有约束力。关于许甲在涉案交通事故中承担次要责任，是否应适用本案免责条款的问题，一审法院认为无合法有效驾驶证驾驶机动车属于法律的禁止性规定，不仅会危及驾驶人本人的生命安全，对于公共交通安全也是巨大的隐患，本案合同约定的免责条款其本意在于只要存在无合法有效驾驶证驾驶机动车的情形，即构成免责事由，因此，驾驶人在交通事故中的主次责任并非认定某保险公司青岛分公司是否应该承担保险赔偿责任的考量范畴。综上所述，本案被保险人许甲无合法有效驾驶证驾驶机动车发生交通事故死亡的情形，属于某保险公司青岛分公司在涉案保险合同中的免责事由，且青岛某企业管理公司对该免责条款业已知晓，故某保险公司青岛分公司依法不应承担本案保险赔偿责任。青岛某企业管理公司的诉讼请求，缺乏事实和法律依据，一审法院不予支持。一审法院依照《中华人民共和国保险法》第十七条、《最高人民法院关于适用〈中华人民共和国保险法〉若干问题的解释（二）》第十条、第十一条之规定，判决：驳回青岛某企业管理公司的诉讼请求。案件受理费 11800 元，减半收取 5900 元，由青岛某企业管理公司负担。

本院二审期间，青岛某企业管理公司提交：证据一、《×××全方位业务合作方案简介》，证明：1. 该方案区分“工伤意外责任”和“非工伤意外责任”，并加以不同的保险金额；2. 被上诉人是针对上诉人劳务派遣人员的“工亡/工伤”风险提供专属保险保障，并据此向上诉人宣传推销，最终被上诉人接受。证据二、《涉案保险合同格式条款与非格式条款保险责任对照表》，证明：1. 当被保险人身故时，涉案保险合同区分“工伤意外保障”和“非工伤意外保障”。在承担保险责任的条件、保障范围（包括责任免除范围）、给付保险金的条件和数额上，非格式条款与格式保险条款及《保障计划明细》相比有相当大不同。2. 在不考虑责任免除的情况下，被保险人许甲发生交通事故死亡且被认定为“因工死亡”，既符合被上诉人按照格式保险条款支付“意外身故保险金”80 万元的条件，也符合被上诉人按照非格式条款支付“工亡保险金”80 万元的条件，由于区分“工伤意外保障”和“非工伤意外保障”，故只能择一项保险金索要。3. 上诉人选择要求被上诉人按照“工伤意外保障范围”承担给付“工亡保险金”80 万元。4. 被上诉人按照格式条款《某团体意外伤害保险条款》2.5条免除其应给付“工亡保险金”80万元的责任，没有充分的合同依据。证据三、格式条款《某意外伤害保险（2013）条款》（在售）、《某附加一年交通意外伤害保险（2013）》（停售），证明：“无合法有效驾驶证驾驶”并不对所有的商业保险公司都是无法预测、无法精算、无法承担的风险。某保险公司青岛分公司质证称，证据一只是产品介绍，没有加盖保险合同的专用章，只是一个方案介绍，不具备约束力，与本案保险合同无关。证据二不认可，上诉人对特别约定条款理解错误，之所以约定特别约定是为了限制非工作期间的保额，发生意外的保险金额不同，工作期间出险最高80万元，非工作期间最高赔付20万元。一般来说，意外身故部分是否工伤都赔付80万元，根据上诉人协商，上诉人要求该方式进行赔付，可以大大减少上诉人的投保费用。证据三与本案无关。

本院对原审查明的事实予以确认。

本院认为，本案争议的焦点为：某保险公司青岛分公司是否应该承担保险赔偿责任。某保险公司青岛分公司主张，依据《某团体意外伤害保险条款》中免责条款的约定，被保险人无合法有效驾驶证驾驶发生保险事故的，属于保险责任免除范围，故被上诉人不应承担保险赔偿责任。青岛某企业管理公司抗辩称，《保险承保协议》中规定“特别约定”的内容不执行《某团体意外伤害保险条款》，故被上诉人依照“特别约定”承担责任时，不得以该《某团体意外伤害保险条款》规定的免责条款免除保险责任，而且本案不属于《保险合同》第4页特别约定第8条约定的免责情形，故被上诉人应当承担保险赔偿责任。本院认为，《保险承保协议》中的“特别约定”和《保险合同》中的“特别约定”，系对意外事故是否发生在工作期间进而最高保额不同进行区分的约定，并非指本案许甲发生交通事故的有关保险责任的认定不适用团体意外伤害保险条款，故青岛某企业管理公司的抗辩无事实和法律依据，本院不予采纳。本案中，被保险人无证驾驶导致保险事故，该情形符合《某团体意外伤害保险条款》2.5条责任免除中第（4）项的约定，且被上诉人已向青岛某企业管理公司履行了提示义务，故该免责条款对青岛某企业管理公司发生法律效力。一审判决认定某保险公司青岛分公司不承担保险赔偿责任并无不当，本院予以支持。

综上所述，青岛某企业管理公司的上诉请求不成立，一审判决认定事实清楚，适用法律正确，应予以维持。依照《中华人民共和国民事诉讼法》第一百七十条第一款第（一）项的规定，判决如下：

驳回上诉，维持原判。

二审案件受理费 11800 元，由青岛某企业管理公司负担。

本判决为终审判决。

审判长　姜　甲
审判员　汪　某
审判员　张　某
二〇二一年四月二十八日
法官助理　冯　某
书记员　姜　乙

评·析

一、案件争议焦点分析

本案属于被保险人无合法有效驾驶证驾驶机动车发生交通事故导致身故的典型案例，主要涉及两个争议焦点：保险合同的免责条款是否有效；被保险人在交通事故中承担次要责任是否属于免责条款规定的情形。

（一）第一个争议焦点：保险合同免责条款是否有效

根据《中华人民共和国道路交通安全法》的规定，驾驶机动车，应当依法取得机动车驾驶证；驾驶人应当按照驾驶证载明的准驾车型驾驶机动车，驾驶机动车时，应当随身携带机动车驾驶证；申请机动车登记时，应当接受对该机动车的安全技术检验；对登记后上道路行驶的机动车，应当依照法律、行政法规的规定，根据车辆用途、载客载货数量和使用年限等不同情况，定期进行安全技术检验；机动车上道路行驶，不得超过限速标志标明的最高时速，在没有限速标志的路段，应当保持安全车速。

在现实生活中，“无证驾驶机动车”“驾驶未按规定检验的机动车”和“行车未保持安全车速”均是大众熟知的违法行为，该类行为会严重影响正常的道路交通秩序、增加交通事故风险、危害人民群众的人身及财产安全。“无证驾驶”属于保险的责任免除范围已逐渐被社会大众所认可与了解，属于众所周知的事实。

本案中，被保险人未取得驾驶证驾驶未按规定进行安全技术检验的机动车，行车时未保持安全车速，该事实已由当地交警大队作出认定。被保险人的行为违反了《中华人民共和国道路交通安全法》的规定，属于明确违法行为。

根据《最高人民法院关于适用〈中华人民共和国保险法〉若干问题的解释（二)》的规定，保险人将法律、行政法规中的禁止性规定情形作为保险合同免责条款的免责事由，保险人对该条款作出提示后，投保人、被保险人或者受益人以保险人未履行明确说明义务为由主张该条款不生效的，人民法院不予支持；保险合同订立时，保险人在投保单或者保险单等其他保险凭证上，对保险合同中免除保险人责任的条款，以足以引起投保人注意的文字、字体、符号或者其他明显标志作出提示的，人民法院应当认定其履行了保险法第十七条第二款规定的提示义务；保险人对保险合同中有关免除保险人责任条款的概念、内容及其法律后果以书面或者口头形式向投保人作出常人能够理解的解释说明的，人民法院应当认定保险人履行了保险法第十七条第二款规定的明确说明义务。

本案中，保险合同免责条款中的“被保险人酒后驾驶、无合法有效驾驶证驾驶或驾驶无有效行驶证的机动车”是法律、行政法规中的禁止性规定情形，保险公司对该条款采用了“阴影、黑体、加粗、加深”等足以引起投保人注意的方式印刷，投保人已盖章确认知晓并同意遵守相关条款，保险公司履行了《中华人民共和国保险法》第十七条第二款规定的明确说明义务。

所以法院认定保险人已尽到明确说明义务，免责条款有效，对当事人具有约束力。

（二）第二个争议焦点：被保险人无合法有效驾驶证驾驶机动车在交通事故中承担次要责任是否应适用免责条款

交通事故责任是指车辆驾驶人员、行人、乘车人以及其他在道路上进行与交通有关活动的人员，因违反《中华人民共和国道路交通安全法》和其他道路交通管理法规、规章或存在过错行为，造成人身伤亡或财产损失所应承担的责任。公安机关交通管理部门根据交通事故当事人的行为对发生交通事故所起的作用以及过错的严重程度，确定当事人的责任。

本案中，被保险人未取得驾驶证驾驶未按规定进行安全技术检验的机动车上路、行车时未保持安全车速违反了《中华人民共和国道路交通安全法》的规定，被保险人的过错行为与案外人的过错行为共同导致交通事故，交警大队出具的《交通事故认定书》中认定被保险人负事故的次要责任，无论被保险人在交通事故中的责任占比如何，均属于导致保险事故发生的原因。因此，一审法院认为无合法有效驾驶证驾驶机动车属于法律的禁止性规定，不仅会危及驾驶人本人的生命安全，对于公共交通安全也是巨大的隐患，本案合同约定的免责条款其本意在于只要存在无合法有效驾驶证驾驶机动车的情形，即构成免责事由，因此，驾驶人在交通事故中的主次责任并非认定某保险公司青岛分公司是否应该承担保险赔偿责任的考量范畴。本案被保险人许甲无合法有效驾驶证驾驶机动车发生交通事故死亡的情形，属于某保险公司青岛分公司在涉案保险合同中的免责事由，且青岛某企业管理有限公司对该免责条款业已知晓，故某保险公司青岛分公司依法不应承担本案保险赔偿责任。

二、其他涉及“无证驾驶”情形的实务启示

本案属于被保险人“无证驾驶”的过错行为完全契合保险合同免责条款的典型案例，对于几类特殊情况的“无证驾驶”有如下几点实务启示。

（一）无合法有效驾驶证驾驶三轮电动车（经鉴定为机动车范畴）的责任认定

在日常三轮电动车发生的交通事故中，交警大队出具的《交通事故认定书》通常会认定三轮电动车属于机动车、驾驶人员无合法有效驾驶证，驾驶人员承担一定的责任，保险公司通常会根据《交通事故认定书》作出“被保险人无合法有效驾驶证驾驶机动车，导致意外事故”拒赔决定。

三轮电动车的使用主要集中在远离城市中心的偏远郊区或农村地区，对于电动三轮车的管理相对不完善，三轮电动车无须持有机动车驾驶证并且当地缺乏办理机动车驾驶证照的正当途径。法院在审理该类案件时会充分考虑现阶段各个地区对三轮电动车的行政管理现状，本着公平原则和实事求是的立法精神作出裁判。若让无法申领驾驶证的电动车骑行人，仅基于交警部门的认定结果来承担保险合同免责条款中“无合法有效驾驶证驾驶机动车”的同等风险，法院认为这加重了被保险人的责任，对被保险人有失公允，保险公司的拒赔理由较难得到法院的支持。

为减少该类案件产生的争议，保险公司在作出理赔决定时，首先要充分考虑案发地的实际情况及被保险人在交通事故中承担的责任比例。其次，保险公司可以对保险合同免责条款进行完善和明确，使机动车的范围包括需持证上牌的超标电动车和已纳入机动车管理的三轮电动车。

（二）无特种设备操作证操作叉车等特种设备的责任认定

根据《中华人民共和国特种设备安全法》《特种设备作业人员监督管理办法》的规定，叉车等场（厂）内机动车辆属于特种设备，操作叉车需要持有特种设备操作证，而不是驾驶证。若保险公司依据“被保险人无合法有效驾驶证驾驶机动车导致事故”拒赔，很难得到法院的支持。

为避免该类案件争议风险，保险公司可以对保险合同免责条款进行完善和明确，将“无国家有关部门核发的有效操作证使用各种专用机械车、特种车、特种设备”纳入免责范围。

团体重大疾病保险中对限定医疗措施的格式条款效力的认定

湖北省荆州市中级人民法院
（2021）鄂 10 民终 58 号民事判决书

（2021 年 2 月 24 日）

案·情

2017 年 6 月 8 日，舒甲向某保险公司申请投保“团体重大疾病保险”，保单生效日期为 2017 年 6 月 17 日，保险期间为一年，即 2017 年 6 月 17 日至 2018 年 6 月 16 日，保险金额为 15 万元。2018 年 1 月 11 日，舒甲因病在某医院住院治疗，被诊断为主动脉夹层，于次日经过右腹股沟切口置入主动脉内大支架的手术治疗。舒甲出院后向某保险公司申请理赔，某保险公司以舒甲并没有实施合同约定的开胸或开腹手术，而仅仅是在主动脉放置覆膜支架、不符合合同条款约定为由，于 2020 年 8 月 14 日向舒甲出具了理赔决定书，决定不予给付重大疾病保险金。舒甲遂提起诉讼。一审法院判决某保险公司支付保险金，某保险公司不服一审裁判结果提起上诉，二审法院经审理维持一审裁判结果。

判决书正文

上诉人（原审被告）：某保险公司荆州中支公司，住所地：湖北省荆州市沙市区。

被上诉人（原审原告）：舒甲，男，1960 年 7 月 20 日出生，汉族，住湖北省监利市。

委托诉讼代理人：舒乙，男，1988 年 1 月 20 日出生，汉族，住湖北省监利市，系舒甲之子。

原审被告：某保险公司荆州中支公司监利营销服务部，住所地：湖北省监利市。

上诉人某保险公司荆州中支公司因与被上诉人舒甲、原审被告某保险公司荆州中支公司监利营销服务部（以下简称某保险公司监利服务部）人身保险合同纠纷一案，不服湖北省监利县人民法院（2020）鄂 1023 民初 1962 号民事判决，向本院提起上诉。本院于 2021 年 1 月 4 日立案后，依法组成合议庭，公开开庭进行了审理。某保险公司监利服务部经本院传票传唤未到庭参加诉讼。本案现已审理终结。

某保险公司荆州中支公司上诉请求：1. 撤销原一审判决内容，依法改判驳回被上诉人的诉讼请求，即上诉人不用向被上诉人支付保险金 15 万元；2. 一审、二审诉讼费用由被上诉人全部承担。事实与理由：一、被上诉人实施的手术，并不符合保险条款的约定。根据《某团体重大疾病保险条款》6. 7. 25 主动脉手术“指为治疗主动脉疾病，实际实施了开胸或开腹进行的切除、置换、修补病损主动脉血管的手术。主动脉指胸主动脉和腹主动脉，不包括胸主动脉和腹主动脉的分支血管。动脉内血管成形术不在保障范围内”。被上诉人并没有实施开胸或开腹手术，仅仅是在主动脉放了覆膜支架，明显不符合合同条款的约定，不满足赔偿条件。二、按照保险法的规定，格式条款有争议，首先按通常理解解释，有两种以上解释的，作出有利于被保险人和受益人的解释。根据《中华人民共和国保险法》第三十条“采用保险人提供的格式条款订立的保险合同，保险人与投保人、被保险人或者受益人对合同条款有争议的，应当按照通常理解予以解释。对合同条款有两种以上解释的，人民法院或者仲裁机构应当作出有利于被保险人和受益人的解释”。《某团体重大疾病保险条款》6. 7. 25 条款明确约定开胸或开腹，并没有约定包括开腹股沟，该条款不存在任何争议，而一审法院却解释还包括腹股沟，明显曲解了合同的约定和法律规定。另外，即使按照一审法院腹股沟也是腹部的一部分，被上诉人实施的手术（安放覆膜支架）也不符合切除、置换、修补病损主动脉血管的手术。综上所述，一审法院的判决错误，请求二审法院核实相关事实后，对一审予以改判，维护上诉人的合法权益。

被上诉人舒甲辩称：一审判决认定事实清楚，适用法律正确，请依法驳回上诉。

原审被告某保险公司监利服务部未提交书面的陈述意见。

舒甲向一审法院起诉请求：1. 判令二被告向原告支付保险金 15 万元；2. 本案的诉讼费用由二被告承担。

一审法院认定事实：2017 年 6 月 8 日，舒甲向某保险公司监利服务部申请投保“团体重大疾病保险”，保单生效日期为 2017 年 6 月 17 日，保险期间为一年，即 2017 年 6 月 17 日至 2018 年 6 月 16 日，保险金额为 150000 元。2018 年 1 月 11 日，舒甲因病在某医院住院治疗，被诊断为主动脉夹层，于次日经过右腹股沟切口置入主动脉内大支架的手术治疗。舒甲出院后向某保险公司监利服务部和某保险公司荆州中支公司申请保险理赔，某保险公司荆州中支公司于 2020 年 8 月 14 日向舒甲出具了理赔决定书，决定不予给付重大疾病保险金。舒甲遂提起诉讼。另查明，某保险公司监利服务部隶属于某保险公司荆州中支公司，没有独立的财产预算系统，不具备独立承担法律责任的能力。

一审法院认为：舒甲在某保险公司监利服务部投保了“团体重大疾病保险”，缴纳了保险费，双方之间的保险合同关系成立，合法有效，具有约束力。舒甲身患主动脉夹层疾病，进行了主动脉手术，根据保险合同的约定，舒甲应获得相应保险金，某保险公司荆州中支公司予以拒赔，构成违约，应承担违约责任，对舒甲要求某保险公司荆州中支公司支付保险金的诉讼请求，本院予以支持。保险条款约定动脉手术指为治疗主动脉疾病，实际实施了开胸或开腹进行的切除、置换、修补病损主动脉血管的手术。某保险公司荆州中支公司以舒甲实施主动脉手术时没有开腹为由，予以拒赔。手术时，为放入支架，在舒甲的右腹股沟切开了口子，腹股沟位于腹部的边缘，保险条款并没有明确排除腹股沟不是腹部的一部分，亦没有排除切开腹股沟不是开腹。况且，该保险条款为某保险公司荆州中支公司提供的格式条款，对格式条款有两种以上解释时，应当作出不利于提供格式条款一方的解释，因此，对某保险公司荆州中支公司认为舒甲并没有进行开腹手术，仅仅是在主动脉放了覆膜支架，明显不符合合同条款的约定，不构成赔偿条件的抗辩理由，本院不予采纳。某保险公司监利服务部没有独立承担法律责任的能力，其责任应由某保险公司荆州中支公司承担。一审依照《中华人民共和国合同法》第八条、第四十一条、第六十条、第一百零七条、第一百零九条和《中华人民共和国民事诉讼法》第一百四十二条之规定，判决：一、某保险公司荆州中支公司于本判决生效后十日内给付舒甲保险金150000元；二、驳回舒甲的其他诉讼请求。一审案件受理费3300元，减半收取计1650元，由某保险公司荆州中支公司负担。

二审中，上诉人某保险公司荆州中支公司提交《某保险公司保单回执》，拟证明将保险合同、发票交给为被保险人在内的256人购买案涉保险的经办人刘某，也说明保险公司对保险条款尽到提示和说明义务。被上诉人舒甲质证认为，是上诉人对其公司出具的回执，只能证明上诉人知道；是上诉人投保的保险合同，与舒甲保险合同号码不一致，不能证明向舒甲尽到合理提示义务。

被上诉人舒甲在二审中提交了舒乙与某保险公司监利服务部营销员的微信记录及视频，拟证明按照保险合同约定，赔付保险额是15万元。上诉人某保险公司荆州中支公司对有关保额是15万元没有异议。

原审被告某保险公司监利服务部在二审中未提交新证据，也未到庭参加诉讼陈述意见。

综合当事人举证、质证意见，本院对当事人在二审中提交的证据审查认为：上诉人某保险公司荆州中支公司提交的《某保险公司保单回执》系复印件，对方当事人持有异议，本院不予采信。上诉人某保险公司荆州中支公司对被上诉人舒甲在二审中提交的证据有关保额是15万元没有异议，本院对此予以确认。

二审查明：舒甲于2018年1月11日21时45分在某医院入院，该院同日22时01分的《病危通知单》载明："目前诊断：主动脉夹层病情危重情况：患者目前随时可因主动脉夹层破裂大出血而死亡"，其《出院记录》载明患者有手术指征、《手术记录》载明手术名称为降主动脉内覆膜支架腔内隔绝术。二审查明的其他事实与一审认定的事实一致。

本院认为：双方当事人对案涉保险合同合法有效、被保险人舒甲所患主动脉疾病均无异议。双方争议的焦点是案涉手术取腹股沟切口、行降主动脉内覆膜支架腔内隔绝术是否符合合同约定的主动脉手术。

本案中，被保险人舒甲患病住入某医院，该院《病危通知单》载明目前诊断主动脉夹层，其《出院记录》载明患者有手术指征。在舒甲有手术适应症，且所患主动脉疾病危及生命时，舒甲有权选择有利于生命健康的最佳治疗方式与先进的治疗技术。《中华人民共和国保险法》第十九条规定："采用保险人提供的格式条款订立的保险合同中的下列条款无效：（一）免除保险人依法应承担的义务或者加重投保人、被保险人责任的；（二）排除投保人、被保险人或者受益人依法享有的权利的。"因此，对主动脉手术，保险人某保险公司荆州中支公司不能以被保险人舒甲没有按其提供的格式条款中"实际实施了开胸或开腹进行的切除、置换、修补病损主动脉血管的手术"的方式治疗而免除自己的保险责任。综上所述，上诉人某保险公司荆州中支公司的上诉请求应予驳回，一审判决应予维持。依照《中华人民共和国民事诉讼法》第一百七十条第一款第一项规定，判决如下：

驳回上诉，维持原判。

二审案件受理费3300元，由上诉人某保险公司荆州中支公司负担。

本判决为终审判决。

审判长　郭　某
审判员　陶　某
审判员　谢　某
二〇二一年二月二十四日
书记员　邱　某

评·析

重大疾病保险亦即重疾险是指以被保险人出现保险合同约定的重大疾病为给付保险金条件的保险。即使中国保险行业协会制定的《重大疾病保险的疾病定义使用规范（2020年修订版）》与保险合同均对各类重大疾病作出明确的定义，但仍无法消解实践中投保人、被保险人与保险人对重疾的差异理解，其中的争议焦点之一便是对重疾定义中关于限制医疗方式的表述。

司法实践中，关于限定被保险人治疗方式的格式条款是否有效争议较大，这实质上是由于保险设计原理与司法审判对重疾的判定逻辑不同所导致的。从保险设计原理上看，保险合同约定被保险人必须按照合同约定的治疗方式治疗，否则不予赔付的条款是保险公司防止欺诈和控制风险的有效手段。防止欺诈，即将手术治疗方式作为确诊疾病严重程度的辅助性判定手段；控制风险，即将特定手术方式纳入保险保障范围，也就是说，保险保障的其实是因某种疾病所引发的特定手术开支风险，如案号为（2020）粤03民终12077号的案例中，被保险人因“脑动脉瘤破裂造成蛛网膜下腔出血”实行了动脉瘤栓塞手术，而非保险合同约定的开颅手术，故保险人拒赔。保险人在上诉中提出，在2017年之前，有关脑出血的治疗方式，已长期并行存在开颅夹闭手术和血管内栓塞术，并从医学界达成的共识看，两种手术并无优劣之分，需要根据病患的疾病严重程度及病患体质等具体情况选择适用。而条款设置了疾病加治疗方式作为重疾赔付标准，是根据医学共识，对病情严重程度进行考量和选择的结果。本案也属于该种情况，即保险合同保障的是开胸或开腹手术所支出的费用，而不是“主动脉夹层”这一疾病，因而被保险人的治疗方式不属于保险合同约定的保障范围之内。

但司法实践中，除少数法院将医疗方式认定为保险责任范围而判决保险人胜诉［如（2018）京04民终167号］，认定该条款无效的观点仍占主流地位。该类观点主要考量的因素包括以下方面：

首先，依据《健康保险管理办法》（中国银保监会令2019年第3号）第二十二条“保险公司拟定保险产品条款，应当尊重被保险人接受合理医疗服务的权利，不得在条款中设置不合理的或者违背一般医学标准的要求作为给付保险金的条件”。被保险人有权根据自身身体状况，选择具有创伤小、死亡率低、并发症发生率低的治疗方式，这是病患的基本权利。并且人寿保险的保险期间往往较长，随着医疗技术的进步，许多原先的治疗方式或者手术方式已被先进的医疗技术或者治疗方式所取代，因此保险合同中关于限制或者排除被保险人对疾病的治疗方式或者手术方式的选择不符合医疗技术发展规律。保险人以限定治疗方式来限制被保险人获得保险赔偿的权利，实际上限制了被保险人享有的对疾病治疗方式的选择权。

其次，保险合同是典型的格式合同，以不满足合同约定的医疗措施而拒绝承担保险责任，是以特定义务的履行作为赔付要件，属于隐藏性义务条款，该条款将保险人控制风险的责任转嫁于被保险人，加重了被保险人的法定义务。在司法实践中通常会被法院认定为排除投保人、被保险人依法享有的权利的格式条款而无效。

正如上述分析所述，实践中有诸多法院直接将限制治疗方式的条款认定为免责条款，如在（2017）吉 02 民终 189 号案件中，法院认为："结合本案保险合同，其所指的重大疾病不仅通过列举方式对重大疾病的名称予以限制，还对重大疾病所处的状态及治疗情况加以限制，明显减轻了保险人的责任。"在（2017）桂 0802 民初 1302 号案件中，法院认为："该条款中的'经诊断后已经进行了至少 90 天的规律性透析治疗或实施了肾脏移植手术'属于保险人在该病情基础上增加的情形，对治疗方式、天数进行了明确限制，并据此拒绝理赔，本质上也应认定为免责条款。"对于前述两案的裁判，有专业人士也提供了不同的观察视角①：

两家法院在认定限制治疗方式条款的性质时，采取的是"限制即免责"的判断方法。申言之，只要符合保险合同中关于重大疾病名称的表述——"终末期肾病（或称慢性肾功能衰竭尿毒症期）"中的核心要素"肾功能衰竭"，即构成了保险人承保的"重大疾病"，而关于满足治疗方式的条件则是保险人单方免责的托词。如此认定固然使被保险人的利益得到了最充分的保障，但不免有免责条款认定泛化进而加重保险人责任之虞。就案件所涉"终末期肾病"，两家保险公司的保险合同均采用了《重大疾病定义规范》中的表述，这既是该行业规范载明的要求，亦反映了保险业者在承保时普遍认可的可保风险外延，因而对于重大疾病的定义事实上是对承保的风险的限定。这些条款不在"责任免除"项下，其存在的目的不是免除保险人的责任，而是明确保险人在何种情形下需要承担责任。"保险是分散危险、消化损失的一种经济制度。换句话说，也就是将不幸而集中于个人的意外危险以及由该危险而产生的意外损失，通过保险而分散于社会大众，使之消化于无形。"（李玉泉，2003）保险人从中起到了聚合忧虑风险者，帮助其组成风险共同体，进而归拢风险，在风险现实化时代共同体行扶危救困之作用。由此，"保险人经营的动力和利润来源主要是对特定风险的承担。厘定和区分不同类型的风险，对售卖的保险商品的承保范围通过责任范围的约定进行限制是保险经营的常态。"（潘红艳，2013）那么，免责条款存在的意义是将本身应当由保险人承担的风

① 沙孝能．重大疾病保险中限制治疗方式条款的认定与解释——以涉及终末期肾病保险合同纠纷的司法裁判为例［J］．上海保险，2019（10）：29.

险在特定情形下加以限制，而非对是否属于保险责任范围进行判断。重大疾病保险中对于某一疾病的定义，归根结底是对保险责任的划定，哪怕认为有不合理之处，也只是发挥着限定承保范围的作用，故不宜认定为免责条款。如果将疾病定义中涉及关于疾病状态、治疗方式等表述均视为免责条款，则会造成保险人的提示说明义务过分繁重，无端增加经营成本并且在一定程度上影响缔约效率。

以死亡为保险金给付条件的保险合同中代签名法律效力的认定

湖南省常德市中级人民法院

（2021）湘07民终608号民事判决书

（2021年6月17日）

案·情

2018年1月，向甲的父亲向乙以向甲为投保人、被保险人在某保险公司购买终身寿险（分红型）及四款附加险。主险某终身寿险（分红型）第六条约定："在本合同保险责任开始后的有效期内，本公司依照下列约定承担保险责任：一、非意外伤害身故或全残保险金给付……；二、意外伤害身故或全残保险金给付……。"2020年8月，向甲以某保险公司为被告向法院提起诉讼，主张相关保险合同投保人为其父亲向乙，其作为被保险人在投保时并未在投保材料签字确认，要求法院确认保险合同无效，判令公司退还全额保险费。

2020年9月，在法院庭审过程中，向甲向法庭提出对《人身保险投保提示书》《个人保险投保单》《保单回执》中本人签名真实性进行鉴定。2020年11月，司法鉴定中心作出鉴定意见为"向甲签名字迹与送检字迹不是同一人所写"。一审法院判决向甲与某保险公司签订的保险合同无效，某保险公司向向甲返还保险费。某保险公司对一审判决不服，向二审法院提起上诉。二审法院认为向甲的行为构成对保险合同代签名的追认，判决撤销一审判决，驳回向甲的全部诉讼请求。

判决书正文

上诉人（原审被告）：某保险公司常德中支公司，住所地：常德市武陵区。

被上诉人：向甲，女，1994年3月28日出生，土家族，住湖南省石门县。

上诉人某保险公司常德中支公司（以下简称某保险公司）因与被上诉人向甲人身保险合同纠纷一案，不服湖南省常德市武陵区人民法院（2020）湘0702民初3385号民事判决，向本院提起上诉。本院于2021年2月19日立案后，依法组成合议庭进行了审理。本案现已审理终结。

某保险公司上诉请求：1. 撤销一审判决，依法改判双方之间保险合同依法有效，驳回向甲退还保险费的诉讼请求。事实与理由：一审判决在向甲无任何证据证明的情况下，认定案涉保险合同的投保人系向甲的父亲，属于认定事实错误。某保险公司在一审时提交的证据均可以证实案涉保险合同的投保人系向甲本人：《人身保险投保提示书》《个人保险投保单》《保单回执》中，投保人签名处均记载为向甲，并非向甲的父亲；保险费支付凭证中显示连续三年缴纳保险费的缴费人为向甲本人，缴费方式为银行转账，银行卡账号为向甲本人账户；录音回访中，公司客服专员问向甲本人“您投保了一份终身寿险（分红型）（2017版）附加……交一年保一年，首次共缴纳保费10625元，请问清楚吗?”向甲本人回答“清楚”。而向甲在一审并未提交投保人为其父亲的相关证据，一审判决认定案涉保险合同的投保人系向甲父亲属事实认定错误。2. 退一万步讲，即使一审法院有意适用《保险法》第三十四条，根据保险法相关司法解释规定，可以视为向甲本人同意并认可案涉保险。首先，向甲已在一审起诉状中自认，其在一审诉状中称“原告及原告父亲才向被告公司确认”，由此可知向甲已向某保险公司确认，某保险公司对向甲追认事实已无须举证。其次，保险费支付凭证显示系向甲本人银行卡向某保险公司连续三年支付保险费、回访记录中向甲的亲口承认，均可以证明向甲进行了追认，因此可以视为向甲同意并认可案涉保险。3. 一审法院未适用《最高人民法院关于适用〈中华人民共和国保险法〉若干问题的解释（二）》第三条规定系适用法律错误。在非本人签名的情况下，只要保险费系本人所交，即视为对签名的追认。故即便《人身保险投保提示书》《个人保险投保单》《保险回执》中非向甲本人签名，但本案三年保险费均系向甲所交，也应当视为对代签名的追认。4. 一审鉴定费用应当由向甲负担。向甲对《人身保险投保提示书》《个人保险投保单》《保单回执》中非向甲本人签名的鉴定并不能解决向甲对代签名追认的问题，因此该鉴定毫无必要，属于对证明待证事实无意义的问题。并且，本案向甲申请鉴定并未在举证期限届满前提出，某保险公司对向甲在一审庭后要求申请鉴定表示程序异议。鉴定费等费用应当由负举证义务的一方负担而不是应当由某保险公司负担。

向甲辩称，一审认定事实清楚，适用法律正确，应予维持，某保险公司的上诉理由不能成立，应予驳回。案涉保险合同相关文书资料中向甲的签名并非本人所签，向甲不是案涉保险的投保人，保险费也并非向甲所交，本案保险合同是无效合同。诉讼费由败诉方负担，鉴定费也应由某保险公司负担。

向甲向一审法院起诉请求：1. 判令保险合同无效；2. 某保险公司退还向甲保险费 31890 元；3. 某保险公司承担本案诉讼费。

一审法院认定事实：2018 年 1 月 2 日，向甲的父亲向乙代向甲在某保险公司投保人身保险，投保主险为某保险公司终身寿险（分红型）（2017 版），交费期限为 15 年，保险期间为终身，保险金额 300000 元，每期保险费 7890 元。附加险为某重大疾病保险（2017 版），交费期限 15 年，保险期间为终身，保险金额 150000 元，每期保险费 2355 元；附加险某费用补偿医疗保险（A 款），交费期限 1 年，保险期间 1 年，保险金额 150000 元，每期保险费 208 元；附加险住院费用补偿医疗保险（D 款），交费期限 1 年，保险期间 1 年，保险金额 5000 元，每期保险费 135 元；附加险意外门急诊医疗保险，交费期限 1 年，保险期间 1 年，保险金额 3000 元，每期保险费 208 元。主险和附加险每期保险费共计 10625 元。其中某终身寿险（分红型）（2017 版）第六条约定："在本合同保险责任开始后的有效期内，本公司依照下列约定承担保险责任：一、非意外伤害身故或全残保险金给付……；二、意外伤害身故或全残保险金给付……。"附加险保险合同均约定，主保险合同效力终止，附加险合同效力终止。在《个人保险投保单》《人身保险投保提示书》《保单回执》中投保人签名处有"向甲"的签名。某保险公司代理人在《代理人报告书》上签名，其声明：本人确认已就投保单中投保告知和健康告知的所有内容当面向投保人、被保险人询问和说明，见证经由投保人、被保险人亲自告知并亲笔签名无误……某保险公司分别于2018年1月1日、2019年1月2日、2020年1月2日从向甲的账户扣收保险费10625元、10633元、10633元，共计31891元。2020年9月24日，向甲以《个人保险投保单》《人身保险投保提示书》《保单回执》中签名非本人所签，向一审法院申请鉴定。一审法院依法委托常德司法鉴定中心对上述签名进行鉴定，该鉴定中心于2020年11月27日作出常德司鉴中心〔2020〕文鉴字第37号司法鉴定意见书，鉴定意见为：签名日期为2018年1月1日《人身保险投保提示书》、签署日期2018年1月2日《个人保险投保单》和签收日期2018年1月10日《保单回执》上“向甲”签名字迹与送检的向甲字迹不是同一人所写。向甲为该鉴定支付鉴定费6900元。

一审法院认为，本案争议焦点：一、保险合同的效力；二、保险合同无效后，双方如何承担法律责任的问题。关于争议焦点一，《中华人民共和国保险法》第三十四条第一款规定，以死亡为给付保险金条件的合同，未经被保险人同意并认可保险金额的，合同无效。《最高人民法院关于适用〈中华人民共和国保险法〉若干问题的解释（三）》第一条规定，当事人订立以死亡为给付保险金条件的合同，保险法第三十一条第二款、第三十四条规定的“被保险人同意”可以采取书面、口头形式或者其他形式，可以事前作出，也可以事后追认。在下列情形中，应视为被保险人同意投保人为其订立保险合同：（一）被保险人同意投保人指定的受益人；（二）被保险人在投保人的回访中未明确表示不同意；（三）被保险人明知他人代其签名同意而未表示异议的；（四）其他可以认定被保险人同意的情形。本案中，向甲的父亲向乙代向甲投保的某保险公司某终身寿险（分红型）（2017版），明确约定了被保险人如身故，某保险公司如何支付保险金的内容，属于以死亡为给付保险金条件的保险，应经过被保险人向甲的同意，但《个人保险投保单》《人身保险投保提示书》《保单回执》中并非向甲本人签名，且向甲向一审法院起诉也不同意作为案涉合同的被保险人、对保险金额不予认可。某保险公司辩称，向甲在电话回访中未明确表示不同意，且连续三年缴纳了保险费，应视为向甲同意投保人为其订立保险合同。一审法院认为，案涉保险并非向甲本人投保，某保险公司在电话回访中并未告知向甲案涉合同是以死亡为给付条件的保险，也未与向甲确认保险金额，向甲对保险合同的性质并不清楚，某保险公司不能证明向甲有投保该保险的意愿，保险合同无效。关于争议焦点二，某保险公司终身寿险

（分红型）（2017版）保险合同无效，主险合同无效，根据附加险保险条款的约定，附加险合同效力终止。根据《中华人民共和国合同法》第五十八条规定，合同无效和被撤销后，因该合同取得的财产，应当予以返还，不能返还或者没有必要返还的，应当折价补偿。在案涉保险合同签订过程中，某保险公司的代理人在见证投保人签名中未尽到谨慎注意义务，对合同无效具有过错。鉴于本案保险合同无效，某保险公司从向甲处扣收的保险费应当予以返还，向甲主张返还31890元，应予以支持。依据《中华人民共和国合同法》第五十八条、《中华人民共和国保险法》第三十四条、《最高人民法院关于适用〈中华人民共和国保险法〉若干问题的解释（三）》第一条之规定。判决如下：一、确认向甲与某保险公司签订的保险合同无效；二、某保险公司于该判决生效之日起10日内对向甲返还保险费31890元。如果未按该判决指定的期间履行给付金钱义务，应当依照《中华人民共和国民事诉讼法》第二百五十三条规定，加倍支付迟延履行期间的债务利息。案件受理费798元，减半收取399元，鉴定费6900元，由某保险公司负担。

本院二审期间，当事人围绕上诉请求依法提交了证据。本院组织当事人进行了证据交换和质证。某保险公司向本院提交以下证据：1.中国邮政集团有限公司《信函寄送证明》，拟证明邮政集团受某保险公司委托在承保期间通过向甲地址对向甲邮寄红利通知信，证明向甲对投保的事实是明知的；2.《邮政银行代扣交易查询函》，拟证明向甲本人按保险合同约定连续支付了三年的保险费，保险费均由向甲本人账户支出。经质证，向甲对证据1的真实性、合法性、关联性均有异议，对证据2的真实性无异议，但认为不能达到证明目的，是向甲父亲为其投保。本院认为，某保险公司提交的证据1和证据2能证明某保险公司向甲寄送红利通知信和向甲的账户扣取保费的事实，本院予以采信。

本院审理查明，向甲在某保险公司2018年1月投保某保险公司人身保险，投保险种主险为某终身寿险（分红型）（2017版），交费期限15年，保险期间为终身，保险金额300000元，每期保险费7890元。附加险为某重大疾病保险（2017版），交费期限15年，保险期间为终身，保险金额150000元，每期保险费2355元；附加某保险公司费用补偿医疗保险（A款），交费期限1年，保险期间1年，保险金额150000元，每期保险费208元；附加险住院费用补偿医疗保险（D款），交费期限1年，保险期间1年，保险金额5000元，每期保险费 135 元；附加险意外门急诊医疗保险，交费期限 1 年，保险期间 1 年，保险金额 3000 元，每期保险费 208 元。主险和附加险每期保险费共计 10625 元。其中某终身寿险（分红型）（2017 版）第六条约定："在本合同保险责任开始后的有效期内，本公司依照下列约定承担保险责任：一、非意外伤害身故或全残保险金给付……；二、意外伤害身故或全残保险金给付……。"附加险保险合同均约定，主保险合同效力终止，附加险合同效力终止。在《个人保险投保单》《人身保险投保提示书》《保单回执》中投保人签名处有"向甲"的签名，《个人保险投保单》中载明被保险人为向甲，投保人栏目处为空白，投保单上注明如投保人为被保险人本人，可免填本栏。某保险公司提交了向甲投保时手持投保单进行拍照的照片，向甲在某保险公司的回访电话中明确表示其清楚购买保险并已收到保险合同，对保险条款中保险责任、责任免除情形知道，对分红情况、中途退保均清楚。某保险公司分别于 2018 年 1 月 1 日、2019 年 1 月 2 日、2020 年 1 月 2 日从向甲账户扣收保险费 10625 元、10633 元、10633 元，共计 31891 元。一审法院依法委托常德司法鉴定中心对案涉《个人保险投保单》《人身保险投保提示书》《保单回执》签名进行鉴定，该鉴定中心于 2020 年 11 月 27 日作出常德司法鉴中心〔2020〕文鉴字第 37 号司法鉴定意见书，鉴定意见为：签名日期为 2018 年 1 月 1 日《人身保险投保提示书》、签署日期为 2018 年 1 月 2 日《个人保险投保单》和签收日期为 2018 年 1 月 10 日《保单回执》上"向甲"签名字迹与送检的向甲字迹不是同一人所写。向甲为该鉴定支付鉴定费 6900 元。

本院认为，本案争议的焦点为向甲与某保险公司订立的案涉保险合同是否无效。

关于案涉保险合同的投保人，向甲与某保险公司签订的《个人保险投保单》中载明被保险人为向甲，投保人栏目处为空白，投保单上注明如投保人为被保险人本人，可免填本栏，且案涉保险的《个人保险投保单》《人身保险投保提示书》《保单回执》的投保人处均载明为向甲，连续三年向某保险公司缴纳保险费均是从向甲本人银行账户扣划，故本案的投保人和被保险人均应认定为向甲本人，向甲主张是其父亲为投保人无证据证实，该主张不能成立。

关于向甲主张案涉保险合同并非其本人所签，根据《最高人民法院关于适用〈中华人民共和国保险法〉若干问题的解释（二）》第三条规定：投保人或者投保人的代理人订立保险合同时没有亲自签字或者盖章，而由保险人或者保险人的代理人代为签字或者盖章的，对投保人不生效。但投保人已经缴纳保险费的，视为其对代签字或者盖章行为的追认。本案中，《个人保险投保单》《人身保险投保提示书》《保单回执》上的签名虽经鉴定非向甲本人所签，但某保险公司提交的向甲手持投保单的照片及回访录音均能证明向甲清楚其购买保险的事实，且向甲已在2018年1月、2019年1月、2020年1月缴纳3年保险费，该保险费均是从向甲本人银行账户进行扣款。依照前述法律规定，向甲已经缴纳保险费，应视为对代签字的追认。

关于向甲主张案涉保险合同以死亡为给付保险金未经其本人同意并认可保险金额属无效，根据《最高人民法院关于适用〈中华人民共和国保险法〉若干问题的解释（三）》第一条规定：当事人订立以死亡为给付保险金条件的合同，根据《保险法》第三十四条的规定，“被保险人同意并认可保险金额”可以采取书面形式、口头形式或者其他形式；可以在合同订立时作出，也可以在合同订立后追认。有下列情况之一的，应认定为被保险人同意投保人为其订立保险合同并认可保险金额：（一）被保险人明知他人代其签名同意而未表示异议的；（二）被保险人同意投保人指定的受益人的；（三）有证据足以认定被保险人同意投保人为其投保的其他情形。本案中，向甲手持投保单进行拍照的照片能证明其同意投保人投保，向甲在某保险公司的回访电话中明确表示其清楚购买保险并已收到保险合同，对保险条款中保险责任、责任免除情形知道，对分红情况、中途退保均清楚，并且连续三年向某保险公司缴纳保险费均是从向甲本人银行账户扣划，以上证据均足以证明向甲同意投保人为其投保。故本案中，即使投保人认定为向甲的父亲情况下，也可以认定向甲同意订立保险合同并认可保险金额。

故向甲以其未在投保单上签名及保险合同以死亡为给付保险金，未经向甲同意并认可保险金额属无效的主张不能成立。向甲以此请求某保险公司退还保险费31890元的诉讼请求不能予以支持。

综上所述，某保险公司的上诉请求成立，应予以支持。依照《最高人民法院关于适用〈中华人民共和国保险法〉若干问题的解释（二）》第三条、《最高人民法院关于适用〈中华人民共和国保险法〉若干问题的解释（三）》

第一条、《中华人民共和国民事诉讼法》第一百七十条第一款第二项规定，判决如下：

一、撤销湖南省常德市武陵区人民法院（2020）湘0702民初3385号民事判决；

二、驳回向甲的全部诉讼请求。

一审案件受理费798元，减半收取399元，鉴定费6900元，由向甲负担。二审案件受理费798元，由向甲负担。

本判决为终审判决。

审判长　钟　某
审判员　孙　甲
审判员　张　某
二〇二一年六月十七日
法官助理　孙　乙
书记员　郭　某

评·析

保险合同是保险人与投保人约定保险权利义务关系的协议，也是最大诚信合同，它要求保险人与投保人在订立保险合同的过程中必须体现当事人的真实意思表示。但是，在保险业务实践中，保险人经常会遇到代签字相关的投诉及诉讼纠纷，投保人或被保险人以保险合同的订立未经其本人签字而对合同效力提出质疑，代签字时保险合同效力认定纠纷一直存在。

本案中，法院将争议焦点归纳为向甲与某保险公司订立的案涉保险合同是否为无效合同。一审法院以保单性质属于以死亡为给付保险金条件的保险合同，被保险人签字处存在代签名为理由，认为保险合同不能反映被保险人真实意愿，公司未尽到谨慎注意义务，判决认定合同无效。二审法院认为，投保人以其实际行动履行合同义务且投保人与被保险人为同一人，此种情况下应当认定投保人对代签字行为进行了追认即被保险人同意该投保行为，进而承认保险合同的法律效力，对保险公司处理投保人、被保险人代签名相关争议具有一定指导意义。

一、投保人代签字是否必然导致合同无效

有关投保人代签字问题，投保人签字不真实，意味着投保人对保险合同的订立并非其真实意思表示，不满足《中华人民共和国民法典》第一百四十三条①规定民事法律行为的有效条件，除非投保人事后对保险合同的效力进行追认，否则合同应自始无效。但是，投保人如以其实际行动履行合同，如签收保险合同回执、在保险公司电话回访中确认、向保险公司缴纳保险费、办理保全手续等，则应视为对投保申请书代签字行为的事后追认，此种情况下弥补了前述意思表示不真实的要件瑕疵，故应当承认保险合同的法律效力。本案二审法院即认为向甲已经缴纳保险费、在某保险公司电话回访中未提异议等行为，应视为对代签字的追认。

二、以死亡为保险金给付条件的保险合同，未经被保险人签字是否必然导致合同无效

有关以死亡为给付条件的保险合同，未经被保险人同意是否必然导致保险合同无效的问题，《中华人民共和国保险法》第三十四条第一款规定，以死亡为给付保险金条件的合同，未经被保险人同意并认可保险金额的，合同无效。探究立法本意，《中华人民共和国保险法》作出此规定的根本目的是防范道德风险、维护社会公序良俗，并且意在防止投保人为图谋高额保险金而诱发对被保险人生命不利的危险。相对于原保险法的相关规定②来讲，现行保险法对被保险人同意的形式未作限制，采取了更宽泛的认定标准。同时，该规定进一步通过司法解释的形式予以明确。总体上，被保险人可以采取书面形式，亦可以采取口头形式，还可以具体行为作出同意的表示；既可以明示追认，又可以默示承认。该规定与《中华人民共和国民法典》第一百四十条③的规定基本内容一致，较好地实现了立法宗旨与法的实际运行的统一，既可以避免保险人利用

① 《中华人民共和国民法典》第一百四十三条，具备下列条件的民事法律行为有效：（一）行为人具有相应的民事行为能力；（二）意思表示真实；（三）不违反法律、行政法规的强制性规定，不违反公序良俗。

② 《中华人民共和国保险法》（2002 年版）第五十六条，以死亡为给付保险金条件的合同，未经被保险人书面同意并认可保险金额的，合同无效。

③ 《中华人民共和国民法典》第一百四十条，行为人可以明示或默示作出意思表示。沉默只有在法律规定、当事人约定或者符合当事人之间的交易习惯时，才可以视为意思表示。

法律规定的盲点减轻自身责任，也可以避免投保人、被保险人以被保险人未书面同意而主张合同无效。司法实践中，司法机关不会单一以被保险人必须在投保单或保险单上签字来确认死亡保险合同的效力。如果可以从被保险人的其他意思表示形式认定其同意投保以死亡为给付条件的保险合同，则即使被保险人未签字，只要不存在导致合同无效的其他情形以及《中华人民共和国保险法》第一百一十六条①、第一百三十一条②相关规定的情形，则应认定保险合同有效。具体到业务实践中，被保险人同意的方式可以体现为：出具书面确认材料、同意投保人变更被保险人相关信息或变更受益人、领取生存保险金、定期缴纳保险费等。

该案二审判决从事实出发，既肯定了合同当事人在签订保险合同实务中应当遵循诚实守信原则，又正确适用了保险法相关立法规定和司法解释，认定投保人、被保险人通过其具体的行为表现对代理人代签名行为进行了确认，从而肯定了保险合同的效力，体现了法律的公平、公正。

---

① 《中华人民共和国保险法》第一百一十六条，保险公司及其工作人员在保险业务活动中不得有下列行为：（一）欺骗投保人、被保险人或者受益人；（二）对投保人隐瞒与保险合同有关的重要情况；（三）阻碍投保人履行本法规定的如实告知义务，或者诱导其不履行本法规定的如实告知义务；（四）给予或者承诺给予投保人、被保险人、受益人保险合同约定以外的保险费回扣或者其他利益；……

② 《中华人民共和国保险法》第一百三十一条，保险代理人、保险经纪人及其从业人员在办理保险业务活动中不得有下列行为：（一）欺骗保险人、投保人、被保险人或者受益人；（二）隐瞒与保险合同有关的重要情况；（三）阻碍投保人履行本法规定的如实告知义务，或者诱导其不履行本法规定的如实告知义务；（四）给予或者承诺给予投保人、被保险人或者受益人保险合同约定以外的利益……

保险代理人在“自保件”业务中未履行如实告知义务须承担不利法律后果

福建省福州市中级人民法院

（2021）闽01民终4438号民事判决书

（2021年8月25日）

案·情

2018年8月29日，乐乙向某保险公司投保定期寿险，被保险人为其父亲乐甲，保险金额30万元，同时乐乙系该保单的保险代理人。2020年7月3日，乐甲独自一人在家中死亡。2020年7月5日9时28分，乐乙通过某保险公司微信公众号报案，称“被保险人在家中从二楼楼梯摔下，不幸去世”。同日，乐甲尸体被火化。2020年7月21日，乐乙正式递交理赔材料，其中某县公安局派出所出具的《关于乐乙报警事项接出警情况说明》载明“初步判断乐甲系意外死亡”。县卫生院出具的《居民死亡医学证明（推断）书》载明“死亡原因：从二楼意外跌落”。

接报案后，经某保险公司调查发现乐甲投保前患有慢性阻塞性肺疾病、矽肺病多年，且多次住院治疗，最后一次住院时间为2020年6月。某保险公司工作人员在走访殡仪馆时还发现了一份县卫生院于7月4日出具的《居民死亡殡葬证》，载明“死亡原因：矽肺”。

2020年8月14日，某保险公司以“意外证据不足，投保前疾病投保时未如实告知”为由向乐乙寄送解除保险合同并拒赔的《理赔决定通知书》，该通知书于2020年8月26日送达乐乙。乐乙不服理赔决定，起诉要求某保险公司给付保险金30万元。该起诉讼案件历经一审、二审，均判决某保险公司不承担给付保险金的责任，并不退还保险费。

判决书正文

上诉人（原审原告）：乐乙，男，1985年7月28日出生，汉族，住福建省大田县。

被上诉人（原审被告）：某保险公司福州中支公司，住所地：福建省福州市台江区。

上诉人乐乙因与被上诉人某保险公司福州中支公司保险纠纷一案，不服福州市台江区人民法院（2021）闽0103民初510号民事判决，向本院提起上诉。本院立案后，依法组成合议庭进行了审理。本案现已审理终结。

乐乙上诉请求：1. 撤销一审判决；2. 改判支持乐乙的全部诉讼请求或将本案发回重审；3. 本案诉讼费用由某保险公司福州中支公司承担。事实和理由：一、一审法院关于乐乙系乐甲家属，且系保险行业从业人员及案涉保单代理人自称不了解投保人如实告知义务的辩解不符合常理的认定有误，应予纠正。1. 投保人是否为保险行业从业人员并不影响保险公司的明确说明义务，当保险从业人员作为投保人购买保险时，其身份已转变为普通消费者，不能因其职业或身份减轻、免除法律规定的强制性义务。2. 保险公司险种繁多，免责事由或如实告知义务不尽相同，作为保险从业人员，在未对特定险种进行培训前，不可能了解该险种的免责事由或如实告知义务等内容，一审法院仅以乐乙系保险从业人员即认定其应当知晓案涉保险合同的免责事由及如实告知义务，认定保险公司无须履行明确说明义务显属错误。最高人民法院《关于对〈中华人民共和国保险法〉第十七条规定的“明确说明”应如何理解的问题的答复》就“明确说明”进行了规定。庭审中，双方均明确案涉保险合同系通过手机APP以电子合同方式签订。乐乙一审提交的证据表明电子合同在签订过程中的界面与在案证据保险单完全不同，保险单及相应条款系投保人在成功购买保险后，另行形成数据电文形式的电子保单。且在电子投保页面，如实告知义务及免责事由等内容不足以引起投保人的注意，在滑动页面时极易忽略上述内容，保险人未设置必须观看或勾选“知道”等类似选项后方能跳转，不足以认定其履行了明确说明义务。某保险公司福州中支公司提交的《客户权益保障确认书暨保险合同回执》的送达时间为 2018 年 9 月 6 日，与合同签订之日，即 2018 年 8 月 28 日相差 10 日，已不符合法律规定的“签订保险合同之前或者签订保险合同之时”，不能以此认定其履行了明确说明义务。3. 案涉保险合同中其他免责条款均以加注背景色方式进行着重提示，而合同第 9.1 条亦属免责条款，却并未做出足以引起投保人注意的提示，根据《中华人民共和国保险法》第十七条之规定，合同第 9.1 条不产生效力，保险人无权根据该条款拒绝赔付。二、投保人未如实告知的事项与保险事故的发生不存在因果关系，乐甲系因跌落导致意外死亡，其死亡事实与所患病症之间不存在因果关系，其死亡原因属于保险责任范围，某保险公司福州中支公司应当承担给付保险金的责任。1. 2014 年福建省高级人民法院民二庭制定的《关于审理保险合同纠纷案件的规范指引》第三条是对近因规则适用的肯定，本案中导致被保险人死亡的直接原因即近因是意外而非疾病，故保险人应当依约支付意外死亡赔偿金。2. 适用《中华人民共和国保险法》第十六条第二款之规定的前提在于未履行告知义务足以影响保险人是否同意承保或提高保费，而该前提条件应由保险人承担举证责任，以证明未如实告知对保险事故存在严重影响。而本案中，某保险公司福州中支公司未对该因果关系提交任何证据。三、一审法院认定某保险公司福州中支公司于 2020 年 8 月 14 日邮寄送达《理赔决定通知书》的行为应视为行使了合同解除权，自 2020 年 7 月 21 日起算未超过三十日，属认定事实错误，应予纠正。1. 现有证据不足以证实某保险公司福州中支公司于 2020 年 8 月 14 日向乐乙寄送了《理赔决定通知书》，2020 年 8 月 14 日系《理赔决定通知书》载明的出具时间，而非邮寄时间。某保险公司福州中支公司亦未提交任何证据证明其系于 2020 年 8 月 14 日邮寄该通知，一审法院以出具时间认定为邮寄时间是错误的。2. 一审中，某保险公司福州中支公司自认乐乙系于 2020 年 7 月 5 日通过微信公众号报案，故应视为某保险公司福州中支公司于 2020 年 7 月 5 日即知道或者应当知道解除事由，一审法院以 2020 年 7 月 21 日窗口收件时间作为解除权形式的起算时间没有依据。3. 根据《中华人民共和国合同法》第九十六条之规定，合同解除时间应为乐乙收到通知书的时间，乐乙于 2020 年 8 月 26 日方收到拒赔通知，在无法确定某保险公司福州中支公司向乐乙邮寄的邮件内容的情况下，不能认定其有效行使了解除权，一审法院以通知书作出时间作为保险人行使解除权的时间属适用法律错误，应予纠正。

某保险公司福州中支公司辩称，一、一审判决关于乐乙故意不履行如实告知义务的认定是正确的，对保险人提出的健康问题履行如实告知义务是投保人的法定义务，也是其应当履行的最基本的合同义务。不如实告知有违诚信。提示投保人如实告知的保险条款并非免责条款。某保险公司福州中支公司一审证据5、证据6可以证实投保时，被保险人已患有慢性阻塞肺疾病、矽肺三期(晚期)。投保人于投保单第四部分“告知事项”中就问题11、问题14作否定回答可以证实其未履行如实告知义务。乐乙一审提交的投保流程视频亦可证实某保险公司福州中支公司有就被保险人的健康问题进行询问，但投保人未如实告知。此外，乐乙既是投保人，又是某保险公司福州中支公司的保险代理人，其作为保险代理人，应当履行指导和监督投保人如实告知的代理义务，且在其入职后，某保险公司福州中支公司有对其进行岗前赔偿，其较一般人更了解投保人的如实告知义务。二、乐乙关于被保险人的死亡原因与其未如实告知的内容不存在因果关系的主张是错误的，针对投保人欺诈，《保险法》第十六条赋予了保险人法定解除权，且本案中被保险人死亡原因系矽肺病而非意外跌落。首先，《保险法》第十六条规定的解除权并未将保险事故的发生原因与未如实告知的事项是否存在因果关系作为前提条件。保险合同是最大诚信合同，投保人应当如实回答保险人就保险标的提出的问题，否则双方信息不对称，保险人无法作出准确的承保决定。其次，被保险人死亡原因系矽肺病，该事实有县卫生院于2020年7月4日出具的《居民死亡殡葬证》以及被保险人身故前一个月连续住院的病案材料可予佐证。乐乙主张被保险人系因意外跌落导致死亡与客观事实不符，其于公安机关进行尸表检查后拒绝尸检，于尸体火化后方才报案，导致被保险人死亡原因无法查明。最后，《接出警情况说明》关于“初步判断系意外死亡”的意见不能证明被保险人的死亡原因是意外，根据公安部《法医学机械性损伤尸体检验规范 GA/T 168—2019》第4.2条的规定，公安机关作出“意外死亡”是相对于自杀、他杀而言的，与保险合同第8.3条约定的意外伤害的概念不同。三、一审判决认定某保险公司福州中支公司在30日内行使了《保险法》第十六条规定的合同解除权，认定事实清楚，适用法律正确。本案中，被保险人于2020年7月3日身故，乐乙于7月5日报案，于7月21日提交理赔资料，某保险公司福州中支公司于8月14日向乐乙邮寄《理赔决定通知书》解除合同，并未超过30日。某保险公司福州中支公司一审提交的快递物流信息可以证明于8月14日邮寄《理赔决定通知书》，该物流信息是乐乙在一审庭审中出示并提交的，某保险公司福州中支公司拍照打印后提供给法院。此外，某保险公司福州中支公司于8月14日还通过电话告知了乐乙理赔决定的内容，否则乐乙不可能主动找某快递公司查询快递。乐乙认为应当以其报案之日即7月5日以及《理赔决定通知书》送达之日即8月26日计算解除权行使期限是错误的。首先，乐乙于7月5日仅仅告知了被保险人身故的事实，并非《保险法》第十六条规定的保险人知道或者应当知道解除事由的时间。其次，《保险法》第十六条规定的是在30日内行使解除权，即作出解除合同的行为，而非要求解除通知需于30日内送达。

乐乙向一审法院起诉请求：1. 请求依法判令某保险公司福州中支公司向乐乙支付意外身故保险金30万元；2. 请求依法判令某保险公司福州中支公司向乐乙支付利息11550元（自2020年8月14日起按LPR一年期利率4倍暂计算至2020年11月13日，实际利息应计算至实际支付之日止）；3. 本案的全部诉讼费用由某保险公司福州中支公司承担。

一审法院认定事实如下：2018年8月29日，乐乙作为投保人，以乐甲为被保险人，向某保险公司福州中支公司投保定期寿险，保险期间自2018年8月29日零时起至2028年8月28日24时止或本合同列明的终止性保险事故发生时止，合同生效日为2018年8月29日，缴费方式是按年（10次交清），每期保险费为1554元，投保份数为3份，保险金额为300000元，身故受益人为法定。《某保险公司定期寿险条款》阅读指引处载明应当特别注意的事项：本合同有责任免除条款，请注意2.4条；有如实告知的义务——9.1条，保险条款是保险合同的重要内容，为充分保障您的权益，请您仔细阅读本保险条款等内容。《某保险公司定期寿险条款》第1.2条合同成立与生效载明，投保人提出保险申请、本公司同意承保，本合同成立。第2.3条保险责任——身故保险金或全残保险金中载明，（1）若被保险人因遭受意外伤害导致身故或全残，或在本合同生效或最后一次复效（以较迟者为准）之日起180日后因意外伤害以外的原因导致身故或全残，保险公司按本合同保险金额给付身故保险金或全残保险金，本合同终止。（2）若被保险人在本合同生效或最后一次复效（以较迟者为准）之日起180日内因意外伤害以外的原因导致身故或全残，公司按被保险人身故或确定全残时投保人根据本合同约定已支付的保险费总额给付身故保险金或全残保险金，本合同终止。并因本次事故伤害直接导致被保险人在该意外伤害事故发生之日起180日身故，本公司按该被保险人对应的保险金额给付意外身故保险金，本公司对该被保险人的保险责任终止。第3.2条保险事故通知载明，投保人、被保险人或受益人知道保险事故后应当在10日内通知保险人。

某保险公司福州中支公司向乐乙发送《客户权益保障确认书暨保险合同回执》，提示乐乙充分了解投保单中“投保须知”和“声明与授权”内容，并确认以准确如实填写投保单中“客户基本信息”“投保事项”“健康告知”及投保单的其他各项内容，特别是联系地址与电话，认真阅读并充分了解所购买的保险产品的“保险责任”“理赔”“给付”“续期交费”等条款内容，特别是“责任免除条款”“犹豫期条款”及“合同解除”的内容，并提示客户通过电子签名方式签收的电子回执与纸质回执具有同等的法律效力。乐乙于2018年9月6日通过电子签名方式签收确认。

2020年7月3日，乐甲在家中死亡。2020年7月4日，某县殡仪馆出具《居民死亡殡葬证》，载明死者姓名为乐甲，死亡日期为2020年7月3日，死亡原因为矽肺，并由县卫生院盖章确认。

2020年7月5日，乐乙通过微信公众号向某保险公司福州中支公司报案，登记的出险类型为意外，意外原因为在楼梯或台阶上跌倒或跌落，出险概要为乐甲于2020年7月3日因意外死亡在国内（除港澳台）中国出险，赔案说明为被保险人在家中从二楼楼梯摔下，不幸去世，死亡日期为2020年7月3日，死亡类型为正常死亡。

2020年7月9日，《居民死亡医学证明（推断）书》载明死者姓名为乐甲，死亡日期为2020年7月3日，死亡原因为从二楼意外跌落，死亡地点为家中，落款处由县卫生院盖章确认。

2020年7月9日，县公安局派出所出具《关于乐乙报警事项接出警情况说明》，载明2020年7月3日19时30分，该所接县局指挥中心指令，乐乙报警称，当日15时许其父亲乐甲一个人在家，后发现死于家卧室。接警后该所民警及我局刑侦大队民警、刑侦技术中队民警、法医出警到现场核实。经现场口头询问死亡家属及村医张某等人，死者乐甲原患有心脏病、尘肺病三级，日常生活需要吸氧。7 月 3 日 15 时许，乐甲与其子乐丙通话称感觉呼吸困难人难受，乐丙因在厦门便通知了亲属乐庚等人到现场查看，后村医张某到场查看判定乐甲已无生命特征。经该所民警、大田县公安局刑侦大队民警现场走访、刑侦技术中队民警现场勘验、法医尸表检验及结合县医院病历材料，乐甲尸表经法检验体表损伤轻微，排除机械性暴力损伤致死，因死者家属拒绝进一步解剖尸检，初步判断乐甲系意外死亡。

2020 年 8 月 14 日，某保险公司福州中支公司出具《理赔决定通知书》，告知该公司解除保险单，保单处理意见为不退还保险费，处理依据为“意外证据不足，投保前疾病投保时未如实告知，依据《保险法》第十六条”，并不承担该保险合同保险金给付责任，保单效力为保险合同终止，理赔决定依据为“意外证据不足，投保前疾病投保时未如实告知”。县殡仪馆于 2021 年 3 月 17 日出具证明，证实乐甲于 2020 年 7 月 5 日在县殡仪馆火化。

经查，乐甲分别于 2016 年 12 月 12 日至 19 日、2017 年 12 月 29 日至 2018 年 1 月 7 日先后两次进入县医院住院治疗，2016 年 12 月 19 日县医院出院记录显示出院诊断为慢性阻塞性肺疾病急性加重；煤工尘肺叁期表现；肺气肿；肺动脉高压；高脂血症。2018 年 1 月 7 日县医院出院记录显示出院诊断中，中医诊断为咳嗽、风热犯肺证，西医诊断为肺炎、尘肺、肺源性心脏病、心功能Ⅲ级（NYHA 分级）、高胆固醇血症。

一审法院又查明，县公安局派出所于 2020 年 10 月 29 日出具《家庭成员关系证明》，证明乐甲现存直系亲属关系如下：妻子张甲；母亲张乙；长子乐乙；长女乐丁；次女乐戊；次子乐丙；三女乐己。

一审诉讼中，双方均确认乐乙系案涉保单的保险代理人，案涉定期寿险的保险合同是通过手机 APP 中电子合同方式签订的，2019 年 11 月 4 日该保单受益人变更为乐乙。

乐乙陈述其为案涉保单保险代理人，但购买案涉保险时，其刚入职，其是在未经完整、系统入职培训情况下签订案涉保险合同，其对于保险公司的免责提示义务尚未十分了解，且在手机 App 中案涉保单的如实告知操作界面没有着重提示。乐乙于 2020 年 7 月 4 日已通过电话向某保险公司福州中支公司报案，于 2020 年 7 月 5 日通过微信公众号报案，于 2020 年 7 月 16 日前往某保险公司福州中支公司窗口咨询并填写理赔申请书，某保险公司福州中支公司理赔窗口于2020年7月21日收取乐乙提交的理赔材料。乐乙确认其于2020年8月26日收到某保险公司福州中支公司通过某快递公司邮寄的《理赔决定通知书》，某保险公司福州中支公司将乐乙电话中4位的6515错写成6548，乐乙辗转联系某快递公司才收到该快件。

某保险公司福州中支公司陈述其于2020年7月21日收取乐乙提交的理赔材料，乐乙递交的理赔材料中并没有关于被保险人投保前已患有矽肺病、慢性阻塞性肺疾病的内容，从理赔资料里面，其无法认定投保人在投保时未履行如实告知义务，还不知道有解除事由。其于2020年8月14日通过某快递公司将《理赔决定通知书》邮寄给乐乙，经查询，无法核实收件人电话号码是否填写错误。

一审法院认为：投保人乐乙，以乐甲为被保险人，向某保险公司福州中支公司投保定期寿险，并缴纳保险费，双方之间的保险合同关系成立，双方应依约履行。《某保险公司定期寿险条款》第9.1条、第9.2条，明确约定投保人如实告知义务，《个人人身保险产品投保提示书》第十条向投保人提示其注意履行该义务，《客户权益保障确认书暨保险合同回执》亦提示投保人充分了解投保单中“健康告知”“合同解除”等内容，投保人乐乙已经予以确认。乐甲分别于2016年12月12日至19日、2017年12月29日至2018年1月7日先后两次入院治疗，并被诊断患有肺炎、尘肺、肺源性心脏病等疾病。乐乙于2018年8月29日投保案涉保单时未履行如实告知义务，在《个人人身保险投保单》询问被保险人是否在最近一年内是否有反复的不适症状及是否患有呼吸系统疾病等问题时，均选择“否”。乐乙作为乐甲家属，且系保险行业从业人员及案涉保单保险代理人，自称其不了解投保人如实告知义务而未履行该义务的辩解意见，不合常理，一审法院不予采纳。依照《中华人民共和国保险法》第十六条之规定，及案涉保险合同条款第9.2条约定，某保险公司福州中支公司有权解除合同，合同解除权自保险人知道有解除事由之日起，超过三十日不行使而消灭。乐甲于2020年7月3日于家中死亡，某保险公司福州中支公司于2020年7月21日收取乐乙提交的理赔材料，并于2020年8月14日向乐乙邮寄送达《理赔决定通知书》，告知其解除案涉保险合同。某保险公司福州中支公司于2020年8月14日向乐乙邮寄送达《理赔决定通知书》的行为应视为行使了合同解除权，且自2020年7月21日起算未超过三十日，根据案涉保险合同条款第 9.1 条，某保险公司福州中支公司对合同解除前发生的保险事故，不承担给付保险金的责任，并不退还保险费。故乐乙提出的某保险公司福州中支公司应向其支付意外身故保险金 300000 元及利息的诉讼请求，事实与法律依据不足，一审法院不予支持。一审法院判决：驳回乐乙的诉讼请求。案件受理费 5973 元，减半计收取 2986.5 元，由乐乙负担。

当事人在一审程序中提交的证据已随一审卷宗移送本院。

二审中，乐乙围绕上诉请求向本院提交了福州某快递公司出具的《运输证明》。经质证与审查，某保险公司福州中支公司对该份证据客观性、合法性及关联性均不持异议，故本院亦予采信，并在卷佐证。

根据本案现有证据，本院对一审法院认定的事实予以确认。

此外，二审调查过程中，乐乙主张其于 2020 年 7 月 4 日已向某保险公司福州中支公司报案，但当本院询问是否有相关证据佐证其该项主张时，乐乙表示因移动公司仅保存半年的通话记录，故无法调取。

本院认为，本案的争议焦点在于乐乙是否未尽如实告知义务，某保险公司福州中支公司是否有权据此拒绝理赔并解除案涉保险合同。基于保险合同的特殊性，合同双方当事人应当最大限度地诚实守信，投保人依法履行如实告知义务，是最大限度地诚实守信的一项重要内容。本案中，乐乙作为专业的保险中介从业人员，亦系案涉保单的保险代理人，其较之普通的消费者，应当具备更高的保险专业知识，对投保人如实告知义务应当具有更加全面和清晰的认知。但其于投保时，未如实告知被保险人乐甲曾先后被诊断患有慢性阻塞性肺疾病急性加重、煤工尘肺叁期表现、肺气肿、肺动脉高压、高脂血症、肺炎、尘肺、肺源性心脏病、心功能Ⅲ级（NYHA 分级）、高胆固醇血症等疾病，于《个人人身保险投保单》中亦勾选否认被保险人在最近一年内有反复的不适症状及患有呼吸系统疾病。乐乙的行为明显有违诚信原则，属于故意不履行告知义务，且此足以影响某保险公司福州中支公司作出是否承保，是否提高保费的重要决定。根据《中华人民共和国保险法》第十六条第二款关于“投保人故意或者因重大过失未履行前款规定的如实告知义务，足以影响保险人决定是否同意承保或者提高保险费率的，保险人有权解除合同”、第四款关于“投保人故意不履行如实告知义务的，保险人对于合同解除前发生的保险事故，不承担赔偿或者给付保险金的责任，并不退还保险费”之规定，以及案涉《某保险公司定期寿险条款》第9.1条关于“如果您故意或者因重大过失未履行前款规定的如实告知义务，足以影响我们决定是否同意承保或者提高保险费率的，我们有权解除合同。如果您故意不履行如实告知义务，对于本合同解除前发生的保险事故，我们不承担给付保险金的责任，并不退还保险费”之约定，某保险公司福州中支公司有权据此拒绝理赔，并且解除案涉合同。乐乙上诉主张某保险公司福州中支公司未就前述保险条款作出足以引起投保人注意的提示，亦未履行明确说明义务，相关条款不产生效力。就此，本院认为，如实告知系法定义务，并非单纯免除保险人责任的条款，某保险公司福州中支公司于《客户权益保障确认书暨保险合同回执》中亦通过加黑、加粗的方式提示投保人充分了解投保单中“健康告知”“合同解除”等内容，乐乙于该回执中予以签字确认，可以认定某保险公司福州中支公司履行了明确说明义务。故对乐乙的前述上诉主张，本院不予支持。乐乙二审提交的由福州某快递公司出具的《运输证明》可以证实某保险公司福州中支公司确于2020年8月14日寄出了《理赔决定通知书》，行使了合同解除权。乐乙主张其系于2020年7月5日通过微信公众号报案，某保险公司福州中支公司于8月14日解除合同业已超过三十日。但本院注意到，在案证据《理赔申请材料签收单》可以证实某保险公司福州中支公司于2020年7月21日方才收取乐乙提交的理赔材料，即某保险公司福州中支公司最早于2020年7月21日方能知晓本案是否具备合同解除的相关事由。在乐乙未能提交相反证据佐证某保险公司福州中支公司于其初次报案时即已知道或应当知道合同解除相关事由的情况下，本院认为，某保险公司福州中支公司于2020年8月14日邮寄《理赔决定通知书》解除案涉保险合同，相关解除权的行使符合《某保险公司定期寿险条款》第9.2条之约定，亦符合《中华人民共和国保险法》第十六条第三款之规定。

此外，乐乙上诉主张乐甲所罹患的疾病并非导致其死亡的直接近因，乐甲的死亡原因属于保险责任范围，某保险公司福州中支公司应当承担给付保险金的责任。就此，本院认为，首先，如前所述，在乐乙故意未履行如实告知义务的情况下，某保险公司福州中支公司有权根据法律规定以及合同约定拒绝理赔并且解除保险合同。其次，根据县公安局派出所2020年7月9日出具的出警情况说明载明乐甲死亡前与其子通话称感觉呼吸困难人难受，一审法院于（2021）闽0103民初509号关联案件中调取的县殡仪馆于2020年7月4日出具的由县卫生院盖章确认的《居民死亡殡葬证》载明乐甲死亡原因系因患有矽肺，县卫生院于 2020 年 7 月 9 日盖章确认的《居民死亡医学证明（推断）书》载明乐甲的死亡应为意外跌落，现有证据确认乐甲的死亡原因存在矛盾。在双方对被保险人的死因存有争议的情况下，因乐甲家属拒绝进一步解剖尸检，且于 7 月 5 日径行将尸体火化，导致被保险人最终死亡原因无法确认，相关举证不能的法律后果应由乐乙承担。

综上所述，上诉人乐乙的上诉请求不能成立，应予驳回。一审判决认定事实清楚，适用法律正确，应予维持。依照《中华人民共和国民事诉讼法》第一百七十条第一款第一项规定，判决如下：

驳回上诉，维持原判。

二审案件受理费 5973 元，由乐乙负担。

本判决为终审判决。

审判长　吴　某

审判员　唐　某

审判员　杨　某

二〇二一年八月二十五日

法官助理　郑　某

书记员　钟　某

评·析

本案涉及三个争议焦点：1. 投保人乐乙是否存在故意不履行如实告知义务的情形；2. 被保险人乐甲的死亡原因是意外还是疾病，如何分配举证责任；3. 保险公司行使保险合同解除权期限的起止时间如何认定。

一、投保人乐乙是否存在故意不履行如实告知义务的情形

本案乐乙是通过网络渠道投保保险，诉讼过程中其主张保险公司举证的电子投保单与其投保时在手机上看到的内容不一致，投保过程中其并未看到关于被保险人健康状况的问题，且答案是系统自动勾选，并非其告知的内容。为此，乐乙向法院提交了一份重新投保的手机录屏。

根据《最高人民法院关于适用〈中华人民共和国保险法〉若干问题的解释（二）》第六条第一款的规定，“投保人的告知义务限于保险人询问的范围和内容。当事人对询问范围及内容有争议的，保险人负举证责任。”因此，保险公司负有证明投保人乐乙故意不履行如实告知义务的举证责任。由于保险公司的投保系统一直在更新，且不具备对所有业务的投保经过进行回溯或录屏的条件，所以很难证明乐乙投保时的系统情况和操作步骤。

为了化被动为主动，保险公司采取了以下措施：一是向法院申请调查令，前往医院调取乐甲在投保前多次住院的病案材料和身故前夕的住院病案材料，将前期发现的线索转化为合法有效的证据，证明乐乙投保时未如实告知乐甲的死亡原因是矽肺病。二是举证证明乐乙是保险公司的代理人且学历为本科，其对保险知识的了解和掌握情况要高于普通人。作为保险代理人，根据《保险代理合同》约定，乐乙有义务主动向保险公司告知影响承保的重要情况。三是向法院申请调查令，前往殡仪馆调取县卫生院于 2020 年 7 月 4 日出具的《居民死亡殡葬证》，证明乐甲的死亡原因是矽肺病，并非意外。同时证明县卫生院于 2020 年 7 月 9 日出具的死亡原因为意外摔落的《居民死亡医学证明（推断）书》与事实不符，乐乙存在故意骗取保险金的嫌疑。

在此情形下，法院判决认定乐乙存在故意不履行如实告知义务的情形，并根据《中华人民共和国保险法》第十六条的规定，判决保险公司不承担给付保险金的责任。保险公司在本案中提交的诸多证据，对法官的内心确信产生了很大的影响，相关证据让法官对投保人的投保动机产生了怀疑。基于诚实信用和公平、公正的价值考量，法院选择了判决保险公司胜诉。

二、被保险人乐甲的死亡原因是意外还是疾病，如何分配举证责任

本案乐乙向法院提交了县公安局派出所出具的《关于乐乙报警事项接出警情况说明》，公安机关初步判断乐甲系意外死亡。同时县卫生院于 2020 年 7 月 9 日出具的《居民死亡医学证明（推断）书》，载明“死亡原因：从二楼意外跌落”。

为了推翻上述证据，保险公司从以下方面进行了举证和论述。一是举证乐甲身故前一周和多年以前的住院病案材料，证明乐甲存在因矽肺病死亡的病理基础。二是调取了县卫生院于 2020 年 7 月 4 日出具的《居民死亡殡葬证》，证明乐甲的死亡原因是矽肺病。三是向法官展示被保险人的尸表检查照片，通过尸表无明显瘢痕来证明乐甲身前并非从楼梯意外跌落；若乐甲身前从楼梯跌落，四肢和胸背部等体表必然会有挫擦伤，在其死后会在尸表上形成明显瘢痕。四是对公安机关出具的情况说明进行分析，指出乐甲身故前与乐丙通电话称呼吸困难，且被家属发现死于卧室，并非死在楼梯附近。五是指出乐乙在乐甲尸体火化以后才向我司报案，故意阻却保险公司可能提出的尸检要求，且乐乙拒绝了派出所提出的尸检要求，导致乐甲死亡原因无法进一步查明。

司法实践中，法院通常认为受益人主张被保险人因意外身故只需要完成初步举证或者穷尽其举证能力，保险人主张被保险人因疾病死亡或非因意外死亡，需要有充分的证据足以推翻意外原因。本案保险公司提交的关于乐甲死于矽肺病的证据足够充分，才动摇了法官对被保险人死于意外的心证，进而将被保险人系因意外死亡的举证责任再次分配给了受益人。因此，后续案件处理时更多需要关注对证据的调取，对对方的证据和主张进行驳斥，同时完成己方举证责任。

三、保险公司行使保险合同解除权期限的起止时间如何认定

根据《中华人民共和国保险法》第十六条第二款的规定，保险人的合同解除权，自保险人知道有解除事由之日起，超过三十日不行使而消灭。

本案中，2020 年 7 月 5 日，乐乙向保险公司报案。7 月 21 日，乐乙向保险公司正式递交理赔材料，保险公司出具收件单。8 月 14 日，保险公司向乐乙邮寄《理赔决定通知书》，解除保险合同。由于收件人电话填写错误，乐乙于 8 月 26 日收到理赔决定。争议点在于保险公司知道有解除事由的日期如何确定，从 7 月 5 日乐乙报案时起计至 8 月 14 日，超过了 30 日；从 7 月 21 日乐乙正式递交理赔材料之日起计至 8 月 26 日也超过了 30 日；从 7 月 21 日乐乙正式递交理赔材料起计至 8 月 14 日，未超过 30 日。

乐乙主张其报案时保险公司即知道或者应当知道其在投保时未履行如实告知义务缺乏依据，因为报案时不具备知道的条件。直到 7 月 21 日乐乙正式递交理赔材料，保险公司通过查阅材料、前往医院调取病案材料，才知道投保人确实存在故意未如实告知的情况。而且，《中华人民共和国保险法》第十六条规定的 30 日是保险人行使解除权的期限，并非解除合同的通知到达投保人的期限。只要保险公司在法定期限内行使了解除权，发出了解除通知，符合法律规定。

团体人身意外伤害保险中特别约定条款是否为免责条款的认定

浙江省湖州市中级人民法院
（2021）浙05民终120号民事判决书

（2021年4月29日）

案·情

原告亲属李甲系标识标线工人。2019年3月25日，李甲所在单位某交通设施工程公司为李甲等9名工人投保了团体人身意外伤害险，其中对被保险人意外身故约定每人保险金额为80万元。另外，在投保单和保单上均特别约定写明：本保单承保区域为湖州地区。2020年1月2日23时44分，李甲在绍兴市柯桥区马鞍街道老管委会公交车停靠站附近施工过程中，被他人驾驶车辆碰撞，经抢救无效死亡。三原告作为李甲的继承人（身故保险金系李甲遗产），要求某保险公司给付保险金。保险事故发生后，某保险公司经过调查了解认为，由于此次事故发生在绍兴地区，而非保险单特别约定的湖州地区，故不属于保险责任。被保险人家属彭某等不认同某保险公司的处理意见，提起诉讼。此案经一审法院判决某保险公司给付原告800000元。某保险公司不服，提起上诉。

判决书正文

上诉人（原审被告）：某保险公司湖州中支公司，住所地：湖州市南浔区。

被上诉人（原审原告）：彭某，女，1967 年 12 月 29 日出生，汉族，住长兴县虹星桥镇。

被上诉人（原审原告）：李乙，女，1990 年 7 月 7 日生，汉族，住长兴县虹星桥镇。

被上诉人（原审原告）：李丙，男，1995 年 6 月 11 日出生，汉族，住长兴县虹星桥镇。

上诉人某保险公司湖州中支公司因与被上诉人彭某、李乙、李丙意外伤害保险合同纠纷一案，不服浙江省长兴县人民法院（2020）浙 0522 民初 3184 号民事判决，向本院提起上诉。本院于 2021 年 1 月 13 日立案后，依法组成合议庭，于 2021 年 2 月 2 日公开本案现已审理终结。

某保险公司湖州中支公司上诉请求：一、撤销长兴县人民法院（2020）浙 0522 民初 3184 号民事判决，并依法改判驳回被上诉人之一审诉请。二、请求二审法院依法改判被上诉人承担一审、二审诉讼费用。事实与理由：一、承保区域约定条款是合同的基本要素条款而非免责条款，一审法院认定事实错误。1.《合同法》第十二条：合同的内容由当事人约定，一般包括以下条款：（六）履行期限、地点和方式。承保区域就是履行地点的范围，这是合同的基本要素，任何一份合同都有双方主体、合同的标的物、履行期限、地点等基本要素构成，同样保险合同也具有相应的基本要素的条款，也包括了履行地点，没有履行地点的合同是残缺的。2.《保险法》第十七条：订立保险合同，采用保险人提供的格式条款的，保险人向投保人提供的投保单应当附格式条款，保险人应当向投保人说明合同的内容。显然作为合同基本要素条款的投保单是双方自由约定的，并非格式条款的范围。上诉人在一审中向法院提交了本意外险项下的格式条款，很明确的是免责条款也只是格式条款中的一部分而已，但是关于合同的履行主体、期限、地点等投保单内容是双方自由约定，不属于格式条款之列，更不是免责条款，况且，作为意外险的保单肯定有承保的期限和范围，这与承保人承担的风险、费率等都有直接关系，这是《保险法》第十一条的订立自愿原则。3. 免责条款是指保险人应负有理赔责任但由于事故中具有免责条款的情形而免除保险人的赔付责任，前提是保险人具有赔付责任。而本案所涉事故发生在约定的承保范围外，即合同的履行地点外，因此保险人不具有赔付责任，并未涉及免赔条款。4. 如果作为合同基本要素的履行地点条款属于免责条款之列，以此逻辑推理：履行期间也可因免责条款未告知而无效，因为承保时间问题也涉及保险合同是否免除保险人责任的条款，超出承保时间亦免除了保险人的保险责任，那么只要本案的死者任何时间（承保期以外）发生意外都可赔偿。类推可知，合同的主体亦可因未告知而推翻。这样的结论不仅违反《合同法》的公平、诚实信用原则，也有违公序良俗。二、一审法院错误认定了事实，造成适用法律错误。

彭某、李乙、李丙辩称，案涉投保单中的特别约定是保险公司事先订立好的合同条款，并没有与投保人或者被保险人协商达成。根据《保险法》规定，双方订立保险合同应当对权利和义务协商一致。本案中上诉人并未与投保人和被保险人协商达成所谓的特别约定。该特别约定的性质就是责任免除条款。司法实践中对特别约定通常也是按照免责条款来认定的。鉴于上诉人对该免责条款没有作出足以引起投保人和被保险人注意的提示，保单上也没有投保人的法定代表人和被保险人的签名，故不能证明某保险公司湖州中支公司已经履行了免责条款的告知义务。一审判决认定事实清楚，适用法律正确，请求二审法院依法驳回上诉人的全部上诉请求。

彭某、李乙、李丙向一审法院起诉请求：1. 判令某保险公司湖州中支公司支付保险金计人民币 80 万元；2. 判令本案诉讼费用由某保险公司湖州中支公司承担。

一审法院认定事实：2019 年 3 月 25 日，投保单位某交通设施工程公司在某保险公司湖州中支公司处为李甲等 9 名工人投保了团体人身意外伤害险，保单中对意外身故约定每人保险金额为 80 万元。保险期限自 2019 年 3 月 26 日零时起至 2020 年 3 月 25 日 24 时止。保单承保区域为湖州地区。2020 年 1 月 2 日 23 时 44 分，某交通设施工程公司工人李甲在绍兴市柯桥区马鞍街道老管委会公交车停靠站附近施工过程中，被他人驾驶车辆碰撞，经抢救无效死亡。经公安机关认定，李甲无事故责任。由于案涉的团体人身意外伤害险没有指定受益人，彭某、李乙、李丙作为李甲遗产的继承人，多次与某保险公司湖州中支公司交涉要求给付保险金，但某保险公司湖州中支公司以团体人身意外伤害保险投保单有特别约定为由拒绝赔偿。另查明，彭某系李甲妻子，李乙、李丙系李甲长女、长子。

一审法院认为，本案的争议焦点在于案涉的团体人身意外伤害保险投保单中“本保单承保区域为湖州地区”这一特别约定的效力认定问题。经查，案涉的投保单系某保险公司湖州中支公司提供的格式条款，其中某保险公司湖州中支公司有“请您仔细阅读背面的保险条款，尤其是黑体字标注部分的条款内容……”等特别提示内容。特别约定一栏第 3 项写明“本保单承保区域为湖州地区”，但字体未用黑体字标注。投保单签订当日，投保人某交通设施工程公司向某保险公司湖州中支公司出具保险单及附件确认签收单。承保区域问题系涉及保险合同中是否免除保险人责任的条款。对此类条款，保险人在订立合同时应当在投保单上作出足以引起投保人注意的提示，并对该条款的内容以书面或者口头形式向投保人作出明确说明。未作出提示或者明确说明的，该条款不产生效力。投保人出具的保险单及附件确认签收单亦仅加盖某交通设施工程公司印章，并无法定代表人或相关经办人的签名，该签收单不具有证明力。综上，彭某、李乙、李丙的诉请于法有据，该院予以支持。依照《中华人民共和国保险法》第二条、第十七条、第十九条、第三十条、第四十二条的规定，判决：某保险公司湖州中支公司给付彭某、李乙、李丙保险金人民币 800000 元，限于判决生效之日起十日内付清。如果未按判决指定的期间履行给付金钱义务，应当依照《中华人民共和国民事诉讼法》第二百五十三条之规定，加倍支付迟延履行期间的债务利息。一审案件受理费 900 元（已减半收取），由某保险公司湖州中支公司负担，限于判决生效后十日内付清。

二审中，彭某、李乙、李丙向本院提交（2020）最高法民申 2316 号民事裁定书一份，证明保单的特别约定系免责条款，保险人应当尽到提示说明义务，本案中某保险公司湖州中支公司未尽到该义务，免责条款无效，某保险公司湖州中支公司应当给付保险金。某保险公司湖州中支公司经质证认为，该证据与本案不具有关联性，无法达到证明目的。

某保险公司湖州中支公司未向本院提交新的证据。

本院经审查认为，彭某、李乙、李丙提交的证据系其他财产保险合同纠纷案件的裁定书，该裁定书涉及的特别约定条款系对每次事故赔偿限额的约定，与本案不具有关联性，无法达到证明目的，对该证据的效力本院不予认定。

本院二审查明的事实与一审查明的一致。对一审法院查明的事实，本院予以确认。

本院认为，本案二审的争议焦点为：投保单及保险单中关于承保区域的约定是否为免责条款，进而其的效力应如何认定。案涉《团体人身意外伤害保险保险单》系某交通设施工程公司与某保险公司湖州中支公司之间人身保险合同的组成部分，对合同双方及被保险人李甲均具有法律效力。长兴某交通设施工程有限公司及某保险公司湖州中支公司应当依照合同约定的内容履行各自的义务。李甲作为人身保险合同的被保险人，在保险事故发生时其的法定继承人享有按照保险合同的约定向某保险公司湖州中支公司请求支付保险金的权利，但案涉保险单约定的承保区域为湖州地区，而本次事故发生在绍兴，显然超出了保险人的承保区域范围。彭某、李乙、李丙主张，该约定系免除保险人责任的条款，保险人对此未作出提示，故该条款无效。本院认为，投保人和保险人约定的保险责任条款是确定保险人承保范围的条款，只有保险人依据保险责任条款需要承担保险责任，才可能存在免责条款的问题。保险人责任条款是确定免责条款的前提，其本身并不属于免责条款。本案中，投保单及保险单中关于“本保单承保区域为湖州地区”确定了某保险公司湖州中支公司承保的地域范围系湖州地区，并不产生其他的理解；性质上不同于排除保险人责任的免责条款，系对于承保范围的约定某交通设施工程公司作为投保人，在订立保险合同时应当自行注意承保范围，某保险公司湖州中支公司无须按照免责条款的标准履行提示说明义务。因此，鉴于被保险人李甲的人身损害事实发生于案涉保险合同约定的地域范围之外，某保险公司湖州中支公司依约并不承担赔付责任。一审判决某保险公司湖州中支公司承担保险责任存在不当，本院依法予以纠正。至于彭某、李乙、李丙与某交通设施工程公司之间如存在纠纷，其可另行予以主张。

综上所述，某保险公司湖州中支公司的上诉请求成立，本院对此予以支持；原审法院适用法律错误，导致实体处理不当，本院据此对一审判决予以改判。依照《中华人民共和国保险法》第二条、第五条、第十一条、第四十二条、《中华人民共和国民事诉讼法》第一百七十条第一款第二项规定，判决如下：

一、撤销浙江省长兴县人民法院（2020）浙0522民初3184号民事判决；

二、驳回彭某、李乙、李丙的诉讼请求。

一审案件受理费900元（减半收取），由彭某、李乙、李丙负担；二审案件受理费1800元，由彭某、李乙、李丙负担。

本判决为终审判决。

审判长　周　某
审判员　赵　某
审判员　朱　某
二〇二一年四月二十九日
书记员　谢　某

评·析

一、投保单和保单上的特别约定是否属于格式条款

格式条款，又称为标准条款，是指当事人为了重复使用而预先拟定，并在订立合同时未与对方协商的条款，如保险合同、拍卖成交确认书等，都是格式合同。格式合同也称定型化合同、定式合同，指由一方当事人为重复使用而预先拟定交易条件，并于缔约时不容相对人协商的合同。而在保险业务开展过程中为了明确保险合同双方除了格式条款规定的权利义务之外的事项，投保人和保险人还可以通过平等协商的方式，通过签订补充协议、特别约定等方式作为保险合同的有效组成部分，这类条款称为非格式条款。本案中投保人和保险人在投保单和保单上就保险人的承保地域范围通过特别约定的方式确定为湖州市，并不违反法律的禁止性规定，也是保险合同双方真实的意思表示。因此，一般来说特别约定条款并不属于格式条款。

《中华人民共和国保险法》第十七条第二款规定：对保险合同中免除保险人责任的条款，保险人在订立合同时应当在投保单、保险单或者其他保险凭证上作出足以引起投保人注意的提示，并对该条款的内容以书面或者口头形式向投保人作出明确说明；未作出提示或者明确说明的，该条款不产生效力。《最高人民法院关于适用〈中华人民共和国保险法〉若干问题的解释（二）》第九条第一款规定：保险人提供的格式合同文本中的责任免除条款、免赔额、免赔率、比例赔付或者给付等免除或者减轻保险人责任的条款，可以认定为《中华人民共和国保险法》第十七条第二款规定的“免除保险人责任的条款”。本案中的特别约定条款，即使可以被认定为保险人责任免除条款，也因其不属于

格式条款，其法律效力不需要附加提示说明义务即可生效。

二、该特别约定是否存在无效情形

《中华人民共和国民法典》第一百五十三条第一款规定：违反法律、行政法规的强制性规定的民事法律行为无效。《中华人民共和国保险法》第十九条规定保险合同中的下列条款无效：（一）免除保险人依法应承担的义务或者加重投保人、被保险人责任的；（二）排除投保人、被保险人或者受益人依法享有的权利的。从该特别约定的具体内容来看，一方面它是保险合同双方关于保险人承保地域范围的具体约定，而该约定并不违反现行有效的法律、行政法规的强制性规定。另一方面虽然保险人通过该特别约定将自身承保的地域范围仅限于湖州地区，相应地减少了承保风险。但是抛开保险合同，保险人和投保人之间并无其他法律上的权利义务。也就是说，该特别约定只是保险合同双方对基于对保险合同产生的权利义务所进行的扩大或缩小，而不是对自身依法享有的权利或负担的义务进行免除或加重。因此，该特别约定亦不存在无效的情形。

虽然在保险条款的保险责任表述中并没有对保险人的承保地域范围作出明确规定，而该特别约定对这一问题进行了明确。那么，根据《最高人民法院关于适用〈中华人民共和国保险法〉若干问题的解释（二）》第十四条第二款规定：非格式条款与格式条款不一致的，以非格式条款为准。综上不难看出该特别约定既有效，也可以在该案处理中被适用。

三、该特别约定是否属于减轻或免除保险人责任的条款

在本案一审中，法院认为该特别约定属于免除保险人责任的条款，需要保险人证明已经向投保人履行了提示说明义务后才能生效。由于该特别约定没有作出加黑处理，故未能起到提示投保人注意的作用。又因保险人提供的投保人盖章的保险条款签收单上没有投保人经办人员的签字，可以证明保险人未就该免除保险人责任的条款向投保人履行提示说明义务，故保险人不能以此条款拒绝承担保险赔偿责任。

诚如此案二审判决关于这一问题的分析：投保人和保险人约定的保险责任条款是确定保险人承保范围的条款，只有保险人依据保险责任条款需要承担保险责任，才可能存在免责条款的问题。保险人责任条款是确定免责条款的前提，其本身并不属于免责条款。本案中，投保单及保险单中关于“本保单承保区域为湖州地区”确定了保险公司承保的地域范围系湖州地区，并不产生其他的理解；性质上不同于排除保险人责任的免责条款，系对于承保范围的约定。某交通设施工程公司作为投保人，在订立保险合同时应当自行注意承保范围，某保险公司湖州中支公司无须按照免责条款的标准履行提示说明义务。也就是说，被保险人如果在湖州区域内发生保险事故，其并不会因为该特别约定的存在而减少或无法获得保险赔偿，且该特别约定经过了投保人的盖章确认，获得投保人的认可。因此，该特别约定属于保险责任表述的一部分，而非减轻或免除保险人责任的表述。

第二部分

财产保险诉讼案例

交通事故中驾驶人员饮酒驾车的认定

福建省高级人民法院
（2021）闽民再357号民事判决书

（2021年11月18日）

案·情

2018年10月17日凌晨1时20分许，钱某驾驶小车沿霍童镇霍兴线树荣路由霍童镇区往兴贤村方向行驶至树荣路段，碰撞其前方同向在道路中心线附近行走的行人陈某，造成陈某当场死亡、小车损坏的交通事故。后公安民警对钱某进行酒精呼气检测结论为29mg/100ml，对其血样中的乙醇含量检测结论为9.35mg/100ml。事后，交警部门作出《道路交通事故认定书》认定：钱某承担本起事故主要责任，陈某承担本起事故次要责任。

肇事车辆向某甲保险公司宁德分公司（以下简称某甲保险公司）投保车辆损失险、商业三者险及不计免赔特约险等，其中商业三者险保额为人民币100万元，案涉事故发生在有效保险期间内。

2018年11月7日，钱某和陈某的家属达成赔偿协议，并已赔偿家属死亡赔偿金丧葬费、精神损害抚慰金等合计53.8万元。案涉车辆所有人登记为黄某，交强险投保于某乙保险公司。事故发生后，某乙保险公司已在交强险限额内赔偿黄某11万元。

判决书正文

再审申请人（一审被告，二审上诉人）：某甲保险公司宁德分公司，住所地：福建省宁德市蕉城区。

被申请人（一审原告，二审被上诉人）：黄某，女，1994 年 1 月 16 日出生，汉族，住福建省宁德市蕉城区。

被申请人（一审第三人）：钱某，男，1992 年 1 月 7 日出生，汉族，住福建省宁德市蕉城区。

再审申请人某甲保险公司宁德分公司（以下简称某甲保险公司）因与被申请人黄某、钱某保险纠纷一案，不服福建省宁德市中级人民法院（2020）闽 09 民终 1345 号民事判决书，现向本院申请再审。本院于 2021 年 8 月 10 日作出（2021）闽民申 2410 号民事裁定，提审本案。本院依法组成合议庭，对本案进行了审理。再审申请人某甲保险公司的委托，被申请人黄某的委托诉讼代理人刘某到庭参加诉讼。被申请人钱某，经本院传票传唤，无正当理由拒不到庭参加诉讼。本案现已审理终结。

某甲保险公司申请再审称：（一）钱某发生事故时为酒驾符合保险合同所规定的责任免除情形。理由是：1. 依案涉交通事故认定书记载，钱某驾驶车辆发生事故时间为 2018 年 10 月 17 日凌晨 1 时 20 许，根据钱某供述事故发生后其仅拨打“120”及朋友电话请求朋友处理，就前往朋友家中，至凌晨 3 时许，接到其朋友通知后前往派出所处理，派出所将其带往医院抽血。从钱某供述可知，事故时间是凌晨 1 时 20 许，前往派出所进行酒精吹气检测为凌晨 3 时许，酒精吹气至事故发生已间隔 2 小时，其酒精已在体内大量消耗，但可推定事故发生时驾驶员体内酒精浓度绝对大于 29mg/100ml，此为自然规律。而当地派出所至医院抽血，还需花费约 1 小时路程时间，抽血检查时钱某体内酒精浓度依然为 9. 35mg/100ml，此时与事故发生时间已间隔 3 小时，如发生事故第一时间抽血检测，钱某极有可能属醉驾。此外，血液检测结果受抽血时间、个人体质等影响，若饮酒人大量饮水或注射葡萄糖等辅助解酒，均影响饮酒人体内酒精浓度和抽血检测结果，故钱某在发生事故时完全符合酒驾情形（且存在醉驾可能），符合保险合同《机动车综合商业保险条款》机动车第三者责任险责任免除第二十四条第（二）款第二条“饮酒、吸食或注射毒品、服用国家管制的精神药品或麻醉药品，属保险人除外责任。保险人不应承担相应赔偿”的规定，原审法院直接依据（2019）闽 0902 刑初 81 号刑事判决所记载，认定钱某不存在酒驾，违背自然规律及定理。2. 依据人体 BAC 值科学鉴定，钱某驾驶车辆案发时，血液中酒精浓度范围在 45.68 ~ 52.95mg/100ml，BAC 值的鉴定报告符合自然规律，符合人类科学。（二）本案是民事诉讼，应适用民事诉讼证据证明标准，不应适用刑事证据证明标准，故原审判决适用证据标准错误。1. 民事诉讼以高度盖然性（盖然性占优）标准为原则、排除合理怀疑为例外。刑事诉讼以排除合理怀疑的标准。原审法院民事判决直接认定钱某未构成酒驾，属适用刑事证明标准的排除合理怀疑，违反了民事判决高度盖然性的证明标准原则。2. 本案判决如符合自然规律及定理，正确适用民事证明标准原则，从高度盖然性角度出发，所有人有理由相信钱某发生事故是属酒驾，完全符合酒驾肇事致人死亡的交通事故（且极有可能属醉驾致人死亡）。（三）钱某发生事故后，仅拨打"120"，未拨打"110"，而且未经同意，擅自撤离事故现场，至凌晨三点经通知后才到派出所，足以证明其主观上存在逃避法律追究而故意逃跑。客观上，钱某也逃离 2 个小时，才导致体内酒精浓度下降，其行为完全系为逃逸法律的追究，符合交通肇事因逃逸致人死亡的法定情形，交通事故认定书也应认定钱某肇事逃逸。若钱某发生事故时醉驾（钱某事故发生时也完全有可能达到酒驾标准），则亦符合危险驾驶罪及以危险方式危害公共安全罪的想象竞合犯。刑事判决争议焦点应当是钱某是否存在醉酒，醉驾与酒驾之间的存疑而不是有无酒驾的问题。刑事判决在无法证明钱某是否存在醉酒的情形下，认定钱某不存在醉酒，属于排除合理怀疑，禁止不利行为人的推定，符合刑事审判适用疑罪从无标准。但综合本案的事故经过及客观事实，足以认定钱某存在酒驾情形，此为尊重自然科学，符合自然规律及定理，交通事故认定书所认定的事实有误，（2019）闽 0902 刑初 81 号刑事判决有误，应认定钱某符合交通肇事罪的加重构成要件。（四）原审判决的认定不利社会的和谐、稳定。综上所述，请求 1. 撤销（2020）闽 09 民终 1345 号民事判决，发回重审或依法改判某甲保险公司不应支付黄某保险理赔款 42.8 万元；2. 本案一审、二审诉讼费由黄某、钱某承担。

黄某向一审法院起诉请求：要求判令某甲保险公司在商业第三者责任险的赔偿限额内赔偿其损失 42.8 万元。

一审法院认定事实：2018 年 10 月 17 日 1 时 20 分许，钱某驾驶小车沿霍童镇霍兴线树荣路由霍童镇区往兴贤村方向行驶至树荣路段，碰撞其前方同向在道路中心线附近行走的行人陈某，造成陈某当场死亡、小车损坏的交通事故。后公安民警对钱某进行酒精呼气检测结论为 29mg/100ml，对其血样中的乙醇含量检测结论为 9.35mg/100ml。事后，交警部门作出《道路交通事故认定书》认定：钱某承担本起事故主要责任，陈某承担本起事故次要责任。

另查明，陈某于 1965 年 9 月 10 日出生，住宁德市蕉城区。2018 年 11 月 7 日，钱某和陈某的家属达成赔偿协议，并已赔偿家属死亡赔偿金丧葬费、精神损害抚慰金等合计 53.8 万元。案涉车辆的所有人登记为黄某，交强险投保于某乙保险公司。事故发生后，某乙保险公司已在交强险限额内赔偿黄某 11 万元。2018 年 6 月 20 日，黄某为车辆在某甲保险公司投保机动车综合商业保险，保险有效期为 2018 年 6 月 20 日至 2019 年 6 月 20 日止，其中商业第三者责任险限额 100 万元且不计免赔。投保人黄某书面声明收到保险条款及机动车综合商业保险免责事项说明书，确认保险人已经明确说明免除保险人责任条款的内容及法律后果。该《机动车综合商业保险条款》第二十四条第二项载明驾驶人具有饮酒情形的，保险人不负责赔偿。一审法院认为，黄某与某甲保险公司签订的保险合同合法有效，保险公司应当按照合同约定承担保险责任。本案事故发生后，钱某的酒精呼气检测结论为 29mg/100ml，而血液检测结论为 9.35mg/100ml，在二者结论不一致时，应当采取血液检测结论作为认定事实的依据。虽然钱某在事故发生前有饮酒，但是钱某及某保险公司在本案中对饮酒的解释均认为应当符合《车辆驾驶人员血液呼气酒精含量阈值与检验》（GB 19522—2010）的规定，也即血液中酒精含量高于 20mg/100ml 才属于饮酒，故钱某虽有饮酒行为，但并未达到《车辆驾驶人员血液呼气酒精含量阈值与检验》规定的饮酒标准，不能认定钱某系饮酒驾车，保险公司无权要求免赔。对于赔偿数额，经查，本起交通事故给死者陈某家属确实造成经济损失，钱某承担本起事故主要责任，钱某已赔偿死者陈某家属死亡赔偿金、丧葬费、精神损害抚慰金等合计 53.8 万元。经核实，钱某已赔偿的数额没有超出法律规定其应赔偿的范围及数额，且某甲保险公司对该事实没有异议，故对该赔偿数额予以确认。由于某乙保险公司已在交强险责任限额范围内赔偿黄某 11 万元，故剩余款项 42.8 万元应由某甲保险公司在三责险限额范围内赔偿。判决：某甲保险公司应于判决生效之日后十日内给付黄某保险理赔款 42.8 万元。

某甲保险公司上诉请求：1. 撤销一审判决，依法改判；2. 一审、二审诉讼费由黄某承担。

二审确认一审查明的事实。

二审法院认为，本案《机动车综合商业保险条款》第二十四条约定，驾驶人存在饮酒、吸食或注射毒品、服用国家管制的精神药品或者麻醉药品的情形，保险人不负责赔偿。《机动车综合商业保险免责事项说明书》第五部分免除保险人责任条款有关名词释义中对饮酒作出明确定义“驾驶人饮用含有酒精的饮料，驾驶机动车时血液中的酒精含量大于等于20mg/100ml”。本案交通事故发生于2018年10月17日1时20分许，钱某于当日3时34分进行酒精呼气检测，显示结论为29mg/100ml，于当日4时58分进行血样中的乙醇含量检测，显示结论为9.35mg/100ml。在本案同时存在呼气酒精含量检验和血液酒精含量检验时，根据上述合同约定，应当以血液酒精含量检测为准作为判定驾驶人是否存在饮酒驾驶的免责情形；且虽然呼气酒精含量可以按比例换算成血液酒精含量，但呼气酒精含量检测结果会受到口腔酒精、吹气技术、呼出气体温度、周围环境温度湿度等主客观因素的影响，其测试结果不如血液酒精含量检验结论精准，无特殊情形下，二者不一致时，也应当以后者为准。故应认定钱某驾驶机动车时血液中的酒精含量小于20mg/100ml，本案不构成保险合同约定的饮酒免责情形。某甲保险公司的上诉请求，不能成立。判决：驳回上诉，维持原判。

再审中，双方对原一审、二审查明的事实均无异议，本院对双方无异议的事实予以确认。

另查明，黄某对《机动车综合商业保险单》上投保人声明和《机动车商业保险/机动车交通事故责任强制保险投保单》上的本人签名捺印无异议。黄某确认事发当时没有受害者家属到现场阻挠钱某报案的事实发生。

本院再审认为，本案争议的焦点是案涉钱某的行为是否应认定为饮酒驾车。从现已查明的事实看，事故发生在2018年10月17日1时20分许，在有人员伤亡和车辆损坏且没有他人阻挠的情况下，钱某现场只拨打了“120”而不是选择第一时间报警；在事故发生2个小时后才回到现场，吹气显示酒精含量是29mg/100ml，1个小时后再进行抽血检测，酒精含量为9.35mg/100ml。根据《中华人民共和国道路交通安全法》和《道路交通事故处理程序规定》第十三条“发生死亡事故、伤人事故的，或者发生财产损失事故且有下列情形之一的，当事人应当保护现场并立即报警”的相关规定，事故发生时驾车人应当及时履行报警义务，但钱某是在事发后 2 小时才进行吹气，吹气检测结果已经超过案涉《机动车综合商业保险免责事项说明书》第五部分免除保险人责任条款有关名词释义中对饮酒作出“驾驶人饮用含有酒精的饮料，驾驶机动车时血液中的酒精含量大于等于 20mg/100ml”的明确定义，结合（2019）闽 0902 刑初 81 号刑事判决书已认定钱某系酒后驾车的事实，抽血检测又是在事发后 3 小时才进行，无法排除钱某躲避酒精测试的合理怀疑。

根据《中华人民共和国保险法》第五条“保险活动当事人行使权利、履行义务应当遵循诚实信用原则”的规定，保险的最大诚信原则作为保险法的一个核心的、特殊的、独有的规则，贯穿于保险法的始终，是保险合同当事人和关系人在保险活动中必须遵守的最基本行为准则，如实告知不得拖延或逃避保险责任即是诚实信用原则的重要内容和体现，是对保险活动中的当事人的最低要求。由上分析，本案钱某的行为明显违背了诚信原则，投保人黄某在投保时也确认保险人已经明确说明免除保险人责任条款的内容及法律后果，故根据案涉《机动车综合商业保险条款》第二十四条第二项的规定，保险人不负本案的赔偿责任。

综上所述，依照《中华人民共和国民事诉讼法》第二百零七条第一款、第一百七十条第一款第（二）项的规定，判决如下：

一、撤销福建省宁德市中级人民法院（2020）闽 09 民终 1345 号民事判决和福建省宁德市蕉城区人民法院（2020）闽 0902 民初 3334 号民事判决；

二、驳回黄某的全部诉讼请求。

一审案件受理费 3860 元，二审案件受理费 7720 元，均由黄某负担。

本判决为终审判决。

审判长　詹　某

审判员　吴　某

审判员　郑　某

二〇二一年十一月十八日

书记员　叶　某

评·析

诚信原则是民法上的基本原则之一，兼具道德规范与法律规则的双重调节功能。而诚信原则在保险合同法中较之其他民事法律关系要求更高，因此被称为保险法上的最大诚信原则，即保险合同的当事人应当以高于普通合同的诚信态度来订立和履行保险合同。这是因为保险合同具有明显的信息不对称性：一方面，投保人可能利用自己更了解保险标的的危险情况或更直接地掌握并处置保险事故发生后第一时间相关信息、情况而影响保险人承保时的风险评估或保险事故发生后对事故真实情况及时、准确的了解；另一方面，保险人也可能利用自己的专业知识优势，在缔约和履约过程中给被保险人不公平的对待，损害其合法权益。因此，最大诚信原则同时适用于投保人（包括被保险人）和保险人。

保险法中规定最大诚信原则的意义在于防范保险人和投保人及被保险人等保险合同当事人利用信息优势牟取自身不正当利益。基于此，《中华人民共和国保险法》第五条“保险活动当事人行使权利、履行义务应当遵循诚实信用原则”之规定，把最大诚信原则作为保险法的一个核心的、特殊的、独有的规则，贯穿于保险法的始终，是保险合同当事人和关系人在保险活动中必须遵守的基本行为准则。实践证明，最大诚信原则是保险合同活动赖以生存与发展的基础，在保险合同法的制度设计中，体现出最大诚信原则引领下的一系列具体保险法律规则。

在涉车财产保险合同中，投保人或被保险人（包括保险合同约定的被保险人及其允许的驾驶员）遵守最大诚信原则行为要求的重要内容之一，是在发生交通事故后第一时间报警、报保险并及时、如实接受公安部门现场调查处理，而不得拖延或拒绝接受调查处理，以主观追求、客观实现逃避事故责任或其他法定责任的承担。这是相关保险主体义务人依保险合同应履行的约定义务，更是《中华人民共和国道路交通安全法》等法律法规的法定义务，也是保险法最大诚信原则对保险事故发生后行为人的最低要求。本案中，钱某在发生重大交通事故后第一时间不报警、且在没有妨碍因素的情况下离开现场，逾期两个小时后才回到现场，在吹气检测酒精含量达到醉驾标准情况下又逾期一个小时后才接受抽血检测，明显违反上述约定和法定义务，违背了最大诚信原则。原一审、二审的错误判决客观上使相关方获得保险赔偿的不正当利益，直接损害了保险人的利益，从而间接损害了保险风险共同体内广大成员的利益。因此，再审法院依法决定对本案提审并纠正原错误判决，以最大诚信原则来考察本案交通肇事人在保险事故发生后的一系列违法违约行为，并给予否定性评价，最终改判本案保险人不负保险赔偿责任，是完全正确的。

本案在原一审、二审审理中争议焦点集中在血液酒精含量的呼气检测结果和抽血检测结果二者证明效力及采信问题。在交通肇事类刑事案件中，认定肇事驾驶员是否醉酒通常须以血液酒精含量检验鉴定意见为依据，仅在特殊情形下，如“经呼气酒精含量检验达到……醉酒标准，在抽取血样之前脱逃的，可以以呼气酒精含量检验结果作为认定其醉酒的依据。”（见最高人民法院、最高人民检察院、公安部《关于办理醉酒驾驶机动车刑事案件适用法律若干问题的意见》）本案为民事案件，在同时存在呼气酒精含量检验和血液酒精含量检验的情况下，审判人员通常会参照上述刑事类规定，倾向于信赖血液酒精含量检验结果，从而追求案件事实认定“准确”、裁判结果“安全”。虽然保险人的代理人一再主张民事案件的证明标准要求为“高度盖然性”、低于刑事案件的“排除合理怀疑”，不应苛以刑事案件的证明标准来适用于本案，并进一步以公安行业标准人体 BAC 值推算的专家意见为依据，主张经测算本案肇事驾驶员案发时血液酒精浓度范围在 45. 68 ~ 52. 95mg/100ml 之间等事实，以试图说服法官，但显然未达预期效果。

再审法院未如一审、二审法院纠结于血液酒精含量具体检验方法的准确可靠性、法定可采性及其相关行业标准的法律争议，而重视案涉驾驶员钱某在事故发生后一系列不同于一般理性的驾驶人在导致重大交通事故发生后及时报警、抢救伤员、等待公安人员到场并接受调查、处置的应然做法，而实施驾车离开现场去派出所咨询（人未下车）、然后回到现场叫朋友到场处置自己去朋友家躲避等的反常行为，在法官自由心证上形成钱某很可能存在故意逃避、拖延酒精检测主观意图的内心确信，并结合其事实上驾车前饮酒史，以及被拖延后的呼气检测结果仍超出法定标准值为依据，以其违背最大诚信原则为归责理由，最终认定其酒后驾驶行为。依投保人黄某所确认在投保时保险人已经明确说明免除保险人责任条款的内容及法律后果，最终以案涉《机动车综合商业保险条款》第二十四条第二项规定为依据，实现了保险人不负赔偿责任的正确判决，并以高级法院判例的形式确立了以最大诚信原则作为考察保险活动主体行为的全新裁判思维。

本案再审胜诉不仅为保险人取得巨额减损效果，对于相关保险活动中有违反诚信原则意图的当事人更起到有力的警示作用，起到倡导诚实守信的良好社会价值的引导作用，纠正了原一审、二审判决可能形成的“酒驾后能跑就跑，能拖就拖，拖到最后酒精量低于20mg/100ml，保险照样有得赔”这种不良价值的引导，并对司法实践中类案的裁判处置有重要的判例参考价值，也对保险人如何处理非第一时间报警的索赔诉求提供了行之有效的应对方案。

商业车险实名制投保缴费场景下保险合同成立时间的认定

山东省威海市中级人民法院

（2021）鲁 10 民终 2025 号民事判决书

（2021 年 8 月 17 日）

案·情

2019 年 11 月 7 日，投保人王甲委托蓝某向某保险公司业务员宋某咨询鲁 KM8 车交强险及 100 万元商业第三者责任险事宜，宋某测算后的保费报价为 1490 元。2019 年 11 月 9 日，蓝某通过微信向宋某转账保费 1490 元，但宋某退回并告知，现在车险实行投保人实名制缴费投保，需由投保人王甲本人通过付款码支付保费。截至 2019 年 11 月 10 日，宋某仍未将实名制缴纳保费的付款码发送给蓝某。2019 年 11 月 11 日，王甲成功支付保费 1950.23 元。在王甲实付保费前一天即 2019 年 11 月 10 日 7 时许，王乙驾驶鲁 KM8 车与案外人王丙相撞，导致王丙于 2020 年 2 月 3 日死亡。王乙于 2020 年 6 月 10 日与王丙亲属达成赔偿协议，约定在交强险赔偿范围之外，由王乙一次性赔偿 500000 元。王乙之母王丁于当日将该笔款项实际支付给王丙的亲属。各方因本案事故发生时保险合同是否成立生效及王丁是否有权主张保险赔偿金等问题发生争议，遂成诉。

判决书正文

上诉人（原审被告）：某保险公司威海中支公司，住所地：山东省威海市。

被上诉人（原审原告）：王丁，女，1971 年 1 月 14 日出生，汉族，住山东省荣成市。

原审第三人：宋某，男，1964 年 4 月 22 日出生，汉族，住山东省荣成市。

原审第三人：王甲，女，1948 年 7 月 28 日出生，汉族，住山东省荣成市。

原审第三人：王乙，男，1997 年 4 月 8 日出生，汉族，住山东省荣成市。

上诉人某保险公司威海中支公司因与被上诉人王丁及原审第三人宋某、王甲、王乙财产保险合同纠纷一案，不服山东省荣成市人民法院（2021）鲁 1082 民初 227 号民事判决，向本院提起上诉。本院于 2021 年 8 月 3 日立案后，依法组成合议庭进行了审理。本案现已审理终结。

某保险公司威海中支公司上诉请求：撤销一审判决，依法改判驳回王丁的诉讼请求，本案一审、二审诉讼费用由王丁负担。事实和理由：案件事实为：2019 年 11 月 7 日，蓝某接受王丁的委托向宋某询问案涉车辆投保相关事宜，宋某查询后告知保费，并告知商业险将于 11 月 8 日到期（实际商业险已于 2019 年 11 月 5 日到期，蓝某询问时案涉车辆已脱保）。蓝某在了解保险相关事宜后并未就订立保险合同提出任何示意。2019 年 11 月 9 日 10 点，蓝某向宋某发送了一条语音，表达了其欲订立保险合同的想法，并向宋某转账 1490 元，宋某于当日 17：43 分看到蓝某的微信后拒绝了蓝某欲订立合同的邀请，将款项退还蓝某，并告知蓝某需要实名制购买保险，明日将二维码发送给蓝某。2019 年 11 月 10 日，案涉车辆发生事故。2019 年 11 月 11 日王甲并未通过宋某发送的相关二维码进行付款，而是另行至该保险公司荣成办事处就保险相关事宜进行询问、购买、付款。一、一审判决认定事实不清。1. 事故发生时，双方就保险合同并未达成合意，保险合同未成立，一审认定宋某明确表述“商 11·8”并进行报价和告知付款方式的行为可以认定双方已经就案涉车辆的商业险达成合意，并据此认定案涉保险合同已成立错误。2019 年 11 月 9 日，双方就保险合同并未达成一致的意思表示，蓝某自 2019 年 11 月 7 日（此时案涉车辆的商业险已经脱保）就保险事宜、价款询问宋某后，在明知其商业险已经到期的情况下，直至 2019 年 11 月 9 日才单方欲与某保险公司威海中支公司订立保险合同，某保险公司威海中支公司在看到蓝某的要约后明确表示拒绝，双方并未就具体订立合同事宜达成意思表示一致。2. 2019 年 11 月 9 日双方的保险磋商行为与 2019 年 11 月 11 日王丁订立保险合同行为是两个独立法律行为。2019 年 11 月 11 日，王甲自行至该保险公司荣成办事处就保险订立事宜进行磋商并另行订立合同，可见王丁于 2019 年 11 月 9 日欲与某保险公司订立的合同并未成立。3. 一审判决认为蓝某接受王甲的委托与宋某通过微信沟通案涉车辆保险事宜属于认定事实错误。一审法院对该事实错误认定的目的是把王丁委托蓝某与宋某微信协商投保的行为与王甲联系在一起，以此否定某保险公司威海中支公司提出的王甲投保行为是独立行为的事实。4. 一审法院认定案涉保险应即时生效错误。实际上，本案投保人始终没有提出立即出保单和合同立即生效的要求，一审法院用一般规律推定不存在的事实错误，如按此推定，现实中脱保行驶的车辆比比皆是。二、一审法院适用法律不当。1. 某保险公司威海中支公司并未同意承保，故本案不符合《中华人民共和国保险法》第十三条规定，一审法院适用该条判决某保险公司威海中支公司承担保险责任适用法律错误。2. 2019 年 11 月 9 日某保险公司威海中支公司并未对王丁的要约作出承诺，双方保险合同并未成立。蓝某代表王丁通过微信向宋某发送王甲身份证及驾驶证等信息，并告知要购买的保险类型，确是投保人提出投保“要约”，但宋某拒绝代理人微信付款，并明确表示现在办理保险是实名制，宋某的回复不构成“承诺”，一审法院对要约与承诺的认定逻辑不成立。

王丁辩称，一审判决认定事实清楚，适用法律正确，请求驳回上诉，维持一审判决。

宋某述称，认可某保险公司威海中支公司的上诉意见。

王甲、王乙述称，不认可某保险公司威海中支公司的上诉意见。

王丁向一审法院起诉请求：判令某保险公司威海中支公司支付保险理赔款 500000 元，并由某保险公司威海中支公司承担本案诉讼费用。

一审法院认定事实：王甲系鲁 KM8 车的登记车主，该车辆实际所有权人为王丁，王丁系王甲之女，第三人王乙系王丁之子。2019 年 11 月 7 日，案外人蓝某接受王甲的委托，与宋某通过微信沟通鲁 KM8 车辆购买保险的相关事宜，蓝某提出需购买交强险及 100 万元商业险，宋某报价合计 1490 元。2019 年 11 月 9 日，蓝某通过微信向宋某转账 1490 元，宋某退回，并称其在办理保险时告诉王甲的受托人蓝某现在办理保险是实名制，保费需由本人到某保险公司威海中支公司办理，要通过付款码支付保险费。截至 2019 年 11 月 10 日，宋某仍未将付款码发送给蓝某。2019 年 11 月 11 日，某保险公司威海中支公司收到保费 1950.23 元，并于 2019 年 11 月 11 日出具保单。

在某保险公司威海中支公司收到保费前一天即 2019 年 11 月 10 日 7 时许，王乙驾驶鲁 KM8 车辆与案外人王丙相撞，导致王丙于 2020 年 2 月 3 日死亡。王乙于 2020 年 6 月 10 日与王丙亲属达成赔偿协议，约定在交强险赔偿范围之外，由王乙一次性赔偿 500000 元，王丁于当日将该笔款项实际支付给王丙的亲属。各方因保险理赔问题产生争议，遂成诉。

一审法院认为，本案争议焦点为：一、王丁是否为本案适格主体；二、王丁与某保险公司威海中支公司双方何时成立保险合同关系；三、某保险公司威海中支公司是否应承担保险理赔责任，若需承担，承担的费用为多少。

关于争议焦点一，案涉车辆登记在王甲名下，但系王丁实际出资购买，保费由王丁支付，某保险公司威海中支公司对王甲出具的声明真实性予以认可。根据《最高人民法院关于适用〈中华人民共和国保险法〉若干问题的解释（三）》第十三条规定："保险事故发生后，受益人将与本次保险事故相对应的全部或者部分保险金请求权转让给第三人，当事人主张该转让行为有效的，人民法院应予支持。"本案中，王甲明确表述与该车辆相关的债权债务及相关权益均由王丁享有和承担，结合在王乙驾驶该车辆发生交通事故后，案涉 500000 元赔偿款由王丁实际支付及王甲同意王丁以自己名义提起诉讼的事实，一审法院依法确认王丁系本案适格主体。

关于争议焦点二，投保人提出保险要求，经保险人同意承保，保险合同成立。依法成立的保险合同，自成立时生效。保险合同属于诺成性合同，自双方达成一致的意思表示时成立并生效。保险费的缴纳是保险合同成立并生效后投保人应承担的合同义务，不影响保险合同的成立。保险合同亦属于非要式合同，保险单等凭证的签发与否并不影响保险合同是否成立。本案中，双方保险合同的成立与否，应综合证据考虑王丁是否提出投保相关保险的要约、某保险公司威海中支公司是否作出同意承保的承诺，双方的意思表示是否真实并达成一致。蓝某代表王丁及王甲通过微信向宋某发送王甲的身份证及驾驶证资料等信息，并告知要购买的保险类型，宋某明确表述"商 11·8"，并进行报价和告知付款方式的行为，可以认定双方已经就案涉车辆的商业险达成合意。宋某作为某保险公司威海中支公司工作人员，办理保险业务系其履行职务行为，其行为产生的法律后果应当由某保险公司威海中支公司承担。结合蓝某于 2019 年 11 月 9 日按宋某明确的数额向宋某转账的行为，应视为王丁及王甲于 11 月 9 日同意了某保险公司威海中支公司的报价及商业险起始时间，关于保费支付方式、王丁及王甲何时实际支付保费、某保险公司威海中支公司何时出具保单，均是双方履行保险合同对应义务的内容，并不影响保险合同的成立和效力。按一般投保人的通常理解，车辆商业险已经到期并“脱保”的情况下，投保人必然要求在双方达成投保及承保的合意后由保险人立即续保出单，即时生效。本案商业险保单中记录的起始时间为 11 月 11 日，与宋某所称的“商 11·8”不一致，且排除了投保人自 11 月 9 日至 11 月 11 日可能获得的保险期待利益的主要权利，应为无效条款，故确认案涉保险合同于 2019 年 11 月 9 日成立并生效。

关于争议焦点三，案涉车辆在保险期间内发生交通事故，某保险公司威海中支公司应在商业险限额内对王丁在本次保险事故发生后支出的合理合法损失承担保险赔偿责任。2020 年 6 月 9 日，荣成市公安局交通警察大队出具的《交通事故补充认定书》确认王丙于 2020 年 2 月 3 日因本次事故身亡，结合一审法院依法调取的 2020 年 8 月 10 日王甲、王乙起诉某保险公司威海中支公司及第三人宋某的开庭笔录中关于赔偿金 500000 元的计算方法，王丁支出的 500000 元的赔偿款具备合法性及合理性，并不超过保险限额。故王丁要求某保险公司威海中支公司就该损失予以赔偿，并无不当，予以支持。

综上所述，依照《中华人民共和国保险法》第十三条、《最高人民法院关于适用〈中华人民共和国保险法〉若干问题的解释（三）》第十三条、《中华人民共和国民事诉讼法》第六十四条规定，判决：某保险公司威海中支公司于判决生效后十日内支付王丁保险理赔款人民币 500000 元。如果未按判决指定的期间履行给付金钱义务，应当依照《中华人民共和国民事诉讼法》第二百五十三条规定，加倍支付迟延履行期间的债务利息。案件受理费 8800 元，由某保险公司威海中支公司负担。

二审中，当事人均未提交新证据。

本院查明的事实与一审法院认定的一致，本院对一审法院查明的事实予以确认。

本院认为，本案二审争议焦点为：案涉保险合同成立时间如何认定，某保险公司威海中支公司应否向王丁支付保险理赔款500000元。《中华人民共和国保险法》第十三条第一款规定“投保人提出保险要求，经保险人同意承保，保险合同成立”，第三款规定“依法成立的保险合同，自成立时生效”。本案中，某保险公司威海中支公司与王丁订立的财产保险合同系诺成性合同，自双方意思表示一致时成立并生效。本案的关键在于双方就案涉车辆投保事宜达成意思表示一致的时间如何认定。某保险公司威海中支公司主张双方达成意思表示一致的时间为保单载明的时间，即2019年11月11日，王丁则主张宋某的报价行为与王丁委托蓝某的付款行为表明双方已就机动车投保达成合意，案涉保险合同于11月9日成立并生效。对此，本院认为，要约是希望和他人订立合同的意思表示，承诺是受要约人同意要约的意思表示。本案中，双方关于案涉机动车投保事宜的磋商主要是某保险公司威海中支公司工作人员宋某与王丁的受委托人蓝某之间通过微信聊天方式进行。从双方微信聊天记录内容看，2019年11月7日10：46蓝某将案涉车辆的行驶证、车主的信息通过微信发送至宋某，告知其投保类型，并要求宋某核出相应的保险费。同日11：30，宋某告知蓝某保费为“总1950，省460”，蓝某随即在当天15：19向王丁微信告知了保费信息。11月9日10：02蓝某通过微信向宋某转账1490元的行为视为王丁同意了某保险公司威海中支公司的相应报价，至此应认定双方就案涉车辆的投保已达成了合意。至于11月9日19：14宋某拒绝接收款项并告知蓝某因实名制要求，需扫码付款，该过程仅是在保险合同成立后，双方对于付款方式的协商，不影响保险合同的成立及生效。一审法院认定案涉保险合同于2019年11月9日成立并生效并无不当，案涉机动车在保险期间内发生交通事故，某保险公司威海中支公司应在商业保险限额内对王丁在本次保险事故发生后合理合法损失承担赔偿责任，王丁主张的500000元赔偿款并未超过保险限额，一审法院判决某保险公司威海中支公司向王丁支付保险理赔款500000元并无不当，本院依法予以维持。

综上所述，某保险公司威海中支公司的上诉请求不能成立，应予驳回；一审判决认定事实清楚，适用法律正确，应予维持。依照《中华人民共和国民事诉讼法》第一百七十条第一款第一项的规定，判决如下：

驳回上诉，维持原判。

二审案件受理费8800元，由上诉人某保险公司威海中支公司负担。

本判决为终审判决。

审判长　乔　某
审判员　马　某
审判员　王　戊
二〇二一年八月十七日
法官助理　李　某
书记员　张　某

评·析

本案主要争议点为保险合同成立时间，究竟是投保人与保险人达成合意时成立还是投保人实际缴纳保费时成立。本案中，鲁 KM8 车车主王甲委托蓝某向某保险公司威海中支公司业务员宋某办理该车保险业务，蓝某是王甲的代理人，宋某是某保险公司威海中支公司的代理人，依据《中华人民共和国民法典》第一百六十二条关于“代理人在代理权限内，以被代理人名义实施的民事法律行为，对被代理人有效”的规定，蓝某和宋某就鲁 KM8 车保险事宜的磋商及达成合意对各自的被代理人有效。

根据《中华人民共和国民法典》第一百三十三条和第一百三十五条的规定，民事法律行为是民事主体通过意思表示设立、变更、终止民事法律关系的行为，如法律法规或当事人对民事法律行为的形式未做特别强调的，当事人对民事法律行为可以采用书面形式、口头形式或者其他形式。具体到《中华人民共和国民法典》合同编的第四百六十九条关于合同订立形式规定，当事人订立合同，可以采用书面形式、口头形式或者其他形式。合同订立方式主要有要约、承诺两种。

本案虽为保险合同争议，但仍要遵从《中华人民共和国民法典》总则编及合同编关于民事法律行为及合同订立方式的规定。根据《中华人民共和国保险法》第十条关于“保险合同是投保人与保险人约定保险权利义务的协议”和第十三条关于“投保人提出保险要求，经保险人同意承保，保险合同成立”的规定，保险合同系诺成合同、非要式合同，即保险合同可以采用民法典规定的口头形式，当然也可以采用书面形式或其他形式，其订立过程仍需要经过合同订立方式中的要约和承诺两个阶段，投保人提出保险要求就是要约、保险人同意承保就是承诺。《中华人民共和国民法典》第四百八十三条和第五百零二条规定，承诺生效时合同成立，且依法成立的合同，自成立时生效。《中华人民共和国保险法》第十三条第三款对于保险合同生效的规定与《中华人民共和国民法典》对于合同生效的规定内涵是一致的。

本案中，保险合同双方对于保险车辆出险时保险合同是否成立并生效各执一词。本案保险合同的当事人均通过各自代理人进行，相关的法律后果应由委托人承担。保险人的代理人为业务员宋某，投保人王甲委托蓝某向宋某咨询保险车辆保险事宜，双方于 2019 年 11 月 7 日通过微信不仅讨论了涉案车辆的保险事宜，蓝某还将涉案车辆的行驶证、车主身份证信息，以及拟投保的具体险种及保险金额等发给宋某，同时还于 2019 年 11 月 9 日上午将达成一致的保费按照惯例一并转账给宋某，因车险保费实名制缴纳因素导致宋某于同日晚上将蓝某支付的保费全额退还，并告知需要投保人本人通过微信扫描某保险公司威海中支公司收款二维码方式进行实名缴费。从宋某与蓝某的微信聊天过程及内容可以得知，蓝某与宋某的微信沟通行为经过了涉案保险合同要约、承诺环节，双方对保险合同的保险险种、保险金额、保险费、投保人及被保险人等车险核心要素达成一致，依法本案保险合同自双方达成合意时成立，而双方达成合意的时间即为蓝某向宋某微信转账支付保费当日，即 2019 年 11 月 9 日。由于宋某与蓝某未就本案保险合同的生效附任何条件或期限，依据《中华人民共和国保险法》第十三条第三款的规定，本案保险合同自成立时生效。

依据《中华人民共和国保险法》第十四条关于“保险合同成立后，投保人按照约定交付保险费，保险人按照约定的时间开始承担保险责任”的规定，本案保险合同自宋某与蓝某达成合意时，即 2019 年 11 月 9 日成立并生效，蓝某向宋某微信转账行为是投保人在本案保险成立生效后履行缴费保险费义务的行为。相应地，宋某的委托人某保险公司威海中支公司应当依法依约承担保险责任。

由于车险缴费制度改革，必须由机动车登记所有人实名缴费的因素，导致本案蓝某向宋某的转账不能视为投保人王甲成功缴纳保费。其后，王甲通过其他方式又将涉案车辆保费支付给某保险公司威海中支公司，王甲已经完全履行了投保人义务，依法某保险公司威海中支公司应当按照合同约定承担保险责任。投保人支付保费就是希望获得保险公司提供的风险保障，增强合同约定风险事件发生的物质保障能力，保险公司仅收取保险费而不依约承担风险保障义务则有违保险原理。本案出险时间在 2019 年 11 月 10 日，该日虽在王甲成功缴纳保费即 2019 年 11 月 11 日之前，但仍在保险合同成立生效时间后，一审、二审法院判决某保险公司威海中支公司承担保险责任符合法律规定及合同约定。

本案对于车险实名制缴费场景下保险合同成立时间确定提供了很好的司法判例，对于保险承保实务具有很强的借鉴意义。从保险人风险防范角度，实务中类似本案风险点的预防主要有以下三点：一是禁止保险人的代理人在保险费测算和报价环节进行承诺的意思表示，要求保险人的代理人对外提供报价时明确表述此报价仅为系统测算价格，不作为保险合同成立的要件，具体以保险人最终核保或投保人实际缴纳保费后保险合同成立的语言文字为准；二是保险人的代理人与客户达成保险合同合意后，保险人的代理人应当及时将保费缴纳付款码发给客户，并督促客户及时缴费或请客户直接转账到保险人银行账户或到保险人营业场所柜台办理投保手续及缴纳保费；三是对于车辆保险已到期或过期的投保行为，保险人应做好风险预警，建议投保人直接到保险人营业场所进行投保缴费等。

机动车保险中车辆使用性质改变后发生事故保险人是否承担赔偿责任的认定

上海市高级人民法院
（2020）沪民再25号民事判决书

（2021年6月9日）

案·情

2018年6月6日14时45分许，苏某驾驶租赁的某甲汽车租赁公司所有的沪GY5小型客车行驶至本市华灵路大华三路路口时与骑自行车的强某发生交通事故，导致强某受伤，交通事故认定书载明的事故原因为“开车门”。经交警部门认定，苏某负事故全部责任。

经某保险公司核实该车辆在投保时，对于车辆使用性质的类别选择的是企业非营运客车，而出险时苏某却驾驶该车辆从事网约车业务。于是，某保险公司根据机动车商业三者险除外责任条款的约定，以“被保险机动车被转让、改装、加装或改变使用性质等，被保险人、受让人未及时通知保险人，且因转让、改装、加装或改变使用性质等导致被保险机动车危险程度显著增加”为依据，对该索赔案件予以拒赔。

苏某于是向法院起诉，要求某保险公司按照保险条款规定承担赔偿义务。此案经一审、二审法院审理，均认定保险公司在承保时针对该某甲汽车租赁公司的车辆应意识到可能被承租人用于营运，但却没有提示投保人投保营业用汽车类保险产品存在过错，判决保险人承担赔偿责任。某保险公司不服，继续申请再审。

判决书正文

再审申请人（一审被告、二审上诉人）：某保险公司上海分公司，住所地：中国（上海）自由贸易试验区。

被申请人（一审原告、二审被上诉人）：强某，女，1957 年 9 月 3 日出生，汉族，住上海市宝山区。

被申请人（一审被告、二审被上诉人）：苏某，男，1985 年 8 月 24 日出生，汉族，住陕西省漳县。

被申请人（一审被告、二审被上诉人）：某甲汽车租赁公司，住所地：上海市浦东新区。

再审申请人某保险公司上海分公司（以下简称某保险公司）因与被申请人强某、苏某、某甲汽车租赁公司机动车交通事故责任纠纷一案，不服上海市第二中级人民法院（2019）沪 02 民终 6295 号民事判决，向本院申请再审，本院于 2020 年 9 月 3 日作出（2019）沪民申 2245 号民事裁定，提审本案。本院依法组成合议庭，对本案公开开庭进行了审理，现已审理终结。

强某向一审法院起诉，请求判令：某保险公司在交强险及商业第三者责任保险范围内承担赔偿责任，超出部分由肇事司机苏某、车辆所有权人某甲汽车租赁公司承担赔偿责任。具体损失如下：医疗费 49136.20 元、住院伙食补助费 320 元（20 元/天 ×16 天）、伤残赔偿金 258529.20 元（68034 元/年 ×19 年 ×20%）、护理费 5400 元（40 元/天 ×135 天）、营养费 4200 元（40 元/天 ×105 天）、精神损害抚慰金 10000 元、交通费 500 元、衣物损失 500 元、鉴定费 1950 元、辅助器具费 140 元（肩臂吊带）、律师费 4000 元。

一审法院查明：2018 年 6 月 6 日 14 时 45 分许，苏某驾驶租赁的某甲汽车租赁公司所有的沪 GY5 小型客车行驶至本市华灵路大华三路路口时与骑自行车的强某发生交通事故，导致强某受伤，交通事故认定书载明的事故原因为“开车门”。经交警部门认定，苏某负事故全部责任。

沪 GY5 小型客车（行驶证载明车主为某甲汽车租赁公司，使用性质为租赁）在某保险公司处投保交强险及商业第三者责任保险（保单载明被保险人为某融资租赁公司，车主名称为某甲汽车租赁公司，机动车使用性质为企业非营业客车），事故发生在保险期间内。交强险责任限额为 122000 元，其中死亡伤残赔偿限额为110000元；医疗费用赔偿限额为10000元；财产损失赔偿限额为2000元。商业第三者责任保险限额100万元，购买不计免赔。

2018年12月21日，司法鉴定科学研究院出具鉴定意见书，结论为强某左肩等处交通伤，后遗左肩功能障碍，构成九级伤残。伤后一期治疗休息150~180日，护理120日，营养90日；今后若行二期治疗，休息30日，护理15日，营养15日。强某支付鉴定费1950元。强某系非农业户口。

一审法院认为，肇事车辆在某保险公司处投保交强险，故某保险公司应在交强险的范围内承担赔偿责任。关于商业第三者责任保险是否应当理赔，某保险公司在签订保险合同时应当审查车辆的所有权人及车辆的使用性质，肇事车辆行驶证载明车主为某甲汽车租赁公司，使用性质为租赁，商业第三者责任保险保单载明车主也为某甲汽车租赁公司，可见某保险公司明知车主为汽车租赁公司，车辆使用性质为租赁，应当预料到车辆会用于租赁，而租赁后的车辆不排除用于网约车等营运行为的可能。这样的车辆投保“企业非营运客车保险”，某保险公司有义务进行特别提示，告知其投保登记的车辆性质以及改变车辆用途的后果。现无证据证明某保险公司特别告知过投保人保单上的车辆性质登记为“企业非营运客车保险”，也无证据证明某保险公司特别告知过投保人改变车辆用途的免责条款，因此对某保险公司商业第三者责任保险免赔的主张不予支持。因车辆本身并无问题，强某主张某甲汽车租赁公司承担赔偿责任，不予支持。苏某系肇事驾驶员，现交通事故认定书上无其他人信息，无法判断系谁开车门导致强某受伤，故判决苏某对强某超出保险范围的损失承担赔偿责任，如果确实存在其他侵权人应承担责任的情况，苏某可在赔偿后另行追偿。

一审法院判决：一、某保险公司赔偿强某医疗费49116.20元、住院伙食补助费320元、伤残赔偿金258529.20元、精神损害抚慰金10000元、护理费5400元、营养费3150元、交通费500元、衣物损失200元、鉴定费1950元、辅助器具费140元，扣除某保险公司先行支付的10000元，某保险公司还应支付319305.40元，此款于本判决生效之日起十日内付清；二、强某返还苏某7000元，此款于本判决生效之日起十日内付清；三、强某的其余诉讼请求不予支持。

某保险公司不服一审判决，提起上诉，请求撤销（2019）沪0113民初

5893 号判决主文第一项，改判某保险公司在商业第三者责任保险范围内不承担责任。

对一审法院查明的事实，二审法院予确认。

二审法院认为，某保险公司在签订保险合同时应当预料到车辆会用于租赁，而租赁后的车辆不排除用于网约车等营运行为的可能，故不属于投保人故意不履行如实告知义务的情形。此外，此种车辆投保“企业非营运客车保险”，某保险公司除通过加粗加黑字体及保单重要提示栏请求被保险人详细阅读免责条款外，应当有义务就系争免责条款进行特别提示与明确说明，明确告知其投保登记的车辆性质以及改变车辆用途的后果。现某保险公司未提供证据证明其明确告知过投保人保单上的车辆性质登记为“企业非营运客车保险”，也未举证证明某保险公司明确告知过投保人改变车辆用途的免责条款，其承保行为应当认定存在过失，故对某保险公司的上诉理由不予采纳。苏某提出的律师费、案件受理费、差旅费、押金的承担和退还等问题，因律师费等未提起上诉，故不予处理。差旅费和押金等与本案非同一法律关系，苏某可通过其他途径予以解决。综上所述，某保险公司的上诉请求不能成立，应予驳回；一审判决认定事实清楚，适用法律正确，应予维持。二审判决：驳回上诉，维持原判。

某保险公司不服二审判决，向本院申请再审，请求撤销（2019）沪 02 民终 6295 号民事判决和（2019）沪 0113 民初 5893 号民事判决第一项，改判某保险公司在商业第三者责任险范围内不承担责任或将案件发回重审。主要事实和理由：一、投保人在投保时未履行如实告知义务，肇事车辆实际从事营运活动却投保非营运险，明显不属于商业第三者责任险的赔偿范围。二、虽然车辆所有权人某甲汽车租赁公司经营汽车租赁，但租赁的车辆未必用于营运，某保险公司承保非营运险并不存在过失。三、某保险公司已对保险单中的重要提示条款尽到提示义务，被保险人已经盖章确认知悉条款内容，故免责条款发生法律效力。根据保险单，危险程度显著增加时，被保险人应及时履行通知义务，现危险程度显著增加而发生保险事故，某保险公司免于承担责任。四、肇事司机苏某在从事某网约车经营中发生交通事故，事发时并无从事网约车的从业资格证，由此给强某造成的损害后果应由肇事司机承担。五、某出行科技股份公司（以下简称某网约车公司）作为网约车管理平台，未对车辆驾驶员资格及车辆保险进行审核，存在过错，应当追加到本案中承担相应的责任。

强某答辩称：一、肇事车辆在投保时所提交的行驶证已明确载明系租赁性质，并不存在故意隐瞒车辆用途的情况。二、某保险公司明知车辆使用性质系租赁，在承保非营运险时未告知相关风险，故应当承担商业第三者责任险的赔付责任。三、苏某虽然没有网约车从业资格证，但其拥有合法的机动车驾驶证，在车辆驾驶过程中未必增加交通事故的发生率。四、本案原审判决已履行完毕，其也按照生效判决退还了苏某垫付钱款的差额。若改判由苏某承担责任，可能导致其权益无法得到保障。五、某网约车是网约车平台的管理人，对苏某接单载客抽取一定比例的利润，请求追加某网约车为本案当事人，依法判决其承担相应的责任。

苏某答辩称：一、肇事车辆在投保时并未如实告知某保险公司车辆作为网约车之用，为了节约保费而投保非营运险，属于商业欺诈。二、某甲汽车租赁公司并未明确告知车辆保险没有购买齐全，其向案外人上海另一汽车租赁公司租赁车辆时，不知晓车辆的投保情况，被误导才签订汽车租赁合同，自身也是受害者。三、原审判决未查明某甲汽车租赁公司和案外人某融资租赁公司、某乙汽车租赁公司之间的关系以及车辆投保非营运险的欺诈事实即判令其承担律师费和案件受理费，于法无据。如果法院判决某保险公司不承担商业第三者责任险，相关责任应由某甲汽车租赁公司承担。

某甲汽车租赁公司答辩称：一、肇事车辆在投保时所提交的行驶证已明确记载为“租赁”，并未隐瞒车辆使用情况，某保险公司应当知晓车辆的使用性质系营运。二、某保险公司在保险单中记载机动车使用性质为企业非营业客车，也未明确要求车辆投保营运险，显然存在过错，某保险公司应承担商业第三者责任险的赔付责任。三、某甲汽车租赁公司已于本案肇事车辆发生事故后进行过股权变更，根据股权转让协议，应由股权转让方承担责任，其作为股权受让方不应再承担任何责任。原审认定事实清楚，适用法律正确，请求维持原判，驳回再审申请人的再审请求。

对于原审查明的事实以及原审认定的强某的损失费用，各方当事人均无异议，本院予以确认。

本案再审中，某保险公司向本院提供了肇事车辆的保险单、投保单，同批次部分车辆的投保单、保险单以及个别车辆的出险抄件和出险单四组材料作为新证据，用以证明投保人已确认对保险条款完全理解并承诺投保单所填写的内容均属事实。投保人在为肇事车辆投保时却告知车辆使用性质为企业非营业客车，未履行如实告知义务。对此，强某认为上述证据已超过举证期限，并非新证据；且该证据也不能证明某保险公司的主张，故不予认可。苏某认为在原审期间法庭已经要求某保险公司提供相关证据，某保险公司未能举证，应该承担不利的后果。某保险公司明知车辆从事营运活动却仍承保非营运险，应该承担责任。某甲汽车租赁公司对上述证据不予认可，认为某保险公司应该知晓车辆用于营运却承保了非营运险，应对保险事故承担责任。

苏某提供了汽车租赁合同原件一份，用以证明其虽然从某乙汽车租赁公司租来车辆，但汽车租赁合同的签约主体仍为某甲汽车租赁公司，某乙汽车租赁公司是某甲汽车租赁公司的分销公司，该公司帮助其注册为某网约车平台司机后再将租赁车辆交付其使用，其对车辆保险的购买情况并不知晓。对此，某保险公司表示并不知晓本案肇事车辆的租赁使用情况，完全按照投保人告知的内容进行承保。强某认可该份汽车租赁合同的真实性，未持异议。某甲汽车租赁公司认为，因公司股权发生变更，公司的印章和牌照都交由他人管理，对该份汽车租赁合同并不知晓。某乙汽车租赁公司是从某融资租赁公司租赁车辆又转租给苏某的，某乙汽车租赁公司并非某甲汽车租赁公司的分销公司。对于苏某注册为某网约车平台司机的情况，其并不清楚。强某和某甲汽车租赁公司均未提供新证据。

关于某保险公司和苏某在再审中提供的上述证据，本院结合各方当事人的质证意见，认证如下：

某保险公司提交的证据材料中，肇事车辆保险单已在原审提供过，并非新证据；肇事车辆的投保单因印章模糊不清，无法分辨签章主体，本院对其真实性难以认定；虽然某保险公司提供同批次车辆的投保单和保险单予以佐证，然而本案肇事车辆保险单的签单日期是 2017 年 5 月 31 日，而某保险公司所提供的“同批次车辆投保单”上的投保日期为 2017 年 6 月 19 日，与本案没有关联性，故不予采纳；关于其他车辆的出险抄单及出险单，均无法认定与本案的关联性，亦难以采纳。

苏某提供的汽车租赁合同显示签约主体是某甲汽车租赁公司和苏某，虽然苏某自述车辆向某乙汽车租赁公司租赁，且无其他证据证明某乙汽车租赁公司与某甲汽车租赁公司的关系，但某甲汽车租赁公司也认可其将公司印章及车辆牌照交由他人管理，这与案外人某融资租赁公司的陈述（将在下文详述）相互印证了某甲汽车租赁公司名下的汽车出租给苏某是客观真实的。即便是某甲汽车租赁公司将车辆出租给苏某，该汽车租赁合同对签约双方仍有约束力。现某甲汽车租赁公司以公司股权变更为由表示对汽车租赁合同不知情而否认其效力，然而基于合同相对性，公司股权变更协议仅对协议双方产生约束力，某甲汽车租赁公司的上述主张缺乏法律依据。结合相关当事人对本案肇事车辆租赁及使用情况的陈述，本院对该份汽车租赁合同予以采信。

另外，本院向案外人某融资租赁公司调查了车辆投保过程。该公司表示，其出资批量购买了包含本案肇事车辆在内的五十辆汽车，向某甲汽车租赁公司租用汽车牌照并支付租金，后又将车辆批量出租给某乙汽车租赁公司。该公司向本院提供了其与某乙汽车租赁公司签订的汽车租赁合同及与某甲汽车租赁公司签订的某融资租赁公司汽车融资租赁抵押合同复印件各一份，用以证明其与某甲汽车租赁公司系融资租赁关系。

对于某融资租赁公司的陈述，某保险公司表示，其公司的确批量承保包括本案肇事车辆在内的五十辆汽车，但完全根据投保人某融资租赁公司所告知的情况填写投保单，录单、厘定保费后告知某融资租赁公司，某融资租赁公司确认无误后再缴纳保费，最终才出具保险单。因承保的业务量大，某保险公司未能一一核实投保车辆的具体使用情况。强某对此表示没有异议。苏某认为其向某乙汽车租赁公司租车，某乙汽车租赁公司提供的汽车租赁合同上盖的是某甲汽车租赁公司的章，因此某甲汽车租赁公司与某乙汽车租赁公司是有关联的。某甲汽车租赁公司认可某融资租赁公司所述事实，但提出其对车辆的使用情况未予过问。

本院认为，本案的争议焦点是：一、某保险公司是否应在商业第三者责任险范围内承担赔付责任；二、对于交强险赔偿后仍不足的部分，应由哪些主体对强某承担赔偿责任以及责任应该如何分担。

一、某保险公司是否应在商业第三者责任险范围内承担赔付责任

判断某保险公司是否应承担商业第三者责任险，可从以下四方面予以审查：（一）投保方在投保非营运险时是否履行了如实告知义务；（二）某保险公司在保险合同订立时是否已经知道或者应当知道肇事车辆系用于营运；

（三）商业保险单中关于“危险程度显著增加”的重要提示条款是否发生法律效力；（四）肇事车辆用于经营某网约车是否属于危险程度显著增加的情形。

（一）投保方在投保非营运险时是否履行了如实告知义务

《中华人民共和国保险法》（以下简称《保险法》）第十六条第一款规定：“订立保险合同，保险人就保险标的或者被保险人的有关情况提出询问的，投保人应当如实告知。”第十六条第四款规定：“投保人故意不履行如实告知义务的，保险人对于合同解除前发生的保险事故，不承担赔偿或者给付保险金的责任，并不退还保险费。”根据原审查明的事实，结合本案再审中各方当事人的陈述及所提供的证据，尽管车辆由某融资租赁公司出资购买并登记于某甲汽车租赁公司名下，某融资租赁公司与某甲汽车租赁公司约定取得车辆抵押权，后又将该车辆通过某乙汽车租赁公司出租给苏某使用，但汽车租赁合同显示的出租方仍为某甲汽车租赁公司。可见，无论是车辆的所有权人某甲汽车租赁公司还是案外人某融资租赁公司、某乙汽车租赁公司，均知晓本案车辆的实际使用情况，但在投保时却告知某保险公司车辆的使用性质为企业非营业客车，显然属于《保险法》所规定的故意未履行如实告知义务的情形。

（二）某保险公司在保险合同订立时是否已经知道或者应当知道肇事车辆系用于营运

《保险法》第十六条第六款规定：“保险人在合同订立时已经知道投保人未如实告知的情况的，保险人不得解除合同；发生保险事故的，保险人应当承担赔偿或者给付保险金的责任。”在本案再审中，某融资租赁公司表示，某保险公司在上一年度亦承保本案肇事车辆的交强险及商业第三者责任险（非营运险）。某保险公司对此不持异议。本院认为，就本案肇事车辆而言，虽然汽车租赁公司经营的业务具有营利性，但并不意味着承租人必然将租来的车辆全部用于营运，客观上存在车辆自用的可能，因此，车辆行驶证上记载“租赁”并不等同于实际“营运”。在相关当事人未提供确切证据证明某保险公司明知车辆已用于营运的情况下，以车辆行驶证记载租赁而推定某保险公司应当知晓或预见到车辆实际为营运，缺乏依据，难以成立。

（三）商业保险单中关于“危险程度显著增加”的重要提示条款是否发生法律效力

本案中，某保险公司所提供的机动车商业保险保险单以“重要提示”条款记载："被保险机动车因改装、加装、改变使用性质等导致危险程度显著增加以及转卖、转让、赠送他人的，应通知保险人。"《保险法》第五十二条规定："在合同有效期内，保险标的的危险程度显著增加的，被保险人应当按照合同约定及时通知保险人，保险人可以按照合同约定增加保险费或者解除合同……被保险人未履行前款规定的通知义务的，因保险标的的危险程度显著增加而发生的保险事故，保险人不承担赔偿保险金的责任。"可见，危险程度显著增加的通知义务是《保险法》规定的被保险人应该承担的法定义务，某保险公司在商业保险单中以"重要提示"的方式对该项法定义务予以重申。对此，根据《保险法》第十七条及《最高人民法院关于适用〈中华人民共和国保险法〉若干问题的解释（二）》第十条的规定，某保险公司尽到提示义务即可。现某甲汽车租赁公司以某保险公司未对商业保险单中的重要提示条款履行明确说明义务，而主张某保险公司应承担商业第三者责任险的保险责任，缺乏事实和法律依据，本院难以支持。

（四）肇事车辆用于经营某网约车是否属于危险程度显著增加的情形

《最高人民法院关于适用〈中华人民共和国保险法〉若干问题的解释（四）》第四条规定："人民法院认定保险标的是否构成《保险法》第四十九条、第五十二条规定的'危险程度显著增加'时，应当综合考虑以下因素：（一）保险标的用途的改变；……"本案中，苏某自述车辆发生保险事故时正在某网约车平台接单载客，此时，车辆的使用性质显然系营运。退一步说，即便车辆投保时处于"待租赁"状态，尚未从事经营活动，但在该车辆被投入某网约车经营之用时，使用性质即发生了重大变化。通常情况下，车辆用于营运后，因其营利性所驱，使用频率必然增加，亦导致车辆机件损耗增加，事故概率也会随之增加，故依法可认定为危险程度显著增加，对此，被保险人应及时通知保险人。现被保险人未及时履行危险程度显著增加的通知义务，导致保险公司未能及时对车辆的运行风险作出合理评估，并与被保险人协商变更相关保险事项。可见，被保险人的行为不仅违反了《保险法》及其司法解释的规定，也违背了商业保险单的约定。

综上所述，投保人在投保非营运险时未履行如实告知义务，被保险人在发生危险程度显著增加情形时亦未及时履行通知义务，上述行为均违反了《保险法》及其司法解释的相关规定，因此，某保险公司可免于承担商业第三者责任保险的赔付责任。然而，应该指出的是，某保险公司承保了包括本案肇事车辆在内的批量车险，与某甲汽车租赁公司、某融资租赁公司也存在稳定的保险业务关系，某保险公司在拓展保险业务的过程中不应完全依赖于投保方对车辆使用性质的自述，还应审慎核实车辆的实际使用情况。本案中，某保险公司针对用途为租赁的投保车辆，若能在承保过程中切实履行核保义务，严把审核关，即可发现投保方对车辆使用性质的告知情况可能与实际并不相符，进而引导投保人选择更为合适的保险险种，从根本上杜绝本案矛盾纠纷的发生。此外，某保险公司在商业保险单中虽然以“重要提示”的方式提示被保险人应该及时履行危险程度显著增加的通知义务，但若能对相关的责任、后果进一步加以释明，则将更有利于督促被保险人及时履行通知义务，并通过提高保险费或变更险种等方式确保车辆继续获得有效的保险保障。在本院再审中，某保险公司表示从保障受害人权益的角度考虑，自愿在商业第三者责任险的范围内赔付部分金额，该行为属于自愿处分权利，也与其承保行为不够规范、不尽完善所导致的责任后果基本相当，于法不悖，本院依法予以准许。

二、对于交强险赔偿后仍不足的部分，应由哪些主体对强某承担赔偿责任以及责任应该如何分担

（一）某网约车公司是否应追加为本案当事人，并对强某的损害后果承担相应的赔偿责任

在本案再审中，某保险公司及强某均主张追加某网约车公司为本案当事人参加诉讼，请求法院判决某网约车公司对强某承担相应的赔偿责任，理由为某网约车公司在苏某经营网约车业务过程中收取一定的利润，但却疏于管理，对此，相关当事人均未提供任何证据对其主张予以证明。虽然苏某自述将租赁车辆用于经营某网约车，但亦无法举证证明其与某网约车公司之间存在何种运作模式以及某网约车公司的实际获利情况。因此，在缺乏相关证据证明某网约车公司与苏某之间存在何种法律关系的情形下，追加某网约车公司为本案当事人的请求尚缺乏依据，本院不予准许。

（二）苏某是否应该对强某的损害后果承担赔偿责任以及责任程度

《中华人民共和国道路交通安全法》第十六条规定：“机动车发生交通事故造成人身伤亡、财产损失的，由保险公司在机动车第三者责任强制保险责任限额范围内予以赔偿；不足的部分，按照下列规定承担赔偿责任：……（二）

机动车与非机动车驾驶人、行人之间发生交通事故，非机动车驾驶人、行人没有过错的，由机动车一方承担赔偿责任……”根据原审查明的事实，苏某驾驶车辆与强某发生交通事故，交警部门认定，苏某负事故全部责任。对此，各方当事人均无争议。因此，在机动车交通事故认定书已经明确载明苏某负事故全部责任的前提下，苏某应对强某造成的损失承担赔偿责任。

（三）某甲汽车租赁公司是否应该对强某的损害后果承担赔偿责任以及责任程度

《中华人民共和国侵权责任法》第四十九条规定：“因租赁、借用等情形机动车所有人与使用人不是同一人时，发生交通事故后属于该机动车一方责任的，由保险公司在机动车强制保险责任限额范围内予以赔偿。不足部分，由机动车使用人承担赔偿责任；机动车所有人对损害的发生有过错的，承担相应的赔偿责任。”本案中，某甲汽车租赁公司以股权变更为由表示对肇事车辆出租给苏某投入某网约车使用并不知情而不愿承担责任，然而某甲汽车租赁公司作为车辆的所有权人将车辆有偿出租给案外人并将公司印章交由他人掌管，却未对车辆及印章使用情况进行有效监管，对于苏某是否符合网约车驾驶资格也疏于审查，故对肇事车辆损害后果的发生显然存在过错。同时，根据苏某所提供的汽车租赁合同，某甲汽车租赁公司作为出租方亦未能按照合同约定为车辆购买合适的商业第三者责任险，客观上也导致本案肇事车辆发生保险事故后受害者无法得到足额理赔。因此，某甲汽车租赁公司应对强某的损害后果承担相应的赔偿责任。股权变更协议仅对股权的转让方及受让方产生约束力，并不能对抗第三人，某甲汽车租赁公司不得以此作为免除责任的抗辩理由。

综上所述，苏某作为车辆使用人，经交警部门认定在交通事故中负全部责任，系直接侵权人，对于交强险赔偿后仍不足的部分承担主要责任，本院酌定责任比例为60%。苏某如果认为存在其他侵权人应承担责任的，可在赔偿后另行追偿。某甲汽车租赁公司作为车辆所有权人，亦存在过错，对于交强险赔偿后仍不足的部分承担次要责任，本院酌定责任比例为40%。某甲汽车租赁公司可基于与其他主体之间存在的法律关系，另行主张权利。

对于强某之损失，一审、二审法院认定为329305.40元（不包含4000元律师费），本院予以确认。某保险公司在交强险范围内赔付120200元。交强险赔偿后仍不足的部分为209105.40元，某保险公司自愿赔付129105.40元，本院依法予以准许。剩余80000元由苏某和某甲汽车租赁公司按照各自的过错程度及上述比例分担。原审对4000元律师费的判决正确，且已履行完毕，本院予以维持。

综上所述，某保险公司的再审请求部分成立。依照《中华人民共和国保险法》第十六条第一款、第四款、第六款、第十七条、第五十二条，《最高人民法院关于适用〈中华人民共和国保险法〉若干问题的解释（二）》第十条，《最高人民法院关于适用〈中华人民共和国保险法〉若干问题的解释（四）》第四条第一款第一项，《中华人民共和国侵权责任法》第四十九条，《中华人民共和国道路交通安全法》第七十六条第一款第二项，《最高人民法院关于审理道路交通事故损害赔偿案件适用法律若干问题的解释》第十六条第一款，《中华人民共和国民事诉讼法》第二百零七条第一款、第一百七十条第一款第二项以及《最高人民法院关于适用〈中华人民共和国民事诉讼法〉的解释》第四百零七条第二款之规定，判决如下：

一、撤销上海市第二中级人民法院（2019）沪02民终6295号及上海市宝山区人民法院（2019）沪0113民初5893号民事判决第一项；

二、维持上海市宝山区人民法院（2019）沪0113民初5893号民事判决第二项、第三项；

三、某保险公司应于本判决生效之日起10日内在交强险范围内赔付强某人民币120200元；

四、某保险公司应于本判决生效之日起10日内在商业第三者责任险范围内赔付强某人民币129105.40元；

五、苏某应于本判决生效之日起10日内赔偿强某人民币48000元；

六、某汽车租赁公司应于本判决生效之日起10日内赔偿强某人民币32000元。

负有金钱给付义务的当事人，如果未按本判决指定的期间履行给付金钱义务，应当按照《中华人民共和国民事诉讼法》第二百五十三条之规定，加倍支付迟延履行期间的债务利息。

一审案件受理费人民币3003元，由强某负担11元，某保险公司负担2244元，苏某负担449元，某甲汽车租赁公司负担299元。二审案件受理费人民币6003元，由某保险公司负担4503元，苏某负担900元，某甲汽车租赁公司负担 600 元。

本判决为终审判决。

审判长　陈　某
审判员　方　某
审判员　田　某
二〇二一年六月九日
法官助理　褚　某
书记员　姜　某

评·析

一、投保人是否履行了如实告知义务

基于投保人对于保险标的的情况更为了解的通识，国内外保险法律法规将对保险标的的如实告知义务分配给投保人是一种共识。本案中，作为该车辆的投保人某甲汽车租赁公司明知该车辆是用于租赁用途，而不是用于自身的企业办公等非营运用途，却在投保单上注明该车为非营运车辆，并投保相应的保险产品，这就明显违背了如实告知义务。虽然其抗辩称该车上年保单，某保险公司也是这样承保的，某保险公司对此不持异议。但是某保险公司并不了解该车用于租赁的情况，完全是基于投保人关于该车用途的告知而承保，责任在投保人一方。同时，该车辆租赁给他人使用之后，虽然并不一定会用于营运目的，但是却不能排除这种可能性。那么，作为投保人秉持诚信和审慎的原则，就应该在投保时将上述情况如实告知保险人，征求保险人对于该车应投保何种保险产品的建议，只有这样处理才是履行如实告知义务的正途。然而，投保人却并未如上述要求从事，无论是出于故意隐瞒车辆用途从而节省保费，还是因为疏忽大意没有预见到车辆被租赁后可能发生与投保车辆用途不同的可能性，都无法否定自身没有履行如实告知义务的事实。

二、某保险公司是否明知该车属于营运车辆而承保，故不能免责

本案中，某甲汽车租赁公司认为该车辆在投保时行驶证上已注明该车辆用途为“租赁”。那么某保险公司就应该预见到该车辆可能被用于从事营运获利活动，由于某保险公司明知该风险，但仍然按照非营运车辆来承保，故依据《中华人民共和国保险法》第十六条第六款之规定：保险人在合同订立时已经知道投保人未如实告知的情况的，保险人不得解除合同；发生保险事故的，保险人应当承担赔偿或者给付保险金的责任。诚如再审判决书所述，虽然汽车租赁公司经营的业务具有营利性，但并不意味着承租人必然将租来的车辆全部用于营运，客观上存在车辆自用的可能，因此，车辆行驶证上记载“租赁”并不等同于实际“营运”。在相关当事人未提供确切证据证明某保险公司明知车辆已用于营运的情况下，以车辆行驶证记载租赁而推定某保险公司应当知晓或预见到车辆实际为营运，缺乏依据，难以成立。

对于该车辆被用于租赁后可能被用于营运的可能性，应该来说对于投保人某甲汽车租赁公司和某保险公司来说，基于常理都是可以预见的。在可以预见的前提下，投保人某甲汽车租赁公司作为主营业务为汽车租赁的经营主体，日常经营中接触到将承租车辆用于营运的情况并不少见，但却仍然为该车辆投保企业非营运车辆保险，足以证明其存在故意或过失未履行如实告知义务的情形。而某保险公司在事先并不了解该车被承租人用于网约车经营的情况下，选择完全相信投保人告知的信息予以承保，从现行保险法的具体规定来看，推定保险人明知车辆投保用途与实际用途不一致的证据不足。

三、保险人对于投保信息是否具有再次提示核实义务

根据我国保险法中关于投保人如实告知义务的规定，对于保险人关于保险标的的情况的询问，投保人须如实告知。但是对于投保人告知的信息，并未规定保险人须承担进一步的提示或核实义务，而是将未如实告知的责任交由投保人来承担。本案中，投保人某甲汽车租赁公司将用于租赁的车辆投保企业非营运车辆保险，既可能是出于主观判断这些车辆大概率不会被承租人用作营运使用，也可能是出于节约保险费而选择投保费率较低的险种的考虑。而某保险公司依据投保人确定的信息承保出单并不违背常规操作流程，也没有违反保险法律法规关于保险人订立保险合同所应履行的相关义务。所以，虽然此案一审和二审法院均认为某保险公司因为未履行向投保人提示投保车辆性质错误的义务而需承担保险责任，但再审法院认为上述观点并无法律依据而给予撤销。

然而，再审法院也认为，虽然目前对于投保人告知的投保信息并无法律明文规定，保险人认为可能存在瑕疵的，有进一步提示或核实义务。但是如果保险人能进一步发挥自身在风险识别意识和能力上的专业优势，与投保人进一步沟通核实，提示告知其可能存在的投保信息瑕疵以及可能对其权益造成的风险，则可以进一步体现保险的社会保障功能和为人民服务的根本宗旨。而且，这一要求也完全契合保险法和保险原理中关于经营保险业务必须遵循的诚实信用和风险化解的基本原则。因此，从法理的角度出发，保险人对于投保信息也具有更高的风险识别意识和提示义务。

保证保险下保险人代位求偿权的行使

上海金融法院

（2021）沪74民终643号民事判决书

（2021年8月4日）

案·情

2018年3月19日，潘某与某信托公司签订《信托贷款合同》，约定某信托公司向潘某提供生产经营贷款95万元，贷款期限一年。同日潘某与某信托公司签订《抵押合同》，潘某以其名下的房屋为借款提供抵押担保。同时，潘某就《信托贷款合同》项下借款向某保险公司投保了贷款保证保险。后因潘某未按约定偿还借款，某信托公司向某保险公司申请索赔，某保险公司向某信托公司支付理赔款共计95万元。

2020年3月，某保险公司向上海市宝山区人民法院提起保险人代位求偿权之诉，主要诉请为：请求被告支付理赔款95万元，并向原告支付逾期违约金按4倍LPR计算及对被告抵押登记的房产折价或以拍卖、变卖后的价款优先受偿。一审法院判决认定：仅支持某保险公司理赔款95万元和一倍LPR报价利率计算的利息损失。因该判决未支持某保险公司案涉房产的抵押权，亦未支持四倍LPR的违约金，故某保险公司向上海金融法院提起上诉，主要诉请：对被上诉人已办理抵押登记的案涉房产折价或者拍卖、变卖所得价款优先受偿及四倍LPR违约金；该案二审开庭审理后，上海金融法院判决认定：某保险公司对潘某已办理抵押登记的案涉房产折价或者拍卖、变卖所得价款优先受偿，其他维持一审判决。

判决书正文

上诉人：某保险公司，住所地：重庆市渝北区。

被上诉人：潘某，男，1992年12月18日生，汉族，住上海市宝山区。

上诉人某保险公司因与被上诉人潘某保险人代位求偿权纠纷一案，不服上海市宝山区人民法院（2020）沪0113民初22494号民事判决，向本院提起上诉。本院于2021年5月8日立案后，依法组成合议庭。本案现已审理终结。

某保险公司上诉请求：请求撤销上海市宝山区人民法院（2020）沪0113民初22494号民事判决第二项，改判为潘某于本判决生效之日十日内偿付某保险公司以95万元为基数，自2019年4月3日起至实际清偿之日止按同期银行间同业拆借中心公布的贷款市场报价利率的四倍支付违约金；判令对潘某已办理抵押登记的位于上海市宝山区的房屋折价或者拍卖、变卖所得价款优先受偿；案件一审、二审诉讼费由潘某承担。事实和理由：一、2018年3月19日，潘某与某信托公司签署编号为2016FTO249××第157号的《信托贷款合同》，约定某信托公司向潘某提供生产经营贷款人民币（以下币种同）95万元，贷款利率为5.1%/年，贷款期限为2018年4月4日（实际放款日）至2019年3月29日，潘某按月还息，贷款到期时利随本清。同日，潘某与某信托公司签署编号为2016FTO249××第157号BZ第001号的《房屋抵押合同》，潘某以其合法持有的坐落于上海市宝山区的房产就《信托贷款合同》项下借款向某信托公司提供抵押担保并办理抵押登记。同日，潘某就《信托贷款合同》项下借款向某保险公司投保了被保险人为某信托公司的贷款保证保险，某保险公司依申请出具了《贷款保证保险电子保险单》，保险金额为99.78万元。因潘某未按《借款合同》约定按期偿还借款本金，某信托公司于2019年4月1日向某保险公司申请保险理赔，某保险公司审核后于2019年4月2日向某信托公司赔付潘某逾期本金95万元。某保险公司理赔后，某信托公司向某保险公司出具《权益转让书》，约定某信托公司将其对潘某的一切权益（包括主债权及抵押权）转让给某保险公司，依据《保险法》第六十条，某保险公司依法对上述理赔款项取得代位求偿权。某保险公司理赔之后即产生资金占用期间的利息损失，另根据《信托贷款合同》第十三条第2点违约救济措施。借款人如不按期清偿贷款本息及有关费用（包括贷款人提前实现债权的），从逾期之日起，须按日向贷款人支付逾期违约金。逾期违约金的计算公式为：自违约之日起，借款人每逾期一日向贷款人支付千分之一的违约金。故请求依法改判民事判决书第二项为：潘某于本判决生效之日十日内偿付某保险公司以 95 万元为基数，自 2019 年 4 月 3 日起至实际清偿之日止按同期银行间同业拆借中心公布的贷款市场报价利率的四倍支付。二、依据《物权法》第一百九十二条，债权转让的担保该债权的抵押权一并转让。根据《权益转让书》的约定某信托公司将对潘某的主债权及抵押权一并转让给某保险公司，并同意某保险公司向潘某行使追偿权。因此某保险公司理赔后取得的代位求偿权包括但不限于某信托公司对潘某所享有的债权及抵押权。由此某保险公司有权就潘某的债务在抵押担保范围内享有优先受偿权。故某保险公司对潘某已办理抵押登记的位于上海市宝山区的房产折价或者拍卖、变卖所得价款优先受偿，于法有据。综上所述，上海市宝山区人民法院（2020）沪 0113 民初 22494 号民事判决书适用法律错误，损害了某保险公司的合法权益，恳请二审法院依法改判。

潘某辩称，借款属实。中间人为某企业发展集团公司，出资人为某信托公司。2018 年，我通过某企业发展集团公司向某信托公司申请房屋贷款，该笔款项用于赌博，某企业发展集团公司对此知情。钱款实际使用人为我父亲，他已经过世，现在由我来承担还款义务。2018 年 4 月 4 日，该笔 98 万元打到我账户，同一天我应某企业发展集团公司员工及我父亲的要求将部分到账的钱款（近 20 万元）转至案外人账户，应该是用来归还赌债。剩余 79 万元也是我父亲赌博用尽。我对当日放款金额是认可的，但是对当天转出的 20 万元不认可，应当予以扣除。关于利息，我认为不正确。

某保险公司向一审法院起诉请求：1. 潘某赔偿某保险公司理赔款 95 万元，及以 95 万元为基数，自 2019 年 4 月 2 日起至实际清偿之日止，按年利率 24% 计算的逾期违约金；2. 对潘某名下位于上海市宝山区的抵押房产实现抵押权；3. 潘某承担本案诉讼费。

一审法院认定事实：一、2018 年 3 月 19 日，潘某（借款人）与某信托公司（贷款人）签订编号为 2016FT0O249 × × 第 157 号的借款合同，约定：潘某向某信托公司申请贷款用于经营生产，贷款金额 95 万元，实际以贷款凭证为准；贷款期限 360 天，2018 年 3 月 19 日至 2019 年 3 月 13 日，具体以贷款人划款日期为准相应调整贷款期限的起始日和到期日；贷款利率 5.1%/年，日利率＝年利率/365，贷款期限内利率不变，借款自实际发放之日起开始计息，每日应计利息＝该日借款本金余额×借款年利率/365；借款人按月结息、贷款到期时利随本清；抵押人以其持有的权属证书编号为沪2018宝字不动产权第××号的房屋所有权证为贷款人设定抵押权，为贷款人对借款人享有的债权提供担保，具体事宜以双方签订的房地产抵押合同约定；借款人如不按期清偿本息及费用的，从逾期之日起，按日向贷款人支付逾期违约金，逾期违约金的计算公式为自违约之日起，借款人每逾期一日向贷款人支付千分之一的违约金，违约金计算基数为借款本金，按照实际违约天数计算违约金等。银行账户交易明细显示，某信托公司于2018年4月4日向潘某放款95万元。审理中，潘某确认其在某信托公司放贷后未还过本金，但称归还过3万元或4万元利息。二、潘某（抵押人）与某信托公司（抵押权人、债权人）还签订了编号为2016FTO249××第157号BZ第001号的房屋抵押合同，约定潘某以位于上海市宝山区的房屋为上述借款合同项下的债务提供抵押担保。2018年3月26日，双方就上述房屋办理了抵押权登记，登记的权利人为某信托公司，义务人为潘某。审理中，某保险公司确认，至今上述抵押权登记并未变更过，抵押权人仍为某信托公司。三、潘某向某保险公司投保贷款保证保险，被保险人为某信托公司，保险期间2018年4月4日至2019年4月3日。保险费14966.79元，索赔等待期2天。2018年3月21日，潘某分两笔向某保险公司转账共计14966.79元。四、2019年4月1日，某信托公司向某保险公司递交索赔申请书，截至2019年3月29日借款人已还49391.88元，其中利息47786.28元，税额1605.6元，借款人剩余欠款95万元；2019年3月29日经该公司与借款人本人进行电话催款，确认借款人不能按期还款，索赔金额为95万元。故依据保险合同向某保险公司申请赔付。2019年4月2日，某保险公司向某信托公司支付了95万元赔款。某信托公司向某保险公司出具了权益转让书，载：某保险公司赔款95万元已收到，该公司同意将债务人在该公司的一切权益（包括主债权95万元及抵押权）转让给某保险公司，并同意某保险公司向债务人行使追偿权。五、就潘某提及的保证金一节，在潘某提供的银行明细中仅有两笔转出记录附言“潘某的保证金”，显示对方户名“某商业保理公司”，分别为5万元、4.5万元，但潘某并未举证证明该两笔款项与系争95万元贷款的联系。审理中，潘某自认，其在第一次庭审后就其所认为的套路贷曾向公安机关报案，但公安机关未予立案。另外，一审诉状于2020年10月23日送达潘某。一审法院认为，涉案贷款保证保险单系原、被告真实意思表示，合法有效，双方均应恪守。关于被告辩称借款可能涉及套路贷，被告自认其已向公安机关报过案，但未予立案，被告亦未提供其他证据予以证明，本院对此难以采信。至于被告贷得款项后如何判断使用，应由其自身负责，且与本案无关，亦不影响本案债权的合法性。被告未按借款合同的约定履行还款义务，原告按贷款保证保险保单的相关约定对被保险人进行理赔后，按约有权代位行使被保险人对被告请求赔偿的权利，故对原告要求被告赔偿95万元理赔款的诉讼请求，本院予以支持。至于原告主张的违约金，因法律规定保险人仅能在其赔偿金额范围内行使代位求偿权，且保险合同亦未约定保险人可向投保人主张违约金，原告援用被告与某信托公司借款合同中的违约条款向被告主张违约责任，无事实及法律依据，但鉴于本案诉状系2020年10月23日送达被告，故自次日起潘某应付未付至某保险公司产生的利息损失，某保险公司自可主张，予以支持。至于某保险公司的抵押权主张，一审法院认为，根据法律规定，不动产物权的设立、变更、转让和消灭需经依法登记，否则不发生效力，不动产抵押权自登记时设立，本案中某保险公司自认抵押权人仍为某信托公司尚未变更登记过，则某保险公司并非抵押权人，无权主张抵押权，对其要求实现抵押权的诉讼请求不予支持。至于潘某所称某企业发展集团公司存在欺诈，并非本案处理范围，潘某如对此持有异议，可另行主张。据此，依照《最高人民法院关于适用〈中华人民共和国民法典〉时间效力的若干规定》第一条第二款，《中华人民共和国保险法》第十四条、第六十条第一款，1999年《中华人民共和国合同法》第八条、第一百一十三条第一款，2007年《中华人民共和国物权法》第九条第一款、第一百八十七条及《中华人民共和国民事诉讼法》第一百四十二条与《最高人民法院关于适用〈中华人民共和国民事诉讼法〉的解释》第九十条之规定，判决如下：一、潘某于判决生效之日起十日内某保险公司理赔款95万元；二、潘某于判决生效之日起十日内偿付某保险公司以95万元为基数，自2020年10月24日起至实际清偿之日止，按同期全国银行间同业拆借中心公布的贷款市场报价利率（LPR）计付的利息损失。三、驳回某保险公司其余部分的诉讼请求。如果未按判决指定的期间履行给付金钱义务，应当依照《中华人民共和国民事诉讼法》第二百五十三条之规定，加倍支付迟延履行期间的债务利息．案件受理费 8385.40 元，由潘某负担。

本院二审期间，某保险公司、潘某均未向本院提交新的证据。

本院经审理查明，原审认定事实正确，本院依法予以确认。

本院认为，本案系保险人代位求偿权纠纷，某保险公司向某信托公司赔付个人贷款保证保险项下保险金后依法享有在赔偿金额范围内代位行使某信托公司对潘某请求赔偿的权利。本案的争议焦点为：某保险公司是否享有案涉房产抵押权。某保险公司主张，其向某信托公司支付贷款保证保险项下保险金后依法取得向潘某代位求偿的权利，某信托公司向其出具的《权益转让书》也约定某信托公司将其对潘某的一切权益（包括主债权及抵押权）转让给某保险公司，故某保险公司依法取得对上海市宝山区的房屋抵押权。对此，本院认为，保险人代位求偿权的性质系法定债权转让。本案中，某信托公司与潘某签订了《借款合同》，同时将其名下位于上海市宝山区房屋抵押给某信托公司并办理了抵押登记。某保险公司受让某信托公司在《借款合同》项下主债权，相关抵押权是从属于主债权的从利益，根据“从随主”规则，主债权转让的，除法律另有规定或当事人另有约定之外，担保该债权的抵押权一并转让。基于此，某保险公司无须办理抵押权转移登记便依法继受取得上述房产抵押权。一审法院驳回某保险公司关于抵押权的诉请系适用法律不当，应予纠正。关于利息损失，某保险公司主张要求自 2019 年 4 月 3 日起至实际清偿之日止按同期银行间同业拆借中心公布的贷款市场报价利率（LPR）的四倍支付。本院认为，某保险公司基于保险人代位求偿权受让案涉债权，应在赔偿金额范围内代为行使权利，其主张按照自 2019 年 4 月 3 日起至实际清偿之日止按同期银行间同业拆借中心公布的贷款市场报价利率（LPR）的四倍支付没有事实和法律依据。一审法院酌情支持其自 2020 年 10 月 24 日起至实际清偿之日止，按同期全国银行间同业拆借中心公布的贷款市场报价利率（LPR）计算的资金占用损失可予维持。

综上所述，上诉人某保险公司的上诉请求部分成立。本院依照《最高人民法院关于适用〈中华人民共和国民法典〉时间效力的若干规定》第一条第二款、2007 年《中华人民共和国物权法》第一百九十二条、《中华人民共和国民事诉讼法》第一百七十条第一款第（二）项规定，判决如下：

一、维持宝山区人民法院（2020）沪 0113 民初 22494 号民事判决第一、二项；

二、撤销宝山区人民法院（2020）沪 0113 民初 22494 号民事判决第三项；

三、如被上诉人潘某未履行本判决主文第一项中确定的付款义务的，上诉人某保险公司可与被上诉人潘某协议，以被上诉人潘某名下位于上海市宝山区的抵押物折价，或者申请以拍卖，变卖该抵押物所得价款优先受偿。抵押物折价或者拍卖，变卖后，其价款超过信权数额的部分，归被上诉人潘某所有，不足部分由被上诉人潘某继续清偿；

四、驳回上诉人某保险公司其余上诉请求。

一审案件受理费 8385.40 元，由被上诉人潘某负担。二审案件受理费 15228 元，由被上诉人潘某负担。

本判决为终审判决。

审判长　王　某
审判员　虞　某
审判员　黄　某
二〇二一年八月四日
书记员　苏　某

评·析

本案焦点是保险人代位求偿权的形成，及是否享有案涉房产的抵押权。保险人享有对投保人的代位求偿权及案涉房产的抵押权。理由如下：

第一，《中华人民共和国保险法》第六十条第一款规定："因第三者对保险标的的损害而造成保险事故的，保险人自向被保险人赔偿保险金之日起，在赔偿金额范围内代位行使被保险人对第三者请求赔偿的权利。"此规定为保险人要求投保人支付理赔款的法律依据。

第二，本案中，保险人理赔完成后，享有案涉房屋的抵押权。就其性质而言，保险代位求偿权系一种法定的债权让与。根据"从随主"规则，主债权转让的，除法律另有规定或当事人另有约定之外，担保该债权的抵押权一并转让。一审法院认为：不动产物权的设立、变更、转让和消灭需经依法登记，否则不发生效力，不动产抵押权自登记时设立，所以某保险公司无权主张抵押权，对实现抵押权的诉请不予支持。二审法院认为：某保险公司受让《借款合同》项下主债权，相关的抵押权是从属于主债权的从权益，所以，某保险公司无须办理抵押权转移登记便依法继受取得抵押权。某保险公司取得抵押权是基于法律的明确规定，并非基于新的抵押合同重新设定抵押权，故不因受让人未办理抵押权变更手续而消灭。

具体到本案，借款人未按本合同约定偿还贷款本金、利息或其他款项的，保险人理赔之后，被保险人向保险人出具《权益转让书》，约定被保险人将债务人的一切权益转让给保险人。一审法院认为：不动产物权的设立、变更、转让和消灭需经依法登记，否则不发生效力，不动产抵押权自登记时设立，所以某保险公司无权主张抵押权，对实现抵押权的诉请不予支持。二审法院认为：某保险公司受让《借款合同》项下主债权，相关的抵押权是从属于主债权的从权益，所以，某保险公司无须办理抵押权转移登记便依法继受取得抵押权。某保险公司取得抵押权是基于《中华人民共和国民法典》第四百零七条的明确规定，并非基于新的抵押合同重新设定抵押权，故不因受让人未办理抵押权变更手续而消灭。

保证保险在我国已有30余年的发展历史，但目前针对保证保险的法律法规还处于起步阶段。虽然《中华人民共和国保险法》已明确了保证保险属于财产保险范畴，规定了保险人法定代位求偿权，但仅是简单的法律有名化，对相应概念、定义和具体操作形式基本没有涉及，与指导案件处理实践还有较大差距，不能真正地定份止争。特别是近年来，我国经济持续发展、信贷市场扩张、商业信用风险频繁发生，为适应金融业发展需要，保险机构迎合银行降低信贷风险的市场需求，纷纷开展各类保证保险业务。然则，我国有关保证保险领域较为系统和完善的法律法规以及司法解释迟迟未能出台，导致有关方面对该类产品的性质、法律适用产生争议，同时导致类似的保证保险纠纷在司法系统审判时出现同案不同判。

完善保证保险法律制度不仅仅需要保险法对保证保险明确而全面的规范，也需要相关专业领域法律法规、行业规范的配合。我国要构建完善的保证保险法律制度，需要在完善保险法的同时，还应将视野扩大至整个法律体系，加强保证保险与其他专业领域的互动、配合，配套相关领域法律法规，强化对保证保险具体险种的法律制度构建。同时，应进一步建立完善的个人信用体系，营造良好的保证保险市场环境。

财产保险合同特别约定条款中约定免赔限额效力的认定

北京市第二中级人民法院
（2021）京02民终4149号民事判决书

（2021年6月7日）

案·情

2019年8月2日，北京某商贸公司（以下简称某商贸公司）就其存货向某保险公司投保财产综合险，保险标的位于某区某物流仓库。投保单载明：除另有约定外，本保险合同每次事故免赔额为1000元，或损失金额的20%，二者以高者为准。保险金额50000000元；保险期间自2019年8月2日零时至2020年8月1日零时。保险费为75000元。

投保单特别约定手写如下内容：火灾免赔30%，每次事故限额20000000元，具体见清单。某商贸公司在投保人声明处加盖了公章。

此后，某保险公司出具保险单，特别约定清单作为保险单附件，约定火灾事故免赔率30%，每次事故火灾赔偿限额20000000元。

2019年12月14日，被保险地址罩棚库发生火灾事故，造成某商贸公司存货受损。某公估公司出具《公估报告》认定，本案损失金额为50203642.53元，投保足额率为58.5%，残值为0，理算金额为20558391.62元。由于理算金额高于保险单约定的火灾每次事故赔偿限额20000000元，建议赔偿金额为20000000元。后某保险公司向某商贸公司支付保险赔款共计20000000元。

某商贸公司分别于2016年、2017年、2018年向某保险公司投保财产综合险，保险金额均为50000000元，保险费均为75000元。其中，2017年、2018

年保险单特别约定清单载明火灾事故免赔率为30%。

2020年8月，某商贸公司向北京东城法院提起诉讼，要求某保险公司支付保险赔偿金30000000元、律师费及诉讼费由某保险公司承担。

北京东城法院作出一审判决，驳回了某商贸公司的全部诉讼请求。北京二中院二审判决驳回某商贸公司上诉，维持原判。

判决书正文

上诉人（原审原告）：北京某商贸公司，住所地：北京市朝阳区。

被上诉人（原审被告）：某保险公司北京市分公司，营业场所：北京市东城区。

上诉人北京某商贸公司（以下简称某商贸公司）因与被上诉人某保险公司北京市分公司保险纠纷一案，不服北京市东城区人民法院（2020）京0101民初13193号民事判决，向本院提起上诉。本院于2021年3月5日立案后，依法组成合议庭进行了审理。本案现已审理终结。

某商贸公司上诉请求：撤销一审判决，改判支持我公司的全部一审诉讼请求，判令某保险公司北京市分公司再支付保险理赔款30000000元，一审、二审诉讼费由对方承担。事实与理由：某保险公司北京市分公司在一审中无视事实进行与其提交证据完全矛盾的庭审陈述，一审未如实记录双方意见。关于免赔限额的约定，无论手书和打印版均为某保险公司北京市分公司一方所为，与50000000元保险金额的主条款直接违背，属于故意免除保险人法定义务和直接剥夺发生高于保险金额损失的情况下我公司一方财产得到保险金额全部赔偿的权利，且我公司属于续保，某保险公司北京市分公司单方调整合同内容，当属无效。对于该免赔额条款，某保险公司北京市分公司也未履行过任何说明义务。盖有我公司公章的投保单与特别约定清单的限额内容直接矛盾，两条款内容均属无效。按双方保单约定计算报损金额为67874663.67元，完全超过了投保金额属于全部损失，最少应赔付50000000元。

某保险公司北京市分公司辩称，同意一审判决，不同意对方的上诉请求。

某商贸公司向一审法院起诉请求：1. 要求某保险公司北京市分公司支付保险金30000000元；2. 本案律师费、诉讼费由某保险公司北京市分公司负担。

一审法院认定事实：2019年8月2日，某商贸公司向某保险公司北京市分公司投保财产综合险，保险标的位于某区某物流仓库×××、×××号库、罩棚库。投保单载明除另有约定外，本保险合同的每次事故免赔额为1000元，或损失金额的20%，二者以高者为准；保险为续保合同，保险金额50000000元，保险期间自2019年8月2日零时起至2020年8月1日二十四时止，保险费75000元。特别约定手写如下内容：火灾免赔30%，每次事故限额20000000元，具体见清单。投保人声明内容为：保险人已向本人提供并详细介绍了《某保险公司条款（2009版）》及其附加险条款（如投保附加险）内容，并对其中免除保险人责任的条款（包括但不限于责任免除、投保人被保险人义务、赔偿处理、其他事项等），以及本保险合同中付费约定和特别约定的内容向本人做了明确说明，本人已充分理解并接受上述内容，同意以此作为订立保险合同的依据，自愿投保本保险。某商贸公司在投保人签章处加盖公章。后某保险公司北京市分公司出具保险单，特别约定清单作为保险单附件，约定：火灾事故免赔率为30%，每次事故火灾赔偿限额20000000元。《某保险公司条款（2009版）》第二条约定：本保险合同载明地址内的下列财产可作为保险标的：（一）属于被保险人所有或与他人共有而由被保险人负责的财产；（二）由被保险人经营管理或替他人保管的财产；（三）其他具有法律上承认的与被保险人有经济利害关系的财产。第九条约定下列损失、费用、保险人也不负责赔偿：……（四）本保险合同中载明的免赔额或按本保险合同中载明的免赔率计算的免赔额。第三十一条约定：保险标的发生保险责任范围内的损失，保险人按下列方法计算赔偿：……（二）保险金额低于保险价值时，按保险金额与保险价值的比例乘以实际损失计算赔偿，最高不超过保险金额。

2019年12月27日，北京市朝阳区公安消防支队出具火灾事故认定书，内容为：2019年12月14日16时42分（接警时间），某区北京某物流公司罩棚库发生火灾，火灾造成罩棚库北侧两个库房坍塌，库房内物品全部过火烧损，南侧两个库房受烟熏水渍损失，库房内物品受损。

火灾发生后，某商贸公司向某保险公司北京市分公司报案，后某保险公司北京市分公司作为甲方、某商贸公司作为乙方、北京某保险公估公司作为丙方签订《保险公估机构聘请合同》，丙方对于涉案保险标的开展现场查勘、损失鉴定、估损、理算工作。

2020年7月8日，北京某保险公估公司出具公估报告。公估报告显示，依据我司查询出险当天被保险人自有存货及其代保管财产台账，全部存货金额合计为98294586.45元（含税）。由于存货增值税率有所不同，我司暂平均统一按15%扣除，则案件实际损失金额约为59021446.67元。本次火灾事故造成被保险人自有存货损失金额为50203642.53元。被保险人对仓储物品的投保金额为50000000元，依据其提供的ERP系统库存台账计算出险前被保险人自有存货及其代保管财产的账面余额（不含税）为98294586.45÷1.15=85473553.43元，足额率计算为：50000000÷85473553.43×100%=58.5%。残值为0。案涉保单主要条款约定免赔率为损失金额的20%，特别约定清单约定火灾免赔率为损失金额的30%。本案由火灾事故所造成，适用损失金额的30%为免赔额。本案损失金额为50203642.53元，投保足额率为58.5%，故免赔额为50203642.53×58.5%×30%=8810739.26元。理算金额=（核损金额-残值）×足额比例-免赔额=(50203642.53-0)×58.5%-8810739.26=20558391.62元。由于该金额高于本保单约定的火灾每次事故赔偿限额20000000元，建议赔付金额为20000000元。后某保险公司北京市分公司依据公估报告向某商贸公司支付保险理赔款20000000元。

另查，某商贸公司分别于2016年7月27日、2017年7月27日、2018年8月2日向某保险公司北京市分公司投保财产综合保险，保险金额均为50000000元，保险费均为75000元。其中2017年、2018年保单特别约定清单载明火灾事故免赔率为30%。

一审庭审中，针对2019年投保单中手写部分内容“火灾免30%，每次事故限额20000000元，具体见清单”。某商贸公司认为此内容为某保险公司北京市分公司工作人员在某商贸公司加盖公章后手写加上的条款，并未与某商贸公司协商，也未向某商贸公司作出解释说明，且该手写内容“每次事故限额20000000元”与投保单载明的保险限额为50000000元存在矛盾，也与特别约定清单中“每次事故火灾排除限额20000000元”存在矛盾，应为无效条款；且某商贸公司在某保险公司北京市分公司并非首次投保，2019年投保系续保合同，应当适用最初的保险条款及约定。某保险公司北京市分公司认为手写内容系公司经办人填好后再交给某商贸公司盖章，手写内容“每次事故限额20000000元”针对的是前述内容火灾免赔30%，二者是并列关系，且特别约定清单中对于火灾免赔的限额亦予以明确，与整体保险限额 50000000 元并不矛盾。因 2018 年某保险公司北京市分公司委托经纪公司对某商贸公司的保险标的进行评估，发现存在火灾风险，故在 2019 年保单中增加了火灾赔付限额。某保险公司北京市分公司亦陈述该评估并未告知某商贸公司。关于续保保单问题，某保险公司北京市分公司认为续保也成立一个新的保险合同，相关条款应当以投保单、保险单约定为准。

一审法院认为，某商贸公司与某保险公司北京市分公司之间订立的保险合同系双方当事人之间真实意思表示，不违反法律法规的强制性规定，合法有效。本案争议的焦点在于投保单中关于免赔限额的约定是否对某商贸公司产生法律效力，某保险公司北京市分公司的赔偿金额如何确定。

首先，投保单及保险单的特别约定清单均对火灾免赔进行了约定。某商贸公司认为投保单中手写部分内容每次保险事故限额 20000000 元，与保险限额 50000000 元存在矛盾，应为无效条款。法院认为，此内容应当结合全部手写部分内容，并结合前后语境及内容进行判定。手写前述内容为火灾免赔 30%，后述内容为每次事故限额 20000000 元，具体见清单，而清单中亦明确约定火灾事故免赔率为 30%，每次事故火灾赔偿限额为 20000000 元。故双方对于火灾免赔的限额作出了明确约定。某商贸公司认为该条款无效的意见，法院不予采信。某商贸公司另主张投保单系其加盖公章后由某保险公司北京市分公司工作人员填写手写内容，某保险公司北京市分公司并未对免责条款进行解释说明。依据《最高人民法院关于适用〈中华人民共和国保险法〉若干问题的解释（二）》第十三条的规定，保险人对其履行了明确说明义务负举证责任。投保人对保险人履行了符合本解释第十一条第二款要求的明确说明义务在相关文书上签字、盖章或者以其他形式予以确认的，应当认定保险人履行了该项义务。但另有证据证明保险人未履行明确说明义务的除外。本案中，投保单投保人声明处已明确表明保险人已向某商贸公司提供并详细介绍了《某保险公司条款（2009 版）》及其附加险条款内容，并对其中免除保险人责任的条款及付费约定和特别约定内容向投保人作出了明确说明。某商贸公司亦在投保人签章处加盖公章。某商贸公司认为手写部分内容为盖章后添加的并无证据支持，且依据某商贸公司提交的 2016 年至 2018 年的保险单，虽然 2016 年保险单并未约定火灾免赔额，但 2017 年、2018 年保险单特别约定清单中均有火灾免赔

30%的约定，某商贸公司主张对于火灾免赔事项不清楚的意见，法院亦不予采信。关于某商贸公司主张的2019年保险单为续保保单，应当适用之前的保险条款及约定的意见，依据查明的事实，某商贸公司2016年至2019年的保险单保险期间均为一年，保险期间届满后，如未发生保险事故，双方权利义务终止。某商贸公司2019年保险单虽为续保保单，但保险期间自重新订立保险合同时起算，双方对于保险条款、特别约定内容均可重新约定。某商贸公司在投保单上加盖公章的行为应当视为对于重新约定条款的认可，对其应当适用之前保险条款及约定的意见，法院不予采信。

其次，关于本案赔偿金额。某保险公司北京市分公司主张赔偿金额的计算基数应当为某商贸公司自有货物的损失，某商贸公司认为应当包括其代管的三家公司的货物损失。法院认为，按照保险条款的约定，由被保险人经营管理或替他人保管的财产应当属于保险标的，公估报告中计算投保足额率时亦依据某商贸公司提供的ERP系统库存台账计算出险前被保险人自有存货及其代保管财产的账面余额，本案中，某商贸公司虽未能提交保管合同，但依据某保险公司北京市分公司提供的公估报告，可以确认代管关系的存在，故某保险公司北京市分公司主张仅以某商贸公司自有货物损失为基数计算赔偿额的意见，法院不予采信。经法院核算，理算金额应为24169282.41元，鉴于保险合同约定了火灾限额为20000000元，故某保险公司北京市分公司赔付某商贸公司20000000元并无不当。

综上所述，某保险公司北京市分公司已经履行了赔付义务，某商贸公司的诉讼请求，缺乏合同依据，法院不予支持。判决：驳回北京某商贸公司的诉讼请求。

本院二审期间，某商贸公司提交视频录像，主张本案保险代理张某说投保单只让盖章，保险员王某从来没有来过某商贸公司，关于特别约定从来没有说过，2019年保险单属于续保，某商贸公司不知道存在合同条款变更。某保险公司北京市分公司对上述证据不予认可。本院对一审认定的事实予以确认。

本院认为，当事人对自己提出的诉讼请求所依据的事实或者反驳对方诉讼请求所依据的事实有责任提供证据加以证明。没有证据或者证据不足以证明当事人的事实主张的，由负有举证责任的当事人承担不利后果。本案中，投保单及保险单的特别约定清单均对火灾免赔进行了约定。手写前述内容为火灾免赔30%，后述内容为每次事故限额20000000元，具体见清单，而清单中亦明确约定火灾事故免赔率为30%，每次事故火灾赔偿限额为20000000元。另外，依据《最高人民法院关于适用〈中华人民共和国保险法〉若干问题的解释(二)》第十三条的规定，保险人对其履行了明确说明义务负举证责任。投保人对保险人履行了符合本解释第十一条第二款要求的明确说明义务在相关文书上签字、盖章或者以其他形式予以确认的，应当认定保险人履行了该项义务。但另有证据证明保险人未履行明确说明义务的除外。本案中，投保单投保人声明处已明确表明保险人已向某商贸公司提供并详细介绍了《某保险公司条款(2009版)》及其附加险条款内容，并对其中免除保险人责任的条款及付费约定和特别约定内容向投保人作出了明确说明。某商贸公司亦在投保人签章处加盖公章。某商贸公司认为手写部分内容为盖章后添加，但未能就此提供充分证据。另外，依据某商贸公司提交的2016年至2018年的保险单，虽然2016年保险单并未约定火灾免赔额，但2017年、2018年保险单特别约定清单中均有火灾免赔30%的约定，某商贸公司主张对于火灾免赔事项不清楚的意见，不足为信。综合本案证据及具体审理情况，一审法院认定双方对于火灾免赔的限额作出了明确约定，并结合合同约定及公估报告等进行核算后，驳回某商贸公司的诉请，并无不当。某商贸公司虽上诉坚持对本案的异议，其所提交的证据在形式及内容上并不足以支持其主张，本院对其上诉请求不予支持。

综上所述，某商贸公司的上诉请求不能成立，应予驳回；一审判决认定事实清楚，适用法律正确，应予维持。依照《中华人民共和国民事诉讼法》第一百七十条第一款第（一）项规定，判决如下：

驳回上诉，维持原判。

二审案件受理费191800元，由北京某商贸公司负担（已缴纳）。

本判决为终审判决。

审判长　王　某

审判员　时　某

审判员　胡　某

二〇二一年六月七日

法官助理　郭　某

书记员　曹　某

评·析

一、争议焦点

案涉保险合同中关于免赔限额约定对某商贸公司是否发生法律效力？某保险公司北京市分公司是否应当向某商贸公司再支付30000000元保险赔偿金？

二、历史渊源及立法结构

保险业和格式合同有着天然的联系，最早的格式合同就出现在19世纪的西欧保险业中。经过一百多年的发展，几乎所有的保险合同都存在大量的格式条款。

我国1995年的《中华人民共和国保险法》中，立法者仅规定了保险人的说明义务，在施行的过程中发现，保险人如何履行说明义务是实务中非常突出的问题。2000年最高人民法院对审判实务中的说明义务作出批复认为："明确说明是指保险人对于免责条款，除了在保险单上提示投保人注意外，还应当对有关免责条款的概念、内容及其法律后果等以书面或者口头形式向投保人作出解释以使投保人明了该条款的真实含义和法律后果。"2008年全国人大综合各方面的意见，总结最高人民法院的批复和征求意见稿，对《中华人民共和国保险法》进行修订，采取了提示加解释的说明方式：除了要求保险人对免除责任的条款予以提示，还要求保险人以书面或口头形式解释免除责任的条款。

在保险合同领域，投保人作为消费者要求保险人在提供保险格式合同的同时，对合同条款进行解释和说明。保险合同中存在大量的免责条款，也是实务中争议产生的主要原因。

在格式保险条款中免责条款的效力发生争议时，应当首先适用保险法第十七条的规定对免责条款进行审查，如果该条款为当事人协商一致产生的免责条款，不属于格式条款，无须履行提示说明义务。而后才能适用保险法第十九条的规定，对这些被订入合同的免责条款进行效力审查。

我国保险人说明义务制度的理论基础是《中华人民共和国民法典》合同第四百九十六条对格式合同的规制原则，因此，在说明对象上应为"采用定型化方式的保险格式合同"。虽然保险合同是一种典型的格式合同，但立法并不排除投保人在不违反国家利益和社会公共利益的前提下，与保险人就保险合同特定内容进行特别约定的权利。《中华人民共和国保险法》第十七条的规定将保险人说明义务限定在“采用保险人提供的格式条款”的情形之下。

对于免责条款的提示说明义务包括两个层次，提示和明确说明。提示要足以引起投保人注意，通常是作出一些文字技术上的处理，如字体的字号偏大、字体加黑、加粗、加下划线等。而明确说明义务要求更高一些，要求保险人以书面和口头形式详细解释免责条款使投保人充分理解。

三、法理分析

《中华人民共和国保险法》第十七条规定：“订立保险合同，采用保险人提供的格式条款的，保险人向投保人提供的投保单应当附格式条款，保险人应当向投保人说明合同的内容。对保险合同中免除保险人责任的条款，保险人在订立合同时应当在投保单、保险单或者其他保险凭证上作出足以引起投保人注意的提示，并对该条款的内容以书面或者口头形式向投保人作出明确说明；未作提示或者明确说明的，该条款不产生效力。”

案涉“火灾事故免赔率为30%，每次事故火灾赔偿限额20000000元”条款在投保单、保险单的特别约定清单中均有体现并进行了明确载明，并非由某保险公司北京市分公司擅自增加的条款，亦不属于格式条款。某商贸公司与某保险公司北京市分公司已经通过要约、承诺的方式达成了合意，该条款已经成立并生效，应当作为本案理赔的依据。

该条款虽然部分免除了保险人的责任，但由于其不属于格式条款，某保险公司北京市分公司作为保险人无须向某商贸公司进行提示、说明。某保险公司北京市分公司是否就该条款向某商贸公司进行提示、说明，不影响该等条款的效力。

同时，在我国司法实践中，人民法院均认为保险单后附特别约定清单中关于免赔率、赔偿限额等特别约定属于双方当事人经协商一致达成的合意，不属于保险人提供的格式条款，保险人无须向投保人履行提示和明确说明义务。

《最高人民法院关于适用〈中华人民共和国保险法〉若干问题的解释（二）》第十三条第二款规定：“投保人对保险人履行了符合本解释第十一条第二款要求的明确说明义务在相关文书上签字、盖章或者以其他形式予以确认的，应当认定保险人履行了该项义务。但另有证据证明保险人未履行明确说明义务的除外。”

本案中，某商贸公司已在投保单“投保人声明”处盖章确认了某保险公司北京市分公司已经履行了提示和明确说明义务。根据法律规定及我国司法实践，在某商贸公司未提供相反证据足以推翻的情况下，可以认定某保险公司北京市分公司已经履行了提示和明确说明义务。

而且，某商贸公司并非首次投保，作为投保经验和保险知识丰富的投保人，其应当尽到更高程度的谨慎的注意义务，其不可能不知道投保单、保险单相关特别约定内容。

四、域外经验

德国保险合同法具体规定了保险人的信息提供义务和建议义务。第七条规定的保险公司信息提供义务，投保人在作出承诺前，关于投保人保险合同的相关条款以及相关法例规定的信息，保险人应以书面的形式告知。该法第六条规定了投保人在对相关保险产品有疑问时，保险人应当根据投保人的意愿，向投保人书面提出相关建议，并附上详细阐述理由。保险人需要向投保人阐明，放弃该权利的法律后果，以及保险人违反该义务规定时需要承担的损害赔偿责任。

美国大多数州的法院认为，如果保单的内容明确无误、无歧义，这种情况下保险人没有义务向投保人或被保险人进行解释。但是这项原则的适用需要受到很多因素的制约。美国对于保险人的说明义务也是通过判例来确认，法院一般运用禁止保险人在交易中利用其不合理的优势地位、保险合同条款中应包含诚信与公平交易的默示条款、合理期待原则这三个原则来解决保险人拒绝承担保险责任的纠纷。

五、实务启示

1. 健全完善投保、承保流程。保证向投保人送达保险条款，向投保人说明保险金额、保险费率等保险合同内容，并就免赔额、免赔率、赔偿限额等免除保险人责任的条款向投保人履行法定的提示和明确说明义务，留存好相关证据；

2. 投保单应当由投保人亲自填写并盖章确认，保险公司应当留存好投保单原件；

3. 保险单中特别约定内容应当与投保单特别约定内容保持一致；

4. 承保之前应当进行现场风险查勘并充分评估保险标的风险。

短期出口信用保险中“已知风险后出运”除外责任条款的理解与认定

福建省厦门市中级人民法院

（2020）闽 02 民终 5820 号民事判决书

（2020 年 12 月 28 日）

案·情

厦门某贸易公司自 2007 年起连续多年投保短期出口信用保险。《保险条款》第二条约定，保险人对……因下列风险引起的直接损失，按保单约定承担保险责任：（一）商业风险：……2. 买方拖欠货款……。第三条约定，除非本保单另有约定，保险人对下列损失不承担赔偿责任：（三）被保险人知道或应当知道本条款第二条项下约定的风险已经发生，或者由于买方根本违反销售合同或预期违反销售合同，被保险人仍继续向买方出口所遭受的损失。第三十二条约定，“买方拖欠”即“买方收到货物后，违反销售合同的约定，超过应付款日 30 天仍未支付货款”。

2014 年 1 月，双方续签新一年保险合同，经厦门某贸易公司申请，某保险公司厦门分公司批复了海外买方南非某公司信用限额。2014 年 10 月、11 月，厦门某贸易公司向海外买方南非某公司出口两笔货物并开具发票 B、发票 C；买卖合同约定的付款方式为装运后 30 天。货物出口后一周内，厦门某贸易公司向保险人申报投保了上述出口交易。

买卖合同约定的应付款日届满后，南非某公司未支付货款。2015 年 4 月，厦门某贸易公司针对与南非某公司出口交易中发生的损失向某保险公司厦门分公司索赔，包括发票 A、B、C 对应的货款损失。保险人在核对厦门某贸易公司提交的索赔材料后，发现发票A的应收款日为2014年9月，厦门某贸易公司在2014年10月与11月出口B、C两张发票对应的货物时，尚未收到发票A下货款，且已经发生保险合同约定的“拖欠”风险。厦门某贸易公司索赔的损失是在明知买方已拖欠货款的情况下，继续向买方出口所致，某保险公司厦门分公司拒绝赔付。厦门某贸易公司不认可理赔处理意见，诉至法院。

判决书正文

上诉人（原审原告）：厦门某贸易公司，住所地：福建省厦门市思明区。

上诉人（原审被告）：某保险公司厦门分公司，住所地：福建省厦门市思明区。

原审被告：某保险公司，住所地：北京市西城区。

上诉人厦门某贸易公司、某保险公司厦门分公司与原审被告某保险公司保险纠纷一案，不服厦门市思明区人民法院（2019）闽0203民初23819号民事判决，向本院提起上诉。本院于2020年11月20日立案受理后，依法组成合议庭进行了审理。本案现已审理终结。

厦门某贸易公司上诉请求，撤销厦门市思明区人民法院（2019）闽0203民初23819号民事判决，依法改判支持一审全部诉讼请求。事实与理由：一、厦门某贸易公司对南非某公司的应收账款是确定的，一审法院仅凭南非某公司提供的对账单直接认定南非某公司尚欠厦门某贸易公司的货款金额无法确定，进而驳回厦门某贸易公司的一审诉讼请求，存在事实认定错误和程序适用错误。1. 根据双方交易往来的报关单、发票和银行收汇，厦门某贸易公司对南非某公司欠付的货款金额是确定的，为234289.21美元。2. 南非某公司作为利害关系人，其单方制作的对账单不具证明力，且对账单存在遗漏、多算等多处错误。3. 经过补正的对账单与厦门某贸易公司根据报关单、发票以及收汇凭证统计得出的南非某公司尚欠货款金额一致。二、厦门某贸易公司与南非某公司的每次交易彼此独立，厦门某贸易公司出运ET14044、ET14045合同项下货物时，该二合同项下的应付款日尚未届至，不可能构成“拖欠”，因此厦门某贸易公司并未构成风险后出运，某保险公司厦门分公司无权主张免责。

三、厦门某贸易公司与南非某公司存在持续滚动付款的交易习惯，南非某公司逾期支付 ET14027－1 项下合同货款并未违反双方交易习惯，厦门某贸易公司出运 ET14044、ET14045 项下货物时，不知道也不应当知道“拖欠”货款风险已经发生，并不构成《保险条款》约定的免责情形。四、《保险条款》要求厦门某贸易公司应与南非某公司先进行仲裁或诉讼，获得生效裁判文书后方能定损核赔，根本违反保险法代位求偿原则，且某保险公司未尽到特别提示义务，属于无效的格式条款。

某保险公司厦门分公司、某保险公司辩称，一、根据保险合同约定，在厦门某贸易公司获得对南非某公司的生效裁判文书之前，某保险公司厦门分公司有权不予定损核赔。二、厦门某贸易公司明知拖欠风险发生仍继续出口产生的损失，属于保险合同明确约定的免责情形，某保险公司厦门分公司有权对该损失不承担赔偿责任。1. 厦门某贸易公司明知南非某公司已经拖欠货款，仍继续向南非某公司出口货物，属于保险合同约定的“风险后出运”之免责情形。2. 一审判决认为南非某公司存在逾期付款的交易习惯因此无法预判后续贸易是否存在拖欠风险，该认定无视保险合同明确约定的“拖欠”风险客观认定标准，以无法证实的主观判断无理推翻南非某公司逾期超过 30 天、拖欠风险已经发生的事实。3. 厦门某贸易公司在申请保险信用限额后，擅自延长南非某公司的付款期限，根据保险合同约定，某保险公司厦门分公司有权对相关损失拒绝承担保险赔偿责任。

某保险公司厦门分公司上诉请求，请求撤销一审判决，改判认定“讼争发票项下货物构成风险后出运的免责情形”，并驳回厦门某贸易公司的全部诉讼请求。事实与理由：一、厦门某贸易公司明知拖欠风险发生仍继续出口产生的损失，属于保险合同明确约定的免责情形，某保险公司厦门分公司有权对该损失不承担赔偿责任。1. 厦门某贸易公司明知南非某公司已经拖欠货款，仍继续向南非某公司出口货物，属于保险合同约定的“风险后出运”之免责情形。2. 一审判决认为南非某公司存在逾期付款的交易习惯因此无法预判后续贸易是否存在拖欠风险，该认定无视保险合同明确约定的“拖欠”风险客观认定标准，以无法证实的主观判断无理推翻南非某公司逾期超过 30 天、拖欠风险已经发生的事实。3. 厦门某贸易公司在申请保险信用限额后，擅自延长南非某公司的付款期限，根据保险合同约定，某保险公司厦门分公司有权对相关损失拒绝承担保险赔偿责任。二、一审判决以每笔出口都是各自独立的合同为由认为风险后出运不能成立，该认定无理推翻中国出口信用保险制度的核心条款，而且违背最高人民法院批复规定，恳请贵院依法肯定和尊重保险条款。1. 一审判决以厦门某贸易公司系正常履行独立的买卖合同为由、认定保险合同约定的风险后出运免责情形不成立，该认定误将买卖合同与保险合同法律关系混淆，适用法律错误。2. 最高人民法院批复规定鉴于出口信用保险的特殊性，出口信用保险合同另有约定的，应从其约定；一审判决无视上述规定和出口信用保险免责条款，存在法律适用错误。

厦门某贸易公司辩称，一、厦门某贸易公司与南非某公司按双方交易习惯滚动付款，不存在约定的应付款日，因此也就不存在“拖欠”货款的情形，某保险公司厦门分公司、某保险公司对此明知且从未提出异议，现以此为由主张免责，有违诚实信用原则。二、退一步说，即使南非某公司逾期支付之前货款的行为构成“拖欠”，但厦门某贸易公司与南非某公司的《销售合同》是彼此独立的交易，厦门某贸易公司在出运 ET14044、ET14045 项下货物时，该合同项下不可能构成“拖欠”，显然不符合保险条款中“明知拖欠风险已经发生仍然出运”的免责情形。三、某保险公司厦门分公司、某保险公司以出口贸易系连续进行，厦门某贸易公司与南非某公司的销售合同并非独立，前序贸易中南非某公司已出现信用风险，其在后续贸易中依约付款的可能性将大大降低、贸易风险显著提高、信用评级显著降低来认定《保险合同》约定的“拖欠”风险已经发生，毫无事实和法律依据。

厦门某贸易公司向一审法院提出诉讼请求：1. 判令某保险公司、某保险公司厦门分公司共同偿还厦门某贸易公司保险赔偿金 210882.969 美元；2. 判令某保险公司、某保险公司厦门分公司共同支付逾期赔偿部分的资金占用费（按中国人民银行同期利率，以 210882.969 美元为基数，自起诉之日即 2016 年 6 月 15 日起计至实际支付之日，按中国人民银行授权中国外汇交易中心公布的 2016 年 6 月 2 日银行间人民币汇率中间价为：1 美元对人民币 6.5688 元折算）。

一审法院认定事实：厦门某贸易公司与某保险公司厦门分公司之间存在“短期出口信用保险”保险合同关系。2014 年 3 月 3 日，厦门某贸易公司与某保险公司厦门分公司又签订一份《续转批单》，将“短期出口信用保险”的保单有效期批改为 2014 年 1 月 13 日至 2015 年 1 月 12 日。《保险单续转明细表》载明买方破产或无力偿付债务，拖欠风险所致损失的赔偿比例为 90%，但本保单另有约定的除外。同时，对于保险条款部分内容进行了批改。其中，保单条款第十三条（二）批改为：对存在贸易纠纷的案件，被保险人可先自行与买方协商解决争议，买卖双方协商后达成和解协议的，保险人对买卖双方达成的和解协议进行调查核实，属于保险责任范围内的损失由保险人承担相应的赔偿责任。如被保险人无法与买方通过协议方式解决纠纷，保险人以销售合同约定为依据，结合调查审理结果，综合判定保险责任。如被保险人既无法与买方达成和解协议，又不认同保险人的责任判定结果，则被保险人应先进行仲裁或在买方所在国家（地区）提起诉讼，在获得已生效的仲裁裁决或法院判决并申请执行之前，保险人不予定损核赔。为此，厦门某贸易公司在某保险公司厦门分公司出具的“保单续转通知单”上盖章确认，“我公司郑重声明已经详读《保险条款》，对上述保险条款，尤其是涉及免除或限制保险人责任的黑体字部分的条款内容，某保险公司已向我公司进行了明确的提示和说明，我公司也已充分理解并无异议”。在《保险条款》中第二条约定，保险责任为保险人对被保险人在本保单有效期内按销售合同约定出口货物后，或作为信用证受益人按照信用证条款规定提交单据后，因下列风险引起的直接损失，按保单约定承担保险责任：（一）商业风险：……2. 买方拖欠货款……。在《保险条款》除外责任第三条约定，除非本保单另有规定，保险人对下列损失不承担赔偿责任：（三）被保险人知道或应当知道本条款第二条项下约定的风险已经发生，或者由于买方根本违反销售合同或预期违反销售合同，被保险人仍继续向买方出口所遭受的损失。

2014 年 5 月 20 日，厦门某贸易公司与南非某公司签订两份《销售合同》，出口货物价值分别为 116906.36 美元、128881.46 美元，出运日期分别为 2014 年 10 月 30 日、2014 年 11 月 27 日，付款方式均为装运后 30 天，发票号分别为 ET14044、ET14045。厦门某贸易公司分别于 2014 年 10 月 28 日、2014 年 11 月 25 日就该两份销售合同项下货物向海关申报出口，并取得《出口货物报关单》两份。就该两批出口货物，厦门某贸易公司分别于 2014 年 11 月 4 日、2014 年 12 月 2 日向某保险公司厦门分公司申报投保，某保险公司厦门分公司计算并收取相应保费。

2015 年 4 月 14 日，厦门某贸易公司向某保险公司厦门分公司提交《短期出口信用保险可能损失通知书》，申报金额共计 394284.41 美元，其中包括发票号 ET14027－1 项下可损金额 15069.29 美元、发票号 ET14044 项下可损金额 116906.36 美元、发票号 ET14045 项下可损金额 128881.46 美元等，并在案情说明部分填写“买方拖欠货款。因买方是多年的老客户，一般年底会集中付款，但是至今我司未收到货款……买方在出货中间有陆续付了一些前面的货款，又因为是多年的客户，故我司没有停止出货”。《可能损失通知书》中载明发票号 ET14027－1 项下货物出运日期为 2014 年 5 月 15 日，应付款日为 2014 年 9 月 12 日，申报日期为 2014 年 6 月 3 日；发票号 ET14044 项下货物出运日期为 2014 年 10 月 30 日，应付款日为 2015 年 2 月 27 日，申报日期为 2014 年 11 月 4 日；发票号 ET14045 项下货物出运日期为 2014 年 11 月 27 日，应付款日为 2015 年 3 月 27 日，申报日期为 2014 年 12 月 2 日等事宜。

2015 年 4 月 21 日，某保险公司厦门分公司向厦门某贸易公司出具《通知函》，认为厦门某贸易公司迟报可损 5 个月，发票 ET14044、ET14045 项下存在风险发生后出运问题，将根据保单约定出具下一步处理意见。此后，厦门某贸易公司以其仅收到上述两份发票号项下货款 11473.41 美元为由向某保险公司厦门分公司申请索赔，被拒赔后诉至本院。

另查明，厦门某贸易公司与南非某公司自 2012 年 2 月 23 日起建立买卖合同关系，期间双方签订包括讼争合同在内的多份买卖合同，南非某公司未按照合同约定的时间及金额付款，而是持续滚动支付厦门某贸易公司货款，最后一次付款时间为 2015 年 11 月 20 日。厦门某贸易公司与南非某公司另签订的发票号为 ET14027－1 号项下合同，出运日期为 2014 年 5 月 15 日，应付货款时间为 2014 年 6 月 14 日，实际付款时间为 2015 年 2 月 9 日。

再查明，厦门某贸易公司在庭审中陈述就南非某公司拖欠案涉发票号为 ET14044、ET14045 的两笔出口货物货款，厦门某贸易公司已经在南非对买家提起诉讼，该案目前正在审理中。

某保险公司厦门分公司提交一份其与厦门某贸易公司及案涉货物南非某公司的邮件往来记录及对账单，拟证明南非某公司向某保险公司厦门分公司确认尚欠厦门某贸易公司的货款金额为 68928.37 美元。厦门某贸易公司对邮件往来记录和对账单的真实性不予确认。

一审法院认为，厦门某贸易公司与某保险公司厦门分公司于 2014 年 1 月 13 日签订《续转批单》，双方之间存在短期出口信用保险合同关系。根据厦门某贸易公司与某保险公司厦门分公司每年签订的《续转批单》可以确定，厦门某贸易公司与某保险公司厦门分公司之间的保险合同关系是每年度续签一次，《续转批单》应作为每年度保险合同成立、生效的凭证。案件的争议焦点主要有以下三个方面：一是保险人是否就保险免责条款尽到提示及明确说明义务；二是讼争发票项下货物是否构成风险后出运的免责情形；三是保险人应否及如何承担保险赔偿责任。

一是保险人是否就保险免责条款尽到提示及明确说明义务。因《保险条款》第二条、第三条第三项约定，被保险人在保单有效期内按销售合同约定出口货物后，若存在买方拖欠货款的风险，且被保险人知道或应当知道该风险已经发生，却仍继续向买方出口所遭受的损失，保险人不承担赔偿责任。该约定属于免除保险人责任的条款，对于该责任免除条款，某保险公司厦门分公司在保险条款中以黑体字的形式作出提示，且厦门某贸易公司在“保单续转通知单”上加盖公章确认某保险公司厦门分公司已就涉及免除或限制保险人责任的黑体字部分的条款内容，向其进行了明确的提示和说明，其已充分理解并无异议。故某保险公司厦门分公司已履行了就免责条款向厦门某贸易公司作出提示及明确说明的义务，《保险条款》的责任免除条款对保险合同双方当事人均发生法律效力。

二是讼争发票项下货物是否构成风险后出运的免责情形。保险期间内，厦门某贸易公司与南非某公司签订多份买卖合同，向南非某公司出口货物，南非某公司持续滚动付款。根据厦门某贸易公司与南非某公司的交易记录可知，南非某公司于 2013 年 8 月至 2015 年 11 月持续不断分笔支付厦门某贸易公司货款，由此可见，厦门某贸易公司与南非某公司之间存在未按照合同约定的时间及金额付款及持续滚动付款的交易习惯。且南非某公司在厦门某贸易公司提交《可能损失通知书》后仍陆续支付货款，因此，仅从付款记录无法证实 2014 年 5 月 20 日买卖合同签订后南非某公司存在预期不支付发票号 ET14044、ET14045 项下货款的违约行为，厦门某贸易公司发货属于正常履行合同的行为，且发票号 ET14027－1 的买卖合同与本案讼争合同系各自独立的合同，该合同是否足额付款，并非厦门某贸易公司就讼争合同发货的前提条件，故某保险公司厦门分公司主张厦门某贸易公司风险后出运讼争发票项下货物的理由不能成立，一审法院对其抗辩不予采信。某保险公司厦门分公司以《保险条款》第三条第三项约定拒赔，缺乏依据。

三是保险人应否及如何承担保险赔偿责任。某保险公司并非合同相对方，某保险公司厦门分公司是依法领取营业执照的法人分支机构，有权以自己名义从事民事活动，厦门某贸易公司请求某保险公司承担责任，一审法院不予支持。厦门某贸易公司出口讼争货物后，南非某公司未足额支付 ET14044、ET14045 项下货款，构成保险事故，属于厦门某贸易公司与某保险公司厦门分公司之间短期出口信用保险合同项下保险责任范围，某保险公司厦门分公司应依约对厦门某贸易公司损失的 90% 予以赔偿。信用保险承保的是被保险人对第三方所享有的债权，具体到本案中，即承保被保险人对特定买方享有的应收账款不能收回的风险，该应收账款须是确定的、无瑕疵的。厦门某贸易公司主张其仅收到发票号为 ET14044、ET14045 项下货款 11473.41 美元，故其损失金额为 234314.41 美元（116906.36 美元＋128881.46 美元－11473.41 美元）。某保险公司厦门分公司对此不予认可，并提交邮件往来记录拟证明南非某公司所主张的尚欠厦门某贸易公司货款 68928.37 美元。本院认为，厦门某贸易公司向某保险公司厦门分公司申请保险理赔，应当提交有关损失证明材料证明其对南非买方所享有的确定债权，现某保险公司厦门分公司对厦门某贸易公司主张的损失金额提出抗辩并提供初步证据佐证，根据厦门某贸易公司所主张的南非某公司多年来存在滚动向其支付货款的情形，因此仅仅依据厦门某贸易公司提供的发票、出货单以及收汇情况，无法确定南非某公司尚欠厦门某贸易公司的货款金额。且厦门某贸易公司亦确认就发票号为 ET14044、ET14045 项下货物的贸易纠纷问题，其已在南非提起诉讼向南非某公司追讨货款。综上所述，目前无法确定厦门某贸易公司就其出运发票号为 ET14044、ET14045 项下货物遭受的具体损失金额，厦门某贸易公司要求某保险公司厦门分公司按照损失金额 234314.41 美元的 90% 支付保险赔偿金的诉讼请求，缺乏事实依据，本院不予支持。厦门某贸易公司可依照保单条款第十三条（二）款之规定，待其获得生效判决并申请执行之后依据实际损失金额再行向某保险公司厦门分公司申请索赔。据此，依据《中华人民共和国保险法》第十七条、《最高人民法院关于适用〈中华人民共和国保险法〉若干问题的解释（二）》第十一条、《中华人民共和国民事诉讼法》第六十四条第一款之规定，判决：驳回厦门某贸易公司的诉讼请求。

本院二审期间，厦门某贸易公司向本院提交六组证据，分别是交易明细表、发票、报关单、收汇通知单、2013—2015 年银行流水、厦门某贸易公司起诉南非某公司的起诉状，拟证明厦门某贸易公司对南非某公司的债权金额是确定的。某保险公司厦门分公司、某保险公司质证认为，对于交易明细表三性均有异议，该份明细表是厦门某贸易公司单方制作，不能作为认定事实的依据。对于发票、报关单、收回通知单、银行流水三性均有异议，厦门某贸易公司没有提交相应的销售合同，且付款凭证对应的发票是厦门某贸易公司自行标注的，无法将每份销售合同与每笔发票和每笔收汇一一对应并进行核算，无法核实是否存在逾期付款以及讼争合同欠款金额。对于厦门某贸易公司起诉南非某公司的起诉状三性均有异议。该域外证据没有经过境外公证和认证手续，不符合域外证据的法定形式，不能作为本案认定事实的依据；而且该证据 168 页中也提到南非某公司仅承认欠付厦门某贸易公司 62558. 85 美元。本院认证认为，仅凭厦门某贸易公司提供的现有证据，无法确定南非某公司尚欠厦门某贸易公司的货款金额，且厦门某贸易公司主张的欠款金额与南非某公司提供对账单的欠款金额也并不相符。由于南非某公司并非本案当事人，且厦门某贸易公司与南非某公司的诉讼仍在进行过程中，涉及厦门某贸易公司对南非某公司债权金额事实有待于该案件中予以查明。

厦门某贸易公司对一审判决查明的事实无异议，某保险公司厦门分公司、某保险公司认为厦门某贸易公司与南非某公司自 2012 年 2 月 23 日至 2015 年 11 月 20 日的多份买卖合同关系缺乏事实依据。本院对双方当事人无异议的事实予以确认。

本院认为，本案的争议焦点主要是保险人是否应当承担保险赔偿责任。厦门某贸易公司与某保险公司厦门分公司之间存在合法有效的保险合同关系。在本案诉争保单有效期内，厦门某贸易公司与南非某公司存在多份销售合同，其中包括发票号为 ET14027－1、ET14044、ET14045 项下的合同，三份合同均受《保险条款》约束。根据《保险条款》第二条、第三条第三项约定，被保险人在保单有效期内按销售合同约定出口货物后，若存在买方拖欠货款的风险，且被保险人知道或应当知道该风险已经发生，却仍继续向买方出口所遭受的损失，保险人不承担赔偿责任。该约定属于免除保险人责任的条款，对于该责任免除条款，某保险公司厦门分公司在保险条款中以黑体字的形式作出提示，且厦门某贸易公司在“保单续转通知单”上加盖公章确认某保险公司厦门分公司已就涉及免除或限制保险人责任的黑体字部分的条款内容，向其进行了明确的提示和说明，其已充分理解并无异议。故某保险公司厦门分公司已履行了对厦门某贸易公司作出明确说明的义务，《保险条款》的责任免除条款对双方当事人均具有效力。厦门某贸易公司虽抗辩其与南非某公司存在持续滚动付款的交易习惯，南非某公司不存在拖欠付款的情形，但根据双方当事人签订的《综合保险条款》第二十三条约定，被保险人在申请信用保险限额后，变更销售合同的支付方式、付款期限、转让债权债务以及其他可能影响保险人权益的合同内容时，应事先征得保险人书面同意，否则，保险人对相关出口项下发生的损失有权拒绝承担赔偿责任。由于出口信用保险承担风险较大，其中境外买方的付款期限、付款条件等是与保险人承保的风险息息相关。被保险人若要变更与买方合同的有关内容，要经过保险人与被保险人的协商一致。本案厦门某贸易公司于二审审理中承认与南非某公司的交易习惯事实上变更了合同的约定付款时间，但厦门某贸易公司未提供足够证据证明该变更已征得某保险公司厦门分公司书面同意，厦门某贸易公司擅自变更买卖合同付款时间的行为不具有保险法上的效力，其变更合同内容的行为对某保险公司厦门分公司没有约束力。因此，某保险公司厦门分公司的上诉理由成立，本院对一审关于讼争发票项下货物不构成风险后出运的免责情形的认定予以纠正。厦门某贸易公司出运票号为 ET14044、ET14045 项下的货物符合风险后出运的情形，某保险公司厦门分公司有权对相关出口项下发生的损失拒绝承担赔偿责任。

综上所述，厦门某贸易公司的上诉请求不能成立，应予驳回，本院不予支持。依照《中华人民共和国民事诉讼法》第一百七十条第一款第一项之规定，判决如下：

驳回上诉，维持原判。

二审案件受理费 17799 元，由厦门某贸易公司负担。

本判决为终审判决。

审判长　孙　某
审判员　胡　某
审判员　周　某
二〇二〇年十二月二十八日
法官助理　陈　某
代书记员　王　某

评·析

出口信用保险承保海外买方拖欠货款等出口收汇风险。出于风险控制考虑，保险合同约定了“已知风险后出运”除外责任条款，即在买方已经拖欠到期货款并构成保单约定的“拖欠”等风险的情况下，如被保险人仍继续与该买方交易并发生损失的，保险人不予赔付。本案主要争议焦点在于这一条款的效力及适用。

本案一审判决支持保险人依据除外责任条款提出的抗辩，驳回被保险人厦门某贸易公司诉讼请求；二审改判要求保险人赔付。二审法院认为，保险人已履行提示说明义务，保险条款对双方具有约束力。就条款的适用，法院认为厦门某贸易公司与南非某公司存在多年买卖合同关系，多次签订买卖合同；交易记录显示南非某公司于 2013 年至 2015 年持续滚动支付货款，双方存在未按合同约定的时间及金额付款及持续滚动付款的交易习惯。因此，仅从付款记录无法证实南非某公司存在预期不支付发票 B、C 的违约行为。此外，发票 A 所涉买卖合同与发票 B、C 所涉买卖合同各自独立，前一合同是否足额付款，并非厦门某贸易公司就后一合同发货的前提条件。法院认为保险人援引除外责任条款拒赔缺乏依据。

某保险公司厦门分公司申请再审，经福建省高院审查后裁定提审，后以原审认定基本事实不清为由撤销原一审、二审判决，发回一审法院重审。发回重审后，一审（指发回重审后的一审）法院对于除外责任条款的适用，沿用了原审二审法院的认定；但认为保险人已初步证明买卖双方对欠款金额存在争议，而厦门某贸易公司未能提交充分证据证明应收账款金额，买卖双方存在贸易纠纷，根据《保险条款》第十三条约定，对存在贸易纠纷的案件……被保险人应先行仲裁或在买方所在国家（地区）提起诉讼，在获得已生效的仲裁裁决或法院判决并申请执行之前，保险人有权不予定损核赔。据此，一审法院驳回厦门某贸易公司诉讼请求。厦门某贸易公司、保险人均不服一审判决，提起上诉。

二审（指发回重审后的二审）法院对于应收账款金额存在纠纷的认定与一审法院一致。就除外责任条款，以及厦门某贸易公司称其与南非某公司之间存在持续滚动付款的交易习惯，进而认为南非某公司不存在拖欠付款情形的主张，法院认为，根据《保险条款》第二十三条的约定，被保险人在申请信用限额后，变更销售合同的支付方式、付款期限、转让债权债务以及其他可能影响保险人权益的合同内容时，应事先征得保险人书面同意，否则，保险人对相关出口向下发生的损失有权拒绝承担赔偿责任。出口信用保险中，保险人承担风险较大，境外买方的付款期限、付款条件等与保险人承保的风险息息相关。厦门某贸易公司与南非某公司的交易习惯事实上变更了合同约定的付款时间，在未征得保险人同意的情况下，该变更不具有保险法上的效力，其变更合同内容的行为对保险人没有约束力。二审法院认定案涉货物符合“已知风险后出运”的情形，保险人有权拒绝承担赔偿责任，驳回厦门某贸易公司上诉请求。根据《最高人民法院关于审理出口信用保险合同纠纷案件适用相关法律问题的批复》（法释〔2013〕13 号），“对出口信用保险合同的法律适用问题，保险法没有作出明确规定。鉴于出口信用保险的特殊性，人民法院审理出口信用保险合同纠纷案件，可以参照适用保险法的相关规定；出口信用保险合同另有约定的，从其约定”。该批复确立了出口信用保险合同法律适用的规则：与出口信用保险业务行业惯例、交易习惯相关的约定应从其约定，未约定的可以参照适用保险法的规定，即“约定优先并参照适用”原则。故双方当事人明确约定，将“已知风险后出运”作为除外责任条款，该约定未违反法律、行政法规的强制性规定，对双方具有约束力，应予以适用。同时，在出口信用保险行业中，国内外的诸多保险公司都在其保险条款中将被保险人知险后出运作为保险人除外责任的约定情形。

本案中，被保险人签订买卖合同、申请信用限额、申报出运时均明确了交易的付款期限，“风险发生”存在客观的认定标准，即依据保险合同中“拖欠”风险的定义，应付款日后30天仍未收到货款的，属于“风险发生”。被保险人明知或应知存在上述事实后出运的损失，应当适用“已知风险后出运”除外责任条款。此外，“已知风险后出运”是一种客观事实状态，被保险人是否确信买方后续交易将继续违约、是否有权拒绝出运后续货物，均不影响对该客观事实的判断。

“已知风险后出运”除外责任条款的实质是要求出口企业主动预防收汇风险，积极采取止损措施。本案生效判决确认了这一条款的效力并适用于本案事实，对于公正解决该类出口信用保险合同纠纷具有典型意义。

特种车辆非碰撞导致受损的保险责任认定

上海金融法院

（2021）沪74民终198号民事判决书

（2021年4月22日）

案·情

2018年6月25日，被保险人掌某所有的鲁Q18吊车由张甲驾驶在上海市某污水厂吊装水泥块时发生事故，导致吊车大臂弯曲受损。该吊车为重型非载货专项作业车，在某保险公司投保交强险、特种车商业险，其中包含特种车损失保险，事故发生在保险期间内。某保险公司在调查过程中发现车辆并未发生碰撞，不属于保险责任，在多次沟通无果后，2018年8月22日出具拒赔通知书。

2020年1月13日，由被保险人单方委托，上海某价格评估公司出具《评估报告书》，评估确定鲁Q18吊车以事故发生日为基准日的市场修复价格为人民币339000元。随后，被保险人掌某以鲁Q18吊车吊装水泥块时基于碰撞导致大臂弯曲受损向法院提起诉讼，要求保险公司赔偿车辆修理费339000元，评估费8000元，合计347000元。

一审法院委托上海某检测技术公司对该车大臂弯曲成因进行鉴定，由于事故发生已近两年，且事发后案涉大臂已被拆卸维修，鉴定机构无法鉴定导致其弯曲的具体原因；原告也未能进一步举证证明大臂弯曲系碰撞造成。因此，一审法院驳回原告全部诉讼请求。被保险人掌某不服一审判决，上诉至上海金融法院。

判决书正文

上诉人（原审原告）：掌某，男，1974 年 7 月 24 日生，汉族，住江苏省东海县。

被上诉人（原审被告）：某保险公司徐州中心支公司，住所地：江苏省徐州市。

上诉人掌某因与被上诉人某保险公司徐州中心支公司（以下简称某保险公司）财产保险合同纠纷一案，不服上海市浦东新区人民法院（2020）沪 0115 民初 16079 号民事判决，向本院提起上诉。本院于 2021 年 2 月 3 日立案后，依法组成合议庭进行了审理。本案现已审理终结。

掌某上诉请求：1. 撤销上海市浦东新区人民法院（2020）沪 0115 民初 16079 号民事判决，改判支持掌某一审全部诉讼请求。2. 本案一审、二审诉讼费用以及鉴定费 41700 元由某保险公司承担。事实和理由：1. 根据现场人员拍摄照片、视频以及施工方工作人员张乙和范某发布的微信朋友圈，可以证实大臂弯曲受损确因碰撞造成。2. 报案回执显示，司机报案时间与上述照片的拍摄时间和朋友圈的发布时间吻合。3. 某保险公司在一审中作为证据提交的车辆保险报案记录（代抄单）中亦明确记载了出险原因系“碰撞—车与物”，由此可见某保险公司接报事故时明知大臂系碰撞导致弯曲。4. 鉴定报告的结论是未发现涉案大臂存在相关材料质量问题，某保险公司亦认可车辆在吊装过程中所吊物体重量未超出操作规程范围，既然排除质量和操作规程的原因，受损只能是碰撞造成。综上所述，一审法院认定事实错误，某保险公司应当承担赔偿责任。

某保险公司辩称，不同意掌某的上诉请求，一审判决认定事实清楚，适用法律正确，请求二审维持原判。

掌某向一审法院起诉请求：1. 判令某保险公司赔付掌某车辆损失费人民币（以下币种相同）339000 元，评估费 8000 元；2. 本案诉讼费由某保险公司承担。

一审法院认定事实：涉案车牌号为鲁 Q18 的吊车在某保险公司处投保交强险、商业险，其中车辆损失保险金额 4203200 元、第三者责任保险金额 100 万元，上述险种均含不计免赔，保险期限均自 2017 年 12 月 15 日零时起至

2018 年 12 月 14 日 24 时止，被保险人均为掌某。2018 年 6 月 25 日 18 时 32 分，张甲向上海市公安局浦东分局高东派出所报案，该所出具《上海公安局案（事）件接报回执单》，载明报案内容为报警人在（报班长）（浦东）航津路外环线某污水处理厂内（进门即见），称：吊车吊装水泥罐，大臂弯曲，现水泥罐悬空（告知远离），无人伤，请民警到现场处理。经了解系张甲于 2018 年 6 月 25 日 18 时 20 分许驾驶鲁 Q18 吊车在海徐路某污水厂吊装水泥块时，因水泥块上下跳动，导致吊车大臂弯曲，油缸受损的事故。事故发生后，掌某为确认鲁 Q18 吊车损失，委托上海某价格评估公司对该车损失进行评估，上海某价格评估公司于 2020 年 1 月 13 日作出评估意见：鲁 Q18 吊车在 2018 年 6 月 25 日的市场修复价格为 339000 元。

2018 年 8 月 22 日，某保险公司向原告发出《拒赔通知书》，该通知书载明，根据保险合同的约定，某保险公司对涉案保险单项下承保车辆于 2018 年 6 月 25 日在上海市浦东新区外环线航津路（出险地点）发生事故所造成的损失，经核实不属于保险责任范围，因此，某保险公司不能给予赔付。具体拒赔理由如下：第一，根据某保险公司现场查勘，标的车二节臂损坏处没有与外界物体发生碰撞（图片已拍摄），某保险公司认为该事故非碰撞造成，不属于保险责任；第二，经过后期复勘调查，标的车所吊物体重量仅为 5 吨左右，根据 300T 最低操作规程判断分析，吊装时应未超出操作规程范围，如何导致标的车晃动碰撞，找到污水处理池内部工人证实，标的车起吊物体为已切割后石块，并且吊出污水处理口时并未发生任何碰撞，标的车如何会产生振动，并且经内部工人证实，标的车并未与外界物体发生碰撞，所以某保险公司认为本次事故并不属于保险责任，拟予以整案拒赔。

一审审理中，就鲁 Q18 吊车大臂弯曲的成因争议，根据某保险公司申请，一审法院委托上海某检测技术公司对该车的大臂弯曲成因进行鉴定，上海某检测技术公司于 2020 年 8 月 28 日作出鉴定意见：涉案大臂在事故发生后已被拆卸修理，不具备鉴定条件，故无法鉴定涉案大臂弯曲受损的具体原因。未发现涉案大臂存在相关材料质量问题，根据现有资料和技术信息，排除因涉案大臂材料质量原因导致大臂弯曲受损的成因。为此，某保险公司预缴鉴定费 41700 元。对该鉴定意见及结论，掌某与某保险公司均予以认可，故对该鉴定报告一审法院予以采信。

一审法院另查明，涉案《特种车综合商业保险条款》第六条约定，保险期间内，被保险人或其允许的驾驶人或操作人员在使用被保险机动车过程中，因下列原因造成被保险机动车的直接损失，且不属于免除保险人责任的范围，保险人依照本保险合同的约定负责赔偿：（一）碰撞、倾覆、坠落；（二）火灾、爆炸；（三）外界物体坠落、倒塌；（四）雷击、暴风、暴雨、洪水、龙卷风、冰雹、台风、热带风暴；（五）地陷、崖崩、滑坡、泥石流、雪崩、冰陷、暴雪、冰凌、沙尘暴；（六）受到被保险机动车所载货物、车上人员意外撞击；（七）载运被保险机动车的渡船遭受自然灾害（只限于驾驶人或操作人员随船的情形）。一审审理中，掌某确认系基于碰撞造成涉案事故而主张保险金。

一审法院认为，涉案保险合同关系合法有效，双方均应按约履行。就鲁Q18 吊车大臂弯曲的成因，现鉴定意见仅能排除因涉案大臂材料质量原因导致大臂弯曲受损的成因，无法鉴定涉案大臂弯曲受损的具体原因。而掌某也未能进一步举证证明，上述大臂弯曲受损系碰撞造成，应当承担举证不利后果。为此，根据涉案《特种车综合商业保险条款》第六条约定，本次事故所造成的鲁 Q18 吊车损失，并非保险合同约定的赔付范围，故对掌某的全部诉讼请求，难以支持。据此，一审法院依照《中华人民共和国保险法》第二条、第六十四条之规定，判决：驳回掌某的全部诉讼请求。一审案件受理费 6505 元，减半收取计 3252. 50 元，鉴定费 41700 元，合计 44952. 50 元，由掌某负担。

二审期间，掌某向本院提交如下证据：1. 现场拍摄照片（7 张），用于证明车辆受损部位与管道碰撞受损的形态，以及管道油污与碰撞部位吻合（同时提交相关视频，证明前两张照片的拍摄时间是本案事故发生时）。2. 现场施工方工作人员张乙和范某发布的朋友圈截图，用于证明大臂与管道发生碰撞。3. 现场施工方工作人员张乙发布的朋友圈视频，该份证据作为证据 2 朋友圈截图证据的补强。

某保险公司质证认为，对证据 1 的真实性无异议，但不同意证明目的，该组照片无法证明受损部分是由于碰撞形成的。对证据 2 和证据 3 的真实性不认可，无法证明该朋友圈的发布主体身份，且朋友圈的文字描述和视频中也未显示吊臂是由于碰撞受损。

某保险公司在二审期间提交如下证据：1. 现场勘查照片，用于证明某保险公司在事故当日现场查勘时未发现碰撞痕迹，污水管道上也无碰撞和油污的迹象。2. 张甲针对事故情况出具的说明，用于证明张甲在事故当日确认，事故是由于吊水泥块时因水泥块上下晃动导致大臂弯曲伸缩油缸损坏。3. 某保险公司理赔员与掌某的聊天记录，用于证明事故发生后案涉大臂经维修后仍在使用的事实。4. 事故发生当日掌某向某保险公司电话报案的录音，用于证明吊臂未发生碰撞，是在吊水泥块的过程中大臂晃动导致弯曲。5. 告知书快递回单，用于证明掌某收到某保险公司寄送的协商鉴定的告知书。

掌某对某保险公司的上述证据质证认为，对证据1，某保险公司提供的仅是勘查的部分照片。对证据2，由于司机张甲身处驾驶舱，视野无法达到碰撞处，故其陈述只是描述感觉。另外，其陈述吊弯了可能是出于逃避被追究责任的考虑。对证据3，掌某在聊天记录中已表示只能干点小活。对证据4，报案人并非掌某本人，报案人在报案时说了“要下去看一下，看一下要半个小时”，由此说明报案人的视野不是很好，对于是否碰撞导致，仅是猜测。对证据5，不同意某保险公司的证明目的，经询问，“签单返还”需收件人签名的单据寄还给寄件人，现某保险公司仅提供了打印版快递记录，未提供掌某签收的单据，故不能证明“签单返还”已成功，且也不能证明某保险公司邮寄文件的内容是其主张的协商鉴定文件。

针对双方提交的证据，本院认证意见如下：对掌某提交的证据2和证据3，由于并非针对事故发生过程的图片和视频记录，且公布该些内容的主体身份不明，在文字描述部分也仅称吊车断了，并未提及碰撞事宜，无法实现掌某的证明目的，故对该两组证据，本院不予采纳。对某保险公司提交的证据5，因某保险公司未提交证据掌某签收的面单，故本院对该份证据不予采纳。至于双方提交的其余证据，因双方均未对真实性提出异议，而该些证据与本案争议事项具有关联性，故本院均作为本案二审证据予以采纳，至于能否支持各方观点，本院将结合其余证据一并予以认定。

原审认定事实正确，本院依法予以确认。

本院另查明，1. 案涉车辆驾驶舱内人员张甲针对事故发生情况手写了一份材料，称“水泥块上下晃动导致大臂弯曲伸缩油缸受损”。2. 事故发生后，掌某一方工作人员向某保险公司客服拨打电话保险，称“发生吊装事故，起吊时水泥块晃了一下，把大臂晃弯掉了”。

本院认为，掌某与某保险公司之间的保险合同关系依法成立，双方当事人应当按照约定全面履行自己的义务。根据《最高人民法院关于民事诉讼证据的若干规定》第二条规定，当事人对自己提出的诉讼请求所依据的事实或者反驳对方诉讼请求所依据的事实有责任提供证据加以证明。没有证据或者证据不足以证明当事人的事实主张的，由负有举证责任的当事人承担不利后果。现掌某主张在保险期内发生了保险合同约定的保险事故，而某保险公司予以否认，故掌某对此负有举证责任。同时，《保险法》第二十二条规定，保险事故发生后，按照保险合同请求保险人赔偿或者给付保险金时，投保人、被保险人或者受益人应当向保险人提供其所能提供的与确认保险事故的性质、原因、损失程度等有关的证明和资料。但本案中，无论是事故发生后某保险公司对施工现场人员所做的事故现场查勘询问笔录，还是掌某一方的司机进行保险报案时所做陈述，均未显示大臂系因与管道发生碰撞而受损；根据双方提供的事故现场照片，亦不足以甄别出大臂到底是因晃动受损弯曲后下落并与管道发生接触，还是在施工过程中与管道发生碰撞而导致受损，故一审法院依据证据规则的相关规定，认定掌某未能提供相应的证据证明涉案事故系属保险合同约定理赔范围内的保险事故，相应不利后果应归于掌某，适用法律并无不当。掌某的上诉请求，缺乏依据，本院难以支持。

综上所述，一审判决认定事实清楚，判决结果并无不当，应予维持。依照《中华人民共和国民事诉讼法》第一百七十条第一款第（一）项规定，判决如下：

驳回上诉，维持原判。

二审案件受理费 6505 元，由上诉人掌某负担。

本判决为终审判决。

审判长　沈　某

审判员　张　丙

审判员　童　某

二〇二一年四月二十二日

书记员　孙　某

评·析

本案争议焦点为：事故发生时案涉车辆大臂弯曲损失是否系碰撞导致，是否属于保险责任范围。

一、条款规定

本案《特种车综合商业保险条款》第一章特种车损失保险第六条约定“保险期间内，被保险人或其允许的驾驶人或操作人员在使用被保险机动车过程中，因下列原因造成被保险机动车的直接损失，且不属于免除保险人责任的范围，保险人依照本保险合同的约定负责赔偿：（一）碰撞、倾覆、坠落；……（七）载运被保险机动车的渡船遭受自然灾害（只限于驾驶人或操作人员随船的情形）”。该条款明确约定了保险责任的范围——列明的意外事故或自然灾害造成标的车的直接损失，属于保险责任，未列明的原因造成的损失不属于保险责任。

在一审、二审中，本案原告均主张系基于碰撞造成标的车大臂弯曲受损而要求保险公司赔偿。如果车损确系碰撞所致，则在保险责任范围内，保险人承担赔偿责任；如果不是碰撞等保险合同约定的原因所致，则不属于保险责任，保险人不承担赔偿责任。

二、案件事实

在涉案事故后几分钟，标的车驾驶员张甲报警，公安机关报案回执中记载“因水泥块上下跳动，导致吊车大臂弯曲，油缸受损的事故”；张甲对事故的书面说明中也写明“水泥块上下晃动导致大臂弯曲”。同时，事故后几分钟，原告方工作人员向某保险公司报案的录音记载“水泥块晃动把大臂晃弯了”。

某保险公司经现场查勘，认为标的车二节臂损坏处没有与外界物体发生碰撞；经与现场工人核实，标的车作业过程中未与外界物体发生任何碰撞。

鉴于双方当事人对于标的车大臂弯曲原因有不同观点，一审法院根据保险公司申请，委托鉴定机构对该车大臂弯曲成因进行鉴定，鉴定报告显示：由于时隔2年，事发时的操作人员已无法提供当时的操作情况，并且事发后被保险人已找维修公司对案涉大臂进行了拆卸修理，已不具备鉴定条件，无法鉴定大臂弯曲受损的具体原因。经原被告双方协商同意，鉴定机构对大臂材料主要性能进行了检测，鉴定意见排除因大臂材料质量原因导致大臂弯曲受损。

三、举证情况

通常认为，民事诉讼中的举证责任有双重含义，即行为意义的举证责任和结果意义的举证责任。行为意义的举证责任即提供证据的责任，是指当事人在具体的民事诉讼中，为避免败诉的风险而向法院提出证据证明其主张的责任；它解决对于特定的争议事实，应当由谁提供证据予以证明的问题。结果意义的举证责任又称不利后果承担责任，是指待证事实的存在与否不能确定、真伪不明时，由哪一方当事人对不利后果进行负担的责任和风险；结果意义的举证责任建立在法院不能拒绝裁判的司法理念之上，它解决待证事实真伪不明时法官如何裁判的问题。《最高人民法院关于适用〈中华人民共和国民事诉讼法〉的解释》第九十条规定，当事人对自己提出的诉讼请求所依据的事实或者反驳对方诉讼请求所依据的事实，应当提供证据加以证明，但法律另有规定的除外。在作出判决前，当事人未能提供证据或者证据不足以证明其事实主张的，由负有举证证明责任的当事人承担不利的后果。

本案原告主张碰撞造成标的车大臂弯曲受损，应承担举证责任。《中华人民共和国保险法》第二十二条规定，保险事故发生后，按照保险合同请求保险人赔偿或者给付保险金时，投保人、被保险人或者受益人应当向保险人提供其所能提供的与确认保险事故的性质、原因、损失程度等有关的证明和资料。《最高人民法院关于适用〈中华人民共和国民事诉讼法〉的解释》第九十一条第（一）项规定，主张法律关系存在的当事人，应当对产生该法律关系的基本事实承担举证证明责任。依据上述实体法和程序法的规定，本案原告作为主张赔偿请求权的一方，应对形成该法律关系的基本事实承担举证责任。是否“碰撞致损”属于本案待证的基本事实，对裁判结果有实质性影响。

1. 一审阶段，原告以“碰撞致损”主张保险金，提交了报案回执、《评估报告书》等证据，但这些证据只能说明标的车发生了事故和损失，无法证明存在碰撞。

2. 二审阶段，原告明确碰撞是指大臂与管道发生了碰撞，并提交了现场照片、微信朋友圈截图和视频等证据。截图和视频由于未提及碰撞事宜等原因，未被法院采纳。根据照片，也不能判断出大臂先弯曲受损然后下落并与管道接触，还是先与管道碰撞然后弯曲受损。故原告提供的证据不足以证明“碰撞致损”的基本事实。

3. 原告上诉理由中称大臂弯曲“既然排除质量和操作规程的原因，受损只能是碰撞造成”，对此我们认为，鉴定机构确实未发现大臂材质问题，某保险公司也认可在吊装过程中所吊物体重量未超出操作规程范围，但是，导致大臂弯曲的原因不仅仅包括材质、所吊物体重量和碰撞3项，根据日常经验法则，即使排除了前2项，也不能推定出“碰撞致损”的基本事实，不能免除原告的证明责任。

综上所述，一审、二审法院认为，本案原告主张标的车大臂弯曲受损系基于碰撞造成，其负有举证责任，但原告在审理期间所提供的证据不足以证明其事实主张，相应不利后果由原告承担。原告的赔付请求缺乏依据，法院难以支持，保险人也无须赔付。

四、实务启示

本案业务操作和裁判结果对实务工作有以下启示：

1. 如果保险合同列明了保险责任的范围，争议双方举证责任分配规则为：首先由被保险人举证证明保险标的发生了事故，并且引起事故的原因属于承保风险的范围；然后保险人可以举证证明被保险人提供的证据存在瑕疵或者不能证明其主张，也可以举证证明事故原因属于除外责任情形。

2. 保险公司在设计保险合同条款时要尽可能明确保险责任范围，为保险消费者提供较为充分保障的同时，将承保风险分门别类、清晰载明。

3. 保险人应第一时间赶赴事故现场，协助被保险人消除减轻事故损失，同时尽可能对事故现场进行勘查，全面收集固定相关材料，为定责定损打牢基础；根据办案需要及时向法院申请委托鉴定。

交通事故中“车上人员”被甩出车外能否转化为“第三者”的认定

山西省运城市中级人民法院
（2021）晋08民终1861号民事判决书

（2021年9月28日）

案·情

2020年8月9日，樊某驾驶晋M94重型半挂车，由陕西省宜川县王窑科村加气站向宜川县秋林镇方向行驶途中，行至王窑科峁路段驶入道路东侧排水沟，撞向土堆护墙，造成晋M94重型半挂车乘车人崔甲当场死亡、驾驶人樊某受伤、车载货物（煤）损失及车辆部件受损的交通事故。2020年8月24日，宜川县公安局交通警察大队作出交通事故认定书，认定樊某负事故全部责任，崔甲不承担本起事故责任。2020年9月30日，某甲保险公司按照车上人员责任险限额10万元赔付死者家属。死者家属起诉某甲保险公司、樊某、车辆所有人赵某、某运输公司，要求按照第三者责任险赔付等，一审法院驳回死者家属要求按照第三者责任险赔付的诉讼请求。赵某上诉，二审法院改判某甲保险公司按照第三者责任险赔付死者家属。

判决书正文

上诉人（原审被告）：赵某，男，1974年3月16日出生，汉族，住所地：山西省临猗县。

被上诉人（原审原告）：崔乙，男，1945年4月29日出生，汉族，住所地：山西省夏县，系死者崔甲父亲。

被上诉人（原审原告）：柴某，女，1949 年 2 月 3 日出生，汉族，住所地：山西省夏县，系死者崔甲母亲。

被上诉人（原审原告）：牛甲，女，1970 年 5 月 25 日出生，汉族，住所地：山西省夏县，系死者崔甲之妻。

被上诉人（原审原告）：崔丙，男 1990 年 12 月 29 日出生，汉族，住所地：山西省夏县，系死者崔甲之子。

被上诉人（原审原告）：崔丁，女，1994 年 8 月 9 日出生，汉族，住所地：山西省夏县，系死者崔甲之女。

被上诉人（原审被告）：某甲保险公司，住所地：湖北省武汉市。

被上诉人（原审被告）：樊某，男，1971 年 9 月 11 日出生，汉族，住所地：山西省夏县。

原审被告：某运输公司，住所地：运城市盐湖区。

上诉人赵某因与被上诉人崔乙、柴某、牛甲、崔丙、崔丁、被上诉人某甲保险公司、樊某，原审被告某运输公司机动车交通事故责任纠纷一案，不服山西省运城市盐湖区人民法院（2021）晋 0802 民初 1754 号民事判决，向本院提起上诉，本院受理后，依法组成合议庭公开开庭审理了本案，本案现已审理终结。

上诉人赵某上诉请求，一、依法撤销山西省运城市盐湖区人民法院（2021）0802 民初 1754 号民事判决第一项；二、依法改判驳回被上诉人崔乙、柴某、牛甲、崔丙、崔丁对上诉人赵某的诉讼请求；三、判令被上诉人某甲保险公司支付或被上诉人崔乙、柴某、牛甲、崔丙、崔丁返还上诉人赵某垫付的 40000 元；四、被上诉人承担本案一审、二审的全部诉讼费用。事实与理由：一、应认定受害人崔甲属于本次交通事故的保险合同中第三者，受害人的损失依法应由被上诉人某甲保险公司在涉案车辆的交强险和第三者责任保险中全部予以赔偿，一审判决上诉人赵某承担本案损失明显错误，二审应予纠正。二、上诉人赵某与被上诉人樊某及死者崔甲之间系劳务关系，其二人作为接受劳务一方，在本次交通事故中均存在重大过错，依照侵权责任法规定，应当减轻上诉人民事赔偿责任，本案受害人的损失应当由其二人共同分担。三、上诉人赵某在交通事故发生后垫付的 4 万元应当在被上诉人崔乙、柴某、牛甲、崔丙、崔丁请求的赔偿款中予以扣除，并判决由被上诉人某甲保险公司直接赔付给上诉人。四、一审查明被上诉人樊某已支付给受害人亲属的5万元赔偿款应当在本案被上诉人崔乙、柴某、牛甲、崔丙、崔丁请求的损失中予以扣减，一审未扣减错误，二审应予纠正。

被上诉人崔乙、柴某、牛甲、崔丙、崔丁辩称，不管是车主赔偿我们还是保险公司赔偿我们由法院认定。

被上诉人某甲保险公司辩称，一、在本案中，原审原告及上诉人没有提供任何证据证明受害人系保险合同的第三者。从原审原告提供的证据来看：交通事故认定书认定的基本事实为“……造成晋M94重型半挂车乘车人崔甲当场死亡……”；死亡证明书证明的死亡原因“呼吸心跳骤停（车祸伤所致）”；现场勘验照片均未体现受害人现场方位；询问笔录也未体现受害人事发时状况（并且询问笔录是在事故认定书作出之前形成的，所以交警部门已经充分综合依据现场所有的证据，包括询问笔录才作出上述的事故认定书。在没有任何新证据的情况下，应当以事故认定书认定的事实为准）。故在本案中原审原告没有提供任何证据可以证明乘车人在发生事故时被甩出车外，更无法相互印证形成上诉人所以为“基本事实”的完整的证据链。所以一审判决认定的基本事实是客观公正的。二、受害人属于车上的乘客，应当适用车上人员险。交通事故是发生在一刹那的，在事发瞬间，崔甲是车上的乘客，根据《中国保险行业协会机动车商业保险示范条款（2020版）》对于车上人员的定义，意外事故发生的瞬间，在被保险机动车车体内或者车体上，包括正在上下车的人员，全部为车上人员。且原告的事故陈述不实，与交警队事故认定书不符，交警认定崔甲为晋M94半挂牵引车的乘车人，所以答辩人只认可在车上人员责任险限额内赔偿原告方损失，不认可原告方转化身份以第三者身份请求赔偿，请求法院依法驳回原告方对答辩人的诉讼请求。三、上诉人已经在车上人员险限额范围内赔偿完毕，本案的赔偿义务全部履行完毕。上诉人主张的返还款项是其作为接受劳务方本应承担的部分，没有向答辩人主张的事实与法律依据。综上所述，上诉人主张的基本事实没有证据支持，上诉人主张的诉讼请求没有法律依据。一审判决认定事实清楚，采信证据正确，故请求二审法院依法驳回上诉，维持原判，保护答辩人的合法权益。

被上诉人樊某辩称，上诉人的上诉请求不应得到支持。1. 一审判决事实清楚，证据确实、充分，适用法律正确，应予以维持。2. 上诉人的上诉请求中并未要求答辩人承担任何责任，却把答辩人列为被上诉人，明显自相矛盾。3. 上诉人引用已经废止的《侵权责任法》和依据的《中华人民共和国民法典》一千一百九十二条均与本案无关，不能支撑其主张答辩人应赔偿的观点。4. 上诉人认为："法院应当根据被上诉人樊某和受害人崔甲的过错程度判决各自承担相应的民事责任"明显错误。依据《中华人民共和国民法典》一千一百九十二条规定的："个人之间形成劳务关系，提供劳务一方因劳务造成他人损害的，由接受劳务一方承担侵权责任"，结合本案，答辩人系上诉人的雇员，交通事故的发生也是在劳务工作期间，故造成他人损害的，应由上诉人承担。综上所述，上诉人主张的诉求没有要求答辩人应承担任何责任，引用的法律依据也和本案无关，望法庭查明事实，充分考虑答辩人的答辩意见。

原审被告某运输公司未到庭未答辩。

一审法院认定事实，2020 年 8 月 9 日 13 时 30 分，被告樊某驾驶晋 M94 重型半挂车，由陕西省宜川县王窑科村加气站向宜川县秋林镇方向行驶途中，行至王窑科峁路段（201 省道 168KM + 100M）驶入道路东侧排水沟，撞向土堆护墙，造成晋 M94 重型半挂车乘车人崔甲当场死亡，晋 M94 重型半挂车驾驶人樊某受伤、车载货物（煤）损失及车辆部件受损的交通事故。2020 年 8 月 24 日，宜川县公安局交通警察大队作出道路交通事故认定书，认定被告樊某负事故全部责任，崔甲不承担本起事故责任。宜川县公安局交通管理大队出具的被告樊某的询问笔录中载明："问：事发时，你是否知道崔甲怎样从车里出去的？答：不知道，我只是看到他在墙根底下，车挡风玻璃碎完了"。同日，宜川县人民医院出具《居民死亡医学证明（推断）书》，载明：崔甲因呼吸心跳骤停死亡，死亡时间为 2020 年 8 月 9 日。庭审中，四被告均认可五原告的损失为：死亡赔偿金 665240 元、丧葬费 36103.5 元、被扶养人生活费 148113 元、精神损害抚慰金 50000 元，共计 899456.5 元。同时查明：被告樊某驾驶的晋 M94 重型半挂车登记在被告某运输公司名下。2019 年 7 月 23 日，被告某运输公司与被告赵某签订了《汽车分期付款购车合同》，被告赵某以被告某运输公司保留车辆所有权，分期付款的方式购买了案涉车辆。晋 M94 半挂牵引车在被告某甲保险公司投保有交强险、保险金额为 1000000 元的第三者责任保险，保险金额为 100000 元/座的车上人员责任保险（乘客），保险期间为 2020 年 7 月 21 日至 2021 年 7 月 20 日。2020 年 10 月 9 日，被告某甲保险公司在车上人员责任保险（乘客）限额范围内向五原告支付了 100000 元。晋 M94 半挂牵引车还在某乙保险公司郑州市分公司处投保有驾乘人员意外伤害保险，保险期间为 2020 年 7 月 22 日起至 2021 年 7 月 21 日止。事故发生后，某乙保险公司郑州市分公司向五原告赔偿了 500000 元。另查明：原告崔乙系崔甲父亲，原告柴某系崔甲母亲，原告牛甲系崔甲妻子，原告崔丙系崔甲之子，原告崔丁系崔甲之女。2020 年 11 月 30 日，被告樊某（甲方）与原告牛甲（乙方）代理人牛乙签订了一份《协议书》，载明："一、甲方自愿向乙方支付本次交通事故的相关补偿费用伍万元。二、甲方向支付乙方的该费用不包含在乙方向保险公司及甲方雇主所主张的赔偿费用内。三、甲方支付本协议款项后，乙方不得因此再向甲方索取任何赔偿，并自愿放弃追究甲方的法律责任，对甲方予以法律上的谅解。四、本协议自双方当事人签名按手印后生效"。同日，五原告出具了《谅解书》，载明："以上谅解人亲属崔甲于 2020 年 8 月 9 日在宜川县发生交通事故中死亡，现责任方樊某自愿对申请人进行部分赔偿，申请人为此对责任人樊某予以谅解，并请求司法机关对其从轻、减轻甚至免除处罚"；五原告还出具了《声明书》，载明："崔甲于 2020 年 8 月 9 日在宜川县发生交通事故中死亡，我们作为其亲属对责任方樊某予以了谅解，并放弃对樊某提起刑事附带民事诉讼……"。

一审法院认为：行为人因过错侵害他人民事权益造成损害的，应当承担侵权责任。个人之间形成劳务关系，提供劳务一方因劳务造成他人损害的，由接受劳务一方承担侵权责任。接受劳务一方承担侵权责任后，可以向有故意或者重大过失的提供劳务一方追偿。提供劳务一方因劳务受到损害的根据双方各自的过错承担相应的责任。本案交通事故经公安交警部门认定，被告樊某负事故全部责任，死者崔甲无责任，该认定书所认定的事实清楚，定责准确，本院予以采纳。死者崔甲及被告樊某均系被告赵某雇佣，死者崔甲与被告赵某之间形成劳务关系，崔甲在提供劳务的过程中死亡，被告赵某应承担相应的责任，赔偿五原告的损失。因被告某甲保险公司在车上人员责任保险（乘客）限额范围内向五原告赔偿了 100000 元，某乙保险公司郑州市分公司在驾乘人员意外伤害保险限额范围内向五原告赔偿了 500000 元，故被告赵某应向五原告赔偿剩余损失 299456.5 元。最高人民法院《关于购买人使用分期付款购买的车辆从事运输因交通事故造成他人财产损失保留车辆所有权的出卖方不应承担民事责任的批复》规定："采取分期付款方式购车，出卖方在购买方付清全部车款前保留车辆所有权的，购买方以自己名义与他人订立货物运输合同并使用该车运输时，因交通事故造成他人财产损失的，出卖方不承担民事责任"，被告赵某以分期付款保留所有权方式在被告某运输公司购买了案涉车辆并用于货物运输，符合上述规定的情形，故五原告要求被告某运输公司承担赔偿责任，无法理依据，该诉讼请求本院不予支持。五原告以死者崔甲在发生交通事故时从事故车中甩出，已转化成第三人为由，要求被告某甲保险公司在商业三者险范围内予以赔付，本院认为五原告提供的证据不能证实崔甲系在事故发生时被甩出车外，头部撞击车外护墙导致死亡，不能证实事故发生时崔甲系第三者，故五原告的该项诉讼请求，本院亦不予支持。根据原告牛甲与被告樊某签订的《协议书》及五原告出具的《谅解书》《声明书》，五原告已放弃向被告樊某进行索赔，故被告樊某不再承担本案赔偿责任。综上所述，依照《中华人民共和国民法典》第一千一百六十五条、第一千一百七十九条、第一千一百九十二条、第一千二百零八条、第一千二百一十三条，《最高人民法院关于适用〈中华人民共和国民法典〉时间效力的若干规定》第一条，《最高人民法院关于审理道路交通事故损害赔偿案件适用法律若干问题的解释》第十三条、第二十六条，《最高人民法院〈关于审理人身损害赔偿案件适用法律若干问题的解释〉》第十四条、第十五条、第十六条、第十七条、第二十三条，《最高人民法院关于确定民事侵权精神损害赔偿责任若干问题的解释》第五条之规定，判决：一、被告赵某于本判决生效之日起十日内向原告崔乙、柴某、牛甲、崔丙、崔丁赔偿299456.5元；二、驳回原告崔乙、柴某、牛甲、崔丙、崔丁的其他诉讼请求。如果未按照本判决指定的期间履行给付金钱义务，应当按照《中华人民共和国民事诉讼法》第二百五十三条的规定，加倍支付迟延履行期间的债务利息。案件受理费1797元，减半收899元，由被告赵某承担。

本院二审期间，当事人对一审判决认定的事实均无异议。二审中，被上诉人牛甲对上诉人赵某于2020年8月11日垫付4万元事故处理款无异议。二审查明的其他事实同一审判决认定的事实一致。

本院认为，本案争议的焦点为，一是受害人崔甲是否属于案涉交通事故的保险合同中的第三者，被上诉人某甲保险公司是否应在涉案车辆第三者责任保险中全部予以赔偿。二是上诉人赵某已垫付的4万元事故处理款是否应当予以扣减，该4万元是否应当由被上诉人某甲保险公司退还给上诉人赵某。三是原审被告樊某已支付给受害人亲属（被上诉人崔乙、柴某、牛甲、崔丙、崔丁）的5万元是否应当在本案中予以扣减。

关于争议焦点一，被上诉人投保的目的就在于发生交通事故需要被保险人承担赔偿责任时，由保险人代其承担相应的赔偿责任，而如果发生交通事故中被甩出车辆伤亡的乘车人，界定为既不能认定“车上人员”，又不认定属于“第三者”，则可能出现保险人既不承担三者险又不承担车上人员责任险，赔偿责任只能由被保险人直接承担的情形，即会导致被保险人投保的目的不能得到实现，受害人的合法权益不能得到法律的全面保护。机动车作为一种大众出行的交通工具，任何人都不可能永久地置身于机动车辆之上，故机动车辆保险合同中所涉及的“第三者”和“车上人员”均为在特定时空条件下的临时性身份，即“第三者”与“车上人员”均不是永久的、固定不变的身份，二者可以因特定时空条件的变化而转化。发生交通事故中被甩出车外的乘车人，是否是与本车碰撞导致人身伤亡，均是其无法预见且不希望发生的，所以将甩出车外后是否与本车碰撞导致人身伤亡，作为判决是否可以转化为“第三者”的前提条件，显然不合法理情理。所以，保险车辆发生意外事故而受害的人，如果在事故发生前是保险车辆的车上人员，事故发生时已经置身于保险车辆之下，则应当认定为“第三者”。事故发生时应当理解为“事故发生的整个过程”，而不能狭义地理解为“事故发生的一瞬间”。“事故发生的一瞬间”事实上在司法实践中也难以准确界定。至于何种原因导致该人员在事故发生时置身于保险车辆之下，不影响其“第三者”的身份。本案中，现有证据无法证实崔甲在交通事故中，系在车内死亡，根据交警部门作出的事故认定书和现场照片，及被上诉人樊某在交警部门询问笔录中称：“事发时，我只是看到崔甲在墙根底下，车挡风玻璃碎完了”。故结合上述分析，本案交通事故中崔甲被甩出车外死亡，应当认定已经在本案特定时空条件下转化为“第三者”。

本案中，案涉事故车辆在被上诉人某甲保险公司投保有保险金额为1000000元第三者责任保险，因本案三者险与车上人员保险人均为被上诉人某甲保险公司，故该保险公司已赔偿被上诉人柴某等五人车上人员责任保险的100000元不再退回。被上诉人某甲保险公司应在第三者责任险范围内承担相应的赔偿责任。一审判决以不能证实事故发生时崔甲系“第三者”为由，对原审五原告的该主张，不予支持，与事实及法理相悖，本院予以纠正。

关于争议焦点二，被上诉人牛甲对上诉人赵某于2020年8月11日垫付的40000元事故处理款的事实无异议，故该40000元应在本案赔偿款中予以扣减，结合上述争议焦点一的意见，被上诉人某甲保险公司在第三者保险范围内赔偿被上诉人崔乙、柴某、牛甲、崔丙、崔丁259456.5元（扣减上诉人赵某已垫付的40000元由某甲保险公司退还上诉人赵某）。

关于争议焦点三，被上诉人樊某已支付给被上诉人崔乙、柴某、牛甲、崔丙、崔丁的50000元，系被上诉人崔乙、柴某、牛甲、崔丙、崔丁与原审被告之间取得谅解，五被上诉人放弃对樊某提起刑事附带民事诉讼而达成的协议，且被上诉人樊某与五被上诉人均无异议，五被上诉人与樊某也未对该问题提起上诉，故上诉人赵某主张该笔款项应在本案中予以扣减，本院不予支持。

综上所述，赵某的上诉请求部分成立，予以支持。依照《中华人民共和国民事诉讼法》第一百七十条第一款第二项规定，判决如下：

一、维持山西省运城市盐湖区人民法院（2021）晋08民初1754号民事判决第二项；

二、撤销山西省运城市盐湖区人民法院（2021）晋08民初1754号民事判决第一项；

三、被上诉人某甲保险公司于本判决生效之日起十日内赔付被上诉人崔乙、柴某、牛甲、崔丙、崔丁259456.5元（扣减上诉人赵某已垫付的40000元）；

四、被上诉人某甲保险公司退还上诉人赵某40000元。

一审判决受理费1797元，减半收取899元，二审案件受理费1797元，共计2696元，由上诉人赵某负担1696元，由被上诉人某甲保险公司负担1000元。

本判决为终审判决。

审判长　张　某

审判员　任　某

审判员　胡　某

二〇二一年九月二十八日

书记员　刘　某

评·析

本案争议焦点为：“车上人员”被甩出车外能否转化为“第三者”？本案二审法院认可“车上人员”可以转化的观点是可取的，但认为在任何条件下都可以转化为“第三者”的观点值得商榷。

一、“车上人员”被甩出车外可转化为“第三者”的前提条件应当是受到保险车辆的再次致害

由于机动车辆是一种交通工具，任何人不可能永久地置身于机动车辆之上，故机动车辆保险合同中所涉及的“第三者”和“车上人员”均为在特定时空条件下的临时性身份，即“第三者”与“车上人员”均不是永久的、固定不变的身份，二者可以因特定时空条件的变化而转化。事故发生时应当理解为“事故发生的整个过程”，而不能狭义地理解为“事故发生的一瞬间”。

实践中，“车上人员”被甩出车外，应当如何判断因保险车辆发生意外交通事故而受害的人属于“第三者”还是属于“车上人员”？如果仅以该人在交通事故发生当时这一特定的时间是否身处保险车辆之上为认定依据，在车上即为“车上人员”，在车下即为“第三者”，此种认定由于缺乏可操作性，常导致判决出现相互矛盾的结果，比如本案中二审法院和一审法院判决完全相反，二审法院仅依据无限制的身份转化理论判决保险公司赔付第三者责任险。

“车上人员”被甩出车外，应当在受到保险车辆的再次致害时方可转化为“第三者”。2008年最高人民法院公报第七期的案例已暗含了这一裁判规则，只是未将该规则明确予以固定化。“车上人员”被甩出车外时，若未受到保险车辆再次致害，证明其在事故发生过程中及事故发生前均在车上，处于车下只是事故导致的结果，其伤亡后果属于事故或车上损害结果的延续状态，不应发生身份转化；若受到保险车辆再次致害，在再次受到保险车辆致害时已非“车上人员”，可以认定转化为“第三者”［参见（2020）川民再422号民事判决书、（2017）赣民申967号民事裁定书］。

二、“车上人员”转化为“第三者”时，应当区分司机和乘客讨论第三者责任险赔付问题

（一）司机应当不属于第三者责任险赔付范围

《中华人民共和国保险法》第六十五条规定：“保险人对责任保险的被保

险人给第三者造成的损害，可以依照法律的规定或者合同的约定，直接向该第三者赔偿保险金。”根据上述规定，第三者责任险是以被保险人对第三者的赔偿责任为标的，以填补被保险人对第三者承担赔偿责任所受损失的保险。“第三者”的范围可根据保险合同的约定或法律规定作出界定。“第三者”是指除投保人、被保险人和保险人以外的，因保险车辆发生意外事故遭受人身伤亡或财产损失的保险车辆下的受害者。因为司机属于被保险人，且对作为“第三者”的自己不能构成侵权、不具有赔偿责任，也就是构成责任保险事故基础的侵权赔偿责任并不存在，故不属于第三者责任险的赔偿范围。

《中国保险行业协会机动车商业保险示范条款》第三条约定：“本保险合同中的第三者是指因被保险机动车发生意外事故遭受人身伤亡或者财产损失的人，但不包括被保险机动车本车车上人员、被保险人。”上述保险法及保险示范条款的条文都是属于规定或约定保险责任范围的条款，目的是约束保险人承保的危险范围和保险事故的范围，并非属于保险免责条款。免责条款是在已确定的保险范围内再用于限制保险人赔付保险金额的条款，规定的是“保而不赔”的范围。

司机符合转化为“第三者”的条件，但如上文所述其不适用第三者责任险赔付，其能否适用车上人员责任险赔付，则需要综合考虑司机在车下受到车辆致害的时空环境，及司机身份如何界定（“是仅处于驾驶位置时为司机，还是只要司机对于车辆处于控制状态即可”）而产生不同的认定。鉴于法律未有明确规定，按照弘扬社会主义核心价值观，有利于被保险人的原则，可以作扩大解释，使车上人员责任险赔偿范围增大。

（二）乘客转化为“第三者”后，即可适用第三者责任险的赔付

机动车辆第三者责任险免责条款通常约定，因保险车辆发生意外事故，导致本车上其他人员的人身伤亡或财产损失，无论在法律上是否应当由被保险人承担赔偿责任，保险人均不负责赔偿。该免责条款为格式条款，且对于该条款中的“本车上其他人员的人身伤亡或财产损失”在法院判决时可能认定：“该条款有两种解释，一种解释是仅指车上人员在本车上发生的人身伤亡或财产损失，至于车上人员离开本车后又被本车事故导致的损害结果则不属免责范围；另一种解释是对于车上人员在本车上及离开本车后因本车事故导致的损害结果保险人均得免责。鉴于对此存在争议，故格式条款依法应当作出不利于格式条

款提供者的解释。”

上述免责条款所称的“本车上其他人员”与车上人员责任险条款所规定的“车上人员”相同，即也是在保险车辆发生意外事故时在该车之上的人员，除此之外不应当有其他解释。因此当乘客被甩出车外受到保险车辆再次伤害，转化为“第三者”后，应当属于第三者责任险的赔付范围。

三、“车上人员”甩出车外未能转化为“第三者”，“车上人员”如何赔付问题

司机或乘客被甩出车外未能转化为“第三者”的，因发生事故时处于车上，应当适用车上人员责任险。

保险人向被保险人支付的保险金利息与代位求偿权行使范围的认定

湖北省高级人民法院
（2020）鄂民终412号民事判决书

（2021年6月28日）

案·情

2016年9月9日，某国贸公司因海上货物运输合同纠纷向武汉海事法院提起诉讼，要求某航运公司支付4398万元及利息。2019年6月6日，某保险公司因海洋货物运输一切险合同向某国贸公司支付赔偿款，并因此取得针对某航运公司的代位求偿权。2019年8月29日，武汉海事法院根据《中华人民共和国海事诉讼特别程序法》《最高人民法院关于适用〈中华人民共和国海事诉讼特别程序法〉若干问题的解释》裁定某保险公司替代某国贸公司作为原告参加诉讼。

2021年6月28日，湖北省高级人民法院二审判决维持武汉海事法院的一审判决，某航运公司在某保险公司前期赔偿的保险金范围内依据其应当承担的承运人责任赔偿相应损失。

判决书正文

上诉人（原审原告）：某保险公司。住所地：中华人民共和国北京市西城区。

上诉人（原审被告）：某航运公司。住所地：马绍尔群岛马朱罗阿杰泰克岛。

上诉人某保险公司与上诉人某航运公司海上货物运输合同纠纷一案，均不服中华人民共和国武汉海事法院（2016）鄂 72 民初 1618 号民事判决，分别向本院提起上诉。本院于 2020 年 6 月 30 日立案后，依法组成合议庭，公开开庭审理了本案。本案现已审理终结。

某保险公司上诉请求：1. 撤销武汉海事法院（2016）鄂 72 民初 1618 号民事判决第二项，改判某航运公司赔偿某保险公司利息损失 3034205.87 元（以下如无特指均为人民币）；2. 判令某航运公司承担一审、二审全部诉讼费。事实和理由：一、一审判决违背了《中华人民共和国保险法》第六十条关于保险代位求偿权的法律规定。《中华人民共和国保险法》第六十条规定："因第三者对保险标的的损害而造成保险事故的，保险人自向被保险人赔偿保险金之日起，在赔偿金额范围内代位行使被保险人对第三者请求赔偿的权利。"本案中，某保险公司作为涉案货物保险人，为履行生效判决确定的保险赔偿义务，已经向被保险人某国贸公司支付了赔偿款 43989490.06 元，其中包括货损利息 3034205.87 元。为此，某国贸公司出具了权益转让书，已将其享有的对某航运公司的全部债权（包括本金和利息）转移给了某保险公司。故上述货损利息 3034205.87 元属于上述法律规定的"赔偿金额范围内"，某保险公司有权就已经实际支付的上述利息向某航运公司追偿。二、一审判决剥夺某保险公司对前述利息损失的请求权没有法律依据。某保险公司的代位求偿权来源于被保险人。在某保险公司依生效判决全额赔偿被保险人且被保险人在其出具的权益转让书中并无任何权利限缩的情况下，被保险人对某航运公司享有的全部权利应产生法定转移的后果，即被保险人某国贸公司对某航运公司享有的并且在起诉时提出的损失赔偿请求权（包括本金和利息），某保险公司受让权利后同样享有。本案中，某国贸公司在对某航运公司提起诉讼时已经明确请求判令某航运公司赔偿相关损失及其相应的利息。如果本案仍由某国贸公司行使原告权利，则其关于本金损失和利息损失的诉讼请求依法应同时得到支持。现某保险公司的代位求偿权诉请范围并未超越某国贸公司起诉时的诉请范围。故一审法院驳回某保险公司有关利息损失的追偿请求权，没有法律依据。三、一审判决结果客观上导致某航运公司本应承担的法定赔偿责任被不当免除，从而构成不当得利，该损失被错误地转嫁给某保险公司，显失公平。涉案货损的根本原因系某航运公司未尽到承运人安全运输货物的法定义务所致，某航运公司作为涉案货损的赔偿责任人，应当承担损害赔偿责任。某航运公司的赔偿责任从货损发生时即已产生，因其未及时履行赔偿义务而导致受害方的资金占用损失（利息损失），依法应由某航运公司承担。《中华人民共和国合同法》第一百零七条、第一百一十二条及第一百一十三条对此已有明确规定，也为司法实践长期所遵循。

某航运公司辩称，一、某保险公司错误解读《中华人民共和国保险法》第六十条的规定且不符合立法初衷，其请求赔偿的利息损失不应由某航运公司承担。《中华人民共和国保险法》第六十条规定强调的是保险人可以在“赔偿金额范围内”向第三方请求赔偿的权利，是保险人代位求偿权的立法规定。而保险人与第三方之间的赔偿责任以及金额的确定应审查被保险人与第三方之间的基础法律关系。本案系海上货物运输合同保险代位求偿权纠纷，根据《最高人民法院关于审理海上保险纠纷案件若干问题的规定》第十四条的规定，法院应当审理的是被保险人与某航运公司之间的海上货物运输合同法律关系，而非保险法律关系，保险人不可超越被保险人的实际损失向某航运公司要求赔偿。对于被保险人实际损失的界定，最高人民法院在某海上货物运输合同保险代位求偿纠纷案中明确，在保险代位求偿案中，法院在认定被保险人的实际损失时应当以事故实际造成的损失为依据，而不是以保险公司的赔付金额为依据。本案中被保险人实际赔付的金额43989490.06元中包含了被保险人起诉某保险公司之日即2017年11月7日至某保险公司赔付之日止即2019年6月6日的利息3034205.87元。该部分利息属于被保险人与某保险公司之间的保险纠纷而产生的利息，不属于货损事故实际造成的损失，与本案纠纷无关，不应由某航运公司承担。二、某保险公司混淆保险合同与运输合同项下责任，二者赔偿责任起算点不同。如前所述，本案审理的是被保险人与某航运公司之间的海上货物运输合同法律关系。首先，涉案货损系货物自身特性导致，不应由某航运公司承担。其次，即使某航运公司对被保险人负有赔偿责任，也应从二者之间的责任认定明细及损失金额确定之后开始计算，而非追溯至货损发生之时。而某保险公司对被保险人的赔偿责任应从发生货损时产生，在货损发生时，某保险公司即负有向被保险人赔付的义务，除非货损属于某保险公司的保险除外责任。2017年11月7日至2019年6月6日的利息系保险合同项下应由某保险公司承担的赔偿责任，与某航运公司的赔偿责任无关。再次，某保险公司并未提供充分且有效的证据证明其存在资金占用损失，应当承担举证不利的法律后果。即使某保险公司存在资金占用损失，起算点应是其向被保险人赔付之日，即一审判决认定的利息起算点。最后，根据《中华人民共和国保险法》第六十条规定，保险代位求偿权应自保险人支付赔偿金之日起成立，第三者在代位求偿权成立之日起负有向保险人给付赔偿金的义务。在司法实践中，数个案例均认为即使第三人需要承担利息，也只需承担保险人赔付被保险人之日起的利息。因赔付保险金产生的利息为保险纠纷项下的事宜，与海上货物运输合同纠纷无关。三、某保险公司认为某航运公司构成不当得利的主张毫无事实依据，也无法律基础。首先，某保险公司请求的利息为保险纠纷中某保险公司自身应承担的利息，并非某航运公司应承担的法定赔偿责任。其次，某保险公司上诉要求的利息不构成《中华人民共和国民法总则》第一百二十二条规定的不当得利。综上，请求驳回某保险公司的上诉请求。

某航运公司上诉请求：1. 撤销中华人民共和国武汉海事法院（2016）鄂72 民初 1618 号民事判决；2. 改判驳回某保险公司的全部诉讼请求；3. 某保险公司承担一审和二审的全部诉讼费用。事实和理由：一、一审判决对部分证据认定不当，查明事实偏颇。1. 一审判决对 H 公司出具的装港品质证书认定不当。首先，某航运公司在一审中已提交证据 13 – FOSFA 认证的在乌拉圭机构名单，显示 H 公司在乌拉圭并无检验的资质，其出具的装港品质证书不具有证明力。同时，本案中 H 公司出具的装港品质证书未盖有 FOSFA 章，不符合 FOSFA 规则。退一步说，H 公司在阿根廷系 FOSFA 认证的检验人（Superintendent），但其并非 FOSFA 认证的检测员（Analyst），故 H 公司不具备对涉案货物进行检验分析并得出品质数据的资质，其出具的报告也不具有证明力。其次，某航运公司提交的证据 16 – R 邮件内容清楚地反映了装港品质证书是基于乌拉圭大豆和阿根廷大豆的混样而出具。并且被保险人在保险案上诉程序中提交的证据材料（某保险公司证据 4）也曾对混样的事实予以证明。一审法院并未核实邮件收发人员身份就否定了混样的事实，不符合证据规则的要求，有失公正。2. 一审判决对某保险公司证据 8 与证据 10 的证明效力认定错误，继而错误认定货损发生在某航运公司的责任区间。首先，事实申明形式上不具有合法性。该事实申明签署的背景是若船方不配合签署，卸货工作将无法进行，“克××”轮船长被迫在事实申明上签字，以换取卸货工作的继续，并非是对货损事实的确认。且从该事实申明的内容看，卸货开舱时仅在1号舱发现部分霉变大豆，其他舱未发现霉变，即使部分舱表层货物有潮湿情况，也不代表全船货物有严重热损及霉变。一审判决错误认定事实申明效力涵盖所有舱，所有货物都发生货损，并妄断船方对货损已经确认，明显错误。其次，中华人民共和国南通出入境检验检疫局（以下简称南通检疫局）品质检验证书写明检验日期为2016年8月15日至9月8日，而涉案货物于2016年8月1日卸毕。该品质检验证书系货物卸离船舶后检验，不能代表卸货时的货物情况，进而不能依据该证书认定货损在卸货前已经发生。3. 一审判决对某航运公司证据18B出具的报告及证据19农业部谷物品质监督检验测试中心出具的王某专家意见两份证据认定不当。首先，某航运公司证据18是由特许海事专家、英国皇家化学学会会员、英国皇家生物学会会员、海洋工程、科学及技术机构的会员P博士在亲自参与“克××”轮现场勘察后就货损情况及原因给出的专业意见。该报告详细地描述了其对涉案货物的检验情况，对货损的原因分析与王某专家意见，以及某公估公司出具的公估报告相互佐证。其次，某航运公司证据19为某航运公司专家鉴定意见，其由农业部谷物品质鉴定检验测试中心出具，该机构具备机关检验鉴定资质，该证据是符合《中华人民共和国民事诉讼法》第六十三条和第七十六条所规定的鉴定意见。该专家鉴定意见可以作为法院认定涉案相关专业技术性问题（如货损原因）的依据，应由某保险公司承担举证不足的不利后果。最后，就王某对本案的损失估算上，一审法院并未全面、客观地审查专家意见和报告，违反证据的综合审查判断要求。实际上其损失金额与南通检疫局验残证书不一致的原因系南通检疫局的损失计算包括了岸上区段的损失部分。4. 一审法院错误否定某航运公司证据21的证明力，继而对货物卸毕后试加工前的期间损失扩大情况认定不清。根据某航运公司提供的证据21某公估公司出具的公估报告以及公估师庭审中的陈述可知，涉案大豆在卸货后被储存于码头平仓，此种储存条件仅适合短期存放，但涉案大豆在该平仓堆存长达三个月之久，酸价急剧上升，在生产加工之前品质已经发生恶化。但南通检疫局验残证书并未区分海运段和岸上存储的损失。在某保险公司未提供其他证据证明其已经采取减损措施及货物在堆存期间未恶化的情况下，应对某航运公司的证据21应予以采纳。5. 一审判决错误采信某保险公司证据 11 南通检疫局验残证书的记录及结论，错误计算涉案货物的损失金额。首先，南通检疫局定损未区分货物在海运段和岸上仓储区段的损失程度和金额，不能证明货物在卸货时的损失程度和金额。其次，南通检疫局计算贬值采用的不是大豆品质数据而是产成品的品质数据，产成品贬损程度不能代表大豆贬损程度。最后，南通检疫局验残报告并未披露具体信息，仅简单写明涉案货物的后续保管和减损措施，以及由此产生的损失，但未提供其得出结论的原始数据，也未提供具体的定损流程，不能采信。6. 一审法院对水尺报告和短量损失认定错误。首先，某航运公司提交的水尺报告系独立的第三方某公估公司测量并签发，其测量过程有南通检疫局在场查看，并非一审法院认定的单方制作。其次，南通检疫局重量报告中明确写明涉案货物在岸上过磅称重，该重量包括卸载及装上卡车过程中的损耗，不能准确反映卸货重量，故应以某航运公司提交的证据 20 水尺报告为准。根据水尺报告可知，涉案船舶在南通港卸下大豆共计 50016 吨，较装港货物 50002 吨相比并不存在短量。二、一审部分判决结论有误，说理不充分，适用法律错误。1. 某航运公司在一审程序中提交充分证据证明，在目的港卸货时发现的表层霉变大豆主要致损原因系乌拉圭大豆水分含量过高。该部分货损系货物自然特性、固有缺陷所致，某航运公司不应对其承担责任。首先，在某航运公司证据 18B 出具的专家意见可以证明本案货损系货物自身品质所致。其次，某航运公司证据 19 详细论述了大豆含水量和温度、贮藏时间三者的关系，得出涉案大豆的安全水分为 12%。本案乌拉圭大豆装港水分为 13.4%，而含水量过高属于货物的自然特性、固有缺陷，由此造成的货损不应由某航运公司负责。最后，某公估公司的公估报告及其公估师鲍某在庭审中着重强调，含水量对货物长时间的海运运输至关重要，货物卸下船后在平仓不合理堆存过久加剧了货损。2. 一审判决未正确区分承运人责任区间及该区段的损失推算，法律适用错误。《中华人民共和国海商法》第四十六条第一款规定："承运人对非集装箱装运的货物的责任期间，是指从货物装上船时起至卸下船时止，货物处于承运人掌管之下的全部期间。"而涉案货物自 2016 年 8 月 1 日卸毕，堆存于南通粮油码头和一德码头，某保险公司（及收货人）接收货物并开始实际控制货物，其责任区间（堆场至堆场）包括岸上堆存阶段。但某航运公司的责任区间自货物卸下船时止，因某保险公司（及收货人）未尽减损义务而导致货物在岸上扩大的损失应由某保险公司（及收货人）自行承担。退一步说，即使一审法院未能区分海运段和岸上堆存段分别对货损的影响和两个区段的损失金额，同时鉴于某保险公司代理人主张定损方面应基于侵权，在相关事实无法查明的情况下，法庭也可以考虑适用《中华人民共和国民法总则》和《中华人民共和国侵权责任法》中的公平原则，根据南通检疫局报告的定损金额在双方之间平分赔偿责任。3. 一审判决支持贷款利率计息是错误的，缺乏事实和法律依据。某保险公司未提供贷款单及资金占用证明等证据，一审法院直接以贷款利率计算利息错误。

某保险公司辩称，一、涉案装港品质证书所证明的案件事实已由相关生效判决确认，某航运公司未提供有效的相反证据推翻该事实，其上诉主张依法不应支持。关于H公司出具的装港品质证书的法律效力及其待证事实问题，原保险合同纠纷案中武汉海事法院一审判决［（2017）鄂72民初2017号］和湖北省高级人民法院二审判决［（2019）鄂民终137号］均有认定，该判决已生效。现某航运公司并未提供有效的新证据推翻原生效判决认定的事实，且一审判决对该问题已有充分论述和分析，故其上诉主张依法不应予以支持。此外，某航运公司一审提供了“FOSFA认证的在乌拉圭机构名单”，但该证据属于网上下载文件，无公证认证，不具有证据效力。即使该证据真实，也不能就此证明H公司在乌拉圭没有检验资质。并且涉案货物不是在乌拉圭检验，而是在阿根廷检验并由H公司在阿根廷的布宜诺斯艾利斯出具质量证书。因此，该证据不具有证明力。二、一审认定某保险公司提交的证据8事实申明及证据10南通检疫局出具的品质检验证书具有法律效力正确。首先，事实申明系某航运公司船长在卸货时签发，某航运公司对其真实性并无异议，其并未提供相关证据证明该声明系被胁迫签发的。并且卸货工作是否继续与签发事实申明之间毫无关联性。其次，南通检疫局品质检验证书虽然写明检验日期是2016年8月15日至9月8日，但距离卸毕日期8月1日也仅两周，货物卸离货轮后尚需驳运、装车、堆存、分类、翻晒、通风、取样等。据南通检疫局人员解释，其已经以最快速度实施了检验。至于检验是在货物卸离海轮后进行而非在船上实施，这是行业通常做法，在货物尚未全部卸离海轮之前，无法对好坏货物进行分类，更无法准确取样送检。南通检疫局品质检验证书明确载明，其参与了货物的卸船全过程，并已经认定货物在卸船前即存在严重受损，检验证书就是针对船上卸下的受损货物进行的检验。因此，某航运公司以检验是在货物卸离海轮后为由主张货损不能反映卸货前的状态，也不能证明系卸货前受损，毫无根据。三、某航运公司一审提供的B出具的报告及王某专家意见书，形式上不具有证据效力，结论与行业公认的基本常识相悖，与本案已经查明的事实不符，不应作为认定事实的依据。首先，某航运公司一审中未提供B出具的报告原件，更未进行公证认证，也未提供任何证据证明报告出具人的身份、资历、专业背景和能力，其真实性无法认定。且报告载明，报告签署人是按照某航运公司的船东保赔协会的指示行事，代表船东即某航运公司的利益，与某航运公司有利害关系，故该报告结论不具有客观公正性。此外，报告结论称货损系货物本身含水量过高产生的自热所致，没有任何相关证据佐证，也无法解释同船承运的含水率相同的阿根廷货物为何未发生货损。其次，王某作为某航运公司的专家证人，未出庭接受法庭和双方当事人的质询，其意见依法不能作为证据采信。同时其从未参与过本案货损的处理，自始至终未接触过受损货物，其意见完全依据某航运公司提供的材料形成。该意见不仅没有提供任何事实依据且违背业界公认的常识，也无法解释同船承运的含水率相同的阿根廷货物为何没有发生货损的事实，更与《中华人民共和国海商法》中关于承运人管货义务的规定相矛盾。最后，上述报告或者专家意见是某航运公司单方委托的人员所作出，在其与法定检验结论（南通检疫局货物品质检验证书）不一致的情况下，依据公文书证效力高于私文书证的原则，理应采信南通检疫局货物品质检验证书的结论。四、一审不认可某航运公司提供的某公估公司公估报告的证据效力，认可南通检疫局验残证书的效力和结论是完全正确的。南通检疫局验残证书并非如某航运公司所称，没有区分货物在海运段和岸上仓储区段的损失程度和金额，而是因为货物卸离海轮后品质进一步恶化，是货物在运输途中受损后损失结果的延续，并不是货物在仓储过程中又发生了新的货损。某航运公司并无证据证明存在扩大损失的情形。因此检疫局货损结论就是运输途中货损的结论。至于其所称南通检疫局计算贬值未采用大豆品质数据而是采用产成品的数据，后者不能代替前者的贬损程度问题，两者虽不是同一概念，但两者的价值可以通过市场交换价值进行换算，符合市场惯例。五、某航运公司单方委托的某公估公司出具的水尺报告不能作为定案依据。某公估公司系某航运公司单方委托，不具有公正性和客观性，故其水尺报告不具有证据效力。且南通检疫局检验系法定检验，其出具的重量报告为公文书证，某航运公司依据水尺报告推翻南通检疫局重量证书没有法律依据。六、一审判决事实查明清楚、程序合法、适用法律基本正确，除利息部分判决错误应予纠正外，其余部分应予维持。首先，某航运公司至今未提供任何有效证据证明货损系货物含水率过高而引起自热所致，其单方委托的公估公司、专家证人等出具的报告或者意见均不具有真实性、合法性和客观性，其主要结论系通过相互引证、循环论证得出，所得出的基本结论均违背常识且自相矛盾。其次，仓储过程中货物品质的受损状态，是运输途中已受损货物受损后果的发酵和持续，即使存在不同程度的进一步恶化（目前并无证据证明），也符合事物发展的客观规律。且某航运公司并无任何证据证明某保险公司或者被保险人存在扩大损失、发生了新的货损等情形。况且，货物卸离海轮后始终由南通检疫局监管，货物取样、化验、试加工等均由南通检疫局掌控和决定。保险合同纠纷案中南通检疫局还就验残报告为何在货物堆存三个月后才进行大豆试加工得出数据、是否存在扩大损失等问题专门回函一审法院。根据该回函，原一审、二审判决已经认定不存在扩大损失等情形。故某航运公司仅以货物已经卸离海轮为由，认定岸上（仓储期间）的货物损失全部与其无关，没有事实和法律依据。综上，某航运公司的上诉理由不能成立，请求二审法院驳回其全部上诉请求。

某保险公司向一审法院起诉请求：1. 判令某航运公司赔偿货物损失43989490.06元及利息（自2019年6月6日起至实际给付之日止，按照中国人民银行同期贷款利率计算）；2. 判令某航运公司承担本案诉讼费用和海事请求保全申请费用5000元。

一审法院认定事实：2016年5月9日，某国贸公司与某公司签订《销售合同》，约定货物品质指标，蛋白含量：34%为基准，最少33%；油含量：18.50%为基准，最少18%；水分：最多14%；杂质：1%为基准，最多2%；裂瓣：最多25%；总损伤粒：8%为基准，最多8.50%；热损伤粒：最多5%。不含有蓖麻籽和/或蓖麻籽壳（但允许最多0.005%的含量）。货物临时数量为46500吨，溢短装10%。装运时货物重量、品质及货物状况以FOSFA认可机构和/或GIPSA/FGIS出具的检验证书为最终结果，由卖方指定检验机构及承担相应费用。价格为86美分/蒲式耳+CBOT2016年7月合约点价，CNF免卸，到中国南通一个安全港口一个安全泊位。付款方式为即期或远期美元信用证结算。6月28日，某公司向某国贸公司开具商业发票，记载货物数量为50002

吨，单价为 421.56 美元，CFR 南通。

2016 年 5 月 17 日至 23 日，某航运公司所属“克××”轮在乌拉圭蒙得维的亚（MONTEVIDEO）港受载乌拉圭大豆，由码头专用输送带装船，装载于船舶 1、3、4、5 和 7 舱，受载货物数量 49737.12 吨。2016 年 6 月 8 日，“克××”轮在阿根廷布兰卡（BAHIA BLANCA）港受载阿根廷大豆 15002 吨，装载于船舶 2 和 6 舱。2016 年 5 月 23 日，C 公司代表“克××”轮船长签发编号分别为 1、2、3、4 的清洁提单，记载：收货人为凭指示，通知方为某国贸公司，船舶为“克××”轮，装运港为乌拉圭蒙得维的亚港，卸货港为中国南通港，货物为乌拉圭大豆，数量分别为 10000 吨、10000 吨、10000 吨、10000 吨，货物重量、尺码、质量、数量、外观、内容及价值不知。2016 年 6 月 6 日，B 公司代表“克××”轮船长签发编号为 6 的清洁提单，记载：收货人为凭指示，通知方为某国贸公司，船舶为“克××”轮，装运港为阿根廷布兰卡港，卸货港为中国南通港，货物为阿根廷大豆，数量为 10002 吨，货物重量、尺码、质量、数量、外观、内容及价值不知。

2016 年 6 月 22 日，H 公司对装港货物取样、化验并出具装港品质证书，记载：装船日期为 2016 年 5 月 23 日，货物数量为 40000 吨，装载于 1、3、4、5、7 舱。装载过程中，代表性样品已被提取与加封。其中一份平均样品被寄送至实验室（经 FOSFA 认可的监督成员）进行分析，得到如下数据：蛋白含量：34% 为基准，最少 33%，检验结果：34.45%；油含量：18.50% 为基准，最少 18%，检验结果：20.57%；水分：最多 14%，检验结果：13.40%；杂质：1% 为基准，最多 2%，检验结果：0.93%；裂瓣：最多 25%，检验结果：8.56%；总损伤粒：8% 为基准，最多 8.50%，检验结果：5.85%；热损伤粒：最多 5%，检验结果：0.87%。还注明：“我们特此证明卖方供应的大豆中不含有蓖麻籽和/或蓖麻籽壳，最高可容许的比例也不超过 0.005%。”

2016 年 7 月 22 日至 23 日，“克××”轮靠泊广东麻涌港，减载 2、6 舱部分阿根廷大豆和 1、3、7 舱部分乌拉圭大豆，随后该轮继续驶往江苏南通港卸载剩余大豆。7 月 28 日，“克××”轮靠泊江苏南通港粮油接运码头。7 月 29 日，“克××”轮船长签署事实申明，记载：下述签名检验师在船员陪同下联合检验，发现该轮 1、3、4、5、7 舱内货物潮湿和结块残损，1 舱发现货物霉变情况，部分大豆已变成深紫色。南通检疫局检验师、保险人检验师、船东保赔保险检验师和“克××”轮船长在事实申明上签名。7月29日至8月8日，“克××”轮所载货物于江苏南通港粮油接运码头和江苏南通港一德码头卸载。

2016年8月8日，南通检疫局签发卸港重量证书，记载：提单号为1、2、3、4、6，检验日期为2016年7月28日至8月1日、8月5日至8月8日，检验结果：“应收货人的申请，我局鉴定人员在港口用校正之衡器对上述货物进行过磅，全批货物净重为49327.74吨。”

2016年9月8日，南通检疫局签发品质检验证书，记载：提单号为1、2、3、4，卸毕日期为2016年8月1日，检验日期为2016年8月15日至9月8日，检验结果：根据标准SN/T 0800.1—1999，在货物卸载过程中抽取代表性样品，在实验室根据标准进行检验显示，水分：11.30%；含油量：22.11%；杂质：0.80%；破碎粒：4.87%；总损伤粒：24.39%；热损伤粒：14.51%；蛋白质：36.16%。评定：上述货物中总损伤粒及热损伤粒不符合《销售合同》要求。

2017年5月11日，南通检疫局签发验残证书，记载“克××”轮所载乌拉圭转基因大豆于2016年7月29日至8月8日，分别卸于江苏南通港粮油接运码头和一德码头。应收货人申请，南通检疫局鉴定人员从2016年7月29日起，分别在“克××”轮、粮油接运码头、一德码头、某油脂公司等地对该轮所载大豆的残损情况进行了相关调查和检验。具体情况如下：一、装载港情况、船舶资料及配载情况。“克××”轮1、3、4、5、7舱为乌拉圭大豆，2舱为阿根廷大豆；在乌拉圭装货港，H公司出具品质证书显示，该批大豆的品质符合《销售合同》要求；船舶资料：船名为“克××”轮，船龄6年，空船重量12174吨，船舶总长228.99米，船东为某航运公司。二、卸货及现场勘查情况。2016年7月29日至8月8日，在该轮分别靠泊粮油接运码头和一德码头卸货期间，南通检疫局鉴定人员在“克××”轮、粮油接运码头、一德码头等地进行现场勘查并全程监卸。发现以下事实：1. 装载于该轮1、2、3、4、5、7舱的大豆在南通卸货。上述各舱舱盖均为左右侧滚式。2. 各舱均采用自然通风方式，每个舱在前后舱壁上部对称地分布有两个通风口。3. 装载于该轮1、3、4、5、7舱的乌拉圭大豆表层出现明显结块，色泽偏暗，有部分霉变现象，呈灰白色。4. 经开舱通风后，对上述各舱的大豆（距表层1米）

温度进行了测量，测得 1 舱和 3 舱平均温度为 32.20℃，4、5、7 舱内货物温度较高，平均值为 44.70℃，温度最高处达 54.90℃，在测温期间的大气温度最高为 36℃。5. 卸货开始前，船长在“事实申明”上签字盖章，承认载于该轮 1、3、4、5、7 舱内的大豆在卸货前即已发生残损。6. 从整个卸货过程来看，发现上述 1、3、4、5、7 舱内的大部分大豆状况较为一致，颜色呈暗黄色，且流动性较差，不能形成自由流动的锥面。7. 该批大豆卸载后被分别堆存于粮油接运码头仓库和一德码头仓库。所载大豆全部在已校准之衡器上进行计重，南通检疫局派员对整个卸货及称重过程进行监督，最终从该轮 1、3、4、5、7 舱中卸得大豆 39405.24 吨。堆存情况如下：粮油接运码头仓库数量为 10076.74 吨，一德码头仓库数量为 29328.50 吨。三、大豆的取样及检测情况。1. 2016 年 8 月 9 日，南通检疫局鉴定人员按照国家相关标准对堆存于上述各仓库的大豆分别提取了代表性样品。2. 南通检疫局实验室对提取的大豆代表性样品进行了检测，发现其热损伤粒和总损伤粒均超出装港检测数据和《销售合同》要求。四、受损大豆的后续保管、转运、加工及检验情况。1. 大豆的保管情况。在仓储保管过程中，某油脂公司与相关方面对大豆温度的变化情况进行了监控并采取了一系列必要措施，以减少和防止损失扩大，投入人力、物力对仓库内的大豆进行翻堆散热。2. 大豆的用途。本批大豆被准许作为榨油用原料进口，即提取大豆中的大豆油，提取后的固形物为豆粕，准许加工地点为位于江苏省淮安市的某油脂公司工厂。3. 检验方法的确定。经过比对堆存于上述各仓库内大豆的品质检测结果，发现其品质数据都基本一致，且在仓库内已经多次翻堆、倒仓，大豆的品质状况更趋于均匀。因此，从这些仓库中提取一定比例的大豆的加工结果可以代表整批大豆的平均损害程度。全程跟踪从粮油接运码头和一德码头仓库抽取的约 5000 吨大豆的生产和销售处理过程，以该批约 5000 吨大豆的损失情况推算整批大豆的损失数据……6. 实际加工及检验情况：本次加工时间从 2016 年 11 月 10 日 10：30 时开始至 11 月 17 日 08：00 时结束。加工期间，南通检疫局鉴定人员对加工过程、投料大豆的数量、产出的四级豆油和豆粕数量进行了全程监管，相关利益各方均派员到场。利益各方代表对检验方法和结果都表示认可，投料、产出及相关物料消耗情况如下：加工大豆数量：5105.530 吨；出油数量：844.16 吨；出粕数量：4099.12 吨；电：185400 千瓦时；煤炭：329.15 吨；正乙烷：12.479 吨。南通检疫局鉴定人员对上述豆油和豆粕分别提取了代表性样品。五、豆油和豆粕的品质情况。南通检疫局将上述豆油和豆粕代表性样品送往实验室检测，检测结果显示：1. 豆油：酸价为 9.63mgKOH/g，不符合有关国家标准的要求。2. 豆粕：氢氧化钾蛋白质溶解度为 35.60%，不符合有关国家标准的要求。六、油粕的销售处理情况。1. 按照有关文件及相关监管要求，上述豆油不得流入食品生产流通领域，本批豆粕不得作为饲料原料对外销售。2. 2017 年 2 月 14 日，某油脂公司对上述加工所得的豆油和豆粕在保拍网上进行了公开拍卖。七、定损方法、标准及原则。南通检疫局按照国家质检总局颁布的《进口商品残损检验鉴定管理办法》规定的原则，根据该批大豆原进口用途及受损后仍具有的使用价值，结合销售情况评定实际损失的数额。南通检疫局调查了解某油脂公司和其他知名大豆加工企业，了解其在正常情况下加工进口转基因大豆的相关生产信息，以作相关数据的比对，连续地查询业内知名网站，根据网站公布的相关价格信息，了解相应地区和时间区间内豆油和豆粕的市场价格情况，委托江苏省淮安市淮阴区物价局价格认定分局对淮安地区豆油和豆粕的市场价格进行调查，获取正常豆油和豆粕在拍卖当日及其前后 7 个交易日的市场均价，以作合理的价值贬损。八、损失评估。1. 豆油出油率降低造成损失：10523755 元；2. 豆油售价降低造成的损失：8795726 元；3. 豆粕售价降低造成的损失：30803734 元；4. 豆粕得率升高而增加的收益：3230478 元。豆油出率降低损失 + 豆油售价降低损失 + 豆粕售价降低损失 - 豆粕出率升高而增加的收益 = 大豆价值损失。结论：1. 大豆残损在卸货前业已发生；2. 综合以上数据，建议本批残损大豆贬损 46892737 元。备注：1. 残损鉴定费 554550 元；2. 因残损导致大豆加工过程中的电、煤、正乙烷消耗增加 966311 元；3. 码头困难作业费、翻堆倒仓费 480632.62 元；4. 豆粕和豆油价格认证费用 15000 元；5. 因货损导致了额外仓储费、设备清洗费用等。

2019 年 11 月 25 日，某公估公司出具《公估报告》，记载：1. 该公司接受某保险经纪公司委托，代表“克××”轮船东及其船东互保协会就涉案货物声称货损一事会同有关方进行现场勘察，对受损货物的后续处理进行跟踪、检验，对相关损失、费用等进行评估。2. 2016 年 7 月 29 日，某公估公司公估师登上“克××”轮，会同该轮大副、南通检疫局检验师、货物保险人检验师对船上货物进行检查，发现 1、3 舱剩余货物局部结块，有轻微变色，部分大豆有霉变现象，且有部分豆皮局部呈紫色，4、5、7舱内货物与1、3舱内状况相同，2舱内货物未见异常，3、5、7舱内距离表面以下一米厚度的货物平均温度较高，在38~47℃之间波动，1、4舱平均温度为28℃。相关方在卸货过程中对货物情况保持观察，发现舱内货物状况基本一致，即无论表层、中层乃至下层都存在轻微变色，且不同程度结块，货物状况未见明显恶化或好转。南通检疫局在各方见证下在分卸过程中对涉损货物进行取样。3. 2016年8月1日，江苏南通港粮油接运码头卸货完成。过磅记录显示卸载19999.24吨，其中9922.50吨为2舱完好货物，剩余10076.74吨为1、3、5、7舱内分卸货物，存放于C、D两库。4. 2016年8月5日，“克××”轮靠泊江苏南通港一德码头卸货，8月8日，卸货完成。过磅记录显示卸载29328.52吨。8月9日，“克××”轮离港。5. 某公估公司于2016年7月28日做了初尺检验，8月9日做了末尺检验，水尺检验结果显示“克××”轮在江苏南通港卸货数量为50016吨。6. 经各方充分沟通，2016年8月9日，南通检疫局按照取样规程对粮油接运码头和一德码头分卸大豆组织了重新取样，并制取了代表性样品，由南通检疫局综合技术中心进行检测，发现大豆总损伤粒超过26.52%、热损伤粒超过15.22%、霉变率超过4.14%，均超出国家标准。7. 某公估公司会同各方代表对试加工投产之前的大豆，生产出的豆粕以及毛豆油进行了取样，样品都被送往南通检疫局综合技术中心进行检测，该机构于2016年12月23日签发豆油和豆粕检测报告，但没有对大豆样品出具任何书面报告或说明。涉案大豆于2016年8月卸船后检测数据显示酸价均值为5.994mgKOH/g，历经三个月堆存后酸价急剧上升至9.72mgKOH/g，说明大豆在生产加工之前就发生了剧烈的品质恶化。8. 试加工大豆生产出844.16吨毛豆油和4099.12吨豆粕，某公估公司见证了拍卖过程。剩余货物的加工处理未公开，也没有进一步的消息披露。9. 某公估公司排除运输过程中进水致货物受湿的可能性，排除货舱通风不当致货物受损的可能性，排除货舱底部燃油舱加温不当致货舱底部货物受热、受损的可能性，倾向于认为货物涉损的原因很可能是由于装船前自身水分含量较高致货物在运输过程中自发热而受损。

2016年7月6日，某保险公司签发涉案货物运输保险单。2018年10月9日，武汉海事法院作出（2017）鄂72民初2017号民事判决，认定如下事实：1. 正常大豆出油率为20.33%，正常大豆出粕率为76.489%，试加工产成品销售期间江苏省淮安市正常豆油价格为 7030 元/吨，正常豆粕价格为 3180 元/吨；2. 南通检疫局计算贬损率方法为：贬损率 =（品质正常情况下可实现价值 – 遭受残损后实现价值）÷品质正常情况下可实现价值。判令某保险公司向某国贸公司赔偿货物贬损损失 5631689 美元、短量损失 243104.968 美元、额外费用 292030 美元，合计 6166823.968 美元（按照保险合同约定 1 美元对人民币 6.60 元汇率折算），某保险公司负担案件受理费 254246 元。某保险公司不服，提出上诉。2019 年 5 月 9 日，本院作出（2019）鄂民终 137 号民事判决，对原审法院查明的事实予以确认，判决驳回上诉，维持原判。2019 年 6 月 6 日，某保险公司向某国贸公司支付赔偿款 40701038.19 元、利息 3034205.87 元、案件受理费 254246 元。2019 年 7 月 10 日，某国贸公司向某保险公司出具权益转让书。

一审法院认为，本案系海上货物运输合同纠纷。某航运公司在中国境外注册成立，本案具有涉外因素，属涉外案件。在庭审中，当事人均选择适用中国法律处理涉案纠纷，涉案合同运输目的地在中国，故确定处理本案争议的准据法为中国法。某航运公司所属“克××”轮运输涉案货物至江苏南通港并签发编号为 1、2、3、4、6 的提单，某国贸公司持有上述提单，双方之间海上货物运输合同依法成立并生效。某保险公司向某国贸公司支付涉案货物保险赔款，依法取得代位求偿权，能够以自己的名义在赔偿金额范围内向某航运公司主张权利。

一、关于货损

编号为 1、2、3、4 的提单项下货物装港品质证书记载大豆装载过程中代表性样品检测显示总损伤粒为 5.85%、热损伤粒为 0.87%。卸港卸载前，各方联合检验并签署事实申明，确认货物残损。南通检疫局签发货物卸港品质检验证书记载大豆卸载过程中抽取代表性样品检测显示总损伤粒为 24.39%、热损伤粒为 14.51%。某公估公司出具《公估报告》记载 2016 年 8 月 9 日代表性样品总损伤粒超过 26.52%、热损伤粒超过 15.22%。涉案货物品质卸载时较之装载时明显下降，且超出国家标准的相关要求，应认定为在运输过程中发生了货损。某航运公司辩称装港品质证书系装港乌拉圭大豆和阿根廷大豆混样检测结果，不能作为确定涉案大豆装港品质的依据，没有事实和法律依据，一审法院不予支持。

货物卸载完毕后试加工前堆存期间货损是否扩大。某航运公司认为在此期间货物品质恶化、货损扩大，理由包括：1. 南通检疫局在验残证书中记载某油脂公司与相关方面采取了必要措施以防止和减少扩大损失，但未披露相应的支持证据和文件，其合理性有待考证；2. 此期间长达2、3个月，货物外观已发生明显恶化；3.《公估报告》记载货物酸价显著上升，证明货物品质恶化。一审法院认为：1. 南通检疫局作为进口法定检验商品检验机构，其作出的结论具有公信力，在无相反证据情况下，验残证书记载的事实应得以采信；2. 涉案货物系进口转基因大豆，在发生残损情况下，相关监管必然更加严格，某航运公司未能举证证明货物处理超出合理时间以及该期间货损已经扩大；3.《公估报告》记载试加工后毛豆油酸价较之卸载时大豆酸价显著上升，毛豆油酸价与大豆酸价在性质上不能等同。因此，某航运公司辩称货物堆存期间损失扩大没有事实和法律依据，一审法院予以驳回。

二、损失金额

1. 货损金额。南通检疫局作为进口货物验残法定机构，有权对进口货物的残损作出鉴定结论，出具验残证书。验残证书对验残过程做了阐述，包括货方、保险人、船方等均参与检验、联合取样并检测。根据残损大豆品质数据基本一致，且品质状况经多次翻堆、倒仓而趋于均匀的情况，对残损货物中5105.53吨进行试加工、销售，利益各方代表对该批代表性货物加工过程、方法和结果都表示认可。验残证书无明显瑕疵，检验方法、程序合法，验残结论应予采信。案涉货物是进口转基因大豆，其用途、生产加工及销售均受到严格监管，市场流通受到严格限制。受上述因素影响，目的港完好大豆市场价值和受损大豆可实现价值均难以准确反映本案大豆真实价值，且大豆热损一旦发生即不可逆转，必须尽快处置以减少损失。因此，将受损进口转基因大豆先加工成豆油和豆粕，再还原大豆贬损价值，从计算方法看，不一定是最科学的，但符合进口转基因大豆处置的客观实际和惯常做法。验残证书载明残损大豆贬损价值46892737元，结合残损货物数量（39405.24吨）、完好大豆出油率（20.33%）、完好豆油价格（7030元/吨）、完好大豆出粕率（76.489%）、完好豆粕价格（3180元/吨），计算品质正常情况下可实现的价值为152165272元=39405.24吨×20.33%×7030元/吨+39405.24吨×76.489%×3180元/吨，并以该价值作为完好货物市场价值的参照值。贬损率计算为：（品质正常情况下可实现价值、遭受残损后实现价值）÷品质正常情况下可实现价值，即为30.82%=46892737元÷152165272元。在某保险公司未提交证据证明货物CIF价格的情况下，货物贬值损失为：贬损率×热损数量×货物实际价值，即为5119717.61美元=30.82%×39405.24吨×421.56美元/吨。

2. 短量损失。南通检疫局重量证书载明编号为1、2、3、4、6提单项下货物净重为49327.74吨，较之提单记载数量短少674.26吨。某航运公司提交"克××"轮江苏南通港卸载前后水尺报告证明卸载货物数量为50016吨。一审法院认为某航运公司提交的水尺报告系其单方制作，证明力弱于南通检疫局作为法定检验机构出具的重量证书，同时，重量证书记载的检验期间与卸货期间相同，能够反映客观事实，检验方法为在港口用校正之衡器对货物进行过磅，并无不当，该检验数据应得以采信。短量损失为284241美元=674.26吨×421.56美元/吨。某航运公司辩称货物数量短少很有可能系卸载过程中损耗所致没有事实依据，一审法院不予支持。

3. 其他损失。验残证书记载：1. 残损鉴定费554550元；2. 因残损导致大豆加工过程中的电、煤、正乙烷消耗增加966311元；3. 码头困难作业费、翻堆倒仓费480632.62元；4. 豆粕和豆油价格认证费用15000元；5. 因货损导致的额外仓储费、设备清洗费用等。上述1～4项费用合计2016493.62元。某航运公司辩称上述费用均没有相应的数据和证据予以支持，一审法院认为上述费用均系货损发生后为确定损失和减少损失而发生的必要费用，且经法定检验机构认可，予以认定。

三、责任期间

《中华人民共和国海商法》第四十六条第一款规定："承运人对集装箱装运的货物的责任期间，是指从装货港接收货物时起至卸货港交付货物时止，货物处于承运人掌管之下的全部期间。承运人对非集装箱装运的货物的责任期间，是指从货物装上船时起至卸下船时止，货物处于承运人掌管之下的全部期间。在承运人的责任期间，货物发生灭失或者损坏，除本节另有规定外，承运人应当负赔偿责任。"涉案货物货损和短量均发生在运输期间，属于承运人责任期间，某航运公司对货损损失、短量损失和其他合理损失应当承担赔偿责任。

2019年6月6日银行间外汇市场人民币汇率中间价为：1美元对人民币

6.8945 元。某航运公司应承担赔偿金额为 39274086 元 =（5119717.61 美元 + 284241 美元）×6.8945 + 2016493.62 元。某保险公司于 2019 年 6 月 6 日向某国贸公司支付货损赔偿款 40701038.19 元后，要求某航运公司赔偿 39274086 元于法有据，一审法院予以支持，超出部分没有事实和法律依据，一审法院予以驳回。自 2019 年 6 月 6 日起，某保险公司可以要求某航运公司承担相应利息损失。某保险公司向某国贸公司支付的利息 3034205.87 元和案件受理费 254246 元无权要求某航运公司承担。

四、免责事由

《中华人民共和国海商法》第五十一条规定，承运人责任期间货物发生损坏是由于货物的自然特性或者固有缺陷造成的，承运人不负赔偿责任。某航运公司认为涉案货损系因大豆水分含量过高所致。某公估公司公估师庭审中陈述外来水源、外部加热源、大豆自身水分含量、存放时间、杂质等均是导致货损的因素。某航运公司未能提交证据逐一排除大豆水分含量之外因素，也没有提交充分证据证明大豆水分含量系导致货损的直接原因，应当承担举证不能的法律后果。至于涉案大豆装港水分含量 13.40%，超出国家标准 13%，某航运公司同样需要证明该水分含量与货损之间的因果关系才能免责。

综上所述，依照《中华人民共和国保险法》第六十条第一款、《中华人民共和国合同法》第一百零七条、《中华人民共和国海商法》第四十六条第一款、第五十五条、《中华人民共和国民事诉讼法》第六十四条第一款、第一百四十二条规定，判决如下：一、某航运公司于判决生效之日起十日内向某保险公司支付赔偿款 39274086 元及利息（自 2019 年 6 月 6 日起至 2019 年 8 月 19 日止，按照中国人民银行公布的同期同种类贷款基准利率计算，自 2019 年 8 月 20 日起至实际给付之日止，按照同期全国银行间同业拆借中心公布的贷款市场报价利率计算）；二、驳回某保险公司的其他诉讼请求。如果未按判决指定的期间履行给付金钱的义务，应当依照《中华人民共和国民事诉讼法》第二百五十三条的规定，加倍支付迟延履行期间的债务利息。一审案件受理费 243993 元，由某保险公司负担 26155 元，某航运公司负担 217838 元；海事请求保全申请费用 5000 元，由某保险公司负担 536 元，某航运公司负担 4464 元。

本院二审期间，某航运公司向本院提交了两份证据。第一份证据：B 就涉案装港品质证书出具的报告、B 货物专家与 FOSFA 首席执行官邮件往来及翻译件（原件）。拟证明：1. 装港品质证书基于乌拉圭和阿根廷混样检测出具，两个不同装货港的大豆品质存在差异；2. H 公司为在阿根廷、乌拉圭装运的散装大豆所签发的两份装港品质证书均存在许多问题，比如记载装运货物数量有误、乌拉圭货物装运日期有误；3. 涉案两份品质证书没有提供受检样本的封号信息，无法确定受检样本的身份和来源，不符合 FOSFA 规范；4. FOSFA 官网显示及 FOSFA 首席执行官确认，H 公司在阿根廷境内具有 FOSFA 认证的检验人资质，但不具有检测及分析资质，H 公司在乌拉圭并未获得 FOSFA 认证的检验人及分析资质；5. H 公司出具的涉案装港品质证书的检测结果未经 FOSFA 认证；6. FOSFA 首席执行官认为 H 公司出具的品质证书不是由“经 FOSFA 认证且具有规范分析方法、独立查证得出检测结果的实验室”出具。第二份证据：国家发展改革委、财政部关于印发《出入境检验检疫收费办法》的通知（打印件）。拟证明：1. 检验检疫机构的残损鉴定费用为残损部分商品总值的 5%，故合理的残损鉴定费应为人民币 46892737 元 × 5% = 234463 元，远低于验残证书记载的残损鉴定费人民币 554550 元；2. 验残证书不合理且超出权限计算涉案货损，且未披露其计算的基础文件。二审庭审后，某航运公司还申请本院向南通检疫局或一审法院调取南通检疫局就涉案货物在岸上堆存时间问题给一审法院的回函及其他相关文件。

某保险公司质证认为，针对第一份证据：该份证据在一审时已经形成，不属于新证据。1. 对于证明对象和内容，“装港品质证书基于乌拉圭和阿根廷混样检测出具”的内容在报告中并未出现；2. 不能确定 FOSFA 首席执行官与报告出具人联系的邮件的真实性，该邮件没有经过公证认证，邮件的收发件人涉及身份主体认定，依法应公证认证；3. 即使邮件真实，以 FOSFA 首席执行官个人与他人通过邮件进行的私人交往来否定 FOSFA 出具的正式文件，也不符合一般的公司运作规则；4. 本案检验是由 H 公司在乌拉圭取样后，送达阿根廷的 FOSFA 实验室进行检验，该证据与本案不具有关联性。而且该证据中也提到 H 公司是 FOSFA 授权在阿根廷境内的检验人，至于报告说不具有检测报告分析资质，第三人无法知晓。装港品质证书载明货物是送达 FOSFA 实验室检测并代表 FOSFA 出具检验报告。H 公司是 FOSFA 授权检测机构，如何检验及如何出具报告，是 FOSFA 内部的工作安排，善意第三人应该认可该报告的效力，不能以内部工作安排否定 FOSFA 授权机构出具的报告。故该份证据没有证明效力，无法达到证明目的。针对第二份证据：对该份证据的真实性予以确认，但是与本案没有关联性，某航运公司拟证明的是南通检疫局收费不合法，这不是本案争议焦点，与本案没有关联性。即使南通检疫局确实收费不合理不合法，也应该通过其他方式主张。

本院认定意见如下：某航运公司提供的上述电子邮件不能确定邮件收发人的身份，且邮件内容也不足以推翻 FOSFA 出具的品质证书的证明效力，故对上述电子邮件本院不予采纳。国家发展改革委、财政部关于印发《出入境检验检疫收费办法》的通知涉及的是检验检疫机构的残损鉴定费用收费标准问题，不能证明残损鉴定费损失不合法，该证据与本案没有关联性，本院对该证据不予采纳。至于 B 出具的上述报告，本院将结合其他事实和证据予以认定。对于某航运公司二审庭审后提交的调查取证申请，因一审法院审理的（2017）鄂 72 民初 2017 号某保险公司与某国贸公司海上保险合同纠纷一案中，某国贸公司已提交了上述证据，该案的生效判决对该证据予以采信，因此，本院对某航运公司的调查取证申请不予准许。

本院经审理查明，一审查明的事实属实，本院依法予以确认。

本院认为，本案系海上货物运输合同纠纷。某航运公司在中国境外注册成立，涉案海上货物运输的装运港亦在中国境外，本案具有涉外因素，属涉外案件。在一审庭审中，双方当事人均选择适用中华人民共和国法律处理涉案纠纷，故处理本案争议的准据法为中华人民共和国法律。某航运公司所属“克××”轮运输涉案货物至江苏南通港并签发编号为 1、2、3、4、6 的提单，某国贸公司持有上述提单，双方之间海上货物运输合同依法成立并生效。某保险公司向某国贸公司支付涉案货物保险赔款，依法取得代位求偿权，能够以自己的名义在赔偿金额范围内向某航运公司主张权利。故本院归纳本案争议焦点为：1. 涉案货损是否因涉案货物的自然特性或固有缺陷造成；2. 某保险公司应否承担损失扩大的责任；3. 涉案货物损失金额应当如何认定。

一、关于涉案货损是否因涉案货物的自然特性或固有缺陷造成的问题

《中华人民共和国海商法》第五十一条规定：“在责任期间货物发生的灭失或者损坏是由于下列原因之一造成的，承运人不负赔偿责任：……（九）货物的自然特性或者固有缺陷；……。承运人依照前款规定免除赔偿责任的，除第（二）项规定的原因外，应当负举证责任。”货物的自然特性或固有缺陷，应被理解为货物本身所固有的、本质性的特性或缺陷，反映在运输过程中，就是在同类运输条件下该种货物发生损坏是必然且不可避免的。因此，如主张固有缺陷免责，承运人须证明其实际上已为货物采取了合理的谨慎措施，但货物仍然损毁，或证明无论承运人采取了什么合理步骤来防止货物损毁，货物发生货损已难以避免。但某航运公司提供的证据不足以证明涉案货物存在此类自然特性或固有缺陷，应承担举证不能的不利后果。理由如下：

1. 关于H公司出具的货物装港品质证书。该证书系某国贸公司通过贸易流转取得，南通检疫局作为进口商品法定检验机构对其真实性予以确认。《销售合同》约定货物重量、品质及状况以FOSFA认可机构出具的检验证书为最终结果，并未约定需要加盖FOSFA印章。H公司出具的两份货物装港品质证书记载的货物装载时间和装载船舱分别对应乌拉圭大豆和阿根廷大豆，虽然货物品质检测数据相同，但不能据此反推系乌拉圭大豆和阿根廷大豆混样品质。且本院审理的（2019）鄂民终137号上诉人某保险公司与被上诉人某国贸公司海上保险合同纠纷一案中，本院作出的（2019）鄂民终137号民事判决已经发生法律效力，该判决对上述货物装港品质证书予以采信。H公司系FOSFA认可的检验机构，在无相反证据反驳情况下，本院对其证明力予以采信。某航运公司关于一审判决对H公司出具的装港品质证书认定不当的上诉理由不成立，本院不予支持。

2. 卸港卸载前，各方联合检验并签署事实申明，确认货物残损。某航运公司主张“克××”轮船长系被迫在事实申明上签字，但并未提交证据证明，本院对其该主张不予支持。南通检疫局签发货物卸港品质检验证书记载大豆卸载过程中抽取代表性样品检测显示总损伤粒为24.39%、热损伤粒为14.51%。某公估公司出具《公估报告》记载2016年8月9日代表性样品总损伤粒超过26.52%、热损伤粒超过15.22%。涉案货物品质卸载时较之装载时明显下降，且超出国家标准的相关要求，应认定为在运输过程中发生了货损。

3. 南通检疫局作为进口商品法定检验机构，有权对进口货物的残损作出鉴定结论，出具验残证书。验残证书对验残过程作出阐述，包括货方、保险人、船方等均参与检验、联合取样并检测。验残证书无明显瑕疵，检验方法、程序合法，验残结论应予采信。B出具的报告及王某出具的专家意见均不足以推翻南通检疫局作出的鉴定结论及本院（2019）鄂民终137号民事判决所认定的事实。一审判决对某航运公司提供的B报告及农业部谷物品质监督检验测试中心出具的王某专家意见不予采信，并无不当。

综合上述分析，可以认定涉案货损系发生在运输期间，属于承运人责任期间。根据《中华人民共和国海商法》第四十六条第一款关于“承运人对集装箱装运的货物的责任期间，是指从装货港接收货物时起至卸货港交付货物时止，货物处于承运人掌管之下的全部期间。承运人对非集装箱装运的货物的责任期间，是指从货物装上船时起至卸下船时止，货物处于承运人掌管之下的全部期间。在承运人的责任期间，货物发生灭失或者损坏，除本节另有规定外，承运人应当负赔偿责任”之规定，某航运公司对货损损失应当承担赔偿责任。某航运公司关于涉案货损是因涉案货物的自然特性或固有缺陷造成，其不应承担赔偿责任的上诉理由不成立，本院不予支持。

二、关于某保险公司应否承担损失扩大责任的问题

首先，南通检疫局作为进口法定检验商品检验机构，其作出的结论具有公信力，在无相反证据情况下，验残证书记载的事实应予以采信。其次，涉案货物系进口转基因大豆，在发生残损情况下，相关监管必然更加严格，对货物进行检验、处理亦需要合理时间，不可能按照处理正常货物的时间、程序进行处理。且某航运公司未能举证证明货物处理超出合理时间以及该期间货损已经扩大。最后，即使涉案货物在堆存期间存在损失扩大的情形，也是因涉案货物在运输途中受损后的自然延续，并非因收货人的原因造成，亦属于在运输途中造成的货损。因此，某航运公司关于保险人及收货人未尽到减损义务，其对涉案货物在岸上存放导致扩大的损失不承担责任的上诉理由不成立，本院不予支持。

三、关于涉案货物损失金额应当如何认定的问题

1. 关于货物短量损失。某航运公司提交的水尺报告系其单方制作，证明力弱于南通检疫局作为法定检验机构出具的重量证书，同时，重量证书记载的检验期间与卸货期间相同，能够反映客观事实，检验方法为在港口用校正之衡器对货物进行过磅，并无不当，该检验数据应予以采信。短量损失为284241美元=674.26吨×421.56美元/吨。

2. 关于涉案货物贬值损失及其他损失。一审判决依据南通检疫局出具的验残证书认定涉案货物贬值损失为 5119717.61 美元（折合人民币 39274086 元），认定残损鉴定费 554550 元，因残损导致大豆加工过程中的电、煤、正乙烷消耗增加 966311 元，码头困难作业费、翻堆倒仓费 480632.62 元，豆粕和豆油价格认证费用 15000 元，并对某保险公司的上述赔偿请求予以支持，具有事实和法律依据，并无不当。一审判决已对此予以充分阐述，本院不予赘述。

3. 关于利息损失。《中华人民共和国保险法》第六十条第一款规定："因第三者对保险标的的损害而造成保险事故的，保险人自向被保险人赔偿保险金之日起，在赔偿金额范围内代位行使被保险人对第三者请求赔偿的权利。"《中华人民共和国海商法》第二百五十二条第一款规定："保险标的发生保险责任范围内的损失是由第三人造成的，被保险人向第三人要求赔偿的权利，自保险人支付赔偿之日起，相应转移给保险人。"《最高人民法院关于审理海上保险纠纷案件若干问题的规定》第十四条的规定："受理保险人行使代位请求赔偿权利纠纷案件的人民法院应当仅就造成保险事故的第三人与被保险人之间的法律关系进行审理。"某保险公司向某国贸公司赔偿的金额系基于某保险公司与某国贸公司之间的保险合同法律关系，其支付的利息系因未及时支付保险赔款而产生。但本案系海上货物运输合同保险代位求偿权纠纷，根据《最高人民法院关于审理海上保险纠纷案件若干问题的规定》第十四条的规定，本案审理的是被保险人与某航运公司之间的海上货物运输合同法律关系，而非保险合同法律关系，保险人不可超越被保险人的实际损失向某航运公司要求赔偿。因此，某保险公司支付的利息并非因涉案货损造成的损失，与涉案货损之间不具有相当因果关系，某保险公司请求某航运公司赔偿其支付给某国贸公司的利息损失 3034205.87 元，缺乏事实和法律依据，本院不予支持。

关于赔偿款 39274086 元的利息，一审判决自 2019 年 6 月 6 日起至 2019 年 8 月 19 日止，按照中国人民银行公布的同期同种类贷款基准利率计算，自 2019 年 8 月 20 日起至实际给付之日止，按照同期全国银行间同业拆借中心公布的贷款市场报价利率计算，并无不当。某航运公司关于一审判决支持贷款利率计息错误的上诉理由不成立，本院不予支持。

综上所述，某航运公司和某保险公司的上诉请求均不成立，应予驳回；一审判决认定事实清楚，适用法律正确，应予维持。依照《中华人民共和国民事诉讼法》第一百七十条第一款第一项的规定，判决如下：

驳回上诉，维持原判。

二审案件受理费 243993 元，由某保险公司负担 17498 元，某航运公司负担 226495 元。

本判决为终审判决。

审判长　邬　某

审判员　卫　某

审判员　马　某

二〇二一年六月二十八日

书记员　何　某

评·析

本案焦点问题在于被告（承运人）基于海上货物运输合同的赔偿责任是否成立及原告（保险人）赔偿给被保险人的保险金利息是否属于承运人的赔偿范围。另外，原告（保险人）在承担保险合同责任后及时申请一审法院变更当事人并依裁定替代被保险人参与诉讼，确保了保险人行使代位求偿权的可操作性。

一、承运人应当承担货损赔偿责任

根据《中华人民共和国海商法》第四十六条第一款，“承运人对集装箱装运的货物的责任期间，是指从装货港接收货物时起至卸货港交付货物时止，货物处于承运人掌管之下的全部期间。承运人对非集装箱装运的货物的责任期间，是指从货物装上船时起至卸下船时止，货物处于承运人掌管之下的全部期间。在承运人的责任期间，货物发生灭失或者损坏，除本节另有规定外，承运人应当负赔偿责任。”涉案货物的损失发生于海商法规定的承运人对集装箱装运货物需承担责任期间。

二审期间，本案被告（承运人）提出，一审判决对涉案货物的装港品质证书认定不当，涉案货物的损失为货物的自然特性或者固有缺陷所致，根据《中华人民共和国海商法》第五十一条承运人不承担赔偿责任。但是，根据

《最高人民法院关于民事诉讼证据的若干规定》第十条，除非当事人有相反证据足以推翻，已为人民法院发生法律效力的裁判所确认的基本事实无须举证证明。生效的（2019）鄂民终137号民事判决已对涉案货物的装港品质证书予以采信，本案被告（承运人）并未提出足以推翻上述事实的证据，不能依据《中华人民共和国海商法》第五十一条认定其不承担赔偿责任。

二、保险人对被保险人赔偿的保险金利息不属于承运人赔偿范围

作为保险人的本案原告主张其根据本案所涉保险合同支付的赔偿款中包括货损部分的利息，为此，被保险人出具了权益转让书，已将其享有的对本案被告的全部债权（包括本金和利息）转移给了本案原告。故上述货损利息属于《中华人民共和国保险法》第六十条规定的“赔偿金额范围内”，原告有权就已经实际支付的上述利息向被告追偿。本案被告辩称，因赔付保险金产生的利息为保险纠纷项下的事宜，与海上货物运输合同纠纷无关。根据《最高人民法院关于审理海上保险纠纷案件若干问题的规定》，原告（保险人）赔偿金额中的货损利息属于保险合同法律关系产生的赔偿责任，而非本案需要审理的海上货物运输合同纠纷。即便被告需要赔偿货款产生的利息，也只需承担保险人赔付被保险人之日起的资金占用损失。

根据《最高人民法院关于审理海上保险纠纷案件若干问题的规定》第十四条，“受理保险人行使代位请求赔偿权利纠纷案件的人民法院应当仅就造成保险事故的第三人与被保险人之间的法律关系进行审理”。本案审理的是被保险人与本案被告之间的海上货物运输合同法律关系。

根据《中华人民共和国保险法》第六十条第一款的规定，“因第三者对保险标的的损害而造成保险事故的，保险人自向被保险人赔偿保险金之日起，在赔偿金额范围内代位行使被保险人对第三者请求赔偿的权利”。因此本案原告（保险人）取得的代位求偿权以赔偿金额，即其向被保险人赔偿的保险金为限。然而，根据本案裁判观点，保险人向被保险人支付的利息损失并非保险金的一部分，而是基于《中华人民共和国保险法》第二十三条第二款“保险人未及时履行前款规定义务的，除支付保险金外，应当赔偿被保险人或者受益人因此受到的损失”，是保险人因保险合同对被保险人承担的义务，不属于被保险人与本案被告（承运人）之间海上货物运输合同法律关系所调整的范畴，此部分损失与货物损失之间无法律上的因果关系，并非承运人应当承担的赔偿责任，故不属于本案被告应当赔偿的损失。

三、保险人应及时申请变更当事人参与追偿

在本案原告（保险人）向被保险人赔偿保险金前，被保险人已经通过起诉的方式要求本案被告（承运人）承担基于海上货物运输合同的赔偿责任。2019 年 6 月，本案原告（保险人）基于海洋货物运输一切险合同向被保险人赔偿保险金，同时获得针对本案被告（承运人）的代位求偿权，故向一审法院提起变更当事人的申请。因本案争议在于海上货物运输合同纠纷，故一审法院根据《中华人民共和国海事诉讼特别程序法》第九十五条第一款（“保险人行使代位请求赔偿权利时，被保险人已经向造成保险事故的第三人提起诉讼的，保险人可以向受理该案的法院提出变更当事人的请求，代位行使被保险人对第三人请求赔偿的权利”）及相关司法解释裁定作为保险人的本案原告替代被保险人参加诉讼。

值得关注的是，2018 年 9 月 1 日起施行的《最高人民法院关于适用〈中华人民共和国保险法〉若干问题的解释（四)》第十三条第二款规定，“保险人行使代位求偿权时，被保险人已经向第三者提起诉讼，保险人向受理该案的人民法院申请变更当事人，代位行使被保险人对第三者请求赔偿的权利，被保险人同意的，人民法院应予准许；被保险人不同意的，保险人可以作为共同原告参加诉讼。”此规定为保险人申请变更当事人提供了制度依据，凡涉及向第三者追偿的保险人均可根据此规定申请变更侵权纠纷或合同纠纷的当事人，及时参与追偿诉讼，保障自身合法权利。

水路货物运输保险中代位求偿权和被保险人剩余赔偿请求权冲突时受偿比例的确定

中华人民共和国武汉海事法院

（2018）鄂72民初587号民事判决书

（2021年3月1日）

案·情

2017年7月31日，某轮船公司所有的“重××”轮承运某甲物流公司安排运输的货物，在江苏太仓水域与某甲船务公司所有的巴拿马籍“新××”轮碰撞，造成“重××”轮沉没，船上货物落水受损。涉案船舶“重××”轮承运货物向某甲保险公司重庆市分公司第二营业部（以下简称某甲保险公司重庆第二营业部）投保了货运险。根据太仓海事局出具的《水上交通事故调查结论书》，认定事故责任为：“新××”轮负事故主要责任，“重××”轮负事故次要责任。事故发生后，某甲保险公司重庆第二营业部审核相关索赔资料，在货运险项下赔付合计19242228.71元。

2017年12月，武汉海事法院作出裁定，同意某甲船务公司提出的设立海事赔偿责任限制基金的申请，某甲船务公司向武汉海事法院汇入现金设立了海事赔偿责任限制基金。2018年3月，某甲保险公司重庆第二营业部在保险赔偿后向武汉海事法院申请债权登记，并提起代位求偿之诉，要求某甲船务公司支付货运险赔款14431671.87元，并要求上述赔款金额在上述海事赔偿责任限制基金内按照比例分配。2021年3月，武汉海事法院作出判决，支持了某甲保险公司重庆第二营业部代位求偿诉讼的诉讼请求，判决相应赔款在上述海事赔偿责任限制基金内按比例分配。

判决书正文

原告：某甲保险公司重庆第二营业部。住所地：重庆市渝中区。

被告：某甲船务公司。住所地：中国香港特别行政区。

第三人：某轮船公司。住所地：重庆市渝中区。

原告某甲保险公司重庆第二营业部在向本院办理债权登记后，就其与被告某甲船务公司、第三人某轮船公司船舶碰撞损害责任纠纷一案提起确权诉讼。本院受理后，依法组成合议庭，于 2020 年 12 月 28 日组织进行了证据交换，于 2021 年 1 月 29 日公开开庭进行了审理。本案现已审理终结。

原告某甲保险公司重庆第二营业部向本院提出诉讼请求：1. 确认原告在被告所属“新××”轮设立的海事赔偿责任限制基金中享有的所涉碰撞事故海事请求债权，包括碰撞事故货物损失人民币（以下均为人民币）3444803.34 元及该损失自原告支付之日起至确权判决确定给付之日止的利息，按照中国人民银行同期贷款利率计算。2. 本案案件受理费、申请费、执行费等由被告承担。在开庭前，原告某甲保险公司重庆第二营业部将诉讼请求变更为：1. 确认原告在被告所属“新××”轮设立的海事赔偿责任限制基金中所涉碰撞事故海事请求债权，包括碰撞事故货物损失 14431671.87 元，以及前述款项的利息损失（自款项赔付之日起至 2019 年 8 月 19 日止按中国人民银行同期同档次贷款利率计算，自 2019 年 8 月 20 日起至被告某甲船务公司实际履行之日止按同期全国银行间同业拆借中心公布的贷款市场报价利率计算）；2. 由被告承担本案受理费、申请费、执行费等费用。

事实与理由：2017 年 7 月 31 日，某轮船公司所属“重××”轮航行至长江口附近时与被告所属“新××”轮发生碰撞，导致“重××”轮沉没，其船载集装箱落水。

某甲物流公司与某轮船公司太平洋船务分公司签订包船运输协议，为“重××”轮船载货物货主安排运输，是涉案货物的承运人。原告作为涉案货物运输险保险人，对某甲物流公司作为承运人应承担的货损负有赔偿责任，限额为 2000 万元。上述事故发生后，某甲物流公司面临集装箱载运货物利益方的索赔，原告已赔付 19242228.71 元，并依法取得代位求偿权。

原告认为，被告应承担 75% 的碰撞责任，因此，原告已享有货物损失

14431671.87 元的海事请求债权。原告已经申请了“新××”轮设立的海事赔偿责任限制基金债权登记，根据《中华人民共和国海事诉讼特别程序法》第一百一十六条的规定，现提起确权诉讼，请求依法裁判。

被告某甲船务公司辩称，1. 原告作为保险人行使代位求偿权，被代位人为沉船上的货物承运人，根据初步审查的证据，涉案沉船货物承运人是某甲物流公司，同时该公司也是保险合同关系中的被保险人。本案的保险合同系水路货物运输保险合同，被保险的是装载货物、集装箱，某甲物流公司没有保险利益，原告的代位求偿权不存在，即便其保单项下的货物遭到损失，也不该向某甲物流公司赔偿，即原告主体不适格，其诉权不存在。2. 假设原告获得代位求偿权，其索赔的法律关系依然不成立。作为本案被保险人，某甲物流公司与某轮船公司之间系包运合同关系，根据包运合同内容，一旦发生事故导致货物灭失损害，原告代位的是某甲物流公司，其所拥有的追偿权利并非针对本案被告，而是应该向某轮船公司追偿。某甲物流公司与被告不存在合同关系，也不在侵权法的保护之列，原告所获得的代位求偿权不成立。3. 原告的责任限制基金是 344 万元，而在上次证据交换之前原告将主张的金额变更为 1443 万元，根据责任限制基金的登记制度和分配制度，不得参与分配。

第三人辩称，根据原告和第三人之间签署的保险赔偿协议，第三人已经将涉案事故相关的全部权利义务转让给了本案原告，根据法律规定，权利的转让应该包括实体权利和程序权利，在本案债权登记的时候，第三人的登记金额已经比现在多出很多。

当事人围绕诉讼请求依法提交了证据，本院组织当事人进行了证据交换和质证。

原告某甲保险公司重庆第二营业部在举证期限内向本院提交了以下证据：

1. 《水上交通事故调查结论书》原件一份，证明碰撞事实及事故分析，被告某甲船务公司应对涉案碰撞事故承担主要责任。

2. 《提单》（编号：CQTP006559）、《中华人民共和国海关出口货物报关单》、《商业发票》、《委托函》原件各一份，证明涉案事故导致 CQTP006559 提单项下货物灭失，某甲进出口公司就损失提出索赔。

3. 《提单》（编号：DMCQCNQ009156）、《装箱单》、《商业发票》、《索赔函》原件各一份，证明涉案事故导致 DMCQCNQ009156 提单项下货物灭失，某乙进出口公司就损失提出索赔。

4.《提单》(编号：HLCUCKG170702545)、《提单》(编号：HLCUCKG170702556)、《装箱单》原件各一份、《销售合同》、《商业发票》原件各两份，证明涉案事故导致 HLCUCKG170702545、HLCUCKG170702556 提单项下货物灭失，某动力公司就损失提出索赔。

5.《提单》(编号：APLU062990404)、《装箱单》、《销售合同》、《商业发票》原件各一份，证明涉案事故导致 APLU062990404 提单项下货物灭失，某动力公司就损失提出索赔。

6.《提单》(编号：MSCUKN406042)、《装箱单》、《销售合同》、《销售确认书》、《商业发票》原件各一份，证明涉案事故导致 MSCUKN406042 提单项下货物灭失，某机械公司就损失提出索赔。

7.《某甲保险公司国内货物运输预约保险协议》、《关于某甲物流公司保险协议的补充协议》、《国内水路货物运输保险单》原件各一份、《中国工商银行网上银行电子回单》原件十二份、《权益转让书》原件一份，证明保险合同关系成立，某甲保险公司重庆第二营业部已经赔付保险金 4306004.18 元，依法取得代位求偿权。

8. 某甲进出口公司与某甲物流公司、某甲保险公司重庆第二营业部签订的《货物损失赔偿和解协议》以及某甲进出口公司出具给某甲保险公司重庆第二营业部的《收据及权益转让书》、某乙进出口公司与某甲物流公司、某甲保险公司重庆第二营业部签订的《货物损失赔偿和解协议》以及某乙进出口公司出具给某甲保险公司重庆第二营业部的《收据及权益转让书》、某动力公司与某甲物流公司、某甲保险公司重庆第二营业部签订的《货物损失赔偿和解协议》以及某动力公司出具给某甲保险公司重庆第二营业部的《收据及权益转让书》、某机械公司与某甲物流公司、某甲保险公司重庆第二营业部签订的《货物损失赔偿和解协议》以及某机械公司出具给某甲保险公司重庆第二营业部的《收据及权益转让书》原件各一份，证明货物损失金额，某甲保险公司重庆第二营业部已赔付保险金 4306004.18 元。

9.《货物损失赔偿和解协议》《中华人民共和国海关出口货物报关单》原件各一份，证明事故导致某甲化工公司遭受货物损失 86520 元，协议约定按 60564 元进行和解赔付。

10. 《货物损失赔偿和解协议》《中华人民共和国海关出口货物报关单》原件各一份，证明事故导致某钛业公司遭受货物损失 6410880 元，协议约定按 4487616 元进行和解赔付。

11. 《货物损失赔偿和解协议》原件一份、《中华人民共和国海关出口货物报关单》原件两份，证明事故导致某制造公司遭受货物损失 3572351 元，协议约定按 2143411 元进行和解赔付。

12. 《货物损失赔偿和解协议》《中华人民共和国海关出口货物报关单》原件各一份，证明事故导致某印刷公司遭受货物损失 354816 元，协议约定按 212889 元进行和解赔付。

13. 某甲保险公司重庆第二营业部通过某甲保险公司重庆市分公司（以下简称某甲保险公司重庆分公司）账户给某甲化工公司、某钛业公司、某制造公司、某印刷公司转账的《中国工商银行网上银行电子回单》原件十二份，证明原告就证据 9 至证据 12 所涉事故，赔付保险金 6904480 元，取得代位求偿权。

14. （2018）鄂 72 民初 600 号《民事调解书》和招商银行《付款回单》原件各一份，证明根据调解书，某甲物流公司赔付了某乙保险公司货物损失 51262. 93 元。

15. （2018）鄂 72 民初 601 号《民事调解书》和招商银行《付款回单》原件各一份，证明根据调解书，某甲物流公司赔付了某乙保险公司货物损失 266312. 24 元。

16. 《货物损失赔偿和解协议》《索赔函》《国内支付业务付款回单》、《权益转让书》原件各一份，证明某供应链公司在向发货人赔付货物损失 93500 元后提起索赔，协议约定按 56100 元进行和解赔付。

17. 《货物损失赔偿和解协议》原件两份、《收据及权益转让书》原件一份、《中华人民共和国海关出口货物报关单》原件两份、《提单》原件一份，证明事故导致某乙化工公司遭受货物损失 241516. 8 元，协议约定按 120758 元进行和解赔付。

18. 《货物损失赔偿和解协议》《中华人民共和国海关出口货物报关单》《收据及权益转让书》《提单》原件各一份，证明事故导致某科技公司遭受货物损失 182377. 44 元，协议约定按 109426. 46 元进行和解赔付。

19.《货物损失赔偿和解协议》原件一份、《中华人民共和国海关出口货物报关单》原件六份、《提单》原件六份，证明事故导致某玻璃公司遭受货物损失604497.6元，协议约定按362699元进行和解赔付。

20.《货物损失赔偿和解协议》《中华人民共和国海关出口货物报关单》《提单》《销售合同》《支付补偿申请协议》原件各一份，证明事故导致F公司遭受货物损失420853.44元，某甲贸易公司经授权处理索赔，协议约定按210426.72元进行和解赔付。

21.《货物损失赔偿和解协议》原件一份、《中华人民共和国海关出口货物报关单》原件八份、《提单》原件两份、《销售合同》原件三份、《委托书》原件一份，证明事故导致M公司遭受货物损失577113.6元，某乙贸易公司经授权处理索赔，协议约定按288556.8元进行和解赔付。

22. 某甲保险公司重庆第二营业部通过某甲保险公司重庆分公司账户给某甲物流公司、某供应链公司、某乙化工公司、某科技公司、某玻璃公司、某甲贸易公司、某乙贸易公司转账的《中国工商银行网上银行电子回单》原件二十份，证明某甲保险公司重庆第二营业部赔付保险金1465542.16元，取得代位求偿权。

23.（2018）鄂72民初1706号《民事调解书》和招商银行《付款回单》原件各一份，证明根据调解书，某甲物流公司赔付了某丙保险公司重庆分公司货物损失265680.2元。

24.《货物损失赔偿和解协议》、《收据及权益转让书》、（2018）鄂72民初632号《民事调解书》、《抵账协议》、中国银行《客户借记回单》原件各一份、《抵账协议》原件两份、（2018）鄂72民初1786号《民事调解书》、中国银行《客户借记回单》原件各一份、（2018）鄂72民初1554号《民事调解书》、中国银行《国内支付业务付款回单》原件各一份，证明某乙物流公司根据民事调解书“一揽子”解决货损纠纷后，就其赔付的金额967074.82元提起索赔，协议约定按829039.8元进行和解赔付。

25.《货物损失赔偿和解协议》《收据及权益转让书》《中华人民共和国海关出口货物报关单》原件各一份，证明事故导致某机电公司遭受货物损失346313.18元，协议约定按173156.59元进行和解赔付。

26.《货物损失赔偿和解协议》《收据及权益转让书》《中华人民共和国海

关出口货物报关单》《授权书》《提单》原件各一份，证明事故导致货物损失2014130.76元，某丙物流公司经授权处理索赔，协议约定按1208478.45元进行和解赔付。

27. 某甲保险公司重庆第二营业部通过某甲保险公司重庆分公司账户给某甲物流公司、某乙物流公司、某机电公司、某丙物流公司转账的《中国工商银行网上银行电子回单》原件十二份，证明某甲保险公司重庆第二营业部赔付保险金2476355.04元，取得代位求偿权。

28. 《和解协议》、《豁免收据》、招商银行《付款回单》、《确认函》、《中华人民共和国海关出口货物报关单》、《提单》原件各一份，证明某株式会社在赔付货物损失后提起索赔，协议约定按997710.4元进行和解赔付。

29. （2018）沪72民初3973号、（2018）沪72民初3974号、（2018）沪72民初3975号、（2018）沪72民初3976号《民事调解书》、招商银行《付款回单》原件各一份，证明根据调解书，某甲物流公司共计赔付了某甲保险公司苏州市分公司（以下简称某甲保险公司苏州分公司）货物损失646157.56元。

30. （2018）鄂72民初1308号《民事裁定书》、《和解协议书》、《收据和免除责任确认书》、招商银行《付款回单》、《提单》、《某甲保险公司货物运输保险保险单》、中国银行《境内外币支付借记通知》、《权益转让书》原件各一份，证明某甲物流公司与某甲保险公司四川省分公司国际业务营业部（以下简称某甲保险公司四川国际营业部）达成和解后，赔付货物损失365000元，某甲保险公司四川国际营业部撤诉。

31. 《提单》、《货物运输保险保险单》原件各两份、交通银行《回单》原件三份、《权益转让书》原件两份、《和解协议书》、《收据和免除责任确认书》、招商银行《付款回单》原件各两份，证明某甲物流公司通过庭外和解，赔付某丁保险公司重庆分公司货物损失1490116.82元。

32. （2018）鄂72民初1309号《民事调解书》、招商银行《付款回单》原件各一份，证明根据调解书，某甲物流公司赔付了某甲保险公司四川国际营业部货物损失590863元。

33. 某甲保险公司重庆第二营业部通过某甲保险公司重庆分公司账户给某甲物流公司、某供应链公司、某乙化工公司、某科技公司转账的中国工商银行

《业务回单（付款)》原件三份，证明某甲保险公司重庆第二营业部赔付保险金 4089847.78 元，取得代位求偿权。

34. 某甲物流公司向某甲保险公司重庆第二营业部出具的《权益转让书》原件一份，证明某甲物流公司确认某甲保险公司重庆第二营业部在涉案保单项下理赔了 14936224.98 元。结合证据 7，某甲保险公司重庆第二营业部合计赔付损失 19242229.16 元。

35. （2017）鄂 72 民初 1732 号《民事判决书》原件一份，被告对碰撞事故承担 75% 的主要责任，应对某甲保险公司重庆第二营业部损失按前述比例承担赔偿责任。

被告某甲船务公司质证认为，对证据 1 的真实性无异议，并不认可责任比例的划分，对方船舶至少承担 50% 碰撞责任。

对证据 2，对《提单》的真实性无法确认，从《提单》表面显示的内容来看，《提单》涉及的是国内沿江运输，对方船舶是江船，不能入海，不应该适用英文版《提单》，原告提交的《提单》系英文版，原告应提交对应的翻译件，托运人和收货人都不是本案的原告或者原告所诉称的被保险人。《中华人民共和国海关出口货物报关单》表面显示是出口之前向海关报关的单据，而本案货物并没有离开中国港口，该份报关单在本案无实际意义，只有出关以后在国际海上货物运输中才产生影响，在本案中不应作为证据使用。《商业发票》相当于某甲进出口公司的单方陈述，系打印件，不能证明涉案货物的价值和税收。原告没有说明《委托函》的委托人的真实背景，该公司不属于在中华人民共和国境内注册的有限公司，该证据属于境外证据，如果能够证明公司存在要进行公证认证。在进行有效认证之前，该证据不能作为证明事实的依据。

对证据 3，《装箱单》属于英文证据，没有提供中文翻译件，发票也是英文件，原告提供的《索赔函》看不清楚，曾要求原告提供彩色扫描件被拒绝。

对证据 4，所有的英文证据都需要中文翻译。《装箱单》的出具主体是某乙进出口公司，该公司是货主，自己给自己盖章不能作为证据。《装箱单》交给承运人的应该由承运人签发，交给船方的应该由船方签发。《商业发票》是货物所有人英文制作并单方盖章的，不具有发票的本身效力，充其量只能作为账单。

对证据5、证据6的质证意见同证据4，《销售合同》不具备合同的基本要件，系单方盖章。

对证据7，对《某甲保险公司国内货物运输预约保险协议》的真实性无异议，对《关于某甲物流公司保险协议的补充协议》的真实性有异议，预约保险协议已经具备了完整的条款，且补充协议和正式协议是同时签署，作为预约保险协议没有必要签署两份协议。协议的全部内容和双方权利义务应该以正式协议为准，补充协议是在造假。《国内水路货物运输保险单》并不能证明原告与被保险人之间的真实关系，该保单的保险标的是船上货物，未附保险条款。对《中国工商银行网上银行电子回单》的真实性无异议，收款人并不是保单上的被保险人。对《权益转让书》的真实性无异议，对被保险人是否具有可转让的权益有异议，出让人没有可转让权益。

对证据8至证据12，均是和解协议和报关单，和解协议不是本案的原告和保险单的被保险人之间签署的，与本案无关联性，原告不应向被告索赔。

对证据13至证据33，所有的和解协议都是原告与案外人之间未经过本案被告的参与下自行达成的赔偿意愿，该和解协议的内容如果与本案被告有关联，被告也不予认可，原告无权处分属于被告权利、义务、责任的任何部分，即便有一部分内容是通过法院调解书的形式进行了固定，也不能改变其自行调解的本质，从目前初步来看，和解协议内容全都是原告与案外人之间达成的协议，由于看不到保单附带的完整条款内容，所以不能证明保险人向被保险人进行了有效理赔，基于前面调解书所显示的内容，即使原告收到了权利转让书，也没有取得合法有效的代位求偿权。

对证据34的表面真实性予以确认，但某甲物流公司对保险标的物并不具备保险法认可的可保利益，因此没有有效的权利可以向本案原告进行转让。

对证据35的真实性无异议，该份判决并未生效，经被告上诉正在二审程序中，虽然被告并没有就责任比例进行上诉，并不代表被告认可该责任比例，被告在二审期间会提出不同看法，二审法院也有权对该责任比例进行调整。就目前来看，75%的比例并不是本案可直接援引的责任比例。

第三人某轮船公司质证认为，第三人某轮船公司对原告某甲保险公司重庆第二营业部提交的共三十五组证据的真实性、合法性、关联性均认可。

被告某甲船务公司和第三人某轮船公司在举证期限内未向本院提交证据。

本院认证认为，对于原告某甲保险公司重庆第二营业部提交的证据，除未附中文翻译件的英文证据外，其他证据均为原件或者与原件相互印证的复印件，与本案具有关联性，可以作为本案认定事实的依据，对于其证明目的，本院将结合全案事实进行综合认定。对于未附中文翻译件的英文证据，不符合证据形式要求，本院不予采用。

根据当事人陈述和经审查确认的证据，本院认定事实如下：

“新××”轮系海船，巴拿马籍，登记所有人为某甲船务公司，登记经营人及船舶管理公司为某乙船务公司，未办理光租登记。

“重××”轮系内河船舶，中国籍，登记所有人和经营人为某轮船公司。

一、事故经过、事故原因及事故责任

2017年7月31日22时28分许，“新××”轮（本航次载运原木约3010立方米，由日本驶往中国太仓）在长江白茆沙水道由北向南横越航道过程中，在长江#9红浮下游附近的下行通航分道内，与在下行通航分道内顺航道行驶的“重××”轮（本航次载运集装箱183只，由重庆驶往上海）发生碰撞。

事故发生后，中华人民共和国江苏海事局成立了碰撞事故调查组，经充分调查，作出《太仓“7·31”“新××”轮与“重××”轮碰撞事故调查报告》，该报告中对事故原因作出如下分析：

本起碰撞事故中，“新××”轮在横越航道过程中，未主动避让在规定的通航分道内行驶船舶、疏忽瞭望、对局面判断错误、紧迫局面时避让行动不当，以及“重××”轮疏忽瞭望、紧迫危险时避让行动不当，是事故发生的直接原因。

（一）“新××”轮

1. 未主动避让在规定的通航分道内行驶的“重××”轮。“新××”轮作为横越船舶，事故前在由北向南横越航道过程中，未保持足够谨慎，横越时机选择不当，横越航道时与顺航道下行的对方船舶间未保持足够安全距离，致使与对方船舶过于接近而形成紧迫局面。

2. 疏忽瞭望、对局面判断错误。2017年7月31日22时16分许，“新××”轮初见“重××”轮，双方相距约三海里，此后该轮一直未使用AIS等设备查看对方船名。该轮未充分使用VHF、雷达等一切可用手段保持正规瞭望，未对“重××”轮动态保持连续观测，未进行船对船之间的有效联系，未能及早统一会让意图。22 时 26 分许，双方相距约 1000 米，该轮驾驶人员视觉观察到“重××”轮的红、绿灯均可见，绿灯比红灯明显，且航向与航道走向之间有偏左的较大夹角，即错误判断对方是由南向北横越航道、准备到航道北侧水域锚泊的船舶。该轮未能准确判断“重××”轮在下行通航分道内连续左转调整船位的意图，以致在事故前采取了左满舵的操作行动。

3. 紧迫局面时避让行动不当。事故发生前约 2 分钟时（22 时 26 分许），“新××”轮与“重××”轮相距约 1000 米，双方航向接近相反方向快速接近。该轮在未得到对方回复、未能准确判断对方航行操作意图的情况下，于 22 时 27 分许错误采取了左满舵的避让行动，随后该轮在短时间内又连续下达多个指令，前后舵令和车令之间相互矛盾，最终导致碰撞。

（二）“重××”轮

1. 疏忽瞭望。事发前，“重××”轮在左舷有他船追越的过程中，将瞭望注意力主要集中在本船右侧下行船舶上，未能谨慎关注本船左前方水域的情况。该轮在连续左转调整船位时，未能对本船左前方水域内的船舶保持正规瞭望，直至碰撞前约 1 分钟时（22 时 27 分许）方才发现前方的“新××”轮。由于该轮疏忽瞭望，未能及早发现对方船舶，错失了采取避碰行动的最佳时机。

2. 紧迫危险时避让行动不当。22 时 27 分许，“重××”轮在发现横越船“新××”轮与本船之间形成紧迫危险后，仅采取了右转避让的行动，未能同时采取减速、停车、倒车等有效措施，最终未能避免碰撞或减轻碰撞损害后果。

结合《太仓“7·31”“新××”轮与“重××”轮碰撞事故调查报告》，中华人民共和国太仓海事局（以下简称太仓海事局）于 2018 年 1 月 2 日作出《水上交通事故调查结论书》，认定本起事故为责任事故。

认定事故责任如下：

“新××”轮在横越航道过程中，未主动避让在规定的通航分道内行驶船舶、疏忽瞭望、对局面判断错误、紧迫局面时避让行动不当，其行为违反了《长江江苏段船舶定线制规定（2013）》第二十四条第（三）项、《1972 年国际海上避碰规则》第五条、第八条第 4 项之规定，负事故主要责任。

“重××”轮疏忽瞭望、紧迫危险时避让行动不当，其行为违反了《长江江苏段船舶定线制规定（2013）》第二十五条、《1972年国际海上避碰规则》第五条、第十七条第2项之规定，负事故次要责任。

在本院审理的某轮船公司与某甲船务公司船舶碰撞损害责任纠纷一案中，本院于2020年9月9日依法作出（2017）鄂72民初1732号《民事判决书》，判决中认定某甲船务公司对碰撞事故承担75%的赔偿责任。某甲船务公司在上诉期内提起上诉，仅针对其反诉提出的船期损失请求部分提出上诉，对船舶碰撞责任比例及其应当赔偿给某轮船公司的款项并未提出上诉。

二、事故损失及污染

《水上交通事故调查结论书》记载：

案涉事故造成“新××”轮船首局部凹陷变形；球鼻首上方部分船体破损，破损范围约1.20米×4.00米；船首左侧锚链孔上方船体有擦痕；船首护栏部分损坏。

案涉事故造成“重××”轮沉没，后被打捞出水，经现场勘查发现：该轮左舷中部船体破损，破损范围约5.80米×5.80米；1人死亡，1人失踪；183只集装箱落水，其中51只被打捞出水。

案涉事故未造成水域污染。

三、投保及理赔事实

2017年2月13日，某甲物流公司与某甲保险公司重庆第二营业部签订了《某甲保险公司国内货物运输预约保险协议》《关于某甲物流公司保险协议的补充协议》，约定由某甲保险公司重庆第二营业部为某甲物流公司提供清单所列明的集装箱轮运输的货物进行预约保险，险种为水路货物运输综合保险；每条集装箱轮每次以及累计最高赔偿限额为2000万元，每次损失超过2000万元以上的部分，某甲保险公司重庆第二营业部不承担赔偿责任，2000万元以内照实际损失赔偿；保险协议及补充协议于2017年2月19日零时起开始执行，至2018年2月18日24时截止。“重××”轮属于上述协议附件中列明的集装箱轮。

2017年7月23日，根据上述保险协议及补充协议，某甲物流公司为“重××”轮所载货物在某甲保险公司重庆第二营业部投保了保险单号为P××××××××××××××××××349的国内水路货物运输综合保险，保险金额为5300万元；每次事故绝对免赔率为损失金额的1%；起运日期为

2017 年 7 月 23 日；被保险人为某甲物流公司。

案涉船舶碰撞事故发生后，就某甲物流公司投保的涉案货物损失，某甲保险公司重庆第二营业部已经确定赔付金额明细如下：

第一部分 根据和解协议或者调解书直接由某甲保险公司重庆第二营业部付款给货物权利人的金额为 14569125.56 元					
序号	货物权利人	金额	赔付依据	时间	赔付主体
1	某乙进出口公司	1171058.73 元	和解协议	2017 年 10 月	某甲保险公司重庆第二营业部
2	某动力公司	2076532.08 元	和解协议	2017 年 10 月	某甲保险公司重庆第二营业部
3	某机械公司	208362.93 元	和解协议	2017 年 10 月	某甲保险公司重庆第二营业部
4	某甲进出口公司	850050 元	和解协议	2017 年 11 月 10 日	某甲保险公司重庆第二营业部
5	某甲化工公司	60564 元	和解协议	2018 年 5 月 14 日	某甲保险公司重庆第二营业部
6	某钛业公司	4487616 元	和解协议	2018 年 5 月 14 日	某甲保险公司重庆第二营业部
7	某制造公司	2143411 元	和解协议	2018 年	某甲保险公司重庆第二营业部
8	某印刷公司	212889 元	和解协议	2018 年	某甲保险公司重庆第二营业部
9	某供应链公司	56100 元	和解协议	2018 年 7 月 25 日	某甲保险公司重庆第二营业部
10	某乙化工公司	120758 元	和解协议	2018 年 6 月 19 日	某甲保险公司重庆第二营业部
11	某科技公司	109426.46 元	和解协议	2018 年 6 月 19 日	某甲保险公司重庆第二营业部
12	某玻璃公司	362699 元	和解协议	2018 年 6 月 19 日	某甲保险公司重庆第二营业部

续表

序号	货物 权利人	金额	赔付依据	时间	赔付主体
13	某甲贸易公司	210426.72 元	和解协议	2018 年 6 月 13 日	某甲保险公司重庆第二营业部
14	某乙贸易公司	288556.80 元	和解协议	2018 年	某甲保险公司重庆第二营业部
15	某乙物流公司	829039.80 元	和解协议、(2018) 鄂 72 民初 632 号民事调解书、(2018) 鄂 72 民初 1554 号民事调解书、(2018) 鄂 72 民初 1786 号民事调解书	2019 年	某甲保险公司重庆第二营业部
16	某机电公司	173156.59 元	和解协议	2019 年 1 月 28 日	某甲保险公司重庆第二营业部
17	某丙物流公司	1208478.45 元	和解协议	2018 年 11 月	某甲保险公司重庆第二营业部
	合计	14569125.56 元			
第二部分 根据和解协议或者调解书，由某甲物流公司赔付货物权利人，某甲保险公司重庆第二营业部已经向某甲物流公司理赔的金额为 4673103.15 元					
序号	货物 权利人	金额	赔付依据	时间	赔付主体
18	某乙保险公司	51262.93 元	(2018) 鄂 72 民初 600 号民事调解书	2018 年 6 月 13 日	某甲物流公司
19	某乙保险公司	266312.24 元	(2018) 鄂 72 民初 601 号民事调解书	2018 年 6 月 13 日	某甲物流公司
20	某丙保险公司重庆分公司	265680.20 元	(2018) 鄂 72 民初 1706 号民事调解书	2018 年	某甲物流公司

续表

序号	货物权利人	金额	赔付依据	时间	赔付主体
21	某株式会社	997710.40 元	和解协议	2019 年 1 月 28 日	某甲物流公司
22	某甲保险公司苏州分公司	646157.56 元	和解协议、(2018) 沪 72 民初 3973 号、3974 号、3975 号、3976 号民事调解书	2019 年 7 月 12 日	某甲物流公司
23	某甲保险公司四川国际营业部	365000.00 元	和解协议	2019 年 5 月 30 日	某甲物流公司
24	某丁保险公司重庆分公司	417240.07 元	和解协议	2019 年 3 月 22 日	某甲物流公司
25	某丁保险公司重庆分公司	1072876.75 元	和解协议	2019 年 3 月 22 日	某甲物流公司
26	某甲保险公司四川国际营业部	590863.00 元	和解协议	2019 年 4 月 24 日	某甲物流公司
	合计	4673103.15 元			

某甲保险公司重庆第二营业部实际理赔总金额为 19242228.71 元（14569125.56 元 +4673103.15 元），均取得了对应货物权利人的《权益转让书》，各货物权利人均同意将追偿权利转让给某甲保险公司重庆第二营业部。

四、海事赔偿责任限制基金设立情况

2017 年 8 月 2 日，根据某轮船公司的诉前海事请求保全申请，本院于同月 6 日作出（2017）鄂 72 财保 200 号民事裁定书，扣押了某甲船务公司所属停泊于中国太仓港的“新××”轮，并责令某甲船务公司提供 6000 万元的现金担保或其他等值财产担保。“新××”轮被扣押后，某甲船务公司于 2017 年 9 月 25 日向本院申请设立“新××”轮非人身伤亡海事赔偿责任限制基金。本院受理后，向有关的利害关系人发出通知，并于 2017 年 10 月 28 日、29 日和 30 日在《人民法院报》发布公告。已知利害关系人某轮船公司提交书面确认函，对设立海事赔偿责任限制基金不持异议。公告期内无其他利害关系人提出异议。2017年12月25日，本院作出（2017）鄂72民特51号之一民事裁定书，准许某甲船务公司提出的设立非人身伤亡海事赔偿责任限制基金的申请，基金数额为1009014元特别提款权。某甲船务公司已在民事裁定书指定的时限内向本院汇入了足额现金，成功设立了非人身伤亡海事赔偿责任限制基金。某甲保险公司重庆第二营业部于2017年12月26日向本院申请债权登记，要求在某甲船务公司设立的海事赔偿责任限制基金中对保险赔款2000万元及其利息进行债权登记。本院经审查，依法作出（2018）鄂72民特11号之三、（2018）鄂72民特11号之七民事裁定，裁定准许某甲保险公司重庆第二营业部的债权登记申请。

本院认为，本案系船舶碰撞责任纠纷，属于海事侵权案件。本案被告某甲船务公司系在香港注册的公司，本案属于涉港海事案件。因本案的侵权行为发生地和结果地均在中国内地，确定以中华人民共和国法律作为处理本案纠纷的准据法。本案争议焦点为：（一）某甲保险公司重庆第二营业部是否取得代位求偿权；（二）某甲保险公司重庆第二营业部主张的利息是否属于代位求偿权范围；（三）"重××"轮与"新××"轮双方碰撞责任比例如何划分；（四）赔偿责任如何承担。

（一）关于某甲保险公司重庆第二营业部是否取得代位求偿权问题

根据上述庭审查明，针对案涉事故造成的货物损失，对于应当由某甲物流公司承担的部分，某甲保险公司重庆第二营业部根据与某甲物流公司保险协议的约定，直接参与和解并赔付给货物权利人，或者在某甲物流公司实际赔付涉案货物损失赔偿款并取得了相应的索赔权利后，再由某甲保险公司重庆第二营业部赔付给某甲物流公司。某甲保险公司重庆第二营业部实际支付保险赔款19242228.71元，均取得了对应货物权利人的《权益转让书》，各货物权利人均同意将追偿权利转让给某甲保险公司重庆第二营业部，根据《中华人民共和国保险法》第六十条第一款规定，某甲保险公司重庆第二营业部依法取得代位求偿权。虽然被告某甲船务公司对于和解协议确定的货物损失提出异议，但并未提供相应的证据予以证明，该异议不成立。

（二）关于某甲保险公司重庆第二营业部主张的利息是否属于代位求偿权范围问题

根据《中华人民共和国保险法》第六十条第一款的规定，因第三者对保险标的的损害而造成保险事故的，保险人自向被保险人赔偿保险金之日起，在赔偿金额范围内代位行使被保险人对第三者请求赔偿的权利。该条文明确代位求偿的范围仅为保险人赔偿金额，而未提及利息。故某甲保险公司重庆第二营业部主张的利息，没有法律依据，本院不予支持。

（三）关于“重××”轮与“新××”轮双方碰撞责任比例如何划分问题

事故发生后，太仓海事局于2018年1月2日作出《水上交通事故调查结论书》，认定：“新××”轮在横越航道过程中，未主动避让在规定的通航分道内行驶船舶、疏忽瞭望、对局面判断错误、紧迫局面时避让行动不当，其行为违反了《长江江苏段船舶定线制规定（2013）》第二十四条第（三）项、《1972年国际海上避碰规则》第五条、第八条第4项之规定，负事故主要责任；“重××”轮疏忽瞭望、紧迫危险时避让行动不当，其行为违反了《长江江苏段船舶定线制规定（2013）》第二十五条、《1972年国际海上避碰规则》第五条、第十七条第2项之规定，负事故次要责任。

由于《水上交通事故调查结论书》有关碰撞事实、碰撞原因和碰撞责任的认定有充分的事实和法律依据，并且当事人各方在庭审中所提供的证据不足以推翻上述认定。所以，根据《最高人民法院民事审判第四庭、中国海事局关于规范海上交通事故调查与海事案件审理工作的指导意见》第一条第（五）款规定，太仓海事局作出的《水上交通事故调查结论书》及其结论性意见，可以作为本院查明案件事实、划分碰撞责任的有效证据。

本院认为，对碰撞双方船舶的事故责任比例的划分要充分结合双方船舶对碰撞事故发生的过错程度进行认定。

1. 从横越过程中双方船舶的操作要求分析

事故发生时，“新××”轮正由北向南横越航道过程中，“新××”轮系横越船舶，为义务船舶，“重××”轮在规定的通航分道内顺航道行驶，系被横越船舶，为权利船舶。根据《长江江苏段船舶定线制规定（2013）》第二十四条第（三）项规定，横江渡轮和靠离码头、进出锚地、水上服务区的船舶，应主动避让在规定的通航分道、推荐航路的正常行驶的船舶。“新××”轮作为横越船舶，应当主动避让“重××”轮。但从“新××”轮的航行连续动态来看，2017年7月31日22时16分许，“新××”轮初见“重××”轮，双方相距约三海里，此后该轮一直未使用AIS等设备查看对方船名，直至碰撞事故发生时仍不知道对方船名。“新××”轮也未充分使用 VHF、雷达等一切可用手段保持正规瞭望，未对“重××”轮动态保持连续观测，未进行船对船之间的有效联系，未能及早统一会让意图，以实现主动避让“重××”轮的目的，存在明显过错。

2. 从碰撞事故发生的原因分析

“新××”轮作为横越船舶，有更多的义务去主动使用 VHF、雷达等一切可用手段保持正规瞭望，对在规定的通航分道内行驶的“重××”轮动态保持连续观测、有效联系并及早统一会让意图。因“新××”轮未主动对“重××”轮动态保持连续观测，未进行船对船之间的有效联系，从而导致其在“重××”轮左转调整船位仍在下行通航分道内时误判其为横越行为，进而采取了左满舵的错误操作，是事故发生的主要原因。“重××”轮将瞭望注意力主要集中在本船右侧下行船舶上，未能谨慎关注本船左前方水域的情况。该轮在连续左转调整船位时，未能对本船左前方水域内的船舶保持正规瞭望，直至碰撞前约 1 分钟时（22 时 27 分许）方才发现前方的“新××”轮，错失了采取避碰行动的最佳时机，是事故发生的原因之一。

3. 从紧迫危险局面形成时双方船舶的避让措施分析

在发现“新××”轮与“重××”轮之间形成紧迫危险局面后，“新××”轮船长、引航员在 17 秒内连续发出“停车、正舵、微速退、左满舵、停车、前进一”指令，随后引航员和船长又连续发出“微速进、正舵、停车、后退一、后退二、后退三”指令，可见在紧迫危险局面形成后，“新××”轮及时采取了减速、停车、倒车等措施以避免碰撞或减轻碰撞损害后果。相比而言，“重××”轮在未采取减速、停车、倒车等措施的情形下，船长下达了“右舵指令”，随即下达了“左满舵”指令，并从三挡加车到五挡，企图甩艉，从“新××”轮船首越过“新××”轮，对于碰撞的发生以及损害后果的扩大具有疏忽大意的过失。

综合“新××”轮与“重××”轮在避让瞭望、对局面判断、紧迫危险局面形成时的避让行动等方面的过错程度，以及某甲船务公司、某轮船公司对本院在（2017）鄂 72 民初 1732 号案件中关于“新××”轮承担 75% 的碰撞责任，“重××”轮承担 25% 的碰撞责任认定并无异议，故本案中，本院认定“新××”轮承担 75% 的碰撞责任，“重××”轮承担 25% 的碰撞责任。

（四）关于赔偿责任如何承担问题

“新××”轮登记所有人为某甲船务公司。“重××”轮登记所有人和经营人为某轮船公司。根据《中华人民共和国船舶登记条例》第五条、《最高人民法院关于审理船舶碰撞纠纷案件若干问题的规定》第四条的规定，某甲船务公司与某轮船公司应该根据“新××”轮与“重××”轮对涉案事故造成的全部事故损失所应承担的责任比例，对各自的损失分别承担75%、25%的赔偿责任。对于某甲保险公司重庆第二营业部的损失19242228.71元，按照某甲船务公司承担75%赔偿责任，某甲船务公司应当赔偿某甲保险公司重庆第二营业部损失14431671.53元（19242228.71元×75%）。

某甲船务公司认为，某甲物流公司不是涉案货物所有权人，对涉案货物没有保险利益，某甲保险公司重庆第二营业部不应当进行赔付，即便赔付，也只能向“重××”轮实际船东主张合同债权，无权依据侵权之诉主张货损赔偿。本院认为，某甲物流公司作为涉案货物多式联运中的多式联运经营人，对涉案货物具有保险利益，可以作为保险合同的被保险人，在涉案货物发生损失后，某甲保险公司重庆第二营业部参与和解并赔付给货物权利人，或者在某甲物流公司实际赔付涉案货物损失赔偿款并取得了相应的索赔权利后，再由某甲保险公司重庆第二营业部赔付给某甲物流公司，某甲保险公司重庆第二营业部取得的权利均非来源于运输合同债权，其提起侵权之诉，要求导致事故损失发生的侵权行为主体承担侵权赔偿责任，符合法律规定，故对于某甲船务公司的该抗辩主张，本院不予支持。

由于“新××”轮系海船，根据《中华人民共和国海商法》第二百零四条、第二百零七条的规定，作为“新××”轮登记所有人，某甲船务公司有权对该轮在涉案船舶碰撞事故中因过错导致某甲保险公司重庆第二营业部的损失限制赔偿责任。某甲船务公司已在本院设立基金数额为1009014元特别提款权的海事赔偿责任限制基金，并且某甲保险公司重庆第二营业部已在法律规定的期限内就其享有的全部债权向本院申请债权登记并经本院裁定准许，因此，某甲保险公司重庆第二营业部对某甲船务公司以及其他依法登记的债权人所享有的限制性债权的实际赔偿数额应仅限于该基金数额以内。

综上所述，依照《中华人民共和国侵权责任法》第六条第一款，《中华人民共和国海商法》第二百零四条、第二百零七条、第二百一十条第一款第

（二）项，《中华人民共和国保险法》第六十条第一款，《中华人民共和国民事诉讼法》第一百四十二条规定，判决如下：

一、被告某甲船务公司于本判决生效后十日内向原告某甲保险公司重庆第二营业部赔偿 14431671.53 元；

二、上述第一项确定的赔偿款项在被告某甲船务公司设立的“新××”轮海事赔偿责任限制基金内按比例进行分配；

三、驳回原告某甲保险公司重庆第二营业部的其他诉讼请求。

案件受理费 108390 元，由被告某甲船务公司负担。

如不服本判决，某甲保险公司重庆第二营业部、某轮船公司可在本判决书送达之日起十五日内，某甲船务公司可在本判决书送达之日起三十日内，向本院递交上诉状，并按对方当事人或者代表人的人数提出副本，上诉于湖北省高级人民法院。

审判长　潘　某

审判员　严　某

审判员　杨　某

二〇二一年三月一日

法官助理　沈　某

书记员　吴　某

评·析

一、保险代位求偿纠纷案件审理中，是否审理保险合同法律关系

该案在追偿阶段，“新××”轮船舶所有人主要针对货运险赔偿部分提出抗辩，主张投保人某甲物流公司是采取货运险的方式为其作为无船承运人的风险投保，其不具有保险利益，某甲保险公司重庆第二营业部不应赔偿损失，索赔主体不适格；同时，“新××”轮船舶所有人和某甲物流公司也无合同法律关系，无权向其提出赔偿请求。

对此，某甲保险公司重庆第二营业部针对性提出：《最高人民法院关于审理海上保险纠纷案件若干问题的规定》第十四条规定“受理保险人行使代位

请求赔偿权利纠纷案件的人民法院应当仅就造成保险事故的第三人与被保险人之间的法律关系进行审理"，上述规定明确了法院在审理涉及保险代位求偿权纠纷案件时，不应审查保险合同的效力。某甲保险公司重庆第二营业部已向法庭提交了保险合同、赔付凭证和权益转让书，充分证明合法地从被保险人处受让了代位求偿的权利。"新××"轮船舶所有人不是保险合同的当事人，依照合同相对性原则，无权就保险合同的效力提出异议。某甲保险公司重庆第二营业部在本案中所行使的代位求偿权的本质是被保险人对"新××"轮船舶所有人所享有的赔偿请求权，该请求权源自被保险人与"新××"轮船舶所有人之间的基础法律关系，法院仅需就该基础法律关系进行审查。基于最高人民法院上述规定，"新××"轮船舶所有人是否承担赔偿责任与保险合同效力没有关系，"新××"轮船舶所有人对某甲保险公司重庆第二营业部行使代位请求权依据的保险合同效力提出的异议，不应予以审查。

关于"新××"轮船舶所有人提出行使的代位求偿权是否缺乏基础法律关系支持。《最高人民法院关于审理船舶碰撞纠纷案件若干问题的规定》第六条规定，"碰撞船舶互有过失造成船载货物损失，船载货物的权利人对承运货物的本船提起违约赔偿之诉，或者对碰撞船舶一方或者双方提起侵权赔偿之诉的，人民法院应当依法予以受理"，即船载货物权利人对碰撞事故对方船舶有权以侵权责任提出赔偿请求。本案的被保险人作为涉案货物运输的契约承运人，在事故发生后向货物权利人就船载货物的损失作出了赔偿，并受让了对"新××"轮船舶所有人索赔的权利；相应地，某甲保险公司重庆第二营业部依据保险合同向被保险人赔偿保险金后，依据《中华人民共和国保险法》第六十条，获得在赔偿金额范围内行使对被告请求赔偿的权利。某甲保险公司重庆第二营业部向"新××"轮船舶所有人的索赔权，是来源于船载货物权利人接受赔偿款项后将赔偿请求权利让渡给被保险人，并进而由某甲保险公司重庆第二营业部在支付保险金后从被保险人处受让；双方间的基础法律关系系货物权利人与"新××"轮船舶所有人间的侵权法律关系。作为互有过失碰撞事故的一方，"新××"轮船舶所有人应就其侵权行为向原告承担赔偿责任。该案法院支持了某甲保险公司重庆第二营业部的主张，判决某甲保险公司重庆第二营业部具有代位求偿权。

二、责任方赔款不足以弥补所有损失，如何分配

被保险人就未取得赔偿的部分要求责任方承担，保险公司保险赔偿部分亦要求责任方承担，责任方因海事赔偿责任限制，设立的海事赔偿责任限制基金并不能完全弥补被保险人及保险公司的损失（责任方之清偿能力不足或依法所需负赔偿之数额低于保险人、被保险人的赔偿请求时），责任方的赔偿款应当如何分配，因为法律没有作出明确的规定，存在较大的争议。主要存在三种不同的学说，即保险人优先受偿说、被保险人优先受偿说、比例受偿说。三种学说均有一定合理性和局限性，在实践中运用不统一。

在本案债权人会议中，某甲保险公司重庆第二营业部提出：其作为涉案货运险的保险人，已经按照《中华人民共和国保险法》第六十条第一款的规定，向某甲物流公司赔偿保险金，并在赔偿金额范围内取得了代位行使被保险人对第三者请求赔偿的权利。就超出上述保险理赔范围的损失，某甲物流公司已向法院提起确权诉讼，并经法院确认其所享有的债权金额，已经实现了其依据《中华人民共和国保险法》第六十条第三款所享有的权利。《中华人民共和国保险法》第六十条第三款并未规定被保险人有权就其债权优先于保险人受偿。本案中各债权人请求受偿之债权，在权利来源、权利基础和权利性质上相同，应当在同一顺位进行分配。在债权总金额超出海事赔偿责任限制基金可分配金额的情况下，应按照各债权比例进行清偿。该案法院最终采纳了某甲保险公司重庆第二营业部提出的比例受偿的观点，判决保险公司赔款在海事赔偿责任限制基金中按比例分摊受偿。

三、实务启示

该案中某甲保险公司重庆第二营业部从权利来源、权利基础和权利性质上对保险人及被保险人的索赔权进行论证，阐释比例分摊的合理性，向法院积极主张及沟通，相关意见得以被法院采纳。然而，在实务中，有的法院往往倾向于保护被保险人利益，支持被保险人优先受偿的观点。在今后类似案件中，保险公司在处理保险赔案时可尝试就追偿受偿情况及顺序向被保险人提前说明并与其达成约定，在保险人和被保险人之间存在约定的情况下，法院尊重双方约定的可能性更大。

财产一切险代位求偿中一人有限公司股东承担连带赔偿责任的认定

重庆市第一中级人民法院
（2021）渝01民终1102号民事判决书

（2021年6月2日）

案・情

2017年10月26日，某实业公司将案涉厂房在内的39宗房地产向某保险公司重庆市分公司第一营业部（以下简称某保险公司重庆第一营业部）投保了财产一切险，保险期间自2017年10月27日零时起至2018年10月27日24时止。2018年7月2日，案涉厂房发生火灾。《火灾事故认定书》认定起火部位位于一层某甲电镀公司厂房东北侧，起火原因为该区域电气线路故障引燃周围可燃物发生火灾。某实业公司与某保险公司共同委托某公估公司进行公估，公估案涉厂房的修复费用为479.92万元。后某保险公司重庆第一营业部与某实业公司协商赔付415万元。

案涉厂房系某实业公司出租给孙甲，后由孙甲交由某甲电镀公司无偿使用。根据前述火灾原因，某保险公司重庆第一营业部在赔付后进行代位求偿索赔，在起诉前，某保险公司重庆第一营业部对某甲电镀公司深入进行背景调查，发现某甲电镀公司系一人公司（股东孙甲），工商查档显示某甲电镀公司原股东孙乙、陈某存在未足额缴纳出资的情况，起诉时选择将某甲电镀公司现股东孙甲、原股东孙乙、陈某作为共同被告进行了起诉。最终，法院认定某甲电镀公司应当对火灾所致损失承担赔偿责任，孙甲因未能证明其财产独立于某甲电镀公司，需共同承担连带责任，孙乙、陈某在其未足额出资的范围内承担补充责任。

判决书正文

上诉人（原审被告）：孙甲，汉族，住河南省沈丘县。

被上诉人（原审原告）：某保险公司重庆第一营业部，住所地：重庆市江北区。

原审被告：某甲电镀公司，住所地：重庆市璧山区。

原审被告：孙乙，汉族，住河南省沈丘县。

原审被告：陈某，汉族，住河南省沈丘县。

上诉人孙甲因与被上诉人某保险公司重庆第一营业部、原审被告某甲电镀公司、孙乙、陈某保险人代位求偿权纠纷一案，不服重庆市璧山区人民法院（2019）渝0120民初8435号民事判决，向本院提起上诉。某甲电镀公司、孙乙、陈某虽在一审判决宣告后提起上诉，但未在指定期限内预交二审案件受理费，依法应按自动撤回上诉处理。本院于2021年1月25日立案后，依法组成合议庭审理了本案。本案现已审理终结。

孙甲上诉请求：撤销原判，发回重审或改判驳回某保险公司重庆第一营业部的诉讼请求。事实和理由：某甲电镀公司并非保险人代位求偿权针对的第三人，而应当是案涉保险受益人。案涉某甲电镀公司租赁厂房出租人某实业公司与某甲电镀公司签订的厂房租赁合同约定了出租房屋内发生的任何财产损失和人身伤亡均由孙甲负责并购买保险，租赁厂房有关的保险由某实业公司购买。孙甲作为承租人对租赁厂房也应享有保险利益。本案应当使用过错责任原则确定赔偿主体。本案火灾事故不外乎三种可能，一是某甲电镀公司违规使用电加热棒。二是电焊火星引燃，但结合具体案情，此两种可能性不大。三是案涉火灾事故原因认定书认定的线路故障引燃周围可燃物。但这只是起火原因。造成火灾有多方面原因，包括案涉厂房的物管企业某物业公司工作人员未经考取消防员资格证，未采取正确的处理火警方式。某实业公司对灾害损失扩大具有最直接责任，消防设施未保持完好，设置不符合标准，建筑材料耐火等级不达标。公安消防部门也未对某甲电镀公司进行罚款或拘留，未对某甲电镀公司直接责任人追究刑事责任，也没有认定某甲电镀公司对事故负全责。保险赔付过程，某甲电镀公司和孙甲、孙乙、陈某等均未参与，评估报告评估依据并不充分。火灾发生时某甲电镀公司实际系孙甲、孙乙和陈某三人作为股东实际经营，孙甲仅应就其出资不实部分承担补充责任而非对有关赔偿金额承担连带责任。

某保险公司重庆第一营业部辩称，一审判决认定事实清楚，适用法律正确，请求二审法院判令驳回上诉，维持原判。

某甲电镀公司、孙乙、陈某均述称，同意孙甲的上诉请求。

某保险公司重庆第一营业部向一审法院起诉请求：1. 判令某甲电镀公司、孙甲连带赔偿某保险公司重庆第一营业部保险金共计415万元并支付资金占用损失（自2019年10月9日起，以60万元为基数，按全国银行间同业拆借中心公布的同期贷款市场报价利率计算至2019年12月9日；自2019年12月10日起，以160万元为基数，按全国银行间同业拆借中心公布的同期贷款市场报价利率计算至2020年3月23日；自2020年3月24日起，以415万元为基数，按全国银行间同业拆借中心公布的同期贷款市场报价利率计算至前述保险金付清之日止）；2. 判令孙乙、陈某在其未出资本息范围内对某甲电镀公司的上述债务承担补充赔偿责任；3. 判令孙甲对孙乙、陈某的上述补充赔偿责任承担连带责任。

一审法院认定事实：2016年，孙甲与某实业公司签订《厂房租赁合同》，约定由某实业公司将其位于重庆璧山电镀工业园区电镀集中加工区3栋1单元一楼①②③④号的生产厂房出租给孙甲，租期自2016年8月1日起至2021年7月30日止。2016年7月12日，孙甲、孙乙、陈某共同设立某甲电镀公司，分别认缴出资额50万元，出资时间为2017年7月6日前，出资方式为货币。2016年7月6日，孙甲出具《无偿提供场地使用说明》，将案涉厂房无偿交付给某甲电镀公司从事金属表面处理等生产经营使用。

2017年10月26日，某实业公司将包括案涉厂房在内的39宗房地产向某保险公司重庆第一营业部投保了财产一切险，保险期间自2017年10月27日零时起至2018年10月27日24时止。

2017年12月16日，某物业公司向某甲电镀公司出具《隐患整改通知书》，该通知书载明：“2017年12月16日，我部门在例行安全环保巡查时，发现贵司正在安装电加热装置，根据相关规定，为确保用电及消防安全，请贵司立即拆除电加热装置，禁止使用电加热，否则一切后果贵司自负。”

2018年7月2日3时55分左右，案涉厂房内发生火灾。

2018年10月31日，消防支队出具壁公消火认字〔2018〕第0009号《火灾事故认定书》，该书载明：“2018年7月2日4时07分，重庆市璧山区公安消防支队指挥中心接到报警，称位于璧山区电镀工业园区电镀集中加工区3栋1单元一楼的某甲电镀公司发生火灾。火灾烧损某实业公司厂房主体，烧毁某甲电镀公司生产设备，造成某甲金属表面处理公司、某乙电镀公司、某乙金属表面处理公司、某丙金属表面处理公司、某制造公司生产设备、装修等不同程度受损，过火面积1000平方米左右，无人员伤亡。经统计，直接财产损失为464.83万元。经调查，对起火原因认定如下：起火时间为2018年7月2日3时55分左右；起火部位位于一层某甲电镀公司厂房东北侧；起火点位于某甲电镀公司厂房东北侧纸箱堆放区域；起火原因为该区域电气线路故障引燃周围可燃物发生火灾。以上事实有询问笔录、现场勘验笔录、现场图、现场照片、视频监控等证据证实。”

2018年7月13日，孙乙、陈某分别与孙甲签署《某甲电镀公司股权转让协议》，协议将孙乙、陈某持有的某甲电镀公司33.33%股权以0元对价转让给孙甲。某甲电镀公司《出资者（股东）情况》显示，孙甲现持有某甲电镀公司100%股权。某甲电镀公司《2018年度报告》显示其实缴注册资本为0元。

火灾发生后，某保险公司重庆第一营业部与某实业公司共同委托某公估公司对投保财产进行公估，并于2020年1月15日形成《财产一切险公估报告》，该报告载明：火灾导致损失范围包括案涉厂房一楼、二楼、三楼等，核定损失金额4799244.99元，理算赔偿金额为4319320.49元。某保险公司重庆第一营业部分别于2019年10月9日向某实业公司赔付保险金人民币60万元、于2019年12月9日向某实业公司赔付保险金人民币100万元。2020年1月21日，某实业公司与某保险公司重庆第一营业部签署《保险赔款协商意见书》，载明：双方一致同意某保险公司重庆第一营业部向某实业公司支付本次事故涉及的全部保险赔款金额为人民币肆佰壹拾伍万元正（小写4150000.00元）（该金额包含某保险公司重庆第一营业部已预先支付给某实业公司的160万元人民币），某实业公司将此次保险事故而对第三者享有的请求赔偿的权利，自某保险公司重庆第一营业部保险赔款支付之日起转让给某保险公司重庆第一营业部。2020 年 3 月 23 日，某保险公司重庆第一营业部向某实业公司赔付保险金人民币 255 万元。前述三次共计赔付 415 万元。

一审另查明，2016 年 9 月 21 日，消防支队出具壁公消验字〔2016〕第 0099 号《建设工程消防验收意见书》，该意见书载明“我支队对你单位（某实业公司）申报的……F03 厂房……进行了消防验收……综合评定该工程消防验收合格”。2017 年 5 月 19 日，重庆市璧山区城乡建设委员会向某实业公司颁发了 F03 号厂房《重庆市建设工程竣工验收备案登记证》（璧山区建竣备字〔2017〕0043 号）。孙甲、某甲电镀公司签章的《重庆电镀环保示范园客户接房验房表》载明“电表底数：未安装”“装修期间电表底数为零”。

一审还查明，消防支队对孙甲的询问笔录载明“园区两个月前来检查过，看见我们有电加热的设备，通知我们不要使用电加热设施，我自己去核实了，看见了设备在池子里”。对孙乙的询问笔录载明“（电加热管）我买回来的，陈某安装的”。对某甲金属表面处理公司员工罗某的询问笔录载明“（某甲电镀公司厂房）还是比较乱的，他自己有自己的电工”。对某甲电镀公司员工汪某的询问笔录载明“一般每天都有，因为每天凌晨 4 点 30 分左右，晚班的人把最后一批需要电镀的东西放入生产线”。对某甲电镀公司工作人员孙丙的询问笔录中载明“7 月 1 日白天生产的”。《某甲电镀公司“7·2”火灾平面图》中标记的火灾起火点位于厂房东北侧电解除油池处。《火灾现场勘验笔录》第四点专项勘验载明：“勘验电解除油池区域，其正下方堆放了产品包装袋（可燃）……南侧生产线电解除油池内发现另一电加热棒。”《应急管理部消防救援局四川火灾物证鉴定中心鉴定文书》第三条论证中载明，“B7－1#样品（见附件照片 49 和照片 50）符合标准描述的电弧熔痕代表性特征，判定为电弧熔痕样品”。

一审法院认为，本案系保险人代位求偿权纠纷。《中华人民共和国保险法》第六十条规定，因第三者对保险标的损害造成保险事故的，保险人自向被保险人赔偿保险金之日起，在赔偿金额范围内代位行使被保险人对第三者请求赔偿的权利。被保险人某实业公司在某保险公司重庆第一营业部处投保的案涉厂房发生保险事故后，某保险公司重庆第一营业部已按保险合同的约定向某实业公司赔付了保险赔偿金，并签署《保险赔款协商意见书》，取得了某实业公司对第三者享有的请求赔偿权利，某保险公司重庆第一营业部在赔偿范围内依法取得保险代位求偿权。《最高人民法院关于适用〈中华人民共和国保险法〉若干问题的解释（四）》第七条规定，保险人依照保险法第六十条的规定，主张代位行使被保险人因第三者侵权或者违约等享有的请求赔偿的权利的，人民法院应予支持，故某保险公司重庆第一营业部的诉讼请求能否得到支持，应主要审查某甲电镀公司与某实业公司之间的侵权关系是否成立。至于孙甲、孙乙、陈某的责任，应根据公司法的相关规定予以判断。据此，本案的争议焦点为：一、某甲电镀公司是否侵害了某实业公司的权益；二、若某甲电镀公司侵害了某实业公司的权益，应如何承担责任；三、孙甲、孙乙、陈某是否承担相应责任。针对上述争议焦点，一审法院评述如下：

关于某甲电镀公司是否侵害某实业公司权益的问题。《中华人民共和国侵权责任法》（以下简称《侵权责任法》）第六条第一款规定，行为人因过错侵害他人民事权益，应当承担侵权责任，据此规定，侵权责任的构成要件一般包括四项，即违法行为、过错、损害事实和因果关系。本案中，2017 年 12 月 16 日，为案涉厂房提供物业服务的某物业公司向某甲电镀公司出具《隐患整改通知书》，该通知书载明："2017 年 12 月 16 日，我部门在例行安全环保巡查时，发现贵司正在安装电加热装置，根据相关规定，为确保用电及消防安全，请贵司立即拆除电加热装置，禁止使用电加热，否则一切后果贵司自负。"可见，使用电加热装置是存在消防安全隐患的，作为提供物业服务的某物业公司在发现某甲电镀公司加装电加热装置时即要求其整改。孙甲在接受消防支队询问时陈述："园区两个月前来检查过，看见我们有电加热的设备，通知我们不要使用电加热设施，我自己去核实了，看见了设备在池子里"，《火灾现场勘验笔录》第四点专项勘验载明："勘验电解除油池区域，其正下方堆放了产品包装袋（可燃）……南侧生产线电解除油池内发现另一电加热棒"，由此可以确认，直至火灾发生时，某甲电镀公司未拆除其电加热装置。某甲电镀公司员工汪某接受消防支队的询问时陈述"一般每天都有，因为每天凌晨 4 点 30 分左右，晚班的人把最后一批需要电镀的东西放入生产线"，某甲电镀公司工作人员孙丙在接受消防支队的询问时陈述"7 月 1 日白天生产的"，由此可以推定火灾发生时即 2018 年 7 月 2 日 3 时 55 分，某甲电镀公司在生产。以上论述能够得出两个结论：其一，某甲电镀公司存在私自加装并使用电加热装置的行为；其二，该行为因存在安全隐患是不被允许的，且某甲电镀公司对此是明知的。消防支队界定的起火原因为电气线路故障引燃周围可燃物，而起火点位于厂房东北侧即放置并处于使用状态的电加热装置的电解除油池处，结合前述的加装并使用电加热装置存在消防安全隐患的事实，可以得出结论：私自加装并使用存有消防安全隐患的电加热装置引起线路故障，进而引燃周围可燃物，最终导致本次火灾，即私自加装并使用存有消防安全隐患的电加热装置与本次火灾事故具有因果关系。此次火灾烧毁了某实业公司的厂房主体，造成了损害事实，且该损失与某甲电镀公司的侵权行为存在因果关系。综上所述，某甲电镀公司的行为侵害了某实业公司的权益，应承担侵权责任。某保险公司重庆第一营业部基于侵权而非合同向某甲电镀公司主张权利，谁与某实业公司签订租赁合同与某甲电镀公司应否承担侵权责任无关，故某甲电镀公司关于其因非案涉厂房租赁合同的承租方而不应承担责任的辩称意见无法律依据，一审法院不予支持。

关于某甲电镀公司应如何向某实业公司承担责任的问题。《侵权责任法》第十五条第一款第六项规定，承担侵权责任的方式包括赔偿损失。《侵权责任法》第十九条规定，侵害他人财产的，财产损失按照损失发生时的市场价格或者其他方式计算。本案中，某甲电镀公司的侵权行为导致某实业公司的厂房被烧损，某甲电镀公司应赔偿该厂房的修复费用。对此修复费用，某保险公司重庆第一营业部主张以某公估公司所公估的结论为准，某甲电镀公司主张以鉴定的方式予以确定。一审法院认为，某保险公司重庆第一营业部并无与某实业公司、某公估公司串通以高估修复费用的动机，因其高估且赔偿之后面临无法追偿的风险，某公估公司是一家专业机构，且是受某保险公司重庆第一营业部和某实业公司的委托而就修复费用进行公估，故其公估结论能够客观、准确地反映修复费用，故重新鉴定徒增双方负担，实无必要。某公估公司所公估的修复费用为4799244.99元，某保险公司重庆第一营业部和某实业公司协商的赔偿金额和实际理赔的金额为4150000元，故某保险公司重庆第一营业部有权向某甲电镀公司追偿的金额为4150000元。因某甲电镀公司与某保险公司重庆第一营业部在应否赔偿和赔偿数额上均存在争议，即某甲电镀公司不具备赔偿的现时义务，要求其赔偿资金占用损失无事实和法律依据，故一审法院对某保险公司重庆第一营业部关于资金占用损失的诉请不予支持。某甲电镀公司主张某实业公司应分担损失，但并无事实和法律依据，一审法院不予支持。

关于孙甲、孙乙、陈某应否承担责任的问题。《中华人民共和国公司法》第六十三条规定，一人有限责任公司的股东不能证明公司财产独立于股东自己的财产的，应当对公司债务承担连带责任，孙甲作为某甲电镀公司的唯一自然人股东，未举示证据证明其个人财产独立于某甲电镀公司，应对某甲电镀公司的上述债务承担连带赔偿责任。前述《中华人民共和国公司法》第六十三条并未区分公司债务的形成时间，即一人有限责任公司的股东不能证明公司财产独立于股东自己的个人财产时，应对公司的所有债务承担连带责任，而不论该债务是形成于一人有限责任公司期间还是非一人有限责任公司期间，故孙甲所提出的其因某甲电镀公司在公司成立及事故发生时并非一人有限责任公司而不应承担连带责任的辩称意见，无法律依据，一审法院不予支持。《最高人民法院关于适用〈中华人民共和国公司法〉若干问题的规定（三）》第十三条第二款规定，公司债权人请求未履行或者未全面履行出资义务的股东在未出资本息范围内对公司债务不能清偿的部分承担补充赔偿责任的，人民法院应予支持。2016 年 7 月 12 日，孙甲、孙乙、陈某共同设立某甲电镀公司，分别认缴出资额 500000 元（货币），出资时间为 2017 年 7 月 6 日前，至 2018 年 7 月 13 日，孙乙、陈某将其股权转让给孙甲时，二人还未缴纳其认缴的出资额，且其受让人孙甲在受让股权后也未缴纳，故孙乙、陈某应当在未出资本息范围内向某保险公司重庆第一营业部承担补充赔偿责任。其未出资的金额为 500000 元，其利息可参照中国人民银行同期同类人民币贷款基准利率和全国银行间同业拆借中心公布的贷款市场报价利率计算。《最高人民法院关于适用〈中华人民共和国公司法〉若干问题的规定（三）》第十八条第一款规定："有限责任公司的股东未履行或者未全面履行出资义务即转让股权，受让人对此知道或者应当知道，公司请求该股东履行出资义务、受让人对此承担连带责任的，人民法院应予支持；公司债权人依照本规定第十三条第二款向该股东提起诉讼，同时请求前述受让人对此承担连带责任的，人民法院应予支持。"孙甲作为某甲电镀公司股东及股权受让人，应当知晓孙乙、陈某未足额缴纳出资的情况，故孙甲应对前述孙乙、陈某的补充赔偿责任承担连带责任。

该院遂依照《中华人民共和国民法总则》第一百二十条，《中华人民共和国侵权责任法》第六条第一款、第十五条第一款、第十九条，《中华人民共和国保险法》第六十条、第一百二十九条，《最高人民法院关于适用〈中华人民共和国保险法〉若干问题的解释（四)》第七条，《中华人民共和国公司法》第六十三条，《最高人民法院关于适用〈中华人民共和国公司法〉若干问题的规定（三)》第十三条第二款、第十八条第一款的规定，《中华人民共和国民事诉讼法》第一百四十四条规定，判决：一、某甲电镀公司赔偿某保险公司重庆第一营业部保险金共计415万元；二、孙甲对前述第一项债务承担连带责任；三、孙乙、陈某各在未足额缴纳其认缴的出资额50万元及其利息范围内对某甲电镀公司上述债务承担补充赔偿责任（2017年7月6日起至2019年8月20日止，以50万元为基数，按中国人民银行同期同类人民币贷款基准利率计算；2019年8月20日起至付清之日止，以未足额缴纳其认缴出资额的范围内，按全国银行间同业拆借中心公布的贷款市场报价利率计算)；四、孙甲对前述第三项债务承担连带责任；五、驳回某保险公司重庆第一营业部的其他诉讼请求。如果未按判决指定的期间履行给付金钱义务，应当依照《中华人民共和国民事诉讼法》第二百五十三条规定，加倍支付迟延履行期间的债务利息。案件受理费20094.17元，孙甲、某甲电镀公司负担19980元，孙乙、陈某分别对其中2407元承担连带责任（限于判决生效后10日内缴纳)，某保险公司重庆第一营业部承担114.17元。保全费5000元，由孙甲、某甲电镀公司负担，孙乙、陈某分别对其中的602元承担连带责任，此款随案款一并支付给某保险公司重庆第一营业部。

二审中，孙甲、某甲电镀公司以新证据为由申请提交证据材料：1. 照片，以此证明案涉厂房在发生火灾时门没关，也没上锁，即使关了门或者上了锁，某物业公司工作人员也能轻易进入厂区。某物业公司负有法定和约定的救火义务，但其放任厂区小火迅速燃烧并蔓延成灾。2. 情况说明，该情况说明由孙乙、陈某签字认可，以此证明某甲电镀公司系三人合伙成立，并设有专款专营账户，公司的经营均是通过该账户做账，公司的财产独立于孙甲自己的财产，某甲电镀公司有独立完整的财务制度，相关财务报表也符合会计准则的规定，未见有公司财产与股东个人财产混同的迹象。

某保险公司重庆第一营业部质证认为，对证据材料1的真实性、合法性、关联性均不予认可；对证据材料2的合法性不予认可。孙乙、陈某对证据材料的真实性、合法性、关联性无异议。

本院认为，证据材料 1 不能反映与本案有关的事实，缺乏关联性，不予采纳作为二审新证据。证据材料 2 系孙甲等人自行制作，企图以此证明孙甲与某甲电镀公司财产相互独立，显然没有证明力，本院亦不予采纳作为二审新证据。

本院二审查明事实与一审法院查明的事实一致。

本院认为，某甲电镀公司、孙乙、陈某虽在一审判决宣告后提起上诉，但未在指定期限内预交二审案件受理费，依法按自动撤回上诉处理。某甲电镀公司作为一审判决判令承担案涉债务清偿责任的首要债务人虽按自动撤回上诉处理，但关于其就火灾发生是否存在过错，某保险公司重庆第一营业部是否有权向其行使保险人代位追偿权是审理孙甲应否承担有关连带清偿责任的事实前提，故有关问题亦应当作为二审审理的范围。本案二审争议焦点在于：1. 某甲电镀公司是否就案涉火灾的发生存在过错并因此而向某保险公司重庆第一营业部赔偿有关保险金损失；2. 孙甲应当承担的清偿责任范围。

关于第一项争议焦点，案涉火灾发生后，公安消防部门已对火灾事故原因作出相应认定，认定起火原因为某甲电镀公司电气线路故障引燃周围可燃物发生火灾。根据该认定，某实业公司作为电气线路所在建筑的所有权人及失火厂房的出租人，对于有关电气线路负有确保布线和线路负荷等因素符合消防安全要求的义务，有关义务即使在其出租厂房的情形下亦不能得以完全免除。某甲电镀公司作为失火厂房的承租人和电气线路的直接使用人亦当然负有确保电气线路安全的义务，同时对于失火场所的物品摆放符合消防安全要求亦具有相应义务，更具有直接管控能力，故某实业公司和某甲电镀公司对于火灾事故发生均存在过错。某甲电镀公司的过错显然大于某实业公司。根据本案实际，本院认定某实业公司和某甲电镀公司对于火灾事故发生的过错比例分别为 30% 和 70%。某甲电镀公司应当就其过错比例根据某保险公司重庆第一营业部的追偿向其赔偿火灾损失赔偿款 415 万元的 70%，即 2905000 元。一审判决认定起火原因系某甲电镀公司私自加装并使用存有消防安全隐患的电加热装置导致了电气线路故障，有关认定并无充分事实依据，本院予以相应纠正。孙甲关于其对投保的失火厂房具有保险利益，以及失火厂房物管企业应当存在相应过错并分担其责任的有关上诉理由与本院查明的事实不符，既无事实基础，也无法律依据，本院不予采纳。

关于第二项争议焦点，根据本案已得查明的事实，孙甲在火灾发生时作为某甲电镀公司的唯一股东，未举证证明其个人财产独立于某甲电镀公司，依法应对某甲电镀公司的案涉债务承担连带清偿责任。一审判决有关认定事实依据充分，法律适用得当，本院亦予认同。孙甲就其有关上诉请求所举示的证据并无证明力，其相关上诉理由没有任何事实和法律依据，本院不予采纳。

综上所述，一审判决认定事实部分有误，适用法律部分失当，某甲电镀公司的赔偿金额相应应予适当调整，孙甲、孙乙、陈某的赔偿金额相应亦应作变动。依照《中华人民共和国民法总则》第一百二十条，《中华人民共和国侵权责任法》第六条第一款、第十五条第一款、第十九条，《中华人民共和国保险法》第六十条、第一百二十九条，《最高人民法院关于适用〈中华人民共和国保险法〉若干问题的解释（四）》第七条，《中华人民共和国公司法》第六十三条，《最高人民法院关于适用〈中华人民共和国公司法〉若干问题的规定（三）》第十三条第二款、第十八条第一款，《中华人民共和国民事诉讼法》第一百七十条第一款第二项规定，判决如下：

一、撤销重庆市璧山区人民法院（2019）渝0120民初8435号民事判决；

二、原审被告某甲电镀公司于本判决生效后3日内赔偿被上诉人某保险公司重庆第一营业部保险金2905000元；

三、上诉人孙甲对本判决第二项所确定的债务承担连带清偿责任；

四、原审被告孙乙、陈某各在未足额缴纳其认缴的出资额50万元及其利息范围内对被告某甲电镀公司上述债务承担补充赔偿责任（其中2017年7月6日起至2019年8月20日止，利率按中国人民银行同期同类人民币贷款基准利率计算；2019年8月20日起至付清之日止，利率按全国银行间同业拆借中心公布的贷款市场报价利率计算）；

五、驳回被上诉人某保险公司重庆第一营业部的其他诉讼请求。

如果未按本判决指定的期间履行给付金钱义务，应当依照《中华人民共和国民事诉讼法》第二百五十三条规定，加倍支付迟延履行期间的债务利息。

一审案件受理费20094.17元，由上诉人孙甲、原审被告某甲电镀公司负担14065.92元，被上诉人某保险公司重庆第一营业部负担6028.25元。申请诉讼保全措施费5000元，由上诉人孙甲、原审被告某甲电镀公司负担。二审案件受理费4万元，由上诉人孙甲、原审被告某甲电镀公司负担28000元，被上诉人某保险公司重庆第一营业部负担 12000 元。

本判决为终审判决。

审判长　张　某
审判员　余　某
审判员　彭　某
二〇二一年六月二日
书记员　冉　某
书记员　李　某

评·析

一、侵权责任比例如何确定

本案争议焦点之一即侵权责任比例如何确定，一审法院接受了某保险公司重庆第一营业部根据消防事故认定书及消防支队对相关人员的询问笔录所提出的“某甲电镀公司存在私自加装并使用电加热装置，起火点位于厂房东北侧，即某甲电镀公司放置并处于使用状态的电加热装置的电解除油池处，可以推断某甲电镀公司私自加装并使用存在安全隐患的电加热装置引起线路故障，进而引燃周围可燃物，最终导致本次火灾”的主张，并判决某甲电镀公司应承担全部侵权责任。二审法院则认为某实业公司作为电气线路所在建筑的所有权人及失火厂房的出租人，对于有关电气线路负有确保布线和线路负荷等因素符合消防安全要求的义务，故某实业公司对于火灾事故发生亦存在过错，故认定某实业公司、某甲电镀公司的过错比例分别为 30%、70%，改判某甲电镀公司承担 70% 的赔偿责任。

二、股东是否应当承担赔偿责任

从立法实践来看，《中华人民共和国公司法》第二十条规定：“公司股东应当遵守法律、行政法规和公司章程，依法行使股东权利，不得滥用股东权利损害公司或者其他股东的利益；不得滥用公司法人独立地位和股东有限责任损害公司债权人的利益。公司股东滥用股东权利给公司或者其他股东造成损失的，应当依法承担赔偿责任。公司股东滥用公司法人独立地位和股东有限责任，逃避债务，严重损害公司债权人利益的，应当对公司债务承担连带责任。”这是股东不能滥用公司独立法人地位的一般规定。具体而言，公司以其自身财产为限对外承担有限责任，股东出资是公司财产的重要来源，如股东违反资本充实或诚实信用原则，将导致公司责任财产减少，弱化公司偿债能力，进而可能威胁到公司债权人利益的实现。因此，《中华人民共和国公司法》在2005年修订时吸收了域外“揭开公司面纱理论”，在法律层面上明确，在特定情形下，公司债权人可以直接追究公司股东的责任，此制度又被称为“股东直索责任制度”。

关于孙甲的责任，一人有限责任公司的股东不能证明公司财产独立于股东自己的财产的，应当对公司债务承担连带责任。孙甲作为某甲电镀公司的唯一自然人股东，未举示证据证明其个人财产独立于某甲电镀公司，应对某甲电镀公司的上述债务承担连带责任。《中华人民共和国公司法》第六十三条并未区分公司债务的形成时间，即一人有限责任公司的股东不能证明公司财产独立于股东自己的个人财产时，应对公司的所有债务承担连带责任，无论该债务是形成于一人有限责任公司期间还是非一人有限责任公司期间，故法院并未采纳孙甲所提出的其因某甲电镀公司在公司成立及事故发生时并非一人有限责任公司而不应承担连带责任的辩称意见。

关于孙乙、陈某的责任，《最高人民法院关于适用〈中华人民共和国公司法〉若干问题的规定（三）》第十三条第二款规定，“公司债权人请求未履行或者未全面履行出资义务的股东在未出资本息范围内对公司债务不能清偿的部分承担补充赔偿责任的，人民法院应予支持；……”因此，孙乙、陈某各在未足额缴纳其认缴的出资额50万元及其利息范围内对某甲电镀公司案涉债务承担补充赔偿责任。

本案一审、二审法院均判决：孙甲应对某甲电镀公司的案涉债务承担连带清偿责任。孙乙、陈某各在未足额缴纳其认缴的出资额50万元及其利息范围内对某甲电镀公司上述债务承担补充赔偿责任。

三、实务启示

本案被告某甲电镀公司原本是孙甲、孙乙、陈某三人成立的有限责任公司。火灾发生后，三人意识到某甲电镀公司需要承担火灾赔偿责任，而三人尚未完成股东出资义务，有被债权人直接追索的可能。因此，孙乙、陈某将股权无偿转让给孙甲一人，将某甲电镀公司变更为一人有限责任公司，希望可以避免承担责任。但《最高人民法院关于适用〈中华人民共和国公司法〉若干问题的规定（三)》第十三条第二款已经将此明确列为可以直接追索股东本人的情况，其三人的计划显然无法实现。

某保险公司重庆第一营业部在制定案件处理思路时，充分考虑了上述规定，主动调查了某甲电镀公司的工商登记、股权变更、股权认缴等档案资料，识别本案债务人存在公司与股东人格混同、股东认缴出资额未实际缴足的情况。某保险公司重庆第一营业部最终选择侵权之诉，将某甲电镀公司未实缴出资额的前股东及一人有限责任公司的现股东作为共同被告进行起诉，相关诉求也得到了法院的认可与支持，最大化地维护了公司合法权益，为类似案件的处理提供了较好的参考。

公众责任险中保险人保险责任范围与被保险人违反安全保障义务的认定

浙江省台州市中级人民法院
（2020）浙10民终3306号民事判决书

（2021年3月23日）

案·情

孙甲于2018年12月13日在某甲健身公司办理了健身卡，并成为某甲健身公司的会员。2019年12月24日，孙甲进入某甲健身公司健身，后被人发现晕倒，当日抢救无效死亡，医院出具居民死亡医学证明（推断）书，载明死亡原因为心肌梗死。某甲健身公司于2019年12月11日在某保险公司投保了公共责任保险，每次事故人身伤亡赔偿限额为2000000元。死者家属和某甲健身公司沟通未果，提起民事诉讼，要求某甲健身公司和某保险公司共同承担赔偿责任。

判决书正文

上诉人（原审原告）：万某，女，1979年10月7日出生，汉族，住浙江省玉环市。

上诉人（原审原告）：孙乙，女，2007年5月6日出生，汉族，住浙江省玉环市。

上诉人（原审原告）：孙丙，男，2015年1月15日出生，汉族，住浙江省玉环市。

上诉人（原审原告）：程某，女，1949年3月25日出生，汉族，住山东省威海市。

被上诉人（原审被告）：某甲健身公司。住所地：浙江省玉环市。

被上诉人（原审被告）：某保险公司上海分公司。住所地：上海市长宁区。

上诉人万某、孙乙、孙丙、程某因与被上诉人某甲健身公司、某保险公司上海分公司生命权纠纷一案，不服浙江省玉环市人民法院（2020）浙1021民初4103号民事判决，向本院提起上诉。本院于2020年12月29日立案后，依法组成合议庭对本案进行了审理。本案现已审理终结。

万某、孙乙、孙丙、程某上诉请求：1. 撤销浙江省玉环市人民法院（2020）浙1021民初4103号民事判决，直接改判被上诉人某甲健身公司赔偿上诉人各类损失共计673596.40元，上述款项由被上诉人某保险公司上海分公司在其承保范围内向上诉人承担直接给付责任。2. 一审、二审案件诉讼费用由被上诉人承担。事实和理由：（一）被上诉人某甲健身公司未尽到安全保障义务导致孙甲死亡，其在经营管理中存在过错，其侵权行为与孙甲的死亡结果存在一定因果关系，应承担40%赔偿责任。《中华人民共和国侵权责任法》第三十七条违反安全保障义务的侵权责任规定“宾馆、商场、银行、车站、娱乐场所等公共场所的管理人或者群众性活动的组织者，未尽到安全保障义务，造成他人损害的，应当承担侵权责任。因第三人的行为造成他人损害的，由第三人承担侵权责任；管理人或者组织者未尽到安全保障义务的，承担相应的补充责任。”浙江省实施《中华人民共和国消费者权益保护法》办法第9条、《最高人民法院关于审理人身损害赔偿案件适用法律若干问题的解释》第6条等也作出相关规定。安全保障义务的判断标准需要借助法律法规等的规定（法定注意义务）和理性人（审慎管理人）的判断标准，即从“物”方面（配套设施、设备等）和“人”方面（配备适当人员）提供预防和消除危险以及救助等保障。显然某甲健身公司在法定注意义务及“物”和“人”方面都没有做到位。（二）安排体检是被上诉人某甲健身公司根据会员协议约定的义务，某甲健身公司为孙甲开设健身卡应已对孙甲身体状况能否使用某甲健身公司健身房的器材及参加游泳项目做了了解。一审法院依据《会员协议》第38条约定：患有皮肤病、传染病、心脏病、高血压、糖尿病、肝、肾功能不良及其他不适合本门店活动的疾病患者，入会前须向本门店说明和申报以往病史，因隐瞒病史入会后在本门店发生意外或者加重病情的，会员应承担相应责任。认定孙甲与被上诉人某甲健身公司签订会员协议时，就必须申报的疾病情况作出相关约定。一审法院对此事实认定错误。首先，该份会员协议条款均是格式条款，被上诉人某甲健身公司在办理健身卡的时候均未询问孙甲及上诉人万某的身体状况，未向孙甲及上诉人万某尽到合理的提示义务。其次，该份《会员协议》中备注部分注明：新办理会员及续费会员包含一节体测和体能评估指导课。孙甲已经在被上诉人处开卡健身游泳了，说明某甲健身公司已经通过对孙甲进行过体测及体能评估指导课等形式，对孙甲的身体状况是否适合健身及游泳已经充分了解了，明确孙甲可以参加某甲健身公司开设的健身房健身及游泳项目。《消费者权益保护法》（2013 年修正）第十八条规定：“经营者应当保证其提供的商品或者服务符合保障人身、财产安全的要求。对可能危及人身、财产安全的商品和服务，应当向消费者作出真实说明和明确警示，并说明和标明正确使用商品或者接受服务的方法以及防止危害发生的方法。宾馆、商场、餐馆、银行、机场、车站、港口、影剧院等经营场所的经营者，应当对消费者尽到安全保障义务。”本案被上诉人某甲健身公司是一家提供健身服务的场所，在经营场所中并未对不适合从事健身活动的消费者作出明确警示，或者采取防止高危人群进入健身场所健身的方法、措施。相反，却在其提供的《会员协议》中拟订了免除经营者责任、加重消费者责任的格式条款。上述单方面加重消费者责任而减轻或免除经营者责任的条款明显对消费者不公平、不合理。对此类格式条款，依据《消费者权益保护法》（2013 年修正）第二十六条第三款规定，应认定其有关内容无效，被上诉人某甲健身公司有责任在经营场所防止危险情况的出现，但在案发前被上诉人某甲健身公司并未采取紧急救助措施以排除可能存在的危险因素。（三）被上诉人某甲健身公司安全救护措施薄弱，不但没有完善的突发事件应急预案、急救房、氧气瓶等方面的“物”上的配备，而且未配备一定数量的医务人员实施紧急救助行为。1. 一审法院认为目前尚无强制性法律规范或行业规则规定经营性健身服务公司必须制定应急处置预案和配备医务人员。但是根据《中华人民共和国国家（GB 19079. 1—2003）体育场所开放条件与技术要求》第一部分：游泳场所的相关规定，游泳场所是需要配备救生员、教练员、社会体育指导员（游泳）、水质处理人员、医务人员等职业人员，须持国家有关执业资格证书方能上岗。要有至少一名医务人员。根据《全民健身条例》第三十二条：企业、个体工商户经营高危险性体育项目的，应当符合下列条件，并向县级以上地方人民政府体育主管部门提出申请：（1）相关体育设施符合国家标准；（2）具有达到规定数量的取得国家职业资格证书的社会体育指导人员和救助人员；（3）具有相应的安全保障制度和措施。《经营高危险性体育项目许可管理办法》第六条规定：经营高危险性体育项目，应当具备下列条件：（1）相关体育设施符合国家标准；（2）具有达到规定数量的取得国家职业资格证书的社会体育指导人员和救助人员；（3）具有安全生产岗位责任制、安全操作规程、突发事件应急预案、体育设施、设备、器材安全检查制度等安全保障制度和措施；（4）法律、法规规定的其他条件。《卫生部、国家体育总局关于印发〈游泳场所卫生规范〉的通知》第六条：（1）人工建造游泳场所应设置游泳池及急救室、更衣室、淋浴室、公共卫生间、水质循环净化消毒设备控制室及库房。并按更衣室、强制淋浴室和浸脚池、游泳池的顺序合理布局，相互间的比例适当，符合安全、卫生的使用要求。（2）急救室按《体育场所开放条件与技术要求》GB 19079要求设置，配有氧气袋、救护床、急救药品和器材，救护器材应摆放于明显位置，方便取用。为此，某甲健身公司作为具有游泳场所的健身经营场所，其经营的游泳馆系高危险性体育项目，必须配备相应的救助人员及医务人员，也需要具有突发事件应急预案，但是显然某甲健身公司根本没有按规定配备符合国家标准的相关体育设施及规定数量的取得国家职业资格证书的社会体育指导人员和救助人员。在本案中被上诉人某甲健身公司明确其公司没有聘请一名医务人员也没有采取完善的突发事件应急预案，更没有对孙甲采取紧急救助的措施，采取紧急救助措施的是玉环市人民医院的急救医生。因此，一审法院认定事实及法律错误。2. 一审法院认为洗澡这一行为具有私密性及浴室具有空间性的特殊性，被上诉人某甲健身公司没有安排工作人员进行巡视属于合理范围，仅以已经呼叫“120”且将孙甲移到较为通风的更衣室而简单地免除被上诉人某甲健身公司的安全保障义务。一审法院并没有结合被上诉人作为营利性的健身场所，其是否有效地履行了危险控制义务还要看其采取实施直接作用于危险源的措施的经济成本与潜在的受危险人所可能遭受的损害的比例关系。一审法院所说的移到“较为通风的更衣室”，实际也是与浴室相连的空间。被上诉人完全没有设立急救室以及配备急救设施及救助人员。对于“高危险性体育项目”的经营者而言，对其职责要求不是以呼叫“120”且将孙甲移到较为通风的更衣室就简单终结了，某甲健身公司未按照国家标准对游泳场所开放与技术要求的规定设置救助人员及紧急救助设备，提高了危险发生的可能性及在危险发生后不能及时救助、后果加重的可能性。对于心肌梗死的人来说，最初几分钟的抢救是最为宝贵的，但是健身房显然未及时实施心肺复苏术在第一时间进行抢救，直到医院医务人员到达才实施救助行为。被上诉人作为向社会大众公开提供“高危险性体育项目”的有偿服务的经营场所，应当对消费者承担较高的安全保障义务，不仅应具备相应资质，更配备救助人员及制定应急预案，更应将相关安全保障制度落实到位。因此，被上诉人某甲健身公司未尽到安全保障义务导致孙甲死亡，其在经营管理中存在过错，其侵权行为与孙甲的死亡结果存在一定因果关系，应承担40%的赔偿责任。（四）被上诉人某甲健身公司在被上诉人某保险公司上海分公司处投保了公共责任保险，被上诉人某保险公司上海分公司应该在其承保范围内对涉案赔款承担直接给付责任。案外人某乙健身公司与被上诉人某保险公司上海分公司于2019年12月11日签订了《公众责任保险保险单》，虽然被保险人为某乙健身公司，但该份保险单中第九条特别约定第7款约定被告一为共同被保险人。根据《中华人民共和国保险法》第六十五条的规定。责任保险是指以被保险人对第三者依法应负的赔偿责任为保险标的的保险。故被上诉人某甲健身公司作为共同被保险人，被上诉人某保险公司上海分公司作为保险人，应该承担相应责任。被上诉人某甲健身公司未尽到安全保障义务，应该承担涉案赔款，故被上诉人某保险公司上海分公司应该在其承保范围内对涉案赔款承担直接给付责任。综上，上诉人的上诉请求于法有据，于理相符，根据民诉法相关规定，上诉人请求台州市中级人民法院依法改判，支持上诉人的上诉请求。

某甲健身公司辩称，健身房工作人员已经拨打急救电话，通过广播寻找医护人员，将孙甲移至较为通风的更衣室，并对孙甲采取心肺复苏措施，已尽到安全保障义务，对孙甲的死亡结果没有过错。万某、孙乙、孙丙、程某的上诉请求缺乏事实与法律依据，原审判决认定事实清楚、适用法律正确，请求驳回上诉、维持原判。

某保险公司上海分公司辩称，孙甲的死亡系其自身疾病造成，并非某甲健身公司的经营业务发生意外，本案不属于公众责任保险的理赔范围；某甲健身公司在发现孙甲晕倒后拨打了“110”和“120”，并将其移到通风处，对其采取了心肺复苏措施，已尽到安全保障义务。万某、孙乙、孙丙、程某的上诉请求缺乏事实与法律依据，原审判决认定事实清楚、适用法律正确，请求驳回上诉、维持原判。

万某、孙乙、孙丙、程某向一审法院起诉请求：1. 依法判令被告某甲健身公司赔偿原告各类损失计673596.40元；2. 依法判令被告某保险公司上海分公司在其承保范围内对上述赔款承担直接给付责任；3. 本案诉讼费由被告承担。

一审法院认定事实：原告程某系死者孙甲的母亲，原告万某系死者孙甲之妻，原告孙丙、孙乙系死者孙甲与原告万某所生子女。孙甲于2018年12月13日在某甲健身公司处开通办理了五年的家庭健身卡，孙甲及其家人成为某甲健身公司健身房的会员。会员协议第三十八条载明：患有皮肤病、传染病、心脏病、高血压、糖尿病、肝、肾功能不良及其他不适合本门店活动的疾病患者，入会前须向本门店说明和申报以往病史，因隐瞒病史入会后在本门店发生意外或加重病情的，会员应承担相应责任。

2019年12月24日17时58分，孙甲进入被告某甲健身公司。18时04分孙甲出现在泳池，18时27分，孙甲游完泳进入更衣室。18时38分，一位健身客户发现孙甲晕倒在浴室后告知健身房工作人员，工作人员遂即拨打“120”，并将孙甲移至更衣室。18时46分，有健身房教练陆续进入更衣室施救。18时54分，“120”救护人员到达健身房，55分进入更衣室对孙甲进行急救。孙甲于当日抢救无效死亡，玉环市人民医院出具居民死亡医学证明（推断）书，载明死亡原因为心肌梗死。

2019年12月11日，被告某甲健身公司在被告某保险公司上海分公司投保了公共责任保险，保险期限自2019年12月14日起至2020年12月13日止，每次事故人身伤亡赔偿限额为2000000元。公众责任保险条款第三条载明：在保险期间内，被保险人在保险单载明的区域范围内因经营业务发生意外事故，造成第三者的人身伤亡或财产损失，依照中华人民共和国法律（不包括港澳台地区法律）应由被保险人承担的经济赔偿责任，保险人按照本保险合同约定负责赔偿。

一审法院认为，公民的生命权受法律保护。公共场所的管理人未尽到安全保障义务，造成他人损害的，应当承担侵权责任。本案的争议焦点在于某甲健身公司是否尽到安全保障义务以及是否属于公众责任保险的理赔范围。

关于某甲健身公司是否尽到安全保障义务的问题。原告方主要认为某甲健身公司存在以下过错：1. 孙甲晕倒时是被其他健身客户发现，并非健身房工作人员，故某甲健身公司没有履行及时救助义务，而且在孙甲入会时没有安排其进行体检。一审法院认为，洗澡这一行为的私密性及浴室这一空间的特殊性，某甲健身公司没有安排工作人员进行巡视属于合理范围，是符合尊重会员隐私的通常做法，因此不能因为同在浴室洗浴的其他客户较早发现孙甲晕倒的情况来判定某甲健身公司的救助不“及时”；安排体检不是某甲健身公司法定或约定的义务，在双方签订会员协议时，已就必须申报的疾病情况作出相关约定，而且按照原告方所述孙甲比较喜欢游泳，且在玉环游泳界比较有名，故其对于自身身体状况是否适宜游泳应当有较为充分的了解。2. 某甲健身公司安全救护措施薄弱，未配备一定数量的医务人员，也没有完善的突发事件应急预案。目前尚无强制性法律规范或行业规则规定，经营性健身服务公司必须制定应急处置预案和配备医务人员。3. 原告认为事故当天泳池水温比较低，浴室通风欠佳是孙甲心肌梗死的一个诱因，但并未提供充分证据予以证明。对于某甲健身公司是否尽到合理限度的安全保障义务，应根据某甲健身公司所从事的活动种类及安全保障义务的必要性和可能性结合具体情况予以认定。本案中，某甲健身公司工作人员在得知孙甲晕倒在浴室后，第一时间呼叫“120”，并采取了将孙甲移至较为通风的更衣室等救护措施，可以认定某甲健身公司已尽到了合理的安全保障义务。

关于是否属于公众责任保险的理赔范围的问题。某甲健身公司在某保险公司上海分公司投保的是公众责任保险，按照保险条款的内容，只有在被保险人某甲健身公司有责任的情况下才能启动保险理赔。故在某甲健身公司尽到了安全保障义务的情况下，某保险公司上海分公司不应承担赔偿责任。

综上所述，原告的诉讼请求并无事实和法律依据，一审法院不予支持。据此，依照《中华人民共和国民事诉讼法》第六十四条第一款、《最高人民法院关于适用〈中华人民共和国民事诉讼法〉的解释》第九十条的规定，判决：驳回原告万某、孙乙、孙丙、程某的诉讼请求。案件受理费3768元（原告已预交），减半收取 1884 元，由原告万某、孙乙、孙丙、程某负担（此款已缴纳）。

本院二审期间，各方当事人均没有提交新的证据。

本院二审查明的事实与原审判决认定的事实一致，对原审判决认定的事实本院予以确认。

本案二审争议焦点是：被上诉人某甲健身公司向孙甲提供游泳服务时是否尽到了安全保障义务。

上诉人万某、孙乙、孙丙、程某认为，本案被上诉人某甲健身公司是一家提供健身、游泳等服务的场所，既没有聘请医务人员，也没有完善的突发事件应急预案，在经营场所中未对不适合从事健身活动的消费者提出警示，也未采取措施防止高危人群进入场所健身。受害人孙甲通过某甲健身公司体测后开卡健身游泳，此次游泳后出现心脏不适。对于心肌梗死的人来说，最初几分钟的抢救是最为宝贵的，但是被上诉人某甲健身公司没有对孙甲采取紧急救助措施，玉环市人民医院急救医生赶到后为时已晚。被上诉人作为向社会大众公开提供“高危险性体育项目”的有偿服务经营场所，应当对消费者承担较高的安全保障义务，不仅应具备相应资质还要配备救助人员及制定应急预案。被上诉人某甲健身公司未尽到安全保障义务导致孙甲死亡，其在经营管理中存在过错，其侵权行为与孙甲的死亡结果存在一定因果关系，应承担 40% 的赔偿责任。被上诉人某甲健身公司在被上诉人某保险公司上海分公司处投保了公共责任保险，被上诉人某保险公司上海分公司应该在其承保范围内对涉案赔款承担直接给付责任。

被上诉人某甲健身公司认为，健身房工作人员已经拨打急救电话，通过广播寻找医护人员，将孙甲转移至较为通风的更衣室，并对其采取心肺复苏措施，已尽到安全保障义务，对孙甲的死亡结果没有过错。被上诉人某保险公司上海分公司认为，孙甲的死亡系其自身疾病造成，并非是某甲健身公司的经营业务发生意外，本案不属于公众责任保险的理赔范围。

本院认为，安全保障义务主要是指体育场馆、娱乐场所、宾馆、商场等经营场所、公共场所的经营者、管理者或者群众性活动的组织者等安全保障义务主体，应尽的合理限度范围内的使他人免受人身及财产损害的义务。《中华人民共和国侵权责任法》第三十七条规定：“宾馆、商场、银行、车站、娱乐场所等公共场所的管理人或者群众性活动的组织者，未尽到安全保障义务，造成他人损害的，应当承担侵权责任。因第三人的行为造成他人损害的，由第三人承担侵权责任；管理人或者组织者未尽到安全保障义务的，承担相应的补充责任。”违反安全保障义务的侵权责任是一种过错责任。本案中，受害人孙甲在被上诉人某甲健身公司游泳完毕后进入更衣室，过11分钟后有健身客户发现孙甲晕倒在浴室，应系孙甲在冲洗期间出现心脏不适所致，过8分钟后有健身教练进入更衣室施救，又过8分钟有“120”救护人员进入更衣室随即对孙甲进行施救，孙甲终因心肌梗塞、抢救无效而死亡。本案事故发生在游泳活动结束以后冲洗期间，某甲健身公司工作人员在得知孙甲晕倒在浴室后，采取将孙甲转移至较为通风的更衣室并呼叫“120”等救护措施。某甲健身公司营业范围为健身服务、游泳馆服务、体育用品批发等，该公司在2018年2月经玉环市市场监督管理局核准后取得营业执照。上诉人万某、孙乙、孙丙、程某称被上诉人某甲健身公司未尽合理的安全保障义务，缺乏证据证明。关于本案上诉人万某、孙乙、孙丙、程某提出的损失额是否属于公众责任保险的理赔范围的问题，被上诉人某甲健身公司在被上诉人某保险公司上海分公司投保的是公众责任保险，按照保险条款约定，只有在被保险人某甲健身公司有责任的情况下才能启动保险理赔。故在没有证据证明被上诉人某甲健身公司未尽安全保障义务的情况下，上诉人万某、孙乙、孙丙、程某要求由被上诉人某保险公司上海分公司承担赔偿责任，理由不充分，一审法院未予支持，并无不当。

综上所述，万某、孙乙、孙丙、程某的上诉请求不能成立，一审判决认定事实清楚，适用法律正确。本院依照《中华人民共和国民事诉讼法》第一百七十条第一款第一项规定，判决如下：

驳回上诉，维持原判。

二审案件受理费3768元，由上诉人万某、孙乙、孙丙、程某负担。

本判决为终审判决。

审判长 朱 某

审判员 张 甲

审判员 陈 某

二〇二一年三月二十三日

代书记员 张 乙

评·析

本案的争议焦点是关于公众责任保险中“责任”的争议。

当今社会，存在责任事故风险的场所的所有者、经营管理者，往往会通过选择投保公众责任保险来转移其应承担的责任，从而增加自身的风险防范能力。同时，责任保险对受害第三者来说，也能有助于其得到及时有效的救济和保护。公众责任保险是责任保险的一种形式，既有保险的共性，又存在此险种的个性。

民事责任是指民事主体因违反了民事义务（法定义务或约定义务）、不履行或者不完全履行民事义务而应当承担的民事法律后果，分为违约责任、侵权责任与其他责任。侵权责任一般是指民事主体因实施侵权行为而应当承担的民事法律后果，分为一般侵权责任与特殊侵权责任。所谓公众责任，是指致害人在公众活动场所的过错行为致使他人的人身或财产遭受损害，依法应由致害人承担的对受害人的经济赔偿责任，属于侵权责任。相应地，保险公司的责任保险中，有因被保险人的违约行为从而产生第三者损失，保险人需要承担保险责任的险种，比如承运人责任保险；有因侵权行为从而产生第三者损失，保险人需要承担保险责任的险种，比如机动车第三者责任险等。责任保险中存在两层法律关系：一层是被保险人与第三者的民事赔偿关系（可能基于侵权行为也可能是基于违约行为），另一层是投保人与被保险人之间基于保险合同而产生的保险赔偿关系。无论是基于侵权行为，还是基于违约行为的责任保险，保险人承担保险责任的基础都是保险合同的约定，即保险人和投保人投保时在保险合同中约定的保险责任。

《中华人民共和国保险法》第六十五条规定：“保险人对责任保险的被保险人给第三者造成的损害，可以依照法律的规定或者合同的约定，直接向该第三者赔偿保险金。责任保险的被保险人给第三者造成损害，被保险人对第三者应负的赔偿责任确定的，根据被保险人的请求，保险人应当直接向该第三者赔偿保险金。被保险人怠于请求的，第三者有权就其应获赔偿部分直接向保险人请求赔偿保险金。责任保险的被保险人给第三者造成损害，被保险人未向该第三者赔偿的，保险人不得向被保险人赔偿保险金。责任保险是指以被保险人对第三者依法应负的赔偿责任为保险标的的保险。”该条明确了责任保险的保险标的是被保险人对第三者依法应负的赔偿责任，并且规定了第三者的救济权利，即在特定情况下享有直接向保险人主张赔偿保险金以维护自身权益的权利。《最高人民法院关于适用〈中华人民共和国保险法〉若干问题的解释(四)》第十四条、第十五条、第十六条、第十七条、第十九条和第二十条则进一步就责任保险的理赔问题作出了具体规定。这是从法律层面上赋予第三者的权利，当然保险合同也可以自主约定保险人直接向第三者赔偿保险金的情形。然而，不能一概认为责任保险合同都是为了第三者的利益而存在，第三者的请求权也不能脱离保险人和被保险人的合同关系而存在，毕竟第三者不是保险合同的被保险人。公众责任保险作为责任保险的一个险种、一种形式，必然是以被保险人对第三者依法应负的赔偿责任作为是否应承担保险责任的基础，被保险人对第三者不承担赔偿责任或者不是依法而承担赔偿责任，都不能构成保险人赔付的基础。

本案中，某甲健身公司投保的公众责任险的保险责任是：被保险人在保险单载明的区域范围内因经营业务发生意外事故，造成第三者的人身伤亡或财产损失，依照中华人民共和国法律（不包括港澳台地区法律）应由被保险人承担的经济赔偿责任，保险人按照本保险合同约定负责赔偿。此案的争议焦点是某甲健身公司是否对死者依法承担经济赔偿责任。根据当时适用的《中华人民共和国侵权责任法》相关规定（“宾馆、商场、银行、车站、娱乐场所等公共场所的管理人或者群众性活动的组织者，未尽到安全保障义务，造成他人损害的，应当承担侵权责任。因第三人的行为造成他人损害的，由第三人承担侵权责任；管理人或者组织者未尽到安全保障义务的，承担相应的补充责任”），违反安全保障义务的侵权责任是一种过错责任，如果某甲健身公司违反了安全保障义务应当承担侵权责任，保险人承担公众责任险保险责任就有了赔付的基础。但在本案中某甲健身公司在整个事故中发现后及时救助，从整体过程来看并未违反安全保障义务，也就是说某甲健身公司不存在过错，即无须承担侵权责任，既然某甲健身公司无须承担侵权责任，保险人承担公众责任保险的保险责任的基础就不存在。

本案一审、二审法院从事故的细节出发，从事故发生后某甲健身公司是否第一时间介入救援等具体情况着手分析，从实际出发还原了事故真实情况，从而作出了合情、合理、合法的判定。本案对今后保险公司的实务工作提供了以下启示：保险人需要尽可能地关注细节、收集证据材料、还原事故真实情况。本案事故发生后保险公司在接到报案后第一时间及时介入案件分析，精准指导被保险人第一时间收集并留存事故所有细节资料，不仅安排现场查勘，而且固定收集案件相关证据，为后期诉讼中维护自身权益提供了有利保证。

机动车交强险和第三者责任险中第三者车辆损失价值的认定

安徽省滁州市中级人民法院
（2021）皖11民终4415号民事判决书

（2021年8月27日）

案·情

某保险公司承保的苏A09号小型轿车在调头过程中，导致皖M03号小型轿车紧急避让，撞到停在路边的变型拖拉机，造成皖M03号小型轿车受损。交警认定苏A09号小型轿车负主要责任。皖M03号小型轿车的车主胡某单方对车辆损失进行了鉴定，并向法院提起诉讼。某保险公司对前述单方鉴定结果不认可，认为主张的车辆修理费用已经超过了车辆自身价值，皖M03号小型轿车应当推定全损，并且申请对皖M03号小型轿车事故发生时的市场价值及残值进行鉴定。最终，法院认定皖M03号小型轿车事故发生时的市场价值低于车辆维修费用，属过度维修，实无必要，皖M03号小型轿车应推定全损，按照车辆重置费用即事故发生时车辆的实际价值来确定车辆损失价值。

判决书正文

上诉人（原审原告）：胡某，男，1981年10月24日生，汉族，住安徽省明光市。

被上诉人（原审被告）：吴某，男，1987年11月26日生，汉族，住江苏省宝应县。

被上诉人（原审被告）：某汽车服务公司，住所地：江苏省南京市。

被上诉人（原审被告）：某保险公司江苏分公司，住所地：江苏省南京市。

上诉人胡某与被上诉人吴某、某汽车服务公司、某保险公司江苏分公司机动车交通事故责任纠纷一案，不服安徽省明光市人民法院（2021）皖 1182 民初 2124 号民事判决，向本院提起上诉。本院于 2021 年 12 月 9 日立案受理后，依法组成合议庭审理了本案。本案现已审理终结。

胡某上诉提出：其诉请的是车辆损失，并未诉请车辆全损的价值，原审法院委托鉴定的是车辆实际价值评估，二者并非同一事项，原审法院将案涉车辆推定全损所作判决显然改变了上诉人的一审诉讼请求，请求二审法院依法发回重审或者改判支持上诉人一审全部诉讼请求。

某保险公司江苏分公司答辩称：不同意上诉人的上诉请求，其公司认为一审法院认定事实清楚，适用法律正确，请求二审法院驳回上诉，维持原判。

吴某、某汽车服务公司未答辩。

胡某向一审法院起诉请求：判令被告赔付原告交通事故损失计 46011.8 元。

原审法院查明：该院经审理认定事实同原告诉称。

另查明：事故发生后，原告支付施救费 500 元。皖 M03 号小型轿车初次登记日期为 2009 年 4 月 13 日，初购价格八九万余元。诉讼前，原告胡某单方申请某甲评估公司对皖 M03 号小型轿车进行损失价格鉴定，鉴定意见为材料费 51924 元，工时费 8800 元，加其他项目共计 61374 元。此次鉴定评估费 3000 元。诉讼过程中，被告某保险公司江苏分公司申请对皖 M03 号小型轿车事故发生时的市场价值及残值进行鉴定，某乙评估公司通过鉴定，认为 2020 年 11 月 29 日皖 M03 号小型轿车市场价值 10261 元，车辆残值 1000 元，鉴定结论为车损 9261 元。

原审法院认为：该案的争议焦点为车损如何确定。原告依据某甲评估公司的评估报告主张车损为 61374 元。该评估结论实为车辆维修价格。事故车辆初购价格为八九万余元，事故车辆已使用 139 个月，事故发生时事故车辆市场价值只在 1 万元左右。车辆维修 61374 元，属过度维修（事故车辆是否已实际维修不明），实无必要，事故车辆应推定全损。某甲评估公司的评估报告确定车损的方式不当，该院不予以采信。某乙评估公司的评估报告评估过程的方式方法合理，应予以采信。根据某乙评估公司的评估报告，事故车辆推定全损后，残值归原告处理，余额损失9261元。该损失及施救费500元，应由保险公司在交强险内赔偿2000元，三者险内赔偿＝5432.7元［（9261元＋500元－2000元）×70%］。保险公司共计赔偿7432.7元。综上，依照《中华人民共和国侵权责任法》第六条第一款、第十六条、第四十八条，《中华人民共和国道路交通安全法》第七十六条第一款，《中华人民共和国保险法》第六十五条，《最高人民法院关于审理道路交通事故损害赔偿案件适用法律若干问题的解释》第十四条、第十六条第一款，《中华人民共和国民事诉讼法》第六十四条第一款之规定，判决被告某保险公司江苏分公司赔付原告胡某的经济损失7432.7元；驳回原告胡某其他诉讼请求。案件受理费475元（已减半收取），由被告某保险公司江苏分公司负担。

二审中，各方当事人所举证据与一审相同，相对方质证意见也同于一审，本院认证意见也与一审相同。本院二审查明的事实与原审一致，对原审查明的事实，本院予以确认。

本院认为，综合双方当事人的诉辩意见，本案二审争议焦点是上诉人的车辆损失价值应依据车辆维修价格还是实际价值确定。经查，根据损失填补原则，民事损害赔偿的目的是补偿受害人的合理损失。《最高人民法院关于审理道路交通事故损害赔偿案件适用法律若干问题的解释》第十二条的规定，因道路交通事故造成下列财产损失，当事人请求侵权人赔偿的，人民法院应予以支持：（一）维修被损坏车辆所支出的费用、车辆所载物品的损失、车辆施救费用；（二）因车辆灭失或者无法修复，为购买交通事故发生时与被损坏车辆价值相当的车辆重置费用。本案中，上诉人胡某在原审中并未提交维修发票、支付凭证等证据，原审法院对胡某是否实际维修皖M03号小型轿车和支付维修费无法查明，而皖M03号小型轿车初次登记日期为2009年4月13日，至2020年11月29日事故发生日该车已实际使用11年有余，胡某主张的维修费用显著高于实际价值，已无修复的必要性、合理性和经济性，此种情况下如仍放任对受损车辆进行维修和按维修费确定损失，显然会给侵权人造成不合理的负担，显失公平，故原审法院推定案涉车辆全损，并依据具有相应资质的鉴定机构作出的相关鉴定意见，按照车辆重置费用即事故发生时车辆的实际价值来确定本案车辆损失价值，符合法律规定，胡某上诉主张及理由不能成立，本院不予采纳。原审认定事实清楚，适用法律正确，判决适当，应予维持。依照《中华人民共和国民事诉讼法》第一百七十条第一款第（一）项之规定，判决如下：

驳回上诉，维持原判；

二审案件受理费764元，由上诉人胡某负担。

本判决为终审判决。

审判长　高　某
审判员　蔡　某
审判员　闫　某
二〇二一年八月二十七日
书记员　王　某

评·析

在涉及车损的理赔案件中，当车辆损失较重时，保险公司一般主张车辆应按照推定全损处理，但是车主方有时会出于各种原因不接受保险公司推定全损的方案，由此经常产生争议。

针对保险标的车辆，被保险人与保险公司签订的保险合同中一般有关于推定全损的条款，约定“被保险机动车发生事故后，认为实际全损已经不可避免，或者为避免发生实际全损所需支付的费用超过实际价值的，为推定全损”。车辆推定全损指实际全损已不可避免，或受损货物残值，如果加上施救、整理、修复、续运至目的地的费用之和超过其抵达目的地的价值时，视为已经全损。保险标的受损后并未完全灭失，是可以修复或收回的，但所花的费用将超过获修复后保险标的的价值，因此得不偿失。在此情况下，保险公司应当给予被保险人以全部保险金额的赔偿即为推定全损。依据该约定，在保险标的车辆所需维修费用高于其实际价值的时候，保险公司采取推定全损的方式是有依据的，而非部分理赔人员认为“车主有权利选择是维修还是推定全损”的错误观念。

以上情形是针对与保险公司签订了保险合同的保险标的车辆车主而言的，

那么对于与保险公司之间不存在合同关系的第三者车辆车主是否也能适用该项规则呢？部分理赔人员可能会认为，既然保险公司与第三者车辆车主之间不存在合同关系，那么保险公司就无法以该等合同约定来约束第三者车辆的车主。在实践中，如果保险公司遇到第三者车辆受损严重，已经没有修复必要性，但是第三者车辆车主又不接受保险公司推定全损处理，往往就很容易产生纠纷。

《中华人民共和国民法典》第一百七十九条第一款规定，承担民事责任的方式包括“恢复原状”。“恢复原状”是指恢复权利被侵犯前的原有的状态，一般是指将损害的财产修复，恢复财产原有的状态。但是“恢复原状”并不是任何情形下都适用的，而是以有修复的可能及必要为前提。

对于受损的机动车而言，修理实际上是“恢复原状”的实现方式之一。机动车作为标准的大批量生产的工业品，一般不具有不可替代的特殊性，在法律上属于“种类物”，即可以用相同或者相近性能的其他产品进行替代。机动车受损，适用“恢复原状”的前提应当是存在修复的可能及必要性。例如，对于虽在正常使用中，但使用年限较长，甚至接近报废年限的旧车，在发生事故时，应以车辆的状况及实际价值作为有无必要及可能恢复原状的重要参考。对于该类车辆，在更换配件，花费一定金额的修理费后，其实际价值会相应增加，而对这种增加的价值，车主并无合法获得的依据。另外，对于花费较高金额修理获得“重生”的机动车，虽然达到了满足权利人在一定期限内继续使用的目的，但这种价值的增加并非“原状”可比，“重生”式的维修也不符合“恢复原状”的标准。

根据损失填补原则，民事损害赔偿的目的是补偿受害人的合理损失。《最高人民法院关于审理道路交通事故损害赔偿案件适用法律若干问题的解释》第十二条规定：“因道路交通事故造成下列财产损失，当事人请求侵权人赔偿的，人民法院应予以支持：（一）维修被损坏车辆所支出的费用、车辆所载物品的损失、车辆施救费用；（二）因车辆灭失或者无法修复，为购买交通事故发生时与被损坏车辆价值相当的车辆重置费用；（三）依法从事货物运输、旅客运输等经营性活动的车辆，因无法从事相应经营活动所产生的合理停运损失；（四）非经营性车辆因无法继续使用，所产生的通常替代性交通工具的合理费用。”本案中，在第三者车辆的维修费用高于车辆实际价值，且车辆无修复必要性、合理性和经济性的情况下，如果仍然放任对受损车辆进行维修和按维修费确定损失，显然会给侵权人造成不合理的负担，故应当按照车辆重置费用（事故发生时车辆的实际价值）来确定车辆损失价值。

此外，本案中也并没有证据证明第三者车辆在事故后经过维修，第三者车辆车主主张赔偿的依据只是一份鉴定报告，是对未来可能发生的修理费用的预估。第三者车辆车主实际已经产生的损失只有该车辆受损所产生的实际价值的降低，而非车主已为维修该车辆所实际支付的修理费用。因此，即便从这个角度来讲，按照车辆实际价值补偿车主的损失也是合理的。

商标侵权中近似商标在类似服务上使用导致混淆和赔偿金额的认定

北京知识产权法院
（2021）京73民终1162号民事判决书

（2021年9月26日）

案·情

历经四年坚持不懈地努力，“中国保险业知识产权第一案”落下帷幕。北京知识产权法院对“健××”商标侵权及不正当竞争案件作出终审判决，维持某甲保险集团胜诉的一审判决，认定被诉服务与涉案商标核定使用的服务类别中的保险、健康保险、人寿保险等构成类似服务，被诉标识与涉案商标构成近似标识，容易导致相关公众混淆，上海某公司等三被告商标侵权行为及不正当竞争成立，判决三被告停止侵权、消除影响、赔偿经济损失及合理支出共计617万余元。至此，某甲保险集团夺回“健××”商标，赢得保险行业知识产权案件最高判赔额。某甲保险集团该案获得终审胜诉，不仅打击了借用“健××”商标知名度以攀附某甲保险集团商誉的侵权行为，维护了公司品牌形象以及公司和消费者的合法权益，更是在保险科技领域首次实现商标权的跨类别保护，具有标杆意义。

判决书正文

上诉人（原审被告）：上海某公司，住所地：上海市嘉定区。

上诉人（原审被告）：某科技集团，住所地：上海市嘉定区。

上诉人（原审被告）：杭州某公司，住所地：浙江省杭州市。

被上诉人（原审原告）：某甲保险集团，住所地：北京市西城区。

上诉人上海某公司、某科技集团、杭州某公司因与被上诉人某甲保险集团侵害商标权及不正当竞争纠纷一案，不服北京市海淀区人民法院（以下简称一审法院）作出的（2018）京 0108 民初 1719 号民事判决（以下简称一审判决），向本院提起上诉。本院于 2021 年 3 月 26 日立案后，依法组成合议庭进行了审理。2021 年 4 月 19 日，本院组织双方当事人进行了询问。2021 年 5 月 27 日，本院公开开庭审理了本案。本案现已审理终结。

三上诉人共同的上诉请求：撤销一审判决，改判驳回某甲保险集团的全部诉讼请求。事实和理由：1. 某甲保险集团在 2016 年就与三上诉人就“健××”建立合作关系，足以印证某甲保险集团对于三上诉人“健××”服务的知悉、认可，足以证明被诉服务与其涉案商标之间不冲突、不矛盾。2. 三上诉人实施的涉案行为不构成商标侵权，被诉服务与涉案商标核定的服务不构成类似服务，被诉侵权行为属于“售后环节”，消费者对于保险服务的购买及识别早已完成，不再存在混淆的可能及空间。某甲保险集团曾实际使用三上诉人的“健××”技术服务，足以印证三上诉人的技术服务与某甲保险集团提供的服务不存在混淆问题。三上诉人始终多渠道展示三上诉人与众多保险公司系合作关系，消费者通过三上诉人的宣传也会清晰地认识到，三上诉人系众多保险公司的服务提供者，且三上诉人在具体服务中始终将保险公司的商标放置在显著位置，保险服务并非一般服务，公众注意程度极高，在具有保险公司商标的情形下，公众根本不易混淆保险服务的提供者。三上诉人使用的被诉服务标识与某甲保险集团主张权利的涉案商标构成要素不同，区别明显，不构成近似标识。3. 三上诉人实施的涉案行为不构成不正当竞争，某甲保险集团的“健××”并非一项独立的商业服务，也不构成知名服务特有名称。某甲保险集团关于其在先使用“健××”的合同、宣传等情况与事实不符，涉嫌证据造假、以不正当目的欺骗法庭以获取诉讼利益。三上诉人提供的“售后环节”的技术服务不构成造成消费者的混淆，三上诉人与某甲保险集团之间不存在竞争关系，而是属于“保险行业”与“信息技术服务行业”之间的互补合作关系。三上诉人仅为保险公司提供理赔服务的技术支持和信息系统支撑，上诉人本身不从事保险业务，不从事理赔业务。一审判决认定三上诉人实施被诉不正当竞争行为的“时间点”及“事实”本身缺乏事实依据。三上诉人关于“健××”的对外公开宣传“时间点”为2016年5月开始，而非2015年底。某甲保险集团在2015年5月6日以前使用“健××”的行为不能产生合法权益。一审判决相关认定有误。4. 即使法院认定三上诉人实施的被诉行为构成侵权，一审判决确定的600万元赔偿数额明显过高，三上诉人不具有侵权恶意，本案判赔理应考量某甲青岛公司与三上诉人之间的合作关系而未考量。一审判决认定的所谓“被诉服务持续期间”也是某甲保险集团知悉、认可的，该期间内上诉人的经营努力和经营成果不应被抹杀和掠夺，某甲保险集团知悉、认可的行为不应视为侵权行为。侵权赔偿的前提为商标的使用，某甲保险集团并未提供充足的涉案商标使用证据，一审判决支持三上诉人赔偿其600万元缺乏商标使用证据作为支撑依据。

某甲保险集团二审辩称：同意一审判决，请求二审法院判决驳回三上诉人的上诉请求，维持一审判决。事实和理由：1. 某甲保险集团没有授权或许可三上诉人使用涉案商标，涉案商标的使用与某甲保险集团“健××”注册商标存在冲突。“某甲人寿保险股份有限公司青岛分公司”与上海某公司签订协议中提及“健××理赔服务”，不应视为某甲保险集团同意授权或许可上海某公司使用涉案商标。2. 三上诉人实施的被诉行为侵害了某甲保险集团的商标专用权。三上诉人将涉案商标使用在“保险理赔服务”上，被诉服务与某甲保险集团“健××”商标核定的服务构成类似服务。“保险理赔”服务是保险服务的核心环节，并非“售后服务”，且已经产生了实际混淆后果。被诉商标与某甲保险集团“健××”商标构成近似商标。三上诉人在被诉服务上使用“健××”标识会导致相关公众产生混淆，构成商标侵权。3. 三上诉人的被诉行为构成不正当竞争。某甲保险集团“健××”服务经过某甲保险集团的长期使用和宣传才具有较高知名度，该权益应归属于某甲保险集团。某甲保险集团“健××”服务构成知名服务的特有名称。三上诉人和某甲保险集团之间存在竞争关系，三上诉人在被诉服务上使用“健××”标识容易导致相关公众产生混淆，且已发生现实混淆的后果，构成不正当竞争行为。4. 一审法院判赔的金额并不算高，甚至远低于三上诉人的侵权获利。三上诉人实施的被诉侵权行为系故意侵权、恶意侵权，侵权所得金额巨大，情节和后果严重。

某甲保险集团向一审法院起诉请求：1. 上海某公司、某科技集团、杭州某公司，原审被告某门诊部（现已注销）立即停止在“健××”身份识别卡（以下简称“健××”卡）、“健××”生活网（以下简称“健××”网）、“亿××”办公网（以下简称“亿××”网）、“健××”、“智××”App、“健××”新浪微博、“健××”微信公众号，以及实际经营地、上海某公司宣传手册和与其存在合作的医疗机构经营场所中使用“健××”商标，并收回、销毁已经发放的含有“健××”字样的理赔卡；2. 上海某公司、某科技集团、杭州某公司，某门诊部在全国性媒体上刊登声明为某甲保险集团消除影响；3. 上海某公司、某科技集团、杭州某公司共同赔偿某甲保险集团经济损失 4900 万元；4. 上海某公司、某科技集团、杭州某公司，某门诊部共同赔偿某甲保险集团合理开支共计 172041 元（包括律师费 15 万元、公证费 19430 元、国图检索费 7111 元）。

一审法院经审理查明：

一、与“健××”服务、涉案商标及其知名度相关的事实

（一）关于“健××”服务

某甲保险集团称，随着保险业务环节的增多和分工的进一步细化，理赔核算等环节既可能由保险公司自己完成，也可能由保险公司以外包方式委托第三方进行，但即便是后者，第三方在进行理赔核算时亦是以保险公司的名义进行以表明保险服务的来源；就“健××”理赔直付服务（以下简称“健××”服务）而言，其主要使用在某甲保险集团自己的保险产品中的直付理赔这一环节中，具体模式为：投保人向某甲保险集团投保，被保险人至医院等卫生机构消费后，由卫生机构先行垫付费用后向某甲健康险事业部申请理赔，经其核保核赔部门审核后向卫生机构直接赔付。

另查，某甲保险集团提交的“健××”服务宣传手册首页有“‘健××’直付式理赔”字样，内页提及“‘健××’是一种新的理赔方式，您住院时进行及时的告知后，保险公司在您住院期间就可以主动协助您完成理赔所需的工作，并在出院时，由医院代替保险公司在保险责任范围内支付理赔金，并在理赔金额度范围内直接冲抵医药费用”“‘健××’服务系统是某甲人寿与医院的又一次亲密合作，借助信息技术与互联网的技术优势，架起客户、医院和某甲人寿之间的桥梁，实现‘免申请，零等待’的理赔服务，打造健康保险和医疗服务为一体的专业平台”等内容。

（二）与涉案商标及其获准注册前“健××”标识相关的事实

第××377号“健××”图文商标（以下简称涉案商标）注册人为某甲人寿保险股份有限公司（后更名为某甲保险集团），核定使用服务类别为第36类（保险、保险经纪、健康保险、人寿保险、保险咨询、保险信息），有效期自2016年5月24日至2026年5月20日。

为证明涉案商标获准前“健××”标识的使用情况以及该标识、涉案商标的知名度，某甲保险集团提交如下证据：

1. 某甲保险集团制作的关于“健××”服务项目介绍，提及该项目于2010年正式开展，是某甲大健康××态产业体系的核心基础设施，是某甲核心业务系统与医院HIS系统直联对接，实现客户出院“一站式”结算的服务平台；为有效支持“健××”服务，其进行了专项立项，开发完成了“健××”支付理赔服务平台并进行了持续的维护升级；“健××”服务亦是某甲保险集团未来重点战略项目的投入方向。

2. “健××”服务宣传手册、宣传视频显示，2011年4月至2019年3月，某甲保险集团在陕西、河南、山东等地推广该服务，北京电视台等多地电视台亦对某甲保险集团就“健××”服务对接当地重点三甲医院进行了报道。

3. 某甲保险集团制定的《健××理赔业务流程》、《健××系统用户权限管理和维护办法》，以及2011年“健××”服务项目支出申请表、2013年至2017年“健××”服务历年推广激励方案、支持方案等，以说明其为“健××”服务建立了完善的业务流程和管理制度。

4. 某甲人寿网显示，在“‘健××’医院查询”栏目可查询到全国已签约并正式合作的466家“健××”服务合作医院。

5. 2010年10月至2017年12月，某甲保险集团与全国各地145家医院签订的“健××”服务合作协议；其中签约时间在2016年5月24日前的即有93家，2010年10月的协议即已提及“健××”服务系统及其流程等内容。

6. 山东聊城卫计委于2016年12月发布的《关于开展健××便民服务试点项目工作的通知》。

7. 某甲保险集团与某信息发展公司等案外人关于软件测试、系统开发、维护、硬件支持等技术服务，业务推广、协作，以及采购硬件设备的合作协议、验收报告，以及相关费用统计表、支付凭证，以说明其为“健××”服务进行了相关技术开发。

8. “某甲人寿”微信公众号中有专门的“健××”栏目，可供相关公众进行查询“健××”服务理赔记录、合作医院并进行结算等。

9.（2017）京国信内经证字第 5353 号公证书（取证于 2017 年 7 月 28 日，以下简称第 5353 号公证书）记载，在百度网搜索“某甲保险‘健××’”时，显示自 2011 年至 2017 年持续有对某甲保险集团“健××”服务的新闻报道（如 2011 年 4 月 15 日，搜狐理财网中《住院免费某甲人寿“健××”实时理赔》一文），另有多篇文章提及“健××”服务系某甲保险集团开创的医疗机构和保险公司合作的新型理赔服务模式。

10. 国图检索报告显示，2010 年 1 月 1 日至 2017 年 7 月 31 日，当以“某甲 and‘健××’”为检索词检索中文报纸、中国期刊时，检索出 410 篇相关文章，其中最早提及“健××”服务的新闻报道为 2011 年 5 月 26 日《贵州日报》的文章，《河北企业》杂志中的文章亦提及“2011 年，某甲人寿在部分省市试行‘健××’服务……”。

11. 中国知网检索结果显示，2011 年即有新闻媒体对某甲保险集团“健××”服务进行报道，此后直至 2018 年持续有新闻媒体进行相关报道。

12. “健××”服务获 2018 中国常春奖·年度医险结合创新奖、2018 首都金融服务创新社会责任奖。

13. 某甲保险集团授权某甲人寿保险有限责任公司（以下简称某甲人寿公司）使用涉案商标的《商标使用许可书》，某甲保险集团称双方通过共同协作推广“健××”服务。

14. 2011 年至 2018 年，郑州、邵阳、洛阳等地方年鉴均提及某甲保险集团当地分公司对“健××”服务的大力推广。

某甲保险集团另提交了某甲保险集团成立、分公司情况、行业排名、纳税情况、2011 年至 2016 年所获奖项、2010 年至 2017 年对“某甲”品牌进行的宣传推广合同及资料、公益捐赠情况等相关证据以证明某甲保险集团及其业务具有较高知名度。上海某公司、某科技集团、杭州某公司、某门诊部认可前述证据真实性，但不认可证明目的。

二、上海某公司、某科技集团、杭州某公司，某门诊部业务范围及其关系

上海某公司系一人有限责任公司，成立于 2012 年 4 月 23 日，现股东为某科技集团（刘甲系初始控股股东），法定代表人原为刘甲（于2016年11月17日变更为毛某）；经营范围包括健康咨询、保险咨询（不得从事保险业务）、计算机软硬件等。某科技集团成立于2015年12月8日，股东包括刘甲（系控股股东）等，法定代表人、董事长均为刘甲；经营范围包括计算机技术、技术咨询等。杭州某公司系一人有限责任公司，成立于2008年6月24日，现股东为某科技集团（刘甲系初始控股股东），法定代表人、执行董事兼总经理均为刘甲；经营范围包括非医疗性健康管理咨询、计算机软硬件等。

某甲保险集团认为，上海某公司、某科技集团、杭州某公司系关联公司，并共同运营被诉服务。某甲保险集团申请注册第××409号“健××”商标（第36类保险承保等）的过程中，上海某公司提交的异议书提及，杭州某公司专注于为保险公司提供健康增值服务，在其向研发中心转型后，成立在后的上海某公司为其实际的营销中心；上海某科技公司系上海某公司与杭州某公司的母公司，并形成以“健××”作为“医××”的升级品牌的思想；刘甲为某科技集团法定代表人，前述四家公司为关联公司。

经查，某门诊部的经营范围为中医科医疗服务。

三、与被诉侵害商标权及不正当竞争行为相关的事实

（一）被诉行为的行为表现

本案中，某甲保险集团主张上海某公司、某科技集团、杭州某公司，某门诊部未经其许可在“健××”卡、“健××”网、“亿××”网、“健××”、“智××”App、“健××”新浪微博、“健××”微信公众号，及其实际经营地、上海某公司宣传手册和与其存在合作的医疗机构经营场所中使用“健××”文字标识（以下简称被诉标识1）或“长颈鹿+健××+j××.com+少生病爱家人”图文组合标识（以下简称被诉标识2），侵害其商标专用权，违反了《中华人民共和国商标法》（以下简称商标法）第五十七条第一、二项之规定。此外，某甲保险集团在涉案商标注册前即在“健××”服务中使用“健××”标识且该名称具有一定影响力，故上海某公司、某科技集团、杭州某公司在2016年1月至涉案商标获准注册前在被诉服务上使用“健××”商标构成混淆，侵占了某甲保险集团的市场，违反了自1993年12月1日起施行的《中华人民共和国反不正当竞争法》（以下简称“健××”1993年反不正当竞争法）第五条第二项之规定；上海某公司、某科技集团、杭州某公司还将健康管理作为被诉服务的增值服务，系借用“健××”商标知名度以攀附某甲保险集团商誉并获得竞争优势的行为，违反了自 2018 年 1 月 1 日施行的反不正当竞争法（以下简称 2018 年反不正当竞争法）第二条之规定。为此，某甲保险集团提交如下证据：

1. “健××”网、“亿××”网中的被诉行为

某科技集团系“健××”网 ICP 备案主体，杭州某公司系“亿××”网 ICP 备案主体。

（2016）京方圆内经证字第 13580 号、第 13581 号公证书（取证于 2016 年 6 月 29 日，以下简称第 13580 号、第 13581 号公证书），（2017）京东方内民证字第 4236 号公证书（取证于 2017 年 3 月 10 日，以下简称第 4236 号公证书）记载：

“健××”网首页左上角有显著的被诉标识 2，上部有“我的保险”“定点机构”等栏目，中部有“理赔服务”（个人账户查询、理赔及明细管理）专栏。

该网中上海某公司的介绍提及其“创立于 2008 年，是健康保险直付理赔服务的领导品牌；2015 年底，‘医××’升级产品‘健××’正式发布”；“核心业务”中提及“‘健××’直付理赔服务是‘亿××’健康的基础业务……‘健××’既颠覆了被保险人的保险服务体验，同时也有效地降低了保险公司的理赔工作量”；“服务网络”中提及被诉服务“2015 年定点机构从 16000 多家快速发展之 38000 多家，已覆盖全国 31 个省、277 个市、1777 个县，是唯一具备全国服务能力的第三方管理机构”；“产品介绍”中提及被诉服务由某科技集团于 2015 年首次推向市场，是目前市场上服务体系较为完善的一款健康管理 App；截至 2016 年 5 月“累计管理资金规模超过 40 亿元，合作网点数量突破 40000 家”，截至 2017 年“健康基金规模超 50 亿元”。

点击“‘亿××’产品服务”下的“健康保险即时结算解决方案”后，显示“亿××健康与全国多家保险公司和医疗机构建立合作，开发第三方即时结算产品‘健××’，通过构建遍布全国的第三方医疗服务平台，建立直付理赔模式，实现被保险人在医疗机构刷卡或扫码结算而无须垫付资金，改变保险公司传统理赔模式”“目前‘亿××’健康为市场上最大的即时结算服务供应商，‘健××’的即时结算业务占比超过 85% 的市场份额。截至 2016 年 10

月，‘健××’已与全国26家保险公司正式签约合作，已合作的省级分公司达到241家，定点卫生机构46679家；已开通‘健××’服务的保单合计1700多张，管理资金规模达到了46亿元，服务客户家庭近46万家；已累计直付理赔服务人次460余万人，累计理赔金额超12亿元。”

点击“健××”网中的“我的保险”后，“常见问题”板块中关于“什么是‘健××’”的回答为“‘健××’是由企业投保，保险公司发放的健康保险理赔记账卡。持卡人到指定机构按照保险条款规定范围进行健康消费的，可直接刷卡记账，无须垫支，无须办理单证，无须理赔申请。‘健××’真正实现了健康保险的直付式理赔，为企业、员工的自我健康管理提供了有效平台。”“‘健××’可以到哪里消费”回答为“‘健××’可以到指定合作卫生机构消费，包括药店、口腔医院、体检中心、中医院、疗养院、特需门诊等。具体网点可登录www. e××. com，或下载‘健××’手机助手查询”。点击“定点机构”后，可查询北京各区县定点机构，其中包括某门诊部。“健××”网中有“健××”App下载二维码。“服务网络”栏目中发布的文章提及，2016年5月27日在上海某公司承办的专题研讨会中，其正式发布了“健××”互联网在线服务平台，从保险理赔服务向健康管理服务升级。

“亿××”网中有“医××”健康险即时结算收银平台页面，其中的“公告”称“‘医××’正式升级为‘健××’，‘医××理赔服务卡’继续有效，新增‘健××理赔服务卡’”，下方有与各保险公司联名的“健××”卡样，点开后显示该理赔卡右上方均有显著的“健××理赔服务卡”字样，其中的“健××”以更大字体显示。

2. 涉案App、新浪微博、微信公众号中的被诉行为

（2016）京方圆内经证字第13582号、第13583号、第13584号、第13585号公证书（取证于2016年6月29日，以下简称第13582号、第13583号、第13584号、第13585号公证书）记载：

“健××”新浪微博的认证主体为上海某公司，该微博账号于2016年6月29日发布上海某公司承办的《企业员工福利与健康管理》专题研讨会召开的图文信息，并附链接；另有案外保险公司到访亿××健康杭州总部考察等博文。

在苹果手机应用商店搜索并查看iPhone版“‘医××’助手”App，该应

用标题标注“医××全面升级为‘健××’，提供更多健康管理服务，请下载安装‘健××’”，开发者为杭州某公司，应用详情中的“内容提要”提及“‘健××’在保留‘医××’功能基础上，增加健康监测、健康档案、家庭医生等健康管理服务……”，“最新动态”处有“2016 年 4 月 17 日‘医××’全面升级‘健××’”；下方标注“某科技集团/杭州某公司”；打开该应用后，弹出“‘医××’全面升级‘健××’的通知”，下方有“我要下载”按钮。iPad 版“健××”App 开发者为某科技集团，应用详情中的“内容提要”提及“‘健××’是‘医××’的升级产品……”，简介图片显示应用界面上部有“拍照理赔”“附近网点”等专栏，中部有“健康监测”“健康评估”等专栏；下方标注“某科技集团”；更新于 2016 年 5 月 14 日的 V3. 1. 4 版应用说明中有“我的保险新增我的保单查看功能”“我的保险新增垫付记录明细查看功能”“‘健××’替换‘医××’字样”等内容；打开应用后界面中有显著的被诉标识 2，并有“‘医××’升级为‘健××’功能服务更全面”的字样。

“健××”微信公众号账号主体为杭州某公司，2016 年 5 月 7 日完成认证，功能介绍处有“‘亿××’健康‘医××’已全面升级为‘健××’。在保留‘医××’健康保险直付理赔服务的同时，‘健××’还可为您提供血压管理、血糖管理……健康管理服务”；查看该微信公众号的历史信息，有《便捷医疗青岛市 8 大医院，用“健××”，看病更轻松》《这真的不是愚人节玩笑》（发布于 2016 年 4 月 1 日，以下简称《愚》文）等文章，《愚》文中有“我们的新产品‘健××’将全面替代‘医××’。目前网站和微网站已经完成了覆盖，‘医××’App 也将在一周后为‘健××’App 所替代……相较于‘医××’，‘健××’不仅升级了健康保险的直付理赔服务，而且提供了专业又贴心的家庭健康管理服务，让您更好地呵护自己与家人的健康”，文中配有“健××”App 界面截图。

3. 宣传手册和上海某公司、某科技集团、杭州某公司、某门诊部经营场所中的被诉行为

上海某公司 2016 年宣传册提及其创立于 2008 年，是健康保险直付理赔服务的领导品牌，以“‘亿××’直付理赔系统”为载体，为商业保险机构及被保险人提供健康保险即时结算服务的整体解决方案；截至 2016 年 4 月，“亿××”健康已与 20 余家保险公司（包括某甲人寿）建立战略合作关系，搭

建了覆盖全国38000多个医疗健康服务网点，成为国内健康保险直付理赔市场的绝对领导者，服务客户数量超过37万个家庭；2015年底，“医××”升级产品“健××”正式发布，成为国内第一个提供免费视频咨询服务的健康管理工具；被诉服务是“亿××”健康的基础业务，在该模式下，保险公司可共享“亿××”健康所建立的健康服务网络，使被保险人在卫生机构进行健康消费时享受无须支付现金的刷卡结算服务，相关款项由卫生机构承担垫付，被保险人相应额度的理赔权利与义务也一并转移给卫生机构，既颠覆了被保险人的保险服务体验，同时也有效地降低了保险公司的理赔工作量；“主要产品”处有“健××”卡多种卡样展示，右上角均有显著的被诉标识1。

被诉服务宣传手册首页中有显著的被诉标识1，内页第一行为显著的“健康保险直付理赔服务的领导品牌——‘健××’”字样，其他内容中亦有前述上海某公司宣传册中关于“医××”更名为“健××”等相关内容。

前述上海某公司提交的商标异议书另提及：第一，截至2017年5月，“亿××”健康已与近40家保险公司建立战略合作关系，覆盖全国6万多个卫生机构，服务客户数量超过65万个家庭。第二，上海某公司最早于2015年4月在被诉服务中使用“健××”，该服务属于金融服务；此后，“健××”商标作为上海某公司的主打品牌被广泛应用于其产品标识、企业宣传、经营场所、企业门头店面等显著位置中。异议书附上海某公司2016年至2017年企业宣传册（内容基本与某甲保险集团提交的上海某公司宣传册相同，另提及“2016年全年累计发卡金额25亿元”“2018年发卡金额将达100亿元”）；上海某公司对“健××”商标的推广使用证据（包括“健××”卡用户手册，手册封面有显著的被诉标识1，内页对“健××”卡的保险直赔和账户管理功能，注册，理赔等进行了介绍；企业药柜中有显著的被诉标识1，上海某公司、杭州某公司前台背景墙有“‘健××’杭州总部”显著标识）；被诉服务销售合同及发票等材料，其中合同提及被诉服务包括直付式理赔平台服务、理赔初审及理算服务等，并对上海某公司的收费标准进行了约定。

（2017）京国信内经证字第4763号公证书（取证于2017年7月7日）记载：某门诊部店铺内的“‘亿××’‘医××’第三方直赔”“保险合作机构”标识名录和广告牌中均有标识。

（二）被诉服务已造成相关公众混淆

某甲保险集团认为，根据上海某公司与案外人（如某乙保险公司浙江分公司、某药号连锁公司）之间的合同约定，被诉服务的授权内容包括保险公司客户接受上海某公司定点卫生机构的待理赔款垫资服务，同意保险公司将理赔款支付到上海某公司或其定点卫生机构；如支付至上海某公司，则由上海某公司再与卫生机构进行最终结算。据此，被诉服务模式为：被保险人向保险公司投保，并至药店等卫生机构通过刷“健××”卡或“健××”App 扫码等方式进行消费，由卫生机构先行垫付费用后向上海某公司申请理赔，上海某公司审核后向保险公司申请理赔，保险公司审核后再向上海某公司或卫生机构赔付，如系向上海某公司赔付，则由上海某公司代保险公司向卫生机构进行最终赔付。因此，被诉服务与涉案商标核定使用的服务类别以及“健××”服务系同一种服务。

经询问，某门诊部确认其与各保险公司之间不存在合同关系，用户持“健××”卡至其处消费无须支付现金，而由其垫付后收集理赔材料，提交给上海某公司，最后由保险公司向其支付已垫付的资金。

为证明被诉行为一直持续且已实际造成了相关公众混淆，某甲保险集团提交某药房连锁公司于 2018 年 7 月致某甲人寿公司公函，载明“我店拟与贵公司开展‘健××’保险直付理赔合作，共同为贵公司客户提供直付理赔服务。但前期我司已与上海某公司开展了‘健××’合作，该业务模式中客户持‘健××’卡可来我店直接刷卡购药。为在遵守国家相关法律法规前提下尽快与贵公司展开合作，也为了防止造成消费者混淆，现请贵公司确认：1. 贵公司‘健××’服务相关品牌使用是否合法；2. 贵公司‘健××’服务与上海某公司‘健××’服务有无区别……”

（三）某甲保险集团认为上海某公司、某科技集团、杭州某公司存在主观恶意的相关事实

1. 本案诉讼后上海某公司、某科技集团、杭州某公司仍持续被诉行为

某甲保险集团于 2018 年 1 月 4 日提起本案诉讼，一审法院于 2018 年 1 月 17 日、2018 年 3 月 6 日、2019 年 3 月 25 日分别组织双方进行证据交换，于 2018 年 4 月 25 日、2019 年 4 月 16 日分别进行庭审。

（2018）京东方内民证字第 645 号、第 646 号公证书（取证于 2018 年 1 月 19 日，以下简称第 645 号、第 646 号公证书）记载：

“健××”网首页左上角的被诉标识 2 中的“健××”文字已变更为

“智××”文字；首页中上海某公司宣传片视频中有“截至2017年11月，‘亿××’健康……累计服务保单规模达80亿元，累计直付笔数超过800万笔”的旁白和突出文字显示，视频中出现的上海某公司、杭州某公司经营场所前台背景墙仍有“‘健××’杭州总部”显著字样，视频中仍有被诉标识2；“‘智××’卡片”展示专栏中的卡片右上方仍有显著的被诉标识1。

“健××”微信公众号于2018年1月4日更名为“智××”，其中对“亿××”产品服务进行的介绍中有“‘亿××’健康是健康保险直付理赔服务的领导品牌”，“‘智××’卡片”展示专栏中的卡片右上方仍有显著的被诉标识1；2017年12月22日发布《“亿××”健康保险服务品牌由“健××”变更为“智××”，原“健××”品牌将聚焦于健康管理服务》一文，文中提到“‘智××’将专注健康保险增值服务，在承接、延续原有‘健××’及‘医××’的理赔服务的基础上，进一步深入整合直付理赔、理赔流程外包、拍照理赔等保险类增值服务”。

2. 上海某公司、某科技集团、杭州某公司控股股东、法定代表人及高管系某甲保险集团原员工

某甲保险集团认为，某科技集团法定代表人刘甲曾为某甲人寿上海分公司营业部主任、浙江分公司市场部经理，故对某甲保险集团“健××”商标、“健××”服务的业务情况非常了解，其所成立的上海某公司、某科技集团、杭州某公司在此情况下仍然推广被诉服务，存在明显的侵权故意。为此提交刘甲于某甲人寿分公司就职时的履历表、岗位调整审批表、人员变动表等员工以及某甲人寿上海分公司2006年、浙江分公司2008年至2011年支付刘甲工资凭证和投保凭证。

某甲保险集团另提交的上海某公司现法定代表人毛某在某甲人寿浙江分公司时的员工简历显示，毛某于2005年4月1日起至2010年3月31日分别在某甲人寿公司上海分公司、浙江分公司任职。并据此认为，毛某与上海某公司、某科技集团、杭州某公司实际控制人刘甲原为同事，知晓某甲保险集团“健××”服务模式，在此情形下其仍担任上海某公司法定代表人，且允许上海某公司、某科技集团、杭州某公司未经授权使用涉案商标或“健××”商标，具有明显的侵权故意。

3. 上海某公司与某甲保险集团分公司或关联公司存在合作关系，故其明

知“健××”服务的存在

某甲保险集团提交2010年9月其合同审查报批登记单，记载对某甲保险集团与杭州“亿××”有限公司（杭州某公司曾用名，以下简称“亿××”公司）签订的《健康保险第三方管理合作协议》的审批意见；在协议签订期间，刘甲系亿××公司的控股股东。另提交2014年至2015年其深圳、重庆分公司，以及某甲养老保险股份有限公司（以下简称某甲养老公司，股东之一为某甲保险集团）广东、福建、山东、湖南分公司分别与上海某公司签订的《健康保险直付理赔管理合作协议》，双方就直付理赔建立合作关系；该些协议中，上海某公司提供的服务均以“医××”为载体，协议未使用“健××”。

（四）被诉行为现状

上海某公司称其发放的“健××”卡于2017年12月更名，现卡片中无“健××”标识，但此前已经发放的卡片无法收回；2018年1月左右，其已停止在“健××”网、“亿××”网中使用“健××”字样；并将“健××”App、新浪微博及微信公众号均更名为“智××”；其经营场所与合作医疗机构亦停止使用“健××”标识。另称，更名前的“健××”App和现“智××”App仅用于健康管理服务，不涉及保险服务；且上海某公司也已不在健康管理服务上使用“健××”标识。某门诊部称其与上海某公司的合同于2017年10月17日到期，并提交其经营场所照片，显示带有“健××”字样的保险合作机构展板已撤。

某甲保险集团认可“健××”App、新浪微博及微信公众号于2018年1月已经更名，某门诊部的被诉行为于2018年1月停止，但其他被诉行为仍在持续：第一，根据第645号、第646号公证书记载，上海某公司理赔卡名仍为“健××”；第二，“健××”网、“亿××”网中仍在使用被诉标识；第三，“健××”微信公众号虽更名为“智××”，但其中亦持续在被诉服务和健康管理服务上使用被诉标识；第四，不认可“健××”“智××”App仅用于健康管理服务；第五，与上海某公司、某科技集团、杭州某公司存在合作关系的医疗机构经营场所仍在使用被诉标识，并为此提交的取证于2019年1月2日的可信时间戳认证证书记载：某诊所网站中的“保险直付”专栏中仍有两个被诉标识，某诊所经营场所前台展板中亦有两个被诉标识。

上海某公司、某科技集团、杭州某公司，某门诊部对某甲保险集团提交的前述证据的证明目的均不予认可；上海某公司、某科技集团、杭州某公司认可某诊所系其合作药店。

四、上海某公司、某科技集团、杭州某公司，某门诊部的主要抗辩意见

（一）某甲保险集团无权提起本案诉讼

1. 2016 年以前某甲保险集团未使用“健××”商标

根据某甲保险集团提交的其与案外医疗机构的协议，多数签订于 2011 年至 2012 年，且存在未盖章等瑕疵，某甲保险集团亦未提交与医疗机构的结算清单证明协议实际履行。此外，合同具有秘密性的特点，并无广而告知的作用，对“健××”商标的知名度没有贡献。而某甲保险集团与案外人签订的技术服务合同则显示，其直至 2012 年才开始开发、建设“健××”服务系统，2015 年进行系统测试，2016 年仍在实施与医院系统接口对接公司，故某甲保险集团“健××”服务系统并非自 2011 年就开始投入使用，2011 年至 2016 年其并未使用“健××”商标或使用率极低，对涉案商标获准注册前的“健××”商标不享有权益。

2. 某甲保险集团未将涉案商标或“健××”商标使用在保险产品上

在某甲网搜索框中输入“健××”后，搜索结果显示保险产品为 0，2012 年至 2017 年发布的若干文章提及“健××”服务及其特点，某甲与近 700 家医院签订合作协议开展“健××”服务等。上海某公司据此认为，某甲保险集团未经营“健××”保险产品或服务，“健××”仅是其直付理赔系统的名称。

3. 涉案商标系恶意抢注

商标局网中显示第××378 号“健××”文字商标原权利人为某丙保险公司上海分公司人身险营业部，核定使用服务类别为第 36 类（包括健康保险、保险咨询、保险信息等），初审公告及注册公告日均为 2004 年 5 月 7 日，商标状态为无效。上海某公司据此认为，某甲保险集团在该商标届满延展期内申请涉案商标，系恶意抢注。此外，根据某甲保险集团提交的公证书，其于 2016 年 6 月 29 日即对被诉行为进行了公证取证，但直至 2017 年 11 月才起诉，并未积极就涉案商标进行维权，而有其他不正当诉讼目的。

4. 涉案商标不构成知名商标

某科技集团认为，涉案商标不构成知名商标，并为此提交：第一，某甲保险集团对某科技集团申请注册的第××539号“健××”文字商标（第16类：宣传画、保鲜膜、箱纸板等）提出异议申请的材料。第二，商标局对该商标准予注册的决定，决定载明：涉案商标与第××539号“健××”文字商标指定使用的商品和服务不属于类似商品或服务，并存使用不会造成消费者混淆误认；异议人称被异议人恶意抄袭、模仿其知名商标，以及被异议商标的注册违反商标法第十条、第十五条有关规定等证据不足。第三，商标局网站中关于第××539号“健××”文字商标的查询信息，显示其专用权自2017年9月21日至2027年9月20日，商标专用权人系某科技集团。第四，商评委关于第××450号“健××”文字商标（第9类）无效宣告请求裁定书，载明：该枚商标与涉案商标不属于类似商品或服务；某甲保险集团提交的证据不能证明该枚商标申请注册日之前其“健××”商标已为相关公众所熟知，且双方分属不同行业，该枚商标注册使用不易误导公众；某甲保险集团提交的证据不能有效证明其在该枚商标申请日前，已经在中国大陆地区将“健××”商标使用在计算机软件等商品或与之类似的商品上并在相关公众中产生一定的影响等。

（二）被诉服务系软件技术服务故不属于保险服务

上海某公司、某科技集团、杭州某公司称，其营业执照中的经营范围均显示其并无从事保险业务的资质，其实质亦未从事保险业务，仅是为保险公司提供理赔直付软件系统的服务商；该种服务属于保险公司理赔环节的外包服务，在涉及的险种、是否与投保人或被保险人等保险公司客户发生法律关系、相关运行体系的搭建、实现直赔的参与方、系统的对接、服务费等方面均与保险服务存在区别。为此提交：

1. 2014年至2017年，上海某公司与案外保险公司、药店分别签订的《健康保险“医××”及时结算系统合作协议》《健康保险直付式医疗理赔服务合作协议》及付款凭证：根据该些协议约定，保险公司负责发展客户（投保人或被保险人），上海某公司负责选择指定卫生机构（药店）并审定其资质，负责设计、制作与被诉服务有关的使用说明、宣传材料等，并通过其开发的“亿××”直付理赔系统向保险公司客户提供被诉服务（2016年的协议将被诉服务的名称由“医××”变更为“健××”），即持“医××”（“健××”）卡的用户在药店消费后可由上海某公司直接审核是否属于保险公司理赔范围，如属于，则用户无须付费而由药店垫付进而实现“直赔”；药店垫付后，由上海某公司根据“亿××”直付理赔系统的信息数据完成系统数据、消费发票、消费明细的对账并制作理赔请款单，经药店确认后交付给保险公司，再由保险公司根据理赔请款单完成对药店的赔付。在此过程中，药店需向上海某公司支付服务费。

2. “亿××”健康直付系统卫生机构客户端演示视频：该系统可识别用户消费是否属于其所投保险可赔付的范围，如属于且额度未超过设定范围，则用户无须支付现金，如不属于或额度达到设定范围，则用户需向药店支付现金。上海某公司据此认为，其系通过该系统协助保险公司实现向其客户“直赔”，直赔过程的关联方系投保人或被保险人、药店和保险公司，上海某公司仅是技术支持方。

3. 上海某公司与第三方医疗服务平台等案外非保险公司签订的《健康管理服务平台框架合作协议》：上海某公司据此称其通过“健××”App 及相应系统为该些平台提供健康管理和技术服务，故其属于健康管理技术服务企业。经查，该些协议中约定平台医疗服务信息在“健××”平台的展示等，并为上海某公司客户提供医疗服务和售后服务，但未约定上海某公司向其提供健康管理和技术服务。

4. 计算机软件著作权登记证书显示：2010 年以来，杭州某公司即开始开发“亿××”商务在线直付理赔系统等软件并获得 17 项计算机软件著作权；2014 年至 2017 年，上海某公司取得或经杭州某公司转让获得了“亿××”“健××”简约版软件等 35 项计算机软件著作权登记证书。某科技集团另提交其 2016 年取得的“健××”400 来电记录管理软件等 8 项计算机软件著作权登记证书。上海某公司、某科技集团、杭州某公司据此认为，该些证书表明其系提供计算机软件系统服务的科技企业，依托其系统为保险公司提供理赔环境的技术服务以协助其实现直付理赔。

5. 证明及证书：2015 年、2017 年浙江省公安厅先后对上海某公司第三级“医××”商业健康保险即时结算系统、“亿××”商业健康保险即时结算系统出具信息系统安全等级保护备案证明、测评复评证明；2016 年度嘉定区优秀企业名录显示上海市专精特新企业包括上海某公司；上海某公司医疗保险理赔系统的软件开发及技术服务，以及保险理赔系统和健康管理系统的开发、运营及技术服务均获得质量管理体系认证证书；杭州某公司于 2012 年 12 月被浙江省科学技术厅认定为科技型企业，2016 年 8 月获得杭州市高新技术企业证书。上海某公司、杭州某公司据此认为相关部门、机构并未将其认定为保险公司，而是软件开发和服务企业。

6. 复函：2019 年 2 月 12 日，中国银行保险监督管理委员会山东监管局（以下简称山东银保监局）出具的复函称，上海某公司山东办事处开展的“保险第三方支付理赔业务”不属于保险监管部门行政许可事项。

7. 某甲保险集团关联公司与上海某公司的合作：某甲人寿青岛分公司于 2016 年 11 月，某甲养老江西分公司于 2016 年 1 月分别与上海某公司签订的《保险理赔第三方服务合作协议》《健康保险直付理赔管理合作协议》，该协议是在上海某公司将“医 × ×”更名为“健 × ×”后签订，双方基于合作制作并发放的“健 × ×”卡及使用手册中均有“健 × ×”标识或字样；上海某公司据此认为，某甲保险集团在其更名服务名称后与其继续合作，说明某甲保险集团并不认为其提供的服务是保险服务。上海某公司另提交某甲养老公司员工于 2015 年 8 月发送的电子邮件，邮件所附招标文件显示招标项目内容为某甲养老公司特需医疗金直赔服务外包（包括直赔卡卡片管理、对账结算、理赔服务、服务热线等流程）；同年 9 月，向上海某公司发送该项目中标通知函。2018 年某甲养老江西分公司向上海某公司发送《2018 年特需金直赔项目供应商入围邀请函》。上海某公司据此认为其系协助保险公司为其客户提供直赔服务，并未提供保险服务。

8. 某甲保险集团与案外人就“健 × ×”服务的合作：上海某公司提交某技术服务公司（以下简称某技术服务公司）官网企业介绍：该介绍称某技术服务公司为中外保险公司等提供健康保险第三方管理服务、直付医疗网络以及企业健康服务；并据此称某技术服务公司为某甲保险集团“健 × ×”服务提供技术服务。某科技集团另提交某甲保险集团“健 × ×”服务平台网站截图，页面下方“本业务由某技术发展公司提供服务”字样；而某技术发展公司经营范围系技术开发、基础软件服务、计算机系统服务等。某科技集团据此称，其与某技术发展公司均属技术服务企业。

9. 部分保险公司基金型健康险条款：《某甲特需金团体医疗保险条款》《某丁康盈团体补充医疗保险条款》《某戊保险团体长期补充医疗条款》关于

保险责任的约定。上海某公司据此认为，其为保险公司提供技术服务实现直赔服务的险种是基金类保险，该种保险是保险公司为投保人管理健康基金的险种，不同于风险型保险；且保险公司的客户是投保人，上海某公司的客户则是保险公司，双方服务不相同或近似。

10. 某甲保险集团商标异议材料：2018年4月，某甲保险集团对某科技集团申请注册的"'健××'少生病爱家人"商标（第42类）提出异议申请，在其提交的材料中提及涉案商标"使用于保险直付理赔服务上。异议人之所以能够实现保险的直付理赔这样的便民服务，主要归功于其开发的'健××'直付理赔系统……异议人在提供'健××'保险理赔服务的同时，也在向相关公众（主要是医院）提供计算机程序这种相关商品，而且，异议人不仅向相关公众提供软件产品，还提供相关软件的安装和维护服务。换言之，'健××'也是异议人在先使用于计算机软件安装、维护服务上的商标"。

（三）涉案商标与被诉标识不构成相同或近似

涉案商标系图文商标，其中图形占据整个商标的主要部分，相较"健××"文字更具显著性，而被诉标识或仅为"健××"文字，或由长颈鹿图形、"健××"文字和"j××"、"少生病爱家人"构成，二者的构成要素明显不同；对于被诉标识2，其中的"j××"也不构成对涉案商标的音译，与涉案商标亦不近似。

此外，"健××"中的"健"意为"健康"，"××"为"××"，而保险直赔的主要特点即理赔过程足够通畅、快速，故"健××"在保险尤其是健康险领域系直接表示其服务内容特点的词汇，系保险直赔领域的通用名称，故涉案商标中的"健××"文字不具有显著性；在涉案商标获准注册前，"健××"也不应被认定为某甲保险集团保险服务的特有名称。

（四）上海某公司、某门诊部使用被诉标识具有合法依据且不会造成混淆

1. 上海某公司、某科技集团系使用其注册商标

上海某公司提交第××050号"××"等三枚商标（分别注册在第35、第9、第36类商品或服务类别上）注册证、商标局商标公示截图，并据此称，用户看到该商标时会与上海某公司联系，不会造成和某甲保险集团的混淆。

某科技集团提交的八枚商标注册证中，第××285号等四枚商标为图形[分别注册在第36（保险咨询、金融服务等）、第42、第44、第35类商品或

服务类别上]，第××450号等三枚商标系“健××”文字商标（分别注册在第9、第42、第38类商品或服务类别上）。某科技集团称其在软件系统及网页使用图形、“健××”等被诉标识系合法使用，不会导致用户混淆。

2. “智××”App界面有保险公司商标和字号

“智××”App中除直付理赔外，还提供血压管理、健康档案、家庭医生、网上药房等健康管理服务功能；用户输入所投保的保险公司发放的“健××”卡并激活后可进行直付理赔，用户输入相关信息的过程中，应用界面显示该卡片所对应的保险公司的商标和字号。上海某公司据此称，“智××”App不会使用户误认为被诉服务系保险产品，也不会将其误认为是保险公司进而与某甲保险集团混淆。

3. 相关公众未发生混淆

2019年2月1日，上海某公司向其合作单位发送征询函，就合作方是否认为其提供保险服务，是否有消费者误认被诉服务系保险服务，或将其混淆为其他主体的服务，目前上海某公司提供的被诉服务名称等问题进行询问。某医药连锁公司等被征询对象回函称，上海某公司提供的并非保险服务，消费者知道自己的保险公司故未认为上海某公司系保险公司或提供保险服务，自2017年底开始被诉服务名称为“智××”。

4. 某门诊部系基于与上海某公司的合作使用被诉标识

某门诊部提交其与上海某公司签订的《健康保险即时结算服务合作协议》以及增值税发票，据此认为，其有权使用上海某公司相关商标标识，且其在经营场所内使用“健××”标识是向消费者提示持有“健××”卡的用户可以通过某门诊部向合作保险机构进行理赔；此种使用属于为说明来源、指示用途等在必要范围内使用上海某公司相关商标的行为，并未作为某门诊部商标使用，未侵害某甲保险集团商标权。

上海某公司另指出，基于保险的特殊性，投保人一般会在保险代理人为其介绍保险知识，制订保险计划，讲解保险条款与风险后才签订保险合同，故该领域的相关公众具有更高的注意能力；且上海某公司仅提供保险理赔的售后环节服务，此时保险法律关系已经固定，相关公众不可能混淆服务主体。

（五）上海某公司业务增长与使用被诉标识无关

中国保险监督管理委员会网发布的保险统计数据报告显示：2013年至

2017 年，健康险原保险保费收入逐年增长。而上海某公司为保险公司服务，故其业务量也随保险公司客户增加而增加，而与使用被诉标识无关。上海某公司另提交其于 2016 年 5 月 20 日前与案外保险公司签订的 70 份被诉服务合作协议，据此称在某甲保险集团取得涉案商标专用权之前其即与大量保险公司建立合作关系，其将被诉服务更名为“健 × ×”后业务增长系基于其已有的客户群体，与更名无关。

对于上海某公司、某科技集团、杭州某公司、某门诊部前述抗辩意见，某甲保险集团均不予认可，并指出：

第一，关于某甲保险集团无权提出本案诉讼，1. 涉案商标目前效力稳定，上海某公司称某甲保险集团恶意抢注涉案商标缺乏事实依据。2. 某甲保险集团系将涉案商标使用在其保险理赔服务上，而非使用在保险产品上。3. 关于某甲保险集团针对第 × ×539 号商标的异议申请、商标局关于该商标准予注册的决定，以及该枚商标的注册信息查询结果，该枚商标核定使用的商品类别为第 16 类，与涉案商标核定使用的服务类别不一样，故某甲保险集团针对该枚商标的意见与本案无关；且商标局的决定亦仅对两枚商标是否构成类似商品或服务进行评述，并未评述涉案商标的知名度。

第二，关于被诉服务与涉案商标核定使用的服务类别不一致，1. 根据《类似商品和服务区分表》（以下简称区分表）（2016 年版）对第 36 类保险等服务类别的注释，“与保险有关的服务”包括“为被保险人和承保人提供的服务”；而涉案商标核定服务类别属于区分表中的 3601 群组，且商标局公布的可接受商品服务项目名称中将“保险理赔处理”纳入该群组中，故保险服务和保险理赔处理服务属于同一种或类似服务。2. 上海某公司、某科技集团、杭州某公司的经营范围与其实际经营活动无必然关联，被诉服务并非技术服务，而是代办直付理赔服务（包括向卫生机构收集、复核理赔材料等）。3. 认可上海某公司为保险公司保险直赔业务提供第三方外包服务，但从其提交的该些合同内容看，该种服务即代理保险理赔服务；而保险服务包括直赔款管理、对账结算、理赔服务等各环节，故上海某公司的服务对象不仅包括保险公司，也包括投保人或被保险人。4. 上海某公司提交的其与案外保险公司在 2016 年 5 月 20 日前签订的部分合作协议中，部分未加盖公章，真实性无法确认；且该些协议仅涉及“医 × ×”，收费模式与某甲保险集团提交的上海某公司与案外保险公司就“健××”签订的协议收费模式和标准不一样。相反地，该些协议证明上海某公司、某科技集团、杭州某公司提供的服务即代办保险理赔服务，且在被诉行为实施期间获得的巨大收益。5. 上海某公司的“‘健××’直付理赔系统”操作端仅是其服务模式的一个节点，其开发的该系统仅是其实施代办理赔服务的载体或工具。6. 上海某公司、某科技集团、杭州某公司所提交的计算机软件著作权登记证书，与其是否实施被诉行为无关。7. 基金型保险的特点是实际理赔金额等同于账户可用金额，故投保人交纳的保险金即上海某公司管理的保单金额，即上海某公司关于保险公司基金型保险条款说明，恰好说明被诉行为实施期间其所管理的保单金额增长，均会转化为其侵权所得。此外，某甲保险集团健××服务也适用于特需金医疗保险险别，即基金型保险，故上海某公司、某科技集团、杭州某公司与某甲保险集团存在直接竞争关系。8. 关于山东银保监局出具的复函，保险理赔业务不属于行政许可事项不等于与保险服务无关。9. 涉案商标权利人为某甲保险集团，某甲保险集团对其分支机构或关联公司与上海某公司签署“健××”合同、共同发放的“健××”卡等均不知情，且部分合同系就“医××”卡开展的合作，故上海某公司与前述公司分支机构签订合同、共同发放理赔卡，不能否定被诉服务与涉案商标核定使用的服务类别构成相同或类似之事实。10. 上海某公司获得的某种技术认证，不能否定被诉服务系保险直付理赔服务。11. 上海某公司提交的某技术服务公司官网信息、某甲保险集团对第××450 号“健××”商标异议材料等证据均与本案无关。

第三，关于上海某公司、某科技集团、杭州某公司、某门诊部使用被诉标识具有合法依据且不会造成混淆，1. 上海某公司提交的“××”商标为图形商标，与涉案商标无关。2. 商标混淆包括对服务来源的误认和认为服务来源与注册商标的权利人存在特定联系，上海某公司在其理赔卡、宣传资料中同时使用涉案商标、案外保险公司及其自身商标和商号，极有可能使相关公众误认为其服务来源于某甲保险集团或该些公司与某甲保险集团存在某种关系。3. 上海某公司提交的征询函系其自制，回函的单位与其存在合作等利害关系，故真实性不足采信。

第四，关于上海某公司业务增长与使用被诉标识无关，某甲保险集团认为，即便 2015 年以来保险行业整体业务量增长，上海某公司的业务增长量也与其不成正比。

五、其他

本案中，某甲保险集团主张经济损失4900万元，并主张根据上海某公司因被诉行为所获非法利益进行计算，具体计算方式为“被诉服务的营收额×该服务的单位利润率。”而被诉服务至少在2016年1月至2017年11月（某甲保险集团于该月向法院递交诉状）期间持续实施。

关于被诉服务的营收额，结合如下因素：1. 根据上海某公司的服务模式，发卡金额、管理资金金额、服务保单金额指代的概念实质相同，均为保费。因此，上海某公司在前述被诉行为持续期间的业务增量就是其代理保险公司对外发放保费的增量。2. 根据上海某公司宣传册以及“健××”网中的宣传内容，其在2016年1月至5月业务增量为10.7亿元，2016年6月至2017年11月业务增量为50.7亿元。3. 上海某公司通过同时向保险公司和药店等卫生机构按照保费理赔金额的一定比例收取服务费；而根据其提交的合同，药店等卫生机构向其支付服务费的标准为理赔金额的15%或10%，故取其平均值为12.5%；保险公司向上海某公司支付的服务费标准则为保单承保保费的1%，而保单承保保费即其理赔金额。因此，根据前述宣传数据和上海某公司与案外人合同中的服务费收取比例，其在被诉行为期间营收额的计算方式为“业务增量×服务费比例”，即50.7亿元×（12.5%+1%）=6.8445亿元。

关于被诉服务的单位利润率，结合如下因素：1. 上海某公司未提交与其收入、利润或与被诉服务有关的任何证据，故可以将与上海某公司相关的行业平均营业利润率作为其营业利润率作为计算依据；2. 根据国家企业信用信息公示系统公示的信息，上海某公司所属行业为社会经济咨询，结合《国民经济行业分类》（2017），该行业属于商务服务业；3. 上海市统计局发布的《2016年、2017年1~12月规模以上服务业企业主要经济指标（分行业）》显示，2016年、2017年上海市商务服务业的平均营业利润率为13.73%。

据此，上海某公司在前述被诉行为实施期间的非法获利金额为9387.4985万元（6.8445亿元×13.73%）。

如根据上海某公司于2018年1月将“健××”服务名称改为“智××”的事实，将被诉行为实施期间设定为2016年1月1日至2017年12月31日，并结合上海某公司对其发卡金额年均复合增长率145%的宣传计算该期间最小发卡金额增量为 50 亿元，且仅计算药店等卫生机构向上海某公司支付的服务费，则其在该期间的营业额为 6.25 亿元，非法获利金额为 8581.25 万元（6.25 亿元 ×13.73%）。

某甲保险集团认为，无论是哪一种计算方式计算得出的上海某公司非法获利均大于其所主张的 4900 万元，加上前述上海某公司的主观恶意因素，营业利润率低于单位利润率，2016 年至 2018 年 10 月上海市保险业健康险毛利润分别为 73.9%、70.5%、62.9%，以及被诉行为的影响范围较广等因素，某甲保险集团主张的经济损失赔偿数额合理。

为证明其为本案所付合理开支，某甲保险集团提交《委托代理合同》、金额为 15 万元的律师费发票、金额为 7111 元的检索费、金额总计为 19430 元的公证费发票。

结合前述上海某公司、某科技集团、杭州某公司与“健××”网、“亿××”网、涉案 App 等平台的关系和平台中的宣传推广内容，以及上海某公司在其商标异议材料中提及的上海某公司、某科技集团、杭州某公司与被诉服务的关系等事实，上海某公司、某科技集团、杭州某公司系共同经营被诉服务，应对被诉服务造成的损害共同承担法律责任。某门诊部亦侵害某甲保险集团商标权，应与上海某公司、某科技集团、杭州某公司共同为某甲保险集团消除影响，并就某甲保险集团为本案支出的合理开支共同承担法律责任。

上海某公司对前述某甲保险集团主张的经济损失赔偿数额及计算方式均不予认可，指出：第一，被诉行为未造成某甲保险集团实际损失。第二，上海某公司管理资金规模是指保险公司发放的“健××”卡在一定期限内的可消费额度，并非一定会由被保险人消费完，如合同到期未消费，则保险公司应退还投保人；且上海某公司管理资金中有一大部分为原“医××”卡可消费的额度，在“医××”卡更名为“健××”后，如投保人续保或增加额度后可继续使用“医××”卡而无须更换“健××”卡，故某甲保险集团将上海某公司新增管理资金规模作为“健××”用户消费额度缺乏事实依据。第三，被诉服务系技术服务，并非商务服务业，某甲保险集团主张的行业平均利润率无参考意义。第四，卫生机构向上海某公司支付的服务费收入中，有一部分要作为上海某公司向合作的保险公司支付的业务推动费，再扣除人力、研发成本以及税费等各类其他费用后，剩余部分才可为利润；而被诉服务所属的业务类型尚在发展阶段，整个行业都未盈利。第五，上海某公司系依靠技术服务能力获得收益，而非依靠商业标识获得收益。第六，某甲保险集团未规范使用涉案商标，应视为其未使用涉案商标，此种情形下，即便上海某公司构成侵权或不正当竞争，也只能酌情确定赔偿数额，而不能适用侵权人非法获利的计算方法。

以上事实，有某甲保险集团提交的营业执照副本、商标注册证、企业名称变更核准通知书、宣传册、分支机构列表及声明、纳税证明、推荐函、荣誉证书、审计报告、推广合同及宣传资料、国图检索报告、合作协议及清单、服务合同、支付凭证、声明、验收报告、商标许可书、公函、公证书、商标异议材料、上海某公司宣传册、上海某公司对外签订的合作协议、商评委裁定书、内部审批单、员工档案、人员变动表、薪资明细表、照片、发票、网页截图、《国民经济行业分类》摘录、新闻报道光盘、部分地方年鉴，上海某公司提交的营业执照、合作协议、付款凭证、客户端及 App 演示视频、商标注册证、计算机软件著作权登记证书、“医××”卡及使用手册、“健××”卡及使用手册、电子邮件、保险条款复印件、证书、网页截图、征询函、回函、复函，某科技集团提交的营业执照、商标注册证、计算机软件著作权登记证书、商标异议材料、商标局决定、网页截图，杭州某公司提交的营业执照、计算机软件著作权登记证书、证书，某门诊部提交的合作协议、发票等证据材料，以及一审法院证据交换笔录、开庭笔录等在案佐证。

一审法院认为：

本案首先需要判断被诉行为的实施主体，结合在案证据所反映的下列事实：第一，上海某公司、杭州某公司唯一股东均为某科技集团，初始控股股东均为刘甲；某科技集团控股股东、法定代表人、董事长，以及杭州某公司法定代表人、执行董事兼总经理均为刘甲。第二，上海某公司商标异议材料中自述，上海某科技公司系上海某公司和杭州某公司的母公司，该三个公司与某科技集团为关联公司；上海某公司系其为保险公司提供健康增值服务的实际营销中心。第三，上海某公司与案外保险公司、药店等医疗机构签订合作协议提供被诉服务。第四，某科技集团系“健××”网 ICP 备案主体，杭州某公司系“亿××”网 ICP 备案主体；“健××”网中发布大量与上海某公司及被诉服务模式、发展历程和现状等相关的内容，并在“核心业务”专栏中提及“‘健××’直付理赔服务是‘亿××’健康的基础业务”“被诉服务由某科技集团于 2015 年首次推向市场”等内容，并提及“具体网点可登录 www. e × ×. com……查询”，且有“健××”App 下载二维码。第五，“亿××”网中有“医××”即时结算收银平台专栏，并发布了被诉服务更名为“健××”的公告，且有“健××”卡样式展示。第六，iPhone 版“健××”App 的开发者为杭州某公司，版权所有者为某科技集团、杭州某公司，该应用中有关于被诉服务升级为健××的通知和下载通道；iPad 版“健××”App 开发者和版权所有者均为某科技集团。第七，“健××”新浪微博认证主体为上海某公司，“健××”“智××”微信公众号认证主体为杭州某公司，且在该两平台中均有被诉服务更名及其他宣传等内容。综上，在无相反证据的情况下，一审法院认定上海某公司、某科技集团、杭州某公司系共同对外运营被诉服务，实施被诉行为。某科技集团、杭州某公司关于其仅为被诉服务提供技术支持之抗辩，明显与前述事实矛盾，一审法院不予采纳。

一、关于侵害商标权的行为

（一）某甲保险集团是否可就涉案商标主张权利

根据某甲保险集团提交的涉案商标注册证，在无相反证据的情况下，该商标的权利状态稳定，某甲保险集团系涉案商标专用权人，有权就他人侵害涉案商标权的行为提起诉讼。关于上海某公司、某科技集团、杭州某公司，某门诊部提出的涉案商标系恶意抢注，某甲保险集团未规范使用涉案商标，以及涉案商标不构成知名商标等抗辩意见缺乏事实或法律依据，均非上海某公司、某科技集团、杭州某公司、某门诊部否认某甲保险集团享有涉案商标权的合法理由，一审法院均不予采纳。

（二）关于被诉侵害商标权的行为

本案中，某甲保险集团主张上海某公司、某科技集团、杭州某公司、某门诊部未经其许可在“健××”卡、“健××”网、“亿××”网、“健××”、“智××”App、“健××”新浪微博、“健××”微信公众号，及其实际经营地、上海某公司宣传册和与上海某公司、某科技集团、杭州某公司存在合作的医疗机构经营场所中使用被诉标识，侵害其商标专用权，违反了商标法第五十七条第一、二项之规定。对此，上海某公司、某科技集团、杭州某公司、某门诊部在前述载体或经营场所中使用被诉标识，系将被诉标识用于广告宣传及经营活动中，用于识别被诉服务来源的行为，系商标性使用。

1. 被诉服务与涉案商标核定使用的服务是否构成同一种或类似服务

涉案商标核定使用的服务为第36类中的保险、保险经纪、健康保险、人寿保险、保险咨询、保险信息，而被诉服务系为保险公司健康险直付理赔服务提供理赔信息收集、审核和结算的第三方服务，二者不构成同一种服务。但根据双方提交的证据材料，并结合2018年版区分表中关于第36类“与保险有关的服务”包括“为被保险人和承保人提供的服务”的注释，商标局关于“保险理赔处理”可纳入3601群组可接受商品服务项目。虽被诉服务的提供者未与投保人或被保险人签订合同进而建立法律意义上的关系，但其实际为投保人或被保险人、保险公司提供了与保险相关的服务，且理赔信息的收集、审核和保费的结算等环节的服务与其所依托的保险服务存在特定联系。故被诉服务与其所依托的保险服务在服务的目的、对象等方面相同，且属相关公众一般认为存在特定联系的服务，故被诉服务与涉案商标核定使用的服务构成类似服务。

2. 被诉标识与涉案商标是否相同或构成近似

涉案商标系图文商标，结合中文呼叫和表达习惯，涉案商标中的“健××”这一文字部分显然系其显著性部分。而被诉标识1、被诉标识2中的显著部分均系“健××”文字，故与涉案商标亦构成近似商标。

3. 被诉侵害商标权行为是否导致相关公众混淆

根据前文所述，因被诉服务与涉案商标核定使用的服务类别并非同一种服务，被诉标识与涉案商标亦非相同商标，故某甲保险集团主张上海某公司、某科技集团、杭州某公司，某门诊部被诉侵害商标权行为违反商标法第五十七条第一项缺乏事实和法律依据。至于是否违反商标法第五十七条第二项之规定，一审法院认为，上海某公司、某科技集团、杭州某公司共同提供的被诉服务系其所依托的保险产品中的理赔信息收集、审核和结算服务，虽对于投保人或被保险人而言，其知晓与其建立保险关系的保险公司并非某甲保险集团，但结合前述关于保险服务环节进一步细化且保险公司外包部分环节服务等论述，某甲保险集团提交的关于涉案商标及“健××”服务的影响力和知名度证据，投保人或被保险人或医疗机构这一与保险产品相关的公众显然有可能会误认为被诉服务系由某甲保险集团提供，或被诉服务的提供者系与某甲保险集团存在关联的市场主体，进而造成混淆。另从某甲保险集团提交的某药房连锁公司公函看，亦已有相关公众实际发生了混淆。据此，上海某公司、某科技集团、杭州某公司实施的被诉侵害商标权行为违反了商标法第五十七条第二项之规定。

二、关于被诉不正当竞争行为

本案中，某甲保险集团主张上海某公司、某科技集团、杭州某公司实施了两项不正当竞争行为：第一，2016年1月至5月24日涉案商标获准注册前这一期间使用"健××"标识构成混淆，违反了1993年反不正当竞争法第五条第二项之规定；第二，将健康管理作为被诉服务的增值服务，系借用了"健××"商标知名度以攀附某甲保险集团商誉并获得竞争优势，违反了2018年反不正当竞争法第二条之规定。关于某甲保险集团与上海某公司、某科技集团、杭州某公司之间是否存在竞争关系，结合如下因素：第一，某甲保险集团与案外公司的合作协议显示，其于2010年至2016年5月24日获准注册涉案商标前，持续运营"健××"服务；第二，双方均确认"健××"服务系保险直付理赔服务；第三，前文已述，上海某公司、某科技集团、杭州某公司共同运营的被诉服务亦为保险直付理赔服务，而非单纯的技术服务。因此，即便上海某公司、某科技集团、杭州某公司还有其他经营活动，其在提供被诉服务一项上，与某甲保险集团存在直接竞争关系。

（一）上海某公司、某科技集团、杭州某公司使用"健××"标识是否构成仿冒

1."健××"是否为知名服务的特有名称

第一，某甲保险集团自2010年10月起即与全国多地医院签订"健××"服务合作协议，截至2016年5月14日，合作医院已近百家；第二，某甲保险集团自2011年起即"健××"服务进行推广激励，并有相应的内部方案支持和项目支出记录；第三，根据第5353号公证书、国图检索报告、中国知网检索结果，2011年至2016年持续有第三方媒体、地方电视台的多篇文章、报道提及某甲保险集团"健××"服务及其模式，且提及"健××"服务系某甲保险集团开创的医疗机构和保险公司合作的新型理赔服务模式；第四，2011年至2016年，全国多地地方年鉴均提及某甲保险集团当地分公司对"健××"服务的大力推广。据此，某甲保险集团的"健××"服务自2010年起即已推出，且某甲保险集团通过与全国多地多家医院进行合作等方式持续推广该项服务，使其在保险直付理赔这一领域具有了较高知名度，为相关公众所知悉，构成知名服务。

关于“健××”是否为特有名称，“健××”作为某甲保险集团“健××”服务的名称，既非保险服务的通用名称，亦无证据表明该名称系该保险行业经营者普遍采用的名称，相反地，该名称系某甲保险集团将健康险及其直付理赔服务的特点相联系后臆造出的名称，发挥出了区别于其他经营者的同类服务的功能，故构成特有名称。

针对上海某公司、某科技集团、杭州某公司，某门诊部提出的某甲保险集团就“健××”名称不享有权益的抗辩意见：第一，关于2016年以前某甲保险集团未使用该名称一项，某甲保险集团提交的证据已形成较为完整的证据链显示其于2010年起开始与多地医院等医疗机构就“健××”服务进行合作，个别协议未盖章不足以否定该项事实；第二，某甲保险集团与合作方的结算清单系其之间履行协议之体现，与其是否存在实际的合作并无关联；第三，在认定知名服务特有名称时，应当以“特定市场”“相关公众”的认知作为标准进行判断，而“健××”服务作为医疗机构与保险公司共同参与的直付理赔保险模式，显然应该以医疗机构作为特定主体之一进行判断，因此，医院通过其与某甲保险集团的合同了解并熟悉“健××”服务亦系某甲保险集团推广该项服务之体现，上海某公司、某科技集团、杭州某公司关于合同具有秘密性而对“健××”名称知名度不具贡献的抗辩缺乏事实依据；第四，至于上海某公司、某科技集团、杭州某公司提出的“健××”服务系统并未在2016年前使用，即便“健××”服务系统系在2016年后使用，其亦只是某甲保险集团提供“健××”服务的技术载体所发生的变化，并不影响某甲保险集团在此前已在该项服务上使用“健××”名称并获得了一定知名度这一事实的认定。

2. 上海某公司、某科技集团、杭州某公司在被诉服务上使用“健××”标识是否构成混淆

本案中，结合某甲保险集团提交的证据及上海某公司在其所提交的商标异议材料中关于其于2015年4月正式在被诉服务使用“健××”名称的自认，上海某公司、某科技集团、杭州某公司已于2015年4月即将被诉服务的名称更名为“健××”。健××服务系健康险直付理赔服务，被诉服务则是为其他保险公司的保险产品提供的直付理赔服务，此种服务的性质并不会受二者所依托的保险服务属于何种险种而影响，故二者系性质相同的服务；在此情形下，上海某公司、某科技集团、杭州某公司在被诉服务上使用与“健××”服务

同名的“健××”标识，显然将导致投保人或被保险人、医疗机构等相关主体误认为被诉服务系“健××”服务或与某甲保险集团存在其他特定联系，进而构成混淆。

此外，从某甲保险集团与各地医疗机构之间以及上海某公司与案外保险公司、药店等医疗机构之间的合作协议看，2016 年 1 月至 5 月 24 日，“健××”服务和被诉服务均在全国范围内开展，即上海某公司、某科技集团、杭州某公司并未证明其系在与“健××”服务不同地域范围内使用“健××”名称且其作为在后使用者系善意使用。据此，某甲保险集团主张上海某公司、某科技集团、杭州某公司于 2016 年 1 月至 5 月 24 日在被诉服务上使用“健××”标识构成仿冒，具有事实和法律依据，一审法院予以支持。

（二）上海某公司、某科技集团、杭州某公司在健康管理服务上使用“健××”标识是否违反 2018 年反不正当竞争法第二条之规定

某甲保险集团另主张上海某公司、某科技集团、杭州某公司将健康管理作为被诉服务的增值服务，系借用了“健××”商标知名度以攀附某甲保险集团商誉并获得竞争优势，违反了 2018 年反不正当竞争法第二条之规定；适用该条规定的要件之一是被诉行为系违反了诚信原则或商业道德。而根据“健××”网、“健××”微信公众号、iPhone 版“‘医××’助手”App 等上海某公司、某科技集团、杭州某公司平台中对其所提供的健康管理服务的介绍，该服务主要包括健康监测、健康档案、家庭医生、血压管理、血糖管理等服务，与“健××”服务在性质和内容上均存在较大差异。在某甲保险集团并未举证证明其亦经营健康管理服务并在该类服务上使用“健××”标识的情形下，其主张其他经营者在与“健××”服务不同的服务上使用该标识违反诚信原则或商业道德缺乏事实依据，一审法院不予支持。

三、上海某公司、某科技集团、杭州某公司、某门诊部应承担的法律责任

如上所述，上海某公司、某科技集团、杭州某公司被诉侵害商标权行为及部分被诉不正当竞争行为成立，某甲保险集团要求其承担停止侵权、消除影响、赔偿经济损失等相应的法律责任，具有事实和法律依据。

（一）关于停止侵权和不正当竞争行为

对某甲保险集团提出的停止在“健××”卡、“健××”网、“亿××”网、“健××”、“智××”App、“健××”新浪微博、“健××”微信公众

号，以及上海某公司、某科技集团、杭州某公司、某门诊部经营场所、上海某公司宣传册和与上海某公司存在合作的医疗机构经营场所中使用被诉标识，并收回、销毁已经发放的含“健××”字样的理赔卡一项诉讼请求，结合如下因素：

第一，某甲保险集团认可于2018年1月“健××”App、“健××”新浪微博、“健××”微信公众号更名，某门诊部的被诉行为于2018年1月停止，故上海某公司、某科技集团、杭州某公司、某门诊部在前述平台名称或经营场所中使用被诉标识的行为，已无停止必要。另外，上海某公司、某科技集团、杭州某公司被诉仿冒行为持续期间为2016年1月至5月24日，故该项行为亦无停止必要。第二，根据第645号、第646号公证书（取证于2018年1月19日），“健××”网首页已停止使用被诉标识2，但上海某公司、杭州某公司经营场所仍在使用两个被诉标识；“健××”App、“健××”微信公众号虽均更名为“智××”，但其展示专栏中的卡片中仍在使用被诉标识1。第三，根据某甲保险集团提交的时间戳认证证书，某诊所网站及经营场所仍使用两个被诉标识。第四，上海某公司称其于2017年12月前发放的带有被诉标识1的理赔卡无法收回并销毁，但根据其与案外人的合作协议，上海某公司作为负责制作、发放理赔卡的一方，有能力控制已经发放的带被诉标识1的理赔卡。第五，上海某公司、某科技集团、杭州某公司未就其已停止在“亿××”网、宣传册上使用被诉标识提交相关证据，而某甲保险集团对其所述停止被诉行为不予认可。据此，上海某公司、某科技集团、杭州某公司应当停止如下侵害商标权：1. 停止在更名为“智××”前已发放的理赔卡上使用被诉标识1；2. 停止在“健××”网、“亿××”网、“智××”App、涉案公众号中展示的理赔卡中使用被诉标识1；3. 停止在上海某公司企业宣传册中使用被诉标识1；4. 停止在某诊所网站和经营场所中使用两个被诉标识。因某甲保险集团未举证证明除某门诊部、某诊所之外，上海某公司其他合作医疗机构使用了被诉标识，故对其关于停止在与其他合作医疗机构经营场所使用被诉标识的诉讼请求，一审法院不予支持。

（二）关于消除影响

考虑到上海某公司、某科技集团、杭州某公司被诉行为的持续时间、实施范围，以及造成相关公众混淆之结果等因素，对某甲保险集团该项主张，一审法院予以支持。对于刊登消除影响声明的位置及期间，一审法院将综合考虑上海某公司、某科技集团、杭州某公司侵害商标权行为及不正当竞争行为实施的范围及造成的影响等因素酌情予以确定。

（三）关于经济损失

本案中，某甲保险集团主张根据上海某公司、某科技集团、杭州某公司的非法获利进行计算并提出了具体计算方式，考虑到如下因素：第一，上海某公司、某科技集团、杭州某公司提供的被诉服务系保险直付理赔服务，故其所称管理资金金额、服务保单金额等应仅系被诉服务所依托的保险服务的相关金额，而非上海某公司、某科技集团、杭州某公司营业收入；第二，根据上海某公司与案外保险公司及药店等医疗机构的合作协议约定的费用，上海某公司收取的服务费基数应系实际理赔金额，而非其所依托的保险产品的全部金额；第三，市场主体业务量的增长客观上受其所处行业整体发展趋势的影响，故上海某公司在被诉行为实施期间业务量的增长系完全因使用被诉标识所致的可能性较小；第四，被诉服务与商务服务业在性质上存在一定区别，故某甲保险集团将上海市商务服务业的平均营业利润率作为被诉服务的单位利润率缺乏充分依据；第五，被诉服务系与保险有关的服务，并非保险服务，故上海市保险业健康险毛利润亦不能作为计算其单位利润率的参考依据。综上所述，对某甲保险集团的计算方式和计算依据，一审法院不予采纳。

鉴于双方未能提交充分证据证明某甲保险集团因被诉行为所受实际损失或上海某公司、某科技集团、杭州某公司的非法获利，一审法院将综合如下因素酌情确定本案经济损失赔偿数额：第一，涉案商标获准注册前“健××”名称已获得一定知名度，涉案商标亦有较高知名度。第二，上海某公司、某科技集团、杭州某公司提供的被诉服务系收费服务。第三，虽上海某公司、某科技集团、杭州某公司在“健××”网等宣传平台中公开宣称的发卡金额、管理资金金额等不能作为其营业收入的直接依据，但其向合作方收取的费用与该些金额直接相关，而这些金额呈现逐年大幅增长的趋势，即上海某公司、某科技集团、杭州某公司业务量被诉行为持续期间获得了明显增长，其因被诉行为所获利益亦应逐年增长。第四，本案诉讼过程中，上海某公司、某科技集团、杭州某公司仍未停止在被诉服务中使用被诉标识；已停止的被诉行为持续时间则自 2015 年底持续至 2018 年 1 月，持续时间亦较长。第五，上海某公司、某科技集团、杭州某公司与全国多地的保险公司、药店等就被诉服务建立了合作协议，即被诉服务涉及区域范围较广。第六，刘甲、毛某系原某甲人寿公司员工，且担任营业部、市场部主管等管理职务，在无相反证据的情形下，其显然应当知晓具有一定知名度的“健××”服务；而刘甲在其仍在某甲人寿公司任职期间即成立杭州某公司并开始对外提供被诉服务，并在此后分别担任上海某公司、某科技集团、杭州某公司法定代表人及高管，毛某则担任上海某公司法定代表人。即上海某公司、某科技集团、杭州某公司显然系在明知存在“健××”服务的情形下将被诉服务更名为“健××”，具有较大主观恶意。第七，上海某公司、某科技集团、杭州某公司被诉行为既侵害了某甲保险集团就涉案商标享有的专用权，也构成仿冒。第八，上海某公司、某科技集团、杭州某公司的仿冒行为持续时间较短。据此，一审法院依法酌定上海某公司、某科技集团、杭州某公司因被诉侵害商标权及不正当竞争行为应当向某甲保险集团赔偿600万元。某甲保险集团因本案所付合理开支，上海某公司、某科技集团、杭州某公司应当一并赔偿。

至于某甲保险集团要求某门诊部与上海某公司、某科技集团、杭州某公司共同承担消除影响及赔付合理开支的主张，根据商标法第六十四条第二款之规定，销售不知道是侵犯注册商标专用权的商品，能证明该商品是自己合法取得并说明提供者的，不承担赔偿责任。对此，结合如下因素：第一，某门诊部系根据其与上海某公司签订的协议使用带有“健××”字样的标识，且已提供了双方间的合作协议及发票；第二，现亦无证据表明某门诊部在其经营场所使用带有“健××”字样的标识时知晓上海某公司、某科技集团、杭州某公司在被诉服务上使用该标识系侵害商标权之行为；第三，某门诊部及时停止了其被诉侵害商标权行为，且不构成不正当竞争，故其侵权情节较为轻微。据此，结合前述规定，某门诊部对其被诉行为不承担赔偿责任。加之某甲保险集团亦未证明某门诊部被诉行为导致其商业信誉或服务声誉受到损失，故对某甲保险集团针对某门诊部的前述两项诉讼请求，一审法院不予支持。

综上所述，依照《中华人民共和国商标法》第五十七条第一、二项，第六十三条第三款，第六十四条第二款；自1993年12月1日起施行的《中华人民共和国反不正当竞争法》第五条第二项，第二十条；自2018年1月1日起施行的《中华人民共和国反不正当竞争法》第二条；《中华人民共和国民事诉讼法》第六十四条第一款规定，一审法院作出判决：一、本判决生效之日起，上海某公司、某科技集团、杭州某公司立即停止涉案侵害商标权行为；二、本判决生效之日起十日内，上海某公司、某科技集团、杭州某公司在“健××”网、“亿××”网以及“智××”App、微信公众号首页首屏连续十五日刊登声明，就涉案侵害商标权及不正当竞争行为为某甲保险集团消除影响（声明内容须经一审法院审核，逾期不履行，一审法院将根据某甲保险集团申请，在相关媒体公布判决主要内容，费用由上海某公司、某科技集团、杭州某公司承担）；三、本判决生效之日起十日内，上海某公司、某科技集团、杭州某公司共同赔偿某甲保险集团经济损失 600 万元及合理开支 172041 元；四、驳回某甲保险集团的其他诉讼请求。如果未按本判决指定的期间履行给付金钱义务的，应当依照《中华人民共和国民事诉讼法》第二百五十三条之规定，加倍支付迟延履行期间的债务利息。

本案二审诉讼中，三上诉人为支持其上诉主张，向本院补充提交了四组证据，本院将该证据向某甲保险集团进行了交换，某甲保险集团针对该证据充分发表了质证意见，具体情况如下：

第一组证据，包括证据 1 至证据 8，可信时间戳认证保全的《广西新闻网》《河北新闻网》《哈尔滨新闻网》《今日京山新闻网》《荆楚网》《吉安保险行业协会网站》《青山区人民政府网站》《遂宁新闻网》等相关媒体报道。该组证据用以证明某甲保险集团在一审时提交的关于某甲保险集团与某丙医院、某丁医院、某戊医院等多家医院签约“健××”的时间和前述新闻报道中显示的时间不一致，并据此主张某甲保险集团在本案诉讼中涉嫌证据造假和虚假陈述。某甲保险集团对前述证据的证明目的不予认可，表示其在一审诉讼中向法院提交了 140 余份与全国众多医院签署的合作协议，原件在一审阶段均已经过一审法院和三上诉人仔细核对，三上诉人也已针对前述证据发表了质证意见。因此，一审庭审程序合法、事实认定无误，某甲保险集团不存在证据造假和虚假陈述的情况。事实上，某甲保险集团与医院等机构的合作具有持续性，双方合作协议到期后将重新签订新的协议延续合作，新的合作被新闻媒体报道实属正常，相关报道中显示的合作时间并不否定和排斥某甲保险集团与相关医院实际合作的事实和合作时间。三上诉人以新合作的新闻报道推定某甲保险集团证据造假的理由不能成立。而且，三上诉人存在偷换概念、混淆视听的情形，其所列部分媒体报道中的合作主体与某甲保险集团举证的协议主体不符，例如三上诉人提交的该组证据4中新闻媒体报道对象是“某甲人寿荆门支公司”和“某甲医院”，而某甲保险集团在一审提供的协议签约方是“某甲人寿保险股份有限公司湖北分公司”和“某乙医院”。

第二组证据，包括证据9（人民网《两个“健××”，如何辨真假》的报道）、证据10（“‘健××’理赔服务开通通知函”）、证据11（双方于2017年4月—2018年4月合作实际业务数据），三上诉人结合其在一审阶段提交的其与某甲保险集团青岛分公司签订的《服务合作协议》等证据，用以证明某甲保险集团自2016年6月便已知悉三上诉人的“健××”服务，其不仅未提出任何异议，反而与三上诉人就“健××”服务建立了合作关系。三上诉人据此主张，该证据足以证明被诉服务与某甲保险集团的第××377号“健××”注册商标之间不冲突，三上诉人不构成侵权。某甲保险集团对该证据的证明目的不予认可，表示某甲保险集团是中国规模最大的保险公司之一，仅某甲人寿下属就有超过100家分公司，全国有超过3900家实体营业网点，从业人数超过70万人。保险行业的特点决定各分公司均可以独立对外签订合同。某甲保险集团旗下分公司对外签订的协议并不代表某甲保险集团均知晓，更不表明其均同意。某甲保险集团青岛分公司与上海某公司于2016年11月签订的《服务合作协议》中不存在任何许可或授权使用涉案商标的条款，该协议的签署显然并不代表某甲保险集团同意三上诉人使用涉案商标，更不构成某甲保险集团对其商标专用权的放弃。某甲保险集团还据此主张，三上诉人存在欺骗行为，其先前与某甲保险集团旗下公司签订合同中合作的是“医××”品牌，但其与某甲保险集团青岛分公司签订前述协议时并没有突出提示其品牌变更为与某甲保险集团相同的“健××”品牌，某甲保险集团青岛分公司对涉案商标侵权事宜并不知情。而且，三上诉人提交的证据10和证据11中相关内容，恰恰能证明其开展的就是“保险直付理赔服务”。

第三组证据，包括证据12（《类似商标和服务区分表》2021版）、证据13（第××319号“××及图”商标注册证及公告信息），该组证据用以证明一审判决在类似服务判断中考虑的因素已经发生了变化，不能再作为本案判断类似服务的依据，“保险理赔管理软件”“用于保险索赔管理、零售事件和案件管理以及保险索赔和零售数据的审查、分析和跟踪的软件”同样也属于国家商标局在第9类软件商品类别可以接受的商品项目。某甲保险集团对该证据的证明目的不予认可，其表示三上诉人使用软件提供保险理赔服务，并非将软件作为商品销售。一审判决认定三上诉人提供“保险理赔服务”与某甲保险集团“健××”商标核定“保险”等服务属于类似服务，即本案的被诉服务是“保险理赔服务”，并非“保险理赔管理软件”。

第四组证据，即证据14（北京市高级人民法院（2020）京行终7410号行政判决书），用以证明生效裁判认为某甲保险公司的“健××”直付系统与第9类计算机软件属于同一种或类似商品。某甲保险集团对该证据的证明目的不予认可，其表示某甲保险集团通过支付系统提供“健××”直付理赔服务，支付系统是实现保险理赔服务的工具。该行政判决中认定上海某公司诉争商标核定使用的“计算机软件（已录制）；计算机用接口；可下载的计算机应用软件”与某甲保险集团的支付系统属于同种或类似商品，与本案认定某甲保险集团“健××”属于知名服务的特有名称并不矛盾。该判决认定“上海某公司及其前身以刘甲为股东或法定代表人，对某甲保险集团‘健××’直付系统亦应知晓”与本案一审认定三上诉人明知存在“健××”服务的意见一致，印证了一审判决认定准确无误。

某甲保险集团在本案二审诉讼中，向本院补充提交了国家知识产权局网站检索及“保险理赔处理”服务项目检索结果，用以证明某甲保险集团于2021年4月21日再次通过国家知识产权局商标局中国商标网查询“保险理赔处理”仍属于3601群组，与某甲保险集团“健××”商标核定“保险”服务归属同一类似群组，属于类似服务，三上诉人实施的被诉行为落入某甲保险集团涉案商标的核定服务范围，构成商标侵权，其主张的所谓情势变更情形不成立。

本案二审诉讼中，三上诉人还主张某丙保险公司人身险营业部（以下简称某丙保险公司上海人身险营业部）曾于2002年7月30日申请注册第××378号“健××”商标，核定使用在第36类“健康保险、保险信息”等服务项目上，该商标的专用权期限为2004年5月7日至2014年5月6日。该商标虽因期满未续展而被注销，但根据商标法第五十条规定，注册商标期满不再续展的，自注销之日起一年内，商标局对与该商标相同或者近似的商标注册申请不予核准。因此，三上诉人主张某甲保险集团在2015年5月6日以前将“健××”使用在保险服务上，属于侵犯某丙保险公司上海人身险营业部第

××378 号“健××”商标专用权的行为，该使用行为不能产生合法权益。

另查，原审被告某门诊部经北京市海淀区市场监督管理局核准，于 2021 年 3 月注销。

本案经审理查明的其他事实与一审法院查明的事实无异，故对一审法院查明的事实予以确认。

本院认为：

一审法院结合在案事实和证据认定三上诉人系共同对外运营被诉服务，实施被诉行为，三上诉人未对此提起上诉，本院经审查予以确认并不再赘述。本案二审诉讼中，根据三上诉人与某甲保险集团的诉辩意见，双方主要争议焦点在于：一、三上诉人实施的被诉侵害商标权行为是否成立；二、三上诉人实施的被诉不正当竞争行为是否成立；三、如三上诉人实施的被诉侵害商标权行为和不正当竞争行为成立，其应当承担何种法律责任。

一、三上诉人实施的被诉侵害商标权行为是否成立

根据某甲保险集团提交的涉案商标注册证等证据可知，某甲保险集团系涉案商标专用权人，有权就他人侵害涉案商标权的行为提起诉讼。本案中，某甲保险集团主张三上诉人未经其许可在“健××”卡、“健××”网、“亿××”网、“健××”、“智××”App、“健××”新浪微博、“健××”微信公众号，及其实际经营地、上海某公司宣传册和与三上诉人存在合作的医疗机构经营场所中使用被诉标识，侵害其商标专用权，违反了商标法第五十七条第一、第二项之规定。商标法第四十八条规定，商标的使用，是指将商标用于商品、商品包装或者容器以及商品交易文书上，或者将商标用于广告宣传、展览以及其他商业活动中，用于识别商品或服务来源的行为。认定涉案标识是否构成商标性使用，关键在于相关公众是否会将其作为识别商品或服务来源的标识。三上诉人在前述载体或经营场所中使用被诉标识，系将被诉标识用于广告宣传及经营活动中，用于识别被诉服务来源的行为，显然属于商标性使用。

（一）被诉服务与涉案商标核定使用的服务是否构成同一种或类似服务

涉案商标核定使用的服务为第 36 类中的保险、保险经纪、健康保险、人寿保险、保险咨询、保险信息，而被诉服务系为保险公司健康险直付理赔服务提供理赔信息收集、审核和结算的第三方服务。根据《最高人民法院关于审理商标民事纠纷案件适用法律若干问题的解释》第十一条规定，类似服务是指在服务的目的、内容、方式、对象等方面相同，或者相关公众一般认为存在特定联系的服务。本案中，根据双方提交的在案证据，并参考《类似商品和服务区分表》中关于第36类“保险服务”的目的、内容、方式、对象可知，“保险理赔处理”可纳入3601群组可接受商品服务项目，当前保险服务内容进一步丰富、服务环节进一步细化的保险市场发展趋势，以及上海某公司在其商标异议申请中自称被诉服务属于金融服务等因素，被诉服务所提供的收集投保人或被保险人消费信息，审核保险理赔材料并在医疗机构和保险公司之间代为结算等服务，系保险服务中的重要环节，该服务的目的系协助投保人或被保险人实现直付理赔，使其所依托的保险服务本身发挥出应有功能。因此，虽被诉服务的提供者未与投保人或被保险人签订合同进而建立法律意义上的关系，但其实际为投保人或被保险人、保险公司提供了与保险相关的服务。在保险公司将其中的理赔信息收集、审核和保费结算等部分环节以外包形式委托第三方提供的情况下，该服务环节的提供者与其所依托的保险服务的提供者可能并不一致，但因该服务环节系其所依托的保险服务整体不可分割的一部分，且服务提供者亦通常代表保险公司提供服务，故对于投保人或被保险人，或其他与保险服务相关的主体（如涉案医疗机构）等相关公众而言，理赔信息的收集、审核和保费的结算等环节的服务与其所依托的保险服务存在特定联系。

因此，三上诉人实施的被诉服务与其所依托的保险服务虽然不属于相同服务，但两者在服务目的、服务对象等方面相同，服务内容、服务方式等方面存在较强关联，相关公众易认为两者之间存在特定联系，从而可能对服务来源产生混淆、误认。因此，被诉服务与涉案商标核定使用的服务类别中的保险、健康保险、人寿保险等构成类似服务。一审判决相关认定正确，本院予以确认。

三上诉人虽然主张其作为技术服务商，仅提供单纯的技术服务，但根据上海某公司与案外保险公司、药店等医疗机构签订的协议约定，上海某公司负责设计、制作与被诉服务有关的使用说明、宣传材料，并通过其开发的系统向保险公司客户提供审核用户消费是否属于理赔范围，完成理赔信息数据收集、整理并制作理赔请款单并交付保险公司等被诉服务；部分协议还约定上海某公司系保险公司和药店进行最终赔付的中间方。据此，被诉服务的本质并非单纯的技术服务，而系其所依托的保险产品的组成部分，即便三上诉人亦提供了系统开发和软件运用等服务，该种服务亦仅是其实现被诉服务的手段，而非被诉服务本身。因此，三上诉人有关其提供的被诉服务与涉案商标核定使用的健康保险等服务不构成类似服务的主张缺乏事实与法律依据，本院不予支持。

（二）被诉标识与涉案商标是否构成近似标识

涉案商标系图文商标，由中文“健××”和图形组成，其中“健××”构成其显著认读文字，被诉标识1与涉案商标的显著认读文字相同，两者构成近似标识。被诉标识2由长颈鹿图形、“健××”“少生病爱家人”文字和“j××.com”图文组合而成。从该组合标识的图文比例看，“健××”文字所占整体标识的比例明显比长颈鹿图形和“j××.com”“少生病爱家人”等文字更大，其中的长颈鹿图形系较常见的动物卡通造型，“j××.com”系健××网的域名，“少生病爱家人”更易被认读为广告语，故“健××”显然构成该组合标识的显著认读文字，与涉案商标构成近似标识。

（三）三上诉人实施的被诉侵害商标权行为是否容易导致相关公众混淆

鉴于被诉服务与涉案商标核定使用的服务类别并非同一种服务，被诉标识与涉案商标亦未构成相同标识，故三上诉人实施的被诉侵害商标权行为不违反商标法第五十七条第一项的规定。根据商标法第五十七条第二项之规定，未经商标注册人的许可，在类似商品上使用与其注册商标近似的商标，容易导致混淆的，属侵害注册商标专用权的行为。

如前所述，鉴于被诉服务与涉案商标核定使用的服务类别构成类似服务，被诉标识与涉案商标构成近似标识，认定三上诉人实施的涉案行为是否侵害某甲保险集团的涉案商标专用权，关键在于判断三上诉人使用被诉标识指示被诉服务的行为，是否容易导致相关公众混淆。混淆指足以造成相关公众误认，即相关公众误认为被诉标识与注册商标所标示的商品或服务来自同一市场主体，或者虽然认为两者所标示的商品或服务来自不同的市场主体，但误认为使用两者的市场主体之间存在经营、组织或法律上的关联。本案中，三上诉人共同提供的被诉服务系其所依托的保险产品中的理赔信息收集、审核和结算服务，虽对于投保人或被保险人而言，其知晓与其建立保险关系的保险公司并非某甲保险集团，但结合前述关于保险服务环节进一步细化且保险公司外包部分环节服务等论述，某甲保险集团提交的关于涉案商标及“健××”服务的影响力和知名度证据，投保人或被保险人或医疗机构这一与保险产品相关的公众显然有可能会误认为被诉服务系由某甲保险集团提供，或被诉服务的提供者系与某甲保险集团存在关联的市场主体，进而造成相关公众的混淆。此外，从某甲保险集团提交的某药房连锁公司公函等证据看，已经存在相关公众实际发生混淆的情形。因此，现有证据足以认定三上诉人实施的被诉侵害商标权行为违反了商标法第五十七条第二项之规定。一审判决相关认定正确，本院予以确认。三上诉人有关其实施的被诉侵权行为属于“售后环节”，消费者对于保险服务的购买及识别早已完成，不再存在混淆的可能及空间等相关主张，均缺乏事实与法律依据，本院不予支持。

三上诉人还主张某甲保险集团2016年就与其就“健××”建立合作关系，足以印证某甲保险集团对于三上诉人的“健××”服务知悉、认可，足以证明被诉服务与某甲保险集团涉案商标之间不冲突、不矛盾。对此本院认为，根据本案查明的事实，某甲保险集团属于国内规模较大的保险公司，其旗下有遍布全国的众多子公司和分公司，保险行业的特点决定各分公司可以独立对外签订涉案相关协议，故某甲保险集团旗下分公司对外签订的协议并不意味着某甲保险集团必然知晓其全部协议内容。从上海某公司与某甲保险集团青岛分公司签订的协议内容看，双方协议中并不存在任何许可或授权使用涉案商标的条款。故前述协议的签订，并不足以证明某甲保险集团已明确同意三上诉人使用涉案商标或放弃其对涉案商标享有的专用权，某甲保险集团有权就本案被诉商标侵权行为提起诉讼，其对涉案商标享有的合法权益应获得法律保护。因此，三上诉人的前述主张缺乏法律依据，本院不予支持。

二、三上诉人实施的被诉不正当竞争行为是否成立

反不正当竞争法中的竞争关系包括狭义的竞争关系和广义的竞争关系。前者是指提供的商品或服务具有同质性及相互替代性的经营者之间的同业竞争关系，后者是指非同业经营者的经营行为之间损害与被损害的关系。无论是狭义的竞争关系还是广义的竞争关系，竞争的本质均是对客户即交易对象的争夺。关于某甲保险集团和三上诉人之间是否存在竞争关系，某甲保险集团与案外公司的合作协议显示，其在获准注册涉案商标前已经持续运营“健××”服务；某甲保险集团经营的“健××”服务系保险直付理赔服务，三上诉人共同运营的被诉服务亦为保险直付理赔服务，如前所述，两者构成类似服务，实质上存在对相同客户即交易对象的争夺，故可认定某甲保险集团与三上诉人之间存在竞争关系。

本案中，某甲保险集团主张三上诉人在2016年1月至5月24日涉案商标获准注册前这一期间使用“健××”标识构成混淆，违反了1993年反不正当竞争法第五条第二项之规定。根据1993年反不正当竞争法第五条第二项之规定，擅自使用知名商品特有名称或与知名商品近似的名称，造成和他人的知名商品相混淆，使购买者误认为是该知名商品的，构成仿冒。据此，结合某甲保险集团关于“健××”系其知名服务健康直付理赔服务的特有名称的主张，某甲保险集团该项主张成立的要件是“健××”服务系知名服务，“健××”是“健××”服务的特有名称，且相关公众对“健××”服务和被诉服务发生了混淆。

（一）“健××”是否为知名服务的特有名称

根据1993年反不正当竞争法第五条第二项规定以及《最高人民法院关于审理不正当竞争民事案件应用法律若干问题的解释》第一条、第二条规定，“商品”包括商品和服务；知名商品或服务是指在特定市场有一定知名度、为相关公众知悉的商品或服务，对其进行认定时，应当考虑商品或服务的销售时间、销售区域、销售额和销售对象，进行任何宣传的持续时间、程度和地域范围等因素进行综合判断；而特有名称则应系具有显著特征，能够与其他经营者的同类商品或服务相区别的名称。

关于“健××”服务是否为知名服务，综合考量如下因素：第一，某甲保险集团自2010年10月起即与全国多地医院签订“健××”服务合作协议，截至2016年5月14日，合作医院已近百家；第二，某甲保险集团自2011年起即针对“健××”服务进行推广激励，并有相应的内部方案支持和项目支出记录；第三，根据第5353号公证书、国图检索报告、中国知网检索结果，2011年至2016年持续有第三方媒体、地方电视台的多篇文章、报道提及某甲保险集团“健××”服务及其模式，且提及“健××”服务系某甲保险集团开创的医疗机构和保险公司合作的新型理赔服务模式；第四，2011年至2016年，全国多地地方年鉴均提及某甲保险集团当地分公司对“健××”服务的大力推广。据此，本院认为，某甲保险集团的“健××”服务自2010年起即已推出，且某甲保险集团通过与全国多地多家医院进行合作等方式持续推广该项服务，使其在保险直付理赔这一领域具有了较高知名度，为相关公众所知悉，在三上诉人实施被诉不正当竞争行为时已经构成知名服务。关于“健××”是否为特有名称，“健××”作为某甲保险集团“健××”服务的名称，既非保险服务的通用名称，也无证据表明该名称系该保险行业经营者普遍采用的名称，相反地，该名称系某甲保险集团将健康险及其直付理赔服务的特点相联系后臆造出的名称，发挥出了区别于其他经营者同类服务的功能，故构成特有名称。一审判决相关认定正确，本院予以确认。

关于三上诉人有关某甲保险集团在本案诉讼中涉嫌证据造假、虚假陈述等主张，本院认为，三上诉人二审提交的相关媒体报道证据中显示的某甲保险集团与某丙医院、某丁医院、某戊医院等多家医院签约“健××”的时间与某甲保险集团提交的部分证据中显示的时间虽然存在不一致情况，但仅凭该证据尚不足以证明某甲保险集团在本案诉讼中存在证据造假、虚假陈述的情形。主要理由在于，某甲保险集团在一审诉讼中提交了上百份其与全国众多医院签署的合作协议，一审法院已经组织双方当事人核对相关协议原件并进行了质证，三上诉人在一审诉讼中亦未对相关证据的真实性提出异议。此外，三上诉人提交的部分媒体报道中的合作主体与某甲保险集团举证的合同主体并不相符，亦不能支持其主张。而且，综合全案证据可知，某甲保险集团与多家医院的合作具有长期性、持续性，双方在合作协议到期后重新签订新的合作协议合情合理，在无其他证据佐证的情况下，本院无法仅凭部分媒体报道中显示的某甲保险集团与相关医院的合作时间与某甲保险集团提交的少数协议等证据中显示的合作时间不一致，便径行认定某甲保险集团在本案诉讼中涉嫌证据造假、虚假陈述情形。据此，本院对三上诉人的相关主张不予支持。

关于三上诉人有关某甲保险集团在 2015 年 5 月 6 日以前将“健××”使用在保险服务上，属于侵犯某丙保险公司上海人身险营业部第××378 号“健××”商标专用权的行为，该使用行为不能产生合法权益等主张，本院认为，一方面，商标权属于标识性权利，商标权人通过商标使用来实现其商标的识别功能。虽然某丙保险公司上海人身险营业部曾于 2002 年 7 月 30 日申请注册第××378 号“健××”商标，核定使用在“健康保险”等服务上，但现无证据证明某丙保险公司上海人身险营业部曾将该商标投入市场进行有效的商业使用，从而发挥其识别服务来源的作用。故在第××378 号“健××”商标被注销之前的商标专用权期限内，某甲保险集团在保险支付理赔领域使用“健××”标识的行为，并不会导致相关公众将其与某丙保险公司上海人身险营业部的第××378 号“健××”商标产生混淆、误认。另一方面，无论某甲保险集团在保险支付理赔领域使用“健××”标识的行为是否侵犯某丙保险公司上海人身险营业部第××378号“健××”商标的专用权，该事实与某甲保险集团在本案中主张的三上诉人实施的涉案行为是否构成不正当竞争没有必然关联。反不正当竞争法系以投入作为产出的必要条件，规制不劳而获、“搭便车”、借他人经营投入获取自身利益的破坏市场秩序的行为，通过制止各种不正当竞争行为以鼓励和保护公平竞争，维护正常的市场竞争秩序。经查，某丙保险公司上海人身险营业部的第××378号“健××”商标于2014年5月6日因期满未续展已注销，在该日期前后某甲保险集团通过与全国多地多家医院进行合作等方式持续推广“健××”服务，使其在保险直付理赔这一领域具有了较高知名度，为相关公众所知悉，已构成知名服务，该知名服务特有名称的合法权益应归属某甲保险集团。本案中，某甲保险集团主张三上诉人实施的涉案不正当竞争行为发生于2016年1月至5月24日涉案商标获准注册前这一期间，鉴于2016年1月至5月24日并不属于某丙保险公司上海人身险营业部对其第××378号“健××”商标享有专用权的期间，且在案证据表明某甲保险集团的“健××”服务于2016年1月之前已经在保险直付理赔领域具有较高知名度的情况下，三上诉人有关某甲保险集团在2015年5月6日以前在保险服务上使用“健××”标识属于侵犯某丙保险公司上海人身险营业部第××378号“健××”商标专用权的行为，该使用行为不能产生合法权益，某甲保险集团无权依据1993年反不正当竞争法第五条第二项规定对“健××”主张知名服务的特有名称保护等主张，均缺乏法律依据，本院不予支持。

（二）三上诉人在被诉服务上使用“健××”标识是否构成混淆

本案中，结合某甲保险集团提交的证据及上海某公司在其所提交的商标异议材料中关于其于2015年4月正式在被诉服务使用“健××”名称的自认，本院确认三上诉人于2015年4月即将被诉服务的名称更名为“健××”。“健××”服务系健康险直付理赔服务，被诉服务则是为其他保险公司的保险产品提供的直付理赔服务，此种服务的性质并不会受二者所依托的保险服务属于何种险种而影响，故二者系性质相同的服务；此种情况下，三上诉人在被诉服务上使用与“健××”服务同名的“健××”标识，显然将导致投保人或被保险人、医疗机构等相关主体误认为被诉服务系“健××”服务或与某甲保险集团存在其他特定联系，进而构成混淆。根据在案证据可知，某甲保险集团的“健××”服务和被诉服务于2016年1月至5月24日均在全国范围内开展，三上诉人并未证明其系在与“健××”服务不同地域范围内使用“健××”名称且其作为在后使用者系善意使用，故某甲保险集团主张三上诉人于2016年1月至5月24日期间在被诉服务上使用“健××”标识构成仿冒具有事实和法律依据。一审判决相关认定并无不当，本院予以确认。

三、三上诉人应承担的法律责任

鉴于三上诉人实施的前述侵害商标权及不正当竞争行为成立，某甲保险集团要求其承担停止侵权、消除影响、赔偿经济损失等法律责任具有事实和法律依据，本院予以支持。

关于停止侵权，针对某甲保险集团主张的停止在“健××”卡、“健××”网、“亿××”网、“健××”、“智××”App、“健××”新浪微博、“健××”微信公众号，以及三上诉人经营场所、上海某公司宣传册和与上海某公司存在合作的医疗机构经营场所中使用被诉标识，并收回、销毁已经发放的含“健××”字样的理赔卡等相关诉讼请求，一审法院在查明三上诉人已经停止部分商标侵权及不正当竞争行为的基础上，判令三上诉人停止相应的侵害商标权行为并无不当，本院予以确认。

关于消除影响，考虑到三上诉人实施被诉侵权行为的持续时间、实施范围及造成相关公众混淆情况等因素，某甲保险集团该项主张于法有据，本院予以支持。对于刊登消除影响声明的位置及期间，一审法院综合考虑三上诉人侵害商标权行为及不正当竞争行为实施的范围及造成的影响等因素，酌情确定其在“健××”网、“亿××”网以及“智××”App、“智××”微信公众号首页首屏连续十五日刊登声明，就涉案侵害商标权及不正当竞争行为为某甲保险集团消除影响合情合理，本院予以确认。

关于经济损失，某甲保险集团主张根据三上诉人的侵权获利进行计算。鉴于双方未能提交充分证据证明某甲保险集团因被诉行为所受实际损失或三上诉人的侵权获利，一审法院综合考虑某甲保险集团涉案商标的知名度、三上诉人实施涉案侵害商标权及不正当竞争行为的侵权方式、侵权规模、侵权范围、持续期间、主观过错及侵权后果等因素，酌情确定三上诉人因实施被诉侵害商标权及不正当竞争行为赔偿某甲保险集团经济损失600万元尚属合理，本院予以确认。某甲保险集团为本案维权所支出的合理费用，三上诉人亦应当承担赔偿责任，本院予以支持。三上诉人的相关上诉主张，缺乏依据，本院不予支持。

综上所述，三上诉人的上诉请求均不能成立，应予驳回；一审判决认定事实清楚，适用法律正确。依照《中华人民共和国民事诉讼法》第一百七十条第一款第一项规定，判决如下：

驳回上诉，维持原判。

一审案件受理费287660元，由某甲保险集团负担87660元（已交纳），由上海某公司、某科技集团、杭州某公司共同负担20万元（于本判决生效之日起七日内交纳）；二审案件受理费55005元，由上海某公司、某科技集团、杭州某公司共同负担（已交纳）。

本判决为终审判决。

审判长　刘　乙
审判员　马　某
审判员　李　某
二〇二一年九月二十六日
法官助理　麦　某
书记员　范　某

评·析

本案的争议焦点和难点主要有：一、被诉服务与涉案商标核定范围是否构成类似服务；二、被告实施的被诉侵害商标权行为是否容易导致相关公众混淆；三、关于经济损失的确定。

一、被诉服务与涉案商标核定范围是否构成类似服务

在商标侵权案件中，认定商标侵权，除被诉商标需与涉案商标相同或者近似以外，还需确认被诉商品或者服务是否与系争商标核定范围构成同一种或类似服务。

本案中，涉案商标核定使用的服务为第36类中的保险、保险经纪、健康保险、人寿保险、保险咨询、保险信息，而被诉服务系为保险公司健康险直付理赔服务提供理赔信息收集、审核和结算的第三方服务，不构成同一种服务。

关于是否构成类似服务，《最高人民法院关于审理商标民事纠纷案件适用法律若干问题的解释》第十二条规定："人民法院依据商标法第五十七条第（二）项的规定，认定商品或者服务是否类似，应当以相关公众对商品或者服务的一般认识综合判断；《商标注册用商品和服务国际分类表》《类似商品和服务区分表》可以作为判断类似商品或者服务的参考。"由此可见，以上服务分类表仅为认定类似服务的参考标准而非决定标准，需要进一步从服务目的、对象、内容和方式等方面综合考虑判断两种服务是否具有高度关联性。

首先，从服务内容上看，被诉服务系提供收集投保人或被保险人消费信息，审核保险理赔材料并在医疗机构和保险公司之间代为结算等服务，并非单纯的技术服务，而是其所依托的保险产品的组成部分。即便被告提供了系统开发和软件运用等服务，该种服务亦仅是其实现被诉服务的手段，而非被诉服务本身。被诉服务应当属于第 36 类"与保险有关的服务"中的"为被保险人和承保人提供的服务"。其次，从服务目的和服务对象上看，被诉服务的服务目的系协助投保人或被保险人实现直付理赔，使其所依托的保险服务本身发挥出应有功能，其实际为投保人或被保险人、保险公司提供了与保险相关的服务。最后，从服务方式上看，被诉服务的提供者与其所依托的保险服务的提供者可能并不一致，但被诉服务属于保险服务的重要环节，且其通常代表保险公司提供服务，两者存在较强关联，故对于投保人或被保险人，或其他与保险服务相关的主体（如涉案医疗机构）等相关公众而言，理赔信息的收集、审核和保费的结算等环节的服务与其所依托的保险服务存在特定联系。因此，基于两者在服务目的、对象方面相同且服务内容和方式存在较强关联，容易使相关公众对两类服务产生特定的联系，法院最终认定被诉服务与涉案商标核定使用的服务类别中的保险、健康保险、人寿保险等构成类似服务。

二、被告实施的被诉侵害商标权行为是否容易导致相关公众混淆

商标的基本功能在于识别商品来源。因此，商标侵权案件中，在类似服务上使用近似商标的情况下还应当对是否容易导致混淆进行判断。混淆是指足以造成相关公众误认，即相关公众误认为被诉标识与注册商标所标示的商品或服务来自同一市场主体，或者虽然认为两者所标示的商品或服务来自不同的市场主体，但误认为使用两者的市场主体之间存在经营、组织或法律上的关联。换言之，只需要具备混淆的可能性即可，不以实际已造成混淆结果为前提条件。

具体而言，需要综合考虑服务的近似情况、涉案商标的显著性和知名度、相关公众的注意和认知程度等因素加以判断。

本案中，某甲保险集团提交的关于“健××”的影响力和知名度的证据，可以证明在类似服务上使用近似商标造成混淆的可能性更大。对于相关公众而言，虽其知晓与其建立保险关系的保险公司并非某甲保险集团，但其显然有可能会误认为被诉服务系由某甲保险集团提供，或被诉服务的提供者系与某甲保险集团存在关联的市场主体。另外，如果相关公众已经实际发生混淆，即已经超过混淆可能性的程度，对“容易导致混淆”的认定更为有利。某甲保险集团提供的某药房连锁公司出具的公函等证据，可以有力证明已经发生实际混淆的情形。法院最终认定被诉服务在类似服务上使用近似商标已经造成相关公众的混淆，被告侵害商标权的行为成立。

三、关于经济损失的确定

《中华人民共和国商标法》第六十三条中共有四种赔偿金额确定方式，包括权利人的实际损失、侵权人侵权获利、商标许可使用费倍数以及法定赔偿。

本案中，由于双方均未提供充分证据证明某甲保险集团所受实际损失或被告侵权获利，故法院适用法定赔偿酌定赔偿金额。关于适用法定赔偿时确定赔偿金额的考虑因素，《最高人民法院关于审理商标民事纠纷案件适用法律若干问题的解释》第十六条第二款规定，法院应当考虑侵权行为的性质、期间、后果，侵权人的主观过错程度，商标的声誉，制止侵权行为的合理开支等因素综合确定。除侵害商标权之外，被告实施的侵权行为还包括不正当竞争，因此法院需要结合上述行为综合确定赔偿金额。本案中，法院综合考虑某甲保险集团涉案商标的知名度、被告实施涉案侵害商标权及不正当竞争行为的侵权方式、侵权规模、侵权范围、持续期间、主观过错及侵权后果等因素，酌情确定被告因实施被诉侵害商标权及不正当竞争行为赔偿某甲保险集团经济损失600万元。

本案属于典型的商标侵权及不正当竞争案件，该判决对于《中华人民共和国商标法》中有关类似服务、混淆误认以及损失赔偿的认定标准提供了有益的司法探索，并对同类案件的审理具有参考和借鉴意义。

交强险中被保险人故意制造交通事故保险人赔偿责任的认定

陕西省宝鸡市中级人民法院

（2021）陕 03 民终 1868 号民事判决书

（2021 年 9 月 8 日）

案·情

2020 年 3 月 26 日，谢某驾驶车牌号陕 C29 机动车因拒付两元停车费与收费员李某发生争执并欲驾车强行离开，但李某抓住车辆雨刮器、门把手进行阻拦。谢某驾车离开过程中致使李某摔倒，导致李某脑挫伤及左眼玻璃体后脱离等多处受伤。经公安机关委托鉴定，李某构成重伤二级，当地公安机关以谢某涉嫌过失致人重伤罪立案侦查并于侦查终结后移交检察院。检察院认定谢某自愿认罪、积极赔偿被害人损失（谢某赔偿李某 21.8 万元）且得到被害人谅解，受害人亦有一定过错，故决定对谢某不予起诉。事后，谢某向当地法院起诉要求承保其车辆交强险和商业三者险的保险公司赔偿 21.8 万元。

判决书正文

上诉人（原审被告）：某保险公司宝鸡市分公司，住所地：陕西省宝鸡市金台区。

被上诉人（原审原告）：谢某，女，汉族，1996 年 4 月 5 日生，住陕西省宝鸡市凤翔区。

上诉人某保险公司宝鸡市分公司因与被上诉人谢某财产保险合同纠纷一

案，不服陕西省宝鸡市凤翔区人民法院（2021）陕 0322 民初 1252 号民事判决，向本院提出上诉。本院受理后，依法组成合议庭对本案进行了审理，本案现已审理终结。

上诉人某保险公司宝鸡市分公司向本院提出上诉称，1. 请求依法撤销一审判决，改判驳回被上诉人的诉讼请求；2. 一审、二审诉讼费由被上诉人承担。事实与理由：原审判决上诉人在交强险责任限额内赔偿被上诉人 120000 元属事实认定错误，适用法律错误。本案中被上诉人拒绝缴纳停车费强行冲卡，导致停车管理员重伤，并不是过失行为而是一种故意犯罪行为。原审将本案定性为交通事故错误，交警部门接警后，认为不属于交通事故，第一时间将案件移交当地公安机关处理，公安机关也定性为过失致人重伤的刑事案件。交强险的赔付范围是被保险人或其允许的驾驶人因过失或意外造成交通事故，本案被上诉人的行为，不属于交强险的赔付范围。综上，请求二审法院支持上诉人的上诉请求。

被上诉人谢某答辩称，一审判决认定事实清楚，适用法律正确，应驳回上诉人的上诉请求。

谢某向一审法院起诉请求：1. 判令被告赔偿原告保险赔偿款 218000 元；2. 本案诉讼费由被告承担。

一审法院认定事实：1. 2020 年 3 月 26 日下午 17 时许，原告驾驶车牌号陕 C29 白色小轿车在凤翔区北大街口路东停车位上临时停车办事，事后准备驾车离开时，收费员李某向原告收取停车费，原告以时间不到半小时不愿交费。后原告驾车调头欲离开，收费员李某抓住原告小轿车雨刮器、车辆门把手阻拦原告离开，因疏忽大意，行驶的车辆将李某剐蹭，致使李某摔倒受伤。经鉴定，李某所受损伤程度为重伤二级。经凤翔区人民检察院认定，原告行为触犯刑法的规定，构成过失致人重伤罪，但因原告自愿认罪、积极赔偿被害人损失且得到被害人谅解，受害人亦有一定过错，故决定对原告不起诉。2. 李某受伤后，被送往宝鸡市高新医院住院治疗，被诊断为：1. 多发性大脑挫裂伤；2. 创伤性脑内血肿；3. 创伤性蛛网膜下腔出血；4. 创伤性硬膜下血肿；5. 创伤性硬膜外血肿；6. 颅骨骨折；7. 头皮裂伤；8. 头皮血肿；9. 左肩下肌腱损伤；10. 左眼底出血；11. 视网膜剥离；12. 左眼玻璃体后脱离。住院 85 天后出院，出院后复查两次，花费医疗费共计 86052.33 元。李某伤情经陕西宝鸡市正大法医鉴定所鉴定：1. 伤情构成十级伤残。2. 建议误工期 210 天，护理期 120 天，营养期 120 天。3. 2021 年 1 月，原告与李某经协商，达成赔偿协议，原告共赔偿李某各项经济损失 218000 元。2021 年 2 月 9 日，原告向被告要求赔偿时，被告以原告以过失致人重伤罪立案，依据相关保险条款，拒绝赔偿。4. 2019 年 7 月 22 日，投保人苏某给涉案车辆陕 C29 小轿车在被告处投保了交强险和 100 万元商业第三者责任险，保险期间为一年，事故发生时在保险期内。另查，涉案车辆陕 C29 小轿车原车主苏某，车牌号为陕 CSC，于 2020 年 3 月 6 日通过购买方式登记在原告名下。

一审法院认为，原、被告之间形成的机动车交强险及商业保险合同合法有效，双方均应当按照合同约定的条款履行。本案争议的焦点为：1. 涉案原告因过失致人重伤罪导致被害人李某受伤是否属于交通事故，被告是否应当在机动车交强险及商业险保险限额内理赔。2. 原告赔偿受害人李某的各项损失款 218000 元是否合法有据，是否有权全部向被告主张。原告认为，原告导致李某受伤虽被认定为过失致人重伤罪，但属于疏忽大意的过失行为，且发生在道路上，故应属于交通事故，被告应当在交强险限额内赔偿损失，另因被告未告知原告商业险条款，故不足部分应当在商业险限额内赔偿损失。被告认为，原告开车将李某致伤的行为，被认定为过失致人重伤罪，故车辆系原告犯罪工具，故不属于交通事故，被告不应当承担赔偿责任。

本院认为，依据《中华人民共和国道路交通安全法》第 119 条规定“交通事故是指车辆在道路上因过错或者意外造成的人身伤亡或者财产损失的事件”，《机动车交通事故责任强制保险条例》第 21 条规定“被保险机动车发生道路交通事故造成本车人员、被保险人以外的受害人人身伤亡、财产损失的，由保险公司依法在机动车交通事故责任强制保险责任限额范围内予以赔偿；道路交通事故的损失是由受害人故意造成的，保险公司不予赔偿”。本案中，涉案车辆的驾驶人原告虽被认定过失致人重伤罪，但检察机关认定原告在驾车掉头欲离开时，受害人李某因收费问题与原告发生争执，抓住原告小轿车雨刮器、车辆门把手阻拦原告离开，原告因疏忽大意，行驶的车辆将李某剐蹭，致使李某摔倒受伤，故认为原告对该事故的发生主观上不存在故意，应当为过失，另虽原告被认定为过失致人重伤罪，但该罪名的认定并不影响其驾驶机动车因过失造成李某受伤事件本身的性质。再者，受害人李某因与原告就收费问题发生争执，检察机关认定受害人李某的行为导致其受伤亦有一定过错，故亦不存在受害人故意的行为。综上所述，认为涉案事故属于道路交通事故，属于交强险的赔偿范围。因被告机动车综合商业保险免责事项说明25条保险人不负责赔偿的情形第（二）项规定："第三者、被保险人或其允许的驾驶人的故意行为、犯罪行为，第三者与被保险人或其他致害人恶意串通的行为"，涉案原告被认定为过失致人重伤罪，虽其辩称没有向其告知免责条款，但涉案车辆投保人苏某曾在被告投保提示书上签字确认，故原告辩称不能成立，故认为涉案李某损失在机动车商业险范围内不予赔偿。2. 对原告赔偿受害人李某的各项损失款218000元是否合法有据，是否有权全部向被告主张的认定。原告与李某私下达成协议，赔偿李某各项损失218000元。原告提供的赔偿李某各项损失清单共计216048元，其中医疗费86052.23元，误工费：210天×110元/天=23100元，护理费120天×120元/天=14400元，住院伙食费：85天×60元/天=5100元，营养费：120天×30元/天=3600元，伤残赔偿金：72196元，精神损害赔偿10000元，鉴定费1600元。本院经审查认为，医疗费、住院伙食、营养费、伤残赔偿金的金额均合法有据，予以支持。但误工费及护理费每天计算110元及120元没有提供证据，根据李某年龄情况及受伤前从事的工作，支持每天按100元计算，误工费共计21000元，护理费酌情按照每天100元计算，共计12000元，精神损害赔偿金计算10000元过高，按照5000元计算，鉴定费1600元没有提供证据，不予支持。综上，本院对受害人李某各项损失核定为204948.33元，认为合法有据。以上损失，原告仅在交强险分项险限额内有权向被告主张，其余部分由其原告自己承担。综上，认为原告虽构成过失致人重伤罪，但导致李某受伤仍属于交通事故，因系过失行为，故对原告已赔偿受害人李某损失，按照本院核定的损失204948.33元计算，被告仅在交强险分项险限额内予以赔偿原告，其余损失由原告承担。因涉案事故发生在2020年9月19日零时之前，故交强险限额按照12.2万元标准计算赔偿，即被告在交强险医疗费用项下（含医疗费、住院伙食补助费、营养费）限额赔偿原告10000元，被告在交强险死亡伤残项下（含误工费、护理费、伤残赔偿金、精神损害赔偿金）限额内赔偿原告110000元整，以上两项共计120000元由被告赔偿原告，其余部分由原告承担。综上所述，为维护当事人合法权益，依照《最高人民法院关于适用〈中华人民共和国民法典〉时间效力的若干规定》第一条，《中华人民共和国合同法》第四十四条、第六十条、第一百零七条，《中华人民共和国道路交通安全法》第七十六条、第一百一十九条，《机动车交通事故责任强制保险条例》第二十一条，《中华人民共和国民事诉讼法》第六十四条之规定，遂判决：一、被告某保险公司宝鸡市分公司于本判决生效之日起十五日内赔偿原告谢某保险款 120000 元。如果未按本判决指定的期间履行给付金钱义务，应当依照《中华人民共和国民事诉讼法》第二百五十三条之规定，加倍支付迟延履行期间的债务利息。二、驳回原告谢某其余诉讼请求。案件受理费 4570 元，减半收取 2285 元，由原告谢某负担 1035 元，由被告某保险公司宝鸡市分公司负担 1250 元。

二审期间，上诉人提交调查笔录一份，证明被上诉人在本次事故中存在故意行为，检察院决定不起诉的原因是被上诉人已对受害人进行赔偿。被上诉人针对以上证据质证意见称，真实性认可，证明目的不认可。对该证据的真实性各方不持异议，本院予以确认。

本院依职权从凤翔区人民检察院调取对谢某的讯问笔录三份，并组织双方当事人进行了质证。上诉人发表质证意见称：一、真实性认可，该三份讯问笔录可以证实，谢某在拒缴停车费的情况下，收费员在车前阻拦，随后谢某强行驾车离开，其对损害结果是持放任的态度，而不是过于自信也不是因为疏忽大意，其心理状态应是故意的；二、按一般常识，在明知车前有人阻挡，强行行驶会发生致人受伤的事故，谢某在笔录中辩解不符合实际情况；三、公诉机关暂定的是过失致人重伤罪，这只是检察机关暂定的罪名，不是最终的罪名，谢某的行为性质应按当时的事故心态来确定。被上诉人发表质证意见称：对以上证据真实性无异议，根据笔录可以看出案件的事实与所定的罪名一致，是一种过失行为，是由于受害人拉住车辆侧面把手和雨刮器导致受伤，受害人受伤不是被上诉人主观导致的。

本院对上述证据的真实性予以确认，二审法院查明的事实与一审法院查明的事实一致。另查明，谢某在公安机关陈述：“我当时把车停在北大街水果店的路边停车位上，收费员问我要 2 元停车费，我说自己只停了几分钟，其他地方不满半个小时不收费，收费员不同意，我们就吵了几句，他就去收别人停车费了，我妈发信息让我去接她，我就启动车辆走，刚开出点距离，收费员就站在我车辆左前方大灯挡住方向，我没理他，继续开车路口掉头，掉过头收费员转身抓住车辆雨刮器及驾驶室侧面门把手，我还是没理他，继续朝前走，走了几米就不见人了……；讯问人问，你第一次讯问时讲看到了老汉倒地还以为老汉假装倒地你作何解释？谢某答：我当时推理自己把老汉挂到在地，才在第一次笔录中说我看到老汉倒地。”对此，本院认为，根据谢某自己的陈述，其开车时收费员李某有手抓车辆雨刮器及拉车门的危险举动，而雨刮器在车辆的正前方，被上诉人在明知车辆前方有人，且在车辆前方阻挡的情况下，选择继续驾车行驶的危险行为，其对该事实是知情的，也是明知的。故，该事故的发生是在侵权人明知的情况下，引发的交通事故，是因故意造成的交通事故，但对于受害人造成的严重后果是一种过失。根据《机动车交通事故责任强制保险条款》第九条责任垫付与追偿中规定：“被保险机动车在本条（一）至（四）之一的情形下发生交通事故造成受害人受伤需要抢救的，对于符合规定的抢救费用，保险人在医疗费用赔偿限额内进行垫付……（四）被保险人故意制造交通事故的”对于垫付的抢救费用，保险人有权向致害人追偿。而本案事故发生后，谢某已向被害人进行了赔偿，不存在垫付的问题。且本案事故的发生是在被上诉人明知的情况下，引发的交通事故。机动车保险存在的作用在于帮助人们抵抗因过失造成的危险，尽可能帮助人们渡过难关。对于故意引发的交通事故是不予理赔的，也不能理赔。如果支持因故意引发的交通事故的赔偿，无疑是对以交通工具为手段，对他人生命健康造成潜在威胁的一种变相鼓励，该行为不符合法律的正确引导作用，更不符合社会主义核心价值观的要求。生命对每一个人来说只有一次，我们应当倡导尊重每一个人的生命和健康。人的生命权和健康权作为最重要的权利，当其他权利和生命权、健康权发生碰撞时，我们首先应该考虑生命权和健康权，而不是其他权利。

本案系因两元钱停车费引发的纠纷，双方本可以互谅互让，友好协商妥善解决。但是，由于双方当事人的不理智，导致严重后果的发生。法律的价值在于规制不规范的行为，引导人们树立正确的世界观和价值观。本案中，被上诉人开车过程中，在明知车辆前方有人的情况下，不采取合理措施，无视他人生命、健康受到威胁，如果对因此而造成的损失由保险公司买单，可能会引发严重的道德风险和在社会上造成不良影响，该行为在法律上应当作出否定性评价。一审法院支持被上诉人在交强险范围内承担 12 万元的赔偿责任不当，应予纠正。

综上所述，上诉人的上诉理由成立，应予支持。经合议庭评议，依照《中华人民共和国民事诉讼法》第一百七十条第一款第二项之规定，判决如下：

一、撤销宝鸡市凤翔区人民法院（2021）陕 0322 民初 1252 号判决书；

二、驳回谢某的全部诉讼请求。

一审案件受理费 4570 元，减半收取 2285 元，由谢某负担。上诉人某保险公司宝鸡市分公司预交的二审案件受理费 4570 元，由被上诉人谢某承担。

本判决为终审判决。

审判长　孙　某

审判员　吴　某

审判员　刘　某

二〇二一年九月八日

法官助理　黄　某

书记员　周　某

评·析

本案的争议焦点主要有以下三点：一是本案是否属于交通事故；二是被保险人是否属于故意制造交通事故；三是保险人是否应当给予赔偿。

首先，根据《中华人民共和国道路交通安全法》第一百一十九条第五项规定，"'交通事故'，是指车辆在道路上因过错或者意外造成的人身伤亡或者财产损失的事件"。从以上规定可以看出，交通事故的认定应当同时具备以下四个方面的要件：一是要有"车辆"，是指机动车和非机动车。二是要在"道路"上，是指公路、城市道路和虽在单位管辖范围但允许社会机动车通行的地方，包括广场、公共停车场等用于公众通行的场所。三是要有损害结果，即造成人身伤亡或者财产损失。四是要出于过错或者意外。民法上的过错，是指行为人对违法行为及其产生的损害结果所持有的一种心理状态，包括故意和过失两种形式。故意包括直接故意与间接故意，过失包括疏忽大意的过失与过于自信的过失。民法的意外，是指由行为人意志以外的原因而非其过错引发的偶然事故，具有不可预见性。行为人在当时处境下不可能通过合理的注意而预见，完全是行为人自身以外的原因而引起的偶然事件，发生概率极低。结合本案案情，有陕C29白色小轿车、公共停车场、李某的重伤以及被保险人谢某的主观过错等构成要件，因此本案属于交通事故。

其次，在本案已确定属于交通事故的基础上，谢某是否符合“故意制造交通事故”情形则是本案的关键所在，也是最大的分歧所在。原告诉称经当地人民检察院认定，原告行为构成过失致人重伤罪，但因原告自愿认罪、积极赔偿且得到被害人谅解，受害人亦有一定过错，故决定对原告不起诉，因此原告主观上不存在故意，而是过失。我们认为以上主张是值得商榷的。其一，根据《中华人民共和国刑事诉讼法》第十二条规定，“未经人民法院依法判决，对任何人都不得确定有罪”。本案谢某未经人民法院依法判决，因此是无罪的。既为无罪，又何来罪名，故过失致人重伤罪仅可理解为“涉嫌”，不能成为其行为应当认定为“过失”的直接证据。其二，根据《中华人民共和国刑法（2020修正）》第二百三十五条规定，“过失伤害他人致人重伤的，处三年以下有期徒刑或者拘役。本法另有规定的，依照规定”。过失致人重伤罪，是指过失伤害他人身体，致人重伤的行为。本罪在主观方面表现为过失，包括疏忽大意的过失和过于自信的过失。前者是指应当预见自己的行为可能发生被害人重伤的结果，由于疏忽大意而没有预见；后者是指已经预见但轻信能够避免，以致发生被害人重伤的结果。过失致人重伤罪的本质特征在于：行为人既没有杀人的故意，也没有伤害的故意，只是由于疏忽大意或者过于自信，才造成被害人重伤的结果。其三，就本案而言，需要区别间接故意与过于自信的过失。间接故意是行为人对危害结果的发生持放任态度，可以等同于无所谓的态度，内心不反对，是可以容忍的。过于自信的过失是对危害结果的发生持反对态度，主观上只对重伤结果有过失，并无伤害的故意。按照一般常识，在明知车前有人阻挡，强行行驶机动车会导致人员受到伤害的事故，但谢某为了离开实施了伤害行为，放任了危害结果的发生，符合间接故意的构成要件。因此，谢某属于故意制造交通事故。

再次，根据《最高人民法院关于审理道路交通事故损害赔偿案件适用法律若干问题的解释（2020修正）》第十五条规定，“有下列情形之一导致第三人人身损害，当事人请求保险公司在交强险责任限额范围内予以赔偿，人民法院应予支持：（三）驾驶人故意制造交通事故的。保险公司在赔偿范围内向侵权人主张追偿权的，人民法院应予支持。追偿权的诉讼时效期间自保险公司实际赔偿之日起计算”。那么，谢某是否属于该条款中的“当事人”呢？《最高人民法院关于道路交通损害赔偿司法解释理解与适用》载明，“解释中规定的‘当事人’，应当理解为包括交通事故中的受害的第三人或其近亲属”。因此，二审法院纠正一审判决是正确的。

最后，机动车辆保险存在的作用在于帮助人们抵抗因过失造成的风险，而对于故意引发的交通事故是不予理赔的，也不应理赔。如果支持因故意引发的交通事故的赔偿，无疑是对以交通工具为手段，对他人生命健康造成潜在威胁的一种变相鼓励，该行为不符合法律的正确引导作用，也不符合保险设计的根本目的和价值。本案的终审判决是社会主义法治理念在司法实践及保险理赔实务中的一次充分体现，也为我们后续处理此类案件的法律实践及理赔工作提供了重要参考和借鉴。

另外，本案还涉及标的车转让后免责条款对受让人是否发生效力的常见争议问题。本案中，谢某的陕 C29 小轿车受让于原车主苏某，车牌号为陕 CSC。该转让行为发生在保险期间内，且原车主苏某作为投保人已在投保提示书上签字确认。虽然谢某辩称“没有向其告知免责条款”，但根据《最高人民法院关于适用〈中华人民共和国保险法〉若干问题的解释（四）》第二条规定，“保险人已向投保人履行了保险法规定的提示和明确说明义务，保险标的受让人以保险标的转让后保险人未向其提示或者明确说明为由，主张免除保险人责任的条款不成为合同内容的，人民法院不予支持”。因此，本案一审法院在机动车商业险不予赔偿的认定上是有充分法律依据的。

诉讼保全责任险中损害责任的认定

山东省青岛市中级人民法院
（2021）鲁02民终10094号民事判决书

（2021年11月10日）

案·情

某贸易公司于2019年3月12日以民间借贷纠纷为由，向青岛市即墨区人民法院起诉某商贸公司，要求某商贸公司偿还借款5000000元。同年8月30日即墨区人民法院作出一审民事判决，驳回某贸易公司的诉讼请求。某贸易公司不服一审判决提起上诉，二审期间撤回上诉。

某贸易公司在诉讼中申请了财产保全，冻结某商贸公司在某甲银行的500万元质押存单，该存单系某商贸公司用于募集融资的质押担保存单，融资金额473.5万元。某甲保险公司青岛分公司为某贸易公司出具诉讼财产保全责任保险保函。

2020年10月15日，某商贸公司以某贸易公司保全错误为由，向即墨区人民法院提起诉讼，要求某贸易公司和某甲保险公司青岛分公司连带赔偿其经济损失166.5万元。某商贸公司认为，因某贸易公司的保全申请导致其融资到期后无力偿还，其于2019年5月10日以年利率24%从董某处借款504.89万元，用于偿还融资款，产生利息120余万元，罚息5.2万元，诉讼费42万元，并向法院提供了借款合同、借（还）款本金及利息银行转账凭证。

即墨区人民法院一审判决支持了某贸易公司关于要求某甲保险公司青岛分公司赔偿122.8万元利息损失的诉讼请求。某甲保险公司青岛分公司提起上诉，青岛中院二审签发调查令，调查发现银行资金流水存在可疑之处，以保全未导致某商贸公司财产损失，不符合一般侵权的构成要件为由，驳回了某商贸

公司全部诉讼请求。

判决书正文

上诉人（原审被告）：某甲保险公司青岛分公司。住所地：山东省青岛市市南区。

被上诉人（原审原告）：某商贸公司。住所地：山东省青岛市即墨区。

被上诉人（原审被告）：某贸易公司。住所地：上海市自由贸易实验区。

原审第三人：董某，男，1963年7月8日出生，汉族，住山东省青岛市即墨区。

原审第三人：某甲银行青岛分行。住所地：山东省青岛市崂山区。

上诉人某甲保险公司青岛分公司因与被上诉人某商贸公司、某贸易公司及原审第三人董某、某甲银行青岛分行因申请财产保全损害责任纠纷一案，不服山东省青岛市即墨区人民法院（2020）鲁0282民初15411号民事判决，向本院提起上诉。本院于2021年8月10日立案后，依法组成合议庭进行了审理。本案现已审理终结。

某甲保险公司青岛分公司上诉请求：一、请求依法将本案发回重审，或查明事实撤销原判决，改判上诉人不承担赔偿责任；二、本案一审、二审案件受理费由被上诉人承担。事实与理由：一、一审法院未对某贸易公司是否存在保全的过错进行审查、说理，属于适用法律错误，依法应当纠正。因申请诉中财产保全损害责任纠纷案件的本质为侵权责任纠纷。法院应当依法审查申请财产保全的申请人是否存在过错、是否实施了侵权行为、侵权行为是否造成了损失以及侵权行为与损失之间的因果关系四个要件。首先，某贸易公司承担责任的前提是该公司存在以申请诉讼保全的方式对被上诉人某商贸公司施加侵害行为的故意或过失。对该故意或过失的认定，不应当仅以案件的胜诉或者败诉进行判断。该案审理终结后，某贸易公司亦即刻申请解除保全措施，从其种种行为中，均可以看出该公司不具有侵权的故意或过失。其次，某贸易公司提起的保全申请在保全的对象、保全标的、保全金额等均与案件相关，保全方式适当，经过法院审查后依法采取保全措施，不具有过错。二、一审法院对上诉人某甲保险公司青岛分公司与被上诉人某贸易公司之间的法律关系认定错误，未判决某甲保险公司青岛分公司对损失数额享有10%的免赔权，属于法律适用错误。三、一审判决超出被上诉人某商贸公司的诉讼请求，属于适用法律错误，依法应当驳回对上诉人的诉讼请求。被上诉人某商贸公司起诉要求被上诉人某贸易公司赔偿其经济损失及利息损失，要求上诉人承担连带赔偿责任。上诉人在一审诉讼中已经明确提出，连带赔偿责任应当有法律的明确规定或者当事人约定，本案中，上诉人与被上诉人某贸易公司之间系基于保险合同关系存在赔偿义务，上诉人不应当承担任何连带赔偿责任。四、一审法院对上诉人某甲保险公司青岛分公司提出的要求调查某商贸公司借款真实性、董某款项来源及某商贸公司借款必要性的申请未予批准，对被上诉人某商贸公司的实际损失未进行查证，属于事实认定错误，依法应当发回重审。某商贸公司对其产生的损失具有故意或者重大过失，对该损失不应当由某贸易公司或上诉人承担。综上所述，一审法院适用法律有误，对事实未予查明。

某商贸公司辩称，一审法院认定事实清楚，适用法律正确，应驳回上诉，维持原判。审判决认定上诉人申请保全错误有充分的事实和法律依据。(2019）鲁0282民初1598号案，某贸易公司的诉讼请求被依法驳回，证实某贸易公司主张的借贷法律关系的错误性，以及保全行为的错误性。某贸易公司财产保全行为，不但主观上在明知双方之间不存在借贷关系的情况下，提起的诉讼存在过错，客观上也给被上诉人造成了实质性的经济损失，该损害结果与某贸易公司的保全行为之间具有直接的因果关系。上诉人在（2019）鲁0282民初1598号案中，为某贸易公司的保全提供保函的行为，其本身属于经营性风险，在接受某贸易公司投保时，上诉人已对保险事项履行了审查义务，在此情况下，才收取保费、出具保函，上诉人在某商贸公司实际遭受损失的情况下，再以各种理由逃避责任，没有法律依据。(2019）鲁0282民初1598号案审理终结后，某贸易公司并未积极采取解除保全措施，而是某商贸公司依据生效的法律文书，向一审法院申请解除某贸易公司的保全。

某贸易公司辩称，我公司认为本案诉争财产保全责任纠纷，应当适用侵权法过错责任原则，我公司提起的民间借贷纠纷是根据银行转账凭证以及民间借贷司法解释的规定提起诉讼，虽然法院没有支持我公司的诉讼请求，但是我公司并没有过错，也不是故意或者重大过失对被上诉人的财产进行保全。本案中虽然保全了质押存单，但并不影响质权人行使质权。因此，被上诉人主张的侵权损害的结果与申请保全行为不具有因果关系。

董某述称，一审法院认定事实清楚，适用法律正确，应驳回上诉，维持原判。

某商贸公司向一审法院起诉请求：一、判令某贸易公司赔偿某商贸公司经济损失1665584.77元以及自起诉之日起的利息损失；二、判令某甲保险公司青岛分公司在其担保范围内承担连带赔偿责任；三、诉讼费由某贸易公司、某甲保险公司青岛分公司承担。事实与理由：一、某贸易公司于2019年3月12日向青岛市即墨区人民法院起诉某商贸公司、李甲、李乙民间借贷纠纷一案。同年8月30日青岛市即墨区人民法院作出（2019）鲁0282民初1598号一审民事判决书，判决驳回某贸易公司的诉讼请求，某贸易公司不服一审判决提起上诉，二审审理期间撤回上诉。二、某贸易公司在诉讼中，申请财产保全，冻结了某商贸公司在某甲银行青岛即墨支行5000000元的质押存单，该存单系某商贸公司用于某甲银行青岛分行见证，并发布某项目，同年4月20日募集成功，融资金额4735000元的质押担保存单。因某贸易公司法定代表人胡某与案外人恶意串通提起民事诉讼，采取保全措施，导致某商贸公司通过某甲银行青岛分行某项目融资款到期后无力偿还，青岛某商贸公司于2019年5月10日以年利率24%从他人处借款5048956.81元，用于偿还某甲银行青岛分行某项目融资款，给某商贸公司造成巨额利息损失、逾期还款导致的罚息以及诉讼代理费用。三、某甲保险公司青岛分公司为某贸易公司在申请保全金额范围内提供担保。

一审法院认定事实：2018年4月18日某商贸公司与某甲银行青岛分行签订“见证服务协议”约定，某商贸公司拟通过靠互联网投融资平台进行融资，委托某甲银行青岛分行提供有偿见证服务，当日双方签订了“代理质押合同”。本合同所担保主合同：鉴于投资人（债权人）在互联网投融资平台对融资人（债务人）发布的融资项目投标成功，融资人融资成功，主合同项下主债权债务关系成立。主合同项下债务人：某商贸公司。被担保主债权：依据主合同，由债权人向债务人提供的金额为人民币4735000元的融资及利息、罚息等费用。主合同项下主债务履行期：2018年4月21日至2019年4月23日。质押财产：某商贸公司在某甲银行青岛即墨支行开立的银行账户5000000元大额存单（开户日2018年4月18日，到期日2019年4月18日）。合同另约定其他事项。2019年3月12日某贸易公司向法院提起民事诉讼，要求某商贸公司偿还借款5000000元；李甲、李乙在抽逃资金范围内承担责任。同年3月18日某贸易公司向法院申请财产保全，要求冻结某商贸公司、李甲、李乙银行存款5750000元。某乙保险公司青岛分公司为某贸易公司诉讼财产保全责任保险提供保函担保。其担保的保全金额5750000元（其中李甲的保全金额不超过1050000元；李乙的保全金额不超过700000元）。保险赔偿限额5750000元。保险责任约定，如申请人某贸易公司财产保全错误，致使被申请人遭受损失，经法院判决由申请人承担的损害赔偿责任，保险人向被申请人在保险赔偿限额范围内进行赔偿。法院根据某贸易公司的申请，于同年3月22日下达了（2019）鲁0282民初1598号民事裁定书，依法冻结了某商贸公司在某甲银行青岛即墨支行银行账户存款5000000元。截至2019年5月10日，某商贸公司应支付该项目投资人本金4735000元，利息261871.81元，逾期罚息52085元。2019年5月10日某商贸公司与董某签订借款合同书，合同约定，某商贸公司向董某借款5048956.81元直接支付至某商贸公司在某甲银行青岛即墨支行开设的银行账户内，用于偿还某商贸公司在某甲银行青岛分行融资借款。借款利息按年利率24%计算。借款期限为一年，自2019年5月10日起至2020年5月10日止。借款到期后本、息一次性付清。李甲、李乙提供担保。合同签订当日，董某以特种转账的方式将5048956.81元借款支付至某商贸公司在某甲银行青岛即墨支行开设的银行账户内。2019年8月30日，青岛市即墨区人民法院（2019）鲁0282民初1598号民事判决书以某贸易公司未提交证据证明其与某商贸公司之间存在借款合意，判决驳回某贸易公司的诉讼请求。某贸易公司向青岛市中级人民法院提出上诉。二审审理期间的2020年5月28日某贸易公司撤回上诉。同年6月3日法院下达了（2019）鲁0282民初1598号之二民事裁定书，解除了对某商贸公司、李甲、李乙银行存款5750000元的冻结措施。2019年11月22日中国银行保险监督管理委员会向某甲保险公司青岛分公司发出银保监复〔2019〕1065号批复。依据该批复某甲保险公司青岛分公司受让某乙保险公司青岛分公司非理财类及相关的资产、负债。2020年6月5日某商贸公司以电汇的方式偿还董某借款本金5048956.81元、利息1295898.91元。在案件审理过程中，某商贸公司提交了某甲银行青岛即墨支行出具的业务凭证回单2份，证明青岛某商贸公司质押的5000000元大额存单，自2018年4月

18 日起至 2020 年 4 月 18 日利息 200724. 38 元；自 2020 年 4 月 19 日起至同年 6 月 3 日利息 2036. 95 元。某商贸公司还提交了委托代理合同 2 份；网上银行电子回单 2 份，证明因某贸易公司提起的诉讼，导致某商贸公司为此支付一审代理费 240000 元；二审代理费 180000 元。某贸易公司经当庭质证，对某商贸公司提交的某甲银行青岛即墨支行出具的业务凭证回单真实性无异议，对委托代理合同、网上银行电子回单真实性不能确定，同时辩称，代理费并非参入诉讼所支出的必要的费用，且律师费的承担双方无书面约定。某甲保险公司青岛分公司经当庭质证，对某甲银行青岛即墨支行出具的业务凭证回单真实性无异议，同时辩称 5000000 元大额存单产生的利息应自损失数额中扣除。对委托代理合同、网上银行电子回单真实性不能确定。

一审法院认为，本案争议的焦点问题：某商贸公司主张的损失事实是否存在；数额如何确定；某贸易公司与某甲保险公司青岛分公司应否承担责任。一、《最高人民法院关于适用〈中华人民共和国担保法〉若干问题的解释》第八十五条“债务人或者第三人将其金钱以特户、封金、保证金等形式特定化后，移交债权人占有作为债权的担保，债务人不履行债务时，债权人可以以该金钱优先受偿”。某商贸公司经某甲银行青岛分行见证通过互联网投融资平台融资 4735000 元，某商贸公司将 5000000 元大额存单质押于某甲银行青岛分行作为担保。还款期至 2019 年 4 月 23 日，质押期间，某贸易公司以青岛某商贸公司向其借款 5000000 元未偿还为由提起民事诉讼，并于同年 3 月 18 日采取了保全措施，冻结了某商贸公司 5000000 元大额存单。融资付款期限已到，某商贸公司无法履行支付义务，其质押的大额存单不能变现以支付所借融资款项。债权人质押款优先受偿权利不能兑现。为了偿还到期债务，某商贸公司以年息 24% 向他人借款。至法院于 2020 年 6 月 3 日解除了对某商贸公司、李甲、李乙银行存款 5750000 元的冻结措施时。某商贸公司实际向董某支付了 1295898. 91 元的利息损失。某贸易公司诉讼又未获支持。故某贸易公司因诉讼而采取的保全措施给某商贸公司造成的损失事实存在。某贸易公司应承担赔偿责任。二、某商贸公司主张的损失数额包括两部分，一部分向他人借款 5048956. 81 元产生的利息损失 1295898. 91 元，以及自 2019 年 4 月 18 日起至 2019 年 5 月 10 日罚息 52085 元。另一部分诉讼期间支付的代理费损失 420000 元。某贸易公司、某甲保险公司青岛分公司均提出异议，不同意赔偿。对于利息损失部分，某商贸公司主张的利息损失数额计算有误，其融资4735000元，期限为一年，一年发生正常利息为261871.81元，应由借款人某商贸公司自负，逾期罚息52085元系借款到期未及时还款而产生的利息，属于损失部分，而5000000元大额存单一年产生的孳息200724.38元，应优先折抵正常借款发生的利息损失部分。自2020年4月19日起至同年6月3日产生的利息2036.95元应自逾期罚息52085元中扣除。扣除后的罚息数额为50048.05元。所以某商贸公司主张的利息损失应以4785048.05元（4735000元+50048.05元）为基数，自2019年5月10日起计算至解除冻结之日的2020年6月3日止，并按月息2分计算。计算后的利息损失为：自2019年5月10日起至2020年5月9日止，按4785048.05元×2分×12个月=1148411.53元计算利息损失；自2020年5月10日起至同年6月3日按日息3190.03元×25天=79750.75元计算利息损失。两者相加损失数额1228162.28元，属于某商贸公司的实际损失数额。某甲保险公司青岛分公司辩称，即使本案某贸易公司应当承担赔偿责任，某甲保险公司青岛分公司应当对损失金额的10%予以免赔。某商贸公司不认可。某甲保险公司青岛分公司辩称的免赔率属于合同条款，而合同条款应当在合同中明确约定。某甲保险公司青岛分公司提交的诉讼财产保全责任保险保函中对免赔率未作出约定。某甲保险公司青岛分公司免赔率的辩称意见不成立。某商贸公司主张的因本案诉讼支出的代理费损失420000元，其提交了合同以及支付凭证，能够证明代理费用已经实际支付的事实。三、某甲保险公司青岛分公司为某贸易公司诉讼财产保全责任保险提供保函担保。其保险赔偿限额5750000元。保险责任约定，如申请人某贸易公司财产保全错误，致使被申请人遭受损失，经法院判决由申请人承担的损害赔偿责任，保险人向被申请人在保险赔偿限额内进行赔偿。某商贸公司的损失数额为1228162.28元，未超出保险赔偿限额，应由某甲保险公司青岛分公司赔付。某商贸公司主张的代理费损失，因诉讼财产保全责任保单仅限于保全错误造成的损失予以赔偿，并不包括诉讼过程中产生的诉讼费用，且代理费亦并非诉讼所应支出的必要的费用。某贸易公司、某甲保险公司青岛分公司均不同意负担。所以代理费损失420000元应由某商贸公司自行承担。综上所述，青岛某商贸公司要求某甲保险公司青岛分公司赔付1228162.28元之请求，事实清楚，证据充分，应予支持。其余主张证据不足，不予支持。某贸易公司、某甲保险公司青岛分公司代理费420000元不予承担的辩称意见成立，其余辩称证据不足，不予支持。法院依法追加第三人董某、第三人某甲银行青岛分行为无独立请求权第三人参与本案诉讼，系为了进一步查明案件事实，判决结果与其无关。判决：一、被告某甲保险公司青岛分公司自判决书生效后十日内赔付原告青岛某商贸公司经济损失1228162.28元。逾期付款则加倍支付迟延履行期间的债务利息。二、驳回原告某商贸公司对被告某贸易公司的诉讼请求。案件受理费19790元，原告某商贸公司负担7600元；被告某甲保险公司青岛分公司负担12190元。

本院二审期间，当事人围绕上诉请求依法提交了证据。本院组织当事人进行了证据交换和质证。上诉人提交某乙保险公司青岛分公司诉讼财产保全责任保险条款一份。拟证明合同第4条第1款第2项约定，因被申请人故意行为或重大过失造成或扩大的损失，保险人不承担赔偿责任，本案被上诉人某商贸公司在进行民间借贷借款时，以高于融资利息18%的年息24%的利息进行借贷，已经构成了因被申请人故意或重大过失造成的财产损失或扩大了损失，该损失基于法律规定，也不应当由某贸易公司承担。某商贸公司认为该条款与本案无关。某贸易公司对该条款的内容不知情。董某质证认为与本案无关。

本院根据上诉人申请发出调查令，调查2018年3月至2020年7月，某商贸公司及第三人董某在某甲银行青岛分行、某乙银行青岛分行、某丙银行青岛市分行、某丁银行青岛市分行开立的银行账户情况，及各账户的交易明细。相关银行提供了银行交易流水，上诉人质证意见：一、银行流水显示，2019年1月3日某商贸公司转账给董某40万元，2019年1月15日某商贸公司转给董某400万元，2019年1月18日某商贸公司转给董某50万元，2019年3月8日某商贸公司转给董某50万元，以上款项共计540万元。因此，在董某2019年5月10日支付给某商贸公司案涉“借款”5048956.81元之前的4个月的时间内，某商贸公司支付给董某的款项已超过5048956.81元，董某将该款项“返还”给某商贸公司的行为，不应当认定为真实的借款行为。二、银行流水显示，青岛某商贸公司于2018年4月18日开立500万元大额存单，该笔500万元款项系当日某装潢公司先转给某商贸公司，再由某商贸公司开立存单账户并以该笔资金为融资提供担保。2018年4月20日某项目融资款入账4715954.78元后，4月24日某商贸公司即将474万元款项转回给某装潢公司。因此，即使不考虑某商贸公司已经在“借款”前支付给董某超出“所借款项”数额的款项的事实，某商贸公司在某甲银行的该笔融资款的真实借款人或实际使用人亦为某装潢公司，该公司以某商贸公司名义从银行贷款，可能涉及某甲银行内部“流动资金贷款回流”的违规操作。另外，即使查明后不涉及以上极为可能的违规情况，该笔款项的真实借款人或实际使用人某装潢公司在融资到期后，亦应当由其承担还款的义务。而董某系某装潢公司的法定代表人及股东，其本人的账户与某装潢公司的资金往来密切，其本人的账户与公司的账户可以认定为混同，由董某的账户支付的5048956.81元亦可以认定系代某装潢公司的还款，而并非向某商贸公司的真实借款。综上所述，某商贸公司既不是融资款的实际使用人，不应当由其向实际使用人及实际使用人的实际控制人董某“借款”以偿还到期贷款，同时，在“借款”前，某商贸公司亦已经向“出借人”董某给付过超过“借款”数额的款项，董某亦有义务“返还”相关款项。本案案涉的借款，应当认定为虚假的。某商贸公司质证：对真实性无异议，但上诉人所调取的某商贸公司与董某甲银行交易流水交易明细中的交易金额并不能证明上诉人的主张。董某质证：该流水与本案无关。某贸易公司对银行流水真实性和证明事项均无异议。

某商贸公司提交证据一、800万元回单，证明2018年3月29日某商贸公司从董某开办的某装潢公司借款800万元，所以自2019年1月开始，某商贸公司陆续还款，将500万元款汇至董某名下，用途是为偿还800万元借款。董某称因其系某装潢公司的法定代表人及股东，受某装潢公司的委托收取了青岛某商贸公司还款540万元。证据二、500万元回单，证明2018年某商贸公司为了企业扩大经营，需向银行贷款。按照银行要求，需增大银行存款以及资金交易金额。在此情况下，某商贸公司向某装潢公司借款500万元，办理质押存单，通过某甲银行融资473.5万元，某商贸公司为偿还某装潢公司的借款，将融资款474万元汇至某装潢公司账户。某商贸公司在办理第一笔业务后，某甲银行认为某商贸公司经营安全，又于2018年6月22日办理了285.6万元的融资款项。某甲保险公司青岛分公司对证据的真实性无异议，但是对证明事项有异议，青岛某商贸公司提交的800万元进账单不能证明是双方借款，应当进一步提交借款的合同以及公司的财务凭证才能证明该800万元的进账单与540万元的款项有关联性，并且540万元也并没有完全符合800万元借款的数额。对

500 万元同样没有借款凭证，不能证明其主张，另外仅偿还 474 万元也并不能符合借款的法律关系，如果需要偿还，应当偿还高于 500 万元的借款和利息，因此其解释既不合法也不合理。

某甲保险公司青岛分公司认为，某贸易公司的财产保全并不影响某商贸公司以该质押存单履行清偿义务，某商贸公司所谓损失与保全行为没有因果关系，系某商贸公司故意不清偿导致的后果。

经审理查明，2018 年 3 月 29 日某装潢公司转给某商贸公司 800 万元，2019 年 1 月 3 日某商贸公司转账给董某 40 万元，2019 年 1 月 15 日转给董某 400 万元，2019 年 1 月 18 日转给董某 50 万元，2019 年 3 月 8 日转给董某 50 万元，以上款项共计 540 万元。2018 年 4 月 18 日某装潢公司汇款 500 万元给某商贸公司，电子回单摘要是“货款”。2018 年 4 月 20 日某项目融资款入账 4715954.78 元后，4 月 24 日，某商贸公司将 474 万元款项转回给某装潢公司。

一审法院查明的其他事实属实，本院予以确认。

本院认为，本案系因申请财产保全损害责任纠纷。本案争议的焦点为：一、上诉人申请财产保全是否存在过错；二、被上诉人是否因财产保全产生损失。

关于焦点问题一。本院认为，申请诉讼财产保全错误造成被申请人损失为一般侵权，应按照一般侵权的构成要件认定申请人是否应承担赔偿责任。对于申请人过错的认定，不能仅以诉讼请求是否获得支持作为判断标准，而要依据申请人是否尽到普通人通常的诉讼上的注意义务作为判断标准。已经发生法律效力的一审法院（2019）鲁 0282 民初 1598 号民事判决驳回某贸易公司的诉讼请求。根据该判决认定的事实，2016 年 1 月 27 日，某贸易公司通过某丙银行账户向某商贸公司转账 500 万元，转款支票用途为还款，某贸易公司对此应该清楚。没有证据证明其与某商贸公司之间有借贷合意，某贸易公司主张认为双方成立借款关系的主张明显过于牵强。在双方既无事前沟通约定也未签订书面借款合同的前提下，某贸易公司主张支付给某商贸公司 500 万元性质属于借款明显依据不足。普通公民起诉借贷关系尚且知道提交借条和付款凭证，某贸易公司作为从事经营活动的营利法人应更加具备相应的知识。某贸易公司未尽到普通人通常的诉讼上的注意义务，申请保全某商贸公司财产具有重大过失，其过失属于申请财产保全中的过错。

关于焦点问题二。某商贸公司主张的损失是因保全存单无法归还银行欠款而从董某融资产生的利息损失。上诉人认为某商贸公司从董某融资的5048956.81元实际是董某归还对某商贸公司的欠款。本院认为，某商贸公司主张与某装潢公司存在800万元借贷关系的证据只有银行回单，银行回单并未注明款项内容，没有借款合同和财务凭证，也没有约定利息，不符合常理，本院对双方是否存在借贷关系不予认定。即便双方存在800万元借贷关系，某商贸公司也应向某装潢公司还款，但某商贸公司转款540万元的相对方是董某。虽然某装潢公司证明董某受某装潢公司委托接受汇款，但某商贸公司、某装潢公司和董某与本案均存在法律上的利害关系，其证据的证明力较低，难以认定540万元是某商贸公司履行还款义务。据此，某商贸公司主张5048956.81元的性质是借款依据不足。退一步，姑且认为某装潢公司授权董某接受540万元属实，则董某与某装潢公司财产混同，董某支付给青岛某商贸公司5048956.81元也应视为是某装潢公司的行为，事实上是某装潢公司向某商贸公司付款。已经查明某商贸公司将融资款474万元款项转给某装潢公司，某装潢公司是融资款的实际使用人，某商贸公司是某装潢公司的债权人，某装潢公司向某商贸公司付款5048956.81元应解释为还款行为，某商贸公司主张向董某借款不符合逻辑。另外，某装潢公司汇款500万元给某商贸公司电子回单摘要是“货款”，如果500万元抵押存单款项属于借款，某商贸公司还款数额应该不低于500万元，某商贸公司仅还款474万元有违常理。某商贸公司主张质押存单的500万元是某装潢公司借款依据不足，本院不予采信。

本院认为，《最高人民法院关于适用〈中华人民共和国民事诉讼法〉的解释》第一百五十七条规定：“人民法院对抵押物、质押物、留置物可以采取保全措施，但不影响抵押权人、质权人、留置权人的优先受偿权。”某贸易公司查封的500万元是青岛某商贸公司的质押物，主债务到期后，青岛某商贸公司可以要求质权人行使优先受偿权，以质押存单清偿债务。没有证据证明质权人行使了优先受偿权后仍不能清偿债务，某商贸公司主张因保全财产导致的损失与上诉人的财产保全行为缺乏相当因果关系。

据此，虽然某贸易公司申请查封某商贸公司财产有过错，但并未导致某商贸公司财产损失，不符合一般侵权的构成要件，某贸易公司无须承担侵权损失赔偿责任。

综上所述，上诉人的上诉请求成立，予以支持。依照《中华人民共和国民事诉讼法》第一百七十条第一款第一项、第二项规定，判决如下：

一、撤销山东省青岛市即墨区人民法院（2020）鲁 0282 民初 15411 民事判决；

二、驳回原告某商贸公司的诉讼请求。

一审案件受理费 19790 元，由某商贸公司负担。二审案件受理费 19790 元，由某商贸公司负担。

本判决为终审判决。

审判长　杨　某
审判员　袁　某
审判员　牛　某
二〇二一年十一月十日
法官助理　朱　某
书记员　王　某

评·析

一、关于损害后果的事实调查

本案在即墨区法院一审时，某甲保险公司青岛分公司向法庭提交了申请调查原告（某商贸公司）与出借人（董某）资金往来的调查令，理由如下：首先，某商贸公司将自有资金 500 万元存为质押存单，向某甲银行融资，其自有 500 万元现金，却使用成本较高的融资借款，违反常理；其次，出借人董某的资金来源应当查清。通过查询工商登记，董某与某商贸公司存在一定关联关系，不排除董某出借款项来自某商贸公司的可能，即墨区法院以青岛某商贸公司提供了其借款合同、借（还）款本金及利息的银行转账凭证为由未予以准许。青岛中院在二审过程中，为查清案件事实，签发有关查明资金往来的调查令。

经某甲保险公司青岛分公司持调查令查询银行流水后发现，董某的出借款项存在很多疑点。首先，2018 年 4 月 18 日，某商贸公司先收到某装潢公司的

500 万元款项，然后当天在银行开立 500 万元大额存单，以该存单为担保进行融资。2018 年 4 月 20 日融资款入账 471.6 万元，4 月 24 日，某商贸公司将 474 万元款项转回给某装潢公司。而出借人董某正是某装潢公司法定代表人。其次，2019 年 1 月至 3 月，某商贸公司分四次转账给董某共计 540 万元。2019 年 5 月 10 日，董某支付给某商贸公司 504.9 万元，某商贸公司支付给董某的款项已超过 504.9 万元。按照常理推断，董某的行为很可能是将该款项返还给某商贸公司，而不是向某商贸公司出借款项。

某装潢公司、董某、某商贸公司、某甲银行青岛分行之间资金往来详见下图：

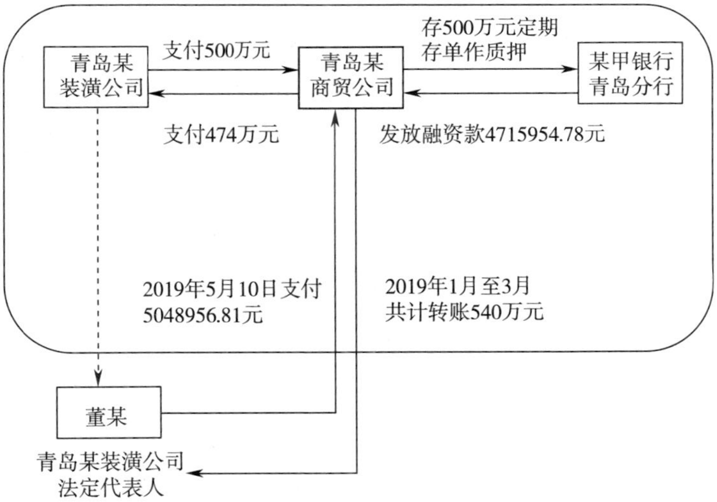

二、二审法院关于损害后果认定的裁判观点解析

该案对财产保全损害责任纠纷案件的审理具有重要参考价值。

1. 即使被保全申请人提供借款合同、收到及偿还借款的银行凭证、支付利息的银行凭证作为其借款证据，也不能当然认定其存在“利息损失”。要在综合考虑出借人与被保全申请人之间的关系、历史资金的往来情况、证据的证明力大小等情形基础上作出判断，必要时进行调查取证。

二审法院在当事人对“利息损失”提出合理质疑并申请调取银行流水后，本着“查清事实、严谨负责”的原则，启动了银行流水记录调取流程，在对证据进行形式审查的同时做好实质审查工作，最终还原案件事实并依法作出改判，维护当人事的合法权益，体现法律的严肃性与权威性。

2. 因果关系审查也是财产保全损害责任纠纷案件的审查重点。财产保全损害责任纠纷本质上仍是侵权纠纷，应从保全行为是否具有过错、是否造成客观损害结果、保全行为与损害结果之间是否存在因果关系全面审查。若被保全标的物上存在优先权，根据法律规定，被保全申请人可以要求优先权人行使优先受偿权以清偿债务，被保全申请人无须通过再借款来偿还主债务，因此不能当然认定损害结果与保全行为之间具有因果关系。

三、本案的启示

第一，对损害后果真实性的调查，将成为诉讼财产保全损害责任纠纷案件中的审查重点，不仅要做好形式审查，还须做到实质审查。

近年来，诉责险业务发展迅速，当事人对诉责险相关规则愈加熟悉。诉责险纠纷中常见诉讼请求之一就是被申请人财产被冻结后导致其借款产生的“利息损失”。这种“损失”，容易通过“后补”借款合同或者“提前制造”银行转账流水等方式进行伪造。相较于其他保险纠纷案件，诉讼财产保全损害责任纠纷案件中一般不会出现保险公估机构、鉴定机构、事故认定部门等第三方机构，法院成为审查“是否存在损失”的机构。因此，对损害后果这一侵权责任“客观”要件的审查，逐渐成为法院审理此类案件关注的重点。在当事人对“利息损失”提出合理异议或质疑时，不仅要对“利息损失”凭证进行形式审查，还需要对其进行实质审查，确保“利息损失”的真实性、必要性和合法性。

保险公司在应对此类存在借款利息损失的案件时，不仅要对借款合同、支付凭证进行形式上审核，更要争取调取银行转账记录，核实借款的真实性，核实支付款项的实际用途是否为借款、还款、利息支付，资金往来是否与本案相关。

第二，保全标的具有不同的风险等级，除案情本身外，保全标的风险大小也应成为保险公司核保的重要考量因素。

本案涉及的保全标的为“质押存单”，其不同于等值的银行存款。主债务到期后，被保全申请人可以要求质权人行使优先受偿权，以质押存单清偿债务。在没有证据证明质权人行使了优先受偿权后仍不能清偿债务的情况下，被保全申请人主张因保全财产导致的损失与财产保全行为缺乏相当因果关系。因此，保险公司可以在承保时根据保全标的的风险大小进行相应的承保决策，若保全标的本身属于低风险标的，保险公司可作出鼓励承保或降低费率决策。

第三，诉责险涉及的法律范围广、标的类型多，对保险公司两核人员的专业性提出了更高要求。

诉责险是保险公司以保险产品对诉讼当事人的财产保全行为进行“担保”，当被保险人的保全申请行为错误、依法应承担经济赔偿责任时，由保险人根据保险合同约定进行赔偿。诉责险是基于基础诉讼案件的保全行为而产生，凡是《民事案件案由规定》中涉及的纠纷，如民间借贷纠纷、婚姻家庭纠纷、物权纠纷、合同纠纷、知识产权纠纷、侵权责任纠纷等，都可能引发财产保全损害责任纠纷；保全标的涵盖银行存款、现金、质押存单、股票、房产、汽车、土地使用权、对第三方债权、机械设备等；每一类案由、每一项标的都具有其特定的属性，具有特定的法律关系及相关专业知识。本案基础诉讼案件是民间借贷纠纷，涉及民间借贷相关法律知识，本案保全标的为质押存单，涉及质权人优先受偿权等专业知识及司法解释。

因此，诉责险涉及的法律范围广、保全标的类型多，要求的法律专业性更强。随着社会及科技的快速发展，法律法规及保全标的的专业知识也在不断更新，这就要求保险公司的两核人员需更加积极主动地学习法律知识及相关专业知识，充实自身，以便能够应对复杂的诉责险理赔诉讼。

自然灾害是否构成不可抗力的认定

山东省青岛市中级人民法院

（2021）鲁 02 民终 11519 号民事判决书

（2021 年 10 月 15 日）

案·情

标的车辆在某财产保险股份有限公司青岛分公司（以下简称某保险公司青岛分公司）处投保车辆损失险。2019 年 8 月 11 日，该车停放在某财富中心楼下时，因大厦顶部玻璃坠落砸到车辆，致车辆受损。某保险公司青岛分公司于 2019 年 9 月 16 日因本次事故向该车被保险人支付保险赔款 164000 元，取得了保险人代位求偿权。经查，该车停放地点某财富中心及停车场由某资产管理公司提供物业管理服务，某保险公司青岛分公司依法向青岛市崂山区人民法院提起民事诉讼，要求某资产管理公司承担赔偿责任 164000 元及相应利息。某资产管理公司抗辩称，事故发生系因自然灾害台风过境造成大厦玻璃坠落，属于不可抗力，公司应当免责。一审法院经审理认为，事故发生后派出所曾出具证明称事故系不可抗力造成，故判决驳回某保险公司青岛分公司之诉讼请求。某保险公司青岛分公司向青岛中院提出上诉，经二审法院审理查明，认为案涉事故不能构成不可抗力，判决撤销一审判决，支持某保险公司青岛分公司的全部诉讼请求。二审判决后，某资产管理公司履行给付义务，本案已结案。

判决书正文

上诉人（原审原告）：某保险公司青岛分公司，住所地：山东省青岛市。

被上诉人（原审被告）：某资产管理公司，住所地：山东省青岛市。

上诉人某保险公司青岛分公司因与被上诉人某资产管理公司保险代位求偿权纠纷一案，不服青岛市崂山区人民法院一审民事判决，向本院提起上诉。本院于2021年9月7日立案后，依法组成合议庭，对本案进行了审理。上诉人的委托诉讼代理人，被上诉人的委托诉讼代理人参加了诉讼。本案现已审理终结。

某保险公司青岛分公司上诉请求：撤销青岛市崂山区人民法院一审民事判决书，依法判决被上诉人承担赔偿责任164000元，并承担本案全部诉讼费用。事实与理由：一、一审认定案涉车辆损失系由不可抗力造成没有事实及法律依据，一审以不可抗力为由认定被上诉人不承担责任是完全错误的。1. 法律上所称的“不可抗力”，是指不能预见、不能避免并不能克服的客观情况，且三个要件不可或缺。不可预见性是指关当事人对这个事件是否会发生是不可能预见到的；不能避免性，则是指当事人对可能出现的意外情况尽管采取了及时合理的措施，但客观上并不能阻止这一意外情况的发生，如果一个事件的发生完全可以通过当事人及时合理的作为而避免，则该事件就不能认为是不可抗力；不可克服性是指当事人对于意外发生的某一个事件所造成的损失不能克服。如果某一事件造成的后果可以通过当事人的努力而得到克服，那么这个事件就不是不可抗力事件。本案事故显然不符合不可抗力之构成要件，依法不能构成不可抗力。2. 派出所证明依法不能作为有效证据使用，更不能作为案涉事故属于不可抗力的有效证据。二、被上诉人作为物业管理单位，依法应对高空坠物造成的损失承担赔偿责任。1. 被上诉人是青岛市崂山区某财富中心及停车场的物业管理单位。根据《中华人民共和国民法典》第1253条的规定“建筑物、构筑物或者其他设施及其搁置物、悬挂物发生脱落、坠落造成他人损害，所有人、管理人或者使用人不能证明自己没有过错的，应当承担侵权责任。所有人、管理人或者使用人赔偿后，有其他责任人的，有权向其他责任人追偿。”即被上诉人作为物业管理人依法对所管理物业的高空坠物的安全性负有严格义务，且依法应对其没有过错承担举证责任。一审法庭已向其释明，要求其已尽管理职责在法庭指定时间内提交证据，但被上诉人未能举证，相关责任和后果当然应由其承担。一审未对此进行认定，判决结果自然错误。2. 被上诉人作为收费停车场的经营管理方，对停放在其场地内的车辆负有安全保障责任。现车辆在其经营场所内受损，其当然应当对损失承担赔偿责任。三、上诉人向被保险人初某承担保险赔偿责任后依法取得保险代位求偿权，上诉人依法享有诉讼权利。

某资产管理公司答辩称：一审案件事实清楚，适用法律正确，应驳回上诉人的上诉请求。

某保险公司青岛分公司向一审法院起诉请求：1. 判令某资产管理公司赔偿某保险公司青岛分公司损失 164000 元及自 2019 年 9 月 16 日至实际给付之日的利息；2. 本案诉讼费用由某资产管理公司承担。

原审法院查明：当事人围绕诉讼请求，分别向原审法院提交了证据，对当事人无异议的证据，原审法院予以确认并在卷佐证。对当事人有异议的证据，原审法院认定如下：一、对于某保险公司青岛分公司提交的证据：1. 证据一：调查询问笔录、照片一组、报案录音一段，证明 2019 年 8 月 11 日，孙甲将鲁 B7A 号车停放至青岛市崂山区某财富中心楼下，因楼顶玻璃坠落砸到车辆，造成车辆受损的事实。某资产管理公司质证称：对该组证据中调查询问笔录和录音的真实性无异议，对证明事项有异议。调查询问笔录被询问人为孙甲，是涉案车辆的实际驾驶员，报案人员是孙乙，该二人非同一主体，因此某资产管理公司认为涉案车辆的所有权人初某将车辆借由他人驾驶，存在过错，其不应向某资产管理公司主张责任。对该组证据中的事故现场照片，因没有原始载体，对其真实性不予认可。该照片也无法反映涉案车辆在楼下停车场停放，被高空坠落玻璃致损的实际情况。仅凭涉案车辆在地下停车场停放时拍摄的照片，不能证明其车辆损失与本案关联性。因某资产管理公司对该组证据中的调查询问笔录和录音的真实性无异议，原审法院对此亦予以确认。对现场事故照片，虽然某保险公司青岛分公司未出示原始载体，但根据询问笔录及报案录音，可知事故发生后，某保险公司青岛分公司已现场处置并拍摄事故照片，故原审法院对该组照片的真实性予以确认。2. 证据二：保单抄件、初某身份证复印件、行驶证复印件、孙甲驾驶证。证明鲁 B7A 号系初某所有，该车在某保险公司青岛分公司投保车损险，保险金额 316000 元，事故发生在保险期间内。某资产管理公司质证称：该组证据中的保单抄件、身份证、驾驶证均系复印件，故对其真实性均不认可。根据某保险公司青岛分公司提交证据一中的询问笔录，可知涉案车辆实际驾驶人是孙甲，而某保险公司青岛分公司提交的是孙甲的驾驶证复印件，某资产管理公司认为与本案没有关联性。因某保险公司青岛分公司并未出示该组证据的原件，且某资产管理公司对其真实性亦不予认可，故原审法院对该组证据的真实性不予确认。二、对于某资产管理公司提交的证据：证据名称：青岛市公安局埠东治安派出所出具的证明一份。证明事项：案涉保险事故系2019年第9号超强台风“利奇马”导致系不可抗力，属于不承担赔偿责任法定免责事由，某保险公司青岛分公司主张没有事实与法律依据，依法驳回。某保险公司青岛分公司质证称：一、该证明没有出具时间，没有出具人员签字，不符合《民事诉讼法司法解释》第一百一十五条之规定，不符合证据的基本形式要求，不能认定事实的有效证据。二、派出所并不具备认定风力，认定是否构成不可抗力的职能，其所作出的结论没有事实依据，不能被法庭所采信。三、从该证明可以看出2019年8月11日，发生玻璃坠落的事故。因某资产管理公司已当庭出示该份证据原件，该份证据加盖了“青岛市公安局埠东治安派出所”公章，某保险公司青岛分公司在无相反证据证明该证据系虚假制作的情况下，本院对该份证据的真实性予以确认。

经原审法院审理查明事实如下：初某所有的车牌号为鲁B7A号机动车在某保险公司青岛分公司投保机动车损失险，保险金额为316000元，保险期间为2018年12月7日至2019年12月6日。2019年8月11日，该涉案车辆停放在青岛市崂山区某财富中心地上停车场，因某财富中心外墙玻璃坠落致使该车辆受损。事故发生后，该涉案车辆驾驶人孙甲向某保险公司青岛分公司报案，某保险公司青岛分公司要求孙甲同时报警处理。孙甲的同行人员孙乙拨打了“110”报警，后公安机关现场出警。后该车辆因本次事故受损而进行了维修，维修费用共计支出164000元，该笔费用由某保险公司青岛分公司支付。2019年9月16日，初某与某保险公司青岛分公司签订了《机动车辆索赔权转让书》，约定初某将因车辆受损而获得的追偿权转让给了某保险公司青岛分公司。另查明，青岛市公安局埠东治安派出所出具证明一份，该证明记载：“兹证明2019年8月11日在青岛市崂山区某财富大厦小区内发生玻璃坠落砸车事件经我单位接到报案后现场勘验后得出以下结论：此次事故系台风‘利奇马’登陆青岛，风力过大将玻璃震碎脱落导致。属不可抗力，非人为原因造成。特此证明！青岛市公安局埠东治安派出所。”

原审法院认为，本案的争议焦点为：“案涉车辆的损失是否系由不可抗力引起”。对此，某资产管理公司提交青岛市公安局埠东治安派出所出具的证明一份，证明经公安机关认定，2019年8月11日发生的车辆受损事故系由“利奇马”台风引发，属于不可抗力。某保险公司青岛分公司对此不予认可，称青岛市公安局埠东治安派出所不具备认定不可抗力的职权范围，该证明不能作为有效证据被采信。原审法院认为，根据本案查明事实，2019年8月11日，涉案事故发生后，案涉车辆的驾驶人员向某保险公司青岛分公司报案，并根据某保险公司青岛分公司的客服要求进行了报警处理。公安机关对此次事故进行了出警处置，后青岛市公安局埠东治安派出所根据出警调查情况出具了证明一份，证明本次事故系“利奇马”台风引起的不可抗力。在某保险公司青岛分公司要求公安机关介入本次事故调查的情况下，某保险公司青岛分公司在未提交有效证据予以否定公安机关出具的证明效力的情况下，原审法院对该份证明予以采信，确认案涉车辆的损失系由不可抗力引起。根据《中华人民共和国民法典》第一百八十条规定：“因不可抗力不能履行民事义务的，不承担民事责任。法律另有规定的，依照其规定。不可抗力是不能预见、不能避免且不能克服的客观情况。”因此，某资产管理公司对2019年8月11日发生在某财富大厦小区内玻璃坠落砸车事件，不承担民事责任。综上所述，依据《中华人民共和国民法典》第一百八十条规定判决如下：驳回某保险公司青岛分公司的诉讼请求。案件受理费3580元，由某保险公司青岛分公司负担。

本院二审查明，一审时上诉人向原审法院提交了由青岛市气象中心出具的气象证明一份，该证明载明：2019年8月11日，青岛市崂山区有八级以上阵风。

本院认为，本案争议的焦点问题是：被上诉人应否承担赔偿责任。

《最高人民法院关于适用〈中华人民共和国民事诉讼法〉的解释》第九十条规定：“当事人对自己提出的诉讼请求所依据的事实或者反驳对方诉讼请求所依据的事实，应当提供证据加以证明，但法律另有规定的除外。”本案中，被上诉人是青岛市崂山区某财富中心及停车场的物业管理单位，上诉人承保的车辆在该停车场存放期间因建筑物外墙玻璃幕墙脱落导致车损，该日由青岛市气象中心出具的气象证明，青岛市崂山区有八级以上阵风。该级别的风力远达不到台风的风级标准，不构成属于不可抗力的条件。上诉人作为受损车辆的保险人履行了保险责任，其依据相关法律规定，有权向因建筑物、构筑物或者其他设施及其搁置物、悬挂物发生脱落、坠落造成他人损害的所有人、管理人或者使用人，在所有人、管理人或者使用人不能证明自己没有过错的情况下，要求他们承担侵权责任，故本案被上诉人未举证证明自己没有过错责任，其应当承担赔偿责任。同时，被上诉人承担责任后，有其他责任人的，有权向其他责任人追偿。

综上，原审判决认定不清，判决结果有误，本院依法予以改判。

依照《中华人民共和国民事诉讼法》第一百七十条第一款第（一）项之规定，判决如下：

一、撤销青岛市崂山区人民法院一审民事判决；

二、某资产管理公司于本判决生效之日起十日内给付某保险公司青岛分公司赔偿金164000元；

三、驳回某保险公司青岛分公司的其他诉讼请求。

一审案件受理费3580元，二审案件受理费3580元，均由某资产管理公司负担。

本判决为终审判决。

审判长　冷　某

审判员　张　甲

审判员　张　乙

二〇二一年十月十五日

书记员　胡　某

评·析

本案的争议焦点在于如何认定自然灾害是否构成不可抗力。

《中华人民共和国民法典》第一百八十条规定："因不可抗力不能履行民事义务的，不承担民事责任。不可抗力是不能预见、不能避免且不能克服的客观情况。"不可预见性是指当事人对事件是否会发生是不可能预见到的；不能避免性，是指当事人对可能出现的意外情况尽管采取了及时合理的措施，但客观上并不能阻止这一意外情况的发生，如果一个事件的发生完全可以通过当事人及时合理的作为而避免，则该事件就不能认为是不可抗力；不可克服性是指当事人对于意外发生的某一个事件所造成的损失不能克服。如果该事件造成的后果可以通过当事人的努力而得到克服，那么这个事件非不可抗力事件。根据条文解释，构成不可抗力事件时该三个要件应同时具备不可或缺。

台风、地震、洪水等自然灾害是经常被列为不可抗力的事件，但是否所有的以自然灾害为表现形式的事故均可能构成不可抗力？显然并不能得出必然结论。对于自然灾害事故而言，虽然自然灾害的发生具有偶然性，但并非所有的自然灾害后果都是不可预见、不能避免并不能克服的。对于能否认定为不可抗力，应以符合不可抗力的法定要件为准，即其核心在于因自然灾害造成的损失是不是不能预见、不能避免并不能克服的，对于突发的、根据现有人力能力难以对抗的自然灾害事件，如地震等可认定为不可抗力，但对局部的、完全可以在接到预警后采取合理措施避免或降低损害程度的自然灾害，不应一概认定为不可抗力。

案涉事故显然不符合不可抗力的构成要件，依法不能构成不可抗力。首先，根据事故当天的气象证明，当日风力在六级左右，极限风力可能达到八级，但远达不到台风的强度；其次，如若本次事故确系与被告所抗辩称的与台风有关，那么根据现有气象预报水平，从气象台发布预报至涉案事故的发生，某资产管理公司有充分的时间采取关闭门窗、加固可能产生风险的建筑物、固定并收好其他搁置物、悬挂物、转移停放在室外车辆等措施预防损失的发生。因此，本案中天气情况对于损失而言并非不可避免、不可克服，不符合不可抗力构成要件。

但由于某资产管理公司在事故发生后取得了当地派出所出具的一张书面证明，该证明记载案涉事故系受台风“利奇马”影响造成，属于不可抗力。这份证据成为一审判决驳回保险人诉讼请求的主要证据。为此，如何否定该证据的证明力成为本案诉讼的焦点和难点。上诉人从证据形式、出具该证明的主体资格、证据形成和出具程序等多方面否定该证据的效力。同时在庭审过程中，紧紧围绕不可抗力的构成要件向某资产管理公司进行询问，要求其对事故当时的天气状况、事故发生前气象预报情况、某资产管理公司针对天气预报采取的措施、事故发生的具体原因及经过等进行说明，因某资产管理公司不能对自己管理责任与不可抗力构成要件之间进行合理的解释，使法院客观地了解到在本案中某资产管理公司的主张对事故发生及损害后果未采取有效可行措施，案涉事故不能构成不可抗力事故。

从侵权责任的角度看，《中华人民共和国民法典》第一千二百五十三条的规定“建筑物、构筑物或者其他设施及其搁置物、悬挂物发生脱落、坠落造成他人损害，所有人、管理人或者使用人不能证明自己没有过错的，应当承担侵权责任。所有人、管理人或者使用人赔偿后，有其他责任人的，有权向其他责任人追偿”，造成损害物包括建筑物、构筑物或者其他设施，在本案中，大厦玻璃原本就是建筑物的一部分，造成损害的原因是损害物发生脱落、坠落造成他人损害。“脱落”是指物件的组成部分与整体相分离并掉落，本案中指玻璃窗上的玻璃从建筑物上的窗户脱落。本案从侵权行为构成要件（侵害行为、损害、因果关系）来看，侵害行为即建筑物上的玻璃发生脱落、坠落，损害即被保险人所有的标的车辆因玻璃砸而受损，行为与损害结果之间因果关系直接明确。

关于本案的责任主体和过错责任，本条规定的责任主体是包括建筑物的所有人、管理人或者使用人，管理人与所有人责任是并列的，所以本案由某资产管理公司作为被告承担责任主体是恰当的。某资产管理公司作为物业管理人依法对所管理物业的高空坠物的安全性负有严格义务。责任主体依法应对其没有过错承担举证责任，本条规定高空坠物侵权责任适用过错推定，即推定责任主体有过错，被侵权人无须证明其存在过错，如责任主体无法证明自己没有过错，则应当符合侵权行为构成要件的情况下承担侵权责任。

综上所述，不可抗力的认定应符合法定构成要件，不能仅以台风、暴雨等外在表现形式简单认定自然灾害属于不可抗力，一审法院仅以派出所证明为依据，而未对不可抗力的构成要件进行客观分析论证。经二审法院审理，以不可抗力三要件为基础，通过事实调查、对三要件的逐一分析后，认定本案事故不构成不可抗力，不构成免责抗辩事由。此外，根据高空坠物侵权责任构成要件及代位追偿权，本案某资产管理公司应承担赔偿责任。

二审法院判决结果诠释了不可抗力并非所有自然灾害的免责事由，相应责任主体在自然灾害面前应积极采取有效可行的措施应对，加强防灾防损管理能力。

三方调解协议是否符合重大误解与显失公平的认定

重庆市第二中级人民法院
（2021）渝02民再42号民事判决书

（2021 年 12 月 13 日）

案·情

2018 年 9 月 7 日，某保险公司收到重庆市奉节县人民法院传票，原告郎某将某保险公司诉至法院主张赔偿其夫死亡的相关损失 421248 元，其中死亡赔偿金按照城镇标准计算。2018 年 9 月 19 日首次开庭，因漏列原告，法院让原告当庭撤诉后重新起诉。庭下原告郎某及其他受益人与保险公司就其夫死亡赔偿金等相关损失项目协商达成一致，其中死亡赔偿金按照农村标准计算，并签订《道路交通事故三方调解协议》（以下简称《三方调解协议》）。

某保险公司按照该《三方调解协议》赔付完毕后，郎某等人于 2019 年再次诉至重庆市奉节县人民法院，以受害人可以按照城镇标准计算死亡赔偿金，但《三方调解协议》按照农村标准计算显失公平为由请求撤销《三方调解协议》，并主张差额部分 25.06 万元。一审法院作出判决，撤销《三方调解协议》且某保险公司需赔付郎某等人差额部分 19.56 万元。某保险公司不服上诉至重庆市第二中级人民法院，重庆市第二中级人民法院判决撤销一审判决并驳回郎某等人的诉讼请求。郎某等人不服中院判决，向重庆市高级人民法院申请再审，重庆市高级人民法院出具裁定书裁定驳回郎某等人的再审申请。郎某等人再次向重庆市人民检察院申请检察监督，市检察院认为该案符合《中华人民共和国民事诉讼法》第二百条第二项、第六项，第二百零八条第一款规定

的情形，向重庆市高级人民法院提出抗诉，高院裁定指令二中院再审。经二中院再审公开开庭审理，认定《三方调解协议》不适用显失公平、重大误解可以撤销的情形，申诉人申诉理由不成立，维持原二审判决。

判决书正文

抗诉机关：重庆市人民检察院。

申诉人（一审原告、二审被上诉人）：郎某，女，1964 年 2 月 4 日出生，汉族，住重庆市奉节县。

申诉人（一审原告、二审被上诉人）：彭甲，男，1991 年 8 月 25 日出生，汉族，住重庆市奉节县。

申诉人（一审原告、二审被上诉人）：彭乙，女，1988 年 9 月 4 日出生，汉族，住重庆市奉节县。

申诉人（一审原告、二审被上诉人）：彭丙，女，1995 年 7 月 3 日出生，汉族，住重庆市奉节县。

被申诉人（一审被告、二审上诉人）：某保险公司南岸支公司，住所地：重庆市南岸区。

被申诉人（一审被告、二审被上诉人）：某物流公司，住所地：重庆市綦江区。

被申诉人（一审被告、二审被上诉人）：高某，男，1989 年 6 月 30 日出生，汉族，住福建省平潭县。

被申诉人（一审被告）：李某，男，1977 年 4 月 1 日出生，汉族，住重庆市奉节县。

申诉人郎某等人因与被申诉人某保险公司、某物流公司、高某、李某机动车交通事故责任纠纷一案，不服本院（2019）渝 02 民终 3538 号民事判决，向重庆市人民检察院申诉。重庆市人民检察院作出渝检民监〔2021〕067 号民事抗诉书，向重庆市高级人民法院提出抗诉。重庆市高级人民法院作出（2021）渝民抗 32 号民事裁定，指令本院再审本案。本院依法另行组成合议庭，公开开庭审理了本案。重庆市人民检察院指派重庆市人民检察院第二分院检察员、检察官助理出庭。申诉人郎某等人的共同委托诉讼代理人，被申诉人某保险公司的委托诉讼代理人均到庭参加诉讼。被申诉人某物流公司、高某、李某经本院合法传唤，未到庭参加诉讼，本院依法缺席审判。本案现已审理终结。

重庆市人民检察院抗诉认为：1. 本案死者彭丁生前在城镇居住一年以上，其死亡赔偿金可以按照城镇居民标准计算，郎某等人实际应当获得的赔偿金额为39.32万元，而本案三方调解协议约定的赔偿金额为19.76万元，仅相当于其应得赔偿款的1/2，明显有失公平。2. 虽然从本案的诉讼经过分析，表面郎某知道死亡赔偿金额计算存在农村和城镇两种不同的标准，但不能据此认定郎某等人具有判断其应当按照城镇标准获得死亡赔偿金的明确的能力，本案也无证据证明郎某等人有放弃按照城镇标准获赔的意思表示。相反，从郎某提起诉讼后又撤诉到签订三方赔偿协议的过程看，恰好证明郎某等人对应当按照城镇标准还是农村标准获赔缺乏判断力。3. 本案现有证据表明三方协议签订时，某保险公司南岸支公司与高某均认为本案死亡赔偿金应按农村标准计算，三方也是按农村标准协商赔偿金的，并无死亡赔偿金本应按城镇标准计算，但经协商郎某等人自愿按农村标准计算的意思表示。故本案三方赔偿协议实际系郎某等人在对死亡赔偿金应按农村还是城镇标准计赔缺乏判断力或存在重大误解的情势下所签，该协议并非郎某等人的真实意思表示。据此，本案符合《中华人民共和国民法总则》关于重大误解以及显失公平的相关规定，郎某等人有权请求人民法院撤销三方赔偿协议并要求对死亡赔偿金按照城镇标准计算。二审法院认定的基本事实缺乏证据证明，适用法律不当，判决结果确有错误。

郎某等人共同申诉称，同意检察机关提出的抗诉意见，并于再审中请求：撤销重庆市第二中级人民法院作出的（2019）渝02民终3538号民事判决，维持奉节县人民法院（2019）渝0236民初3004号民事判决。

某保险公司南岸支公司辩称，本案彭甲首次向人民法院提起诉讼时委托了专业的法律工作者代为诉讼，同时也向一审法院提出了按城镇标准进行赔偿的请求并为此准备了相应的证据材料，表明其对死者彭丁可以按照城镇标准进行赔付的事实是明知的，故本案各方当事人达成调解协议时申诉人并不存在重大误解的可能，其对有可能按城镇标准获赔的事实也具有足够的判断能力。申诉人实际是为了避免漫长的诉讼过程，希望早日得到赔偿金，故而与保险公司达成的调解协议，在此过程中申诉人亦并不处于任何危困状态。本案不符合重大误解或显失公平的情形，不能对赔偿协议予以撤销。申诉人自愿签署调解协议并在领取赔偿款后又单方面无视调解协议约定，再次提起诉讼的行为违反诚实信用原则，对其请求应不予支持，请求驳回再审请求，维持原判。

某物流公司书面答辩称，本案赔偿协议是各方当事人真实意思表示，不存在显失公平的情形，且该协议已经履行完毕，原告无权再次提起诉讼。案涉车辆已在某保险公司南岸支公司投保交强险、商业三者险、不计免赔险，即使应当承担赔偿责任，也应由保险公司继续承担，不足部分由实际车主高某承担。本案保险人对被保险人未尽商业保险条款的解释和说明义务，不应扣除商业三者险10%的绝对免赔率。

高某、李某均未到庭置辩，亦未提交书面答辩意见。

郎某等人共同向一审法院起诉请求：1. 撤销2018年10月14日甲方高某、乙方彭甲、丙方某保险公司南岸支公司签订的“道路交通事故三方调解协议”。2. 判令被告赔偿死亡赔偿金、丧葬费、精神抚慰金、交通费、住宿费等费用共计250560元［死亡赔偿金34889元/年×20年=697780元，丧葬费6831元/月×6月=40986元，精神抚慰金50000元，交通费1000元，住宿费1000元，总计790766元；商业险应赔付（790766元－110000元）×50%=340383元，交强险应赔付110000元，共计应赔偿110000元+340383元=450383元，扣除已支付的197648元，还应赔偿252735元］。3. 诉讼费由被告承担。

一审法院认定事实：2018年6月29日21时许，李某驾驶渝BR7重型自卸货车装载土石方沿重庆市奉节县草堂工业园区（岩草路）兴园路由东至西行驶至子美路“T”形路口时，彭丁驾驶渝FVG二轮摩托车（搭载乘员贺某）由西至东行驶至该路口左转弯，因李某驾驶的渝BR7重型自卸货车装载超载且超速行驶，彭丁驾驶的二轮摩托车左转弯未让直行车辆优先通行，导致两车发生碰撞，彭丁与贺某被卷入渝BR7重型自卸货车车底，造成彭丁当场死亡，贺某受伤，两车不同程度受损的道路交通事故。2018年7月20日，奉节县公安局交通巡逻警察大队以第500236120180000119号道路交通事故认定书认定：“李某承担本交通事故的同等责任，彭丁承担本交通事故的同等责任，贺某不承担本交通事故责任。”2018年8月20日，彭甲以李某、某物流公司为被告起诉至一审法院，请求判令赔偿原告死亡赔偿金（32193 元/年 ×20 年 = 643860 元），丧葬费（6106 元/月 ×6 月 = 36636 元），精神抚慰金 50000 元，交通费 1000 元，住宿费 1000 元，总计 732496 元，商业险应赔付（732496 元 - 110000 元）×50% = 311248 元，交强险应赔付 110000 元，共计应赔偿 110000 元 + 311248 元 = 421248 元。在诉讼过程，一审法院依申请追加高某、某保险公司南岸支公司为被告。因原告漏列当事人，于 2018 年 9 月 19 日向一审法院申请撤回起诉，一审法院经审查后，于同日作出（2018）渝 0236 民初 3860 号民事裁定，准许彭甲撤回起诉。

2018 年 10 月 14 日，某物流公司、高某、李某（甲方）与郎某等人（乙方）以及某保险公司南岸支公司（丙方）签订《道路交通事故三方调解协议》，载明："1. ……其他需声明项目：三方协商，乙方因本次交通事故造成的死亡赔偿金、丧葬费、精神抚慰金等共计 197648 元，甲方前期已向乙方支付丧葬费 36000 元。……3. 甲乙丙三方就此次事故共同协商，对乙方的损失核定为：（1）死亡赔偿金 252760 元；（2）丧葬费 36636 元；（3）精神抚慰金 50000 元；（4）交通费、住宿费 900 元。乙方损失共计 340296 元，丙方在交强险范围内理赔 55000 元，丙方商业三者险范围内按照同等责任承担 50% 比例赔付并因甲方保险车辆超载协商加扣 5% 超载免赔率，故丙方在商业三者险范围内理赔 135515.6 元 [（340296 元 - 55000 元）×0.5 同责 ×0.95 超载 = 135515.6 元]，由甲方实际车主高某自行承担丙方商业三者险加扣 5% 超载免赔部分 7132.4 元 [（340296 元 - 55000 元）×0.5 同责 ×0.05 超载 = 7132.4 元]。综上，乙方应得死亡赔偿金等共计 197648 元，由甲方实际车主高某赔付 7132.4 元、丙方赔付 190515.6 元，因高某前期已向乙方支付 36000 元，为支付便利，经甲乙丙三方协商：①丙方把 161648 元赔款支付给乙方，支付到户名：彭甲。②丙方把 28867.6 元赔款支付给甲方，支付到户名：某物流公司。……5. 本协议签订后，甲、乙、丙之间就本次交通事故纠纷一次性了结。乙方不得以任何理由要求甲、丙两方另外履行与本次事故有关的其他异议。6. 本协议签订后，甲方承诺在本次事故中，知悉并同意丙方在商业三者险理赔时加扣超载免赔率 5%。7. 协议一式三份，甲、乙、丙方各执一份本协议，经三方签章后即生效。"协议末尾甲方由高某签名并捺指印，乙方由彭甲签名并捺指印，丙方由某保险公司南岸支公司加盖公章。协议签订后，某保险公司南岸支公司于2018年10月26日分两次将161648元（106648元+55000元）付至约定的彭甲银行账号，将28867.6元付至约定的某物流公司银行账号。另外，协议签订前，郎某等人于2018年9月30日签订了《赔偿承诺书》。

2019年1月2日，本次交通事故伤者贺某以李某、高某、某物流公司、某保险公司南岸支公司为被告起诉至一审法院，请求四被告赔偿医疗费、住院伙食补助费、护理费、后期护理费、残疾赔偿金、营养费、精神损害抚慰金等共计893776元，后双方达成调解协议，由某保险公司南岸支公司赔偿贺某293190.95元（其中含交强险医疗费10000元，交强险死亡伤残项下55000元），调解方案中载明残疾赔偿金按农村标准12638元/年计算，一审法院于2019年3月18日作出（2019）渝0236民初28号民事调解书。

2019年7月4日，郎某等人向一审法院提起诉讼，请求依法撤销2018年10月14日甲方高某、乙方彭甲、丙方某保险公司南岸支公司签订的《道路交通事故三方调解协议》，并判决被告赔偿原告死亡赔偿金、丧葬费、精神抚慰金、交通费、住宿费等费用共计250560元，案件受理费由被告承担。

另查明，高某系渝BR7重型自卸货车的实际车主，某物流公司系该车的登记车主，双方系挂靠关系；李某系该车驾驶员。该车在某保险公司南岸支公司投保了交强险和商业三者险100万元，事故发生在保险期间内，原被告双方对交通事故的责任划分均无异议。

再查明，郎某系死者彭丁妻子，彭甲、彭乙、彭丁三人系死者彭丁的子女。2010年5月6日，奉节县人民政府作出关于同意草堂镇总体规划的批复（奉节府函〔2010〕73号）；死者彭丁从2015年8月起租住在奉节县草堂镇直至死亡。

一审法院认为，本次交通事故中李某与死者彭丁分别承担事故的同等责任，李某理应对原告因彭丁死亡造成的损失承担部分赔偿责任。但李某系事故车辆的驾驶员，履行的是职务行为，其对外民事赔偿责任应由车主承担，高某系事故车辆的实际车主，某物流公司系事故车辆的登记车主，故本案相应损失应由高某承担相应的赔偿责任，并由某物流公司承担连带责任。肇事车辆渝BR7重型自卸货车在某保险公司南岸支公司投保了交强险及商业三者险，因此某保险公司南岸支公司在交强险范围内承担赔偿责任；不足部分应按事故责任比例在商业保险责任范围内承担赔偿责任。结合原告的请求和被告的答辩，一审法院根据双方提交的证据及相关法律规定确认原告损失如下：1. 死亡赔偿金，原告提交了相应的证据证实死者生前在城镇居住一年以上，可以按照城镇居民标准计算，一审法院予以确认，其死亡赔偿金为 643860 元。2. 丧葬费 36636 元。3. 精神抚慰金 50000 元，在合理范围内，一审法院予以支持。4. 交通费、住宿费，该院酌定两项费用共计 900 元。以上各项损失合计 731396 元。某保险公司南岸支公司在交强险死亡伤残赔偿项下赔偿精抚抚慰金 50000 元和死亡赔偿金 5000 元（限额 110000 元由两个受害者均分），不足部分的死亡赔偿金、丧葬费、交通费、住宿费由某保险公司南岸支公司按事故责任比例在商业责任保险范围内承担 338198 元，保险公司共计应赔偿 393198 元。原调解协议签订后被告已支付的 197648 元（含某保险公司南岸支公司支付的 161648 元及高某前期支付的 36000 元）应予扣除，某保险公司南岸支公司还应支付原告 195550 元。

关于原告请求依法撤销原、被告于 2018 年 10 月 14 日达成的道路交通事故三方调解协议的诉讼请求，一审法院认为，原告的各项实际损失经审查应赔偿金额为 393198 元，而协议的金额仅为 197648 元，仅相当于原告损失的 1/2，明显的显失公平，应予撤销。据此，一审法院判决：一、撤销郎某等人与高某、某保险公司南岸支公司于 2018 年 10 月 14 日签订的《道路交通事故三方调解协议》；二、某保险公司南岸支公司在本判决生效后三十日内赔偿郎某等人因彭丁死亡造成的死亡赔偿金、丧葬费、精神损害抚慰金、交通费、住宿费等费用共计 195550 元（已扣除被告给付的 197648 元）；三、驳回郎某等人的其他诉讼请求。案件受理费 1652 元，减半收取 826 元（原告已预缴），由郎某等人负担 137 元，高某负担 689 元。

某保险公司南岸支公司不服一审判决，上诉请求：撤销一审判决，改判某保险公司南岸支公司不再承担赔偿责任。

二审法院审理查明的案件事实与一审相同，二审对一审法院查明的案件事实予以确认。

二审法院认为，郎某等人以《道路交通事故三方调解协议》显失公平为由，要求撤销该调解协议，因《中华人民共和国民法总则》第一百五十一条规定“一方利用对方处于危困状态，缺乏判断能力等情形，致使民事法律行为成立时显失公平的，受损害方有权请求人民法院或者仲裁机构予以撤销”，故一方是否利用对方处于危困状态，缺乏判断能力，致使民事法律行为成立时显失公平均是民事法律行为能否被撤销的要件。彭丁在2018年6月因交通事故死亡，签订调解协议时距离彭丁死亡已过三个多月，此时郎某等人已办理完毕彭丁的丧葬事宜，且就赔偿事宜提起诉讼并撤回起诉，本案诉讼中郎某等人没有举证证明其在签订调解协议时处于危困状态。郎某等人按城镇标准提起过民事诉讼，故郎某在签订调解协议时明知死亡赔偿金的确定存在城镇居民和农村居民两种不同的标准，因此郎某等人亦不符合缺乏判断能力的情形。综上所述，郎某等人的请求不符合因显失公平要求撤销的构成要件，其要求撤销《道路交通事故三方调解协议》诉讼请求不应得到支持，各方当事人应当按照《道路交通事故三方调解协议》的约定履行自己的义务。一审判决撤销2018年10月14日签订《道路交通事故三方调解协议》不当，该院予以纠正。据此，二审法院判决：一、撤销奉节县人民法院（2019）渝0236民初3004号民事判决；二、驳回郎某等人的诉讼请求。一审案件受理费1652元，减半收取826元，由郎某等人负担；上诉案件受理费1652元，由郎某等人负担。

围绕当事人的再审请求，本院对有争议的证据和事实认定如下：再审中，各方当事人对原一审、二审已经查明的事实均无异议，且均未举示新的证据，本院再审对原一审、二审查明的事实及证据予以确认。

再审另查明，彭甲于2018年8月20日向一审法院提起诉讼时曾经诉称，事故发生前彭丁一家人租住在欧某住房内，该住房属于草堂镇场镇，彭甲据此主张彭丁的死亡赔偿金应按照城镇标准计赔，并在诉讼中对城镇居民标准的具体计赔数额及计算方式予以了明确。

本院再审认为，本案的焦点是案涉三方调解协议是否显失公平以及郎某等人在签署该调解协议时是否存在重大误解。结合检察机关提出的抗诉理由以及双方当事人于再审中的诉、辩意见并结合有关法律规定，本院分别评判如下：

一、案涉调解协议是否显失公平。再审中，抗诉机关以及申诉人郎某等人均认为案涉三方调解协议显失公平，应予撤销。被申诉人某保险公司南岸支公司及某物流公司对此不予认可。同时辩称郎某等人在签署调解协议并领取赔偿款后又予以反悔的行为违反诚实信用原则，对其请求应不予支持。对此本院认为，《中华人民共和国民法总则》第一百五十一条规定，一方利用对方处于危困状态、缺乏判断能力等情形，致使民事法律行为成立时显失公平的，受损害方有权请求人民法院或者仲裁机构予以撤销。从该条法律规定的文本含义可以得知，法律所规定的显失公平制度一方面需要双方从事某一法律行为时所产生的给付对价显著失衡，也即客观上存在显著的不公平情形；另一方面要求一方当事人主观上具有理由对方当事人处于危困状态或缺乏判断能力的主观故意；同时法律亦规定法律行为成立时即存在的显失公平情形系由一方当事人利用对方处于危困状态或缺乏判断能力所直接导致的法律后果，表明前述主客观构成要件之间还应具有因果关系。据此，若不存在一方当事人利用对方危困状态、缺乏判断能力从而导致对方当事人的意思表示存有瑕疵的情形，即使合同双方之间客观上存在利益的显著不均衡，也不能适用显失公平制度进行调整。本案中，依据审理查明的事实，死者彭丁于本案交通事故发生前确系已在城镇连续居住满一年以上且有合法的收入来源，依照相关法律规定对其因交通事故死亡后的死亡赔偿金等赔偿费用确系应当按照城镇居民标准计赔，而案涉三方调解协议约定的赔付金额实际系按农村标准予以计算，导致郎某等人实际获得的赔偿金额与法律所规定的赔偿之间存有巨大的差异，客观上确系存在利益的显著失衡。据此，在本案当事人之间的利益确系存在明显不均衡的前提下，关于本案三方调解协议是否显失公平的核心争议应在于调解协议签订时某保险公司南岸支公司等义务人主观上是否利用郎某等人处于危困状态或缺乏判断能力，从而导致郎某等人签署调解协议的表意行为存在瑕疵。对此本院分析如下：

（一）关于某保险公司南岸支公司等是否利用郎某等人缺乏判断能力的问题。再审中，抗诉机关及申诉人均认为虽然郎某等人知晓死亡赔偿金的计算存在城镇和农村两种不同的标准，但不能据此认定其具有明确判断彭丁的死亡赔偿金应按城镇标准计算的能力；同时三方调解协议亦并未载明所约定的赔偿金额是按何种标准计算，也足以证明郎某等人对本案死亡赔偿金应当如何计算缺乏判断能力。对此本院认为，行为人缺乏判断能力是指由于行为人自身的特殊原因，在处分自己的权利时并不能较为明确地认识到该行为对自身利益的影响；而对方当事人利用行为人的此种状态，与其订立协议，从行为人自身不当处分权利的行为中获利。行为人是否缺乏判断能力应以一般理性人所应具有的判断能力为认定标准。结合再审查明的事实，本院认为郎某等人在签署三方调解协议时并不存在缺乏判断能力的可能性，具体理由如下：1. 彭甲第一次向人民法院提起诉讼时委托了具有法律专业知识的诉讼代理人，表明其已经通过购买专业法律服务的方式获得相应的专业能力，故就一般意义而言应当推定其对于彭丁的死亡赔偿事宜已经取得了超过一般常人的专业判断能力。2. 从本案的实际情况分析，彭甲第一次向人民法院提起诉讼时所主张的彭丁死亡所产生的损失合计 732496 元，所主张的实际赔偿金额共计 421248 元，前述赔偿金额与本案三方调解协议所约定的赔偿数额 197648 元之间存在显著差异，足以表明彭甲应当明知彭丁的死亡赔偿金存在两种不同的计算标准，其对本案彭丁的死亡赔偿金如何计算具备一定的认知和判断能力。3. 从本案权利人主张权利的过程分析，彭甲第一次向一审法院起诉时曾经向一审法院诉称虽然彭丁系农村户口，但生前已经在城镇连续居住满一年以上，并据此主张按照城镇标准计算相应的赔偿费用并对具体的赔偿数额予以了明确，该事实亦表明彭甲对于彭丁的死亡赔偿费用在何种情况下可以按照城镇标准计赔的法律规定，本案是否能够按照城镇标准进行赔偿的客观事实以及城镇居民标准的具体赔偿标准、计算方式均具有专业的判断能力。前述事实足以证明彭甲对于彭丁的死亡赔偿存在城镇和农村标准两种计算方式以及本案存在按照城镇标准计赔的可能性的事实具有充分的判断能力。而郎某等人均系死者彭丁的近亲属，同时案涉调解协议签订时郎某等人亦陈述已经与家属进行了协商，本案应当认定郎某等人在签订调解协议时亦明知彭丁的死亡赔偿金具有按照城镇标准计赔的可能性，其对于相关法律规定以及本案死亡赔偿金的具体计算具有相应的判断能力。在郎某等人明知彭丁的死亡赔偿有可能按照城镇标准计赔的前提下，其不可能不清楚案涉三方调解协议所约定的内容对其享有的赔偿权利所产生的影响，故本案不宜认定权利人对该事项缺乏判断能力。而郎某等人在签署调解协议时是否确定彭丁的死亡赔偿金一定能够按照城镇标准计算本身属于行为人对未实际发生行为的具体把控能力问题，其结果可能受制于当事人的举证或诉讼能力等诸多因素的影响，显然已经超出了行为人对该事项本身的判断能力范围。故抗诉机关及申诉人以郎某等签署调解协议时无法确定彭丁的死亡赔偿金是否一定能够按照城镇标准进行赔偿为由主张郎某等人缺乏判断能力的意见不能成立，本院不予采纳。在郎某等人对彭丁的死亡赔偿金如何计算具有专业判断能力的情况下，三方调解协议是否明确约定赔偿标准亦并不影响郎某等对调解协议内容的判断，抗诉机关及申诉人的该项理由亦不能成立，本院不予采纳，同时，本案三方调解协议亦明确约定了系一次性解决纠纷，且郎某等人在签订调解协议的同时还签订了赔偿承诺书明确表示不再另行向对方主张任何权利，则郎某等人对三方调解协议签订的法律后果也具有充分的认知。据此，本案并不存在当事人缺乏判断能力的事实，不可能构成法律所规定的一方利用对方缺乏判断能力而导致民事法律行为显失公平的情形。

（二）关于某保险公司南岸支公司是否利用郎某等人处于危困状态的问题。本案中，三方调解协议签订时死者彭丁已经死亡数月且郎某等人业已办理完毕彭丁的丧葬事宜，同时彭甲还曾经通过向人民法院提起诉讼的方式向对方当事人主张相应权利，则按一般经验法则推断应当认定郎某等人在签订调解协议时并未处于任何危困状态。现本案也并无其他证据表明郎某等人在签署调解协议时处于危困状态，而郎某等人于再审中亦未主张其签订调解协议时处于危困状态，故本案也不符合法律所规定的一方利用对方处于危困状态致使法律行为显失公平的情形。

据此，本案三方调解协议虽然确系存在郎某等人与某保险公司南岸支公司之间的利益显著不均衡的客观事实，但由于本案并不存在一方当事人利用对方处于危困状态或缺乏判断能力的事实，故该协议不符合法律规定的显失公平可予以撤销情形，不得适用显失公平制度进行调整，本院对于申诉人的相应请求不予支持。抗诉机关提出的三方调解协议显失公平应予撤销的抗诉意见以及申诉人提出的相应申诉理由均不能成立，本院不予采纳。

二、郎某等人签署调解协议时是否存在重大误解。再审中，抗诉机关及申诉人还主张案涉调解协议并无彭丁的相应赔偿费用应按城镇计赔但经双方协议后按农村标准予以赔付的约定，表明郎某等人在签署调解协议时对赔偿标准存在重大误解，该调解协议应予撤销。被申诉人某保险公司南岸支公司及某物流公司对此亦不予认可。对此本院认为，《中华人民共和国民法总则》第一百四十七条规定，基于重大误解实施的民事法律行为，行为人有权请求人民法院或者仲裁机构予以撤销。一般而言，行为人基于对行为的性质、对方当事人、标的物的品种、质量、规格和数量等的错误认识，使行为后果与自己的意思相悖，并造成较大损失的，均可以认定为重大误解。本案中，基于再审查明的事实，郎某等人在曾经委托了专业法律从业人员进行诉讼代理且曾经向人民法院起诉要求按照城镇标准计赔的情形下，其对彭丁的死亡赔偿金在何种情形下可以按照城镇标准计算的法律规定系明知的，同时对于本案是否符合法律所规定的城镇标准计赔的客观事实也具有充分的认知，故其不可能在签订调解协议时误认为彭丁的死亡赔偿金只能按照农村标准计赔。同时，案涉调解协议所约定的赔偿金额也与彭甲第一次向人民法院起诉时以城镇标准所主张的赔偿金额之间存有巨大差异，依据一般生活经验推断，作为一般理性的权利人必然能够发现二者之间存在的差异并对此差异形成的原因予以追问，故即使案涉调解协议未对赔偿标准予以明确记载，郎某等人也不可能对此误认为三方调解协议系按照城镇标准进行的赔付。据此，本案并无证据表明郎某等人在签署调解协议时存有相应的错误认识，郎某等人签订调解协议的意思表示行为并无瑕疵，案涉三方调解协议不符合法律规定的重大误解可予撤销的情形。本院对于申诉人的相应请求不予支持。抗诉机关提出的前述抗诉意见以及申诉人的相应申诉理由缺乏事实依据，本院不予采纳。

本院认为，本案当事人所达成的三方调解协议系权利人郎某等人与义务人某保险公司南岸支公司、某物流公司以及高某、李某之间为及时妥善处理彭丁因交通事故死亡所引发的赔偿纠纷而达成的和解协议。在和解过程中，各方当事人为了协议的达成必然伴随权利的让步，当事人的真实意思表示也必然包含相当程度的风险承担因素，在该调解协议不存在法律规定的可予撤销的情形时，应当认定协议中所存在的利益不均衡属于当事人基于自己的独立意志对自身权利所作的自主处分，且该种处分行为亦为法律所允许。各方当事人在协议达成后应当恪守诚信，对协议内容予以遵守并履行。非因法定情形，人民法院亦不得对相应协议内容予以撤销，本案一审法院对该三方调解协议以显失公平为由予以撤销系法律适用错误，理应予以纠正；二审裁判结果符合法律规定，应予以维持。

综上所述，申诉人郎某等人提出的申诉理由均不能成立，本院不予采纳，对其再审请求，本院不予支持。原二审判决认定事实清楚，适用法律正确，审理程序合法，应予维持。依照《中华人民共和国民事诉讼法》第二百零七条第一款、第一百七十条第一款第（一）项的第一百四十四条之规定，判决如下：

维持本院（2019）渝02民终3538号民事判决。

本判决为终审判决。

审判长　黄　某
审判员　冉　某
审判员　王　某
二〇二一年十二月八日
法官助理　何　某
书记员　陈　某

评·析

本案的争议焦点为：1. 对于显失公平的认定；2. 对于重大误解的认定；3. 当事人之间利益显著不均衡是否等同于显失公平。

一、对于显失公平的认定

《中华人民共和国民法典》承继《中华人民共和国民法总则》关于显失公平的规定未进行修改，仍为“一方利用对方处于危困状态，缺乏判断能力等情形，致使民事法律行为成立时显失公平的，受损害方有权请求人民法院或者仲裁机构予以撤销”。故一方是否利用对方处于危困状态或缺乏判断能力，是认定民事法律行为成立时显失公平的构成要件。

（1）对于行为人是否缺乏判断能力应以一般理性人所应具有的判断能力为认定标准，需要从能否明确认识该行为影响自身利益与能否运用举证或诉讼能力影响自身利益两种判断标准的难易程度方面加以区分。对法律的认知和运用能力属于较高标准的判断能力，不应以此作为认定行为人缺乏判断能力的标准。此外，对于已经购买专业法律服务的方式的行为人，就一般意义而言应当推定其获得了超过一般常人的专业判断能力，此时不应当再以通常的判断标准进行认定；（2）对于行为人是否处于危困状态应当以字面释义“危及”“困苦”进行判定，若并不存在行为人为了达到摆脱当前危难状态目的，在时间层面上急切地采取相关行动，则不应当认定存在危困状态。此时行为人应是一个能够独立通过意思表示行使民事行为能力，享受民事权利、承担相应民事义务的理性人，其作出的民事法律行为不属于民法典规定的可撤销范畴。

以本案为例，受害人虽系农村户口，但在城镇连续居住一年以上且主要经济来源于城镇，死亡赔偿金可以按照城镇居民标准进行计算。受害人家属第一次提起诉讼时适用城镇标准、并购买专业法律服务，对于其主张赔偿事项的认知能力已超过一般理性人；此外，受害人死亡数月且相关丧葬事宜已经办理完毕，时间上不存在紧迫性、个人状态方面并未提供相关证据证明签订三方调解协议系为摆脱当时存在的经济等困难情况。

一审法院的判决忽视了显失公平原则适用的前提是需满足一方利用对方处于危困状态或缺乏判断能力等情形，仅仅以金额存在巨大差异为由认定显失公平，忽视了当事人对于自身权利所作的自主处分，违反了意思自治原则。

二、对于重大误解的认定

一般而言，行为人基于对行为的性质、对方当事人、标的物的品种、质量、规格和数量等的错误认识，使行为后果与自己的意思相悖，并造成较大损失的可以认定为重大误解。

本案穷尽所有司法程序的诉讼过程中，争议点始终集中于受害人家属是否知悉死亡赔偿金城市与农村赔偿标准的不同。其最初的起诉行为已经充分证明其对于标准差异以及标准差异将造成的金额差异均知悉，既已知情，则不存在错误认识造成的重大误解。

三、当事人之间利益显著不均衡是否等同于显失公平

显失公平类型民事行为多与乘人之危相联系，行为内容存在明显利于一方而不利于另一方的情形，存在严重违反民法公平原则的情形。

对于民事权利的范围，法理适用法无明文禁止即自由的原则，《中华人民共和国民法典》则具体表述为自愿原则。行为人按照自己的意思设立、变更、终止民事法律关系。因此在本案三方私下达成和解的过程中，各方当事人为达成协议也随着权利的让步，当事人的真实意思表示也必然包含着相当程度的风险承担因素，在该调解协议不存在法律规定的可予撤销的情形时，应当认定协议中所存在的利益不均衡属于当事人基于自己的独立意志对自身权利所作的自主处分，且该种处分行为亦为法律所允许，并不存在违背公平原则。

《中华人民共和国民法典》第一百四十七条规定，基于重大误解实施的民事法律行为，行为人有权请求人民法院或者仲裁机构予以撤销。检察机关以及申诉人在抗诉/申诉意见中均辩称对赔偿标准存在重大误解，但均未提供相应证据佐证申诉人在签署调解协议时存在重大误解，仅通过语言表述而无相关证据佐证，不足以证明其存有相应的错误认识或者意思表示瑕疵。

若本案一审裁判文书生效、申诉人申诉理由成立亦或者检察机关抗诉理由成立，势必助长一种不良风气：当事人前期就赔偿金额让步与保险公司达成和解并获得赔偿款后，可就金额存在差异单方撕毁协议诉至法院请求撤销协议并要求保险公司补足差额。

在实际纠纷处理中，虽然我国各个地区已统一城市农村死亡、伤残赔偿标准差异，截至本案作出终审判决时此类争议所剩无几。但是仍然存在不少因争议事项并无较大争议，保险公司事前介入时与伤者、车主或物主签订赔偿协议，而事后被起诉至法院要求撤销协议、按照较高标准赔付的情况，性质上与此案无异。如果行为人不存在重大误解、协议并不显失公平，同时行为人也充分知悉签订协议的法律后果，法院仍主张撤销双方达成意思自治一致所签协议，这将会破坏诚信原则。如果此类情形成为一种惯例，保险公司势必选择减少或不再与当事人非诉协商并签订和解协议的形式解决纠纷，将会致使交通事故责任纠纷、保险合同纠纷案件诉讼率大幅上升、纠纷处理周期以及赔付周期拉长，不利于多元化解纠纷、降低诉讼率、缩短赔付周期。本判决对此类事后反悔且并无证据证明有失公平、存在重大误解的调解纠纷的认定，维护了诚实信用原则，保护了意思自治原则，体现了司法公正。

交通事故损害中非机动车是否适用代位追偿的认定

江苏省苏州市中级人民法院
(2021）苏05民终481号民事判决书

(2021年2月4日）

案·情

2018年9月21日10时27分许，李某驾驶三轮车在苏州市吴江区与俞某驾驶某喷织厂所有的浙F16号小型轿车相撞，造成车辆受损的交通事故。李某驾驶的非机动车辆在某甲保险公司投保有非机动车第三者责任保险，保险期间自2018年9月1日至2019年8月31日24时。俞某驾驶的浙F16号小型轿车在某乙保险公司处投保了机动车车辆损失险，事故发生在保险期间内。

本起事故经苏州市吴江区公安局交通警察大队认定，李某负事故全部责任，俞某无责。事故发生后，经事故车辆浙F16号小型轿车的被保险人嘉兴市某喷织厂申请理赔，某乙保险公司与某喷织厂及某汽车销售服务有限公司达成三方维修协议，并已经于2018年9月29日支付车辆赔偿款人民币36550元。同时，被保险人将赔偿款的索赔权转让给某乙保险公司。后某乙保险公司起诉至法院，请求李某赔偿车辆损失，某甲保险公司承担连带责任。

判决书正文

上诉人（原审原告）：某乙保险公司嘉兴市分公司，住所地：浙江省嘉兴市。

被上诉人（原审被告）：李某，男，1965 年 11 月 6 日生，汉族，住安徽省金寨县。

被上诉人（原审被告）：某甲保险公司苏州市分公司，住所地：江苏省苏州工业园区。

上诉人某乙保险公司嘉兴市分公司因与被上诉人李某、某甲保险公司苏州市分公司保险人代位求偿权纠纷一案，不服苏州市吴江区人民法院（2020）苏 0509 民初 11571 号民事判决，向本院提起上诉，本院于 2021 年 1 月 08 日立案后，依法组成合议庭对本案进行了审理。本案现已审理终结。

某乙保险公司嘉兴市分公司上诉请求：1. 撤销一审判决；2. 一审和二审诉讼费用由李某和某甲保险公司苏州市分公司承担。事实和理由：《宪法》保护私有财产。苏州市吴江区公安局交通警察大队已经认定李某在案涉道路交通事故中承担全部责任，原审法院未能准确适用法律。用所谓“优者危险负担”原则袒护违法过错方，保护非正当行为者的非法权益免予赔偿。这样的裁判目的缺乏正确的社会指引导向。《侵权责任法》第三条规定，被侵权人有权请求侵权人承担侵权责任。《保险法》第六十条规定，因第三者对保险标的损害而造成保险事故的，保险人自向被保险人赔偿保险金之日起，在赔偿金额范围内代位行使被保险人对第三者请求赔偿的权利。作为立法机关已经明确侵权行为是必须承担侵权责任的。在现代社会，机动车作为高速交通运输工具在人们的日常生活中占据越来越重要的地位，为保障通行各方的安全，交通规则应运而生。《保险法》第六十条规定，因第三者对保险标的的损害而造成保险事故的，保险人自向被保险人赔偿保险金之日起，在赔偿金额范围内代位行使被保险人对第三者请求赔偿的权利。作为承担社会责任的保险公司，对于事故中受损的机动车只要是符合条件的给予了理赔处理，但该理赔的前提是能够取得对第三者的代位赔偿的索赔权且具有现实意义。如果按照一审法院的裁判观点，非机动车乃至有过错的行人往后无须再对机动车的任何损害事故承担任何责任，那么，《保险法》第六十条的代位基础尤其是涉及具有过错的非机动车和行人将不具备代位请求赔偿的权利，这对于保险公司落实保险代位制度是严重的冲击。

李某辩称，由法院依法处理。

某甲保险公司苏州市分公司辩称，请求维持一审判决。

某乙保险公司嘉兴市分公司一审诉讼请求：1. 李某与某甲保险公司苏州市分公司向某乙保险公司嘉兴市分公司支付车辆赔偿款人民币36550元（某甲保险公司苏州市分公司在保险范围内优先理赔）；2. 本案诉讼费用由李某与某甲保险公司苏州市分公司承担。事实和理由：2018年9月21日10时27分许，李某驾驶三轮车在苏州市吴江区与俞某驾驶嘉兴市某喷织厂所有的浙F16号小型轿车相撞，造成车辆受损的交通事故。经查，某甲保险公司苏州市分公司系事故发生时李某所骑车辆投保的保险公司。本起事故经苏州市吴江区公安局交通警察大队认定，李某负事故全部责任，俞某无责。事故发生后，经事故车辆浙F16号小型轿车的被保险人嘉兴市某喷织厂理赔，某乙保险公司嘉兴市分公司与嘉兴市某喷织厂及嘉兴某汽车销售服务有限公司达成三方维修协议，并已经于2018年9月29日支付车辆赔偿款人民币36550元。同时，被保险人将赔偿款的索赔权转让给某乙保险公司嘉兴市分公司。现某乙保险公司嘉兴市分公司起诉至法院，请依法判决。

一审法院经审理查明：2018年9月21日10时27分许，李某骑三轮车行驶至盛溪河桥处时，与俞某停着的车牌号为浙F16号的小型客车发生碰撞，导致车子受损和人伤的交通事故。经苏州市吴江区公安局交通警察大队认定，当事人李某驾驶非机动车未确保安全，其行为违反《道路交通安全法》第三十八条之规定，李某负全部责任；当事人俞某无责任。

俞某驾驶的车牌号为浙F16号的小型客车登记在嘉兴市某喷织厂名下，在某乙保险公司嘉兴市分公司处投保了机动车车辆损失险，事故发生在保险期间内。事故发生后，嘉兴市某喷织厂因维修车牌号为浙F16号的小型客车先后维修费共计36550元。后嘉兴市某喷织厂向某乙保险公司嘉兴市分公司申请理赔。某乙保险公司嘉兴市分公司经审核后，于2018年9月29日向嘉兴市某喷织厂支付理赔款36550元；嘉兴市某喷织厂同时向某乙保险公司嘉兴市分公司出具了机动车保险代位求偿权索赔申请书及权益转让书。

李某驾驶的三轮车在某甲保险公司苏州市分公司处投保了非机动车第三者责任保险，保险期间自2018年9月1日起至2019年8月31日止，每次事故赔偿限额为5万元，每次事故绝对免赔额为100元或损失金额的10%，两者以高者为准，在赔偿限额内赔款按核定损失的80%赔付。

一审法院认为，《道路交通安全法》第七十六条规定，机动车与非机动车驾驶人、行人之间发生交通事故，非机动车驾驶人、行人没有过错的，由机动车一方承担赔偿责任；有证据证明非机动车驾驶人、行人有过错的，根据过错程度适当减轻机动车一方的赔偿责任；机动车一方没有过错的，承担不超过百分之十的赔偿责任。依据该条规定，非机动车方存在过错，仅根据过错程度适当减轻机动车一方的赔偿责任，而非由非机动车方向机动车方承担赔偿责任，非机动车方并非该条规定的赔偿义务主体。此外，机动车方控制交通事故危险的能力以及对他人的危险性均远高于非机动车和行人，应负有更高的避险义务，依据“优者危险负担原则”，亦不应支持机动车方对非机动车方或行人的赔偿请求。综上所述，案外人嘉兴市某喷织厂作为交通事故的机动车一方，不具有向非机动车方李某请求赔偿事故车辆损失的权利。因保险人主张代位求偿权以被保险人对第三者享有请求赔偿的权利为前提，故某乙保险公司嘉兴市分公司主张代位行使嘉兴市某喷织厂对李某享有的赔偿权利，缺乏依据；某甲保险公司苏州市分公司虽承保了非机动车第三者责任保险，但某乙保险公司嘉兴市分公司无权向李某追偿，故某甲保险公司苏州市分公司无向某乙保险公司嘉兴市分公司赔偿的法律义务。综上所述，依照《中华人民共和国道路交通安全法》第七十六条的规定，判决如下：驳回某乙保险公司嘉兴市分公司的诉讼请求。案件受理费减半收取357元，由某乙保险公司嘉兴市分公司负担。

本院二审查明的事实与一审法院一致，本院对一审查明的事实予以确认。

本院认为，本案的争议焦点在于交通事故发生后，机动车一方的损失能否向非机动车一方求偿。依照《中华人民共和国交通安全法》第七十六条的规定，通过减轻机动车一方的责任实现对行人、非机动车的过错评价；不支持机动车一方请求行人、非机动车一方赔偿的诉讼主张。因此对于机动车与行人、非机动车之间发生交通事故，就机动车一方产生的损失，非机动车一方并非赔偿义务主体。本案中，某乙保险公司嘉兴市分公司对承保车辆在保险责任范围内理赔后，不具有向非机动车方李某请求赔偿损失的权利，亦不能向李某投保的某甲保险公司苏州市分公司主张。

综上所述，某乙保险公司嘉兴市分公司的上诉主张不能成立。一审判决认定事实清楚，适用法律正确，应予维持。依照《中华人民共和国民事诉讼法》第一百七十条第一款第一项规定，判决如下：

驳回上诉，维持原判。

二审案件受理费714元，由上诉人某乙保险公司嘉兴市分公司负担。

本判决为终审判决。

审判长　王　某
审判员　孔　某
审判员　刘　某
二〇二一年二月四日
书记员　花　某

评·析

财产险公司理赔案件中“道路交通事故赔偿”占绝大部分，充分行使保险法赋予保险公司的“代位求偿权”，对于降低保险公司经营成本以及发挥责任保险功能具有重要意义。近年来，随着保险公司降成本压力的增大，“代位求偿”诉讼的实际减损成效越来越受到重视。机动车与非机动车发生交通事故后，保险公司能否向承担事故责任的非机动车一方行使代位求偿权，既是实务中常见的理赔问题，也是一个具有典型意义的法律问题。在本起案例中，两级人民法院的裁判结论及裁判理由，有利于促使我们更深入、全面的思考道路交通事故中保险公司“代位求偿权”的问题。

一、“代位求偿权”的实质是“保险人”代“被保险人”行使损害赔偿请求权

“代位求偿权”是指因第三者对保险标的造成损害而发生保险事故的，保险人自向被保险人赔偿保险金之日起，在赔偿金额范围内，代位行使被保险人对第三者请求赔偿的权利。“代位求偿权”仅发生在财产保险合同中，是为了贯彻“财产保险的赔偿以实际损失为原则”，避免出现被保险人双重获利的情形。从严格意义上讲“代位求偿权”属于一种从权利，分析保险人能否行使代位求偿权的关键是判断被保险人对第三者是否享有损害赔偿请求权。《最高人民法院关于适用〈中华人民共和国保险法〉若干问题的解释（四）》第七条，规定了保险人请求赔偿的法定理由，即第三者需要承担“侵权责任”或

“违约责任”。具体到本起案件中，判断保险人能否行使代位求偿权的关键是，分析被保险人能否有权要求负交通事故全部责任的非机动车一方承担侵权责任。

二、道路交通事故不适用一般侵权归责原则

按照《中华人民共和国民法典》的规定，因道路交通事故造成他人人身、财产损害的，应当按照该法侵权责任编中的规定，确定事故双方的侵权责任。按照现有的立法规定，道路交通事故侵权，属于一种特殊的侵权形式，民法典侵权责任编对其规定了不同于一般侵权行为的归责原则，即排除适用一般侵权行为所适用的过错归责原则。《中华人民共和国民法典》侵权责任编第一千二百零八条规定：“机动车发生交通事故造成损害的依照道路交通安全法律和本法的有关规定承担赔偿责任”，但该编立法并未对“机动车、非机动车间发生事故的侵权责任的划分作出规定”，故对此问题只能按照我国道路交通安全相关法律规定进行评价和判断。

《中华人民共和国道路交通安全法》第七十六条对“机动车与非机动车发生交通事故”后的责任认定问题作出规定，具体为：非机动车驾驶人、行人没有过错的，由机动车一方承担赔偿责任；非机动车驾驶人、行人有过错的，根据过错程度适当减轻机动车一方的赔偿责任；机动车一方没有过错的，承担不超过百分之十的赔偿责任。根据前述立法规定，可以得出我国现行立法对机动车与非机动车（含行人）发生道路交通事故时如何确定赔偿责任的规则：机动车一方承担的是一种无过错责任，即其无论有无过错，都需要承担损害赔偿责任，只不过具体赔偿责任的大小会根据非机动车一方是否存在过错而有所区别。需要特别注意的是，虽然立法规定非机动车一方存在过错时，可以减轻机动车一方的损害赔偿责任，这只是属于对机动车一方赔偿责任的限制，而不能就此认为立法对非机动车规定了损害赔偿责任。由此可以得出结论，根据《中华人民共和国民法典》《道路交通安全法》的规定，在机动车、非机动车发生道路交通损害时，非机动车无论是否有无过错都无须承担损害赔偿责任，机动车一方（被保险人）无法向非机动车一方主张损害赔偿，故作为支付保险金的保险人也无法享有“代位求偿权”。

三、对基于“保护弱者”的立法与司法理念的再审视

在本案中，一审、二审两级法院实质上均一致认为，非机动车一方虽然负事故全部责任，但无须对机动车一方遭受的损害承担赔偿责任，从而驳回保险公司提出的代位求偿诉讼请求。这样的判决完全是按照现有法律规定作出的，但我们需要关注到，无论是立法规定还是具体司法判决，都是基于“保护弱势一方权益”的基本理念。非机动车一方相较机动车一方显然处于弱势地位，这样就需要用看似“不公平”的归责原则来推动“实质上权利平衡”的实现。在实现“实质公平”的背后，需要我们去深入思考的是，对于那些完全由非机动车过错导致的事故损害的最终风险具体由谁承担？答案似乎也是明确的，即由机动车交强险、商业险的承保机构即各保险公司来承担，这样的责任认定规则显然是存在完善的空间。非机动车交通违法成本低导致的直接后果就是“行人”“电动自行车”等主体的交通违法行为屡禁不止，甚至愈加严重。如何在“保护弱者”的基本理念下，发挥“责任分配”的指挥棒作用，引导或是约束非机动车一方更好地遵守交通法规，是立法、司法机关应重点关注和思考的问题。

另外，随着新的经济业态形式的出现，部分职业从业人员利用非机动车从事运输的情形越来越普遍。随着城市中驾驶电动自行车的“快递、外卖”人员数量的增加，此类违反道路交通法规导致的交通事故案件也呈现快速增长态势。此类特定职业人员能否等同于一般意义上的“非机动车行人”，同样需要进一步的探讨和思考。

目前对于需要非机动车作为工作工具的特定职业人员，部分保险机构提供了“非机动车第三者责任险”业务，这显然是应对日益凸显的非机动车道路交通风险的一项重要手段。伴随保险产品对此类责任风险的介入，对于责任的划分的经济基础发生了重要变化，对于现行的“机动车、非机动车道路交通事故损害赔偿认定规则”也需要重新审视、适时调整。

“多因一果”造成的保险事故赔偿比例的认定

四川省成都市中级人民法院
（2021）川民终 17569 号民事判决书

（2021 年 11 月 17 日）

案・情

2020 年 6 月 2 日，王某驾驶小型桥车前部与从左至右通过路口的行人谢甲发生碰撞，造成谢甲受伤，车辆受损的交通事故。交通警察大队出具道路交通事故认定书，认定王某承担事故的全部责任，谢甲不承担事故责任。

谢甲因交通车故受伤后，被送往医院住院治疗，交通事故造成伤情主要为：右侧股骨转支下骨折、胸 12 椎体压缩性骨折、肋骨骨折；住院时间为 2020 年 6 月 2 日至 11 月 28 日。11 月 28 日患者出现交界性逸搏心律，抢救无效于 16 时 50 分宣布死亡。死者 88 岁且在本次交通事故发生前存在直肠癌、慢性阻塞性肺疾病急性加重期、Ⅰ型呼吸衰竭、肺部占位等大量自身疾病，经鉴定交通事故参与度为次要作用，各方对本案是否应考虑交道事故损害参与度存在较大争议。一审法院判决认为谢甲自身疾病与交通事故无法律上的因果关系，其体质状况不是侵权责任法等法律所规定的过错，谢甲的个人体质状况对损害后果的影响非减轻侵权人责任的法定情形，不支持考虑因果关系参与度。保险公司提起上诉，二审法院最终支持考虑参与度，商业险按照 45% 参与度计算赔偿。

判决书正文

上诉人（原审被告）：某保险公司锦城支公司，住所地：四川省成都市。

被上诉人（原审原告）：何某，女，1933年2月23日出生，汉族，住四川省金堂县。

被上诉人（原审原告）：谢乙，男，1952年9月6日出生，汉族，住四川省金堂县。

被上诉人（原审原告）：谢丙，女，1954年8月16日出生，汉族，住四川省广汉市。

被上诉人（原审原告）：谢丁，女，1957年5月9日出生，汉族，住四川省广汉市。

被上诉人（原审原告）：谢戊，女，1962年9月18日出生，汉族，住四川省广汉市。

被上诉人（原审原告）：谢己，男，1965年5月10日出生，汉族，住四川省金堂县。

被上诉人（原审原告）：谢庚，男，1968年6月16日出生，汉族，住四川省金堂县。

被上诉人（原审原告）：谢辛，男，1971年1月29日出生，汉族，住四川省金堂县。

被上诉人（原审被告）：王某，男，1982年1月8日出生，汉族，住四川省金堂县。

被上诉人（原审被告）：彭某，女，1988年5月1日出生，汉族，住四川省金堂县。

原审第三人：金堂县某医院，住所地：四川省金堂县。

上诉人某保险公司成都市支公司因与被上诉人何某、谢乙、谢丙、谢丁、谢戊、谢已、谢庚、谢辛、王某、彭某，原审第三人金堂县某医院机动车交通事故责任纠纷一案，不服金堂县人民法院（2021）川0121民初3631号民事判决，向本院提起上诉。本院受理后，依照《全国人民代表大会常务委员会关于授权最高人民法院在部分地区开展民事诉讼程序繁简分流改革试点工作的决定》，依法决定由审判员独任审理。本案现已审理终结。

某保险公司锦城支公司上诉请求：1. 请求撤销原审判决，依法按照交通事故为致谢甲死亡次要原因的鉴定意见，承担30%的死亡赔偿责任，争议金额363790元。事实与理由：一、一审法院判决认定谢甲的医疗费中不存在非交通车故医疗费与事实不符，且显失公平。根据死亡原因鉴定报告可知，死者88岁且在本次交通事故发生前就存在直肠癌、慢性阻塞性肺疾病急性加重期、Ⅰ型呼吸衰竭、肺部占位等大量自身疾病，其基于大量严重自身疾病必然产生非交通事故医疗费用。某保险公司锦城支公司委托鉴定机构对非外伤用药和非医保用药进行鉴定，鉴定意见为死者住院治疗费446176.2元中，非外伤用药69588.26元，非医保费用101215.72元，合计170803.98元，占比38%。该鉴定意见能够与公安机关委托鉴定机构作出的死亡原因鉴定意见书互相印证。一审法院否认谢甲的医疗费中存在非交通事故医疗费与事实不符。二、一审法院判决人血白蛋白费用24000元计入医疗费，营养粉29281元计入营养费，由某保险公司锦城支公司承担，与事实不符。谢甲在事故前存在低蛋白血症，本身需要使用人血白蛋白和营养粉等营养保健品，该费用既与交通事故无关，又因属于自费项目不应当由保险公司承担。三、应采信死亡原因鉴定报告中“交通事故在谢甲死亡后果中的原因力大小仅为次要作用”的鉴定意见。根据公安机关委托鉴定机构对谢甲死亡原因作出的鉴定意见书可知，谢甲存在心脏、肺、肝、肠、胰腺等器官病变系谢甲自身基础疾病，与交通事故无关，且交通事故损伤严重程度较为有限，不足以直接导致谢甲死亡，交通事故在谢甲死亡后果中的原因力大小仅为次要作用。

何某、谢乙、谢丙、谢丁、谢戊、谢己、谢庚、谢辛辩称，一审判决事实认定清楚，法律适用正确，请求驳回上诉，维持原判。鉴定机构的尸体检验报告已明确记载，谢甲的直肠癌在2016年的时候就已做手术并出院，并不是在交通事故前或交通事故时产生的疾病。本案交通事故与谢甲死亡结果有直接关系，根据侵权纠纷的法律规定，死者的自身疾病对损害结果的影响并不属于减轻侵权人赔偿责任的法定情形，即谢甲的损失应当得到全额赔付，谢甲本身不存在过错，一审法院的认定符合法律规定。

王某、彭某辩称，一审判决事实认定清楚，法律适用正确，请求驳回上诉，维持原判。1. 关于司法鉴定结论，鉴定程序不合法，鉴定依据不充分，一审中该鉴定结论也并未被采信。不能依据某保险公司锦城支公司单方委托的鉴定机构出具的鉴定意见作为依据。2. 关于人血白蛋白、营养粉的问题，是医院多次出具病情证明单能够证明的，属于谢甲治疗和康复的合理费用。人血白蛋白应当计入医疗费项目，营养粉应当计入营养费项目。3. 车主彭某在某保险公司锦城支公司购买了商业险和交强险，应当由某保险公司锦城支公司在保险范围内赔偿。4. 关于比例是交通事故中划分的责任比例，并不是死亡原因的比例认定，一审对比例认定是合理的。

金堂县某医院述称，一审查明谢甲在医院治疗期间所欠付的医药费情况属实，一审法院认定事实清楚，适用法律正确，请求维持原判。

何某、谢乙、谢丙、谢丁、谢戊、谢己、谢庚、谢辛向一审法院提出诉讼请求：1. 判令王某、彭某、某保险公司锦城支公司向何某、谢乙、谢丙、谢丁、谢戊、谢己、谢庚、谢辛赔偿死者谢甲的医疗费、死亡赔偿金、丧葬费、精神损害抚慰金等费用 629027.7 元；2. 判令某保险公司锦城支公司在保险限额内承担保险责任，精神损害抚慰金在交强险赔偿限额中优先赔付；3. 判令诉讼费由王某、彭某、某保险公司锦城支公司承担。一审审理中，何某、谢乙、谢丙、谢丁、谢戊、谢己、谢庚、谢辛变更第一项诉讼请求：请求判令王某、彭某、某保险公司锦城支公司赔偿何某、谢乙、谢丙、谢丁、谢戊、谢己、谢庚、谢辛医疗费 355341.2 元，护理垫、纸杯、纸巾等护理用品 2089 元，住院期间伙食补助费 5400 元（30 元/天 ×180 天），营养费 3600 元（20 元/天 ×180 天），护理费 14400 元（80 元/天 ×180 天），死亡赔偿金 191265 元，精神损害抚慰金 30000 元，交通费 1500 元，参与处理丧葬事宜家属误工费 1294 元（51754 元/年/360 天 ×3 人 ×3 天），丧葬费 34633.5 元。

一审法院认定事实：2020 年 6 月 2 日早上，王某驾驶川 A8R 起亚牌小型轿车由广汉市三水镇方向往清江镇方向行驶，7 时 39 分许，王某驾驶该车行驶至金堂县清江镇某路口处左转弯，所驾车前部与从左至右通过路口的行人谢甲发生碰撞，造成谢甲受伤，车辆受损的交通事故。事故发生后，经四川华西交通司法鉴定中心对川 A8R 小型轿车鉴定，鉴定意见：未发现被鉴定车辆所检项目事故前存在安全隐患。交通警察大队出具道路交通事故认定书，认定王某驾车左转弯时未观察清楚前方情况的行为对发生交通事故所起的作用以及过错的严重程度是造成事故的全部原因。确定由王某承担事故的全部责任，谢甲不承担事故的责任。

谢甲因交通车故受伤后，被送往金堂县某医院住院治疗，住院时间2020年6月2日至11月28日。金堂县某医院出院病情证明书诊疗小结载明："患者谢甲，男，88岁，已婚，因'外伤致腰背部、右髋部疼痛肿胀活动受限2小时'入院。入院查体：T：36.6℃，P：96次/分，R：20次/分，BP121/72mmhg。神志清楚，急性病容，右侧颜面部可见散在淤青及瘀斑，全身浅表淋巴结未触及。心界正常，律齐，各瓣膜区未闻及病理性杂音。桶状胸，呼吸节律正常，肋间隙变宽，胸壁无压痛，无胸骨叩痛。双肺叩诊呈清音，痰鸣音明显。呼吸音粗，双肺闻及明显湿性啰音，未闻及胸膜摩擦音，语音传导未及明显异常。腹部外形正常，腹部柔软，右下腹部轻度压痛，无反跳痛。肝脏肋下未触及，脾脏肋下未触及，肾脏末触及。胸腰段局部轻度肿胀，右侧髋部明显肿胀畸形，局部皮肤无破溃；脊柱胸腰段局部压痛、叩击痛明显，右侧髋部压痛、叩击痛（+），可扪及骨擦干骨擦音，右足背动脉可触及，搏动有力，肢端血循环正常。胸腰段活动受限，右侧髋关节活动受限。入院完善相关检查，全身CT检查显示：'头颅内未见明显出血，胸12椎体压缩性骨折，左侧第5、6肋可疑骨折，右侧第5、6肋陈旧性骨折，见骨痂生长，慢性支气管炎，肺气肿伴肺大泡形成，双肺散在慢性炎症，部分支气管扩张，右侧胸腔少许积液，右肺上叶体积缩小，右肺中上叶支气管、右肺下叶支气管部分官腔变窄，右肺上叶见软组织肿块影，约$4.6\times3.0cm^2$，边缘模糊，其内见钙化灶，右肺门及纵膈见增大淋巴结。血吸虫肝硬化可能，脾脏增大。胆囊结石、右肾囊肿可能，右肾钙化灶。胰腺、右肾上腺、左肾、膀胱及前列腺未见异常。心脏不大，心包稍增厚。右侧股骨粗隆间粉碎性骨折，周围软组织肿胀，余右髋部关节各骨未见确切异常。'患者入我院骨科治疗，入院当日即出现血氧饱和度差，无法维持，请我科（重症医学科）会诊后转入我科治疗。转入我科后进一步完善检查……予以多功能心电监护，持续氧气吸入，法莫替丁20mgivgttbid抑酸预防应激性溃疡，溴己新4mgivgttbid祛痰，头孢他啶1.0givgttq8h抗感染，雾化祛痰，止痛，管喂进食，持续右下肢皮肤牵引，适当补液维持内环境稳定等治疗，6月3日患者氧饱和度下降，波动在85%～90%，予以加强吸痰后，氧饱和度无明显好转，予以床旁行器官插管，连接有创呼吸机辅助呼吸：患者呼吸衰竭，肺功能差，气管插管短时同内难以拔除，有行器官切开指征，征得患者家属签字同意后，于2020年6月7日行气管切开；6 月 12 日于 17 时 30 分在床旁彩超定位后，局麻下行右侧胸腔闭式引流术，查胸腹水生化：胸腹水蛋白（TP）20.3g/L，葡萄糖（GLU）9.27 mmolL/L，氯（Cl）115.0mmol/L，乳酸脱氢酶（LDH）134U/L。胸（腹）水常规：浆膜粘蛋白定性实验弱阳性，有核细胞计数 1411.00×10－6/L. 中性粒细胞 49.20%，淋巴细胞 50.80%。胸水 DNA 检测结果：未见 DNA 倍体异常细胞，报告为阴性。细胞病理学诊断：查见间皮细胞、淋巴细胞及少许中性粒细胞，未查见恶性肿瘤细胞。患者咳嗽、咳痰能力差，肺功能差，病情危重，无法脱机。2020 年 7 月 13 日予以康复理疗治疗，尝试间断脱机锻炼，但脱机困难。住院期间动态监测血常规、肝肾功电解质、凝血功能、痰培养等指标，提示低蛋白血症，感染、内环境紊乱，痰培养为铜绿假单胞菌及嗜麦芽糖寡单胞菌（为多重耐药菌），动态复查头胸腹部 CT 提示肺部阻塞加重，住院期间予以输注白蛋白、使用抗感染药物控制感染，维持内环境未定、加强护理、抗凝预防血栓形成等处理。11 月 4 日患者出现气道内出血，予以氨甲环酸止血，11 月 5 日考虑患者肺部阻塞性感染合并气道出血，据痰药敏结果予以美罗培南 1.0g ivg-gt q8q 抗感染治疗。患者病情反复，气道内反复出血，病情较前加重，患者无法脱离呼吸机。需使用较高浓度氧气呼吸机辅助呼吸，11 月 28 日患者出现交界性逸搏心律，予以心肺复苏等抢救无效于 16 时 50 分宣布死亡。”出院诊断为：1. 多脏器功能障碍；2. 社区获得性肺炎（重症）；3. 右侧股骨转支下骨折；4. 气道出血；5. 胸 12 椎体压缩性骨折；6. 肺部占位；7. 肋骨骨折；8. 慢支炎、肺气肿、支气管扩张；9. 肝硬化；10. 胆囊结石；11. 直肠癌术后；12. 老年性心脏瓣膜病；13. 重度营养不良、低蛋白血症；14. 缺血性脑梗塞；15. 双侧胸腔积液；16. 心功能不全；17. 呼吸衰竭；18. Ⅱ型糖尿病；19. 右侧胸廓塌陷；20. 右侧支气管开口变狭；21. 右肺实变不张；22. 电解质代谢紊乱；23. 动脉粥样硬化；24. 右侧小腿肌间静脉血栓。谢甲住院治疗期间共产生费用 446176.20 元，预交 211000 元，其中某保险公司锦城支公司垫付 11 万元，王某预交费 31000 元，尚欠金堂县某医院 235176.20 元。谢甲在事故发生当日还产生救护车费、门诊检查治疗费等 251.4 元，由王某垫付。

2020 年 6 月 2 日病情证明单载明：患者谢甲目前诊断：1. 右侧股骨粗隆骨折。2. 胸 12 椎体压缩性骨折。3. 重症肺炎。4. 肺部占位性病变性质。5. 肝硬化。6. 胆囊结石。

2020 年 6 月 23 日病情证明单载明：患者谢甲，目前主要诊断：1. 社区获得性肺炎（重症）。2. 右侧股骨转支下骨折。3. 胸 12 椎体压缩性骨折。4. 肋骨骨折。5. 慢支炎、肺气肿、支气管扩张。6. 肝硬化。7. 胆囊结石。8. 直肠癌术后。9. 老年性心脏瓣膜病。10. 低蛋白血症。

2020 年 7 月 23 日病情证明单载明：患者谢甲主要诊断：1. 社区获得性肺炎（重症）。2. 右侧股骨转支下骨折。3. 肺部占位病变性质。4. 肝硬化。5. 低蛋白血症。患者低蛋白血症，建议输注人血蛋白治疗、营养粉支持治疗。

2020 年 10 月 14 日病情证明单载明：患者谢甲，主要考虑：1. 重症肺炎。2. 右侧股骨转支下骨折。3. 胸 12 椎体压缩性骨折。4. 肺部占位性病变性质。5. 肋骨骨折。6. 慢支炎、肺气肿。7. 肝硬化。8. 直肠癌术后。9. ……患者基础疾病大年龄大，住院期间反复查患者蛋白低、输注人血白蛋白纠正家属提供 48 瓶人血白蛋白予以患者输注，特此证明。

2020 年 11 月 30 日，交通警察大队委托四川某司法鉴定中心对谢甲进行尸体解剖，明确死亡原因。该鉴定所于 2020 年 12 月 29 日出具鉴定意见书。该鉴定意见书资料摘要部分载明：（一）据金堂县某医院住院病历复印件记载：住院时间：2016 年 9 月 10 日至 2016 年 10 月 13 日。诊疗经过：入院后完善相关检查于 2016 年 9 月 26 日在全麻下行“直肠癌根治 + 肠粘连松解术”，术后予以对症支持治疗后好转出院。出院诊断：直肠癌、慢性阻塞性肺疾病急性加重期、Ⅰ型呼吸衰竭，低钾血症，不全性肠梗阻，肠粘连，肝硬化、门脉高压、脾大，肾上腺占位，右肾囊肿，低蛋白血症；肺部占位；六、分析说明根据送检材料记载，结合案情及本次法医病理解剖检验结果，分析如下：1. 本次法医病理解剖检验谢甲舌骨，甲状软骨和环状软骨未见骨折：喉头未见充血，水肿；可排除谢甲因机械性窒息所致死亡。2. 本次法医病理解剖检验见谢甲直肠癌术后改变，还存在肺鳞癌，慢性支气管炎，支气管扩张、肺纤维化、肺实质等肺部疾病，老年性心瓣膜病、冠状动脉左前降支管壁增厚，管腔Ⅱ度狭窄等心脏病变。肝脏、肠壁血吸虫虫卵沉积；肝纤维化。另外，送检病历还记载，谢甲还患有心功能不全、Ⅱ型糖尿病等病变。上述心脏、肺、肝、肠、胰腺等器官病变为谢甲自身基础疾病，与交通事故无关。3. 本次法医病理解剖检验及影像学检验见谢甲胸椎骨折、肋骨骨折及右股骨粗隆骨折。结合案情，上述损伤为交通事故所致，与交通事故直接相关。但上述损伤严重程度较为有限，不足以直接导致谢甲发生死亡。综上所述，根据法医病理性检验结果，结合案情及现有送检材料，谢甲的死亡原因为在患有肺部、心脏、肝脏、胰腺等自身疾病的基础上，交通事故外伤后并发肺部感染所致多器官功能衰竭。交通事故在谢甲死亡后果中的原因力大小为次要作用。

2020 年 12 月 7 日，金堂县赵镇某超市为何某、谢乙、谢丙、谢丁、谢戊、谢己、谢庚、谢辛出具证明，内容为："2020 年 6 月至 11 月在本超市购买商品种类共有短肽、均衡、营养粉、卫生纸、护垫等，共计购买金额为 28263 元整，合计大写（贰万捌仟贰佰陆拾叁元整)。"该超市购物小票显示，小票抬头为医院超市，其中购买营养费、短肽、乳清蛋白等费用共计 26369 元，另外为购买抽纸、卫生巾、纸杯、唇膏、蛋糕等物品。王某在上述超市购买物品共计 3050 元，其中购买短肽、营养粉等共计 2912 元，其余 138 元为购买唇膏、刀架、纸杯、抽纸、护理垫等。

金堂县某药店于 2020 年 12 月 9 日开具发票三张，内容均为谢甲购买生物化学制品×人血白蛋白，金额分别为 10000 元、5000 元、9000 元。其中王某支付 2000 元，其余 22000 元分别由何某、谢乙、谢丙、谢丁、谢戊、谢己、谢庚、谢辛支付。

金堂县某医院出具的谢甲住院费用清单所载项目包括费用名称、数量、单价、金额。

2021 年 3 月 19 日，某保险公司锦城支公司向一审法院提交鉴定申请书，申请对谢甲本次交通事故产生的所有医疗费用中的非国家基本医疗保险的项目费用和非交通事故医疗费予以鉴定。一审法院据此启动鉴定程序。经一审法院技术室主持，首次选定四川某甲司法鉴定中心，该中心于 2021 年 4 月 16 日作出不予受理告知书，后重新选定四川某乙司法鉴定中心，一审法院向该鉴定中心移交了相关鉴定检材。2021 年 4 月 23 日，四川某乙司法鉴定中心向一审法院提交受理缴费函及材料补充函。其中材料补充函载明："由于该案未提供完整以下鉴定材料，故需补充鉴定材料：金堂县某医院谢甲死亡记录、出院记录、病程记录、护理记录单、体温单、各项检验检查报告单、住院费用发票。"2021 年 5 月 7 日，某保险公司锦城支公司认为其提供的鉴定意见书能够证明其主张的非医保费用及非交通事故医疗费，故申请撤回该项鉴定申请。

2021 年 3 月 30 日，一审法院组织各方当事人召开庭前会议。庭审会议中，某保险公司锦城支公司提交四川某丙司法鉴定所鉴定意见书一份，该鉴定意见书系某保险公司锦城支公司于2021年3月26日委托四川某丙司法鉴定所就谢甲的相关治疗费用进行鉴定，委托事项为：1. 参照《四川省基本医疗保险或工伤保险药品目录》和《四川省基本医疗保险诊疗项目目录》对谢甲非医保费用进行鉴定；2. 对谢甲非外伤治疗费用进行鉴定。四川某丙司法鉴定所于2021年3月28日出具鉴定意见书文证审查，该鉴定意见书载明：鉴定材料：1. 谢甲尸体检验报告复印件共9页；2. 金堂县某医院住院费用清单复印件共6页。……四、分析说明（一）非医保费用鉴定 根据送检材料，被鉴定人谢甲于2020年6月2日因交通事故受伤，后被送往金堂县某医院住院治疗，金堂县某医院住院治疗费为446176.20元。根据委托要求和提供的费用清单，参照《道路交通事故受伤人员临床治疗指南》《四川省城镇职工基本医疗保险医疗服务设施项目范围》《四川省基本医疗保险诊疗项目目录》《四川省基本医疗保险或工伤保险药品目录》相关规定，医疗费中不属于医保部分为全自费项目费用，按比例自费药项目费用（包括自付10%、15%、20%、25%、30%、40%不等）……综上所述，被鉴定人谢甲因交通事故受伤于金堂县某医院住院期间，非医保费用共计101215.72元人民币。（二）非外伤治疗费用鉴定……根据委托要求和提供的费用清单，参照《道路交通事故受伤人员临床治疗指南》《四川省城镇职工基本医疗保险医疗服务设施项目范围》《四川省基本医疗保险诊疗项目目录》《四川省基本医疗保险或工伤保险药品目录》相关规定，金堂县某医院住院医疗费用中不属于外伤治疗费用，按照交通事故损伤参与度计算，其甲类治疗费中如呼吸机功能测定、呼吸机辅助呼吸灯按35%计算，乙类治疗费中如持续呼吸功能检测、心电监测等按40%计算，其余有部分诊疗、检查、化验、用药等为自身疾病费用。（1）诊疗费：按35%自费费用总计96542.00元，其中自付35%共计33789.70元；按40%自费费用总计46389.00元，其中自付40%共计18555.60元；全自费费用总计1005.00元。（2）检查费：全自费费用总计292.00元。（3）化验费：全自费费用总计7600.00元。（4）药费：按35%自费费用总计22953.07元，其中自付35%共计8033.57元；全自费费用总计312.39元。综上所述，被鉴定人谢甲因交通事故受伤于金堂县某医院住院期间，非外伤药费用共计69588.26元人民币。……六、鉴定意见：1. 被鉴定人谢甲因交通事故受伤后因治疗所产生的医疗费中，非医保费用共计 101215.72 元人民币。2. 非外伤治疗费用共计 69588.26 元人民币。某保险公司锦城支公司补充意见称，上述鉴定非医保费用是排除非外伤药费用部分的医疗费中的非医保费用。该次庭前会议中，其余各方当事人均对该份鉴定意见书提出异议。庭前会议后，当庭拨通鉴定人员电话，一审法庭当庭询问鉴定人员，在只提供费用清单，没有医嘱单、处方单、病历等的情况下，如何确定某一种药是治疗哪一种病症，鉴定人员回复同一种药可能用于这种病的治疗，也可能用于另一种病的治疗。

一审另查明，1. 金堂县某社区居民委员会出具亲属关系证明，证明何某是谢甲妻子，谢乙、谢丙、谢丁、谢戊、谢己、谢庚、谢辛是谢甲儿女。2. 川A8R 号车辆所有人为彭某，该车在某保险公司锦城支公司投保交通事故强制责任险及第三者责任保险限额 200 万元，含不计免赔险，事故发生在保险期内。3. 2020 年 12 月 2 日，王某向何某、谢乙、谢丙、谢丁、谢戊、谢己、谢庚、谢辛支付丧葬费 35000 元，谢庚向王某出具收条一张。4. 2020 年四川省相关统计数据为：城镇居民人均可支配收入 38253 元。5. 最高人民法院于 2019 年 9 月 2 日下发法明传（2019）513 号《关于授权开展人身损害赔偿标准城乡统一试点的通知》，授权各省、自治区、直辖市高级人民法院及新疆维吾尔自治区生产建设兵团分院根据各省具体情况在辖区内开展人身损害赔偿纠纷案件统一城乡居民赔偿标准试点工作，同年 11 月，四川省高级人民法院下发《关于在部分法院开展人身损害赔偿纠纷案件统一城乡居民赔偿标准试点工作的通知》，确定成都市中级人民法院等为试点法院。

一审庭审中，各方均同意欠付金堂县某医院医疗费 235176.2 元，由某保险公司锦城支公司在赔付范围内直接支付金堂县某医院。

一审法院认为，根据《最高人民法院关于适用〈中华人民共和国民法典〉时间效力的若干规定》第一条第二款“民法典施行前的法律事实引起的民事案件纠纷，使用当时的法律、司法解释……”的规定，本案交通事故发生于民法典施行前，本案应适用民法典实行前的法律及司法解释的规定。各方当事人对于交通警察大队关于事故的认定及责任的划分均无异议，交警大队的事故责任书事实清楚，责任划分准确，一审法院予以采信。王某对交通事故的发生负全部责任，应当承担本次交通事故产生的损失的全部赔偿责任。王某驾驶车辆在某保险公司锦城支公司投保交强险及商业三者险，含不计免赔险，本次交通事故的损失首先应由某保险公司锦城支公司在交强险限额内予以赔偿，不足部分由某保险公司锦城支公司在商业三者险范围内承担赔偿责任。彭某及死者谢甲对于本次交通事故的发生并无过错，不承担本次交通事故所致损失的民事责任。

关于某保险公司锦城支公司抗辩谢甲的死亡主要原因是自身疾病，交通事故致伤占次要作用，某保险公司锦城支公司根据保险条例仅承担次要责任的问题。一审法院认为，保险条款中关于保险公司承担赔偿责任的比例的约定，是指肇事司机交通事故中所承担责任，而非交通事故在受害者死亡中的主次因，本案中驾驶员王某承担交通事故的全部责任，则因交通事故产生的损失，均应由王某承担，某保险公司锦城支公司作为王某驾驶车辆的承保公司，应当在保险范围内承担全部赔偿责任。某保险公司锦城支公司该项抗辩，无事实及法律依据，一审法院不予采纳。

关于谢甲尸检报告，鉴定意见认为其死亡结果中自身疾病占主要原因，交通事故致伤占次要原因的认定。本案系民事侵权纠纷，根据《中华人民共和国侵权责任法》规定，交通事故中当事人承担过错责任，承担责任的范围是过错行为与损害结果具有因果关系，即本案应审查的是何某、谢乙、谢丙、谢丁、谢戊、谢己、谢庚、谢辛所主张的损失，是否因交通事故产生，是否与交通事故具有因果关系。谢甲虽然存在多种自身疾病，但并无证据证明其在发生交通事故前，已经出现病发或病危状态，根据金堂县某医院病历等资料，谢甲在受伤入院之初，最明显的表现是交通事故伤害的呈现，其他疾病的发作、加重是随着时间逐渐发展的，即谢甲自身疾病的发作与加重与交通事故有内在联系，是因交通事故而诱发、加重，尸检报告也明确，交通事故的损伤是谢甲死亡结果出现的原因力，即谢甲的死亡与交通事故具有因果关系。谢甲自身疾病与交通事故无法律上的因果关系，其体质状况不是侵权责任法等法律所规定的过错，谢甲的个人体质状况对损害后果的影响不是减轻侵权人责任的法定情形。故，事故责任人应当就谢甲的死亡后果承担民事赔偿责任。

关于谢甲治疗过程中，购买营养粉、人血白蛋白等费用的认定。《中华人民共和国侵权责任法》第十六条规定“侵害他人造成人身损害的，应当赔偿医疗费、护理费、交通费等为治疗和康复支出的合理费用，以及因误工减少的收入。造成残疾的，还应当赔偿残疾生活辅助具费和残疾赔偿金。造成死亡的，还应当赔偿丧葬费和死亡赔偿金”。据此，只要是在治疗过程中所产生的必要的合理的费用，均应当予以赔偿。根据医嘱单，谢甲在治疗过程中，需要辅助输注营养粉、人血白蛋白，并且证明何某、谢乙、谢丙、谢丁、谢戊、谢己、谢庚、谢辛提供45瓶人血白蛋白进行输注，何某、谢乙、谢丙、谢丁、谢戊、谢已、谢庚、谢辛及王某提交的购买营养粉、人血白蛋白的票据，与医嘱单能够相互印证，证明上述营养粉、人血白蛋白谢甲治疗所必需且确实用于谢甲治疗，应当认定为谢甲治疗和康复的合理费用由责任人予以赔偿。其中人血白蛋白购买费用应计入医疗费项，营养粉等费用应认定为谢甲营养费。但何某、谢乙、谢丙、谢丁、谢戊、谢已、谢庚、谢辛及王某提供的票据中关于购买纸杯、抽纸、刀架、唇膏等物品的费用，因无其他证据证明与谢甲治疗的关联性，一审法院不予支持。

关于谢甲医疗费中，治疗自身疾病用药的问题。首先，谢甲在交通事故发生前存在自身疾病，但其自身疾病的病症在交通事故发生前并未发作或病症较轻，无证据证明交通事故发生前谢甲因自身疾病已出现危机状况。遭受侵权行为后，受害人原有的相对健康的平衡状态被打破，身体机能的下降导致其抵御原有疾病复发或病症加重的能力降低，原有疾病被加重或被诱发的危险状态随之出现，故侵权行为是原有疾病被诱发或加重危险状态出现的原因，两者之间具有因果关系。受害人在医疗机构采取适当治疗措施以消除侵权行为导致的危险状态，防止原有疾病被加重或被诱发，属于避免损害后果扩大而采取的合理措施，因此而产生的费用属于合理费用。其次，某保险公司锦城支公司在向一审法院提出司法鉴定申请，一审法院启动司法鉴定程序后，又自行委托鉴定机构就非医保用药和非外伤治疗费用进行鉴定，其行为欠妥。而其自行委托鉴定时提供的鉴定检材仅有公安机关的尸检报告和医疗费清单。鉴定意见书反映，该鉴定机构在认定非外伤治疗费用时，是按照交通事故对死亡参与度35%结合各项费用清单计算而出，并非根据医嘱用药及对应病症进行认定，其认定并不具有客观真实性。按照通常理解，对于非外伤治疗费用或自身疾病治疗费用的鉴定，仅医疗费清单，而无对应的病历、病程记录、长短期医嘱等治疗过程的材料，无法确定用药与其所对应病症，鉴定人员在电话中回复的同一种药物可以适用不同的病症以及司法鉴定程序中鉴定机构要求提供的病历材料等，也是对前述论证的印证。而该鉴定意见书中关于自费药鉴定部分，虽然其鉴定依据合法，但根据某保险公司锦城支公司补充陈述，自费药的鉴定的是在排除非外伤治疗费后的认定，在非外伤治疗费用已经被否定的情况下，该份鉴定报告中自费药又与非外伤治疗费用相关联，据此，该鉴定报告中关于自费药部分的认定也不具有真实客观性，一审法院不予采纳。综上所述，某保险公司锦城支公司依据其提供的鉴定报告拟证明应扣除自费药及非治疗外伤部分医疗费，一审法院不予采纳。关于谢甲的医疗费中是否存在与交通事故无关费用，某保险公司锦城支公司在一审法院多次释明后，表示不再进行鉴定，根据谁主张谁举证原则，某保险公司锦城支公司应对其抗辩主张进行举证，其证据不足以证明谢甲的医疗费中存在与交通事故无关费用。关于自费药，前述鉴定意见因不被法院采纳，各方当事人也未就此提出鉴定申请，结合本案实际情况，同时，虽然前述鉴定意见书中自费药因不全面客观一审法院未予采信，但其鉴定依据及计算方式符合相关规定，一审法院参考其计算比例，酌定扣除自费药 25%，且因是按比例进行扣除，按照公平原则，将谢甲使用的人血白蛋白等支持治疗的药物费用统一计入进行计算，谢甲的治疗费用共计 470427.6 元（446176.2 元 +24000 元 +251.4 元），扣除自费药 25% 即 117606.9 元。王某提交的医疗费票据中，未加盖医院公章及谢甲的核酸检测费用，一审法院不予认定。

综上所述，一审法院根据查明的事实及法律法规的相关规定，本次交通事故造成损失认定如下：医疗费 470427.6 元，扣除自费药 25% 即 117606.9 元，剩余医疗费 352820.7 元；死亡赔偿金，根据最高人民法院及四川省高级人民法院的相关文件规定，本次交通事故发生于统一城乡居民人身损害赔偿标准试点开展后，且本辖区属于试点法院，故，谢甲的死亡赔偿金按照城镇标准计算为 191265 元（38253 元/年 ×5 年）；精神损害抚慰金，根据谢甲受伤情况，死亡后果，结合本地经济状况，酌定支持精神损害抚慰金 30000 元；交通费，谢甲住院治疗时间近 6 个月，期间家属需要往返医院看望，死亡后需进行丧葬事宜，期间必然产生相应交通费用，但何某、谢乙、谢丙、谢丁、谢戊、谢己、谢庚、谢辛未提供交通费的相应票据，一审法院按照一般公共交通费用，酌定交通费 800 元；处理丧葬事宜家属误工费，酌定按照 3 人 3 天，每人每天 100 元计算，共计 900 元；丧葬费 34633.5 元；住院期间生活费、营养费，谢甲实际产生的营养粉等营养食物费用共计 29281 元，一审法院予以支持，何某、谢乙、谢丙、谢丁、谢戊、谢己、谢庚、谢辛关于其余营养费的主张，无相关证据，一审法院不予支持。关于护理垫、纸杯、纸巾等护理用品的主张，前述已经论述，不予支持。关于护理费的主张，因谢甲治疗期间一直在重症监护室，其护理费不予支持。

上述费用中，医疗费（不含自费药）、营养费共计382 101.7元，属于交强险医疗费用项，由某保险公司锦城支公司在交强险医疗费用项限额内承担10000元；死亡赔偿金、精神损害抚慰金、交通费、丧葬费、处理丧葬事宜误工费共计257598.5元。属于交强险死亡伤残费用项，由某保险公司锦城支公司在交强险死亡伤残赔偿限额内赔偿110000元。剩余519700.2元，由某保险公司锦城支公司在商业三者险限额内予以赔偿。某保险公司锦城支公司不予赔偿的自费药117606.9元，由王某承担。将各方垫付费用进行品迭后，某保险公司锦城支公司赔付金堂县某医院235176.2元，某保险公司锦城支公司赔付何某、谢乙、谢丙、谢丁、谢戊、谢己、谢庚、谢辛294524元；王某赔付何某、谢乙、谢丙、谢丁、谢戊、谢己、谢庚、谢辛46443.5元。综上，根据《中华人民共和国侵权责任法》第六条、第十六条、第十八条、第四十八条，《中华人民共和国道路交通安全法》第七十六条，《中华人民共和国民事诉讼法》第六十四条，《最高人民法院关于民事诉讼证据的若干规定》第二条之规定，一审判决：一、某保险公司锦城支公司于判决生效之日起十日内赔付何某、谢乙、谢丙、谢丁、谢戊、谢己、谢庚、谢辛294524元；二、王某于判决生效之日起十日内赔付何某、谢乙、谢丙、谢丁、谢戊、谢己、谢庚、谢辛46443.5元；三、某保险公司锦城支公司于判决生效之日起十日内赔付金堂县某医院235176.2元；四、驳回何某、谢乙、谢丙、谢丁、谢戊、谢己、谢庚、谢辛的其他诉讼请求。一审案件受理费4924元，由王某负担。

二审中，各方当事人均未提交新证据，本院经二审审理查明的事实和证据与一审审理查明的事实和证据一致，本院予以确认。

本院认为，案涉机动车交通事故发生在2021年1月1日前，根据《最高人民法院关于适用〈中华人民共和国民法典〉时间效力的若干规定》第一条第二款“民法典施行前的法律事实引起的民事纠纷案件，适用当时的法律、司法解释的规定，但是法律、司法解释另有规定的除外”之规定，本案适用当时的法律、司法解释的规定。本案二审的争议焦点为：1. 某保险公司锦城支公司委托四川某丙司法鉴定所对谢甲医疗费用中非交通事故医疗费作出的鉴定意见应否采纳。2. 人血白蛋白、营养粉费用计入医疗费、营养费是否适当。3. 本案是否应考虑交道事故损害参与度以及赔偿金额的认定。对此，本案评述如下：

关于四川某丙司法鉴定所对谢甲医疗费用中非交通事故医疗费作出的鉴定意见。因该鉴定系某保险公司锦城支公司单方委托，且鉴定材料仅有谢甲尸检报告及住院费用清单，在缺乏病历、出入院记录等详细材料的情况下，结合鉴定人接受一审法院庭审电话询问的回复，可知鉴定机构仅凭住院费用清单难以准确判断患者病症及病情，故该鉴定意见不具有客观真实性，该鉴定报告对于自费药及非外伤用药的鉴定意见，本院不予采信。在一审经法庭反复释明后某保险公司锦城支公司并未申请鉴定的情况下，某保险公司锦城支公司主张扣除非外伤用药的主张，缺乏事实依据，本院不予采纳。

关于人血白蛋白，营养粉费用计入医疗费、营养费是否适当的问题。根据《最高人民法院关于审理人身损害赔偿案件适用法律若干问题的解释》法释〔2003〕20 号第十九条、第二十四条的规定，医疗费、营养费应根据病历等材料以及医疗机构的意见确定。本案中，医嘱单明确记载谢甲需辅助输营养粉，人血白蛋白等，各权利主张人及王某亦提交相应票据予以印证，某保险公司锦城支公司关于人血白蛋白、营养粉费用不应计入医疗费、营养费的主张，缺乏事实依据，本院不予支持。

关于本案是否应考虑交通事故损害参与度以及赔偿金额的认定。谢甲因交通事故产生的医疗费损失赔偿比例，除应依据交通事故双方的过错程度进行认定外，还应考虑造成损害结果的各个原因对损害结果的发生或扩大所发挥的作用力，即原因力。本案中，交通警察大队委托鉴定中心对谢甲死亡原因进行鉴定，该鉴定机构鉴定意见为：本次法医病理解剖检验见谢甲直肠癌术后改变，还存在肺鳞癌、慢性支气管炎、支气管扩张、肺纤维化、肺实变等肺部疾病，老年性心瓣膜病、冠状动脉左前降支管壁增厚，管腔Ⅱ度狭窄等心脏病变。肝脏、肠壁血吸虫虫卵沉积：肝纤维化；另外，送检病历还记载，谢甲还患有心功能不全、Ⅱ型糖尿病等病变，前述心脏、肺、肝、肠、胰腺等器官病变为谢甲自身基础疾病，与交通事故无关。谢甲的死亡原因为在患有肺部、心脏、肝脏、胰腺等自身疾病的基础上，交通事故外伤后并发肺部感染所致多器官功能衰竭。交通事故在谢甲死亡后果中的原因力大小为次要作用。根据鉴定意见可知，谢甲的死亡后果系交通事故致害与谢甲自身疾病共同作用的结果。本案系多种因素造成了谢甲的死亡后果，本案交通事故造成的损害仅是谢甲死亡结果的原因之一。综上所述，在考虑案涉交通事故对谢甲损害后果的发生具有一定原因力的情况下，本院酌情确定对谢甲总损失的45%由王某根据其责任承担侵权责任。某保险公司锦城支公司主张在谢甲的损失中计算交通事故参与度的上诉理由成立，本院予以支持。

关于赔偿金额。本案谢甲损失合计757307.1元，一审法院认定自费药金额117606.9元。因王某并未提起上诉，视为对支付金额的认可，本院二审对王某应支付金额不再做调整，即自费药117606.9元由王某承担。根据《中华人民共和国道路交通安全法》第七十六条，《机动车交通事故责任强制保险条例》第三条、第二十一条、第二十三条之规定，交强险中保险公司的免责事由仅限于受害人故意造成交通事故的情形，对于受害人符合法律规定的赔偿项目和标准的损失，均属于交强险的赔偿范围，故交强险不应考虑损害参与度。除自费药外，谢甲其余损失639700.2元，由某保险公司锦城支公司在交强险责任限额内承担120000元（精神损害抚慰金在交强险内优先赔付），在商业三者险限额内承担233865.09元［（639700.2元－120000元）×45%］。品迭王某、某保险公司锦城支公司已垫付金额，某保险公司锦城支公司应赔付金堂县某医院233865.09元，王某应赔付金堂县某医院1311.11元，王某应赔付何某、谢乙、谢丙、谢丁、谢戊、谢已、谢庚、谢辛45132.39元。

综上所述，某保险公司锦城支公司的上诉请求部分成立，本院对其诉请成立的部分予以支持。一审法院适用法律错误，本院依法予以纠正。依照《中华人民共和国侵权责任法》第六条，《最高人民法院关于适用〈中华人民共和国民法典〉时间效力的若干规定》第一条，《最高人民法院关于审理人身损害赔偿案件适用法律若干问题的解释》法释（2003）20号第十九条、第二十四条，《中华人民共和国民事诉讼法》第一百七十条第一款第二项规定，判决如下：

一、撤销金堂县人民法院（2020）川0121民初3631号民事判决；

二、王某于本判决生效之日起十日内支付何某、谢乙、谢丙、谢丁、谢戊、谢已、谢庚、谢辛45132.39元；

三、王某于本判决生效之日起十日内支付金堂县某医院1311.11元；

四、某保险公司锦城支公司于本判决生效之日起十日内支付金堂县某医院 233865.09 元；

五、驳回何某、谢乙、谢丙、谢丁、谢戊、谢己、谢庚、谢辛的其他诉讼请求。

一审案件受理费 4924 元，由王某承担；二审案件受理费 9848 元，由某保险公司锦城支公司负担。

本判决为终审判决。

审判员　付　某
二〇二一年十一月十七日
法官助理　吴　某
书记员　严　某

评·析

本案主要的争议焦点是，对于交通事故损害与自身疾病共同作用导致的后果，赔偿比例是否应考虑交通事故损伤参与度。对于此类争议，基层法院对最高院 24 号指导性案例存在不同理解。本文案例具有一定借鉴参考意义。

1. 从损伤参与度定义看：所谓交通事故案件中的损伤参与度，是指在人身损害的案件中，由于损伤与疾病等诸多因素的共同存在，且造成机体结构破坏及功能障碍、死亡等现存后果，损伤或者损伤所致的继发症、并发症在现存后果的因果关系的评定中所起作用的相对比例，就是损伤参与度。

根据司法部行政行业标准《人身损害与疾病因果关系判定指南》，损伤参与度一般可分为完全作用、主要作用、同等作用、次要作用、轻微作用、没有作用六大类。

（1）完全作用：外界各种损害因素直接作用于人体健康的组织和器官，致组织和器官解剖学结构的连续性、完整性破坏，和/或出现功能障碍，现存的后果/疾病完全由损害因素造成；参与度比例一般按 96%～100%（建议 100%）。

（2）主要作用：外界各种损害因素直接作用于人体基本健康的组织和器

官，致组织和器官解剖学结构的连续性、完整性破坏，和/或出现功能障碍，现存的后果/疾病主要由损害因素造成。参与度比例一般按 56% ~95% （建议 75%）。

（3）同等作用：既有损害，又有疾病。损害与疾病因素两者独立存在均不能造成目前的后果，两者互为条件，相互影响，损害与疾病共同作用致成现存后果，且所起的作用基本相当。参与度比例一般按 45% ~55% （建议 50%）。

（4）次要作用：既有损害，又有疾病。疾病在前，是主要原因；损害在后，为次要原因。即损害在原有器质性病变的基础上，使已存在疾病的病情加重。参与度比例一般按 16% ~44% （建议 30%）。

（5）轻微作用：既有损害，又有疾病。疾病在前，是主要原因；损害在后，为轻微原因。即损害在原有器质性病变的基础上，使已存在疾病的病情显现。参与度比例一般按 5% ~15% （建议 10%）。

（6）没有作用：外界各种损害因素作用于人体患病组织和器官，没有造成组织和器官解剖学结构连续性、完整性破坏及功能障碍，不良后果完全系自身疾病所造成，与损害因素之间不存在因果关系。参与度比例一般按 0 ~4%（建议 0）。

在本案中，经交通警察大队委托鉴定中心对谢甲死亡原因进行鉴定，鉴定意见为在患有肺部、心脏、肝脏、胰腺等自身疾病的基础上，交通事故外伤后并发肺部感染所致多器官功能衰竭而死亡。交通事故在死亡后果中的原因力大小为次要作用。故参与度比例可按 16% ~44%，二审法院酌情按 45% 认定。

2. 从条款约定看：商业三者险是对因交通事故造成的三者损害进行的赔偿。而三者的自身疾病，并不是交通事故造成的损害。若判决不考虑参与度影响，则会扩大商业险的赔付范围。

3. 从最高人民法院第 24 号指导性案例看：该指导性案例中，伤者方年事已高，其年老骨质疏松仅是事故造成后果的客观因素，并无法律上的因果关系。即该案例中伤者方为老年骨质疏松，是人在特定年龄阶段的特殊体质，是典型的自身体质，不同于自身疾病，不能不加限制的予以扩大引用。

4. 从赔偿责任的认定看：《中华人民共和国民法典》第一千一百七十二条，两人以上分别实施侵权行为造成同一损害，能够确定责任大小的，各自承担相应的责任；难以确定责任大小的，平均承担责任。第一千二百零八条，机动车发生交通事故造成损害的，依照道路交通安全法相关法律和本法的相关规定承担赔偿责任。根据《中华人民共和国道路交通安全法》第七十六条，机动车发生交通事故造成人身伤亡、财产损失的，由保险公司在机动车第三者责任强制保险责任限额范围内予以赔偿。超过责任限额的部分，按照下列方式承担赔偿责任：（一）机动车之间发生交通事故的，由有过错的一方承担责任；双方都有过错的，按照各自过错的比例分担责任。（二）机动车与非机动车驾驶人、行人之间发生交通事故的，由机动车一方承担责任；但是，有证据证明非机动车驾驶人、行人违反道路交通安全法律、法规，机动车驾驶人已经采取必要处置措施的，减轻机动车一方的责任。从以上法律规定可看出，侵权责任分为过错责任和无过错责任两种，交通事故适用过错责任。过错责任是指造成损害并不必然承担赔偿责任，必须看行为人是否有过错。且在过错责任原则下，需要同时满足以下条件：一是行为人实施了某一行为；二是行为人行为时有过错；三是受害人的民事权益受到损害；四是行为人的行为与受害人的损害之间有因果关系。因果关系是指行为人的行为作为原因，损害事实作为结果，在两者之间存在的前者导致后者发生的客观联系。损失参与度实际是对造成损害后果的原因力大小的认定问题。对于损害后果的原因力的认定并不以侵权行为过错为前提。对于多个因素共同作用导致损害后果，即当交通事故对损害结果的发生或扩大仅起部分作用，特别是所起作用较小时，交通事故的作用力并不会直接造成损害后果的发生。赔偿义务人只应在造成损害的相应范围内承担赔偿责任。

交通事故中受害人死因不明时因果关系的认定

上海市宝山区人民法院

（2021）沪0113民初8232号民事判决书

（2021年6月1日）

案·情

2020年10月23日19时50分许，刘某驾驶苏EG8小型轿车沿某小区内通道由南向北行驶时，轿车车身右侧与行人陈某发生碰撞，致陈某倒地受伤，后于2020年11月1日死亡（死因不明）。经交警部门认定，刘某驾驶机动车在居民居住区内未避让行人，导致了本起道路交通事故的发生，刘某承担事故全部责任，陈某不承担事故责任。苏EG8小型轿车在某保险公司处投保交强险及商业第三者责任保险（限额150万元，含不计免赔），事故发生在保险期限内。

陈某的子女诉至法院，要求刘某及某保险公司在交强险和商业险范围内赔偿各项损失合计1195107.4元。司法鉴定科学研究院出具鉴定意见书，结论为无法明确陈某的确切死亡原因。经审理，法院认为考虑陈某的死亡与交通事故可能存在因果关系，结合陈某的自有疾病因素，酌情确定被告方对死亡赔偿金等损失承担40%赔偿责任。

判决书正文

原告：张甲，男，1977年4月3日生，汉族，住河南省淮阳县。

原告：张乙，女，1979年8月20日生，汉族，住河南省淮阳县。

原告：张丙，女，1989年8月20日生，汉族，住河南省淮阳县。

被告：刘某，男，1996年2月22日生，汉族，住河南省宜阳县。

被告：某保险公司上海分公司，营业场所：上海市黄浦区。

原告张甲、张乙、张丙与被告刘某、某保险公司上海分公司机动车交通事故责任纠纷一案，本院于2021年3月9日立案后，依法适用简易程序，公开开庭进行了审理。原告张甲、张乙、张丙的共同委托诉讼代理人，被告某保险公司上海分公司的委托诉讼代理人到庭参加诉讼。被告刘某经本院合法传唤未到庭。本案现已审理终结。

原告张甲、张乙、张丙向本院提出诉讼请求：请求判令两被告赔偿众原告医药费27177.4元、营养费300元（30元/天，计算10天）、住院伙食补助费200元（20元/天，计算10天）、死亡赔偿金1083480元（72232元/年，计算15年）、丧葬费57480元、交通费1000元、住宿费2700元、护理费400元（40元/天，计算10天）、家属误工费3720元、精神损害抚慰金5万元、衣物损失500元、律师费1万元。要求被告某保险公司上海分公司在交强险及商业第三者责任保险范围内承担赔偿责任，超出部分由被告刘某承担赔偿责任。事实和理由：2020年10月23日19时50分许，被告刘某驾驶苏EG8小型轿车于某小区内与行人陈某发生交通事故，导致陈某倒地受伤，后于2020年11月1日死亡。经交警部门认定，被告刘某负事故全部责任。三原告系陈某的子女，陈某的父母及丈夫均先于陈某去世，苏EG8小型轿车在被告某保险公司上海分公司处投保交强险及商业第三者责任保险。

被告刘某书面辩称：对事故事实及责任认定无异议。但被告刘某的车辆与陈某只有轻微接触，没有猛力相撞，不可能导致陈某死亡，故应查清陈某死亡的真正原因，合理划分责任。

被告某保险公司上海分公司辩称，根据鉴定意见书，仅就现有尸表检验所见及送检鉴定材料，无法明确陈某的确切死亡原因，从死亡医学证明书及尸检报告看，陈某的死亡直接原因是脑疝、脑出血，但没有任何证据证明陈某因本次交通事故遭受了头部外伤，故其死亡结果与事故之间不存在关联性，陈某的儿子拒绝解剖检查，其自身应当承担不利后果。苏EG8小型轿车在被告某保险公司上海分公司处购买了交强险及150万元商业第三者责任保险（含不计免赔)，事发时在保险期间内，被告刘某事后驶离现场，也没有报警，故商业第三者责任保险拒赔。对原告主张的各项费用：医药费金额无异议，外购药不认可；营养费不认可；住院伙食补助费认为没有住院，不认可；死亡赔偿金不认可；丧葬费、交通费无异议；住宿费、护理费不认可；家属误工费认可 2480 元/月，计算 3 人 7 天；精神损害抚慰金不认可；衣物损失不认可；律师费不属于保险范围。

本院经审理认定事实如下：2020 年 10 月 23 日 19 时 50 分许，被告刘某驾驶苏 EG8 小型轿车于某小区内与行人陈某发生交通事故。经交警部门认定，被告刘某负事故全部责任。

被告某保险公司上海分公司向本院提交的监控视频显示，事发后被告刘某下车扶起了坐在地上的陈某，随后被告刘某走到车辆右侧，又折返回陈某处，然后被告刘某上车将车辆开至路边，又下车回到陈某处，将陈某扶至路边坐下，几分钟后被告刘某驾车离开。众原告陈述事发后陈某站了起来，只是脚有些抖，被告刘某也下车了，陈某表示没事，有事再找被告刘某，所以就让被告刘某走了。被告刘某书面陈述，事发时被告刘某听到车辆右后门有异响，立即停车查看，下车后发现陈某坐在车辆右后方的地上，被告刘某扶起陈某询问情况，陈某说没事，只是鞋子掉了。找到鞋子后被告刘某再次询问陈某，陈某说："没事，你走吧"。被告刘某上车把车停到路边。因为不放心，再次下车跟陈某确认情况，陈某听到被告刘某的口音，问被告刘某是哪里人，被告刘某说是河南洛阳，陈某说："我们是老乡，我真没事，你走吧"。被告刘某才驶离现场。

2020 年 11 月 26 日，上海某司法鉴定所出具鉴定意见书。检验所见苏 EG8 小型轿车右前翼子板、右前车门、右后车门距地高 64～70cm 范围处见灰尘减层痕迹。监控画面显示在 19：50：10—19：50：14 分图像上，苏 EG8 小型轿车驶入监控画面后向左转弯，然后紧急制动并停车，在 19：50：14 分后的画面上，在苏 EG8 小型轿车右后方见一行人由地上坐起。结论为苏 EG8 小型轿车车身右侧与行人发生碰撞。

陈某于 2020 年 10 月 23 日 20 时 48 分至某医院就诊，候诊时间为当日 20 时 57 分 38 秒，主诉"右侧肢体活动不能 1 小时"，现病史"患者家属代诉 1 小时前可疑受到惊吓后出现右侧肢体活动不能，意识进行性下降至不能言语，呼之反应差，伴有口角流涎，无有晕厥，无伴有恶心呕吐，无有大小便失禁，来我院急诊”，既往史“既往脑梗病史，遗留有行动迟缓”，初步诊断“脑血管意外”。当日21时40分外急会诊，头部CT诊断脑干出血，左侧颞叶、基底节区出血、脑疝，此后陈某一直在该院治疗，但未办理住院手续，于2020年11月1日死亡。期间产生医疗费27177.4元。

2020年11月17日，司法鉴定科学研究院出具鉴定意见书，结论为无法明确陈某的确切死亡原因。

陈某出生于1955年3月16日，三原告系陈某的子女，陈某的父母及丈夫均先于陈某去世。

苏EG8小型轿车在被告某保险公司上海分公司处投保交强险及商业第三者责任保险，事故发生时在保险期间内，交强险责任限额为20万元，其中死亡伤残赔偿限额为18万元；医药费用赔偿限额为1.8万元；财产损失赔偿限额为2000元。商业第三者责任保险限额为150万元（含不计免赔）。

本院认为，一、关于陈某的死亡与本次交通事故的因果关系。现有证据无法明确陈某的确切死亡原因。从陈某的病史看，并无头部外伤记录，但从发生交通事故与陈某就诊的时间看，不排除陈某因交通事故受惊吓等原因导致脑出血的可能。考虑陈某的死亡与交通事故可能存在因果关系，结合陈某的自有疾病因素，本院酌情确定被告方对死亡赔偿金等定型化损失承担40%赔偿责任。

二、肇事车辆在被告某保险公司上海分公司处投保交强险，故被告某保险公司上海分公司应在交强险范围内承担赔偿责任。众原告及被告刘某均陈述事发后陈某表示没事，同意被告刘某离开，而从监控视频看，被告刘某两次下车与陈某进行了交流，被告刘某驶离现场，陈某也没有进行阻止，故可以认定被告刘某系经过陈某同意后驶离现场。从对车辆的检验看，车辆仅有灰尘减层痕迹，可见车辆与陈某确实未有猛烈撞击。从事发后陈某的状态看，身体状况没有明显异常。故被告刘某与陈某均未意识到可能产生严重后果亦属正常。此种情况下被告刘某没有报警而是离开现场符合人之常情，被告某保险公司上海分公司不得据此拒赔商业第三者责任保险。故本院对被告某保险公司上海分公司商业第三者责任保险拒赔的主张不予支持。对众原告超出保险范围的损失，应由侵权人即被告刘某赔偿。

三、关于众原告主张的损失，1. 关于医药费27177.4元，确系陈某治疗产生的费用，本院予以支持；2. 关于营养费300元、护理费400元，本院根据事故发生时间及陈某的死亡时间，认为众原告主张属合理范围，予以支持；3. 关于住院伙食补助费，鉴于陈某未办理住院手续，本院对该项费用不予支持；4. 关于死亡赔偿金1083480元、丧葬费57480元、精神损害抚慰金5万元，众原告主张符合相关规定，本院予以支持；5. 关于交通费1000元，被告某保险公司上海分公司无异议，本院予以支持；6. 关于家属误工费，被告某保险公司上海分公司认可1736元，本院予以支持；7. 关于住宿费，因原告已获赔丧葬费，该项费用本院不再支持；8. 关于衣物损失，本院酌情确定为300元；9. 关于律师费1万元，众原告主张属合理范围，本院予以支持。

上述费用中，被告某保险公司上海分公司应赔偿医疗费27177.4元、营养费300元、护理费400元、死亡赔偿金433392元、丧葬费22992元、精神损害抚慰金20000元、交通费1000元、家属误工费1736元、衣物损失300元。被告刘某应赔偿律师费10000元。

综上，依照《最高人民法院关于适用〈中华人民共和国民法典〉时间效力的若干规定》第一条第二款，2009年《中华人民共和国侵权责任法》第十六条，《中华人民共和国道路交通安全法》第七十六条，《最高人民法院关于审理道路交通事故损害赔偿案件适用法律若干问题的解释》第十三条、第二十六条之规定，判决如下：

一、某保险公司上海分公司赔偿原告张甲、张乙、张丙医药费27177.4元、营养费300元、护理费400元、死亡赔偿金433392元、丧葬费22992元、精神损害抚慰金20000元、交通费1000元、家属误工费1736元、衣物损失300元，此款于本判决生效之日起十日内付清；

二、被告刘某赔偿原告张甲、张乙、张丙律师费10000元，此款于本判决生效之日起十日内付清；

三、原告张甲、张乙、张丙的其余诉讼请求不予支持。

如果未按判决书指定的期间履行给付金钱义务，应当依照《中华人民共和国民事诉讼法》第二百五十三条之规定，加倍支付迟延履行期间的债务利息。

案件受理费减半收取为7966元，由原告张甲、张乙、张丙负担3480元，由被告刘某负担4486元。如不服本判决，可以在判决书送达之日起十五日内，向本院递交上诉状，并按对方当事人的人数提出副本，上诉于上海市第二中级人民法院。

审判员　施　某

二〇二一年六月一日

书记员　陈　某

评·析

本案的争议焦点在于受害人死因不明时的因果关系如何确定。

因果关系是侵权责任乃至整个民法领域最复杂的问题之一。一般而言，因果关系的判定多遵循的规则为直接原因的规则和相当因果关系的规则。前者是指违法行为与损害结果之间具有直接因果关系，多表现为一因一果的因果关系类型；后者的关键在于判断违法行为系发生损害事实的适当条件。其中，适当条件是指发生该种损害结果的不可或缺条件，它不仅是在特定情形下偶然引起的损害，而且是一般发生同种结果的有利条件。①

在具体认定因果关系时，往往又会与义务的违反、危险（过错）、损害后果结合起来，从而形成一个相互渗透的综合考察过程。一般而言，当事人的过错尤其是重大过错，是认定危险源或过错行为与损害之间存在因果关系的一个关键性因素，当加害人的过错非常明显甚至是故意时，存在因果关系的认定就比较容易；反之，当过错主要集中在受害人方时，结论就恰恰相反。此外，损害本身也是一个重要的考量因素，相较于财产损失，基于生命、身体等人身权益位阶最高应受到最全面保护的价值理念，受害人遭受损害时被归责于加害人的条件更加宽松。换言之，损害是人身伤害且越是严重的，认定因果关系存在的可能性就越大。②

在受害人死因不明的交通事故案件中，因未尸检导致无法确定具体死因，加上至少存在自身疾病等交通事故以外的其他因素介入，导致交通事故与死亡

---

① 最高人民法院民法典贯彻实施工作领导小组主编：《中华人民共和国民法典侵权责任编理解与适用》，人民法院出版社 2020 年版，第 29—30 页。

② 吴国喆：《事实因果关系不明侵权中比例因果关系的确定》，《法学家》2020 年第 2 期。

结果之间的因果关系存在一定的不确定性，包括因果关系的有无及因果关系的大小。此种情形下，如何确定因果关系关系到侵权责任的认定，以及加害人的责任承担与受害人的损失分配两者之间的平衡。从司法实务来看，此类案件的因果关系认定问题，存在一定的争议。有的法院严格从举证责任角度予以认定，若受害人家属方未提供足够证据证明因果关系，则需承担举证不能的不利后果，无法获得赔偿；有的法院则结合案件情况通过推定的方式认定因果关系，进而判决赔偿义务人承担全部赔偿责任或酌定一定比例的赔偿责任。

按照举证责任分配的一般规则，受害人家属方对侵权责任构成要件之一的因果关系举证不能，则需承担不利后果，无法获得救济。但如前所述，人身权益位阶最高应受到最全面保护，若"一刀切"地完全置受害人的损害于不顾，在法价值上也可能有失妥当。另外，若仅基于受害人权益保护立场不加区分地推定因果关系并判决全部赔偿责任，也可能过分加重侵权人的责任。侵权责任规则通过对加害人自由的限制来实现对受害人的保护，为公平起见，必须在受害人的权益保护和加害人的行为自由之间谋求一种平衡。鉴于此，针对受害人死因不明的交通事故案件，宜结合事故经过、受害人自身情况等因素，综合考虑因果关系的有无及大小两方面的问题并予以整体推断作出最终因果关系的法律评价。具体论述如下：

第一，关于因果关系有无的问题。如前所述，因果关系的判定多遵循直接原因的规则和相当因果关系的规则，法律上的因果关系首先应是一种引起与被引起的高度可能性，即使不宜过分苛求受害人家属方提供较为确定的证据证明交通事故与死亡结果之间的因果关系，但至少其应提供初步证据证明该因果关系存在的可能性，而不是一味简单粗暴地基于受害人利益保护而直接推定该因果关系的存在，否则会过分加重侵权人的责任，将有失公平。

第二，关于因果关系大小的问题。最高人民法院第 24 号指导案例确立了受害人的体质状况对损害后果的影响不属于减轻侵权人责任的观点。但基于实务案件的复杂性与特殊性，并非所有侵权损害案件都能完全适用该指导性意见，在众多个案中全盘否定损伤参与度将不利于实现民法的公平性原则，越来越多的案件中考虑原因力的比例。更何况，在受害人死因不明案件中，因果关系的认定是通过推定的方式得出，更有必要进一步评估因果关系可能性大小或原因力比例。对此，可尽量从事实层面寻找可能引起死亡结果的各种因素，如：事故经过、受害人自身因素、治疗经过、死亡结果与交通事故之间的时空关联性等，进而再结合过错程度、损害后果等因素综合确定原因力比例。

需要指出的是，前述两方面问题并非泾渭分明，往往相互交错、一体进行，从一定程度来说，因果关系可能性越大，越容易推定因果关系可能性的存在；同样，因果关系可能性存在的概率越高，因果关系可能性也就越大。

本案中，因未对死者尸检而无法确定死因，法院最终综合事故经过、外伤情况、受害人自身疾病等因素推定可能存在因果关系并酌定 40% 责任比例，这一判决结果既相对合理地分配了受害人的损害后果并予以适当救济，同时也兼顾了赔偿义务人对于责任承担的公平性需求。

投标保证保险是否属于独立保函以及是否适用除斥期间的认定

福建省厦门市中级人民法院
（2021）闽02民终7023号民事判决书

（2021年11月25日）

案·情

2018年11月1日，某招标人就某项目进行公开招标。投标保证金为40万元，招标文件中投标须知载明，投标保证金的提交方式可以为使用现金、银行保函、工程担保公司出具的担保保函、保险公司出具的投标保证保险等。某投标人于2018年12月4日以该招标人为被保险人，向某保险公司投保投标保证保险。该投标保证保险约定，保险公司愿意无条件地、不可撤销地就投标人参加该项目投标，向招标人提供投标保证保险，并承诺如发生投标须知规定的雷同情形，保证在7日内无条件地给付招标人金额为不超过40万元的款项，但任何索款要求应在保函有效期内送达保险公司。该项目于2018年12月5日由评标委员会对参加投标的文件进行评标，投标人所递交的投标文件出现了投标须知中所规定的雷同情形，故招标人于2021年7月起诉该保险公司，要求其履行见索即付的付款承诺。

判决书正文

上诉人（原审原告）：某房地产公司，住所地：福建省厦门市。

被上诉人（原审被告）：某保险公司厦门分公司，住所地：福建省厦门市。

上诉人某房地产公司因与被上诉人某保险公司厦门分公司独立保函纠纷一案，不服福建省厦门市思明区人民法院（2021）闽 0203 民初 14144 号民事判决，向本院提起上诉。本院于 2021 年 10 月 19 日立案后，依照《全国人民代表大会常务委员会关于授权最高人民法院在部分地区开展民事诉讼程序繁简分流改革试点工作的决定》，适用独任制对本案进行了审理。本案现已审理终结。

上诉人某房地产公司上诉请求：1. 撤销一审判决；2. 改判支持上诉人一审的全部诉讼请求；3. 由被上诉人承担一审、二审诉讼费用。事实与理由：1. 根据《最高人民法院关于新民间借贷司法解释适用范围问题的批复》第一条规定，“由地方金融监管部门监管的小额贷款公司、融资担保公司、区域性股权市场、典当行、融资租赁公司、商业保理公司、地方资产管理公司七类地方金融组织，属于经金融监管部门批准设立的金融机构……”前述批复明确了银行之外的金融机构的范围。《中国银保监会非银行金融机构行政许可事项实施办法》第二条规定，非银行金融机构包括经银保监会批准设立的金融资产管理公司、企业集团财务公司、金融租赁公司、汽车金融公司、货币经纪公司、消费金融公司、境外非银行金融机构驻华代表处等机构。某保险公司厦门分公司不属于银行之外的金融机构，无权开具独立保函，一审判决将某保险公司厦门分公司开立的《投标保证保险（凭证）》认定为独立保函，属适用法律错误。2. 在投标人某市政园林工程公司恶意串标的情况下，某保险公司厦门分公司应当承担连带保证责任，支付 40 万元款项。《全国法院民商事审判工作会议纪要》第五十四条规定，“……银行或者非银行金融机构之外的当事人开立的独立保函，以及当事人有关排除担保从属性的约定，应当认定无效。但是，根据‘无效法律行为的转换’原理，在否定其独立担保效力的同时，应当将其认定为从属性担保……”依据前述规定，当主合同有效时，担保合同亦有效，担保人与主债务人承担连带保证责任。本案中，某保险公司厦门分公司开具的《投标保证保险（凭证）》应当被认定为从属性担保。在投标某市政园林工程公司恶意串标的情况下，某保险公司厦门分公司应当承担支付 40 万元款项的义务。

被上诉人某保险公司厦门分公司辩称：1. 某房地产公司根据《中国银保监会非银行金融机构行政许可事项实施办法》第二条规定，认为某保险公司厦门分公司不属于非银行金融机构。但是该办法针对的是“行政许可”的专门事项，并非对金融机构的分类与列举。银保监会制定该实施办法所适用的“行政许可”对象仅仅是其列举的这些非银行金融机构，其既不是排他性列举，也不是对非银行金融机构进行下定义。2. 根据中国人民银行印发《金融机构编码规范》第三款术语和定义，其中列举了“3.3 银行：依法设立的吸收公众存款、发放贷款、办理结算等业务的企业法人。……3.21 财产保险公司：经中国保险监督管理委员会批准设立，依法登记注册，从事经营财产损失保险、责任保险、信用保险、短期健康保险和意外伤害保险等财产保险业务的保险公司。”中国人民银行通过《金融机构编码规范》对银行和保险公司进行术语和定义，可以证明某保险公司厦门分公司属于金融机构。3. 依照《最高人民法院关于审理独立保函纠纷案件若干问题的规定》第三条的规定：“保函具有下列情形之一，当事人主张保函性质为独立保函的，人民法院应予支持，但保函未载明据以付款的单据和最高金额的除外：（一）保函载明见索即付；……”银行及非银行金融机构出具的保函载明见索即付以及据以付款的单据和最高金额等内容，即可认定为独立保函。本案某保险公司厦门分公司出具的《投标保证保险（凭证）》完全符合独立保函的要件。4. 某房地产公司逾期向某保险公司厦门分公司主张权利，独立保函权利义务关系终止，某保险公司厦门分公司无须支付40万元款项。

某房地产公司向一审法院提出诉讼请求：1. 判令某保险公司厦门分公司立即向某房地产公司支付款项400000元并支付逾期付款利息（以400000元为基数，2019年2月8日计至2019年8月19日，按中国人民银行同期贷款利率计算，2019年8月20日计至实际付清之日，按贷款市场报价利率（LPR）计算，暂计至2021年6月1日为37924元）；2. 判令本案案件受理费等诉讼费用由某保险公司厦门分公司承担。

一审法院认定事实：2018年11月1日，某房地产公司就“某扩建项目”进行公开招标。招标代理机构为厦门某投资管理公司。投标保证金为40万元，招标文件中投标须知前附表第20项载明，投标保证金的提交的方式为可以使用现金、银行保函、工程担保公司出具的担保函、保险公司出具的投标保证保险、福建省建筑业龙头企业年度投标保证金五种形式之一提交。投标截止时间为2018年11月29日9时30分，后修改为2018年12月5日9时30分，投标有效期为投标截止时间后 90 日历天。投标须知第 18.2.1 款约定，招标人在中标结果公示期结束后的 5 日内（因投标人异议或投诉可能造成重新评标的，在异议或投诉处理完后 5 日内），应通知中标候选人以外的投标人到投标保证金的收款单位或投标保函（包括银行保函、担保保函、投标保证保险等，下同）的收取单位办理投标保证金退还手续，同时通知投标保证金的收款单位或投标保函的收取单位开始退还投标保证金或投标保函的日期、退还金额、退还的投标人名称，并退还现金投标保证金及银行同期存款利息（银行存款利率类型及利息部分应出具发票的类型见投标须知前附表第二十项的规定，下同）或投标保函原件。投标须知第 18.3 款约定投标人的投标文件存在投标须知第 20.6 款规定的雷同情形之一的，其投标保证金将不予退还。投标须知第 20.6 款约定，投标人的投标文件存在下列情形，视为投标文件雷同：（1）不同投标人的电子投标文件上传计算机的网卡 MAC 地址、CPU 序列号和硬盘序列号等硬件信息均相同的，开标现场上传电子投标文件的除外。（2）不同投标人的已标价工程量清单 XML 电子文档记录的计价软件加密锁序列号信息有一条及以上相同，或者记录的硬件信息中存在一条及以上的计算机网卡 MAC 地址（如有）、CPU 序列号和硬盘序列号均相同的（招标控制价的 XML 格式文件或计价软件版本成果文件发布之前的软硬件信息相同的除外），或者不同投标人的电子投标文件（已标价工程量清单 XML 电子文档除外）编制时的计算机硬件信息中存在一条及以上的计算机网卡 MAC 地址（如有）、CPU 序列号和硬盘序列号均相同的。（3）不同投标人的技术文件经电子招标投标交易平台查重分析，内容异常一致或者实质性相同的。

某市政园林工程公司参加“某扩建项目”的投标，并于 2018 年 12 月 4 日以某房地产公司为被保险人，向某保险公司厦门分公司投保投标保证保险。该投标保证保险约定，某保险公司厦门分公司愿意无条件地、不可撤销地参加“某扩建项目”投标，向某房地产公司提供投标保证保险。某保险公司厦门分公司承诺，在收到某房地产公司书面通知，说明下列事实中的任何一条时，保证在 7 日内无条件地给付某房地产公司金额为不超过人民币 400000 元（金额大写：人民币肆拾万元整）的款项：……3. 投标人的投标文件存在投标须知第 20.6 款规定的雷同情形之一；……5. 法律、法规规定的其他没收投标保证金情形。该保险在投标有效期到期后 28 日（含）内或被保险人延长投标有效期后的到期日后28日（含）内保持有效，延长投标有效期无须通知某保险公司厦门分公司，但任何索款要求应在投标有效期内送达某保险公司厦门分公司。

2018年12月5日，“某扩建项目”从福建省评标专家库网络终端随机抽取评标专家组成评标委员会，对参加投标的793家投标单位的投标文件进行评标。其中，评标报告中投标文件雷同情况显示某市政园林工程公司递交电子投标文件及编制电子投标文件的计算机硬件信息与投标单位甲、投标单位乙重复，即MAC地址：EO－94－67－39－F5－BB. E0－94－67－39－F5－B7、50－7B－9D－62－3E－59、CPU序列号：BFEBFBFF000506E3、硬盘序列号：WD－WXH1A95D3J2T均相同，视为存在投标须知第20.6款第（1）项规定的投标文件雷同的情形。

某房地产公司制作的、以某保险公司厦门分公司为相对方、落款日期为2019年1月31日的《告知函》载明：“由贵单位某市政园林工程有限公司和投标单位提供的‘某扩建工程’的投标保证保险（凭证）为我司（某房地产公司）招标项目，该项目已于2018年12月5日上午9时30分开标，在开标当日，该项目所使用的评标辅助系统检测某市政园林工程公司和投标单位甲、投标单位乙存在投标人递交电子投标文件（开标现场递交电子投标文件的除外）或编制电子投标文件的计算机硬件信息重复内容的情况，此情况属于《关于施工招标项目电子投标文件雷同认定与处理的指导意见》（闽建筑〔2018〕29号）及本工程招标文件第二章投标须知第20.6条款中认定的视为投标文件雷同的情形，以及根据《中华人民共和国招标投标法实施条例》第四十条的规定视为投标人相互串通投标的情形。根据本工程招标文件第二章投标须知第18.3条款的约定，不予退还该司在本项目中所缴交的投标保证金。请贵司收到此函后按照投标保证保险（凭证）相关规定执行，并履行招标文件所约定的投标保证金相关责任。”

一审法院认为，本案的争议焦点主要有二：一是某保险公司厦门分公司出具的保单是否属于独立保函；二是某房地产公司向某保险公司厦门分公司主张权利是否适用除斥期间及是否超过除斥期间。一审法院对此分别分析论证如下：

一、关于某保险公司厦门分公司出具的保单是否属于独立保函的问题。根据《最高人民法院关于审理独立保函纠纷案件若干问题的规定》第一条的规定："独立保函，是指银行或非银行金融机构作为开立人，以书面形式向受益人出具的，同意在受益人请求付款并提交符合保函要求的单据时，向其支付特定款项或在保函最高金额内付款的承诺。前款所称的单据，是指独立保函载明的受益人应提交的付款请求书、违约声明、第三方签发的文件、法院判决、仲裁裁决、汇票、发票等表明发生付款到期事件的书面文件。"及第三条第一款第一项的规定："保函具有下列情形之一，当事人主张保函性质为独立保函的，人民法院应予支持，但保函未载明据以付款的单据和最高金额的除外：（一）保函载明见索即付。"案涉保单载明，某保险公司厦门分公司愿意无条件地、不可撤销地就和投标单位甲参加"某扩建工程"投标，向某房地产公司提供投标保证保险并承诺，在收到某房地产公司书面通知，说明投标人的投标文件存在投标须知第20.6款规定的雷同情形之一时，保证在7日内无条件地给付某房地产公司金额为不超过400000元的款项。该保函已明确表明开立人某保险公司厦门分公司保证在7日内无条件给付款项，对据以付款的单据明确要求仅为"说明事实"，亦明确了付款最高金额，故案涉保函符合独立保函的形式要件和见索即付的实质要件，且某保险公司厦门分公司作为银保监会监管的保险公司，属于非银行金融机构，是独立保函的适格开立主体，故一审法院依法认定案涉保单为独立保函。

二、某房地产公司向某保险公司厦门分公司主张权利是否适用除斥期间及是否超过除斥期间。一审法院认为，独立保函具有见索即付的特征，但见索即付并不是没有任何条件和时限要求。《最高人民法院关于审理独立保函纠纷案件若干问题的规定》第十一条规定，独立保函载明的到期日或到期事件届至，受益人未提交符合独立保函要求的单据，独立保函权利义务终止。具有前款权利义务终止的情形，受益人以其持有独立保函文本为由主张享有付款请求权的，人民法院不予支持。因此独立保函权利人索赔的有效期即为受益人可以要求开立人承担独立保函项下付款义务的期限，该期限为不变期间，其法律性质为权利除斥期间，不适用诉讼时效的中断、中止或延长，权利人应当在有效期内及时行使其索赔权利，逾期行使索赔权利应当承担实体权利消灭的不利后果，以此敦促受益人及时行使索赔权利，稳定经济秩序。

本案中投标截止日期为2018年12月5日，投标有效期自投标截止时间后

90 日历天，独立保函的有效期为投标有效期后28 日即2019 年4 月5 日，故某房地产公司应当在2019 年4 月5 日前向某保险公司厦门分公司提交符合独立保函要求的单据。本案中，某房地产公司提供了其向某保险公司厦门分公司主张权利的《告知函》，而某保险公司厦门分公司称本案诉讼前从未收到某房地产公司的《告知函》。根据"谁主张，谁举证"原则，某房地产公司未提供邮寄凭证等有效送达记录证明该《告知函》已在案涉《投标保证保险》有效期届满前实际送达某保险公司厦门分公司，应承担举证不能的不利后果。因此，该独立保函权利义务已终止，某保险公司厦门分公司无须再履行该保函项下的付款义务。

综上所述，案涉《投标保证保险》为独立保函，某房地产公司依据案涉独立保函向某保险公司厦门分公司主张权利适用除斥期间，某房地产公司未能举证证明其在案涉《投标保证保险》有效期届满前向某保险公司厦门分公司提交符合独立保函要求的单据，应当承担举证不能的不利后果，某保险公司厦门分公司无须再履行该保函项下的付款义务。依照《最高人民法院关于审理独立保函纠纷案件若干问题的规定》第一条、第三条第一款、第十一条，《中华人民共和国民事诉讼法》第六十四条第一款，《最高人民法院关于适用〈中华人民共和国民事诉讼法〉的解释》第九十条之规定，一审法院于2021 年8 月19 日作出如下判决：驳回某房地产公司的全部诉讼请求。

二审中，当事人均未提交新证据。

双方当事人对一审法院认定的事实均无异议，本院对当事人无异议的事实予以确认。

本院认为，本案二审的争议焦点为：某保险公司厦门分公司是否属于非银行金融机构及某保险公司厦门分公司是否应当履行案涉保函项下的40 万元付款义务。

首先，关于某保险公司厦门分公司是否属于非银行金融机构。某房地产公司主张适用《最高人民法院关于新民间借贷司法解释适用范围问题的批复》来确认非银行金融机构的范围，但该批复适用前提是由地方金融监管部门监管的金融机构，而某保险公司厦门分公司系由中国银行保险监督管理委员会批准设立，并受中国银行保险监督管理委员会监管，属非银行金融机构。某房地产公司主张某保险公司厦门分公司不是非银行金融机构并无事实与法律依据，本院不予采纳。

其次，关于某保险公司厦门分公司是否应当履行案涉保函项下的 40 万元付款义务。如前所述，某保险公司厦门分公司属非银行金融机构，其出具的《投标保证保险》为独立保函，不是某房地产公司所主张的银行或非银行金融机构之外的当事人开立的独立保函，不属于无效独立保函，亦不能适用“无效法律行为的转换”原理，某房地产公司就此主张某保险公司厦门分公司承担连带清偿责任并无事实与法律依据，本院不予采纳。本案应当适用《最高人民法院关于审理独立保函纠纷案件若干问题的规定》来审查案涉独立保函的效力，现因某房地产公司无法举证证明其在有效期内向某保险公司厦门分公司送达《告知函》，应自行承担举证不能的法律后果。一审综合本案证据认定某保险公司厦门分公司无须再履行保函项下的付款义务并无不当，本院予以维持。

综上所述，某房地产公司的上诉请求不能成立，应予驳回。一审判决认定事实清楚，适用法律正确，应予以维持。依照《中华人民共和国民事诉讼法》第一百七十条第一款第一项之规定，判决如下：

驳回上诉，维持原判。

本案二审案件受理费 7868 元，由上诉人某房地产公司负担。

本判决为终审判决。

审判员　孙　某
二〇二一年十一月二十五日
法官助理　张　某
代书记员　郭　某

评·析

2017 年，“投标保证保险”这个新鲜术语不止一次出现在政策通告及专业报道中，且常与“减负”“释放保证金”等词句联袂出现。自 2018 年以来，随着各地主管部门对工程建设领域保证金的规范化管理驶入“快车道”，投标保证保险这种用保险替代投标保证金，从根本上释放保证金的模式，在各地更是呈现出蓬勃发展之姿。投标保证保险是保险公司对投标人投标行为的一种保证担保方式，即投标人在工程招投标报价前或同时向招标人提交投标保证保险，以替代交纳投标保证金，保险公司保证中标人和招标人签约，履行投标文件中的承诺，若中标人因故放弃中标或不履行投标文件承诺，则由保险公司赔偿招标人损失，保险公司赔偿后，可向投标人进行追偿。然而在实际业务开展过程中，各地政府部门、保险公司以及工程建设的招、投标人在对独立保函的性质认定上未达成统一意见。保险公司出具的保险凭证逐渐与保函模糊了界限，保险公司到底承担的是保险的角色还是担保存在争议。本案就是典型的以保险之名行担保之实，但又区别于一般的担保，以独立性为根本特征。就实体效力看，其独立于基础合同、不受基础合同的效力影响；就程序效力看，其项下的索赔不依靠基础合同、也不以基础合同是否真实存在违约为前提和条件；就效力期间看，其有效期是单独的或有期间的。

具体到本案，争议焦点主要有两个。第一，保险公司出具的投标保证保险的保单是否为独立保函。根据《最高人民法院关于审理独立保函纠纷案件若干问题的规定》第一条，独立保函是指银行或非银行金融机构作为开立人，以书面形式向受益人出具的，同意在受益人请求付款并提交符合保函要求的单据时，向其支付特定款项或在保函最高金额内付款的承诺。本案中，一审、二审法院认为保险公司保证在 7 日内无条件给付款项，亦明确了付款最高金额，符合独立保函的形式要件和见索即付的实质要件，且保险公司作为银保监会监管的保险公司，属于非银行金融机构，是独立保函的适格开立主体，故应认定案涉保单为独立保函。第二，招标人向保险公司主张权利是否适用除斥期间的问题。根据《最高人民法院关于审理独立保函纠纷案件若干问题的规定》第十一条，独立保函载明的到期日或到期事件届至，受益人未提交符合独立保函要求的单据，独立保函权利义务终止。因此，独立保函权利人索赔的有效期即为受益人可以要求开立人承担独立保函项下付款义务的期限，该期限为不变期间，其法律性质为权利除斥期间，不适用诉讼时效的中断、中止或延长，权利人应当在有效期内及时行使其索赔权利，逾期行使索赔权利应当承担实体权利消灭的不利后果。本案中，一审、二审法院认为招标人未能提供在保函有效期内行使权利的证据材料，应承担举证不能的不利后果，因此，保险公司无须履行该保函项下的付款义务。但如果本案招标人能够提供在保函有效期内行使权利的证据材料，则保险公司须无条件履行见索即付的义务。即使保险公司收取的费率与承担的风险不对价，且初衷亦非见索即付的独立保函责任，但毕竟保险公司收取了保费，实施的是有偿市场行为，费率与风险是否对价并不影响独立保函的付款机制。这亦说明司法审判在审理该类案件，考虑的核心问题是先对保险公司出具保函的法律属性进行认定，及对被保险人权利保护的倾向性。因此，保险公司在出具保函之前，应本着勤勉尽责的态度，合理评估业务风险。

这一案例是众多投标保证保险纠纷的缩影，值得反思与总结。对保险公司而言，开展工程领域的保证保险业务，应首先确保业务的合规性；同时，应在承保前做好充分的尽职调查工作，并根据自身利益和风险衡量设定费率和不同的付款保函机制。对被保险人来说，在要求保险公司出具保函时，应重点关注保函中有无“无条件、不可撤销承担”等见索即付的描述，以及保函对被保险人举证责任的要求，无论是对特定情形的事实说明义务，还是要求提供相应的损失证明材料，抑或要求证明符合保险合同约定的特定事故。毕竟对于不同的保函文本，措辞与举证责任将构成完全不同的法律关系。虽然目前我国在法律法规层面并未对保险公司出具工程类履约保函作出明确的界定标准，保险公司往往是以保险之名行担保之实，但为了最大限度地实现保函的价值与目的，应规范保险公司开展的保函业务，同时出台保函的示范文本，从源头减少诉讼纠纷。